中国燃气行业年鉴

CHINA GAS INDUSTRY YEARBOOK

2014

中国城市燃气协会 主编

中国建筑工业出版社

图书在版编目（CIP）数据

中国燃气行业年鉴（2014）/中国城市燃气协会主编．
北京：中国建筑工业出版社，2015.3
ISBN 978-7-112-17904-6

Ⅰ.①中… Ⅱ.①中… Ⅲ.①天然气工业—中国—2014—年鉴 Ⅳ.①F426.22-54

中国版本图书馆CIP数据核字（2015）第047814号

责任编辑：郑淮兵　马　彦
责任校对：张　颖　赵　颖

中国燃气行业年鉴（2014）
CHINA GAS INDUSTRY YEARBOOK
中国城市燃气协会　主编
*
中国建筑工业出版社出版、发行（北京西郊百万庄）
各地新华书店、建筑书店经销
北京京点图文设计有限公司制版
北京画中画印刷有限公司
*
开本：880×1230毫米　1/16　印张：35¾　插页：32　字数：1062千字
2015年6月第一版　　2015年6月第一次印刷
定价：480.00元
ISBN 978-7-112-17904-6
（27142）

版权所有　翻印必究
如有印装质量问题，可寄本社退换
（邮政编码 100037）

编委会

主　　任：王天锡　　中国城市燃气协会　　　　　　　　　　　　　理事长
执行主任：李雅兰　　北京市燃气集团有限责任公司　　　　　　　　董事长
　　　　　黄　勇　　中国燃气控股有限公司　　　　　　　　　　　执行总裁
副 主 任：丛佳旭　　住房和城乡建设部计划财务与外事司　　　　　副巡视员
　　　　　王以中　　上海市城乡建设和管理委员会　　　　　　　　巡视员
　　　　　张天华　　津燃华润集团有限公司　　　　　　　　　　　总经理
　　　　　王者洪　　上海燃气（集团）有限公司　　　　　　　　　董事长
　　　　　李华清　　重庆燃气集团股份有限公司　　　　　　　　　董事长、党委书记
　　　　　卢　俊　　沈阳燃气集团有限公司　　　　　　　　　　　董事长
　　　　　徐　强　　中国市政工程华北设计研究总院有限公司　　　院长
　　　　　王传栋　　华润燃气控股有限公司　　　　　　　　　　　董事局主席
　　　　　张叶生　　新奥能源控股有限公司　　　　　　　　　　　执行董事兼首席执行官
　　　　　韩继申　　新奥能源控股有限公司　　　　　　　　　　　总裁
　　　　　陈永坚　　香港中华煤气有限公司　　　　　　　　　　　常务董事兼行政总裁
　　　　　赵永起　　中石油昆仑燃气有限公司　　　　　　　　　　总经理、党委书记
　　　　　李　真　　深圳市燃气集团股份有限公司　　　　　　　　董事长、党委书记
　　　　　郝晓晨　　陕西燃气集团有限公司　　　　　　　　　　　党委书记、董事长
　　　　　焦　杨　　北京市燃气集团有限责任公司　　　　　　　　副总经理
　　　　　范叔沙　　天信仪表集团有限公司　　　　　　　　　　　总裁
　　　　　迟国敬　　中国城市燃气协会　　　　　　　　　　　　　秘书长
委　　员：（排名不分先后）
　　　　　赵惠珍　　住房和城乡建设部计划财务与外事司统计处　　处长
　　　　　乔武康　　广州燃气集团有限公司　　　　　　　　　　　总经理
　　　　　贾朝茂　　成都城市燃气有限责任公司　　　　　　　　　董事长
　　　　　邢耀霖　　武汉市燃气热力集团有限公司　　　　　　　　董事长
　　　　　靳九让　　西安秦华天然气有限公司　　　　　　　　　　董事长、党委书记
　　　　　洪　鸣　　贵州燃气（集团）有限责任公司　　　　　　　董事长
　　　　　尚龙庆　　西宁中油燃气有限责任公司　　　　　　　　　总经理
　　　　　尹　祥　　佛山市燃气集团股份有限公司　　　　　　　　董事长、党委书记

李建国	长沙市燃气实业有限公司	党委书记、董事长、总经理
张国昌	平顶山燃气有限责任公司	董事长、党委书记
黄文忠	成都凯能天然气有限责任公司	董事长
侯继荣	三亚长丰海洋天然气供气有限公司	副总经理
孙来福	上饶市大通燃气工程有限公司	总经理
王 德	西安华通新能源股份有限公司	董事长兼总经理
郑文华	中冶焦耐工程技术有限公司	顾问
高 翔	中集安瑞科控股有限公司	执行董事、总经理
费战波	新天科技股份有限公司	董事长
赵 勇	成都千嘉科技有限公司	常务副总经理
钟 海	贵州森瑞新材料股份有限公司	董事长
郑 孚	辽宁思凯科技股份有限公司	董事长、总经理
步国光	天津亚丽安报警设备有限公司	总经理
洪百聪	山东益华燃气设备有限公司	董事长
张永革	北京市燃气协会	秘书长
郑何康	上海市燃气行业协会	秘书长
陈慧君	江苏省燃气热力协会	常务副秘书长
闫国起	河南省市政公用业协会城市燃气分会	理事长
王子娟	湖南省城市建设行业协会燃气分会	秘书长
白宝谦	陕西省城市燃气热力协会	理事长
彭 虎	四川省燃气协会	理事长
李晓岚	云南省燃气协会	秘书长
广 宏	贵州省燃气协会	秘书长
傅江明	海南省燃气协会	秘书长

协办单位：中国燃气控股有限公司

《中国燃气行业年鉴》编辑部

主　编：冯颖　聂松
副主编：马长城　金雷
责任编辑：郭巧洪　李长缨　赵梅　孔祥娜　朱龙岩　马春荣　贾敬水　徐和伟　吴新生　顾小飞　张勇强　毛国栋
版面设计：董振文

编辑说明

《中国燃气行业年鉴》是由中国城市燃气协会主办、《中国燃气行业年鉴》编辑部编辑出版,具有很强的文献性、政策性、科学性和指导性的实用工具书,是供国内外读者了解和研究中国燃气行业发展基本情况必备的综合性的大型文献,具有燃气行业编年史册的性质。《中国燃气行业年鉴》是年度连续出版物,每年编辑出版一期,其宗旨是全面、系统、准确地反映我国燃气行业基本情况的发展历程,探讨、研究市场经济时期燃气行业中出现的新问题、新观点、新方法,预测未来燃气行业发展趋势,为政府职能部门、燃气企业、研究机构提供借鉴,促进中国燃气行业持续健康发展。

经过编辑部一年的选题、组稿、撰写、编辑等工作,《中国燃气行业年鉴》(2014)终于与读者见面了。本年鉴为总第三期,内容分九篇,有行业发展、地方燃气发展、政策法规、统计数据、主要上市燃气企业基本情况、专论、企业风采、技术创新交流和大事记等,共106万字。本书全面客观记录2013—2014年燃气行业各方面新情况,是2014年度中国燃气经济运行状况的权威性资料。

《中国燃气行业年鉴》(2014)在编辑过程中,承蒙各省(市、区)燃气协会、有关人士及广大特约编辑、撰稿人的大力支持和帮助,谨致谢忱。希望广大读者继续对本年鉴提出宝贵意见及建议,以改进我们的工作。

编者的知识和专业水平有限,缺点和错误在所难免,欢迎各界读者和专家批评指正。

《中国燃气行业年鉴》编辑部

2015年3月

目 录

第一篇 行业发展

中国城镇燃气行业发展综述 002
中国天然气行业市场规模和区域天然气市场分析 010
中国液化石油气行业年度发展报告 019
天然气分布式能源专项规划编制方法与应用示范 029
中国煤制天然气发展现状、政策与应用分析 035
中国页岩气产业发展综述 046
中国天然气行业前景预测 052
推进燃气行业技术进步的意见 056
城市燃气价格改革问题研究 064
中国天然气交易市场概况 072

第二篇 地方燃气发展

北京市燃气行业发展综述 078
上海市燃气行业发展综述 080
江苏省燃气行业发展综述 096
河南省燃气行业发展综述 103
湖南省燃气行业发展综述 107
陕西省燃气行业发展综述 110
四川省燃气行业发展综述 113
云南省燃气行业发展综述 120
贵州省燃气行业发展综述 121
海南省燃气行业发展综述 127

第三篇 政策法规

国务院关于加强城市基础设施建设的意见 132
国务院关于发布政府核准的投资项目目录的通知 137

国家能源局关于印发2014年能源工作指导意见的通知..142
关于印发《住房和城乡建设部城市建设司2014年工作要点》的通知..................148
国家能源局关于印发《油气管网设施公平开放监管办法（试行）》的通知..........152
天然气基础设施建设与运营管理办法..155
国家发展改革委关于建立健全居民生活用气阶梯价格制度的指导意见..............160
国家发展改革委关于加快推进储气设施建设的指导意见......................................162
境外投资项目核准和备案管理办法..164
国务院办公厅转发发展改革委关于建立保障天然气稳定供应长效机制若干意见的通知..............168
关于调整享受税收优惠政策的天然气进口项目的通知..170
国务院批转发展改革委关于2014年深化经济体制改革重点任务意见的通知..............171
国家发展改革委关于发布首批基础设施等领域鼓励社会投资项目的通知..............177
国家发展改革委关于调整非居民用存量天然气价格的通知..................................178
商务部令2014年第3号《境外投资管理办法》..180
中华人民共和国国家发展和改革委员会令第11号..184
国家能源局关于规范煤制油、煤制天然气产业科学有序发展的通知..................189
国务院安委会关于集中开展"六打六治"打非治违专项行动的通知..................191
关于全面清理涉及煤炭原油天然气收费基金有关问题的通知..............................194
国家能源局2014年第11号公告..195
国家发展改革委 国家能源局关于做好2014年天然气迎峰度冬工作的通知..............196
国务院安全生产委员会关于深入开展油气输送管道隐患整治攻坚战的通知..........200
国务院关于发布政府核准的投资项目目录（2014年本）的通知..........................203
住房城乡建设部关于印发《燃气经营许可管理办法》和《燃气经营企业从业人员专业培训
考核管理办法》的通知..208
国务院办公厅关于印发能源发展战略行动计划（2014—2020年）的通知..............214
国务院安全生产委员会关于加强企业安全生产诚信体系建设的指导意见..............222
住房城乡建设部等部门关于开展城市地下管线普查工作的通知..........................227
国土资源部办公厅关于积极配合深入开展油气输送管道隐患整改攻坚战的通知..........229
国家发展改革委关于做好2015年元旦春节期间煤电油气运及重要物资保障供应工作的紧急通知..........231
国家发展改革委关于规范天然气发电上网电价管理有关问题的通知..................233

第四篇 统计数据

2013年全国天然气统计资料..236
2013年全国人工煤气统计资料..238
2013年全国液化石油气统计资料..239
2013年全国分省县城天然气统计资料..241
2013年全国分省县城人工煤气统计资料..242
2013年全国分省县城液化石油气统计资料..243

第五篇　主要上市燃气企业基本情况

北京燃气集团有限责任公司 ... 246

上海燃气（集团）有限公司 ... 246

新奥能源控股有限公司 ... 246

香港中华煤气有限公司 ... 246

华润燃气控股有限公司 ... 246

中国燃气控股有限公司 ... 247

昆仑能源有限公司 ... 247

中裕燃气控股有限公司 ... 247

中国天伦燃气控股有限公司 ... 247

陕西省天然气股份有限公司 ... 247

深圳市燃气集团股份有限公司 ... 248

长春燃气股份有限公司 ... 248

重庆燃气集团股份有限公司 ... 248

第六篇　专　　论

中国天然气产业发展现状及走势分析 ... 252

液化气深加工对液化石油气行业的影响 ... 259

物联网技术与LPG钢瓶管理应用现状 ... 267

能源格局变化下的中国LNG现状和前景 ... 274

我国船用LNG技术发展趋势浅析 ... 279

"中国天然气分布式能源试点城市总体方案设计"研究 ... 286

中国燃气计量发展的障碍和展望 ... 300

北斗卫星导航系统在燃气行业的精准应用 ... 306

智能化"初涉"城市燃气行业 ... 313

北京市天然气发展历程及规划新思路 ... 321

浅析企业社会责任与企业经营的关系 ... 325

2013～2014年世界燃气发展概况与预测 ... 329

第七篇　企业风采

气聚人和　造福社会
　　——中国燃气控股有限公司 ... 340

上海燃气，让天更蓝
　　——上海燃气（集团）有限公司 ... 343

星星之火　可以燎原
　　——华润燃气控股有限公司 344

做最专业的城市清洁能源运营商
　　——深圳市燃气集团股份有限公司 346

注重认真　追求卓越　和谐发展
　　——广州燃气集团有限公司 348

以情输送温暖　用心点燃幸福
　　——成都城市燃气有限责任公司 350

提升燃气服务水平　勇担企业社会责任
　　——武汉市燃气热力集团公司 352

担当社会责任　做强民生工程　实现绿色发展
　　——长沙市燃气实业有限公司 354

求诚立信　中通外直　惠泽百姓
　　——贵州燃气（集团）有限责任公司 355

真情燃放　情暖万家
　　——西宁中油燃气有限责任公司 356

汇聚清洁能源　共创美好明天
　　——佛山市燃气集团股份有限公司 357

立足秦华　走出西安　扬帆远航　共创辉煌
　　——西安秦华天然气有限公司 359

砥砺奋进求跨越　铿锵前行创佳绩
　　——平顶山燃气有限责任公司 361

和气致祥　惠普万家
　　——三亚长丰海洋天然气供气有限公司 362

和谐发展　奋进创新
　　——上饶市大通燃气工程有限公司 363

完善设施　科技倡导　绿色无碳　服务百姓
　　——西安华通新能源股份有限公司 364

用社会责任感经营企业　用人格魅力发展企业
　　——成都凯能天然气有限责任公司 365

19年跨越式发展的奥秘
　　——天信仪表集团有限公司 366

值得您信赖的合作伙伴
　　——中冶焦耐工程技术有限公司 368

集团化模式运营　全球化资源服务　携手与您共创美好未来
　　——中集安瑞科控股有限公司 370

以客户需求为导向　实现创新驱动发展
　　——辽宁思凯科技股份有限公司 372

技术创造价值　服务成就未来
　　——成都千嘉科技有限公司 ... 373
抓质量　练内功　树品牌
　　——贵州森瑞新材料股份有限公司 ... 375
节能减排　创造更加安全、环保、舒适的生活环境
　　——山东益华燃气设备有限公司 ... 376
选择亚丽安　安全每一天
　　——天津亚丽安报警设备有限公司 ... 377
科技无止境　未来更精彩
　　——新天科技股份有限公司 ... 378

第八篇　技术创新交流

天然气平板闸阀阀体开裂失效分析 ... 380
RFID智能角阀及物联网技术在液化石油气行业中的应用 ... 389
"负荷预测-管网仿真"城市管网智能调度方案研究 ... 398
论燃气公司应急抢险信息平台建设思路 ... 407
套管对埋地钢质管道阴极保护的影响与解决方法探讨 ... 417
气体流量计温度传感器测量误差及解决方案 ... 424
抢修"云管理"的探索与实践 ... 427
金属管圆锥外螺纹滚压成型技术的应用 ... 438
燃气行业反恐怖防范工作的现状与探讨 ... 442
浙江省天然气利用规划研究 ... 448
新型BOG回收系统设计及中试研究 ... 455
液态烃储罐泄漏爆炸模拟分析 ... 461
基于能量计量体积修正仪的天然气能量计量方法 ... 468
论新型埋地式LNG卧式双层储罐应用于加气站的结构优势 ... 473
多台容积式流量仪表串联检定应用研究 ... 478
带GPRS通信的宽量程气体流量计量装置的研制 ... 490
LPG销售价格的简要数学分析 ... 498

第九篇　大事记

2013年7月—12月燃气大事记 ... 506
2014年1月—7月燃气大事记 ... 524

Contents

Chapter 1: Development of the Industry

Outline of Town Gas Development in 2013 002

Market Scale of China's Natural Gas Industry and Regional Gas Market Analysis 010

China's LPG Industry Annual Report 019

The Special Plan's Compilation Method and Application Demonstration of
Distributed Energy in Natural Gas Industry 029

The Development Status, Policy and Application Analysis of China's SNG from Coal 035

Summary of the Shale Gas industry development in China 046

Forecast of the Prospect for Chinese Natural Gas Industry 052

The Suggestion of Promoting Gas Industrial Technological Progress 056

The Research on Reform of Town Gas Pricing 064

General Situation of China's Natural Gas Trading Market 072

Chapter 2: Regional Gas Industrial Development

Beijing City 078

Shanghai City 080

Jiangsu Province 096

Henan Province 103

Hunan Province 107

Shaanxi Province 110

Sichuan Province 113

Yunnan Province 120

Guizhou Province 121

Hainan Province 127

Chapter 3: Policies and Regulations

The Suggestion of the State Council on Strengthen Cities' Infrastructures Construction 132

The Notice of the State Council on Publishing list of Government-approved investment projects 137

The Notice of the National Energy Administration on Publishing the Suggestion for
Energy Guidance in 2014 142

The Notice of Publishing "The City Construction Department of Ministry of
   Housing and Urban-Rural Development of China Work Outline in 2014" 148
The Notice of the National Energy Administration on Publishing "The Supervision
   Measures of Fair and Open Oil and Gas Pipeline (Pilot Program)" 152
The Construction and Operation Managing Method of Natural Gas Infrastructure 155
The Guidance of the National Development and Reform Commission on
   Establishing and Integrity Residential Gas Tiered Pricing System 160
The Guidance of the National Development and Reform Commission on
   Promoting Gas Storage Construction [2014] No. 603 162
The Approvement and Record Management Measures of Abroad Investment Projects 164
The Notice of the National Development and Reform Commission Transferred by General
   Office of the State Council on Securing Safety Natural Gas Supply for Long-term Running 168
The Notice on Adjusting Preferential Taxation Policies of Import LNG Projects 170
The Suggestion of the National Development and Reform Commission Transferred by the
   State Council on Deepening Economic System Reform 171
The Notice of the National Development and Reform Commission on Encouraging the
   First Batch of Investment Projects for Infrastructure Construction by Using Society
   Investment [2014] No. 981 177
The Notice of the National Development and Reform Commission on Adjusting the
   Price of None-residential Stock of Natural Gas 178
The Order of the Ministry of Commerce on "The Managing Measure of Abroad Investment" [2014] No. 3 180
The Order of the National Development and Reform Commission on "the Government
   Approved Measures for the Management of Investment Projects", No. 11 184
The Notice of the National Energy Administration on Specification Scientific and
   Orderly Development for Coal to Oil and Coal to Natural Gas 189
The Notice of the National Council on Carrying out "Six Hits and Six Governance"
   Measures for Cracking down Fake and Inferior 191
The Notice of Ministry of Finance, Development and Reform Commission on Cleaning
   thoroughly all of Problems with the Charge Fund of Coal, Oil and Natural Gas 194
The Announcement of the National Energy Administration on Energy Industry Standards [2014] No. 11 195
The Notice of the National Development and Reform Commission and the National
   Energy Administration on the Work for Dealing with Winter Natural Gas Peak Shaving in 2014 196
The Notice of Safety Committee of the State Council on Engaging in
   Regulation Oil and Gas Pipeline Hazard 200
The Notice of the State Council on Publishing the Contents of Investment
   Projects Approved by the Government [2014] 203
The Notice of the Ministry of Housing and Urban-Rural Development on Publishing
"Gas Business License Management Approach" and "Gas Enterprise Employees
   Professional Training Assessment Management Approach" 208

The Notice of General Office of the State Council on Publishing Energy

Development Strategy Plan of Action [2014-2020] 214

The Guidance of Safety Committee of the State Council on Strengthening

Enterprise Safety Credit System Construction 222

The Notice of the Ministry of Housing and Urban-Rural Development on

Carrying out Urban Underground Pipeline Census Work 227

The Notice of the General Office of the Ministry of Land and Resources on

Cooperating and Carrying out Reducing the Risks of Oil and Gas Transmission Pipeline 229

The Urgent Notice of the National Development and Reform Commission on Security Coal,

Electricity, Oil and Gas Safe Supply for the Period between the New Year and Spring Festival in 2015 231

The Notice of the National Development and Reform Commission on Specification

the Managing Grid Price for Natural Gas Generation 233

Chapter 4: Statistics

National Natural Gas Statistics in 2013 236

National Coal Gas Statistics in 2013 238

National LPG Statistics in 2013 239

National Natural Gas Urban Statistics in 2013 241

National Coal Gas Urban Statistics in 2013 242

National LPG Urban Statistics in 2013 243

Chapter 5: The Basic Situation of Listed Gas Enterprises

Beijing Gas Group Co., Ltd. 246

Shanghai Gas (Group) Co., Ltd. 246

ENN Energy Holding Limited 246

The Hong Kong and China Gas Company Limited (Towngas) 246

China Resources Gas Group Limited 246

China Gas Holdings Limited 247

Kunlun Energy Company Limited 247

ZhongYu Gas Holdings Limited 247

China Tian Lun Gas Holdings Limited 247

ShanXi Provincial Natural Gas Co., Ltd. 247

Shenzhen Gas Corporation Ltd. 248

Changchun Gas Group 248

Chongqing Gas Group Corporation Ltd. 248

Chapter 6: Monograph

China's Natural Gas Industry Development Present Situation and Trend Analysis 252

The Impact on the Liquefied Gas Industry by Liquefied Gas' Further Processing Industry 259

The Investigation Report of LPG Cylinders' Internet of Things 267

The Current Situation and Future of Chinese LNG under Energy Structure Changes 274

The Development Trends of China's Marine LNG 279

The Research on the Overall Program Design of China's Natural Gas Distributed Energy Pilot City 286

The Barriers and Perspective in the Development of China's Gas Metering 300

The Precise Application with BeiDou Navigation System in Gas Industry 306

Intelligent Involves in the Field of City Gas Industry 313

Beijing City's Natural gas Development and Planning of New Ideas 321

The Relationship between Corporate social responsibility and Enterprise Management 325

World Gas Development Survey and Forecasting in the Year of 2013-2014 329

Chapter 7: Enterprises

China Gas Holdings Limited 340

Shanghai Gas (Group) Co., Ltd. 343

China Resources Gas Group Limited 344

Shenzhen Gas Corporation Ltd. 346

Guangzhou Gas Group Co., Ltd. 348

Chengdu City Gas Co., Ltd. 350

Wuhan Gas and Heat Group Co., Ltd. 342

Changsha Gas Industrial Corporation Limited 354

Guizhou Gas (Group) Company Ltd. 355

Xining China Oil and Gas Group Limited 356

Foshan Gas Corporation Ltd. 357

Xi'an Qinhua Natural Gas 359

Pingdingshan Gas Limited Liability Company 361

Sanya Changfeng Ocean Natural Gas Supply Co., Ltd. 362

Shangrao City Chase Gas Engineering Co., Ltd. 363

Xi'an Huatong New Energy Shares Co., Ltd. 364

Chengdu Kaineng Natural Gas Co., Ltd. 365

Tancy Instrument Group Co., Ltd. 366

ACRE Coking and Refractory Engineering Consulting Corporation 368

CIMC ENRIC 370

Liaoning Scaler Technology Co., Ltd. 372

Chengdu Qianjia Technology Co., Ltd. 373

Guizhou Senrui New Materials Company Limited 375
Shandong Yihua Gas Equipment Co., Ltd. 376
Tianjin Yalian Baojing Equipment Co., Ltd. 377
Suntront Tech Co., Ltd. 378

Chapter 8: Technical Innovation

The Analysis of the Natural Gas Flat Gate Valve Body Cracking 380
The Application of RFID Angle Valve and The Internet of Things in LPG Industry 389
The Research on Urban Pipeline Intelligent Scheduling
 Scheme-"Load Forecasting and Network Simulation" 398
The Information Platform of Emergency Rescue of Gas Company 407
The Solution of Steel Pipeline Cathodic Potection Impacted by Sleeve Tube 417
Gas Meter Temperature Sensor Measurement Error and the Solution 424
The Exploration and Practice of "Cloud Management" for Repair Works 427
The Application of External Thread Rolling Tube Cone Shape Technology 438
The Present Situation and Discussion of the Gas Industry Counter-terrorism Prevention Work 442
The Study of Natural Gas Utilization and Planning in Zhejiang Province 448
The New BOG Recovery System Design and Pilot Study 455
The Simulation Analysis of Liquid Hydrocarbon Storage Tank's Leakage and Explosion 461
The Natural Gas Energy Measurement Method based on Energy Metering Volume Correction Instrument 468
The Structure Advantages of New Type Buried LNG Horizontal Double Tank Applied in Filling Stations 473
The Application of Multiple Positive Displacement Flow Meters Series Verification
 Intelligent Gas Network Applications 478
The Study of the Wide Range Gas Flow Metering Device with GPS System 490
The Brief Mathematical Analysis of LPG Sales Price 498

Chapter 9: Major Events

Major events from July to December of 2013 506
Major events from January to July of 2014 524

彩色专页索引

上海飞奥燃气设备有限公司 中彩1
中国燃气控股有限公司 .... 中彩2、3
深圳市燃气集团股份有限公司 .... 中彩4、5
天信仪表集团有限公司 .... 中彩6、7
上海燃气(集团)有限公司 .... 中彩8、9
华润燃气控股有限公司 .... 中彩10、11
广州燃气集团有限公司 .... 中彩12、13
成都城市燃气有限责任公司 .... 中彩14、15
武汉市燃气热力集团有限公司 .... 中彩16、17
长沙市燃气实业有限公司 .... 中彩18、19
贵州燃气（集团）有限责任公司 .... 中彩20、21
西宁中油燃气有限责任公司 .... 中彩22、23
佛山市燃气集团股份有限公司 .... 中彩24、25
西安秦华天然气有限公司 .... 中彩26、27
平顶山燃气有限责任公司 .... 中彩28、29
三亚长丰海洋天然气供气有限公司 .... 中彩30、31
上饶市大通燃气工程有限公司 .... 中彩32、33
西安华通新能源股份有限公司 .... 中彩34、35
成都凯能天然气有限责任公司 .... 中彩36、37
中冶焦耐工程技术有限公司 .... 中彩38、39
中集安瑞科控股有限公司 .... 中彩40、41
辽宁思凯科技股份有限公司 .... 中彩42、43
成都千嘉科技有限公司 .... 中彩44、45
贵州森瑞新材料股份有限公司 .... 中彩46、47
山东益华燃气设备有限公司 .... 中彩48、49
天津亚丽安报警设备有限公司 .... 中彩50、51
新天科技股份有限公司 .... 中彩52、53
长春天然气有限责任公司 中彩54

北京埃德尔黛威新技术有限公司	中彩55
重庆市山城燃气设备有限公司	中彩56
杭州先锋电子技术股份有限公司	中彩57
浙江新大塑料管件有限公司	中彩58
宁波世亚燃气仪表管件有限公司	中彩59
江苏诚功阀门科技有限公司	中彩60
浙江苍南仪表厂	中彩61
德国威廉斯热能科技有限公司	中彩62
四川森普管材股份有限公司	中彩63
上海信东仪器仪表有限公司	中彩64

中国燃气行业年鉴 2014
CHINA GAS INDUSTRY YEARBOOK

第一篇

行业发展

中国城镇燃气行业发展综述

1 城镇燃气行业整体概况

2013年城镇燃气行业发展较快，各类燃气用量、管网长度及用气人口等均呈现较快增长。全国燃气供应总量达到1 253亿m^3，管网长度达到51.3万km，用气人口超过5.9亿人，加气站达到3 780座。

2013年，全国天然气供应量为1 700亿m^3，其中，城镇燃气供应量为982亿m^3，占总供应量的58.6%；管网长度达到47万km，用气人口超过2.74亿人，加气站达到3 100座。

全国液化石油气供应量为2 590万t，其中城镇燃气供应量为1 350万t（约202亿m^3），占总供应量的52%；管网长度达到1.6万km，用气人口约1.6亿人，加气站达到680座。

全国人工煤气供应量达到70.65亿m^3，管网长度达到3.38万km，用气人口达到2 000万人。

2 城镇燃气行业发展特点

2.1 消费结构不断优化，城市燃气继续成为增长动力

近几年，我国天然气消费结构不断优化，形成以城市燃气为主的利用结构。2013年，随着城市燃气管网的进一步完善和大气污染治理要求的提高，我国城市燃气继续保持快速发展。全国各地，特别是京津冀周边地区、乌鲁木齐、兰州等地大力推进煤改气、油改气工程，取暖用气大幅增加。2013年全国城市燃气天然气消费量达到900亿m^3，占天然气消费总量的比重为53%。

2.2 城市燃气行业仍处于扩张期

2013年，从主要城市燃气企业业务发展形势看，城市燃气公司用户数量和天然气销售量稳定增长，业务区域继续扩大，我国城市燃气行业仍处在扩张阶段，行业竞争继续加剧。其中，中华煤气继续保持我国第一大城市燃气公司地位，2013年天然气销售量达到134亿m^3，用户数量达到1 908万户；华润燃气通过收购中小城市天然气项目，全年天然气销售量达121亿m^3，用户数量达到1 860万户；北京燃气集团全年天然气销售量达86.7亿m^3，用户数量超过580万户；新奥燃气全年天然气销售量达81.2亿m^3，用户数量增加至927万户；中国燃气全年天然气销售量达80.4亿m^3，用户数量增加至1 600万户。

2.3 国内天然气市场供需失衡

受体制机制制约，目前国内上游天然气资源领域仍由部分企业垄断，资源市场尚未完全放开，拥有资源的企业勘探开采投入不够，造成天然气供应量不足，难以满足需求，资源量和供应量矛盾突出。

从全国范围看，受雾霾天气影响，各地加快煤改气进程，导致天然气需求量过快增长。若完全满足需求，估计全年天然气消费将达到1 900亿m^3，而资源供应量仅为1 700亿m^3，实际消费量为1 676亿m^3，供需缺口达200亿m^3，占全年天然气消费总量的13%，供需矛盾为近年之最。

为此，国家发改委于2013年11月4日连续下发两份文件，要求相关部门多渠道筹措资源、增加市场供应的同时，切实落实供气合同，紧急叫停尚未落实气源的项目，确保煤改气有序实施，避免供需出现严重失衡。

2.4　消费区域扩展，城镇气化率超过30%

我国天然气用气区域继续扩展，天然气在城市燃气中的主导燃料地位继续加强。2013年，中缅天然气管道投产，中卫—贵阳联络线主体完工，西气东输一线、二线与中缅管道对接，实现了川渝天然气区域管网与全国管网互联，贵州、云南、广西结束了没有管道天然气的历史，西南地区的天然气消费量达到260亿m^3；环渤海地区由于煤改气工程规模扩大，全年消费量达250亿m^3；长三角、东南沿海地区以城市燃气和发电为主，全年天然气消费量接近540亿m^3。

2.5　价格改革迈出市场化的关键一步

2013年6月28日，国家发改委下发《关于调整天然气价格的通知》，自7月10日起在全国范围内推广天然气价格改革。新方案对非居民用天然气价格进行调整，对未来消费的天然气区分存量气和增量气。存量气门站价格提价幅度最高不超过0.4元/m^3，增量气门站价格按可替代能源（燃料油、液化石油气）价格的85%确定。存量气价格分步调整，力争"十二五"末调整到位。此次调整后，全国平均门站价格由1.69元/m^3提高到1.95元/m^3。为了鼓励非常规气的开发，放开页岩气、煤层气、煤制气等非常规气的出厂价格以及液化天然气气源价格，由供需双方协商确定。

新机制的出台大大提高了生产商和进口商的积极性，将进一步提升国内天然气供应能力。同时，增加了天然气下游用户的成本，短期内将给天然气发电和工业领域利用带来挑战。

北京、河北、山东等多个省市根据通知规定的最高门站价格对非居民用气的终端价格进行调整。其中，工业和交通用气价格调整幅度较大。工业用气价格调整幅度在3%～22%之间，车用气调整幅度更大，在4%～30%之间。

2.6　各级政策支持天然气汽车发展

2013年9月，国务院印发《大气污染防治行动计划》提出强化移动污染源治理，北京、上海、广州等城市每年新增或更新的公交车中新能源和清洁燃料车的比例达到60%以上。多个省、市纷纷在公共交通领域推行"油改气"，推动天然气汽车发展。根据2013年9月出台的《北京市2013～2017年清洁空气行动计划》，到2017年底全市新能源和清洁能源汽车应用规模力争达到20万辆。7月份，四川省发改委出台《关于促进天然气汽车产业健康发展的意见》，提出到2015年，全省将推广应用CNG汽车11万辆、LNG汽车8 000辆以上，新疆CNG加气站180座、LNG加注站166座；到2020年，力争全省推广应用天然气汽车100万辆以上，全面建成天然气汽车加注站网络体系。

价格政策将为天然气汽车的发展带来不确定性。门站价格上升后，加气站利润空间受到压缩。在零售环节，根据测算调价后等热值下车用CNG与汽油、柴油零售价格比价分别为0.49和0.54，车用LNG与柴油零售价格比价约为0.65，相对于调价前有所升高，但天然气汽车相对于汽柴油汽车仍具有燃料成本优势，预计对车用天然气的存量需求影响不大，增量气需求增速将会有所放缓。

2.7 LNG船舶发展开始起步，市场空间广阔

2013年，交通部发出通知要求加快推进LNG动力船舶试点改造和内河LNG动力船舶应用示范工程。2013年9月，中国首座LNG船舶加注站南京港华站正式投运；目前国内还有4座LNG船舶加注站在建，分别位于长江流域的重庆、南京、武汉和芜湖，此外，还有10座在规划中。中国船级社发布了《天然气燃料动力船舶规范》，这是国内首部天然气动力船舶技术规范。2013年10月，交通运输部通过《关于推进水运行业应用LNG的指导意见》，根据《意见》到2015年和2020年，中国内河运输船舶能源消费中LNG比例分别达到2%和10%以上，市场空间十分广阔。

2.8 体制障碍逐渐消除、技术进步前景可期

近年连续出现的严重雾霾天气倒逼中国能源转型，政策越来越鼓励天然气分布式能源发展，相应的体制障碍也正在逐渐被消除。例如，2013年5月，国务院将企业投资分布式燃气发电项目核准由国家发改委正式下放到省级投资主管部门，简化了项目的审批流程。2013年9月，《大气污染防治行动计划》出台，鼓励发展天然气分布式能源等高效利用项目。关于并网问题，2013年8月印发的《分布式发电管理暂行办法》，保证了多余电量的优先上网。国家电网态度也在积极转变，2014年5月，国家电网公司发布《关于做好分布式电源并网服务工作的意见》（修订版），提出"加大配套电网投资和建设力量，保障分布式电源接入电网，为各类社会资本投资分布式电源并网工程提供优质服务"，甚至"积极支持社会资本投资分布式电源并网工程"。

目前，中国一些大型企业已经做出了核心设备国产化的努力。华电已经制定5年计划，将在系统集成上实现75%的国产化率，在核心技术上实现50%的国产化率。该公司已经与美国通用电气合资，在上海成立了华电通用轻型燃机设备有限公司，旨在掌握分布式能源系统集成技术，实现燃气轮机发电机组在中国的组装、测试与交付，实现部分核心部件的国产化生产配套，并逐步推进国产化进程。

虽然从远期看气源有保证，但近期气价上涨已成必然趋势。2013年7月和2014年8月，国家2次上调非居民天然气价格，并将天然气分为存量气和增量气，其中增量气门站价格按可替代能源价格的85%确定，上涨幅度较大。气价上涨对燃气发电等天然气应用的经济性将造成一定影响，不过对于天然气分布式能源而言，影响尚不至于"扭盈为亏"，因为这将推动分布式能源系统设计的发展，例如通过项目前期的深入调查，使系统设计与现实需求更加匹配，从而深入挖掘优化潜力、提高利用效率，增加收益，进而减少甚至消除气价上涨带来的影响。

2.9 液化石油气发展

2013年中国液化石油气（以下简称液化气）总产量达到2 450万t；进口量390万t，出口量113万t，净进口量约277万t。受国内产量稳步攀升及进口量明显增加的影响，2013年中国液化气表观消费量达到2 727万t，环比增长10.9%。相比2012年，国内液化气行业表观消费量的年度增幅更加迅猛。由于2013年我国国产液化气总量持续增加，进口总量整体上升，而出口总量环比基本稳定，表明进口气资源的生存环境在改善，市场对进口气的需求量呈上升态势。增加的需求正源于在中国蓬勃兴起的丙烷脱氢制丙烯（PDH）项目在不断推进和发展。民用市场被相对侵蚀的同时，作为化工加工

原料的新方向给液化气的需求发展带来新的生机。

目前，我国的液化气生产呈现的是中石化、中石油和地方炼油企业"三足鼎立"的格局。2010年中石油昆仑燃气进行液化气统销后，中石化在2013年初也正式启动统销液化气。至此，中石油和中石化对我国63%的液化气实施统销，市场价格的波动将趋缓。

对于中石油和中石化而言，液化气由总部统一定价后，提高了其市场控制力。对于地方炼油企业来说，中石油、中石化对液化气统销在某种程度上改变了国内液化气价格频繁剧烈波动的现状，集团管制使得液化气价格波动减小，市场价格的联动性更加紧密，液化气的价格更加坚挺，增加了抗跌能力。地方炼油企业、零售商也将从稳定的市场中获益。

据东方油气网统计，液化气市场中民用量占到40%左右，仍为首要用途；其次为工业用途，包括液化气深加工用途，占比35%；作为传统工业窑炉焙烧的需求占比达到11%，相对较为稳定。包括餐饮业等在内的社会商用量占到总商品量的8%；而汽车燃料用量占比6%。

液化气除了作为民用燃料，主要应用为深加工原料，为了应对天然气扩张及高产能带来的冲击，国内液化石油气市场继续挖掘着液化石油气作为化工原料的多种用途，试图延长产业链以提高自身企业的经济效益和抗风险能力。在芳构化企业生存难度日益加大的背景下，近年来烷基化、异丁烷脱氢等项目在国内遍地开花，寻找到了新的利益增长点。而丙烷脱氢制丙烯的项目也逐步受到业内人士的关注。国内主力炼厂为了顺应市场变化趋势，将液化气产品不断细分且实现有效分流，合理优化了产业结构，使得资源利用更加充分和有效。

2.10 环境保护力度加强

作为能源消费大国，我国能源以煤炭为主，结构优化调整任务重，特别是2013年初以来，我国大部分地区雾霾持续时间长、范围加大，迫使政府整治环境力度加大。2013年，国家出台了一系列环境保护和防治污染的政策措施。

2.10.1 改善空气质量，减少污染物排放

2013年，国务院《大气污染防治行动计划》要求提升燃油品质，控制煤炭消费总量，提出到2017年，煤炭占能源消费总量的比重降低到65%以下，京津冀、长三角、珠三角等区域力争实现煤炭消费负增长。2013年9月13日，环保部发布的《环境空气细颗粒物污染防治技术政策》提出，通过优化能源结构、变革生产方式、改变生活方式、不断减少污染物排放量，明确提出煤炭总量控制，大力发展清洁能源，在特大型城市核心区域应实行能源无煤化等措施。新政策对煤炭消费进行了总量控制，未来清洁能源对煤炭的替代性将进一步增强。

2.10.2 放宽煤化工项目审批，煤制气迎来新契机

随着环保要求的不断提升，限煤、减排的政策日趋严厉，监管部门在2013年放宽了对煤化工尤其是煤制气项目的审批。煤制气与煤制油、煤制甲醇相比，技术相对成熟，在节能、节水、碳排放方面具有优势，且原料以劣质褐煤为主，符合我国煤化工的发展要求。截至2013年，共有4个煤制气项目获得批准，同时，另有8个煤制气项目获得了国家发改委授予的"路条"。

部分专家认为，煤制气是煤炭清洁利用的重要方向，美、欧、日等发达国家均将其作为未来能源技术的制高点，长期大力推进洁净煤技术研发，并配套开展中间试验和工业化示范。国内煤制气产业经过"十一五"、"十二五"期间首批示范项目的建设，验证了自主技术的可行性，积累了工程建设的经验，即将进入一个新的发展阶段。

2.11 市场化改革步伐加快，进一步扩大企业自主经营权

2013年，国务院公布《关于取消和下放一批行政审批项目等事项的决定》，揭开了新一届政府取消和下放行政审批权的序幕。随后，国务院又进行了多项行政审批项目的取消和下放，多个项目涉及天然气、煤层气对外合作合同等项目。天然气、煤层气对外合作合同及油气新项目审批权限取消简化了审批程序，企业的决策将更加灵活。

国家能源局于2014年2月正式发布《油气管网设施公平开放监管办法》，在有剩余能力的情况下，油气管网运营企业应以一定排序，无歧视地对第三方开放管道设施。为了加强监管，能源局将负责公平开放的监管，并赋予其分布各地的派出机构监管职权。管道非歧视准入制度的建立，将在一定程度上增加民资在天然气管道建设上的积极性。2013年6月，中哈萨拉布雷克至吉木乃跨境天然气管线正式投产通气，这是我国第一条民企建设经营的跨境天然气管道，为民资进入油气管道起到了良好的示范作用。2013年10月，中石化新粤浙管道被划为国内首条以"代输"形式运输的天然气长输主干管道，下游用户将有机会越过管道运营公司，直接与上游气源供应商确定气源供应价格。新粤浙管道运营公司在以"无歧视"原则运输天然气的同时，只向用户收取国家发改委核准的管输费。新粤浙管道以运输煤制天然气为主，由10余家企业共同供气，这为"代输"双方的议价提供了资源基础。该体制推广后，下游用户的议价能力将会增强，能源成本有下降空间，上游气源竞争将加强，有开采成本优势的企业将在竞争中获胜。

3 民营企业在国内燃气行业的发展状况

2013年国家对民营企业在燃气领域发展的支持更加明确。民营企业继续加大燃气领域的投资力度，进一步涉足油页岩、管线建设、城市燃气、LNG、煤化工、装备制造等领域。在2013年8月全国工商联发布的2013年中国民营企业500强名单中，涉及石油天然气的有67家，较2012年增加了7家。总体看，民营企业整体规模稳步扩大，国际竞争的能力有所提高，品牌建设与技术创新有所增强，管理水平有所提升。民营企业的活力与创造力正在逐步显现。2013年民营企业在国内燃气行业的发展呈现出以下特点。

3.1 国家从政策上对民营企业进入燃气领域的支持更加明确，措施趋于具体

2013年1月国务院在《能源发展"十二五"规划》中明确提出未来国家将进一步放宽能源投融资准入限制，鼓励民间资本进入法律法规未明确禁入的能源领域，推进油气管网等基础设施投资多元化。以煤层气、页岩气、页岩油等矿种区块招标为突破口，允许符合条件的非国有资本进入，推动形成竞争性开发机制。规范流通市场秩序，稳步推进石油分销市场开放。2013年10月22日国家能源局发布《页岩气产业政策》，鼓励包括民营企业在内的多元投资主体投资页岩气勘探开发；鼓励各种投资主体进入页岩气销售市场，逐步形成以页岩气开采企业、销售企业及城镇燃气经营企业等多种主体并存的市场格局。对页岩气生产销售企业进行基础设施建设实行非歧视性准入。《页岩气产业政策》不但明确支持非公资本进入，而且具有较强的操作性，从财政杠杆、公平准入、市场服务配套等方面向"非公"打开了大门。十八届三中全会强调了市场在资源配置中的决定性作用，明确表明在坚持公有制主体地位，发挥国有经济主导作用的同时鼓励支持引导非公有经济健康发展。将

废除对非公经济各种形式的不合理规定，非公有制经济可进入特许经营领域。消除各种隐形壁垒，制定非公有制企业进入特许经营领域具体办法。鼓励非公有制企业参与国有企业改革，鼓励发展非公有资本控股的混合所有制企业，鼓励有条件的私营企业建立现代企业制度。实行统一的市场准入制度，在制定负面清单的基础上，各类市场主体可依法平等进入清单外领域。对民营企业进一步进入油气行业提供了政策保证和制度保证。

3.2 民间资本连续两年大幅增加对国内天然气勘探开发的投资，有条件民企海外投资取得一定进展

在国内，民营企业通过参股或提供服务和装备等方式与国有石油企业共同完成一些小或低效的油气区块的勘探开发工作。国家统计局最新公布的数据表明，民间资本在油气开采业的固定资产投资连续两年保持了年50%的大幅增速，高于国内民间固定资产投资的平均增速的一倍以上。截至2013年11月，从事天然气开采的民营企业有7家，资产占全国该领域总资产的5%。

一些民企在天然气勘探开发领域已取得明显的进展。2013年6月20日，广汇投资的我国第一条由民营企业投建的萨拉布雷克—吉木乃天然气中哈跨境管线正式建成投产。2012年3月国家能源局发布《页岩气发展规划（2011~2015）》。民营油气开采商及设备制造商通过合作、兼并收购、研发等方式从技术、资金等方面积极做准备。2013年1月21日，国土部进行了第二轮页岩气探矿权招标，有两家民营企业获得了探矿权。2013年2月宏华集团与神华地质勘探有限责任公司正式签署非常规天然气勘探开发战略合作框架协议，双方将在非常规天然气开发、研究、咨询及装备领域开展长期合作。

民营企业不仅在国内投资天然气区块的勘探开发，海外投资也在不懈地开拓中。2013年，广汇能源拥有的哈萨克斯坦的东哈州斋桑油气区块勘探开发和斋桑南依玛谢夫油气项目进展顺利。斋桑油气区块面积8 326km^2，国际储量评估公司（NSAI）评估区块原油资源量为11.639亿t，天然气资源量为1 254亿m^3；依玛谢夫区块总面积1 272.6km^2，原油储量2.1亿t，天然气资源量为1 922.5×10^{8}m^3，盐上储层风险前最佳资源量为6 375×10^{4}t油（当量）。2013年上半年广汇提前完钻1口新井并有油气发现，天然气开发日均供气量达100万Nm^3/d以上。截至2013年底，新疆广汇能源在该区块已完成8口井的稳定供气，同时加快完成其余6口井联网，确保实现100万Nm^3~150万Nm^{3}的日供气量。

3.3 以多种形式参与，在天然气管道建设领域取得实质性进展

在天然气管线建设上，民营企业参与形式更加多样化，从合资到独资，从参股到独自运营，从建设运营支干线到区域性管网，并开始独资建设天然气长输管线。

2013年6月26日一些民营企业参与了中国石油与全国社会各参股方签署的中国石油油气管道合资合作战略协议。这是国务院"新36条"颁布后中国石油又一引入民间资本的国家重点工程项目，标志着国有资本对民间资本的开放迈出实质性步伐。本次合作中石油以西一线西段、西二线西段、涩宁兰线、轮库线和鄯乌线等5条天然气管线及5条原油管线、5条成品油管线作为资产出资，社会各合资合作方以600亿元现金出资，成立中石油管道联合有限公司，双方对半合资，期限20年。该协议的签署开辟了油气管道建设资本多元化的先例，对民营企业加快在我国油气管道建设领域的发展起了重大的推动作用。2013年上半年，中油金鸿能源投资股份有限公司建设的应县—张家口天然气输送管道项目正式建成投运，使公司运营的天然气输气管线达5条，长输支干线长度800多km，城市管网4 000多km，在湖南、山东、河北、山西、内蒙古、黑龙江等地形成了一定规模的区域性管网。2013

年,河南安彩高科股份有限公司在2012年公司天然气、管道运输业务营业较2011年增加55.24%的基础上,进一步筹划扩大西气东输豫北支线输气量,建设了压缩天然气项目和液化天然气项目。2013年,新疆浩源天然气股份有限公司自行投资建设的英买力气田至阿克苏市的天然气输气管道运营良好,仅上半年就销售天然气5 569万m^3,实现营业收入1.28亿元。

3.4 在城市燃气及CNG、LNG领域民营企业发展态势良好

在城市燃气市场,已经站稳市场的民营企业保持继续稳步增长的态势。同时民营企业通过收购、技术合作等形式加大天然气相关领域的发展力度。广汇、新奥已经取得建设进口LNG接收站的资质。中国燃气在2012年11月全资收购富地燃气的基础上,2012～2013年,以2.7亿元收购宁夏凯添城市燃气项目60%股权,以1.17亿元收购紫晶能源60%股权在西安拓展汽车加气业务,获得邯郸冀南新区城市管道燃气特许经营权,与江苏向荣集团合作占股60%在江苏省建设天然气加气站,与中元燃气合作投资沧州市汽车加气站。

2013年,新疆广汇加大了LNG、CNG中转分销、终端销售投资力度,公司计划到2017年末要在全国建成1 000座加注站,加快建设中卫LNG分销中转基地,打造更加接近市场的LNG销售平台,从而更好地开拓天然气下游市场。2013年,该公司新建天然气加注站126个,其江苏南通吕泗港LNG分销转运基地项目顺利进行。并已获得江苏省发改委核准通过。预计到2017年,该公司天然气总产能将达77亿m^3,LNG存储、转运和进口接卸能力将得到大规模提升。2013年5月22日,广汇能源综合物流发展有限责任公司与壳牌(中国)有限公司签署了《关于启东液化天然气分销转运站项目的合作意向书》。项目分三期建设,一期设计能力为每年60万t,主要为LNG存储与转运;二期设计能力为每年150万t,具备直接从海外进口LNG接卸能力;三期设计能力为每年350万t,具备气化管输系统设施与管道外输能力。目前一期项目已获得国家发改委与江苏能源局的原则同意。2013年,河南中原绿能高科有限责任公司完成了海口市福山日产25万m^3LNG工厂建设的技术总承包服务项目、内蒙古星星能源公司日产100万m^3LNG工厂和四川达州日产100万m^3LNG工厂技术服务项目。至此,公司拥有CNG加气站14座及LNG工厂1座,形成了以LNG、CNG生产销售为核心,LNG技术咨询服务为先导的综合性企业,市场覆盖北京、江苏、浙江、广东、安徽、湖北等11省(市)56市。2012年12月,华油惠博普科技股份有限公司(惠博普)收购华油科思,正式进入了天然气下游利用领域,先后参与了甬沪宁原油输送管线工程和四川至上海天然气输送管线工程的建设工作,运营着天津武清、山西和辽宁营口管道天然气项目。目前,该公司油气田工艺设备系统解决方案业务已拓展到苏丹、哈萨克斯坦、叙利亚等十几个国家,管道天然气业务已成为其第二大业务。截至2013年底,新疆浩源天然气股份有限公司已建成城市高、中压市政管道150km,门站5座,CNG母站1座,汽车加气站10座。上半年销售天然气5 569万m^3,实现营业收入1.28亿元,在阿克苏和喀什地区的部分县市取得了30年的城市燃气特许经营权,成为新疆地区最大的天然气经营商之一。2013年中油金鸿新投运了一批CNG加气站和LNG加注站。目前公司已在湖南、山东、河北、内蒙古、黑龙江、山西等地的多个城市开展了城市燃气业务,拥有多个城市的管道燃气特许经营权。

3.5 通过多种合作方式积极介入新型煤化工、煤层气领域

介入煤化工行业的民企数量很多,走在前面的有内蒙古伊泰、鄂尔多斯惠能、新疆庆华等。早在2011年,内蒙古亿利、中国泛海、大连万达、四川宏达、浙江传化、上海均瑶等几大民企宣布组

建联合投资公司，准备大举进军煤化工产业。2013年，新疆广汇能源参与哈密煤化工项目及煤炭分质利用项目。哈密煤化工项目为国家《石化产业调整和振兴规划》鼓励的大型煤基二甲醚装置示范工程，项目规划年产120万t甲醇、85万t二甲醚，联产5亿m^3天然气，将建成5个气源点合计300亿m^3/a的煤制气工程。广汇能源子公司负责建设其中一处40亿m^3/a煤制气工程项目，预计2016年建成。2013年9月22日，国家发改委发布了《关于同意新疆准东煤制气示范项目开展前期工作的复函》，同意新疆准东煤制气示范项目开展前期工作。2013年10月15日，广汇能源取得了喀木斯特矿区（储量61亿t）独家开发权，将主要供应矿区周边规划建设的电厂和煤制气项目。同时，公司与酒泉钢铁（集团）有限责任公司签订战略合作协议，拟在甘肃省酒嘉地区合资建设3000万t/a煤炭分质利用项目，同时合作开发哈密淖毛湖东部煤田。2013年7月，惠博普与澳大利亚道拓能源签署股权转让协议，将投资2 088万美元购买其旗下新加坡Dart能源公司的全部股权，借此持有山西柳林地区煤层气资源开采产品分成合同25%的权益，并一举介入煤层气市场。准油股份和中石油煤层气公司一直在煤层气开采领域合作，准油股份负责提供技术支持。

中国天然气行业市场规模和区域天然气市场分析

1 中国天然气市场规模分析

1.1 天然气行业市场规模及增速

2013年,我国天然气产量为1 200多亿m³,较2012年同比增长了13.39%,增速较快(图1)。

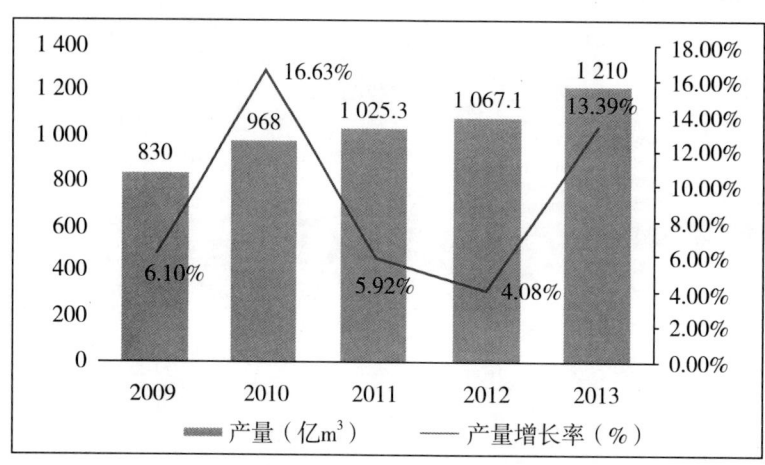

图1 2009~2013年国内天然气产量及增长率

数据来源:石化工业协会、华经视点整理

2013年,我国天然气表观消费量为1 676亿m³,较2012年同比增长15.93%,增速较快(图2)。

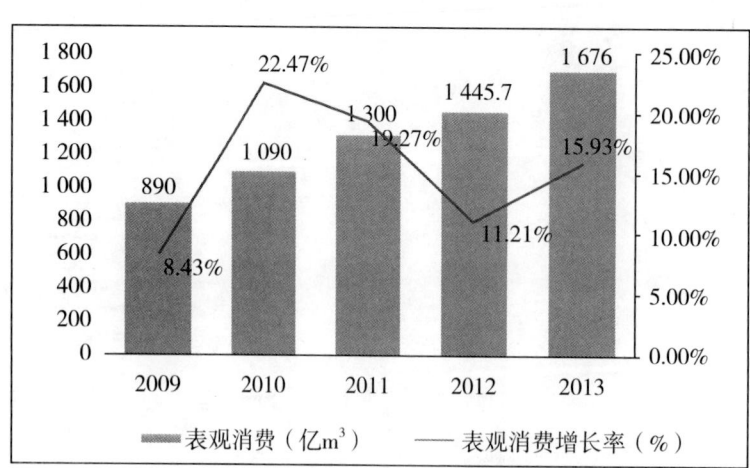

图2 2009~2013年国内天然气表观消费量及增长率

数据来源:石化工业协会、华经视点整理

1.2 天然气行业市场饱和度

对于天然气行业,国家不断加大投资和政策实施力度,各类天然气企业不断发展,市场的饱和度越来越大(图3)。

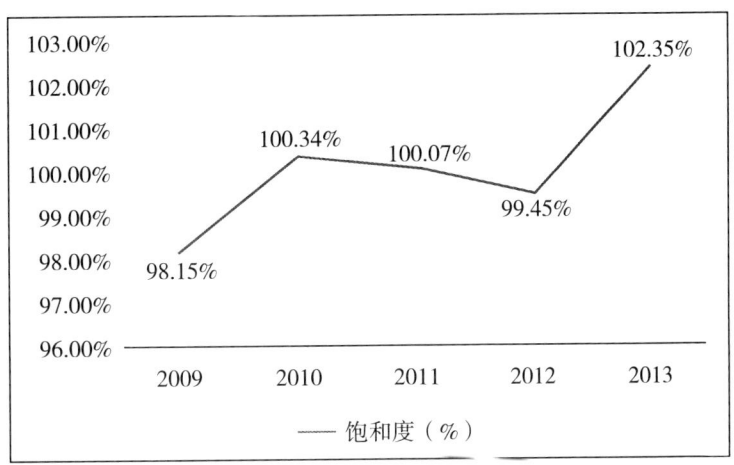

图3　2009～2013年国内天然气市场饱和度
数据来源：石化工业协会、华经视点整理

1.3 国内外经济形势对天然气行业市场规模的影响

作为传统化石能源,天然气的使用领域正在逐渐扩展。随着各国经济的持续发展,全球天然气消费量持续增加(图4)。

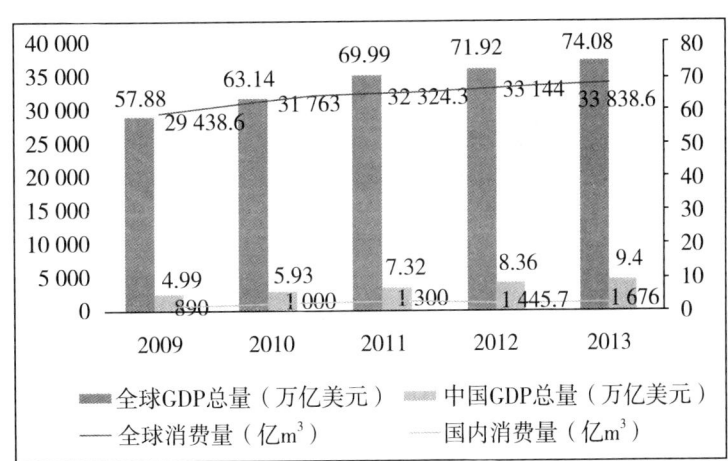

图4　2009～2013年国内外经济及国内外天然气销量
数据来源：石化工业协会、华经视点整理

1.4 天然气行业市场规模及增速预测

根据中国天然气市场在2009～2013年的增长及未来情况,初步预测2014～2018年我国天然气产量变化（图5）。

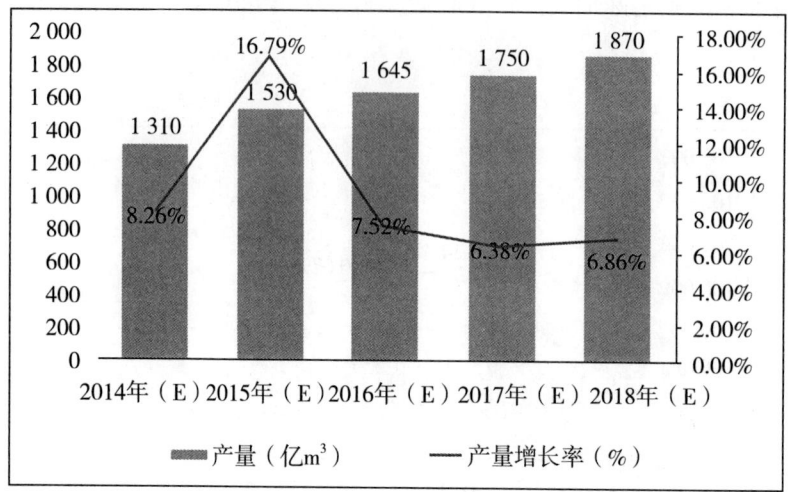

图5　2014～2018年天然气行业的产量及增长率
数据来源：石化工业协会、华经视点整理

初步预测2014～2018年我国天然气消费量（图6）。

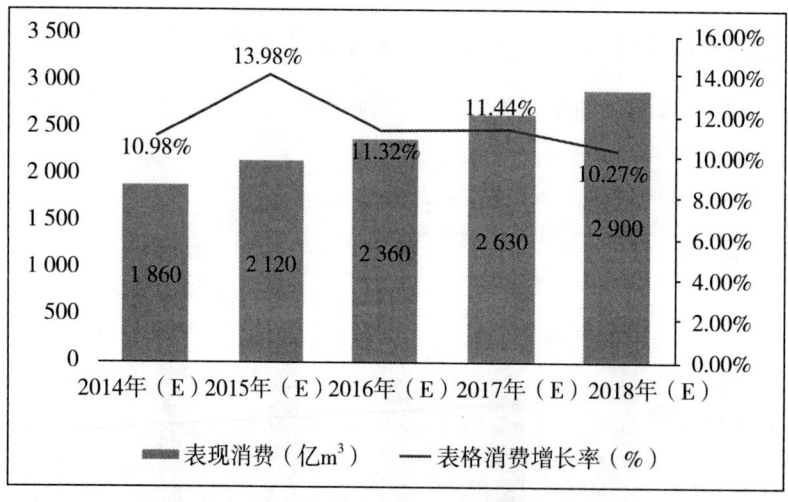

图6　2014～2018年天然气行业的表观消费及增长率
数据来源：石化工业协会、华经视点整理

2　中国天然气行业市场结构分析

我国对天然气的需求很大，但是因为我国天然气的储量不是很丰富，所以大部分需要进口。目前，我国市场的天然气有国产天然气、煤层气、煤制气、页岩气、进口天然气组成（图7）。

第一篇 行业发展

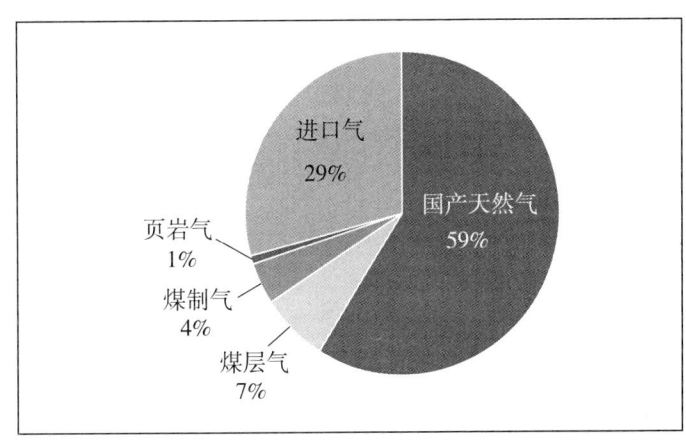

图7 2014年国内天然气的供给结构

数据来源：石化工业协会、华经视点整理

3 中国天然气市场特点分析

3.1 天然气行业所处生命周期

目前，我国天然气行业正处于行业发展的成长期。随着我国天然气市场需求不断扩大，销售水平日益增长，国内外各种投资主体争先恐后地涌入天然气行业，现有大型企业也着力扩大生产规模、经营领域和范围，通过改进经营管理来降低生产成本，以面对现有及新进竞争对手。尤其在政府对天然气行业实行开放市场、多元化经营的环境下，天然气行业必须增强市场意识和品牌意识，广开渠道，提质增效。

3.2 技术变革与行业革新对天然气行业的影响

我国通过几十年的技术变革和行业革新，对天然气行业产生了重大影响。

3.2.1 天然气储量和产量稳步增长

经过技术变革和行业革新，有专家预测中国最终可探明天然气资源量为9万~14万亿m^3，潜力巨大。2001~2020年中国天然气随勘探技术的提高和勘探领域的拓展，天然气储量增长仍将保持高速增长的势头，年增储量仍将保持1 000亿m^3以上的水平，为天然气行业稳定发展打下坚实基础。

3.2.2 安全、绿色、高效天然气开发利用水平显著提升

建设了一批现代化的天然气安全绿色开采和综合利用研发平台，突破了一批重大关键技术，使天然气行业在安全、绿色、高效的基础上不断发展。

3.2.3 降低成本将推动天然气价格的下降，有利于天然气行业的长期发展

技术变革和行业革新降低了天然气的勘探和开采费用，提高了产能，使天然气的成本降低，成本降低又推动了天然气价格的下降，使老百姓更多地消费天然气，更有利于天然气行业的长期可持续发展。

3.3 差异化分析

天然气属于清洁能源,从天然气勘探、开采、管道等运输和样品分析、计量和设备安装等所有环节都有相应的技术标准和规范,行业产品需要统一的技术指标,所以天然气行业不存在其他制造业领域产品的差异化发展策略。

4 中国区域天然气市场分析

4.1 各区域天然气行业发展现状

2013年,国内天然气消费量主要集中在西南部地区、长三角地区、环渤海地区及东南沿南地区,消费量占全国消费量的70%,其中,西南部地区天然气消费量最大,占全国消费量的22%,其次为长三角地区,占全国天然气的17%。

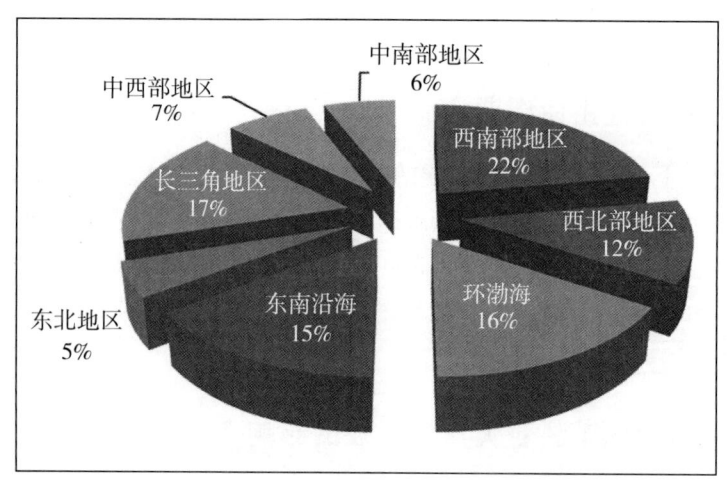

图8 2013年国内各地区天然气消费量占比分析
数据来源:石化工业协会、华经视点整理

4.2 各区域天然气行业发展特征

目前,国内31个省级行政区中,天然气都有不同程度的应用,天然气消费量超过10亿m^3的省级行政区达到23个。其中,四川省天然气消费量仍居首位,2013年该省天然气消费量超过150亿m^3,江苏省和北京市紧随其后,分列第2和第3位,天然气消费量分别为101亿m^3和90亿m^3。

尽管全国各地区基本都已使用上了天然气,但拥有气源优势的西南地区和西北地区依然是天然气消费最大的地区,其中西南地是国内最大的天然气产区之一,又是最大的天然气消费区,2013年消费量大约占到全国的22%,拥有经济发达优势的长三角、东南沿海和环渤海地区气价承受能力高,发展空间大,天然气消费量逐年攀升,增长速度快于油气田周边地区,是未来天然气主要消费市场。

4.3 各区域天然气行业发展趋势

4.3.1 西南部地区

预计2018年，西南部地区的天然气消费量最大，将达到638亿m³，主要原因为该地区紧邻国内天然气生产地区。

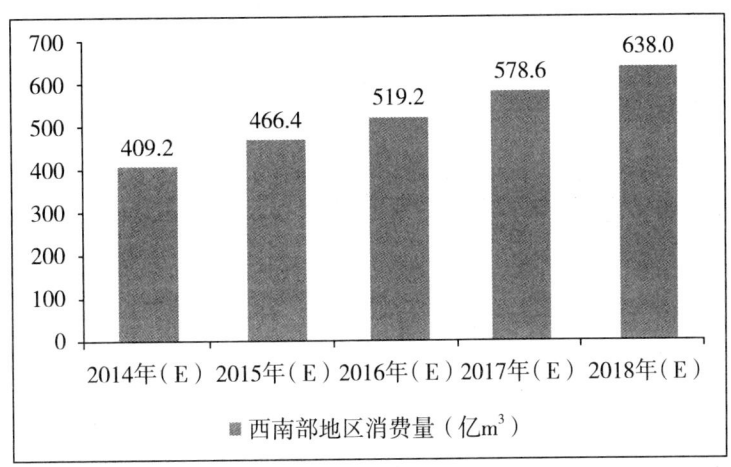

图9　2014～2018年国内西南部地区天然气消费量发展趋势

数据来源：石化工业协会、华经视点整理

4.3.2 西北部地区

预计2018年，西北部地区天然气消费量将达到348亿m³，较预计的2017年315.6亿m³的消费量增长较为明显。

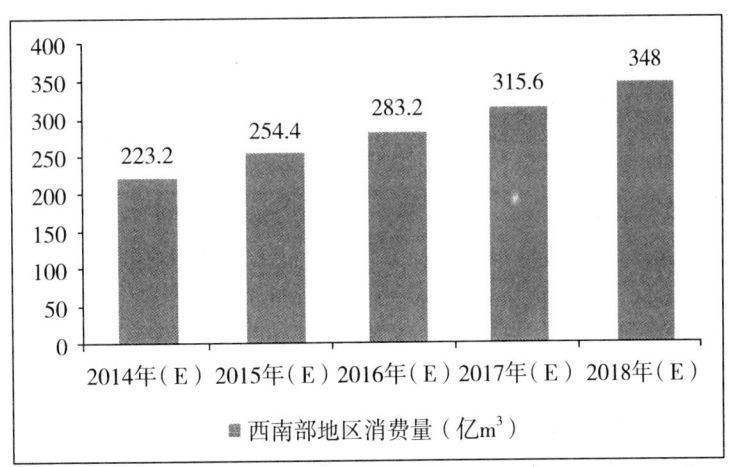

图10　2014～2018年国内西北部地区天然气消费量发展趋势

数据来源：石化工业协会、华经视点整理

4.3.3 环渤海地区

预计2018年,环渤海地区天然气消费量将达到464亿m³,复合增长率为9.3%。

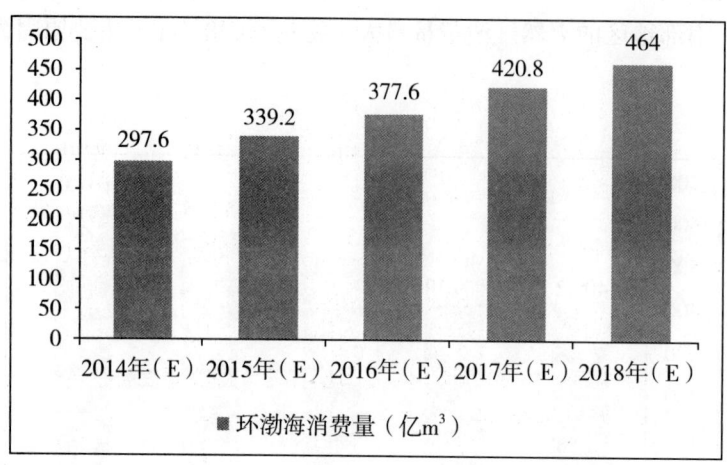

图11 2014～2018年国内环渤海地区天然气消费量发展趋势

数据来源:石化工业协会、华经视点整理

4.3.4 东南沿海地区

预计2018年,国内东南沿海地区天然气消费量将达到435亿m³,增长速度较为平缓。

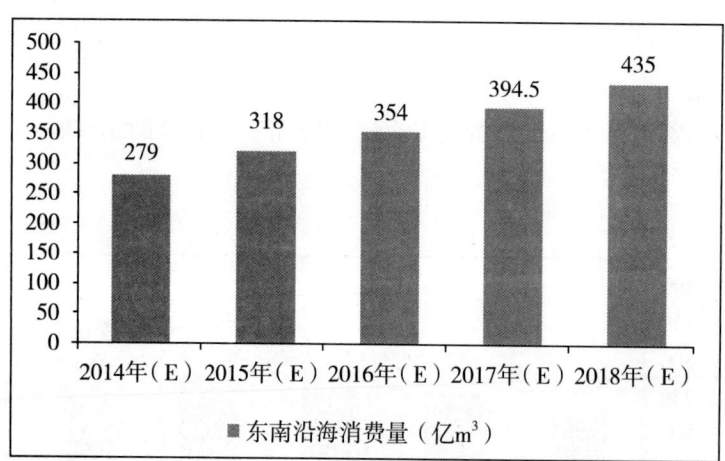

图12 2014～2018年国内东南沿海地区天然气消费量发展趋势

数据来源:石化工业协会、华经视点整理

4.3.5 东北地区

预计2018年,国内东北地区天然气消费量将达到145亿m³,与其他区域相比,东北地区天然气消费量最少,主要原因在于该地区偏寒冷,煤炭使用量较大,且煤炭价格较天然气低,在一定程度上制约了天然气的推广使用。

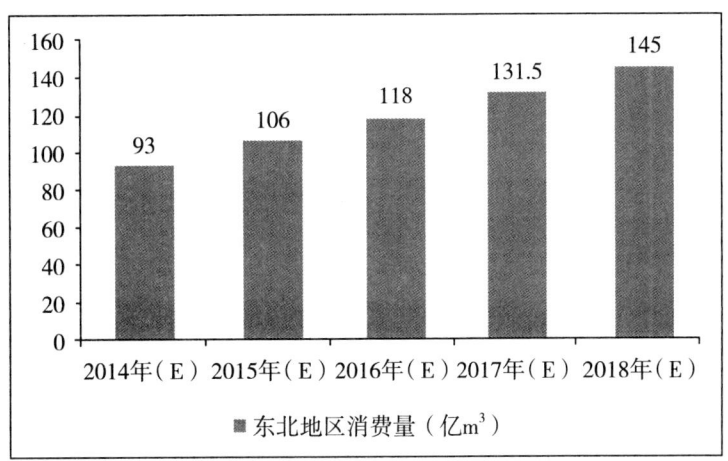

图13 2014~2018年国内东北地区天然气消费量发展趋势

数据来源：石化工业协会、华经视点整理

4.3.6 长三角地区

预计2018年，国内长三角天然气消费量将达到493亿m^3。

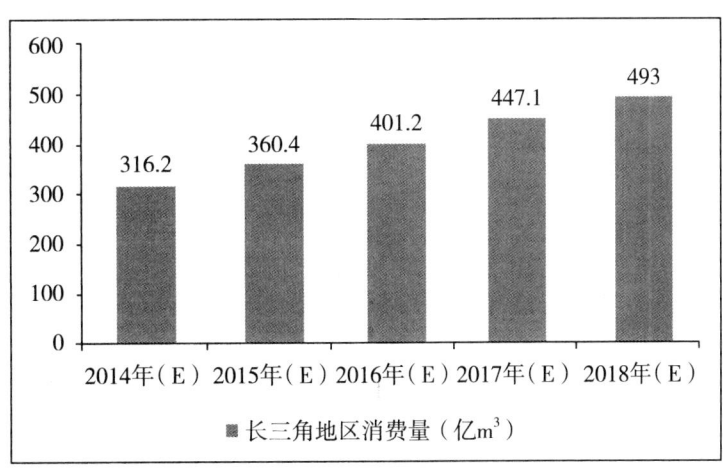

图14 2014~2018年国内长三角地区天然气消费量发展趋势

数据来源：石化工业协会、华经视点整理

4.3.7 中西部地区

预计2018年，中西部地区天然气消费量将达到203亿m^3，消费量仍较低。

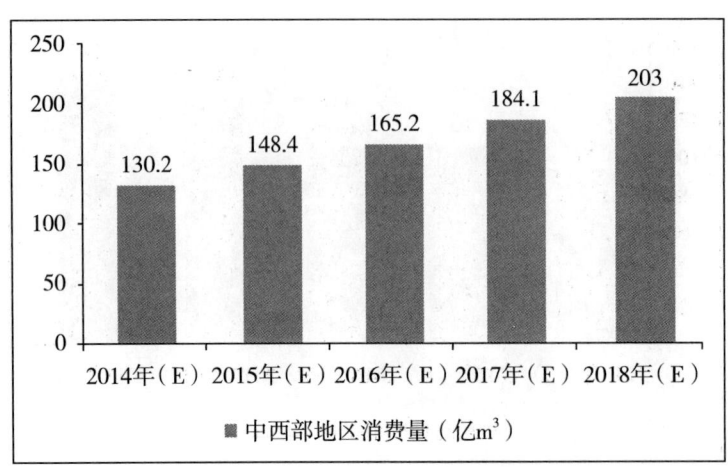

图15　2014~2018年国内中西部地区天然气消费量发展趋势

数据来源：石化工业协会、华经视点整理

4.3.8　中南部地区

预计2018年，中南部地区天然气消费量将达到174亿m^3，消费量偏低，主要原因是当地经济仍不发达，且消费地区与天然气生产地区距离较远。

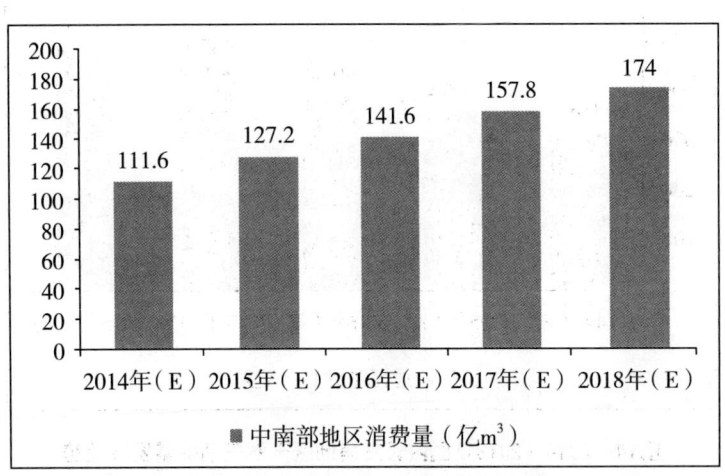

图16　2014~2018年国内中南部地区天然气消费量发展趋势

数据来源：石化工业协会、华经视点整理

4.4　部分重点省市天然气行业发展状况

2013年，国内天然气消费量较大的区域主要集中在西南部地区、长三角地区及环渤海地区，消费量分别为368.7亿m^3、284.9亿m^3及268.2亿m^3，其中，西南部地区代表城市为重庆、成都等城市；长三角地区主要代表城市为上海、江苏、浙江及安徽等省市；环渤海地区主要代表城市为北京、天津及青岛等城市。

北京华经视点

中国液化石油气行业年度发展报告

1 国内液化石油气行业发展情况

1.1 我国液化石油气产能现状

我国液化石油气（以下简称LPG）主要来自于炼厂炼油过程的副产品。随着我国对进口原油依存度的不断提高，在我国沿海地区，大型炼厂纷纷投产。目前，我国LPG的产量主要集中于东北地区、华东地区和华南地区，2013年产量达到2 450万t。在我国LPG产量集中的区域中，华东和华南地区集中了我国50%以上的液化石油气产量，两区域内液化石油气消费旺盛，是我国LPG贸易较为频繁和活跃的区域。

1.2 国内液化石油气消费现状

2013年中国LPG总产量达到2 450万t左右；进口量390万t，出口量113万t，净进口量约277万t。受国内产量稳步攀升及进口量明显增加的影响，2013年中国LPG表观消费量达到2 727万t，环比2012年的2460万t增长了10.9%左右。相比2012年，国内LPG行业表观消费量的年度增幅更加迅猛。由于2013年我国国产LPG总量持续增加，进口总量整体上升，而出口总量环比基本稳定，表明了在中国进口气资源的生存环境在改善，市场对进口气的需求量呈上升态势。增加的需求，正源于在中国蓬勃兴起的丙烷脱氢制丙烯（PDH）的项目被不断地推进和发展。民用市场被相对侵蚀的同时，作为化工加工原料的新方向给LPG的需求发展带来新的生机。

目前，我国的LPG生产呈现的是中石化、中石油和地方炼油企业"三足鼎立"的格局。2010年中石油昆仑燃气进行LPG统销后，中石化在2013年初也正式启动统销LPG。至此，中石油和中石化对我国63%的LPG实施统销，市场价格的波动将趋缓。

对于中石油和中石化而言，LPG由总部统一定价后，提高了市场控制力。对于地方炼油企业来说，中石油、中石化对LPG统销在某种程度上改变了国内LPG价格频繁剧烈波动的现状，集团管制使得LPG价格波动减小，市场价格的联动性更加紧密，LPG的价格更加坚挺，增加了抗跌能力。地方炼油企业、零售商也将从稳定的市场中获益。

1.3 国内液化石油气的消费结构

据东方油气网统计，2013年国内LPG总产量2 450万t，其中约15%~20%的资源为炼厂自用再燃烧或用作其他装置原料，其余80%的资源对外销售。按照外放商品量统计，其中民用占到40%左右，仍为首要用途；其次为工业用途，包括LPG深加工用途，占比35%；作为传统工业窑炉焙烧的需求占比达到11%，相对较为稳定。包括餐饮业等在内的社会商用量占到总商品量的8%；而汽车燃料用量占比6%。

1.4 国内液化石油气的消费结构分析

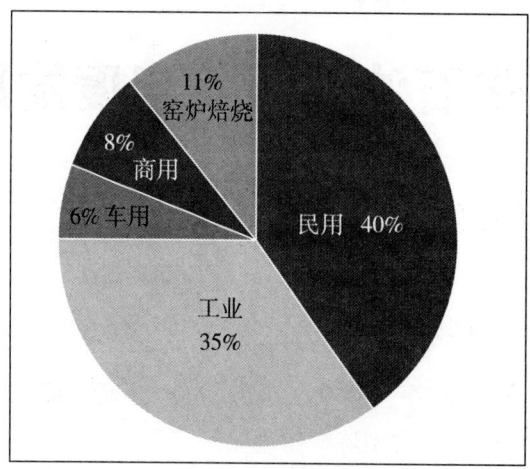

图1 中国LPG消费结构分析

影响我国LPG市场消费结构和消费规模的因素主要有国家整体经济环境、替代资源的发展、LPG相关政策的改变和制约、LPG供应面变化和价格波动趋势以及LPG气质等。

在全球天然气发展的大格局下，中国能源结构"气化"进程也在明显加快。在经济性对比和环保意识不断增强的今天，清洁能源越来越受到人们的重视。国家新一轮城镇化规划和政策导向的指引中，天然气管网铺设正在扩大自身版图。而液化石油气在整体供应量逐年攀升的背景下，正在寻找自身新的发展方向。

1.5 国内液化石油气深加工带来的变革

LPG除了作为民用燃料，主要应用为深加工原料，为了应对天然气扩张及高产能带来的冲击，国内LPG市场继续挖掘着LPG作为化工原料的多种用途，试图延长产业链以提高自身企业的经济效益和抗风险能力。在芳构化企业生存难度日益加大的背景下，近年来烷基化、异丁烷脱氢等项目在国内遍地开花，寻找到了新的利益增长点。而丙烷脱氢制丙烯的项目也逐步受到业内人士的关注。国内主力炼厂为了顺应市场变化趋势，将LPG产品不断细分且实现有效分流，合理优化了产业结构，使得资源利用更加充分和有效。

LPG深加工主要有两条路线，一是以烯烃为路线的发展，包括芳构化、异构化、催化裂解等；二是以烷烃为路线的包括顺酐、丁二烯、异丁烯等。细分图样如图2所示。

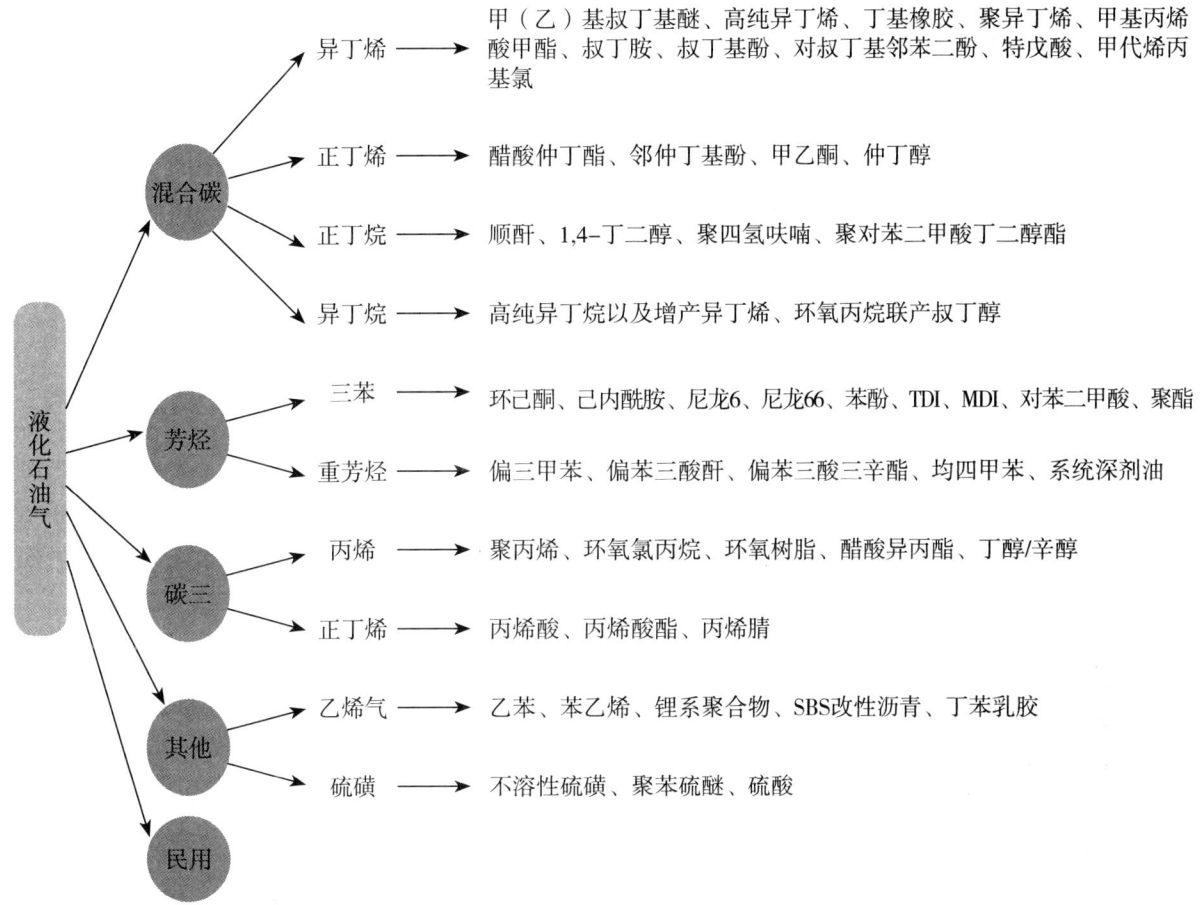

图2　LPG深加工细分图样

1.6　国内液化石油气深加工装置产能统计：

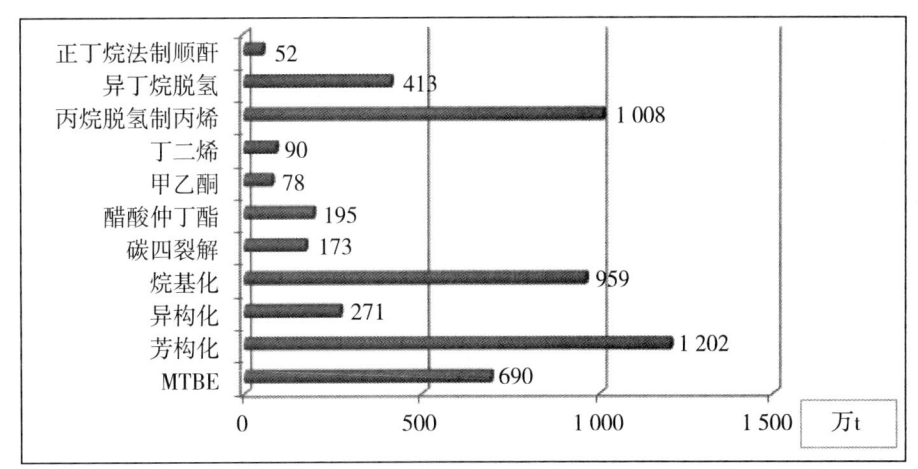

图3　国内LPG深加工装置产能统计

2013年全国深加工投产及未来设计产能已近6 000万t。

1.7 国内二甲醚现状

根据中石油统计资料，2013年度，全国二甲醚市场供方有效产能达1 036万t，较2012年同期增长22%。基于二甲醚价格长期低于LPG，客观上形成了液化石油气中掺混二甲醚牟利的现状。

二甲醚与LPG年度平均价格比较　　　　　　　　　　　　单位：元/t　　表1

产品	2010年	2011年	2012年
二甲醚	3 999	4 522	4 295
LPG	5 463	6 176	6 429
价差	-1 464	-1 654	-2 134

2 国内液化石油气的应用领域

我国LPG消费量以年均7.8%的速度快速增长，2013年表观消费量已达2 727万t，环比2012年的2 460万t增长了10.9%。在我国，传统意义上LPG主要应用在民用、工业、商业和车用四大方面。民用方面主要满足家庭饮水及煮饭，部分用于家庭洗澡以及取暖等基本生活需求，民用仍为我国LPG的首要用途。

长期以来，我国LPG最主要的用途是用于城市燃气，既可以灌装在气瓶中供燃气管线敷设有难度的地区使用，又可以在气化站中气化成气态通过管网供应相对集中的用户使用，还可以与空气混合制成"代用天然气"供低温地区的用户使用，或因其与天然气性质类似而作为天然气供应系统的调峰气源。但是近几年随着中亚、中俄、中缅天然气管道的贯通和海上四大进口通道的建设运营，我国形成了以西气东输、川气东送、陕京天然气管道为大动脉的骨干管网，城市天然气的供给量迅速增长，致使LPG民用需求量降低。为了顺应市场变化趋势，一方面要不断完善炼油产业链，挖掘LPG组分细分产品，发展LPG深加工。另一方面要在LPG民用、商用领域寻找新的需求增长点，将LPG的主要使用区域由城市转向农村，目前我国绝大多数农村地区LPG的使用率以及消费量依然很低，甚至还存在很多空白点。因此在城市天然气逐步普及的背景下，应探索实践"LPG下乡"战略，培育农村市场，拓展LPG在农村领域的应用。

2.1 液化石油气在农村领域的应用

我国是一个农业大国，乡村人口占总人口的61%，城镇人口仅占39%。根据国家发展战略，在"十二五"计划中（2011~2015年），城镇人口比例将提升至60%以上。我国农村生活用能中，薪柴秸秆和煤炭分别占52%和34%，各类清洁能源比例仅为10%左右，据统计，2011年我国农村LPG消费量约为489万t，大部分农村家庭是将其作为柴薪、煤炭的补充能源使用，人均消费水平较低，特别是在北方地区受季节影响明显。但是，近几年随着农民收入水平的不断提升、打工返乡农民的日益增多以及90后农民消费习惯的改变，LPG作为家庭炊事的主要燃料正越来越普遍地受到祖祖辈辈习惯于烧柴草的广大农民的青睐，使得农村生活用LPG消费量有着迅速提升的趋势。我国拥有几亿农民，占全国总人口的一半以上，农民群体LPG消费水平的提升将使民用燃气需求量存在大幅提升空间。

2.2 钢瓶安全物联网技术在液化石油气行业的应用

当前，我国LPG供应仍以瓶装供应为主，根据2013年《中国城市建设统计年鉴》数据可知，我国县以上LPG用气人口为2.36亿人，包括乡镇和农村用户在内，全国在用LPG钢瓶保有量约1.5亿只以上。瓶装LPG的使用为居民带来了方便的同时，由于技术管理不善也引发了诸多严重事故和隐患。市场非法经营LPG企业普遍存在，导致大量存在质量和安全隐患的"黑气"流入市场，并导致质量事故责任难以追溯。因此，如何做好瓶装气的安全管理，始终是LPG行业的一个重要技术课题。近期行业内研发的《钢瓶安全物联网管理系统》应用可以实现以下目标：

限制他人充装：使用RFID智能角阀钢瓶，使得各个液化石油气充装经营企业的钢瓶只能在自己的充装站进行充装，其他企业的充装枪无法进行充气充装作业，B站的RFID智能角阀钢瓶A站无法充装。

精确充装：通过自动读取RFID记录的钢瓶信息原始数据，准确掌握钢瓶残液余量，实现钢瓶精确充装，确保计量准确。

安全保障：自动识别钢瓶使用年限及检验有效期，防止报废或超检验期钢瓶充装，保障了用户及公众安全。

保障企业资产安全和品牌价值：防止钢瓶流失、非法倒气以及非法充装对企业商誉的损害。

为企业和政府管理提供技术管理手段：通过采集钢瓶充装、物流、销售及客户服务等生产供应环节的信息，实现对产品与服务质量全过程的追踪管理，为企业和政府提供有效的技术手段。

在RFID智能角阀技术应用前，LPG行业曾先后采纳陶瓷标签、电子标签、直阀等技术，但这些手段始终未能从根本上解决钢瓶非法交叉充装问题，因此《钢瓶安全物联网管理系统》已广泛用于LPG公司，有效提高了管理水平。

2.3 小型液化石油气储罐供气技术应用

中国城市燃气协会液化石油气委员会小型LPG储罐供气技术标准研究课题组，完成了国家《液化石油气小型储罐设置》课题研究任务。该项目适用于单个或多个LPG用户，在其附近安装小型储罐，通过小型LPG储罐充装专用槽车对储罐进行定期充装，实现用户小范围的管道供应；配备远程液位监视系统，对罐内的液位状况实时动态监控，配备的远程监控装置和安全保护装置，有效地防止事故的发生。《小型液化石油气储罐供气技术研究报告》于2012年通过专家组评审。

2.4 液化石油气冷热电三联供系统应用

作为一种能源高效利用的方式，冷热电三联供系统发展已经有超过30年的历史。冷热电三联供系统属于分布式能源系统范畴，一般采用价格较低廉的天然气作为原料，以达到理想的经济效益。但是在偏远地区天然气管道无法敷设到位，建设LNG站又需要解决气源、占地、安全等问题，因此可以考虑建设液化石油气冷热电三联供系统解决偏远地区能源供应问题。"十二五"期间，国内LPG行业十分注重拓展LPG在新的领域应用技术的推广工作，将LPG的特点与三联供的优势相结合，推出液化石油气冷热电三联供系统应用。

2.5 车用LPG的应用重振发展机遇

2013年4月1日国家正式颁布实施了新修订的《车用液化石油气》(GB19159—2012)标准。新标准确定的车用LPG质量检验项目和标准在国内经历了十几年的实验研究探索,特别是对烯烃、丙烷、总硫含量及供气压力、辛烷值等关键性项目和指标的设定,长春汽车燃气发展有限公司和龙井众诚能源发展有限公司从2000年和2008年起做了大量的试验研究工作。在标准修订过程中,先后经过了"国产高烯烃液化石油气作为车用燃料试验研究"国家课题和"低含丙烷高含烯烃的车用液化石油气在东北寒冷地区区域化应用试验"地方课题的较大规模应用试验,并先后两次连续两年选择不同车型对新标准设定的质量指标进行行车试验标定考核。所有这些试验研究标定考核都证明:新标准所确定的车用LPG质量项目是完整的,质量指标是可行、适用和可靠的。

我国从1999年起开展以汽车燃用LPG、CNG为主的"清洁汽车行动"以来,LPG汽车经历了从兴盛到萎缩的过程,其中气质问题成为制约我国内陆地区LPG汽车发展的主要原因之一。

新标准严格限定了车用LPG中影响燃用有害物硫的含量,将总硫含量由原来270mg/m^{3}降低至50mg/kg,保证了排放质量。LPG经过深度脱硫后,可以作为车用LPG使用,拓宽了我国车用LPG可供资源的来源。

新标准增加了车用LPG供气压力和辛烷值指标,规定车用LPG在不同温度下,供气压力均不得小于0.15MPa,辛烷值不得小于89,满足了汽车发动机的使用要求。

新标准所确定的车用LPG的质量检验项目和指标与欧洲标准基本相同,有的项目技术指标还要更严格;与日本、韩国、香港的车用LPG标准在气体组成上是相近的,在检验项目和指标上更全面、更严格。上述这些国家和地区的标准已经执行了几十年,证明是可行的。新标准的颁布实施,不仅拓宽了我国的车用LPG可供资源的来源,而且从质量上满足了LPG汽车正常、可靠运营的燃用要求,重振了车用LPG的发展机遇。

根据统计资料,国内广州、长春、延吉等城市LPG汽车运营发展良好。

3 国内液化石油气事故

目前,LPG钢瓶违法充装,超期不检,违规检验,使用者安全意识不强,修理改造报废气瓶等问题是导致LPG钢瓶事故居高不下的主要原因。

2011年11月14日早上7时40分钟,位于西安太白路与科创路十字西南角的嘉天国际公寓一层店铺发生爆炸。据悉,该店铺为樊记肉夹馍小吃店的连锁店,爆炸原因初步判定为LPG钢瓶泄漏引发。根据西安市政府公布的伤亡情况,死亡人数达10人,共有37人受伤。

2013年福州连续发生3起餐馆LPG爆炸事件。

2013年5月24日晚,福州台江达道美食城发生LPG爆炸事故。据官方通报,店内煤气阀门泄漏,空气中煤气浓度过高是事故直接原因。5月26日,7名伤者仍在医院治疗,其中5人在重症病房。

2013年5月26日上午,福州台江铺前顶巷一家小吃店液化石油气爆炸,2名员工受伤。事故原因和达道美食城相似。

2013年5月28日早上,福州仓山透湖支路阿华美食园发生液化石油气爆炸事故,一路人被炸伤,经抢救无效死亡。相关部门经初步判断,爆燃原因系该店主整夜未关紧LPG阀门,造成LPG泄漏引发爆燃。

　　LPG事故的频发，多是由于泄漏所导致，而导致泄漏的原因主要是液化石油气钢瓶的生产制造、充装、使用和监督管理上的问题。上述事故不难看出目前我国在对LPG钢瓶的生产制造、充装、使用和监督管理上存在严重的漏洞。因此，应尽快规范LPG市场，加强对LPG市场的监管，积极引导百姓正确消费和使用LPG，将有效推动我国LPG市场质量溯源监管体系的建设，促进行业健康发展。

4　未来液化石油气行业发展展望

4.1　作为民用燃料仍然不可替代

　　由于LPG的充装便捷性，市场对车用和商用的需求表现相对稳定。受我国严重雾霾天气影响，国家提倡使用清洁能源，而2013年我国汽车保有量破亿，LPG在车用领域仍有进一步发展的空间。对于陶瓷烧制等的传统工业燃烧用量，虽然少部分厂家已更换使用天然气而使得对LPG需求量下降，但大部分厂家考虑到更换装置的费用较高，且天然气季节供应稳定性不足等缺点，仍以继续使用LPG为主，由此推知，目前窑炉焙烧领域对LPG的需求同样表现稳定。再者，天然气扩张发展的大格局已定，其侵蚀城市居民燃烧用LPG的量将继续增大。但是，这并不代表LPG的民用市场份额会被天然气全部吞并。由于中国农乡人口比例依然大于城镇，且国家城镇化规划进一步推进和实施需要漫长的时间等待，而很多的偏远农村地区天然气管网无法涉及，LPG对于民用市场的存在依然是有必要性的。

4.2　作为深加工原料在不断技术探索和装置改造升级中获得更加充分利用

　　芳构化发展停滞，消费税的征收使得利润率大幅下降，且国内醚后碳四供应收紧，导致MTBE装置长期处于30%～50%的低开工率，利润率大幅缩水，也使得包括华北地区在内的部分地区芳构化处于长期停工状态。

　　烷基化维持较快的发展。2013年国内深加工装置中，烷基化成为新的增长亮点。政府对油品升级的要求，给烷基化油的发展和壮大带来了机会。由于其下游需求更加稳定，而相比芳构化而言对于原料气质要求更低，使得烷基化装置的经济效用更强，近两年，多地兴建烷基化装置，可谓"遍地开花"。目前官方统计的烷基化装置，包括已建和在建的，总产能达到959万t。除了集中地山东和华北外，华东等地2014年下半年也逐步出现烷基化的身影。

　　丙烷脱氢制丙烯。中国丙烯年生产量约1 300万t，而年消费量达到2 150万t，占世界总消费量的20%左右，需求缺口之大引发资金流向PDH项目投资。预计未来三年内，中国将上马的PDH项目总产能接近1 008万t。天津渤化化工已投入运营，2014年将有宁波海越、三圆石化、卫星石化、烟台万华、扬子江石化和东能源等单位的PDH项目上马，产能均在45万t/a～60万t/a。虽然部分原料改为国内采购，但保守估算，中国对进口丙烷的需求量将猛增300万t～350万t。随着国际丙烯价格的大幅提升，国内丙烷及丙烯价差被拉升至较高的水平，将给最先上马PDH项目的企业带来较大的利润空间。

4.3　巩固液化石油气作为民用燃料的市场

　　为应对天然气行业大发展的冲击，要大力发展农村及城乡结合地带LPG市场，利用LPG运输便捷的优势，占领管道天然气难以到达的地区，作为天然气的重要补充并与天然气长期共存。大力发展郊区市场，巩固LPG作为民用燃料的市场，一方面可以减少传统的柴火和煤炭的使用，对我国缓解大气污染，创造良好生态环境具有重要意义。另一方面保持LPG在民用市场的一定份额，有助于保持能源结构的合理化，确保民用能源安全。

4.4 液化石油气将作为替代能源，在汽车使用方面大有作为

据研究，城市空气污染物中一氧化碳和氮氧化物的主要来源是汽车尾气。在当今汽车保有量不断快速攀升的情况下，LPG作为优质清洁能源之一，可以代替传统的汽油和柴油作为汽车燃料，通过改善汽车发动机的燃烧性能，减少有害气体和颗粒物的排放，减少环境污染。同时发展LPG燃料汽车还可以降低汽车燃料对汽油、柴油的过度依赖，起到调整能源结构的作用。因此，我国应该继续借鉴LPG燃料汽车在欧美和日本等发达国家和地区的成功使用，总结我国在前期开发和推广过程中的经验和教训，在技术、资金、管理、政策等方面多管齐下，推动LPG燃料汽车的高效、规范发展。

4.5 加快推广我国小型液化石油气储罐供气技术亟待解决的问题

4.5.1 技术标准问题

我国虽然制订有LPG气化站技术标准，但该标准是只针对传统LPG储罐工艺，对于已按本质安全要求设计的专用小型LPG储罐供气系统，缺乏相应的技术标准。建议借鉴欧美和日本成熟经验，制定符合我国国情的小型LPG储罐专用技术标准。

4.5.2 开罐检验问题

各国小型LPG储罐供气系统均按单罐设计，罐体距离建筑物较近。小型LPG储罐的连续性供气以及系统无泄漏的保障要求，决定了小型LPG储罐不能像传统储罐那样安排现场开罐检验。建议此类储罐的使用期限按照20年设计，若非特殊情况，使用期限内无需做开罐检验。

4.5.3 液化石油气配送和充装问题

按我国现行LPG槽车管理规定，LPG槽车禁止自带装卸泵，而为小型LPG储罐配送和充装的槽车应当满足的特定功能和安全要求，需要自带装卸泵。为有别于传统槽车管理，建议将该类槽车定义为小型LPG储罐配送专用槽车，并制定相应的技术标准和管理要求。

4.5.4 其他相关问题

国外使用的LPG基本上无残液，而国内供应的普通LPG质量不稳定，气残留物指标普遍达不到GB 11174—2011《液化石油气》中的残留物的相关规定。由于小型LPG储罐内的残液较难处理，且含硫量过高对系统的腐蚀较大，故建议小型LPG储罐应当选用高质量标准的LPG，可参照车用LPG标准确定。

4.6 合理解读国家液化石油气法规政策，选择有深加工价值的领域发展

消费税新政：2012年11月6日，中国国税总局发出《国家税务总局关于消费税有关政策问题的公告》（国家税务总局公告2012年第47号），公告规定："纳税人以原油或其他原料生产加工的在常温常压条件下呈液态状（沥青除外）的产品，按规定征收消费税"，于2013年1月1日开始执行。此规定引发市场动荡，各方对政策解读迥异。

消费税新政落实后,液化石油气在深加工领域的转型不可避免。作为原料的液化石油气将选择丙烯、乙烯、烷基化、丁二烯、顺酐、环氧丙烷等更有深加工价值的领域发展。

4.7 关注国内外宏观经济发展形势,准确把握液化石油气市场走势

2014年世界经济在平稳中呈现"弱增长"格局,但对刺激政策的依赖程度降低,复苏基础趋于稳固。纵观全局,主要发达国家市场需求未实现根本好转,全球贸易增长的动力仍然不足。美国经济延续复苏势头。日本经济表现回升迹象,维持低速增长态势。而欧元区经济受欧债危机反复和蔓延的严重影响,无法摆脱负增长,仍在衰退边缘徘徊,稳定复苏尚需时日。新兴经济体受经济危机的影响日趋凸显,经济增速放缓、低位运行特征已常态化,同时随着发达经济体量化宽松政策和贸易保护主义措施负面影响的扩大,新兴经济体面临严峻的挑战。2014年世界经济复苏乏力,增速放缓;石油供需宽松,油价高位宽幅震荡;天然气供需基本平衡,美国气价继续回升,美欧亚三大市场价差有所收窄。常规油气资源总量增长近两成,美国页岩气开发进度不减,页岩油已成投资新宠;炼油和乙烯能力缓慢增长,清洁燃料升级步伐加快。

4.8 未来LPG需求量将呈逐年增长趋势

"十二五"期间,液化石油气需求量将呈逐年增长趋势,2015年全国LPG需求量将达到3 000万t以上,其中用于燃料的LPG受天然气发展的影响,预计用量将减少,比例下降到60%左右;由于芳构化、烷基化等LPG化工利用项目纷纷上马,工业原料用气量将有较大提高,预计将增加至40%左右。

根据未来5年国内炼油新建和扩建项目规划,以及现有炼化企业LPG生产、深加工发展趋势,预计未来5年我国自产LPG商品量将呈逐年增加趋势。

4.9 液化石油气在农村领域的应用前景广阔

我国农村能源的传统结构一直与我国农村较低的经济发展水平密切相关,能源构成主体依然是木柴和煤炭,电力、燃气等能源供给能力不足,消费结构不合理。而且区域经济和能源发展不平衡、不协调,城乡能源基础设施和用能水平差距大。中共中央关于"十二五"规划的建议中明确指出,要搞好社会主义新农村建设规划,加快改善农村生产生活条件。能源发展"十二五"规划也提出,要完善农村能源基础服务体系,推进城镇能源供应设施和服务逐步向农村延伸。可见能源结构的优化对于加快社会主义新农村建设,无疑具有积极的意义。

随着新农村建设进程的加快,沼气、太阳能、电能、燃气等能源技术在具备条件的地区得到了一定程度的推广。其中,LPG作为一种清洁能源,具有易于储存运输、投资小、见效快、使用便捷等特性,从优化能源结构的层面来说,在农村领域推广使用LPG的优势十分显著。

4.10 液化石油气市场分析

全球LPG行业正处于一个巨大变革之中,目前改变现状的是美国页岩气革命。不论是投资在天然气液体的分馏装置和基础设施的美国中游企业,还是在墨西哥湾沿岸的现有液化石油气码头运营商或从这些码头提货的液化石油气贸易商和船东,大家都已从中获利。南美与欧洲的市场需求会被美国的LPG满足。巴拿马运河的扩宽工程也能让所有超大型LPG船过境,作为LPG航运的主力,它们能为美国卖家打开亚洲的大门。而伊朗成为了一个变化因子,倘若制裁措施结束,伊朗也可能会

随时出口可观的LPG量，即使没有这些出口量预期美国资源在亚洲市场将会增加竞争力，并导致中东和美国的LPG价格的趋同。这将影响到美亚路线的运费，贸易商的利润，甚至美国出口商的码头费。预计2020年全球LPG进口市场会有有限增长，届时市场可以支持墨西哥湾沿岸每年2 000万t液化石油气的出口容量。液化石油气航运，特别是超大型液化石油气船，仍是另一个不确定性因素。目前，一个新的建船热正在进行，于2014年至2016年间交货确定订单已达47艘，其他新的订单也可能落实。这意味着全球船队规模扩张将达到30%。作为超大型液化石油气船需求预测的基础，液化石油气贸易预测报告显示，在2016~2017年左右将有一个显著吨位顺差。

综上所述，随着全球生态环境的急剧变化，以及世界各地对清洁环保能源的重视，液化石油气行业发展需准确把握市场变化趋势。在民用燃料领域的发展技术应用已趋成熟，重点需把握国家经济政策环境报告及LPG市场供需面。而作为原料进行深加工的技术在不断探索中将不断精细，以适应市场需求变化。

参考文献

［1］2013年东方油气制度报告。
［2］王焰、梁卫东：《中国土木工程学会燃气分会液化气学科发展报告》。
［3］王多宏等：《液化气销售、价格模式研究》。
［4］王焰：《液化气在农村领域的应用》。
［5］殷乃勋、梁卫东：《车用LPG应作为我国轻型汽车首选的清洁替代能源》。
［6］黄蓉：《液化气冷热三联供系统的应用分析》。
［7］田长栓：《西安液化气爆炸事故引发的思考》。
［8］金醒群、张璋：《液化石油气学科发展报告》。

中燃协液化石油气委员会
北京市液化石油气公司
宁波兴光燃气集团有限公司

天然气分布式能源专项规划编制方法与应用示范

1 课题研究工作概述

为落实国家发展天然气分布式能源的方针和国家四部委《关于发展天然气分布式能源的指导意见》、《分布式发电管理暂行办法》等文件各项要求，推动天然气分布式能源的规范发展，受国家能源局委托，由美国能源基金会资助，中国城市燃气协会承担的"天然气分布式能源专项规划编制方法与应用示范"的课题经过近一年时间已按计划完成了预定任务。

2 天然气分布式能源专项规划编制方法暨编制大纲说明

2.1 总则

2.1.1 规划背景
可结合国家当前的相关政策、本地区"十二五"和远期发展总体规划提出的目标和定位、作为国家级综合改革实验区、新能源示范城市、循环经济实验区等项目计划、落实本地区节能减排和能源结构调整等任务，进行介绍。

2.1.2 规划期限
规定规划的基准年（作为比较的标准），近、远期的时间节点，也可包括愿景展望。

2.1.3 规划范围
从行政区划、地理边界、规划面积等方面介绍。

2.1.4 规划依据
国家与地方法律、法规、规范、标准、通知、文件等。

2.1.5 指导思想
贯彻国家方针政策、地方发展的需求与支撑。

2.1.6 规划原则
遵循发改能源2011〔2196〕号等相关文件的基本原则。

2.1.7 规划目标
采用科学的指标分解方法，确立本地区的总体目标，包括示范项目、设备研制与产品国产化、形成自主知识产权的分布式能源装备产业体系。

2.1.8 规划指标
为强调专项规划的可操作性，可在规划总则中给出某些量化指标如项目数量、总装机规模、用气量占供用气量的比重、综合能源利用效率、节约一次能源、减少温室气体排放、设备国产化率、规划总投资、年发电量、年用气量等。

2.2 地区基本情况

2.2.1 地理环境
行政区划、相邻边界、地质结构、山脉、河流、湖泊、湿地等。

2.2.2 面积人口
区域面积、现有人口及规划期增长情况等。

2.2.3 气候条件
季节气候变化、年平均温度、年最高最低温度、年均雨量等。

2.2.4 交通状况
各类交通（航空、铁路、水路、公路等）情况、周边重点城市等。

2.2.5 经济状况
全地区和人均GDP现状及发展预测、人均收入水平现状及发展预测、产业结构、耗能工业状况等。

2.2.6 资源状况
常规能源（煤、石油、天然气）供应及比例、可再生能源资源（太阳能、风能、地热能、生物质能等）、非常规天然气资源（煤层气、页岩气等）、工业余热余压等发展情况。

2.2.7 环境状况
环境质量现状（大气、土壤、水源）、存在的主要问题。

2.2.8 供能状况
供电情况：本地发电容量、外送和输入电量、峰谷差、电力调峰、输变电站、输配电网等情况及其发展规划；

供气情况：本地气源、年供气总量现状及发展预测、输气管网、峰谷差、储气调峰等情况及其发展规划；

供热情况：本地供热厂与热电联产布局及容量、热力管网、集中供热比例及发展预测等情况及其发展规划；

供水情况：年供水总量、水厂布局及容量、污水处理厂布局及容量等情况及其发展规划；

供能结构：常规能源、清洁能源、可再生能源供能比例等情况及其发展规划；

存在问题：如上述供电、供气、供热等存在的问题，以及能源缺口现状及发展预测、供能结构调整等。

2.2.9 基础设施
能源设施：电力、煤气、天然气、液化石油气、暖气和新能源设施等；

给排水设施：水资源保护、自来水厂、供水管网、排水和污水处理；

交通设施：航空、铁路、航运、高速路、桥梁、隧道、地铁、轮渡等；

邮电通信设施：如邮政、电报、电话、互联网、广播电视等；

环保设施：如园林绿化、垃圾收集与处理、污染治理等；

防灾设施：如消防、防汛、防震、防台风、防风沙、防地面沉降等。

2.2.10 发展定位
地区发展特殊定位，如新能源城市、低碳城市、生态城等。

2.2.11 发展规模
可用人均GDP、人口数量、单位GDP能耗、减排总量控制等表示。

2.2.12 发展规划
包括城市总体规划、电力规划、燃气规划、供热规划、其他规划。

2.3 地区发展战略

2.3.1 当地有利条件和存在问题
从经济发展、地方政策、管理机制、社会认知、技术基础、资源禀赋、能源需求、环境生态、发展规划等方面分析本地区发展天然气分布式能源的有利条件和存在的问题。

2.3.2 必要性分析
如落实国家发展天然气分布式能源的既定政策；实现地区总体发展规划、节能减排目标；电力发展规划的需求；发展清洁能源、改变能源消费比例；发展区域集中供热；提升城镇化水平、加速推进产业集聚区建设。

2.3.3 可行性分析
经济发展方式转变带来的政策、技术、市场的支撑；气源条件的改善和供气量增加；地区内天然气管网的覆盖度发展；当地可再生能源开发利用潜力；工业企业提高能源效率的潜力；节能绿色建筑发展潜力等。

2.4 能源需求分析

2.4.1 民用建筑与工业企业负荷分析的特点
分析民用建筑（包括公用建筑、商业建筑）的负荷以电力、采暖、制冷、生活热水为主，工业企业的负荷以生产用蒸汽为主。负荷分析方法，包括按设计规范的负荷指标法、历史数据归纳法、典型建筑模拟法、负荷软件的数值计算法等。

2.4.2 负荷需求现状分析
包括冷、热、电、生活热水、蒸汽等的负荷kW（年平均负荷、最大负荷、最小负荷）和各种负荷的年总耗能量kWh；一般根据不同的建筑类型（如医院、商场、办公楼、酒店、机场、火车站……）的单位设计负荷指标和供能面积分别统计，再综合得到项目的总负荷。除负荷预测外，还要给出项目年总耗能量kWh，以便进行设计方案负荷平衡与能量平衡的计算。

2.4.3 规划期的负荷预测
根据地区的负荷现状分析、规划期经济发展的需求，对规划近、远期各时间节点作出负荷增长的预测。

2.4.4 负荷密度分布与负荷互补性分析
根据负荷分析数据绘制负荷密度分布的等值线图作为能源站选址的参考。

2.4.5 采用最新的建筑节能设计标准
采用负荷指标法设计时，要采用国家和各地方最新的节能建筑或绿色建筑标准，如《公共建筑节能设计标准》（GB 50189—2005）、北京市《绿色建筑设计标准》（2012年）等。

2.5 能源供应分析

2.5.1 能源供应系统
对整个能源供应系统,包括了从资源转化为终端用户的一系列的转化、运输、分配流程所组成的能源供应系统的分析。

2.5.2 天然气供应
目前与规划期内本地区的天然气的供应总量,规划中分布式能源年用气量应占地区供应总量的合理比例以及管道气、LNG、CNG的供应现状。

2.5.3 天然气价格
天然气价格是影响天然气三联供经济性的最主要因素,全国天然气价格差异很大,地方也有不同的用气优惠政策。

2.5.4 非常规天然气
非常规气源(如煤层气、页岩气),以及焦炉煤气、煤制气等的分析

2.5.5 天然气管网的现状和建设
天然气管网系统,包括运输、储气、调峰等设备是天然气供应的必要保证,与气源同样重要。

2.5.6 当地可再生能源利用
在规划中强调当地各种可再生能源的开发利用,与天然气能源构成各种形式的耦合供能系统。

2.6 总体设计与重点项目

2.6.1 规划的总体设计
即"顶层设计",确定总体发展目标、规模、布局、指标、步骤、措施,统筹安排项目建设,与地方电力、燃气、供热发展规划有机衔接;总体设计物理模型;总体设计的关键措施。

2.6.2 能流网络及总体设计中的应用
能流网络的概念及网架结构,能流网络方法在规划总体设计中的应用。

2.6.3 确定发展量化指标
确定量化指标的依据,综合评价指标分解方法,指标分解在规划中的应用。

2.6.4 总体空间布局
结合城镇总体规划及功能区划分,构造大型的区域型分布式能源和楼宇型分布式能源的总体空间布局。

2.6.5 项目调研与梳理
项目支撑作为规划的核心内容,项目调研表,项目筛选方法,能量曲线在项目经济排序中的应用。

2.6.6 与其他规划的衔接
针对城镇总体规划现状,确定天然气分布式能源规划与电力、燃气、热力各专项规划的衔接。包括分布式能源的容量、电压、布局、用气量等对电网安全稳定高效运行、燃气供应储气调峰、多能源互补集中供热等方面的影响。

2.6.7 重点项目的初步可行性研究
重点项目选择、能源站的选址、运行模式、系统配置、工艺路线、投资分析、效益分析、实施

计划。

1）重点项目选择范围

包括：已确定的国家级、省、市级的重点开发区域、新能源示范城市、低碳示范城市等区域中的区域型或楼宇型项目；气源供应有保障、经济性好的典型行业项目；低价格燃料项目（如煤层气、焦炉煤气等）。

2）能源站的选址

应该考虑如：负荷中心地带，电力并网，供气管网位置、流量、压力，水源条件，可用空间，可再生能源利用，环境影响（如噪声、震动、电磁、其他环境污染），便利运输，躲避障碍（河流、隧道、桥梁等），景观效应等因素。

3）运行模式

并网不上网、并网且上网、孤岛运行、微网模式等，任何运行模式都应建立在线监测和智能控制系统。

4）系统配置

按照本规划的总体设计模型，在条件允许下，系统配置都应设计为以天然气三联供系统为主、以可再生能源利用为辅的耦合供能系统。充分体现能量的梯级利用、多能源的互补、多转化工艺技术的交叉和智能化运行管理。

（1）系统的构成：主要由发电设备、余热利用设备、调峰设备、相关主辅设备构成；发电设备目前应用较多的形式有燃气轮机、燃气内燃机和微燃机；余热利用设备有各种形式的余热吸收式空调机组和余热锅炉；系统常用的调峰设备常见的有燃气锅炉与电空调相结合、直燃机、热泵等形式。系统配置中应包括可再生能源转化技术与设备，可以作为电源，也可作为冷热源。

（2）设备配置原则：设备容量的选择应既能保证发电及余热机组尽可能长时间运行以充分发挥其作用；保证机组在运行时发电和余热量与需求匹配良好，没有过度的发电能力或余热量的浪费；保证系统总投资在合理范围；最终的主设备选型一般为上述各原则的综合，是平衡系统经济性和系统综合热效率等主要指标的结果。

（3）机组容量选择：机组容量选择与运行模式相关，在典型的并网运行模式下发电设备容量和余热吸收式空调容量可能远小于相关设计负荷，但是由于全年运行时间较长，其供能量一般占到全年所需供能总量的较大比重。设备选型原则示意图如图1所示。

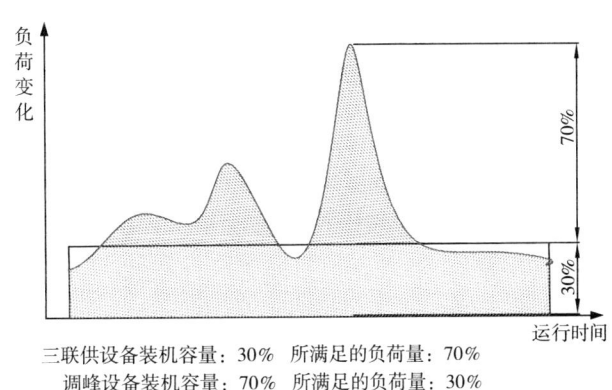

图1　设备选型原则示意图

其中，燃气冷热电分布式能源系统主设备（发电机组和余热机组）容量虽然只占到设计负荷的30%，但是由于其运行稳定，其供能量占到全年总供能量的70%左右。

2.7 投资估算与效益分析

2.7.1 规划总体投资估算

规划中除对重点地区与重点项目进行投资分析外，还必须对规划所含全部项目的整体规模进行投资估算，估算整个地区发展分布式能源的投资总量，以便地方主管进行经济与财务的宏观控制、编制预算、分期合理投资。

鉴于规划中的全部项目大部分只是建设意向，多数未进行可行性研究，难以做出较细的投资估算。一般可参考不同类型项目的典型单位装机容量的投资来估算总体规模的投资。

可以计算规划投资占规划期内地方GDP的比例作为合理性的参考。

2.7.2 规划总体效益分析

（1）参考重点项目的效益分析，主要包括经济效益、社会效益、环境效益。

（2）规划总体效益相对更为宽泛，譬如包括对地方实施总体规划和实现地方发展战略目标的影响；从整体论的观点分析发展天然气分布式能源对直接相关者（业主、开发商、供应商、用户），电力燃气等公用事业部门发展，及整个社会的多重效益。

3 应用示范

在科学发展观指导下，运用能源梯级利用、综合能源规划、能流网络、最优化理论、终端侧管理等先进理念，课题组建立了一套编制天然气分布式能源专项规划的创新理论模型与方法。内容包括规划的"总体设计模型""能流网络数学模型""指标分解方法""天然气与可再生能源耦合供能系统"等，并作为应用实例在山西省和四川省的规划编制中实际应用。

中燃协分别式能源专业委员会

中国煤制天然气发展现状、政策与应用分析

1 我国煤制天然气项目发展现状

《天然气"十二五"规划》提出，2015年的天然气消费量将达到2 300亿m^3，到时进口量将达到近800亿m^3。《能源发展"十二五"规划》也提出，到2015年天然气要占到一次能源消费量的7.3%。此外，住建部发布的《全国城镇燃气发展"十二五"规划》提出至"十二五"期末，城镇燃气供气总量计划达到约1 782亿m^3，较"十一五"期末增加113%，其中天然气供应规模约1 200亿m^3，占全部气源的2/3以上。

在国内有限的天然气供应、未满足的天然气需求和气价增长的背景下，近年来我国煤制天然气产业日趋被看好。截至2014年5月，国家发改委核准和给予启动前期工作煤制天然气项目共12个，总产能共计873亿m^3/a；其中已核准在建项目4个，合计产能151亿m^3/a；获准启动前期工作项目共8个，合计产能722亿m^3/a，详细情况见表1。另外，还有待审批及规划煤制天然气项目近60个，年产能超过2 600亿m^3 [3]。

已核准在建和获准启动前期工作煤制天然气项目　　　　　表1

序号	项目名称	规模（亿m^3/a）	建设单位	开工建设时间
1	国家已核准在建煤制天然气项目	151		
	（1）内蒙古大唐国际克什克腾煤制天然气项目	40	大唐国际	2009年8月
	（2）内蒙古汇能煤制天然气项目	16	汇能集团	2009年12月
	（3）辽宁大唐国际阜新煤制天然气项目	40	大唐国际	2010年3月
	（4）新疆庆华煤制天然气项目	55	庆华集团	2010年8月
2	国家给予启动前期工作"路条"煤制天然气项目	722		
	（1）山西大同低变质烟煤清洁利用示范项目	40	中海油	2013年2月
	（2）新蒙能源鄂尔多斯煤炭清洁高效综合利用示范项目	80	新蒙能源投资股份有限公司	2013年2月
	（3）内蒙古准格尔旗煤炭清洁高效综合利用示范项目	120	中海油河北建投北控集团	2013年3月
	（4）内蒙古兴安盟煤化电热一体化项目	40	内蒙古矿业集团	2013年2月
	（5）内蒙古华星煤制天然气项目	40	内蒙古华星新能源有限公司	2014年1月
	（6）新疆伊犁煤制天然气项目	80	中电投、伊犁新天煤化工有限公司	2013年3月
	（7）新疆准东煤制天然气示范项目	300	中石化等企业	2013年9月
	（8）安徽淮南煤制天然气项目	22	皖能集团国投新集	2014年4月

根据国家《天然气发展"十二五"规划》，2015年国产天然气的供气能力要达到1 760亿m^3左

右，其中煤制天然气产量将达到150～180亿m³，即占国产天然气的8.5%～10%，尽管目前开工项目进展较为迅速，但从项目进度来看，实现上述目标不容乐观。

经过几年工程建设，目前核准在建煤制天然气项目已部分投入生产运营，包括内蒙古大唐国际克什克腾煤制天然气工程一系列装置、新疆庆华煤制天然气一期工程。其中我国首个煤制天然气示范项目——克旗煤制天然气示范项目一系列装置2个单元（气化、变换、净化等装置为2个单元，甲烷化装置为1个单元）分别于2012年7月和2013年7月打通全部流程并进行了大负荷试车，最大生产负荷达到80%以上，所产煤制天然气产品中甲烷含量最高达到98.96%，并于2013年12月18日投运成功，正式并入中石油管网向北京输送。受气化炉夹套腐蚀影响，项目一系列装置于2014年1月20日停车检修，检修后于4月2日恢复供气，目前生产连续稳定运行中[4]。新疆庆华煤制天然气项目于2013年12月30日，正式由西气东输霍尔果斯首站并入西气东输二线主管网，进入商业运行[5]。

2 我国煤制天然气发展政策分析

随着人民生活水平的提高和大气污染治理压力的增大，我国天然气消费量迅速增加，对外依存度连创历史新高。基于我国能源结构特点，发展煤制天然气已经成为保障能源供应安全、增加国内天然气供应量的一个重要选择。但煤制天然气是资源、资金、技术密集型产业，项目建设需要的外部配套支持条件较多，不仅涉及煤炭开采与转化、水资源保障、技术的集成与优化等，还需要配套建设天然气管网，是一个复杂的系统工程。同时示范项目的运行情况、经济性、环保性以及产业拉动等也决定着相关政策走势。在这一背景下，尽管近年国家对煤制天然气产业政策也在不断调整，但一直高度重视，示范先行、规范发展、有序推进的思路没有大的变化。

2.1 在规划上，国家一直高度重视、目标明确，并不断细化

煤制天然气是煤炭高效清洁转化利用的一个重要方式，是增加国内天然气供应量的一项重要选择，是大气污染防治的一项重要工作，受到了国家的高度重视，从"十二五"规划到相关专项规划中都有所表述，并在发展目标、发展条件、具体措施等方面不断细化。

2009年5月，国务院正式发布的《石化产业调整和振兴规划》，在关于稳步开展煤化工示范中提到："重点抓好现有煤制油、煤制烯烃、煤制二甲醚、煤制甲烷气、煤制乙二醇等5类示范工程，探索煤炭高效清洁转化和石化原料多元化发展的新途径"。

2011年3月初发布的《国民经济和社会发展第十二个五年规划纲要》（简称国家"十二五"规划）中提及煤制天然气的重要性："有序开展煤制天然气、煤制液体燃料和煤基多联产研发示范，稳步推进产业化发展"。

2011年12月，国家能源局正式发布《国家能源科技"十二五"规划（2011—2015）》，这是我国历史上第一部能源科技规划，在其"中国煤炭加工与转化技术重大专项规划"中，已明确列出煤制天然气技术研究内容、目标和进度。

2012年1月，国务院发布《工业转型升级规划（2011—2015年）》，在其中特别提到："在现代煤化工领域，加强统筹规划，严格行业准入，在煤炭资源和水资源丰富、环境容量较大的地区有序推进煤制烯烃产业化项目，鼓励产业链延伸，积极发展高端产品；支持具备条件地区适度发展煤制天然气项目"。

2012年，由国家发改委、能源局组织编制的《煤炭深加工示范项目规划》以及《煤炭深加工产业发展政策》在国家发改委主任办公会获得通过[6]，尽管上述2份文件没有正式发布，但网上所传的《煤炭深加工示范项目规划（讨论稿）》[7]中所列的新建煤制天然气示范项目中已有多项获得了路条或核准。

2012年10月22日，国家发改委正式发布《天然气发展"十二五"规划》，首次明确将煤制天然气与煤制天然气的管网线路列入天然气发展规划，目标是到2015年末实现煤制天然气产量约150~180亿m^3，并在"十二五"期间，持续开展煤制天然气项目升级示范，进一步提高技术水平和示范规模。

2013年9月10日，国务院印发《大气污染防治行动计划》（国发〔2013〕37号），将加快调整能源结构、增加清洁能源供应作为行动计划10条重要措施之一，明确提出要加快煤制天然气产业化和规模化步伐，加大煤制甲烷等清洁能源供应，但前提条件是"在满足最严格的环保要求和保障水资源供应的前提下"。

2014年1月20日，国家能源局印发《2014年能源工作指导意见》（国能规划〔2014〕38号），对煤制天然气相关产业提出明确要求：（1）提高天然气供气保障能力。增加常规天然气生产供应，加快开发煤层气、页岩气等非常规天然气，推进煤制气产业科学有序发展；（2）稳妥推进煤制油气产业示范。研究制定政策措施，按照最严格的能效和环保标准，积极稳妥推进煤制气、煤制油产业化示范；（3）加快油气基础设施建设。加快推动西气东输三线、陕京四线、新疆煤制气外输管道等。《意见》虽然要求加快煤制天然气基础设施建设，提高天然气供气保障，但仍要求按照"最严格的能效和环保标准，积极稳妥推进煤制气产业化示范，…推进煤制天然气产业科学有序发展"。

2014年4月23日，国务院办公厅转发国家发改委发布《关于保障天然气稳定供应长效机制的若干意见》的通知（国发办〔2014〕16号）：按此通知要求，我国将建立保障天然气稳定供应长效机制，增加天然气供应，力争到2020年天然气供应能力达到4 200亿m^3，相比2013年的1 676亿m^3成倍增加；在其一揽子"保障措施中"明确提出"将加大煤制气等非常规油气资源开发的政策扶持力度，…有序推进煤制气示范项目建设"。

2014年5月16日，国家发展改革委、国家能源局和环境保护部三部委联合发布《关于印发能源行业加强大气污染防治工作方案的通知》（发改能源〔2014〕506号），进一步明确提出"在坚持最严格的环保标准和水资源有保障的前提下，推进煤制气示范工程建设。建设新疆煤制气管道，将西部煤制气输往华中、长三角、珠三角等地区。到2017年，煤制气产量达到320亿m^3"，同时明确"坚持示范先行，进一步提升和完善自主技术，加强不同技术间的耦合集成。重点建设鄂尔多斯盆地煤制清洁燃料基地、蒙东褐煤加工转化基地以及新疆煤制气基地，增强我国清洁燃料保障能力"。

2014年5月18日，国家发改委发布了首批鼓励社会投资的项目（发改基础〔2014〕981号），涉及交通基础设施、清洁能源工程、油气管网及储气设施、现代煤化工和石化产业五大方面的80个项目，鼓励和吸引社会资本特别是民间投资以合资、独资、特许经营等方式参与建设及营运。内蒙古华星煤制气项目、新疆富蕴广汇额木斯特煤制气项目及陕京四线等相关煤制天然气基础设施项目均被列入鼓励社会投资项目。

从上述规划等文件可以看出，国家对煤制天然气产业一直高度重视，提出了发展目标，"到2015年末实现煤制天然气产量约150~180亿m^3"，"到2017年煤制天然气产量达到320亿m^3"；发展条件是"最严格的环保要求和水资源有保障""最严格的能效和环保标准"，具体措施是"积极稳妥推进煤制气产业化示范,推进煤制天然气产业科学有序发展""重点建设鄂尔多斯盆地煤制清洁燃料基地、蒙东褐煤加工转化基地以及新疆煤制气基地",鼓励社会资本投资煤制气及相关油气管网建设。

2.2 在实施上,国家一直坚持示范先行、严格准入、规范发展、有序推进

2009~2010年,国家发改委先后核准了内蒙古大唐国际克什克腾煤制天然气项目、内蒙古汇能煤制天然气项目、辽宁大唐国际阜新煤制天然气项目、新疆庆华煤制天然气项目,将这4个项目作为示范工程推进煤制气产业化示范。国家能源局等相关部门一直跟踪这些项目的进展和运行情况,同时组织相关单位进行了多项专题研究和研讨[8]。

伴随着国内煤化工产业出现投资过热、无序发展迹象,在示范工程还在建设或试运行的情况下,国家发改委先后3次发文,规范煤制天然气等新型煤化工产业科学发展,对相关问题做了进一步强调和明确。

2010年6月18日,国家发改委发布《关于规范煤制天然气产业发展有关事项的通知》(发改能源〔2010〕1205号),提出"在国家出台明确的产业政策之前,煤制天然气及配套项目由国家发展改革委统一核准,各级地方政府应加强项目管理,不得擅自核准或备案煤制天然气项目"。

2011年4月12日,发改委发布《关于规范煤化工产业有序发展的通知》,明确规定禁止年产20亿m^3及以下煤制天然气项目。

2014年7月17日,国家能源局发布《关于规范煤制油、煤制天然气产业科学有序发展的通知》(国能科技〔2014〕339号)。通知指出国家发展改革委、能源局正在研究制定《关于有序推进煤制油示范项目建设的指导意见》和《关于稳步推进煤制天然气产业化示范的指导意见》,近期将发布实施。产业政策明确了煤制油(气)"不能停止发展、不宜过热发展、禁止违背规律无序建设"的方针和"坚持量水而行、坚持清洁高效转化、坚持示范先行、坚持科学合理布局、坚持自主创新"的原则,申报的示范项目必须符合产业政策相关规定,能源转化效率、能耗、水耗、二氧化碳排放和污染物排放等指标必须达到准入值。通知要求规范项目审批程序,"禁止建设年产20亿m^3及以下规模的煤制天然气项目";同时要强化要素资源配置、统筹规划试点示范、做好项目监督评价,并落实相关管理责任。

同时,为了规范煤制天然气产业的发展,国家相关部门组织了有关标准的制定。其中国家强制性标准《煤制天然气单位产品能源消耗限额》(GB30179—2013)2014年4月中旬正式颁布;由中海油新能源研究中心承担的"煤制天然气产品质量标准"通过专家审查,该标准草案的编制对规范我国煤制天然气产业的质量管理,提升煤制天然气产业的工艺和装置制造技术水平,保障煤制天然气行业的健康发展具有重要的推动作用[9]。

尽管如此,从2013年2月开始,又有8个煤制天然气项目获得国家同意开展前期工作,这些项目的产能合计722亿m^3/a,且都有一些示范内容;但到目前为止,没有新的煤制天然气项目得到国家发改委核准。

2.3 在配套上,国家要求油气管网开放,鼓励多元投资;推行价格改革,实施市场运作,为煤制天然气等企业产品外送创造了条件

在有关部门协调下,内蒙古大唐国际克旗煤制天然气项目、庆华煤制天然气项目输气管线2013

年获准并入中石油管网，实现产品煤制天然气外送。

为了提高管网设施利用效率，保障油气安全稳定供应，规范油气管网设施开放相关市场行为，在目前油气行业纵向一体化的体制下，解决上、下游多元化市场主体的开放需求问题，2014年2月13日，国家能源局正式印发《油气管网设施公平开放监管办法（试行）》（以下简称《管网开放办法》）。《管网开放办法》规定，油气管网设施开放的范围为油气管道干线和支线（含省内承担运输功能的油气管网），以及与管道配套的相关设施；在有剩余能力的情况下，油气管网设施运营企业应向第三方市场主体平等开放管网设施，按签订合同的先后次序向新增用户公平、无歧视地提供输送、储存、气化、液化和压缩等服务；第三方市场主体包括原油、成品油（含煤制油等）、天然气（含煤制天然气、煤层气、页岩气等）生产企业；同时，鼓励油气管网设施互联互通[10]。这就意味着，有利于解决非常规油气生产出来以后"无管网可输送"的问题，促进中国非常规油气资源开发。这有利于形成全国统一布局的管网系统，对于确保能源供应的安全有重要意义。

2014年6月25日，中石油集团公司审议通过了《中国石油天然气集团公司油气管网设施公平开放实施办法（试行）》，"管网开放"的原则是：当管网出现剩余能力时，可向第三方公平开放；第三方遵循"先到先得"原则，谁先来签合同就先给谁使用；遵循该原则，中石油将对旗下所有管网包括干线、支线、相关储气设施、LNG接收站以及地方公司所属管网等的油气输送情况、合同签署情况等进行一次系统性的统计梳理，形成公示，上报国家能源局，最后由国家能源局统一向社会公布[11]。"管网开放"客观上为煤制天然气企业产品外送创造了条件。

中石油在"管网建设"方面也不断向引入社会资金。2012年5月，全国社保基金、国联基金、宝钢集团各出资100亿元，入股中石油西气东输三线项目，开创中石油管道资产向社会资本开放的先河，合资公司中中石油持股52%，其他3家分别持股16%。2013年6月，中石油西气东输项目再引社会资金。中石油以西一线、二线西段等资产出资，引入保险、养老金、银行、公益基金等合作方的600亿元社会资本，共同成立中国石油管道联合有限公司，运营西气东输工程部分管线等。其中，中石油持合资公司股份50%，其余资本持有剩余的50%股份。2014年5月13日，中国石油股份有限公司发布临时董事会决议公告，拟将旗下西气东输一、二线相关资产和负债出资设立东部管道公司，注册资本100亿元，通过产权交易所公开转让所持东部管道公司100%股权。转让后，中国石油股份有限公司将不再持有东部管道公司任何股权。

2014年5月18日，国家发改委进一步发布了首批鼓励社会投资的项目（发改基础〔2014〕981号），陕京四线作为油气管网及储气设施项目被列入鼓励社会投资项目之一。

2013年6月28日，国家发展改革委发布《关于调整天然气价格的通知》（发改价格〔2013〕1246号），规定页岩气、煤层气、煤制气出厂价格，以及液化天然气气源价格放开，由供需双方协商确定，需进入长输管道混合输送并一起销售的（即运输企业和销售企业为同一市场主体），执行统一门站价格；进入长输管道混合输送但单独销售的，气源价格由供需双方协商确定，并按国家规定的管道运输价格向管道运输企业支付运输费用。

2014年8月12日，国家发改委发布《关于调整非居民用存量天然气价格的通知》（发改价格〔2014〕1835号），明确进一步落实放开进口LNG气源价格和页岩气、煤层气、煤制气出厂价格政策。需要进入管道与国产陆上气、进口管道气混合输送并一起销售的，供需双方可区分气源单独签订购销和运输合同，气源和出厂价格由市场决定，管道运输价格按有关规定执行。

上述分析表明，在当前天然气供应紧张、能源利用结构迫切需要调整的背景下，国家一直高度重视煤制天然气产业的发展，在规划上设定了近期目标并不断细化，在实施上强调了示范先行和有序推进，在配套上推行了油气管网开放和市场化运作。煤制天然气产业涉及的因素比较多，国内煤制天然气示范项目还没有长期商业化运行经验，因此国家对于煤制天然气总体仍坚持"高度重视、示范先行、规范发展、有序推进"这一思路，限定环保、资源等前置条件，并强调升级示范和总量控制。

3 煤制天然气应用分析

3.1 煤制天然气及其与传统天然气区别

煤制合成天然气（Coal to SNG），通常被简称为煤制天然气，或称煤制气，是指以煤炭为原料，经过气化等工艺过程制造符合天然气热值等标准的合成天然气（Synthetic Natural Gas，SNG），或称替代天然气或代用天然气（Substitute Natural Gas，SNG）；煤制合成天然气（或煤制替代天然气）也有人称之为煤基合成天然气（Coal-based SNG），或煤基替代天然气（Coal-based SNG）。

按照化学反应步骤的不同，煤制天然气技术可分为直接煤制天然气技术和间接煤制天然气技术。直接煤制天然气技术也被称为"一步法煤制天然气技术"。间接煤制天然气技术也被称为"两步法煤制天然气技术"，第一步指煤气化过程，第二步指煤气化产品——合成气（经变换和净化调整氢碳比后的煤气）甲烷化的过程。到目前为止，在役或在建的煤制天然气工厂均采用间接煤制天然气技术。

煤制天然气是煤经气化、净化后由甲烷化合成而来气态化合物，主要成分是甲烷，另含有少量的氢气和二氧化碳。传统天然气是矿产天然气，来自于油田、气田、煤层和页岩层，是有机物经过数百年复杂分解过程的结果，是一种多组分的混合气态化石燃料，主要成分是烷烃，其中甲烷占绝大多数，另有少量的乙烷、丙烷和丁烷。二者来源有本质的区别，相应组成也有较大差别，煤制天然气受甲烷化反应制约含有一定的氢，同时无硫化氢等有毒物质。

到目前为止，国内外尚未制定煤制天然气产品质量标准。为了讨论方便，我们从文献中选取美国大平原气化厂部分数据作为参考，与我国国家天然气强制性标准《天然气》（GB17820—2012）指标进行对比（表2）。

典型煤制替代天然气产品质量数据与国家天然气标准对比　　表2

项目	国家质量标准[a]（一类）	国家质量标准[a]（二类）	煤制天然气1[d][12]	煤制天然气2[d][13]
CH_4，%（体积分数）	无规定	无规定	95.1~95.8	95.95
CO_2，%（体积分数）	≤2.0	≤3.0	0.4~1.2	
H_2，%（体积分数）	无规定	无规定	2.6~3.4	3.0
CO，%（体积分数）	无规定	无规定	≤0.01	0.045
（N_2+Ar），%（体积分数）	无规定	无规定	0.05~0.15	0.6
H_2S/（mg/m^3）	≤6	≤20		
总硫（以硫计）/（mg/m^3）	≤60	≤200		

续表

项目	国家质量标准[a]（一类）	国家质量标准[a]（二类）	煤制天然气1[d][12]	煤制天然气2[d][13]
HHV/（MJ/m³）（标准）	≥36	≥31.4	35.66~35.95	36.22
露点[b]/℃	在天然气交接点压力下，水露点应比输送条件下最低环境温度低5℃			

a 上述数据气体体积的标准参比条件是101.325kPa，20℃；
b 在输送条件下，当管道管顶埋地温度为0℃时，水露点应不高于-5℃；
c 进入输气管道的天然气，水露点的压力应是最高输送压力；
d 上述数据气体体积的标准参比条件是101.325kPa，0℃。

3.2 煤制天然气应用分析

《天然气利用政策》（发改能源〔2012〕15号）将我国包括煤制天然气在内的天然气利用领域归纳为城镇燃气、工业燃料、天然气发电和天然气化工四大类，并规定了天然气在四大领域利用的优先顺序，要求确保天然气优先用于城镇燃气，限制、禁止天然气化工。煤制天然气作为我国天然气资源的一个重要组成部分，也应该遵循上述规定。

用煤制天然气来代替民用及其他分散用煤是环保的需要。我国煤炭利用方式中，民用及其他分散用煤约占10%[14]，这些用户排放的二氧化硫和氮氧化物无法集中治理，或治理难度很大。按照国家统计局公布的2013年我国煤炭消费总量24.75亿t标准煤计算，则用于民用和其他分散用煤的量约为2.475亿t标准煤。按标准煤中含硫量2%计算，则完全燃烧后每年产生990万t二氧化硫，占到国家统计局公布的2013年2 044万t二氧化硫排放的48.4%。按照每千立方米天然气消耗标准煤2.3t折算[15]，2.475亿t标准煤可生产约1 000多亿m³，硫回收效率按照99.8%计算，每年将少排放二氧化硫988万t。

由于煤制天然气和矿产天然气在组成上有很大区别，因此煤制天然气在应用上也应有其特点。

3.2.1 从煤制天然气生产路线角度应限制、禁止用于天然气化工

如前所述，煤制天然气生产的技术路线是煤经气化、净化后，再由甲烷化合成转化而来。化学原理上是多碳（原子）的化合物（煤），经气化分解为单碳化合物和不含碳（原子）的气态混合物，最后再由单碳化合物（主要是一氧化碳）加氢转化成天然气（主要是甲烷）。甲烷化反应方程式如下：

$$CO+3H_2 \longleftrightarrow CH_4+H_2O \quad \Delta H_{298}^0=-206.2 kJ/mol \quad (1)$$

$$CO_2+4H_2 \longleftrightarrow CH_4+2H_2O \quad \Delta H_{298}^0=-165.0 kJ/mol \quad (2)$$

天然气化工主要是以天然气（主要是甲烷）为原料，生产合成氨、氮肥、甲醇及甲醇下游产品。技术路线主要是天然气（主要是甲烷）经重整后，再经合成反应转化而来。化学原理上主要是天然气（主要是甲烷）首先分解为一氧化碳和氢气，然后一氧化碳和（或）氢气再经合成反应而来。甲烷重整反应方程式如下：

$$CH_4+H_2O \longleftrightarrow CO+3H_2 \quad \Delta H_{298}^0=206.2 kJ/mol \quad (3)$$

从技术路线对比看，相对煤制天然气，天然气化工相当于走了"回头路"。因此，如果是以煤制天然气为原料做天然气化工，则从能源转化效率、工程投资等方面，均不如以煤为原料直接生产化工品。

当然对于一些做精细化工产品的行业则另当别论，如以天然气为原料的氢氰酸、二硫化碳及

其下游化学品生产,因其规模小,建设煤制气装置提供原料经济性和污染物治理远不如直接使用天然气。

3.2.2 从全生命周期节能减排和燃气发电过程角度应限制煤制天然气发电

(1)全生命周期节能减排要求限制煤制天然气发电

煤制天然气属于煤炭深加工后的二次能源,因此其利用不能只考虑终端利用环节,而应综合考虑生产环节和终端应用环节,即全生命周期的能源效率和排放总量。

从能源利用效率方面看,煤制天然气用于发电,其发电环节的能源转化效率最高可达58%(已大规模投入商业运行的F型机组效率可达57%左右[16]),但考虑煤制天然气生产过程54%~60%的能源转化效率,最终煤制天然气发电的综合能源转化效率仅为36%左右,低于燃煤直接发电37.80%~44.53%的能源利用效率:根据《中国电力年鉴2013》,到2012年底,我国6 000kW及以上电厂平均供电煤耗为325g/kWh,据此计算全国常规煤电转化的能源效率为37.8%;根据超临界发电领域领先的上海外高桥第三发电有限责任公司公布的2011年平均供电煤耗,在负荷率80.91%情况下,含脱硫和脱硝的实际运行供电煤耗达到276.02g/kWh,据此计算,先进超超临界机组的煤电转化能效为44.53%[17];对于IGCC发电,由于国内尚无大型的IGCC机组成熟运营,本文取荷兰Demkolec采用SHELL气化技术建设的IGCC示范电站满负荷下的净效率,为43.20%[18]。由此可见,煤制天然气发电的二次利用实际上加长了煤炭的利用流程,进而降低了煤炭的能源转化效率,而较低的能源转化效率导致同样的发电量,煤制气需要消耗更多的煤炭,进而导致更多的污染物排放。

从度电耗煤角度来看,煤制天然气发电的度电耗煤约在386g~455g标准煤之间,而2013年全国火电行业平均煤耗为321g标准煤,煤制气发电的煤耗比直接使用煤炭高20.2%~41.7%。这同样意味着从一次能源消耗角度来讲,同样的发电量使用煤制天然气发电需要消耗更多的煤炭,从而可能造成更多的污染物排放和二氧化碳排放。

基于所述全生命周期能效分析,煤制天然气二次利用用于发电不利于节能减排,应限制其用于天然气发电。

(2)没有必要将一氧化碳和氢气制成甲烷后再进入燃气轮机

IGCC(Integrated Gasification Combined Cycle)整体煤气化联合循环发电系统,是通过把煤炭、生物质、重渣油等多种含碳物质进行气化,然后把得到的生成气体净化再用于燃气—蒸汽联合循环的发电技术。如图1所示,IGCC由2个部分组成,即煤的气化及煤气净化系统部分和燃气—蒸汽联合循环发电系统部分。

IGCC的工艺过程如下[19]:煤经气化成为中低热值煤气,经过净化,除去煤气中的硫化物、氮化物、粉尘等污染物,变为清洁的气体燃料,然后送入燃气轮机的燃烧室燃烧,加热气体工质以驱动燃气透平做功,燃气轮机排气进入余热锅炉加热给水,产生过热蒸汽驱动蒸汽轮机做功。

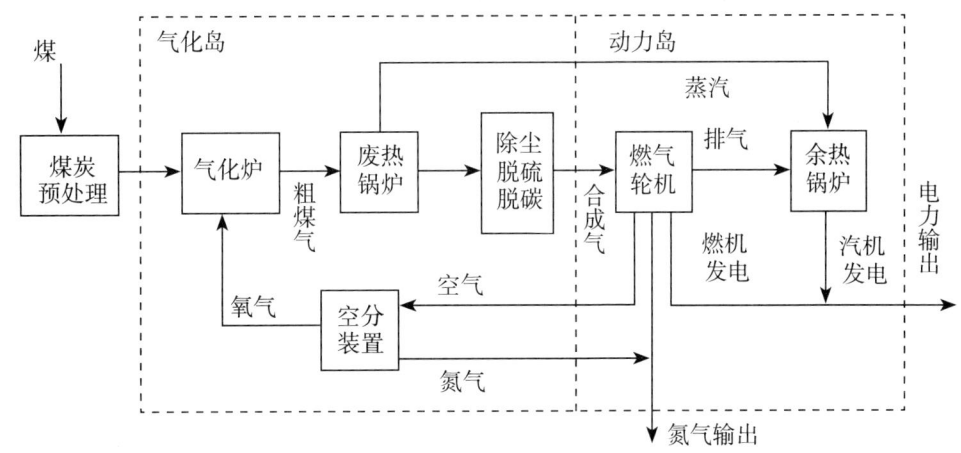

图1 典型IGCC流程图

由于煤气（合成气）加工成甲烷还需要消耗能量（成本），因此从发电这个角度讲，没有必要将煤气（合成气）做成甲烷后再进入燃气轮机。

3.2.3 煤制天然气中氢气含量对天然气燃气轮机有一定影响

虽然前面我们讨论到，从全生命周期节能减排和燃气发电过程角度讲，应限制煤制天然气发电，但在有些情况下，天然气发电又无法避免。如有的城市为了保证电网安全，又有大气污染治理的压力，需要投用部分燃气电厂，另外分布式能源系统已经成为发展趋势，天然气冷热电联供系统注定需要天然气发电[20]，在这种情况下，就需要注意煤制天然气中的氢气对燃气轮机的影响。

如前所述，相比传统天然气，煤制天然气最大的特点在于其组成中含有少量的氢气（通常≤3%），而氢气的高反应活性使得当煤制天然气用于发电时，燃气轮机燃烧室火焰（燃烧线）长度和角度将受到显著影响。研究表明[21]，当氢含量由0增加到3%时，尽管燃气轮机燃烧效率和NO_x不受影响，但火焰长度将缩短3.2%，火焰（燃烧线）角度将增大4.2%。如果燃机设计不当，可能导致燃烧室损坏。也正因为如此，燃气轮机发电机组对于天然气组成中氢含量有比较严格要求，需要在设计时提供正确的天然气组成，并有调整措施应对煤制天然气组分的波动对燃气轮机运行的影响。当煤制天然气用于原有天然气燃气轮机发电时，需要对燃烧系统进行适当调整，并完善调节设施。

3.2.4 煤制天然气为原料生产LNG应注意氢气的处理

当前，LNG生产大多采用深冷液化分离方式，与传统天然气液化制LNG相比，煤制天然气因其组成中氢气（通常≤3%）的液化温度远远低于甲烷液化温度使得其液化必须考虑氢气的处理，否则将严重影响LNG装置的安全性和经济性。而传统天然气中因低碳烷烃液化温度高于甲烷，可随甲烷一起液化进入变成LNG，其处理无需特别考虑。

以煤制天然气为原料生产LNG液化过程分离出来的氢气的处理通常有3种方式，第一种是新建氢气压缩或液化装置，将压缩或液化后氢灌装后市场销售，但受下游市场氢用量的限制，此种方式往往不能解决大量氢的出路；第二种是通过管道将氢输送给周边大用户，但受输送距离以及安全性考虑，此种方式往往难以实施；第三种是LNG装置设计之初即在装置内统筹考虑氢气的消耗，往往作为燃料气的一种间接为LNG液化压缩或膨胀机组提供热量。

4 结论

在国内天然气需求强劲增长、生产供应有限的背景下，近年我国煤制天然气产业蓬勃发展，在建和拟建项目12个（国家核准和允许开展前期工作项目），待审批项目60多个。而相对企业对于煤制天然气的热衷，国家一直对煤制天然气产业发展总体坚持"目标明确、示范先行、规范发展、有序推进"这一思路，并限定环保、资源等前置条件。

煤制天然气的技术路线及其组成与传统天然气有一定的区别和联系：它是天然气类，来源于煤炭气化，并含有一定的氢气。这就决定煤制天然气产品利用方面既要满足《天然气利用政策2012》要求，"确保天然气优先用于城镇燃气，限制、禁止天然气化工"，同时又受其本身特点限制，一方面生产LNG应综合考虑氢气的处理，另一方面限制煤制天然气用于发电，而一旦用于发电还要考虑氢气对燃气轮机的影响。

参考文献

[1] 李安学，姜成旭，刘永健，等.面向城镇用户的煤制天然气概念设计研究［J］.现代化工，2012，12：11—15.

[2] 王巧然.煤制天然气："压抑"不住的热点（N）.中国石油报，2012-10-30（004）.

[3] 桑建新.我国煤制天然气现状和未来产业链发展［J］.煤炭经济研究，2013，10：27—32.

[4] 大唐克旗煤制天然气项目恢复供气，http：//www.ocn.com.cn/info/201404/daitan041357.shtml.

[5] 新疆集团煤制天然气项目一期工程正式投入商业化运行.

[6] 《煤炭深加工产业发展政策》将发布实施，http：//www.cinic.org.cn/site951/zcdt/2012-07-09/573940.shtml.

[7] 《煤炭深加工示范项目规划》15个煤化工示范项目一览表，http：//www.cnmn.com.cn/ShowNews1.aspx?id=275455.

[8] 国家能源局召开煤炭清洁利用专家咨询会，http：//www.nea.gov.cn/2014-02/28/c_133149799.htm.

[9] 研究总院完成煤制气行业标准草案，http：//www.cnooc.com.cn/data/html/news/2014-08-05/chinese/359146.html.

[10] 《油气管网设施公平开放监管办法（试行）》印发，http：//www.gov.cn/gzdt/2014-02/24/content_2620233.htm =3&sn=f7e2bf1efc70893b32978019c182ef6e&scene=1#rd.

[11] 中石油"管网开放"已定勘探市场化在即，http：//finance.ifeng.com/a/20140815/12935402_0.shtml.

[12] ANG Coal Gasification Company.Great Plains Coal Gasification Project，Quarterly Technical Progress Report，Third Fiscal Quarter 1987-1988，January-March 1988. United States Department of Energy . DOE/FE/55014--T30/ DEB8 013936.

[13] 美国能源部化石能源办公室.大平原气化工厂前二十年实际运行经验总结及未来工程建议，中国石油和化工勘察设计协会第二届煤化工设计专业委员会暨煤化工设计中心第八届会议论文集［C］，江西庐山，2011：4.

[14] 童莉，周学双，段飞舟，等.我国现代煤化工面临的环境问题及对策建议［J］.环境保护，2014，42（7）：45-47.

[15] 李安学,姜成旭,刘永健等.面向城镇用户的煤制天然气概念设计研究[J].现代化工,2012,12:11-15.

[16] 天然气发电是趋势,发电效率高,http://www.chinagas.org.cn/hangye/news/2012-10-30/5605.html(中国燃气网).

[17] 上海外高桥第三发电有限责任公司网站,http://222.66.64.131:8080/wgqdc3/index.jsp.

[18] 朱彬彬,王敏,韩红梅,煤炭利用路线能源效率的全生命周期法评价[J].化学工业,2013,6:24-28.

[19] 吕玉坤,豆中州,赵锴.整体煤气化联合循环(IGCC)发电技术发展与前景,应用能源技术,2010,10:36-39.

[20] 华贲.天然气分布式供能与"十二五"区域能源规划,华南理工大学出版社,2012:71-84.

[21] Seik Park, Uisik Kim, etc. The effects and characteristics of hydrogen in SNGon gas turbine combustion using a diffusion typecombustor [J]. International Journal of Hydrogen Energy, 2013, 38: 12 847–12 855.

李安学　刘永健

中国页岩气产业发展综述

我国调整以煤为主的能源消费结构，亟须大力发展天然气等清洁能源。但是，在当前国际核电公共安全凸显、国内可再生能源发展迟缓难以起到国家调整能源结构作用的形势下，加快开发页岩气等非常规天然气资源的开发利用，有效增加天然气在能源供给中的比重，实现对相当数量的煤炭消费需求的替代，成为中国更为现实的选择。

1 页岩气在我国能源发展中的功能定位

1.1 加快页岩气开发是缓解能源消费、确保能源安全的需要

随着中国经济的蓬勃发展，能源消费不断增加。据BP《2014年世界能源统计》显示，2013年我国一次能源消费总量已达到28.5亿吨油当量，比2012年增长4.7%，占世界一次能源消费的22.4%。我国能源对外依存度持续攀升。根据中国石油经济技术研究院《2013年国内外油气行业发展报告》，我国石油对外依存度已达到58.1%，天然气升至31.6%，超越伊朗成为世界上第三大天然气消费国。近年来，国内天然气消费需求的增长速度已经超过煤炭和石油。在一次能源结构中，中国天然气的供需缺口逐年加大。从2006年开始，我国成为天然气净进口国，2007年至2013年，我国天然气进口量从40亿m^3增加到530亿m^3，7年增加12倍，进口依存度也一路飙升。能源供应安全已经成为影响国家安全的重要因素。

对于中国这样的大国，解决能源问题只能立足自身发展。与此同时，近些年美国页岩气勘探开发技术突破，产量快速增长，2012年美国页岩气已经占其天然气总消费量的37%。这大大降低了其能源对外依存度，对于国际天然气市场及世界能源格局产生了重大影响。页岩气一旦实现规模化开采，不仅可能改变中国能源供应格局，而且有助于提高中国能源对外谈判的话语权和影响力，同时可以拉动国内钢铁、水泥、化工、装备制造、工程建设等相关行业和领域的发展，增加就业和税收，促进地方经济乃至国民经济的可持续发展。中国已经成为世界第二大经济体，如果中国也出现一场"页岩气革命"，其对世界的意义不亚于美国页岩气对全球能源格局的影响。

1.2 加快页岩气开发是调整能源结构、改善环境的需要

长期以来，中国的能源消费结构严重不平衡，据BP统计，2013年煤炭在中国一次能源消费结构中占67.5%，远远超出世界平均水平（30.1%），天然气的消费比重仅为5.6%，也远低于世界平均水平（23.7%）。煤炭产业的环境透支严重，特别是煤炭开发过程中引起的生态环境破坏以及燃烧时产生的二氧化碳、氮氧化物、粉尘等大气污染物，对环境造成严重污染。目前，中国二氧化碳的排放总量仅次于美国居世界第二位，二氧化硫的排放量居世界第一，而中国二氧化碳排放量的70%、二氧化硫排放量的90%、氮氧化物排放量的66.7%均来自燃煤。中国以煤炭为主的能源结构导致温室气体排放和其他各种污染排放不断激增，致使中国在环境保护、气候变化上面临着巨大的国际压力和

国内挑战。

目前，中国政府已经向世界承诺到2020年实现单位国内生产总值二氧化碳排放强度要比2005年下降40%~45%的战略目标，且国家"十二五"规划纲要也明确了今后5年碳排放强度下降17%的发展目标。为了实现上述目标，"十二五"期间及未来较长一段时期中国就必须调整以煤为主的能源消费结构，大力发展天然气、水电、可再生能源等清洁能源。中国最现实的选择就是加快开发页岩气等非常规天然气资源的开发利用，从而增加天然气在中国能源供应中的比重。

大规模商业性页岩气开发成功会带来天然气市场价格下降，并对煤电市场造成明显的替代作用。这已经从美国的经验得到验证。美国在页岩气大规模成功开发利用后，充足的市场供给和便宜的价格推动了美国天然气化工产业的快速发展，有力推动了能源结构的调整和产业升级。美国电厂以气代煤导致2012年以来美国煤炭需求加剧下滑，库存创8年来新高，美国成为了煤炭出口国家。因此，对于中国这样以煤为主的国家，加快页岩气勘探开发和利用，对满足社会经济发展对以天然气为主的清洁能源的巨大需求，控制温室气体排放，构建资源节约、环境友好的生产方式和消费模式，改善居民用能环境，提高生态文明水平具有重要意义。

1.3 加快页岩气开发是推进油气体制改革的需要

中国现行油气管理体制依然是分散化和监管缺位，大型国有油气企业几家独大，垄断市场，不能很好地实现资源的有效配置，制约了中国能源领域的健康发展。市场化资源配置将是未来中国油气体制改革的方向。页岩气作为新兴的非常规能源，如果继续沿用传统油气领域的管理和运营体制开发，必然困难重重。面临严峻的能源安全形势和环保压力，中国要实现自己的"页岩气革命"，必须打破常规，进行体制创新。

作为新兴非常规能源，页岩气的开发利用离不开完善的监管体系。美国页岩气革命成功的一个重要经验是，建立了较为完善的监管体系。一旦多元主体大量进入，政府必须在开放准入的同时，尽快完善监管制度和实施细则。目前中国传统油气领域监管体系薄弱，多年来中国对常规油气勘探开发的监管主要靠石油企业自律，缺乏专门的法律法规和国家标准。通过页岩气这一新生事物，可以推动全行业监管体系的建立。此外，中国现有常规油气开发的矿权退出机制存在实际执行不到位等问题。可以以页岩气开发为契机，尽快建立专门的页岩气矿权管理制度。强化油气区块依法退出机制，对拥有矿权但投资不达标，或在规定期限内达不到产出的，强制退出。"以市场方式进入、以市场方式退出"的矿权流转市场已为探索常规油气矿权流转积累经验。

在现有油气管理体制下，中国油气资源的生产、运输及管理，甚至销售仍是国有石油公司主导，没有实现垂直分离管理，这种格局不利于充分有效地发挥市场竞争机制的作用。通过页岩气开发引入市场竞争机制，消除多种资本市场主体进入页岩气开发上游的政策壁垒，给予地方政府、地方国有企业、能源相关行业龙头企业，以及各种民营企业等市场主体平等进入机会和市场地位，有助于推动中国整个油气市场的垄断格局的改革。因此，加快页岩气开发可以作为推进中国油气体制改革的突破口。

2 我国页岩气产业发展现状

2014年初，中石化涪陵页岩气田提前进入商业化开发阶段，南方海相页岩气勘探开发取得重大突破。但总体上来看，中国页岩气行业仍处于初步的勘探阶段。

截至2014年4月底，中国页岩气开发已累计投入超过150亿元，累计完成页岩气钻井322口，颁发页岩气探矿权52个，勘探面积16.4万km^2，主要集中在四川盆地及周缘地区。

到2015年，中石油和中石化分别计划建成26亿m^3和50亿m^3页岩气生产能力。第二轮页岩气矿权出让中标单位，多数企业处于探井井位论证阶段或预探井开钻阶段，还有部分企业处于观望阶段。我国国有油企在国内外市场上还积极开展与国际石油公司和油服公司合作。2012年3月，中石油与壳牌签订了内地首个页岩气产品分成协议，在四川富顺—永川区块共同作业。三大油、中化等企业收购了部分海外页岩油气区块权益。

2013年10月底国家能源局出台了《页岩气产业政策》，提出页岩气开发纳入国家战略性新兴产业和多项支持性政策。截至目前，我国共有6个国家级页岩气示范区项目，即国土部和财政部依托中石化、陕西延长设立了贵州黄平和陕西延安2个矿产资源综合利用项目。国家能源局设立了中石油在四川长宁—威远、昭通、中石化在重庆涪陵、延长在陕西延安4个页岩气示范区。目前部分省也准备设立自己的页岩气示范区。

3 页岩气产业发展存在的问题

3.1 资源勘查及评价基础工作不到位

政府在基础资源勘查和评价方面所做工作不到位，以致资源情况仍未完全掌握，已有资源评价因缺少大量页岩气实地勘察及生产实践的一手资料，"家底"仍不清楚，增加了参与勘探开发企业的风险。

3.2 未建立开放的市场竞争环境

主要表现在3个方面，一是管网发展滞后，二是融资渠道不畅，三是社会化油服市场未形成。首先，我国页岩气资源地相对偏僻，基础设施很不完善，严重制约了页岩气规模化生产和外送，现行管网准入和监管机制难以真正实现不同气源的公平入网，大大增加了中间环节成本。其次，页岩气勘采特点要求开发企业持续且稳定的资金投入，但目前金融和公司资本介入我国页岩气资源开发渠道有限，产业化推进困难。最后，国内大部分油服公司均是三大油下属公司（绝对控股或存续企业等形式），有利于中国页岩气产业发展的社会化、专业化的技术服务市场尚未建立。

3.3 现有体制机制存在缺陷

首先，缺乏顶层设计，缺乏统筹协调和有效组织，是我国页岩气产业发展瓶颈之一。页岩气从勘查开发到利用，再到规模化形成产业，涉及9个政府部门，其职责划分并不明确且各自工作缺乏有效协调。长期形成的政府和三大油企的关系，一定程度上弱化了政府政策的实际效果。我国尚未形成全国性的页岩气发展思路、目标以及具体的工作方案等，不利于我国页岩气产业健康有序、跨越式发展。其次，未建立持续的技术创新机制，特别是未实现和资本的有效结合，难以获得大量实践和支持，技术本土化和创新过程缓慢，导致了我国页岩气勘探开发成本高的特点没有根本改变。最后，未建立有效的矿业权配置机制。为避免与现有的常规油气区块重叠，已有的2轮页岩气招标区块均避开了资源富集区，优质资源未得到有效的配置。

3.4 政府监管缺位

我国页岩气产业目前政府监管缺位，存在无明确监管主体、体系不健全、缺少标准、力量薄弱、手段单一等问题。页岩气产业链涉及矿权监管、生产监管、市场监管、环境监管等多个关键点，且随着我国逐渐放开页岩气准入，不同类型的企业大量进入，对监管提出巨大挑战，上述监管体系的尽早设立及完善将直接影响页岩气健康持续开发的进程。

3.5 未建立有效的地质资料及信息共享机制

对于页岩气勘探开发而言，油气地质资料上交使用机制的不完备势必造成各单位在地质勘查阶段的重复性工作投入和研究，影响页岩气勘探开发的效率和效果，尤其是对新进入页岩油气勘探的非传统油气企业和中小企业而言，将直接影响其页岩气探矿权有效期内的勘查效果以及能否继续拥有区块的探矿权，这将成为继页岩气区块矿权之后的第2个致命性关卡。

3.6 政府观念转变不够

长期以来，我国油气领域以开采常规天然气为主，对页岩气、煤层气等非常规气，仍然还沿用"常规"的惯性思维和做法，用常规油气的思路部署非常规油气领域，还没有真正转变到"非常规"的思路上来，转变的力度不大。页岩气具有自生、自储，连续分布、非均质性强，生产周期长，"人工造气"等自身特点，尤其是目前页岩气在法律上已明确为独立矿种，具有独立的法律地位，因此不能照搬传统的石油会战、圈地似的思路来部署工作。

4 国外页岩气发展对我国的启示

4.1 形成有效竞争的市场机制

美国经验表明，页岩气产业发展需要有效的竞争和创新推动。对我国而言，页岩气产业处于发展初期，因此，可借鉴美国经验，适当放宽招标权、矿权等市场准入条件，引入多元投资主体，发挥中小企业技术创新作用，给予各类市场主体平等进入页岩气开发的机会。这样不仅有利于盘活社会各类资金，减轻国家开发压力，还有利于技术创新与突破，培育专业化分工服务体系和促进商业化运作体系的形成，切实加速页岩气勘探开发、技术进步、产业配套以及应用市场的发展进程。

4.2 完善产业发展扶持政策

鉴于页岩气开发具有生产周期长、开采成本高的特点，美国政府在页岩气开发不同阶段实施了有针对性的支持政策。我国在页岩气开发方面也应对不同的开发阶段，实施有针对性的产业扶持政策。在开发初期，政府提供必要的财政支持以吸引更多资金进入。灵活采用减免资源税、增值税、所得税等财税政策手段，鼓励开发商进行设备投资和降低成本。在进入商业化阶段后，可逐渐减少或取消特殊优惠，既可减轻政府负担，又可刺激技术创新。灵活采用资源税、增值税、所得税等税收减免等财税政策手段，而减少直接补贴的方式会更有利于鼓励开发商进行设备投资和努力降低成本。

4.3 严格的环境监管是持续发展的保障

开发主体多、开发速度快并不意味着会带来开采混乱，关键是要在开采前制定并执行严格的监管制度。环境问题应作为页岩气的监管重点，我国应该跟踪了解美国在页岩气环境监管方面的最新发展，并结合我国特点，及时制定有关法规和管理办法，确保监管先行到位，开发可控。

4.4 大力支持页岩气勘探开发关键技术研发

页岩气资源开发是一个庞大的系统工程，涉及复杂的技术体系。水平井钻井、清水压裂、裂缝监测等一系列关键技术的突破是美国页岩气产业近年来飞速发展的关键因素。

与美国相比，我国基础研究和技术开发能力都较为薄弱，尚未形成页岩气商业开发的核心技术体系；同时，中国页岩气地质条件更为复杂，岩层系时代老、埋藏深，保存条件不够理想，因此对开发技术要求更高。我国需要进一步加强研发工作：鼓励有关高校对我国地质条件下页岩气成藏理论开展更深入的基础研究；联合国内主要油气企业和实力雄厚的科研院所开展页岩气开采技术联合攻关，通过设立国家级科研课题和专项科研基金，依托优选的小规模试验示范工程，引进和消化吸收发达国家先进技术；充分借鉴我国在发展煤层气开发关键技术过程中获得的经验和教训，积极稳妥地对适合我国地质特点的页岩气勘探开发核心技术开展攻关，争取早日实现突破，为页岩气资源开发提供技术保证；降低行业准入门槛，鼓励中小企业进入该行业，创造充分的市场竞争环境，对加速技术进步也将产生积极的作用。具体来说，需要加大研发的关键技术包括页岩气储层评价技术、射孔优化技术、定向水平井技术、低成本空气钻井技术、洞穴完井技术、压裂技术、页岩储层保护技术和页岩气藏数值模拟技术等。

5 促进页岩气健康发展的建议

中国页岩气的地质构造、地表条件、资源潜力、天然气基础设施、技术水平等与美国存在诸多差异，美国的成功经验不能完全照搬，需要结合中国实际情况来快速推进页岩气勘探开发。页岩气是新兴的能源产业，中国要实现自己的"页岩气革命"，必须打破现有障碍，在管理体制、矿权管理、环境监管、市场利用方面进行综合创新，并从国家层面尽快做好页岩气发展的整体规划和顶层设计，统一政府、企业认识，汇聚各方力量，加快改革。具体建议如下。

（1）建立健全油气法律法规，完善能源监管协调机制，明确各页岩气管理机构的职责分工和边界，真正做到政监分离，形成公开透明的页岩气管理体系。

（2）尽快实现市场公开竞价、有偿取得的页岩气矿权管理制度，试行中央地方多级监管，充分考虑地方利益，发挥其积极性；严格区块退出机制，未达到最低勘查投入的企业一律强制退出，真正落实地质资料上交使用机制；完善矿权流转机制，进一步扩大准入。

（3）明确页岩气开发主体，既要依靠国有石油公司力量，同时又允许不同类型的多种主体进入，实行"市场配置，多元投入，合理分配，开放创新"的原则，实施各种鼓励政策，调动各方面积极性，提高页岩气对我国能源供应的保障能力。

（4）寻找合理灵活的页岩气对外合作模式，建议从目前单一的产品分成合同扩大到技术服务、矿税制、回购及联合经营等多种与国际接轨的合同形式。

（5）建立全生命周期的环境监管体系并强化环评制度，将页岩气开发与区域水资源规划和环境影响评估等结合在一起，全面评估当地页岩气开发的可行性；尽快完善环境标准，建立页岩气开发企业的污染物信息公开机制，引导公众广泛参与环境监管，加大对污染企业的处罚力度。

（6）理顺页岩气上中下游产业链，提升页岩气市场竞争程度，降低垄断成本；积极鼓励多种资本投资和金融机制创新，实现混合所有制合作开发，加快管网和配套设施建设，加强以页岩气为原料的化工、发电等下游相关产业的培育；在坚持页岩气市场化定价方向的基础上，进一步完善定价和市场交易机制。

（7）建立"国家页岩气地质勘查专项基金"，以金融债券等形式，广泛吸收社会资金，着重用于页岩气有利区块前期勘查和探明储量，降低商业勘查风险（特别是缺乏技术经验和能力的非传统油气企业），所获得的地质资料数据须统一上报基金管理机构掌握，国土部对其中资源条件好的区块，公开有偿招标页岩气采矿权，所得收入归基金机构和投资人，实现地质勘查投入良性循环使用和市场运作。

（8）将油服公司从当前国有石油集团体系中真正剥离，彻底改变油服公司和油公司目前既合作又从属（油服公司被油公司绝对控股或属于其存续企业）的关系，既有助于广大新进入页岩气的非传统油气企业迅速开展页岩气勘探开采，降低成本，又有利于培育社会化技术服务市场，加强技术创新，尽快建立适合中国页岩气特点的技术体系。

（9）建立国家级页岩气综合示范区。选择重庆、四川、贵州等条件较好的页岩气地区，中央部门负责设计规划，地方主管部门和各类型企业参与，在资源评价、勘探开发技术、利用模式、管理体制、政策支持和监管等方面综合试验、积累经验、迅速推广。

（10）页岩气应成为油气体制改革的试验场、切入点和突破口。从国家战略层面统筹考虑并提出一个符合我国页岩气发展的总体方案，以及包括页岩气产业发展的主体、方向、路径、阶段和配套政策等在内的一系列制度体系。建议政府部门尽快组织深入系统研究页岩气上、中、下游整体发展方案和近、中、远路线图，做好顶层设计和制度创新。

李博抒

中国天然气行业前景预测

1 天然气行业发展前景预测

1.1 用户消费量变化预测

随着政府对天然气整体布局的调控,例如,"西气东输、海气上岸、北气南下"等大型工程项目的建成投产,同时用户对天然气的使用增强,预计2018年,国内天然气消费量将达到2 900亿m^3,复合增长率为9.28%。

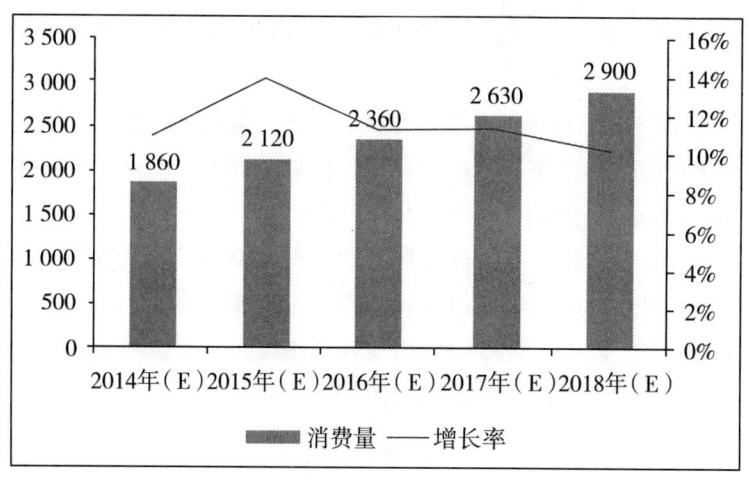

图1 2014～2018年国内天然气用户消费量变化趋势
数据来源:石化工业协会、华经视点整理

1.2 竞争格局发展预测

目前,天然气资源主要分布在西部,在市场启动期内,基本上就近消费,进入发展期后,国内天然气供应格局发生变化,呈现出"西气东输、海气上岸、北气南下"以及"就近外供"的局面。在此格局下,今后国内天然气市场消费中心将由产气区周边向东部地区和南部地区持续转移。预计2020年,东南沿海、长三角、环渤海三大地区天然气消费量将占全国总消费量的50%以上,成为国内最大的天然气消费地区。

1.3 渠道发展变化预测

随着国内天然气市场的成熟,各地区对天然气的需求不断增大,政府及各企业将加快对天然气销售渠道建设,预计2018年,在国内天然气各类渠道销售中,天然气直接销售量将达到1 711亿m^3。

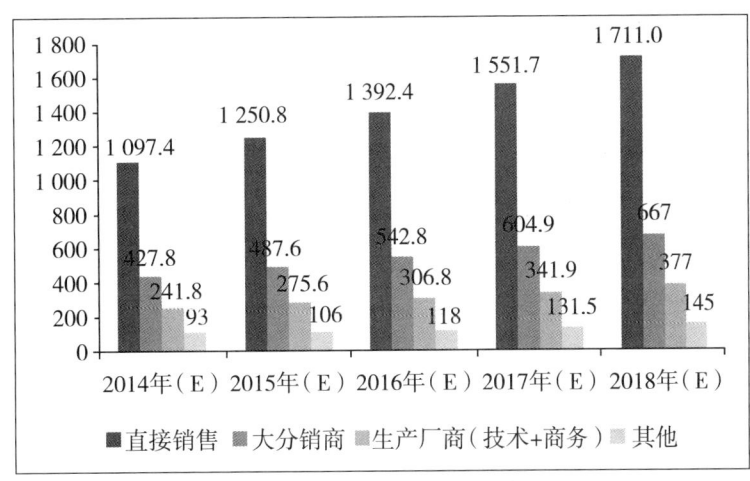

图2 2014～2018年国内天然气各渠道销量变化预测

数据来源：石化工业协会、华经视点整理

1.4 行业总体发展前景及市场机会分析

1.4.1 天然气产量增长快，发展潜力大

与发达国家相比，国内天然气产业仅处于发展初期，天然气勘探开发程度低，可采资源平均探明程度仅16.7%，远低于60%左右的世界平均水平，天然气发展具有巨大潜力。

目前，国内新增天然气探明地质储量为6.9万亿m^3，年均增加5 199亿m^3。截至2013年底，累计探明地质储量9.34万亿m^3，剩余可采储量为6.2万亿m^3。预计2020年，可新增探明可采储量3.3万亿m^3，2021～2030年，可新增3.06万亿m^3。除常规天然气资源以外，国内还有包括致密砂岩气、煤层气和页岩气在内的大量非常规天然气资源；并且在东海海域、南海海域和青藏高原有天然气水合物分布的广阔前景。

1.4.2 天然气消费量持续增长，结构逐步优化

随着国民经济的持续发展以及国内天然气长输管道、地下储气库等基础设施的不断建设和完善，预计2014年全国天然气需求量将超过1 860亿m^3。

1.4.3 进口以管输气为主，LNG次之

从国内天然气资源分布来看，管道气将在国内引进国外天然气中占主要地位，LNG居次。近期看，引进管道气潜在的来源国家和地区主要是中亚地区、缅甸和俄罗斯。

近几年，国内开始引进LNG，目前已经政府批准的LNG项目有6个：广东深圳、福建莆田、上海洋山、辽宁大连、江苏如东、山东青岛；进入规划的有4个：河北唐山、浙江宁波、海南洋浦、广西北海。国内引进LNG与资源国在建和规划中的项目大多数都已签订长期供货合同。LNG项目建设到投产通常需要5年以上，因此，2015年以后，国内才可能大规模引进LNG。

1.4.4 天然气定价机制逐步理顺，市场对气价的承受能力不断提高

随着未来大量进口天然气的到来，预计国内天然气价格将逐渐与国际市场实现接轨。国内天然气定价机制将逐步理顺，与石油、液化气、煤炭等替代能源的比价关系将更为合理。

随着国际石油、液化气、煤炭等能源价格的提高，以及我国经济发展的逐渐复苏，预计我国天然气市场对价格的承受能力将逐步提高。

2 天然气企业营销策略

2.1 全要素资源营销策略

所谓全要素资源营销，就是以企业全要素资源增值为核心的营销活动。它是通过打破营销职能界限，整合有限的可利用的要素资源，来调控全社会无限的要素资源，从而实现要素资源增值最大化的目标。企业在进行全要素资源营销过程中，其出发点和目标都是要在全要素资源转化过程中实现要素资源的增值。

2.2 和谐关系营销策略

和谐关系营销是以系统论、和谐相关理论为基本思想，将企业置身于社会经济大环境中来考察企业社会战略营销活动，它是一个企业和客户、供应商、社会价值竞争者、政府机构以及其他公众发生相互作用的过程。和谐关系营销的建立与发展，可确保利益相关者的合理利润空间，通过参股、融资等方式建立新型的供需关系。其核心是通过互利交换及共同履行承诺，建立和发展促使企业与各方实现各自的发展目标。

2.3 链式服务营销策略

链式服务营销是以战略营销的相关理论为基本思想来分析指导企业价值链的营销活动，其实质是建立更紧密的服务关系，以保证交易关系能够持续不断地进行。链式服务营销是人们对营销管理诸环节，以及诸环节内部构成诸要素之间内在关系认识的不断深化和有效运营的体现。

2.4 文化营销策略

文化营销的核心就是企业价值理念营销，也就是把企业价值观传达给客户、社会，以达成和谐共赢的价值理念。文化营销的手段主要有以下6种：一是构建和谐的企业文化；二是高度注重大众传媒的精神传播责任；三是客户关系管理——由被动服务向主动服务转变；四是构建坦诚互信的沟通平台；五是整合营销战略，利用和谐关系营销的思想，稳定各方面的关系；六是依靠、发挥社会舆论和行业协会的监督作用。

2.5 绿色营销策略

绿色营销是指企业以环境保护理念作为其经营哲学思想，以倡导绿色文化为价值理念，力求满足客户和社会绿色消费需求的营销策略。随着社会生态环境日益恶化，绿色意识、绿色消费蓬勃兴起，这迫切要求企业转变经济增长方式。天然气属于清洁能源，天然气销售企业采用绿色营销正是满足了这一发展的迫切需要。

2.6 产品定价策略

产品价格在市场营销过程中起着决定性作用。总体上看，天然气价格取决于供求关系、成本和替代能源的价格水平。定价以成本、供需为主，价格调整以市场需求为主，同时还要考虑其他因素，如政策、付款方式、合同量大小等因素对价格的干预。

3 天然气企业投资策略

3.1 区域投资策略

随着国内对现有天然气行业的布局及调整，国内各区域对天然气的需求不断增大，现主要集中在东南沿海、长三角、环渤海三大地区，预计2020年，该三大地区天然气消费量将占全国天然气消费量的50%，同时，在未来区域投资方面，也应集中在三大区域，如广州、上海、江苏、浙江、北京、天津等地区。

3.2 产业链投资策略

目前，在天然气产业链投资中，储运环节投资前景最为看好，发展前景也最广阔，该环节在管输运营中是一块不容小觑的隐形利润，主要通过以下3个方面可以阐述：

（1）已有管网的运营会随着下游需求的增多，提高管网运营效率，降低单位折旧成本，有效提高毛利率；

（2）新建管网扩容需求，从体量上增加管输运营商的收入；

（3）管网建设初期投资成本大，壁垒性强，具有先发优势，市场蛋糕的变大不会被切割成更多份。同时，我们也进行了中石油管道运营利润对公司影响的测算，计算得出中石油管道运营的净利润占总净利润的比重达到了10.3%，相对于进口气的巨大亏损，管输业务利润丰厚。

（4）国内LNG储罐市场前景广阔，LNG储罐是LNG接收站工程建设的核心内容，建造费用占到接收站总工程费用的40%，未来，随着LNG进口量需求的大幅攀升，LNG接收站将大规模兴建，并会直接拉动对LNG储罐的需求，预计2015年，LNG储罐市场容量将达到125亿元。

中国城市燃气协会

推进燃气行业技术进步的意见

1 前言

近年来,燃气行业发展迅速,在气源供给、供气规模、设施建设、应用领域等各方面都取得了令人瞩目的成就。伴随着城镇燃气行业的快速发展,技术进步的作用也越发显著。燃气输配与监控、安全保障、非开挖、检漏等新技术的研发和应用,燃气PE管等新材料及SCADA系统的应用,管网GIS系统、巡检卫星定位管理系统等现代信息管理手段的应用,能够更加有效地保障城镇燃气设施的安全运行,并提升安全管理水平。

在国内天然气需求保持快速增长的大环境下,对燃气行业的发展提出了更高要求,燃气行业发展中存在的问题日益凸显。为了解决目前城镇燃气行业发展中所面临的问题和难点,继续推进燃气行业技术进步,中国城市燃气协会组织行业内相关单位制定了《推进燃气行业技术进步的意见》(以下简称《意见》)。本《意见》分析总结了全国燃气行业的现状及面临的形势,从能源领域、输配领域及应用领域3个方面分别提出了燃气行业技术推广的建议,是今后5至10年燃气行业技术发展的重要依据。

2 各领域技术发展的建议

2.1 能源领域

2.1.1 替代能源

1)建立健全标准体系

随着开采规模的扩大,页岩气、煤层气和煤制天然气已作为商品天然气进入天然气管网,但页岩气、煤层气、煤制气与常规天然气资源在组分、热值等方面还存在一定的差异,而我国目前还没有页岩气、煤层气和煤制天然气的气质标准和配套分析方法,这将影响城市燃气下游用户的安全稳定用气和能源利用效率。建议参照现有天然气气质标准,结合城市燃气的供应和应用体系,制定煤层气、页岩气和煤制天然气的气质标准及配套分析方法。

2)加强对替代能源的跟踪和研究

页岩气、煤层气和煤制天然气进入城市燃气管网后,将不可避免地与现有常规天然气资源并网混输,混输是否会对下游用户,特别是对气质要求较高的精密加工行业的用户产生影响,如何制定应对措施,是城市燃气行业应当关注的课题。建议加强对页岩气、煤层气和煤制天然气等替代能源的跟踪研究,收集相关的气质信息,提前研究并网混输的方式,制定减小对下游用户影响的措施。

2.1.2 应急气源

1)应急气源形式向多样化方向发展

随着城市供气规模的不断扩大和LNG液化工厂、LNG接收站、地下储气库建设技术的成熟，利用LNG储罐和地下储气库储存天然气作为应急气源成为应急气源建设的重要发展方向。

建议城市燃气企业可根据各自的区域位置、地质条件和供气规模选择合适的应急调峰气源。供气规模较小的地区可利用小型LNG应急调峰站、CNG储罐或高压球罐作为城市燃气的应急气源。东南沿海地区可利用LNG接收站作为应急气源，华北、华中、西北等地则可充分利用地质构造建设地下储气库，作为城市燃气应急气源。

2）调峰方式由被动调峰向主动削峰的方向发展

当前，我国城市燃气调峰主要采用扩大天然气供应规模的被动调峰方式，被动调峰不仅降低了管网的利用效率，而且需要投入大量资金，建设庞大的调峰设施。随着气量预测技术的发展，建议城市燃气企业加强需求侧管理，鼓励发展可中断用户，参照峰谷电价政策，制定峰谷气价，进行主动削峰，提高管网和调峰设施的使用效率，同时探讨可再生能源与天然气的结合供能。

3）液化天然气工艺技术和主要设备从引进向国产化的方向发展

液化天然气便于储存和运输，是当前国内城市燃气应急气源的主要形式。经过近10年的发展，LNG产业链的国产化取得了巨大的进步。建议进一步通过大型项目推动国内LNG技术的进步，最终实现LNG产业链的国产化，以降低LNG应急气源的建设成本。

4）地下储气库类型不断扩展，并向储气库群的方向发展

建议在稳步推进气藏型储气库和盐穴型储气库的同时，加强在含水层建设地下储气库的研究工作，形成枯竭油气藏储气库、含水层储气库和盐穴储气库共同发展的新局面，拓展地下储气库适用范围。

5）资源向多元化发展

随着煤制天然气、煤层气、致密气和页岩气的开发，国内可用于城市燃气应急气源的资源日益多元化。随着北美页岩气出口以及澳大利亚、俄罗斯等国在建LNG项目的投产，2020年后全球LNG市场供应规模有望在现有基础上实现倍增，LNG价格也有望回落至合理价位，给我国合理利用国际LNG资源提供了有利条件。建议内陆城市增加煤层气和页岩气气源供应，沿海城市可通过国际现货市场采购LNG，作为城市燃气应急气源。

2.1.3 气源质量

1）入网天然气质量亟待统一

目前，我国天然气长输主干管网骨架已基本形成，但不同油气公司的入网天然气热值等指标不一，即使是同一公司，由于气源不同，入网天然气的热值等指标也不相同，这不仅限制了我国天然气主干管网的互联互通，也影响了城市燃气下游用户的用气质量。建议尽早统一入网天然气的质量标准，使得常规天然气、进口LNG、煤制天然气、页岩气和煤层气等均能按照统一的质量标准入网，为实现国家天然气主干管网的互联互通和管网向第三方开放做好准备，同时满足城市燃气对多气源同网同质的要求。

2）急需制定城市燃气基准气标准

为提高天然气供应规模，增强天然气供应的稳定性，城市燃气一直寻求在供气区域内建立一张网，形成多气源的供气格局，但由于当前国家尚未统一入网天然气的质量标准，各路气源的热值等参数存在一定的差异。为有效兼顾各路气源，实现气源之间的互换性，建议各城市燃气公司结合现有气源和未来气源的发展趋势，开展基准气的研究工作，确定各自城市的基准气。

2.2 输配领域

2.2.1 调度指挥

1）实现各个业务系统的集成，消除信息孤岛

随着完整性管理系统、气量系统等各项专业化系统的完善，企业对信息及数据的多维度分析、作业过程管控要求越来越高，而GIS系统存在局限性，为此，建议加快多业务系统的集成。

2）建立一体化指挥调度平台

未来，城市燃气在现有信息化系统的基础上不断整合并完善，逐渐向以下方向发展：（1）快速通信，联动保障：支持多种通信方式，实现指挥中心与现场的通信保障。（2）整合资源，实时指挥：整合各专业系统数据，充分利用现有资源。（3）动态管理，完善机制：集成软硬件，完善指挥和应急机制，形成一体化指挥调度平台。

3）提高SCADA系统在指挥调度中的作用

实现SCADA运行数据的同步展现。提供如设备监测数据三维可视化展示功能，即为二者的集成效果展示。这样有机结合了空间位置信息、静态属性和动态属性，增强了数据的表达能力，针对设备运行状态监控管理，提供直观高效的辅助手段。

4）可视化系统在调度指挥中的应用

基于GIS及三维可视化技术，应用系统建设实现管网可视化展示，包括位置及属性数据等的查询、浏览及分析应用。

5）可视监控系统在调度指挥中的应用

平台与视频监控系统的融合，为视频监控系统终端摄像头提供空间位置，视频监控系统为三维应用系统提供实时视频数据。通过与视频监控系统的集成，可以完成事故上报信息的多媒体融合，通过三维应用系统与监控视频的同步展现，可及时监控了解事故变化等情况信息。

6）运用基于各种通信模式的数据传输方式

随着各种无线、有线网络的应用，调度中心可采集到各类生产相关数据，未来的数据传输模式也可借用到北斗卫星通信模式。

7）推荐进行燃气管道一张网建设

随着天然气的应用，高压力级别的管道逐渐进入城市领域。同时，各城市燃气管道也趋于一张网建设，从而打破管网系统分块隔离带来的管理上的困难。根据城市管道的规模、用户数量、调度中心的功能等，集中调度的定位有所不同。建议调度中心的建设包括以下一些重要功能：紧急事件调度、生产运行调度、气源气量调配等。

8）结合企业发展战略，加强自主创新和技术应用

建议在安全生产和应急指挥调度、网络信息交换和管网信息挖掘与辅助决策等技术领域，瞄准国际前沿，加大投入，突出自主创新。采用国际先进、成熟、符合主流发展方向的地理空间信息技术、海量数据管理技术、可视化技术、信息交换技术、模型模拟技术、安全访问控制技术等核心技术，促进物联网、云计算等前沿技术在城市燃气信息化建设工作中的应用。

2.2.2 运行维护

1）外防腐层评估技术

国内应用的防腐层评估软件有PCM评估Rg值软件和国外进口的含软硬件的C-Scan系统评估软件

及国内自行研发的"变频-选频法"评估技术，测试准确性、结果可靠性及实施难度等水平不一，适应性不同。建议将防腐层评估技术作为老旧燃气管道防腐层大修或更换的依据，并根据实际需要选择合适的评估技术。

2）防腐层缺陷检测技术

国内常用的防腐层缺陷检测技术有Person法、PCM的A字架法、DCVG加CIPS，这些方法都来自国外，其中Person法的配套检测设备已国产化。建议结合国外经验，针对在役埋地钢管实施周期性防腐层破损检测、修复，合理控制运营成本和运营风险。

3）管体检测技术

对于管体本身进行检测，常用的方法是漏磁检测和超声波检测。欧美有大量应用，是修复管道缺陷、预测管道寿命非常重要的依据。在国内，管体检测技术主要用于石油行业的大口径管道上。鉴于城市燃气行业的管网结构和防腐层情况，建议在高压、大口径及其他重要管道上逐步推广应用管体检测技术。

4）阴保电位精确测量技术

阴极保护效果通过保护电位来评价，精确测量阴极保护电位非常重要。建议对于已实施阴极保护的重要管道和实施阴极保护后仍发生泄漏的管道采用阴极保护电位精确测量技术。

5）压力试验技术

压力试验长期以来都是被工业界接受的完整性验证方法。通常是水压试验，可以进行强度试验和泄漏试验，直接反映管道完整性情况，其缺点是需停输且具有破坏性。建议在无法通过其他无损检测技术确定管体强度的情况下，通过水压试验整体评估管道情况。

6）介质泄漏检测技术

国内燃气行业非常重视泄漏检测，设备和技术更新基本与国外同步。建议在传统检漏技术应用的基础上，继续追踪关注国外泄漏检测技术最新发展，适当引入新检漏技术和设备，提高检漏精度和效率。

2.2.3 腐蚀控制

1）随着绝缘层防腐技术向安全可靠、环保卫生方向发展，建议在燃气管道防腐技术中淘汰石油沥青防腐、环氧煤沥青防腐，限制使用熔结环氧粉末（FBE）防腐技术。

2）随着绝缘层防腐技术向技术优良、使用寿命长的方向发展，建议在燃气管道上鼓励发展使用三层PE防腐技术。

3）建议在绝缘层防腐领域积极探索新技术，重点支持管道冷缠防腐层在燃气场站的管道、阀门、法兰、弯头等设施上的应用研究。

4）随着城市内燃气管道设施阴极保护向技术安全可靠、经济合理的方向发展，建议在城市燃气的城区燃气管道上鼓励发展牺牲阳极的阴极保护，同时积极探索城市地下管道实施深井阳极地床阴极保护。在城市郊区的燃气管道上鼓励发展浅埋式地床阴极保护。

5）建议重点支持柔性阳极阴极保护的应用领域研究。

6）随着城市轨道交通、动力火车等的发展，其产生的杂散电流对城市燃气管道影响极大，管道腐蚀极其严重，给城市燃气运行安全带来了新的问题。建议重点支持开展城市强杂散电流的影响与对策研究。

2.2.4 施工抢修

1）建议依托物联网、可视化技术、信息采集远传技术、光纤技术等，实现施工抢修信息的实时监控和远传。建立高效的应急抢修预案，制定抢修演练制度，防患于未然，保证突发燃气事故的抢修效率和安全。开展泄漏点快速精确定位、管道内部检测等相关技术的研究。

2）建议针对各个施工抢修技术的不同适用范围和条件，依据实际的地质情况、管网情况、施工抢修政策等，合理地应用组合技术，降低燃气施工抢修的成本。

3）建议配合新型材料的使用，积极优化发展基于多管材条件下的施工抢修技术，如防腐材料、检测设备精度等，并从管理层面上依靠多媒体技术、信息远传技术等实现第三方破坏报警和施工抢修全过程监控，保证施工抢修质量。

4）建议利用管网风险评估技术排查管网风险级别，对应制定巡检抢修方案，有针对性地对高危管网实施特殊监控。除此以外，完善燃气施工抢修的相关规范和操作指南，重视加强施工抢修人员的危机意识、责任意识和安全意识，避免由于人工误操作造成的安全事故发生。

2.2.5 管网安全

1）随着无线高速网络的发展，无线传输的带宽将会有极大的提高。建议利用无线高速网络实现实时高清视频监控。

2）建议在建设安全应急指挥系统时除最基本的应急预案、事故预报、预警通知、事故现场的视频监控及应急指挥会议系统等主要功能外，考虑应急指挥系统与其他信息化系统，如SCADA系统、GIS系统、客户服务系统、巡线系统和安检系统等各个业务系统之间的集成，并与政府的城市安全管理平台进行集成。

3）随着物联网技术、自动控制技术和信息化技术的发展，将会构建越来越多的安全管理系统，建议对于燃气的安全管理集成各个生产运营及业务系统，形成一个能够监控所有业务及各个生产环节的管理平台。通过对生产过程中的数据的监控与分析，提高安全预报与预警的能力。

4）由于燃气具有易燃、易爆、有毒的特点，燃气泄漏和爆炸对城市的安全将会造成深远的影响。建议将燃气安全管理与市政安全系统建立联动。

5）虽然燃气企业需要对整个管网系统进行监控，但由于安全监控系统的投资大、监测面宽、技术复杂等特点，这些安全管理技术的应用还需要有一个合理的规划。建议结合燃气企业信息化建设的现状，做好安全管理系统建设的总体规划，并分步实施。

6）目前，整个燃气行业管网安全监控的水平还比较低。一方面，需要提高燃气泄漏检测传感器的可靠性和稳定性；另一方面，燃气管网安全监控设施的成本还较高。建议燃气企业在技术投入与提高管网安全管理水平之间寻找到一个平衡点。通过推广应用现有技术，提高整个城市管网安全的监控面，同时扩大新技术在管网安全监控中的应用。

2.2.6 燃气用新型材料

1）目前，国内燃气行业所用燃气管道主要为聚乙烯（PE）管道和钢管。国内使用的聚乙烯燃气专用料基本上都依赖进口，除了价格缺少竞争，供货问题也时有发生。迫切期待国内的石化企业早日生产出优质的聚乙烯燃气专用材料供燃气企业使用。

2）根据国家质检总局开展压力管道定期检验的相关要求，燃气企业应开展管道应力分析、寿命评估等研究工作，为开展燃气管道定期检验工作做准备。

2.2.7 燃气管网优化

1)近年来,随着天然气供应量的快速发展,天然气管网布局矛盾逐渐显现。天然气高压管网和城市燃气中低压管的重复、交叉,带来了安全隐患,也浪费了资源。建议进一步加强对管网布局合理性的研究。

2)随着长距离管输天然气在城市燃气行业的普遍应用和整个产业链的市场化,各燃气企业已成为市场中独立运行的主体,承担着各自的经营成本和经济风险。对于燃气企业来讲,由于与上游供气企业签订的是照付不议合同,就面临着预定气量和实际用气量差别造成的经济风险。因此,对燃气负荷预测结果进行经济性评价,并提出相应的风险控制策略意义重大。建议燃气企业在做好用气负荷调查的基础上,系统性地开展负荷预测的研究。

3)在我国城市燃气发展初期,管网不仅承担供气任务,还需担负调峰的重担,随着城市燃气用气规模的不断扩大,管网的调峰能力已无法满足城市燃气稳定供气需要。建议燃气企业结合自身情况,与上游气源单位积极协调,由上游气源单位负责季调峰,同时采用管道升压、球罐储气、管束储气等多种储气调峰手段相结合的方式,进行日、小时调峰。

2.3 应用领域

2.3.1 民用燃具

1)伴随市电引入燃气具标准,燃气灶与电磁灶一体式、燃气灶与消毒柜一体化、燃气热水器与燃气采暖炉一体化、燃气采暖与电气采暖一体化、燃气空调与电气空调一体化等多能源供应、多用途的集成燃气具结构将更受青睐。建议顺应市场需求,重点支持开发多能源、多功能厨电燃气集成技术。

2)燃气具能效标准、燃气热水器能效标准正在推进燃气行业向着热效率更高、燃气热能利用更充分的方向发展。建议支持热超导和冷凝式燃烧技术等高效节能的燃气具技术的推广应用,同时需开展提升行业能效标准基准指标的研究。

3)国内民用燃气户内事故的频发,促使燃气行业户内安全技术创新有了明显的发展。建议重点支持燃气具安全保护技术的发展,特别是基于微电脑控制的高端智能燃气具的技术发展。

4)在用产品的判废标准严重缺失,安全运行风险依然严峻。建议重点支持在运行燃气具设计使用年限和无故障运行周期判定技术的发展。

2.3.2 商用燃具

1)我国目前商用厨房设备的结构相对简单,安全可靠性存在巨大隐患,技术进步的需求很大。建议支持商用燃具的燃气使用安全和电气使用安全等机电一体化设备,安全保障新技术的发展。

2)由于新兴的商用节能灶市场还没有制定一个规范的行业标准,以及各个公司的研发实力参差不齐,国内商用灶具在节能应用方面的市场还处于混乱状态。建议重点支持基于能效提升和降低污染的商用燃具空燃比自动控制新技术开发。

2.3.3 燃气户内安全

1)建议大力推动燃气管道系统和燃具使用的安全技术集成化。采用智能燃气表、器具熄火保护、不完全燃烧保护、过热保护和保险旋塞阀、燃气泄漏报警器与智能燃气表或管道切断阀或排气扇的联动等提高户内燃气系统的安全性;推广燃具强制排烟制度;开发燃具安全监控系统。

2)建议大力推进燃气管道系统和燃具使用的安全管理技术程式化。中压燃气系统应对地基下沉及地震等事故严加防范；高层建筑内的安全体系一定要到位；地下用气要经过论证、审查控制；大型燃具要考虑用耐腐蚀管道，并配以安全报警切断系统；建立严格市场准入制度，防止不合格产品进入市场。

3）建议开展基于保障燃气用户室内安全的监控系统集成技术研发。近期推进以下几项技术措施的落实：在燃气引入管采用蛇形波纹管或弯管等可绕性连接的减震和防沉降措施；在燃气表内或表前设置燃气泄漏紧急切断阀；在燃具的房间和通气不良的管道空间安装燃气泄漏探测器；在燃具前的燃气接管末端设置过流切断阀；与燃具的连接管选用定尺金属塑胶复合的可绕性管连接；强制推进熄火保护燃具和强制排气燃具的实施。

2.3.4 天然气分布式能源

1）建议首先在我国经济条件较好、天然气价格相对低廉的城市建设天然气分布式能源示范项目，通过示范项目积累推广该技术的相关经验，再带动和促进全国天然气分布式能源事业的发展。

2）建议政府鼓励相关科研机构加快分布式能源发电设备的研发，争取在5至10年内取得实质性的突破，并形成自主知识产权。

3）建议天然气分布式能源系统采用并网方式运行。由政府有关部门组织，电网企业和其他相关机构通过参与，制定统一的分布式能源并网国家标准，包括技术标准和并网设备配置标准2部分，以提高分布式能源系统的可靠性和经济性。

4）建议给予天然气分布式能源项目一定的补贴或优惠政策。优惠政策的准入条件包括：一是对天然气分布式能源项目设立能效标准；二是鼓励系统采用集成技术，特别是与可再生能源技术相结合。

5）建议地方政府组织编制天然气分布式能源专项规划。

2.3.5 燃气汽车

1）建议率先推广中/重型商用车的柴油—天然气双燃料掺烧技术。

2）建议加大主机厂纯天然气中/重型商用车的发展力度。

3）进行轻型车汽油—天然气两用燃料技术的升级和推广。

4）建议加强燃气汽车相关关键零部件的国产化研发和推广力度，特别是燃气发动机及其关键电控系统零部件的国产化和技术提升。

5）建议加大燃气汽车排放后处理关键零部件的研发力度，特别是重型商用车柴油燃气双燃料发动机的排放后处理技术研发、成本合理化及应用推广。

6）建议加强燃气的储带安全、事故防范和减小事故损失等相关安全与控制技术的研发及应用力度。

7）建议开展氢燃料发动机及燃氢汽车的技术研发和推广应用。

8）建议推进船用燃气发动机的推广应用。

2.3.6 燃气计量

建议重点发展智能燃气表安全切断技术，以提高燃气表使用过程中的安全性能。

2.3.7 液化石油气钢瓶安全物联网技术

1）建议对液化气钢瓶进行技术升级改造，保障液化气使用安全，采用先进的物联网管理技术改造提升行业管理水平。

2）建议通过物联网的建设，使燃气行业数字化、智能化，最终实现城市运作与数字化管理相结合，从而带来更加智慧的城市解决方案，融入国家的"智慧城市"的发展战略。

3 保障措施

3.1 科研体系建设

3.1.1 统筹全国研究机构资源，发挥燃气企业主体作用

统筹调配全国燃气行业研发机构，开展全国燃气发展规划研究。发挥燃气企业技术创新主体作用，强化产学研用紧密结合，促进科技资源开放共享，各类创新主体协同合作，通过借助外部或其他行业技术进步成果来推进燃气行业技术进步，提升燃气行业整体创新效能。

3.1.2 加强人才培养，提升人员素质

加强对城镇燃气行业管理人员和操作人员等从业人员的教育、培训，发挥大专院校的优势，培养科技创新型人才和现代燃气经营管理人才。

3.2 标准、制度体系建设

健全技术标准，规范生产运营。加强燃气行业标准体系建设和相关标准的制定、修编工作。完善天然气基础设施建设与运营管理的相关制度，明确建设单位、运营企业、销售企业及用户等相关各方在基础设施建设、运营与天然气供应过程中的权利、义务和责任，保障安全稳定供气，促进天然气产业有序健康持续发展。

3.3 政策措施保障

3.3.1 加大研发投资，促进技术更新

加大技术研发的投资力度，设立专项资金，开展行业自主知识产权技术的研发，以及国外先进技术与设备的引进、消化吸收再创新。鼓励企业通过产学研合作、国际合作等多渠道开展技术研发与攻关，促进技术更新。

3.3.2 加强监管力度，保障规划落实到位

加强政府对城镇燃气行业的监管，理顺、完善并健全监管机构，加强规划协调管理，指导各地区和有关企业按照国家战略意图和政策导向开展工作，要求各燃气企业根据自身情况制定企业技术发展规划，保障自身技术进步。

3.3.3 落实激励政策，促进新能源产业发展和节能减排技术应用

从财政和税收方面切实落实国家新能源产业优惠政策，实行税费减免政策，对于节能减排效果显著的项目应予以奖励。

中燃协科学技术委员会

城市燃气价格改革问题研究

1 我国城市燃气价格存在的问题及其价改意义

本报告主要研究城市管道天然气。

1.1 城市燃气是具有正外部性的清洁能源商品

城市燃气既具有一般商品属性,具有价值和交换价值,受价值规律调节;又具有公用事业性质,履行普遍服务义务和维护供气安全。与煤炭、石油等化石能源相比,燃气更清洁、环保、优质,可以起到增氢减碳、治霾减排的作用。因此,社会不应再循例把其视为一种社会公共福利,而应视其为一种有价值的消费品,发挥市场在资源配置中的决定性作用,使其正外部性在市场中充分体现出来,得到公平合理的价值补偿。

1.2 价格问题成为燃气行业发展瓶颈,并制约大气污染治理和宏观经济发展

我国燃气产业具有上中游纵向一体化和下游区域分割的特点。上游气源主要被中石油、中石化和中海油三大国有公司垄断控制,中游长输管网则被中石油和中石化垄断控制,并未与供气竞争性业务区分开来,使得管输费仍捆绑在燃气价格之中。由于产业链改革不到位,燃气价格仍然为捆绑定价,行政管制较多,燃气价格不能真实反映市场供求关系,也给监管部门对供气成本的监审带来困难。下游配气环节具有区域分割的特点,采用了差别化政府定价机制,对居民用户低价而对工商业用户高价的定价政策,形成严重的价格交叉补贴,不符合价值规律和国际通行做法,也削弱了我国工业产品的竞争力,制约了第三产业的发展。上下游价格缺乏必要的联动机制,城市燃气企业的经营成本难以疏导,导致上下游发展不协调,也影响下游供气积极性。随着我国天然气对外依存度的提高,一系列价格问题给我国燃气普及利用和产业结构调整带来困难,也让优化能源结构和大气治理战略蒙上阴影。在此背景下,推进燃气价格改革已刻不容缓。

1.3 深化城市燃气价格改革具有重要意义

近年频发的雾霾问题凸显了我国以煤炭为主的能源结构的窘境,迫切要求加速向以天然气为代表的清洁能源方向转变。目前,提高天然气在能源结构中的比重已上升到国家战略层面,成为我国优化能源结构和治理雾霾的重要途径之一。近年来,我国城市燃气利用范围更广、配气速度更快,普及率逐年提高,消费大幅增加,这对优化能源结构、改善大气质量、提升城市品质、促进新型城镇化发挥了重要作用。深化我国燃气行业改革,推动燃气价格改革,对引导我国燃气合理消费,保障燃气安全可靠供应,构建经济、公平、可持续的燃气市场体系及完善燃气价格监管机制等,具有重要的战略意义和现实意义。

2 典型国家和地区城市燃气价格机制概览

纵观经合组织（OECD）成员国开展燃气体制改革的历程，各国改革方向相同，但方法、进程和成效各异。

2.1 美国城市燃气价格机制

美国是全球最大的天然气消费国和生产国，天然气自给率高，市场机制建设最为完善，成为欧洲等国家效仿的范例。

美国燃气改革的核心，是通过拆分纵向一体化垄断企业，实现输气环节的定价监管和第三方准入，建立充分竞争、灵活合理的定价机制，实现了燃气的充分和低价供应，体现了自由市场和政府监管的博弈与最终平衡。其燃气改革历程可以概括为放任发展、完全监管、自由化改革和调整监管方式4个阶段。

在1938年前，美国燃气价格放任市场竞争决定，逐渐产生了竞争失序和自然垄断。1938年后开始实施完全监管，先后出台了《天然气法》和"菲利普斯决议"，对井口价格、州际输配气价格进行全面监管，但由于价格过低又造成了供应短缺。1978年，美国通过了《天然气政策法令》，实施自由化改革，主要措施有：放开价格管制，鼓励供应和销售环节自由竞争；免除长期合同照付不议义务，实行第三方准入制度（TPA）；拆分输配和销售捆绑服务，剥离管道输气环节；联邦政府和州政府分别监管州际和州内管道收费。1999年后进一步调整监管，加强对输气环节的定价监管，制定透明的成本计算规则，对不同终端用户制定不同价格，并建立了居民、商业用户优先供应制度，充分保护消费者权益。

2.2 英国城市燃气价格机制

英国的燃气改革最早，也最为彻底，以废除英国燃气公司垄断特权并对其私有化、拆分供应和输配业务为标志，实现了燃气市场的自由竞争。改革分为自由化改革、促进竞争和保障供应安全3个阶段。自20世纪70年代末，撒切尔夫人开始自由化改革，为改变英国燃气公司高度垄断造成效率低下、补贴高昂的局面，1982年以修改《天然气法》为契机，打破垄断，通过私有化和开放管网第三方准入，提高管网运输价格透明度，建立了以许可证制度为核心的监管机制。1993年后重点是促进竞争，英国为继续打破英国燃气公司一家独大局面，对其供应和输配业务进行了强制分拆，以促进横向竞争；改革监管机制，除输配气业务外允许兼营，促进了上下游市场竞争。2007年后，英国通过多项立法确保燃气供应的稳定和安全，特别是普通居民的优先供应。

2.3 欧盟国家城市燃气价格机制

欧盟借鉴英美经验，通过改革形成"X+1+X"产业链结构，建立了"管住中间、放开两头"的定价机制。

自20世纪70年代起，燃气体制高度垄断的欧盟各国先后学习英美经验，实施了以打破纵向垄断经营、开放市场竞争、理顺价格机制、提高输配气效率为核心的燃气体制改革。20世纪70年代末，英国率先仿效美国进行改革，欧盟国家随即在90年代初启动改革，主要思路是：（1）以立法为先导，统一立法进程，构建欧盟天然气大市场；（2）打破垄断体制，开放输配气管网，允许第三方准入,加强管输环节价格监管,提高输配价格的透明度;(3)拆分纵向垄断企业的供应、输配和销售业务,促进供应和销售环节自由竞争、储气调峰;(4)根据市场发展不断完善监管机制,满足不同用户的需求。通过努力改革,欧洲建成了互联互通和管网统一的天然气市场,气价保持稳定,市场有序竞争,尽管90%以上天然气依赖进口,但供应能力和安全水平显著提高。

法国在1998年后根据欧盟要求在政府主导下开展了全面改革,建立了以政府核定企业输配价格和收益率为核心的监管体制。改革主要措施有:(1)打破垄断,鼓励竞争,促使燃气价格充分体现各环节成本。不仅促使了燃气进口多元化,确保供应的稳定安全,而且促进了燃气销售从卖方市场向买方市场转变,降低了燃气价格;(2)加强对管网运输、储气的监管,保持输气环节价格公开、合理和透明,实施第三方准入制度。法国能源监管委员会依据"气体目标模式"制定和调整管网运输各环节的税率和收益率,设定终端销售市场合同的回报率。同时设立了3%的投资激励或惩罚限额,适当放开终端市场价目表,以调动管网和销售企业的积极性。虽然法国燃气公司依然占据90%的市场,但供应和销售领域的竞争已经非常激烈,政府的管输价格监管十分严格、明确,管输成本在燃气价格中所占比重较低。

德国曾经由于区域性垄断体制而强烈反对改革,但20世纪90年代以来在欧盟压力下实施了市场化改革,定价机制转变为"价格帽"模式。改革前,德国燃气市场以地区性纵向一体化垄断和区域性输配气垄断为主。1998年后,德国在欧盟的压力下开始打破区域性垄断企业协调主导市场的传统,制定法律打破区域输配气垄断,实施输配气业务分离和无歧视第三方市场准入,对输配气价格进行监管,促进了供应和销售市场的竞争。总体而言,德国行业协会主导作用很强,地区垄断经营仍然存在,管道之间的竞争有限,政府干预较少,促进竞争仍然是德国未来改革的任务。

OECD国家的燃气改革方向大致相同,都根据本国具体情况制定了相应的监管和价格机制。例如,美国不断调整监管方式和范围以解决因市场失灵和过度监管带来的问题,随着供应链上中下游有序放开,形成了以输配环节定价监管为核心,供应和销售环节充分竞争的市场格局,建立了基于各环节成本加成、市场竞争决定收益的自由定价机制。英国通过私有化来破除垄断,建立了以特许权为核心的监管机制,实行自由竞争的价格机制。法国政府则直接依据"成本加成法"确定管网企业的成本和收益率,实行价格监管。德国在努力打破区域性垄断中,全国性竞争格局初现,形成了政府立法确定价格上限,由市场来调节当期价格的"价格帽"机制。

2.4 亚洲国家和地区城市燃气价格机制

21世纪之交,日本、韩国、新加坡和中国香港等亚洲国家和地区对高度垄断的传统燃气体制实施了不同程度的市场化改革,部分国家和地区的燃气行业改革仍处于正在进行时,且形成了各具特色的价格形成机制,旨在促进燃气的消费利用。

日本城市燃气确立了面向小型用户的政府定价机制。经过燃气法案多次修正,日本逐步放松了对大用户(如发电公司等)燃气价格的严格管制,燃气价格交由供需双方协商决定,但是在面向家庭等小型用户用气领域,燃气价格仍受到政府严格管制。依据日本《燃气公用事业法》,制定燃气价格要遵循成本主义、企业报酬和公平合理三项原则,以确保燃气价格与成本相适应,并维持公平交易。在成本加成定价的基础上,日本政府设计了相当复杂的调价程序,细化分摊供气成本,合理满足不同细分用户需求;其中,成本部分依据原材料价格、季节峰谷负荷等变化情况进行定期修正,尽量避免出现顺价不畅和交叉补贴问题。此外,日本政府还简化了监管程序,放松对上下游燃气市场准入管制，采取公开听证制度，强化燃气公司信息披露，确保价格构成公正透明。

韩国城市燃气提出"供应费"概念来界定产业链价格构成。由于韩国燃气产业链上游受其国有企业控制，在批发和零售环节，韩国燃气均采用了成本加成方法，其门站价格由原料费和批发供应费构成，而零售价格则由门站价格和零售供应费构成。门站价格根据外汇汇率和进口价格变化，对原料成本进行月度或季度调整；按照用户分类和季节差异计算和调整批发供应费，并在全国统一实施。地方燃气公司按照终端用户类型采取有差别的零售定价机制，即只向居民征收基本费用（包括向居民供气时所产生的服务费用），且按照平均供应费确定零售价格。在燃气批发供应环节由韩国产业资源部开展审批监督，而零售供应环节由地方政府负责审批监管。

新加坡燃气采用"放开两头，管住中间"的定价机制。在燃气行业市场化进程中，新加坡逐步放开上游进口市场，将管网业务单独剥离出来，使其独立于燃气供销两端，提供公平无歧视的配气服务，而地方配气则由多家分销商和零售商负责配送，形成了"放开两头，管住中间"的产业运营格局。其上游气价采取与国际油价挂钩的原料价，而对中游管网输配费采用两部制定价，且价格由新加坡能源市场管理局负责审议批准，而下游零售配气费则完全由分销商、零售商依据客户类型细分市场决定。

中国香港采取了产业链完全市场化的定价机制。由于香港燃气行业充分自由竞争，城市燃气价格完全由供应商依据市场需求制定，燃气价格由3方面构成：燃气标准费、燃料调整费和保养月费。标准费按照阶梯式计价，用气量越多，单价就越低；而燃料调整费按照最初设定的基本价格阈值相应增减燃气原料费，以对冲原料成本变化；保养月费属于燃气公司增值服务费。香港政府只监督燃气公司的信息披露，确保价格构成公平透明。

3 城市燃气价格改革的国际经验及启示

20世纪80年代以前，世界各国普遍对燃气行业实施纵向一体化管理，不仅对具有自然垄断特性的环节进行管理，也对竞争性环节进行管理。这种体制导致燃气价格和消费处于畸形发展之中，企业长期亏损、财政负担沉重、冗员严重、服务效率低下。于是，各国纷纷启动燃气改革，改革的主要做法包括：放开适合竞争的环节价格管制，限制自然垄断环节业务并加强监管，建设统一的燃气市场，加强储备调控等。

3.1 各国对城市燃气价格改革的主要做法

（1）区分不同环节属性进行产业链结构性改革。

燃气定价机制的形成与燃气的产业链结构改革密不可分，其基本趋势是从垄断走向竞争。20世纪70年代以后，各国纷纷对燃气行业实施了与电力改革分拆模式类似的产业链结构性改革，首当其冲的是区分自然垄断业务和竞争性业务。各国的基本做法是：从"网销分离"开始，将具有自然垄断的管道运输公司和具有竞争特性的燃气生产和销售公司在会计和组织上分离。这样，就实现了管道所有权与燃气所有权相分离，管道运输业务与燃气销售业务相分离。由此可见，价格改革与产业链密不可分。

（2）放开上游管制让市场决定价格。

要想形成公平合理的价格水平，必须要让燃气实现充分供给，形成多买多卖的市场格局。20世纪70年代末，美国开始了放松管制的改革，促使当时的燃气市场由垄断走向竞争，而首先放松管制的领域就是上游，即在生产环节取消井口价格的管制，实现燃气供给主体多元化，通过充分竞争形成价格，防止由垄断造成的价格高企。除美国外，综观世界其他国家燃气改革历程，放开上游生产或进口，让气源实现充分供给，同时赋予终端用户更多的选择权，基本上是各国为形成合理的价格水平的通行做法。

（3）针对不同的产业组织模式和不同环节实施有效监管。

有效监管是政府对市场失灵的补位和调节。大多数国家对燃气价格监管都经历了从严格监管到逐步放松监管的过程。20世纪70年代末，很多国家开始对产业链进行市场化改革，原来上下游一体化的垄断格局被打破，政府逐步放开竞争环节的进口价和终端销售价的管制，而只对属于自然垄断性的中游管网输送环节进行定价。各国政府基本都对燃气的管输价格和配气价格进行监管，以促进管道公司降低成本提高效率，从而降低终端价格，保护消费者利益。

（4）价格改革要综合考虑产业发展等因素逐步推进。

价格改革是建立市场体系的核心。世界各国往往遵循价格改革与产业发展相结合、价格改革与国际天然气价格和替代能源价格相匹配的原则，在综合考虑燃气产业发展特点、居民承受能力、替代能源价格及通货膨胀等因素基础上，逐步推进，最终以形成市场供求关系决定的价格形成机制。

3.2 世界主要发达国家都采取了市场化改革手段，建立了主要由市场决定的价格机制，实现了促进行业发展和保护消费者利益的双重目的

（1）打破垄断、促进竞争是前提条件。

美国、欧盟、日本等发达国家通过对天然气产业链的结构进行拆分，促进了燃气供应和服务的竞争。目前，我国天然气行业大型企业纵向一体化严重，覆盖了勘探、开采、净化、运输、批发、乃至城市配气等环节，竞争性业务和垄断性业务捆绑经营，其他企业进入的空间很小，供应不足，价格扭曲，成本高企，效率偏低。从我国历次能源价格改革的效果看，如果不对天然气产业链进行改革，就只能演变为屡改屡涨的调价运动，这是与改革初衷相悖之举。对产业链进行市场化改革，打破垄断，促进竞争，应作为我国天然气产业改革的方向，也应成为理顺天然气价格机制的前提。

（2）建立统一的市场体系是基础条件。

欧美发达国家的关键经验是打破各成员国之间的市场分割和跨区域资源配置障碍，鼓励各国天然气基础设施的互联互通和自由贸易。我国可借鉴相关做法，打破行业垄断和市场分割，加强省际、城际管网的互联互通和统一市场体系建设，促进公平竞争，为天然气资源的优化配置和普及应用创造条件。

（3）实施网运分开、管网开放是必要条件。

发达国家的燃气改革都将网运分开和管网开放作为燃气市场化改革的核心内容，实行"厂网分离""网销分离""输配分离""储运分离"，在竞争和监管中实现了产业协调发展。我国"三桶油"垄断经营体制在初期发展过程中起到了积极的重要作用，但在目前却是燃气供需矛盾和价格扭曲的症结所在。将管道运输与燃气销售业务相分离，实现管网独立并公平开放，是协调上下游利益关系，推动天然气行业健康发展的必行之举。

（4）输、配气定价和调价机制是核心。

以欧盟为例，欧盟监管机构主要对天然气输气和配送价格进行监管，并制定了输、配气定价的公式、规则和调价机制。我国目前尚未对输、配环节形成有效监管，相关价格政策处于空白。价格主管部门应加强对油气企业的成本监管，尽快核定输、配气价，并建立相应的价格调整机制。

（5）统一的监管体系是重要手段。

独立的监管机构和统一的监管规则是发达国家燃气改革成功的关键。我国天然气价格实行中央与地方分段管理，天然气市场尚未形成统一的监管体系和监管法规，政出多门，无法可依，监管缺位与越位并存，效率不高，产业链条价格传导不顺，导致价格扭曲和发展不协调。

（6）加快天然气交易市场和储气设施建设必不可少。

发达国家既建立了上游多元化的供气市场，也促进了储气设施建设，对调解供需平衡、防止金融冲击起到了重要作用。我国应放开上游气源进口和开采，鼓励天然气自由贸易，鼓励社会资本投资建设储气设施和LNG接收站，促进管网基础设施的公平开放，这有利于稳定国内市场价格，降低燃气成本，大大提高我国天然气供应和保障能力。

4 对我国城市燃气价格改革的政策建议

4.1 指导思想

以十八届三中全会通过的《关于全面深化改革若干重大问题的决定》所阐明的改革精神和思想为指导。

4.2 指导原则

一是市场化，燃气是一种商品，燃气企业要赢利，燃气行业可以市场化；二是多方共赢，实现燃气企业与政府、与社会、与用户三方共赢；三是先易后难，不能一刀切，力度不能过猛，尽量减少对社会的冲击；四是适度监管，城市燃气的管网输送环节必须进行监管；五是配套措施同时并行，价格改革同产业、财政等其他改革措施同时推进。

4.3 城市燃气价格改革的总体思路

4.3.1 城市燃气价格改革的总体目标

按照市场化原则，打破垄断，引入竞争，建立起符合我国发展阶段和居民收入水平，适应我国燃气产业特性和发展，反映市场供求，价格真正由市场决定的机制。

4.3.2 城市燃气价格改革的主要任务为

以10年为界，2014~2018年主要解决燃气生产和供应不足问题，开放上游油气勘探开发和进口气源领域；对目前国有石油企业进行混合制改革，允许多种资本持有国有石油企业股份；在燃气长输、城市燃气运输管网以及LNG接收站、储气库等，允许其他投资主体进入，推动管网、储气库建设；严格执行规章制度，保证燃气管网和基础设施建设、运营等向第三方开放；逐步推动管网独立。2019~2024年进一步推进燃气产业生产、销售环节的分离和市场化改革，形成整个产业上游和下游市场由多家企业经营，相互自由竞争的局面。将现有燃气企业的管道所有权与燃气所有权分离、管道运输与燃气销售业务分离，组建燃气管网公司。

4.3.3 城市燃气价格改革的具体路径

改革应该"两条腿走路""放开两头，管住中间"。即在燃气整个产业链竞争性环节引入竞争，对自然垄断性环节加强监管。改革后燃气产业将形成"两头放开竞争、中间政府管制"的"X+1+X"的市场竞争模式。模式中第一个"X"是指放开燃气上游气源限制，开展多元化竞争；中间的"1"是指国家对燃气主输配系统即中游管网进行监管；第二个"X"是指在下游城市燃气企业形成多家区域性的销售企业。

4.4 城市燃气价格改革建议采取的政策措施

4.4.1 参考欧盟经验推进燃气市场化改革

4.4.2 以产业链结构改革推动燃气下游价格改革

（1）合理划分燃气产业链的自然垄断性业务与竞争性业务，实行区别对待的规制政策。

（2）消除非国有资本进入燃气行业各个领域的种种壁垒，推进整个燃气行业混合所有制经济发展。

（3）上游环节应放宽燃气上游勘探、开发、生产领域的市场准入；放开气源进口限制，实行气源多元化；储气、接收站、管网等基础设施投资、建设、运营向市场公平开放，吸引各类资本进入。

（4）中游环节应将燃气管网（包括长输和城市管网、储气库）与上游生产、下游销售业务分离，推行"厂网分离""网销分离""储运分离"，渐次推动管网独立。制定强制性规则，严格落实管网"第三方公开准入"机制，要求管网运输企业向所有托运人公平开放管道运输业务，代表第三方运输燃气，管输公司不得销售燃气，只收取管输服务费。设立严格的城市管网准入标准，实行审批制，防止企业过度进入引发过度竞争，造成资源浪费。

（5）下游城市燃气环节应在继续实行城市燃气经营许可制度时，综合考虑和处理好燃气经营企业的资产转让、经营期限和价格条款等问题，进一步开放城市燃气市场，建立多元化投融资体制。

4.4.3 建立合理的输、配气定价和调价机制

合理确定配气服务成本构成，对输配气价采用"成本加成法"定价，待市场发育成熟后采取基于业绩的"价格上限法"定价。形成合理的管输费率结构，从当前"一部制定价法"过渡到"完全两部制"。以"成本加成"为基础并进行分类作价。每3年调整城市燃气长输、配气价格。

4.4.4 形成燃气上下游价格联动机制

授权地方调整价格听证目录，明确规定中央政府变动门站价格的同时，地方政府也应调整终端销售价格；因上游涨价增加的支出要实行全额联动。同时，推动燃气价格听证从"听水平"向"听机制"转变。

4.4.5 矫正交叉补贴，理顺终端用户价格

消除燃气价格的福利性，逐步提高居民用气价格。实行阶梯定价，按用气量大小制定差价。遵循国际市场规律，理顺工业、商业、居民生活用气价格结构。

4.4.6 加快燃气现货和期货交易市场体系建设，逐步形成我国燃气市场基准价

4.4.7 建立健全燃气全产业链监管体系

加快制定城市燃气价格管理办法；建立全国性的燃气安全认证体系；建立相对独立的燃气综合监管机构，对燃气市场进入管制、价格、产品和服务质量、安全等进行监管，并主要行使相应职责。

4.4.8 及时建立政府与市场、企业之间的信息沟通机制，充分发挥燃气行业组织的重要作用。

4.5 当前推进城市燃气价格改革的切入点

4.5.1 转变社会对城市燃气的传统认识和消费理念

树立"城市燃气是商品"的消费理念；取消福利补贴方式，实行综合补贴，给老百姓一本明白账，让消费者在接受市场化的城市燃气供应与定价新机制的同时，自觉履行在节能减排理性消费方面的责任义务。

4.5.2 改革当前燃气产业链结构和组织形式

以探矿权和采矿权为突破口加快上游改革，允许更多的经营主体从事气源进口业务；以管网独立为改革方向，实行"网运分离""网销分离"推动中游改革，切实落实管网第三方公平开放；推动下游城市燃气从特许经营制度向经营许可转变。

4.5.3 加快建设国家燃气交易市场

利用上海石油交易所作为平台试点建设国家级的燃气交易市场或交易中心，分步建设、不断完善扩大燃气交易市场规模和影响力。

4.5.4 完善城市燃气定价机制及监管制度

允许各地修改地方价格听证目录，明确听证范围；尽快启动燃气上下游价格联动机制；制定燃气长输管网标准费率以及储气库的储气价格；进一步下放价格的审批权，使地方政府结合地区经济的发展需要，制定适宜本地区的能源价格机制。

总之，综观世界各国（地区）燃气价格改革历程，由于经济社会发展情况以及燃气产业成熟度、市场竞争程度各不相同，改革的初始条件和具体措施有所不同，定价机制及监管方式各异，但打破垄断、促进竞争是各国的共同取向，对输气管网、配气服务等进行严格监管是各国的统一做法。

价格改革的前提是燃气产业链的结构改革。所以，我国城市燃气价格改革的关键在于政府放权，引入竞争机制，重点在于要把握市场化改革方向，扎实推进燃气产业链的总体改革。在市场化改革进程中，处理好政府与市场的关系，充分发挥市场在资源配置中的决定性作用，政府在"掌舵"的同时，相应减少"划桨"职能。

城市燃气价格改革是一项复杂并带有一定风险、需要付出成本的系统工程，不能期望一蹴而就、毕其功于一役。改革过程中要切实做好配套制度改革和完善社会保障制度，避免或尽量消除在改革过程中因城市燃气价格波动所带来的不良影响。

中燃协企业管理工作委员会
中国国际经济交流中心

中国天然气交易市场概况

1 中国天然气交易市场现状

近10年来我国天然气消费呈现持续高速增长的态势，2013年的表观消费量达到1 676亿m^3，相当于2003年的5倍，已成为全球第三大消费国。根据发改委的规划，2020年，天然气消费量在一次能源消费中的比重达到10%以上，消费量达到3 600亿m^3。天然气市场的快速发展对天然气贸易形式提出了更高的要求，由政府定价、双边协商、中长期合同的传统贸易方式，不论在定价机制、交易效率、供应保障方面还是在资源配置、风险管理、金融服务等方面都已显现不足，不利于我国天然气产业的进一步发展。

天然气现货、期货市场交易作为天然气成熟市场普遍采用的交易方式，通过线上交易、结算、融资及线下实物交收，不仅可以为买卖双方提高交易效率，降低交易成本，还可以成为发现价格、规避价格波动风险的有效工具。为适应市场需要，目前上海石油交易所、宁波大宗商品交易所等机构已先后推出天然气交易品种。

1.1 上海石油交易所

上海石油交易所是我国最早涉足天然气品种的交易机构，于2010年年末开设LNG现货交易。该所采用现货竞买交易方式，通过电子交易系统，LNG卖方先公布商品信息及卖出底价，买方自主报价竞买，在规定的交易时间内按照"价格优先、时间优先"的原则成交，并自动生成电子交易合同。成交之后，买卖双方再根据交易所的相关规定和合同约定办理实物交收手续。

为实现冬季保供、迎峰度夏，上海石油交易所积极协助交易商开展LNG现货与上游管输气源的跨区域串换交易。在国家发改委、能源局和中石油的大力支持下，气源串换区域已由长三角地区扩大到华北和珠三角地区，有效地缓解了这些区域部分城市季节性气源不足的调峰压力，提高了输气管网的利用效率。

1.2 宁波大宗商品交易所

宁波大宗商品交易所是继上海石油交易所之后第二家开设LNG交易品种的机构，该所于2013年12月推出国内首个LNG中远期交易合同，并于2014年11月28日开设LNG现货竞买交易业务。

中远期交易不同于传统的现货交易，交易标的物为标准化的电子交易合同。宁波大宗商品交易所的LNG中远期现货合同以"手"为交易单位，每手合同的实物量为1t，交易报价是以浙江省宁波市北仑区白峰镇中宅村作为基准计价地的含税价格。交易商通过该所电子交易系统买入或卖出不同月份的LNG合同，成交后合同可即期转让或者申报实物交收。经营企业正确运用其交易机制有助于规避商品价格风险，实现套期保值。据有关报道，截至2014年6月底，宁波大宗商品交易所LNG中远期现货累计交易额达到12.64亿元。

2014年11月7日开业的东北商品交易中心与中石油合作，开展了东北地区PNG（管道天然气）现货专场交易试点。目前还有多家机构正在筹备天然气交易平台建设或交易品种上市。

2 国外天然气市场交易简介

因全球然气资源分布不均衡且输送成本高昂，世界天然气消费市场呈现出明显的区域性特征，目前主要有北美、欧洲和亚太三大消费市场。北美和欧洲天然气行业经历数十年的发展，消费规模大，基础设施完善，市场化程度高，仓储、物流、金融、资讯等相关服务产业发达，天然气交易活跃，形成了以美国Henry Hub、英国NBP及欧洲大陆比利时Zeebrugge、荷兰TTF、法国PEG Nord和PEG Sud、德国Gaspool和NCG、意大利PSV、奥地利CEGH等为代表的国家级天然气交易中心，这些交易机构在交易品种、交收机制、风险控制、金融服务等方面积累了丰富的经验，交易价格指数对区域或本国市场定价具有标杆性作用。反观亚太市场，尽管消费需求增长最快，价格水平最高，但由于存在市场开放度不够、市场化程度不高和基础设施不完善等原因，迄今为止尚未出现一个国家级的天然气交易中心。

2.1 美国Henry Hub

纽约商品交易所于1990年推出基于路易斯安那州亨利枢纽交割价格的天然气期货。由于其得天独厚的地理位置，临近产区和储存基地，连接多条主要管线，包括9条州际管道和4条州内管道，可通往美国中西部、东南部、东北部和墨西哥湾沿岸等市场，并与多个LNG终端相连，Henry Hub 2012年天然气期货交易量约合5万亿m^3，成为美国交易最活跃、规模最大的天然气现货和期货贸易汇集地，其现货和期货价格被普遍认为是北美天然气市场的基准价格。

美国天然气交易市场的发展离不开美国政府为推动天然气产业市场化改革做出的不懈努力。美国联邦能源监管委员会（FERC）于1985年颁布436号法令，促使州际管道公司输送与销售职能分离，并让天然气供应方面引入竞争机制；1992年颁布636号法令，强制要求所有的管道公司向第三方提供无歧视的公开准入服务，并将销售和输送业务分拆；《天然气井口价解除管制法案》要求自1993年1月1日起取消井口价管制，天然气商品完全交由市场定价。通过这一系列改革措施，建立起"气—气"充分竞争的市场格局，用户可以自由选择供应商和管道输配公司，为天然气交易奠定了市场基础。

北美天然气价格不与油价挂钩，完全由市场供需决定，受北美页岩气革命的影响，近年来市场供应充裕，美国Henry Hub天然气期货价格一直处于全球最低水平。

2.2 英国NBP

英国伦敦国际石油交易所于1997年开设英国国家平衡点（NBP）天然气期货交易，2012年NBP天然气交易量达到6 300亿m^3，已经成为欧洲最具影响力的天然气交易中心，是衡量欧洲天然气价格的最重要指标之一。

与Henry Hub不同，NBP并不是一个基于实际物理交割地点的交易中心，它将覆盖全英国的国家管输系统虚拟为一个点，所有流入或流出该系统的天然气都视为经由此虚拟点进行交易。管输系统运营商按照系统的输送容量而不是输送距离向交易商收费，并负责实际输送和管网平衡，交易商不需要考虑如何将天然气从输入点输送到输出点的实际路线。虚拟交易点的设计极大地简化了交易，提高了交易效率和市场活跃度，为其他国家交易中心建设提供了全新的思路和成功经验。

2.3 欧洲大陆交易中心

从1999年到2009年，随着欧盟天然气产业市场化改革逐步完成，欧洲大陆陆续建立了比利时Zeebrugge、荷兰TTF、意大利PSV、法国PEG Nord和PEG Sud、德国GPL和NCG、奥地利CEGH等多个天然气交易中心。这些交易中心大都属于虚拟交易点的运营模式，奥地利CEGH自2013年1月实施《奥地利天然气法》以后，其运营模式改由虚拟交易点进行，交易更为便利，交易量猛增。目前作为唯一的非虚拟交易点的比利时Zeebrugge在过去几年间的重要性逐渐降低，比利时监管机构和管输系统运营商也计划改变运营模式。欧洲能源监管机构理事会已计划将虚拟交易点作为未来欧盟天然气交易市场的基础模型。

按照交割时间的差异，欧美交易中心的交易产品分为现货和期货，现货产品包括日内、隔日、周末等合约，期货产品包括月度、季度、季节和年度等合约，各国交易中心的年度合约时间长短不一，有1年期的、未来2年的，Henry Hub提供未来12年的年度合约。现货、期货交易合约均按热值计价，欧洲大陆的合约单位为兆瓦时，美国为百万英热单位。

交易中心的发展不仅改变了欧洲天然气的贸易模式，也改变了定价方式。跟随国际油价的持续上涨，这些年采用与油价挂钩的天然气长期合同价格不断上涨。有数据显示，2014年7月德国天然气长期合同价格为26.19欧元/MWh，而6月4日交易中心的现货价格仅为17.85欧元，比长期合同气价低32%，长期合同贸易模式过于僵化的弊端暴露无遗。由于现货价格更能灵活的反映市场供需现状，近5年来欧洲采用与油价挂钩的长期合同贸易量逐年下降，采用与现货价格挂钩的天然气消费比重从2005年的16%增加到2012年的47%，2013年德国交易中心的天然气贸易量达到2 242TWh，比2012年增长了42%，荷兰天然气交易量也增长至8 290TWh，增幅达10%。

3 中国发展天然气现货、期货市场的有利条件

我国发展天然气现货、期货交易市场具备多方面的有利条件。首先，巨大的市场需求有利于吸引更多的上游资源向中国聚集；其次，国内天然气产量规模已位居世界第六，而且从陆地、海上进口大量天然气，多元化的气源优势有利于形成"气-气"充分竞争的市场格局；再者，中国是东北亚唯一具有进口管道气资源的国家，具备成为国际交易枢纽并为中亚、俄罗斯等气源输出国和东北亚、东南亚天然气进口国提供过境管输服务的优势。依托这些有利条件建立国际化的天然气交易中心，将有利于提高我国在国际天然气市场话语权和定价权。

4 中国发展天然气现货、期货市场的问题

我国2014年已放开LNG、非常规天然气的价格管制，2015年城镇非居民生活用气的存量气价与增量气价将实现并轨，发展天然气现货、期货交易市场的条件日渐成熟，但仍然存在以下主要问题。

4.1 天然气储运能力不足

天然气管输、接收、储气等基础设施是现货交收、期货交割不可或缺的基本条件，由于我国天然气产业起步晚，基础设施不完善，全国天然气管道储运系统整体运力不足，在一定程度上制约了天然气交易市场的发展。

4.2 市场体系不完善

我国天然气产业从生产、进口、管输到门站销售环节仍然处于上游高度垄断，自然垄断业务与竞争性业务捆绑经营，天然气基础设施公平开放及监管政策尚未落实，难以保障天然气交易正常交收，也难以实现市场充分竞争。建立国际化的交易中心还涉及国外交易商准入、外汇管制、关税、增值税等方面问题。

4.3 定价机制尚未理顺

目前我国天然气实行政府管制下的商品与管输服务"捆绑"销售定价模式，其中，天然气门站销售价格由国家发改委统一制定，理论上，可供市场交易的天然气仅限于放开价格管制的LNG和非常规天然气以及交易价格不高于政府限价的气源部分；终端销售价格由各地政府制定，由于我国尚未建立上下游气价联动机制，终端销售企业将面临如何有效传导这部分交易气源成本的问题。

4.4 管输天然气热值标准有待统一

目前国家天然气热值标准相对宽泛，不同产地、不同管输系统的天然气热值存在一定差异，从而给不同系统的互联互通、交易计价、仓单串换等交易交收工作带来诸多问题，不利于全国统一交易平台的建设。

国务院2014年颁发《能源发展战略行动计划（2014~2020）》和《关于创新重点领域投融资机制鼓励社会投资的指导意见》，已明确提出加快天然气基础设施建设、完善现代能源市场体系、进一步推进天然气价格改革等多项举措，这些举措无疑将促进我国天然气交易市场的快速发展。

熊伟

第二篇

地方燃气发展

中国燃气行业年鉴 2014
CHINA GAS INDUSTRY YEARBOOK

北京市燃气行业发展综述

北京作为我国的首都，2013年常住人口约2 114.8万人、一次能源消费总量约7 345.2万t标准煤，是我国典型的特大型城市之一。随着北京能源结构的优化及大气环境治理工程的开展，天然气进入了快速发展时期，其服务水平日益提升，基础能源地位日益突显。2013年，北京天然气居民气化率约69.8%、天然气消费量在一次能源消费总量中所占比例达16%以上。目前，北京拥有燃气企业380余家，8个汽车加气站。

"十二五"时期作为北京市能源结构转型的关键时期，能源利用政策进一步调整，明确了采暖用能以"天然气为主，其他清洁能源为辅"，启动了四大燃气热电中心的建设。

一、用气量和用户数

2013年，北京天然气用气量达99.4亿m³，在一次能源消费结构中所占比例约16.6%，近10年天然气用气量平均增长率约为16.5%；天然气用户总数551万户，其中天然气居民用户达546.9万户，居民天然气气化率达到69.8%，近10年天然气用户平均增长率约为9.3%。天然气用气量及用户数居全国各大城市之首。

北京天然气应用领域主要涉及居民、公服、采暖制冷和发电等领域。其中，采暖和发电用气在用气结构中所占比例分别为22%和42%。工业、居民、公服等其他领域用气在用气结构中所占比例分别为11.2%、5%和12.5%。

2013年液化石油气使用量为45万t，用户总数约194万户，其中家庭用户约190万户。

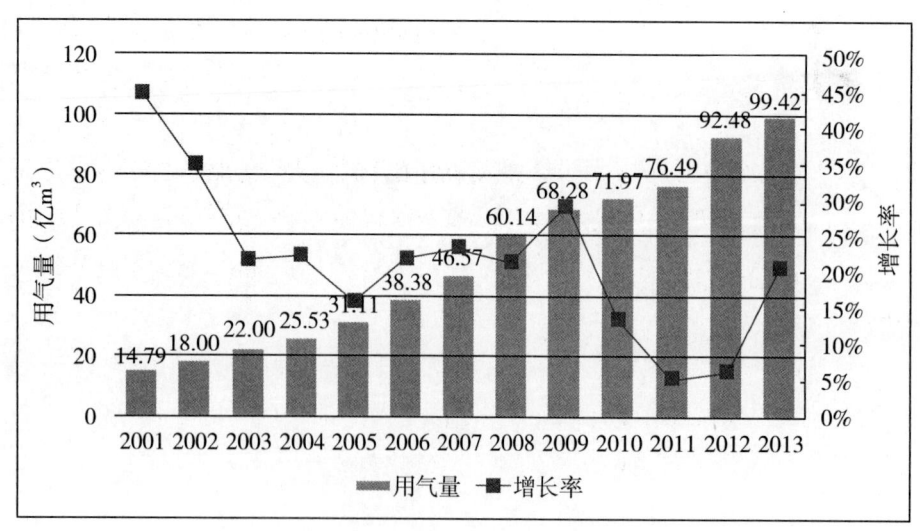

图1　北京市天然气用气量增长趋势图

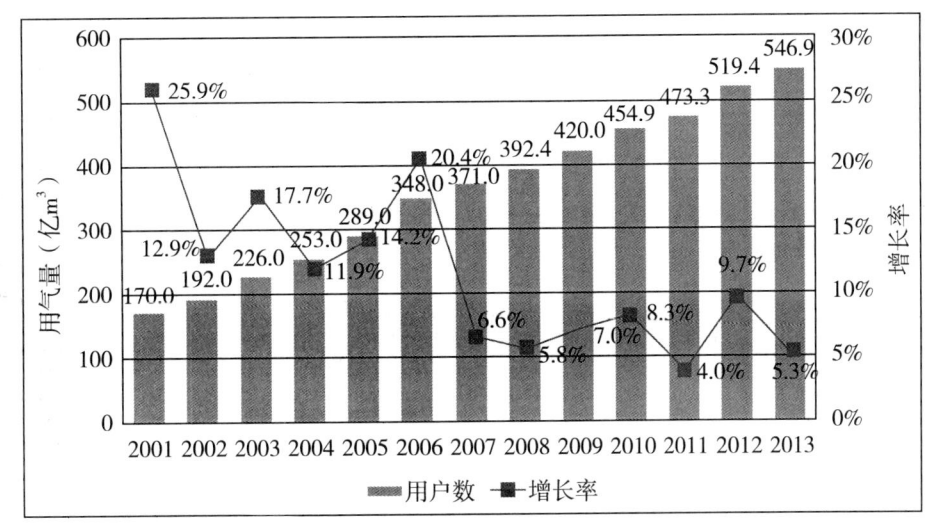

图2 北京市天然气居民用户增长趋势图

二、气源建设

2013年底,北京市天然气气源由"陕京一线"、"陕京二线"、"陕京三线"、"大唐煤制气管线"和"唐山LNG"五大气源构成,分别从城市的南部、北部及东部多个方向进入城镇输配系统,形成了多气源、多方向的合理供气局面。除上述五大气源外,北京市正在规划建设陕京四线长输管线,预计2015年建成投产。届时,北京市及其周边将形成"一个长输大环+六大气源"的供应体系,供应能力达300亿m³以上,全面提升北京市天然气供应的可靠性。

三、输配系统

2013年底,北京市已建成城镇天然气管线约1.8万余km、场站设施1 000余座,涵盖了高压A、高压B、次高压A、中压A和低压5级压力级制的城镇燃气输配系统,是全国城镇燃气输配系统压力级制最多的城市之一。

北京市城镇输配系统主要依托六环路高压A管线为输气平台,沿五环路、四环路及三环路分别建成了高压B及次高压A主干线,管网由外至内逐级降压向中心城供气,同时为支撑外围区县的天然气发展,沿京平高速、京石高速、京通高速、京承高速等道路建成了高压B主干管线,从而形成了"一个平台+三环+四放射"的供气格局。中压管线主要根据"中压到户直接供应"的原则进行规划建设,新建管线采用0.4MPa直接供气,同时对原有人工煤气管线进行改造,采用内嵌聚乙烯塑料管或直接降压至0.1MPa的方式实现"中压到户直接供应方式"。

电厂等大型用户考虑到用气需求大、用气压力高等因素,采用门站点对点专线供气,有效地使大型用户所用天然气与民用天然气的分流,实现了大型用户和城市居民用户分开供气,大大提高了城市天然气供应安全,同时避免了大型用户启停对系统的冲击。

四、储气调峰

2013年,北京天然气高峰月用气量约18亿m^3、低谷月用气量约3.1亿m^3,两者比例约为6:1,高峰日用气量约6 465万m^3、低谷日用气量约553万m^3,两者比值约12:1。天然气调峰问题日益突出,给北京供气安全带来了极大的挑战。北京根据自身特点及用气特性,采取了上游和自身共同承担调峰的措施。由于北京输配系统无法解决自身所有调峰问题,故季调峰、日调峰基本依托上游气源的调度解决,小时调峰由自身及上游共同解决。

鉴于北京不具备建设地下储气库的地质条件,因此主要通过高压管道储气、高压球罐及LNG应急储备站3种方式来解决调峰问题。当前北京高压管道的调峰能力约300万m^3;球罐调峰能力约70万m^3;西集LNG应急储备储量达到300万m^3,拟建的西南LNG应急储配站储量约3 000万m^3。同时,引导市场合理发展,鼓励天然气在制冷、发电、工业及汽车等领域的应用,优化用气结构平抑峰谷差。

五、发展

在"十二五"规划中,北京市一方面对四大热电中心供气方案进行了多个方案的比较,最终确定了门站专线供气;另一方面对接陕京四线、大唐煤制气管线气源工程,进一步完善气源组织架构,形成多气源、多方向来气,保障供气安全。

上海市燃气行业发展综述

一、 基本情况

(一)全年用户数及燃气销售量

2013年期末全市用户数:9 438 892户。其中:(1)人工煤气441 968户(2)天然气5 651 433户(3)液化气3 345 491户。

2013年三大气种供应及用户一览　　　　表1

	销售量		用户数(户)	占比(%)	气源
人工煤气	54 400	万m^3	441 968	4.7	吴淞制气、上焦、浦东制气、石洞口制气、华润燃气、安亭煤气、崇明大众
天然气	657 516	万m^3	5 651 433	59.9	西气东输、东海天然气、LNG、川气东送、西气东输二线
液化石油气	397 352	t	3 345 491	35.4	金山石化、高桥石化、金地石化、外省市
合计			9 438 892		

人工煤气生产能力 表2

企业名	浦东制气	吴淞制气	上海焦化	石洞口制气	其他制气企业	合计
制气能力（万m³/日）	140	150	40*	180*	27.4	537.4 年末：317.4

注：上海焦化厂于2013年5月30日关停人工煤气生产设备。

石洞口制气厂于2013年2月5日关停人工煤气生产设备。

（二）城市管网布局及储存能力

人工煤气管道长度 表3

（计量单位：km）

人工煤气	合计	燃气集团	华润	安亭	崇明
供气管道长度	2 962.42	2 489.49	240.00	15.00	217.93
供气管道长度按管径分：					
Φ＜DN150mm	1 681.60	1 537.52	98.10		45.98
DN150mm≤Φ＜DN300mm	602.04	393.86	128.70	2.00	77.48
DN300mm≤Φ＜DN450mm	431.59	372.63		2.00	56.96
Φ≥DN450mm	247.19	185.48	13.20	11.00	37.51
供气管道长度按建设年限分：					
1990年以前	397.31	313.31	69.00	15.00	0.00
1991年至2000年	1 019.94	866.88	81.00		72.06
2000年以后	1 545.22	1 309.35	90.00		145.87
供气管道长度按材质分：					
钢管	386.36	321.27	21.50		43.59
塑料管	262.41	88.07			174.34
球墨铸铁管	444.38	444.38			
灰口铸铁管	1 247.24	1 232.24		15.00	
其他	622.03	403.53	218.50		

人工煤气销售情况　　　　　　　　　　　　　表4

（计量单位：万m³）

项目	总计	燃气集团			社会			
		大众	市北	小计	安亭	华润	崇明	小计
供应量	59 327.9	22 838.0	29 947.7	52 785.7	2 669.0	3 465.3	407.9	6 542.2
生产量（购入量）	59 328.9	22 838.0	29 947.7	52 785.7	2 670.0	3 465.3	407.9	6 543.2
销售量	54 400.0	21 903.6	26 539.6	48 443.2	2 669.0	2 910.9	377.0	5 956.8
其中：工业	3 153.5	224.0	395.5	619.5	2 534.0			2 534.0
家庭	26 001.0	7 601.9	16 127.2	23 729.2		1 969.9	302.0	2 271.9
营、事、团	25 215.3	14 060.9	10 003.4	24 064.3	135.0	941.0	75.0	1 151.0
其他	30.2	16.8	13.4	30.2				
其中：空调	2 936.4	816.0	2 120.4	2 936.4				
其中：锅炉	5 478.6	3 878.7	1 599.9	5 478.6				
生活用气	51 216.3	21 662.9	2 6130.6	47 793.5	135.0	2 910.9	377.0	3 422.8

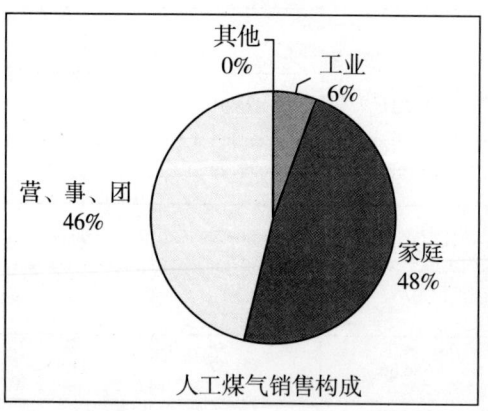

图1　人工煤气销售市场各类用户销售量比例

天然气管道长度　　　　　　　　　　　　　表5

（计量单位：km）

分表1

管道	合计	集团	松江	青浦	奉贤	南汇
供气管道长度	23 155.87	17 922.27	1 693.77	1 009.75	861.18	898.66

续表

管道	合计	集团	松江	青浦	奉贤	南汇
供气管道长度按管径分：						
$\Phi < DN150mm$	11 197.75	9 307.25	561.22	470.44	289.24	181.83
$DN150mm \leq \Phi < DN300mm$	7 526.64	4 881.16	1 071.23	434.10	294.82	522.50
$DN300mm \leq \Phi < DN450mm$	3 066.30	2 494.83		105.21	255.03	161.49
$\Phi \geq DN450mm$	1 365.17	1 239.03	61.31		22.09	32.84
供气管道长度按建设年限分：						
1990年以前	686.28	638.38	2.10	45.80		
1991年至2000年	5 528.67	5 128.18	277.14	78.40	44.95	
2000年以后	16 940.92	12 155.71	1 414.53	885.55	816.23	898.66
供气管道长度按材质分：						
钢管	6 056.90	4 254.83	388.92	25.24	385.40	898.66
塑料管	9 708.80	6 951.26	818.26	887.48	427.17	
球墨铸铁管	1 754.57	1 492.25	214.19	34.00	0.55	
灰口铸铁管	4 204.22	3 857.38	272.41	26.80	47.63	
其他	1 431.39	1 366.55		36.23	0.43	
本年更新改造供气管道长度						

分表2

管道	金山	万时红	白鹤	崇明	华润	沃金
供气管道长度	540.67	22.48	1.13	139.49	63.97	2.50
供气管道长度按管径分：						
$\Phi < DN150mm$	320.99	7.99	0.89	40.04	17.86	
$DN150mm \leq \Phi < DN300mm$	183.37	14.49	0.24	88.99	33.24	2.50
$DN300mm \leq \Phi < DN450mm$	27.98			10.46	11.30	
$\Phi \geq DN450mm$	8.33				1.57	
供气管道长度按建设年限分：						
1990年以前						

续表

管道	金山	万时红	白鹤	崇明	华润	沃金
1991年至2000年						
2000年以后	540.67	22.48	1.13	139.49	63.97	2.50
供气管道长度按材质分：						
钢管	91.68	0.10	1.13	5.40	5.44	0.10
塑料管	448.99	22.38		134.09	16.77	2.40
球墨铸铁管					13.58	
灰口铸铁管						
其他					28.18	
本年更新改造供气管道长度						

2013年天然气用户情况　　　　　表6

（计量单位：户）

项目	总计	燃气集团	郊区燃气公司	非管输公司
期末用户数	5 651 433	4 821 194	816 142	14 097
其中：工业	1 358	995	339	24
家庭	5 581 856	4 755 812	812 064	13 980
营、事、团	68 219	64 387	3 739	93
#家庭用户发展数	252 453	132 565	114 394	5 494

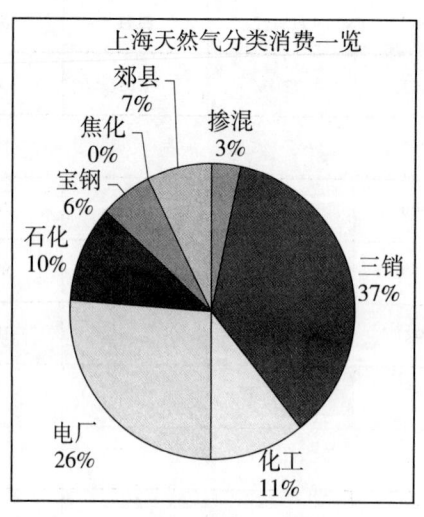

图2　上海天然气消费结构

管输天然气购入 表7

（计量单位：万m³）

单位	气源	购入量
燃气集团	东气	23 458.09
	西气	193 481.21
	5号沟气化量	4 282.09
	洋山LNG气化	349 414.13
	川气	7 157.16
	西二线	103 466.72
	合计	681 259.40

非管输天然气购入 表8

（计量单位：万m³）

单位	气源	购入量	不计从管输购入
昆仑新奥、华沃、沃金、万时红技术、万时红管道	中油白鹤	3 765.28	
	昆山、太仓	392.99	
	燃气集团	2 410.71	
	如东	1 490.36	
	杭州	123.00	
	北仑	5.63	
中油白鹤（自销）		3 788.10	
	合计	11 976.08	9 565.37

注：本表LNG和CNG的购入量均已折算为天然气（LNG）。
本市天然气非管输企业有一部分量购自燃气集团，本表对此作分别统计。

液化气储配站储存能力 表9

序号	企业名称	储配站	单位储罐容积（m³/只）						储罐总容积（m³）	折合（t）
			1 000	400	150	100	50	30		
1	上海液化气经营有限公司	闵行储灌场	8	2		6			9 400	5 264
		石洞口储配站			2	1	1		380	212.8
		长兴储配站				8			800	448
2	上海青浦煤气管理所					9	1		950	532
3	上海松江燃气公司					8	2		900	504
4	上海奉贤燃气公司					6	1		650	364
5	上海崇明大众燃气公司		1		5	1			950	532

续表

序号	企业名称	储配站	单位储罐容积（m³/只）						储罐总容积（m³）	折合（t）
			1 000	400	150	100	50	30		
6	上海东方能源有限公司		2			6			1 400	784
7	上海百斯特能源发展有限公司	杨行储配站			5	1			550	308
		龚路储配站	4		1	1			1 750	980
		汇海储配站				6			300	168
8	上海浦东海光燃气有限公司					2	2		160	89.6
9	BP（上海）液化石油气有限公司				12	2			1 300	728
10	上海嘉定燃气有限公司				10				1 000	560
11	上海中信燃气有限公司				4	1			450	252
12	上海金山燃气有限公司		4		6	1			2 250	1 260
13	上海石化公用事业公司液化所				3				300	168
14	上海南汇液化气公司		1		6	1			1 050	588
15	上海恒申燃气发展有限公司				4	2			500	280
16	上海东海液化气公司				8	1			850	476
17	上海奉贤交通液化气有限公司				6	1			650	364
18	上海瀛海燃气有限责任公司					4			200	112
	合计								26 740	14 974.4

注：液化石油气按丙烷：丁烷=1：1比例计算
取密度约为0.56t/m³

液化石油气销售情况 表10

（计量单位：t）

项目	总计	集团	社会
购入量	400 182.90	84 170.00	316 012.90
供应量	397 352.09	74 116.43	323 235.66
销售量	397 352.09	74 116.43	323 235.66
其中：工业	71 435.96	34 610.97	36 824.98
家庭	235 092.38	32 436.89	202 655.49
营、事、团	90 823.75	7 068.56	83 755.19
#其中：车用气	32 309.14	2 081.66	30 227.48

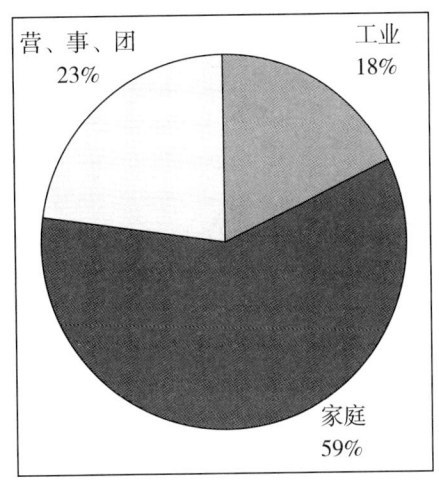

图3 三类用户液化石油气销售比例

液化石油气分月销售情况及购入情况　　　　表11

计量单位：t

月份	购入量	销售量
1月	32 678.23	34 733.06
2月	33 010.89	29 620.55
3月	30 769.50	33 647.43
4月	32 189.22	34 115.65
5月	31 748.33	31 581.03
6月	33 819.42	32 338.87
7月	30 850.57	30 368.75
8月	32 305.18	29 427.84
9月	34 151.14	34 144.94
10月	34 717.88	33 470.55
11月	35 748.48	36 460.71
12月	38 194.06	37 442.71
合计	400 182.90	397 352.09

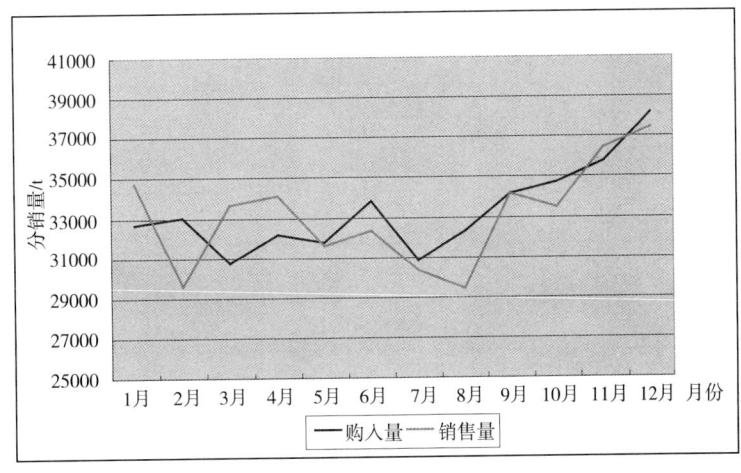

图4　2013年全市液化石油气分月购销情况

液化石油气用户情况　　　　　　　　表12

（计量单位：户）

项目	总计	集团	社会
期末用户数	3 345 491	851 375	2 494 116
其中：工业	4 584	106	4 478
家庭	3 304 585	836 402	2 468 183
其他	36 322	14 867	21 455
#家庭用户发展数	145 591	20 103	125 488

车用加气站站点（含液化石油气和天然气）

车用加气站分区布点数量　　　　　　　　表13

区域	车用加气站	LPG	CNG	CNG公交
黄浦区				
卢湾区				
徐汇区	7	7		
长宁区	2	2		
静安区	1	1		
普陀区	7	7		
闸北区	6	6		
虹口区	4	4		
杨浦区	6	5		1
浦东新区	6	5	1	
南汇区				
闵行区	4	2	1	1
宝山区	6	4	2	
嘉定区	3	1	2	
金山区				
松江区	1	1		
青浦区	2		2	
奉贤区				
崇明县				
合计	55	45	8	2

（三）燃气设施建设投资额

表14 燃气设施建设投资额

单位和项目	年度投资计划	自年初累计完成	完成年度计划（%）
天然气管网公司			
上海市天然气主干网工程Ⅱ（09～10）	5 000	2 672	53.44
崇明岛天然气管道工程	108 000	108 021	100.02
管网公司技改	1 998	595	29.78
小计	114 998	111 288	
大众燃气公司			
大众燃气排管工程	3 280	3 448	105.12
大众技改	27 100	30 301	111.81
小计	30 380	33 749	
市北销售公司			
市北燃气排管工程	9 768	10 523	107.73
市北技改	33 847	32 249	95.28
小计	43 615	42 772	
浦东销售公司			
浦东燃气排管工程	11 167	19 595	175.47
浦销技改	3 817	3 569	93.50
小计	14 984	23 164	
浦东制气公司技改	524	557	106.30
吴淞制气公司技改	697	722	103.59
石洞口制气公司			
石洞口燃气生产和能源储备项目	8 000	9 700	121.25
石洞口技改	194	205	105.67
小计	8 194	9 905	
液化气经营公司技改	1 930	1 507.2	78.09

续表

单位和项目	年度投资计划	自年初累计完成	完成年度计划（%）
青浦			
青浦区煤气管理所 金商公路燃气管道工程	1 909	1 052	55.11
金山			
金山燃气有限公司储配站 技术更新改造	400	362.8	90.70
万时红管道燃气经营有限公司天然气排管	180	164	91.11
小计	580	526.8	
南汇			
南汇天然气输配有限公司 天然气排管	11 100	7 500	67.57
南汇液化气公司	316	316	100.00
上海恒申燃气发展有限公司	500	484	96.80
小计	11 916	8 300	
奉贤			
奉贤燃气有限公司2013老居住区天然气改造	4 498	2 531	56.27
奉贤燃气有限公司储配站 更新改造	100.78	100.78	100.00
小计	4 598.78	2 631.78	

（四）燃气空调及分布式供能

2013年竣工的项目情况　　表15

区县	燃气空调		分布式供能		小计（kW）
	数量（台）	总制冷量（kW）	数量（台）	装机容量（kW）	
闵行	10	21 539	10	1 400×8+65×2	11 330
浦东	8	32 550			
嘉定	3	1 028			
普陀	4	6 248			
徐汇	1	71			
合计	25	61 438			11 330

（五）2013年度燃气行业文明工地

序号	工地名称	建设单位	施工单位
1	崇明岛天然气管道工程项目管道施工1标段	上海天然气管网有限公司	上海煤气第一管线工程有限公司
2	崇明岛天然气管道工程项目管道施工3标段	上海天然气管网有限公司	上海煤气第一管线工程有限公司
3	淮海中路天然气低压承插管改造	上海大众燃气销售有限公司	上海煤气第一管线工程有限公司 上海虹江市政建筑工程有限公司
4	民乐小区三村、四村铸铁管改造工程	上海松江燃气有限公司	上海煤气第一管线工程有限公司
5	民乐小区一村、二村铸铁管改造工程	上海松江燃气有限公司	上海开天建设（集团）有限公司
6	陈家镇Z1路南段（东团公路—Y5路）燃气管道排管工程	上海燃气崇明有限公司	上海煤气第一管线工程有限公司 上海锦得燃气管道工程有限公司
7	上海市天然气主干网崇明岛管线工程4标	上海天然气管网有限公司	上海煤气第二管线工程有限公司
8	兰州路（杨树浦路—惠民路）承插式低压燃气管改造工程	上海燃气市北销售有限公司	上海煤气第一管线工程有限公司 上海悦鑫燃气管道工程有限公司
9	延安西路（古北路—新华路）天然气排管工程	上海大众燃气销售有限公司	上海煤气第一管线工程有限公司 上海伟羚管道安装工程公司
10	南汇秀浦路（申江路—S2公路）天然气管道工程	上海南汇天然气输配有限公司	上海煤气第一管线工程有限公司 上海汇发建筑安装工程有限公司
11	茸梅路（茸悦路）燃气排管工程	上海松江燃气有限公司	上海金鼎市政工程建设有限公司
12	奉贤区2013年度南桥老居住区天然气改造工程	上海市奉贤燃气有限公司	上海连通实业有限公司
13	中国人民解放军94869部队燃气排管工程	上海市奉贤燃气有限公司	上海奉贤申龙燃气工程有限公司
14	真北支路（桃浦路—交通路）燃气承插式管道改造工程	上海市燃气市北销售有限公司	上海煤气第二管线工程有限公司
15	岳州路（通州路—飞虹支路）燃气承插式管道改造工程	上海市燃气市北销售有限公司	上海煤气第二管线工程有限公司
16	崇明县大通路（团城公路—堡镇北路）燃气管道排管工程	上海市燃气崇明有限公司	上海煤气第二管线工程有限公司
17	兴义路天然气低压承插管改造（娄山关路西侧—遵义路）工程	上海市大众燃气有限公司	上海煤气第二管线工程有限公司
18	温州路煤气低压承插管改造（新闸路—北京路）工程	上海市大众燃气有限公司	上海煤气第二管线工程有限公司
19	金陵东路天然气低压承插管改造（西藏路—外滩）	上海市大众燃气有限公司	上海煤气第二管线工程有限公司
20	曹杨路中低压燃气承插式改造工程	上海市市北销售有限公司	上海煤气第二管线工程有限公司 上海北泰实业有限公司

注：以上建设工地同时荣膺"2013年度上海市燃气行业平安工地"称号。

（六）管道气服务窗口

序号	管道气企业	服务窗口		地址
1	市北燃气	市北工业办		水电路1239号
2		普陀区办事处	铜川路营业点	铜川北路1781弄84号甲
3			中山北路营业点	中山北路2400弄9号
4		杨浦区办事处	国和一村营业点	国和一村82号乙
5			铁岭路营业点	铁岭路95号
6		宝山区办事处	永清路营业点	永清路28号
7			杨鑫办事处	杨鑫路426号
8		闸北区办事处	西藏北路营业点	西藏北路762号
9			闻喜路营业点	闻喜路1189号
10		虹口区办事处	赤峰路营业点	赤峰路380号
11		嘉定分公司	天池路营业点	天池路200号
12			江桥营业点	江桥一村41号
13			安亭营业点	新源路621号
14	大众燃气	大众营业厅		安远路706号
15		黄浦区办事处	陆家浜路营业点	陆家浜路692号
16		卢湾区办事处	瞿溪路营业点	瞿溪路800弄5号
17		徐汇区办事处	衡山路营业点	衡山路704号
18			虹漕路营业点	虹漕路18号
19		长宁区办事处	金钟路营业点	金钟路500弄25号
20			芙蓉江路营业点	芙蓉江路102号
21		静安区办事处	武宁南路营业点	武宁南路191号
22		闵行区办事处	莘沥路营业点	莘沥路300号
23			碧江路营业点	碧江路402弄41号
24		静安新城办事处		漕宝路1467弄3区82号
25		青浦区徐泾营业点		嬴港东路2088号
26	浦东燃气销售	浦东第一营业所		浦东南路2451号
27		浦东第二营业所		新川路629号
28		浦东第三营业所		栖山路1029号
29		浦江管理所		闵行区谈中路165号1楼
30		浦东新区市场部		杨高北路5588号
31	金山天然气	朱泾营业所		朱泾亭枫公路3950号

续表

序号	管道气企业	服务窗口	地址
32	金山天然气	石化营业所	金山区石化隆安路119号
33		新城区营业所	金山区卫零北路513-515号
34		漕泾营业所	漕泾镇中一东路333号
35	燃气崇明	市场部	城桥镇人民路587号A楼108室
36		南门营业点	城桥镇玉环路东门新村1号楼
37		陈家镇营业点	陈家镇裕盛路3弄2号
38		新河营业点	新河镇新开河路762号
39		东平镇营业点	东平镇长江农场明华二村35号楼西侧
40		长兴镇营业点	长兴镇丰康路19号
41	松江燃气有限公司	新区营业所	江学路1号
42		中山营业所	中山中路513弄5号
43		九亭营业所	九亭镇虹泾路92号
44		新桥营业所	新桥镇新南街492号
45		泗泾营业所	泗泾镇泗凤路107-109号
46		洞泾营业所	洞泾镇同乐路342-344号
47		佘山营业所	佘山镇佘苑路194号
48		乐都路营业所	乐都路91号
49	南汇天然气输配有限公司	周浦办事处	周浦镇周祝公路康沈公路口
50		市场部惠南所	惠南镇听潮路501号
51		临港办事处	泥城镇千祥新隆村138号
52		宜浩佳园生活服务中心	竹柏路253弄30号大厅
53		申港街道社区服务中心	古棕路211号
54		鹤沙航城服务中心	航头和鹤驰路235号
55	青浦煤气所	业务收费科	青安路366号
56		大盈天然气办事处	久远路1669弄145号102室
57		重固天然气办事处	赵重公路2778弄116号
58		华新天然气办事处	华志路819号
59		朱家角天然气办事处	祥凝浜路763号
60		赵巷天然气办事处	民实路91号
61		新城天然气办事处	青湖路789弄12号
62	松江工业区燃气经营有限公司	公司办事处	东胜支路8号
63	上海宝山华润燃气有限公司	盘古路营业厅	盘古591号
64		月浦营业厅	德都路20号

续表

序号	管道气企业	服务窗口	地址
65	奉贤燃气公司	客户服务中心	奉贤南桥镇运河北路1239号
66		西渡服务站	奉贤西渡西闸公路1224-1226号
67		庄行服务站	奉贤庄行三城路471号
68		头桥服务站	奉贤头桥城尚城16-17号商铺
69		青村服务站	奉贤青村镇南明路104号
70		海港服务站	奉贤海港开发区新四平路485号
71	上海万事红燃气技术发展有限公司	月浦供应站	宝山区春和路588号
72		吕巷供气站	金山区吕巷镇干巷红光路387号
73		樊家村供气站	上海市嘉定区马陆镇育绿路301弄18号
74		枫泾液化天然气供应站	金山区枫泾镇枫湾路777号

注：本表不含液化石油气小区气化。

（七）2013年行业从业人员培训情况

课目	期数	人次
燃气器具	24	1 112
LPG送瓶工或调瓶工	19	960
LPG站长	2	94
合计	45	2 166

二、上海燃气发展面临的问题

国内天然气市场化改革、基础设施建设开放势在必行，资源贸易和供需平衡方式将更为多元化，本市燃气供需平衡与国际、国内市场联系更为紧密。总体上看，本市燃气资源供应保障能力提高，燃气设施比较完善。能源结构调整、节能减排等政策的实施和城镇化建设的推进将为大力推广使用天然气提供坚实基础和强大推动力。

（一）多渠道供应基本成型，资源和价格存在风险

随着川气东送、进口LNG达产以及西气东输二线气源入沪，为上海天然气的快速发展提供了资源保障，成为调整能源结构重要举措。但本市天然气资源几乎全部依赖外部调入，其中对国外资源依存度达60%左右。陆上气源主要在西部边远地区，需要长距离管道输送，资源供应安全风险大，而本市燃气的应急储备能力仍然较为薄弱。同时，随着国家节能减排力度加大，不少省市均将发展天然气作为能源结构调整的抓手，资源竞争势必加剧。据预测，国产天然气价格逐步接轨国际天然气价格，气源成本增高，将导致摊销压力大，影响天然气利用。

（二）燃气市场面临扩容机遇，供需平衡难度增大

本市提高清洁能源使用比例，推进能源结构调整，加大节能减排工作力度，为天然气发展提供了广阔空间。与此同时，新气源供应阶梯式增长与市场渐进式开发进度难以同步。燃气需求季节性峰谷差较大，供需不平衡矛盾长期存在。储备和调峰能力建设不能满足市场规模快速扩大的需求。天然气与燃气发电互为调峰，气电关联度提高，用气特性与电力同步呈现夏、冬双高峰，气电平衡矛盾突出。

（三）上海城乡燃气需统筹协调，深入推进转型发展

燃气行业将通过人工煤气转换和郊区燃气市场培育等一系列举措推进城乡统筹、协调发展。但中心城区人工煤气系统转换改造成本高、难度大，煤气生产企业转型面临压力，人员包袱重，分流安置难。受城市空间资源制约，燃气管网规划落地难，建设成本攀升。城乡用气发展水平不均衡，部分郊区输配管网覆盖率较低，服务设施少。液化石油气供应零星分散，抗风险能力差。

（四）上海城市安全要求提高，燃气管理和服务需要创新

燃气事故发生率和死亡率与发达国家相比，仍然偏高。公众燃气安全使用知识普及方式需要创新，普及力度需要加大。用户需要方便快捷、质优价廉地享受燃气服务，对燃气企业生产、政府监管提出了更高要求。燃气行业管理标准化、规范化、信息化建设等，需要树立新理念，提出新思路，采用新方法。

发展机遇与挑战并存，压力与动力互促。为此，必须在挑战中抓住机遇，增强忧患意识和创新意识，充分利用国内天然气大发展的良好时机，实现本市燃气行业的跨越式发展。

江苏省燃气行业发展综述

一、江苏省燃气发展基本情况

（一）全省城市燃气气源供应情况

全省城市燃气由天然气、液化石油气、人工煤气3种气源组成。

1 天然气

江苏坚持"多种气源，多种途径，因地制宜，陆海并举"的开拓气源方针，加强天然气气源组织。目前天然气气源主要有：中石油西气东输气源（西气东输一线、冀宁联络线、如东进口液化天然气），中石化川气东送气源，江苏油田（射阳）天然气气源，以及车辆用外购压缩天然气、液化天然气等其他气源。

（1）气源量

截至2013年底，全省天然气气源总量139.5亿m^3，跃居全国各省市之首，远高于长三角其他省市。其中，中石油西气东输118.7亿m^3，市场份额为85%；中石化川气东送19.7亿m^3（其中省天然气公司转供17.3亿m^3），市场份额为14%；江苏油田（射阳）及其他气源1.1亿m^3，市场份额为1%。天然气气源主要供应市场分城市燃气、发电、化工三大领域。其中城市燃气80.6亿m^3，占比58%；发电43.9亿m^3，占比31%；直供化工15.0亿m^3，占比11%。

（2）上游输气主管网

江苏天然气输气主干管道已形成四横五纵的格局，其中苏南地区两横四纵，苏北地区两横一纵，过江管道两条。苏南主干管道已基本实现全覆盖，主干管道均与江苏南部接壤省份连通。

2 液化石油气

全省液化石油气气源主要来自南京炼油厂、扬子石化、张家港东华能源、太仓东华能源及邻近的上海、浙江、山东的外省气源。

3 人工煤气

自2004年西气东输天然气进入江苏后，人工煤气气源逐步被天然气气源替代，至2013年底，仅有苏州老城区还在利用苏州钢铁厂的焦炉煤气并掺混水煤气供应部分用户。

（二）全省城市燃气设施现状情况

1 天然气

截至2013年底，全省共有天然气门站94座，供应能力8 786万m^3/d，天然气管道总长度53 521km。全省共有LNG加气站30座，供应能力59万m^3/d；CNG加气站179座，供应能力353万m^3/d；CNG/LNG合建站26座，供应能力81万m^3/d，年供气量达6.7亿m^3。

2 液化石油气

截至2013年底,全省共有液化石油气储配站568座,总储存容积13.7万m^3;液化石油气供应站2 576座,其中Ⅰ级站57座,Ⅱ级站213座,Ⅲ级站2 306座。

3 人工煤气

至2013年底,仅有苏州老城区还有270km人工煤气管道,供应能力19万m^3/d。

(三)全省城市燃气供应情况

1 供应量

(1)天然气

截至2013年底,全省58个市、县(市)中除丰县尚未使用上天然气外,其他57个市、县(市)均已使用上了天然气,其中44个城市(县城)使用上游管输天然气,13个城市(县城)用车辆外购天然气供应。供应服务对象有居民、商业、工业、车辆加气等,供气总量达80.6亿m^3,其中城市(县城)达78.47亿m^3(苏南地区供气总量62.59亿m^3、苏中地区供气总量8.35亿m^3、苏北地区供气总量7.53亿m^3)。

(2)液化石油气

液化石油气基本采用瓶装供应方式,供应对象主要是居民和部分商业用户。2013年全省液化石油气供气总量为134.5万t,其中城市(县城)83.43万t(苏南地区供气总量42.11万t、苏中地区供气总量16.05万t、苏北地区供气总量25.27万t)。

(3)人工煤气

2013年全省(仅苏州老城区)人工煤气供应总量为0.39亿m^3。

2 用气人口

截至2013年底,全省城市(县城)用气人口为3 393.82万人,其中天然气用气人口为2 088.16万人,液化石油气用气人口为1 296.66万人,人工煤气用气人口为9万人。

3 燃气普及率

截至2013年底,全省城市(县城)燃气普及率99.28%,其中天然气普及率61.08%,液化气普及率37.93%,人工煤气普及率0.26%。

(四)全省燃气企业、从业人员情况

全省管道燃气、液化气、加气站等燃气经营企业669家,从业人员31 658人,其中,中级职称以上人员2 062人,占总人数6.5%

二、2013年燃气发展成绩

(一)2013年度全省城市燃气发展情况

1 天然气发展情况

随着2004年西气东输、2005年冀宁联络线、2009年川气东送、2012年如东液化天然气接收站等天然气气源工程的建成,以及全省城市天然气利用配套工程建设步伐的加快,城市燃气结构发生了

巨大变化，天然气已成为全省城市燃气发展的主气源，液化石油气由原来的主气源转变为城市燃气的重要补充，人工煤气逐步被置换。

（1）天然气供应量

城市（县城）天然气供应量从2004年的2.1亿m^3发展到2013年的78.47亿m^3，液化石油气供应量从2004年的136万t下降到2013年的83.43万t，人工煤气逐年被天然气替代。

（2）天然气用气人口

天然气进入江苏10年来城市燃气用气结构迅速变化，城市（县城）天然气用气人口所占比例由7.12%上升到61.52%，液化气、人工煤气用气人口呈现逐年下降趋势。

（3）管道燃气普及率

随着天然气管网建设的不断推进，全省城市（县城）管道燃气普及率逐步上升，从2004年的18.4%发展到2013年的61.34%（包括天然气61.08%与人工煤气0.26%）。

2 天然气城乡统筹情况

2013年，根据《省政府关于扎实推进城镇化促进城乡发展一体化的意见》，全省各地继续加大天然气城乡统筹建设力度，促进基础设施共建共享，无锡、常州、苏州、镇江等苏南城市已基本完成了天然气向城镇的发展延伸，目前全省已向363个乡镇供应天然气，天然气城乡统筹覆盖率已达41%。

3 管道燃气市场化经营情况

2003年省政府印发《关于进一步推进全省市政公用事业改革的意见》（苏政发〔2003〕9号），明确城市供水、供气、公共交通、污水处理、垃圾处理等具有自然垄断性的行业实行特许经营；2005年省人大审议通过《江苏省燃气管理条例》，明确管道燃气经营企业实行特许经营管理制度。江苏管道燃气按照有关规定，完全实行市场化运作。2013年底，全省共有113家管道燃气企业，企业类别为国有或国有控股企业、民营企业、中外合资、外商独资。

4 应用领域的拓展情况

天然气作汽车、船舶燃料前景看好，从环保角度看，目前大气污染有一部分来自汽车尾气，使用天然气已日益成为公交、出租车的首选；就其经济性，天然气比燃油的成本低，汽车用天然气作为燃料成本可节约近40%。另外，交通部门在道路运输车辆、内河船舶改用液化天然气的试点和推广应用，天然气市场潜力巨大。2013年底，全省天然气加气站235座，年供气量达6.7亿m^3。

（二）2013年度全省城市燃气安全工作情况

1 应急储备气源的建设情况

为提高燃气应急保障能力，依据国家法律规定和燃气供应情况，全省各地在燃气规划编制或修订时，充分考虑燃气应急储备制度的建立。截至2013年底，全省已建成液化天然气应急气源设施规模1 938.2万m^3。其中，南京、无锡、徐州、常州、苏州、南通、连云港、淮安、盐城、泰州等10个设区市，以及江阴、宜兴、张家港、昆山、海安、灌云、盱眙、涟水、高邮、宝应、丹阳、兴化、靖江、泰兴等14个县（市）建设了应急气源设施。

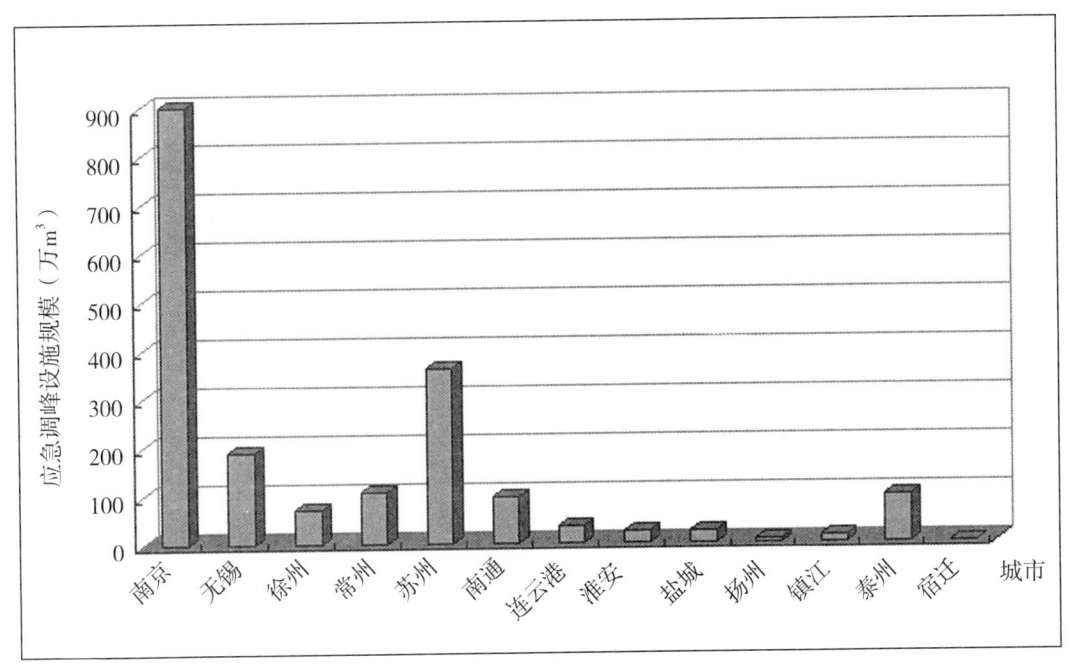

图1 江苏省应急调峰设施规模

2 燃气管网建设和改造情况

为进一步完善城市输配管网和天然气城乡统筹建设的推进，全省各地加大燃气管网建设和改造步伐。2013年城市（县城）管网长度达55 573.2km，与上一年相比新增燃气管网6 502.3km，增长13.25%；完成老旧管网改造271.8km。

3 地面标识建设情况

截止2013年底，全省城市（县城）燃气管网已设置地面警示标识的管道长度为5 1106km，标识完成率为94.6%，其中泰州、宿迁市已全部完成了标识工作。

4 地理信息系统的建设情况

随着燃气用户的大幅度增加，燃气管网的不断延伸，全省各地为实现城市燃气规划、发展、服务、管理的科学化、规范化、自动化，开始重视并陆续按省政府要求建设城市燃气地理信息系统。

全省地理信息系统建设情况　　　　　表1

建设情况	城市
已建（15个）	南京、无锡、宜兴、徐州、常州、常熟、如东、连云港、灌南、淮安、盐城、扬州、镇江、泰州、泰兴
在建（6个）	江阴、太仓、如皋、海安、灌云、句容

（三）2013年度全省城市燃气行业管理工作

1 建章立制规范燃气行业管理

2013年省住房和城乡建设厅提请省政府办公厅下发了《关于进一步加强城镇燃气安全管理工作的通知》（苏政办发〔2013〕51号），并召开2次全省燃气管理工作会议，组织学习、督促指导各地贯彻落实通知精神，要求各地全面落实城镇燃气安全管理工作责任，进一步规范燃气建设经营市场，强化燃气设施安全运行，加强城镇燃气安全管理基础能力建设，按省政府规定的时间节点全力做好各项工作。为进一步规范燃气工程建设管理工作，省住房和城乡建设厅转发扬州市城乡建设局《关于加强燃气工程建设管理的通知》（苏建函城〔2013〕117号），要求各地借鉴扬州做法规范燃气工程建设工作。按照层级审批管理的原则，省住房和城乡建设厅修订下发了《燃气工程项目初步设计管理办法（修订）》（苏建规字〔2013〕2号），下放了部分省级工程项目的审批事项。为有效提升燃气行业反恐怖防范能力的建设，省住房和城乡建设厅会同省反恐办联合下发了《江苏省城市燃气供储场所反恐怖防范标准》（苏反恐办发〔2013〕6号），并在燃气工程项目初步设计审查过程中要求设计单位、建设单位认真落实。根据厅领导要求，研究制定《关于规范城镇燃气设施建设和运行管理的通知》（征求意见稿），逐步规范燃气工程的建设管理。

2 加强城镇燃气城乡统筹发展

结合城市总体规划调整，按照城乡统筹、区域统筹要求，以及天然气利用领域的拓展和供气范围的延伸，督促各地加快城镇燃气专项规划的修编。根据《省政府关于扎实推进城镇化促进城乡发展一体化的意见》，全省各地加大天然气城乡统筹建设力度，促进基础设施共建共享，无锡、常州、苏州、镇江等苏南城市已基本完成了天然气向乡镇的发展延伸，全省天然气城乡统筹通达率已达41%。

3 有序拓展天然气应用市场

积极利用上游西气东输、川气东送、西气东输二线和如东LNG等气源有序拓展天然气应用市场，3月份省能源局组织召开了苏北运河宿迁段船用加气站项目推进协调会，9月26日全国首个水上LNG加注站在南京市八卦洲投入试运行，标志着水上运输进入了全新天然气时代，同时高速公路加气站规划、建设工作也在有序开展。

4 推进天然气利用设施建设

积极做好宿迁、响水、海安、阜宁等苏北城市天然气利用工程初步设计审查批准和项目推进，做好张家港与江阴、宜兴与金坛等城市间管道互联互通相关前期工作。建成无锡应急调峰气源站和南京应急调峰气源扩建项目，完成港华储气有限公司金坛盐穴储气库、苏州华峰液化天然气储气站项目前期工作。

5 抓好燃气安全生产工作

组织召开小型座谈会，商量餐饮场所燃气安全治理相关事项，向省安委会提交餐饮场所使用燃气安全基本要求；全省各地建设部门根据治理工作任务分工，按照省安委会《关于深入开展餐饮场所燃气安全专项治理的通知》要求，配合做好餐饮场所燃气安全专项治理工作。督促各地认真实施《江苏省城镇燃气安全检查标准》，强化对燃气设施运行、维护、巡检情况进行检查，努力纠正燃气供应、使用中的不规范行为，消除燃气安全隐患。

（四）2013年度全省城市燃气行业人才培训工作

为提升行业从业人员素质，2013年组织开展全省"燃气具安装维修工""燃气管道调压工"职业技能竞赛，通过各省辖市的竞赛选拔，共有80人参加竞赛；组织全省燃气具安装维修工统一考试，共有1 426人参加。此外，为指导各地认真执行好国家新颁布的《燃气系统运行安全评价标准》，举办了一期宣贯学习班，培训人员246人。

三、江苏省燃气发展面临的问题

（一）供需矛盾突出

根据经济社会发展和节能减排工作的需要，我省对天然气的需求旺盛，但气源难以满足需求、气源阶段性短缺。根据各地燃气公司与中石油管道股份公司签订的天然气照付不议合同，2007年以后西气东输天然气合同量不再增加，川气东送天然气也存在同样问题，天然气供应阶段性短缺和气源不足的状况严重制约了城镇管道燃气的发展。

（二）发展不均衡，苏南、苏中和苏北天然气发展差距较大

我省燃气发展的重点主要集中在苏南，中石油和中石化的输气管网也主要分布在苏南，由于气源等因素对苏北和苏中地区的燃气发展投资不足。在苏北和苏中地区管道密度低、覆盖用户少。

（三）气源安全保障性不足，调峰矛盾突出

西气东输和川气东送长输管线发生事故减产和停产的风险是客观存在的。2个输配系统缺乏有效的互通。即使江苏省部分城市，如南京、苏州、宜兴等已建立规模较大的LNG应急调峰储配站，但其供应能力有限，仍不能承担上游发生事故情况的应急备用。各城市的天然气高压管道系统初步建设，以保障各自城市供气为主，大部分未与周边城市实现互通，某一城市发生事故或上游原因出现减供或停供时，相邻城市接济能力有限。

（四）液化石油气市场不够规范，安全意识有待加强

在液化石油气供应市场上存在经营不规范，供应企业规模偏小，城郊及村镇的部分供应点安全设施不全、供气安全可靠性差，一些用户缺乏基本的常识，安全意识不强，不合理的使用也会引发安全事故，社会性、群众性的教育引导工作需要加强。

四、发展目标

（一）气源建设实现供需基本平衡

确保稳定的燃气供应。上游形成西气东输、川气东送、西气东输二线和进口LNG等多气源互补供应格局，基本建成应急调峰、安全储备供应保障体系，使天然气的供应量基本满足全省各类用户的用气需求。至2015年，全省城镇燃气气化率达到97.5%，天然气气化率达到50%以上，液化石油气缓慢减少，人工煤气置换全部结束。

（二）天然气输配管网实现基本覆盖

为了保障安全供气，基本建成一个安全可靠、布局合理、覆盖面广的天然气主干管网系统，可接收西气东输天然气、川气东送天然气、西气东输二线天然气和进口LNG等多个气源，具备一定的

储气调峰功能。通过加快建设各城市的高压管网和中压管网系统，使城市间的高压管网实现互联互通，力争天然气实现"市市通气、县县通气、主要镇区通气"的目标。

（三）各类用户得到协调发展

通过发展和转换，增加天然气用户约450万户，期末天然气用户超过900万户。天然气综合利用水平不断提高，逐步形成居民生活、公服设施、工业燃料和天然气汽车等用气领域，并试点和推广天然气分布式能源。

1 天然气汽车快速发展

"十二五"期末，公交车设区市气化率为65%，县城（市）气化率60%；出租车设区市气化率为65%，县城（市）气化率50%。

2 天然气分布式能源实现零的突破

"十二五"期间，全国将建成1 000个天然气分布式能源项目，天然气分布式能源作为我省示范项目进行推动，实现零的突破。

（四）行业管理实现规范高效

加强行政法制建设，强化行业监管，构筑规划与建设、资源与管理、安全与服务、运行与调度、价格与成本等全方位的行业监管制度，促进全省燃气行业全面协调可持续发展。

1 进一步完善燃气管理标准体系

制定市场管理、安全监管的规范性文件，完善燃气管理标准体系，实现政府依法监管、企业依法经营、市场参与者公平竞争的燃气行业发展目标。

2 安全目标

建立先进的安全监控信息管理系统，积极采用SCADA系统及GIS地理信息系统等先进技术，设置先进调度抢险体系，并与110、119、120及其他应急系统实现联动，保证我省燃气行业调度灵活、抢险迅速。

河南省燃气行业发展综述

一、基本情况

河南省现有城镇燃气气源类型主要包括天然气、人工煤气（焦炉煤气、水煤气）、液化石油气等，形成了多种气源并存的格局。其中天然气主要来自河南油田、中原油田、西气东输一线以及通过中石化榆济线转输至安阳、濮阳的天然气。人工煤气主要由义马市张长岭煤气厂提供，通过长距离管道输送至郑州、洛阳，供沿线城镇作为管道燃气气源。近年来随着郑州市区停止使用义马煤气，气量分配逐渐向距气化厂较近的洛阳等西部地区集中，主要供气区域为洛阳市区、孟津县城、偃师市区、宜阳县城、新安县城、巩义市区、郑州上街区、荥阳市区、义马市区、渑池县城及管道沿线的其他用户。此外，在平顶山、汝州、济源市区供应有一部分焦炉煤气；焦作市区供应有部分矿井气与天然气混合气；南阳市区供应有部分沼气；安阳市区供应有部分高炉煤气；林州市、辉县市供应有部分炼焦尾气。除南阳市区因受燃气资源条件所限之外，其余城市人工煤气已不再作为当地管道燃气主导气源。

截至2013年底，18个省辖市均建设有城市管道燃气输配系统，108个县（市）中，建设有管道燃气输配系统的县（市）84个。全省城镇燃气管道总长度共计21 225.35km。城市管道储气能力为935.94万m^3，其中天然气储气能力为875.54万m^3，人工煤气为60.4万m^3，液化石油气储气能力为25 579.55t。

2013年，全省城市管道燃气总用量为37.32亿m^3，其中天然气用量为31.32亿m^3，人工煤气用量为6亿m^3。液化石油气总用量为33.51万t。天然气汽车加气站361座，液化石油气汽车加气站15座。城市居民管道燃气总用户数为403万户，约1 506.6万人（其中天然气为405万户，人工煤气为12万户）；城镇居民液化石油气总用户数250万户，约888.69万人。城镇居民用气普及率为81.88%。

二、2013年行业发展情况

（一）开展餐饮场所燃气专项治理工作

根据国家安委会等部委通知要求，2013年上半年，省住建厅组织开展了全省餐饮场所燃气专项治理工作。各城市燃气行业主管部门积极配合相关部门认真做好餐饮场所燃气安全专项检查和治理工作，燃气企业认真落实安全责任，进行燃气设施巡检，加大对燃气防爆、安全用气知识的宣传力度，开展安全用气技术指导和服务，发现安全隐患115处，提出整改建议23条，有效保证了餐饮场所的安全用气。

（二）认真开展城镇燃气管线安排隐患排查整治工作

根据省政府《关于印发河南省油气输送管线安全专项排查整治工作实施方案的通知》要求，从

2013年12月初开始，省住建厅在全省范围内组织开展了以突出"5个重点、开展10项整治检查"为主要内容的城镇燃气安全专项排查整治工作。全省各城市燃气行业管理部门和燃气企业认真落实行业管理职责与企业主体责任，本着"全覆盖、零容忍、严执法、重实效"的原则，集中力量、集中时间，采取普遍排查、联合执法等措施，全面开展城镇燃气安全专项排查整治工作。这项工作到2014年3月底才结束，省厅组织6个检查组对各地工作开展情况进行了检查。据不完全统计，全省共排查燃气企业1 093家，燃气管网1.87万km；依法关停、取缔违法违规液化气经营站点110个，排查出安全隐患2 015处；专项排查整治过程中，共下达督办通知、整改通知、停业通知等各类执法文书560份。

（三）努力提高服务水平

全省燃气行业以全省市政公用行业开展的"讲文明、树新风，规范服务促发展"竞赛活动为载体，完善行业服务规范，落实"窗口"行业服务标准，积极开展行业文明创建和创先争优活动，切实提高服务质量和水平，树立市政公用行业良好社会形象。郑州华润燃气公司2013年制定并发布了包括稳定供气、安全保障、管道燃气预约服务、百尊燃气具售后服务、服务电话、服务质量、客户意见等内容服务承诺目标，并通过营业厅、公司网站等渠道完成了向外发布，接受社会监督。在百日竞赛活动总结评比中，郑州华润燃气股份有限公司、漯河中裕燃气有限公司被评为"河南省市政公用行业文明服务明星企业"，开封市新奥燃气有限公司东区营业厅等24个班组并评为"河南省市政公用行业文明服务示范窗口（班组）"。

（四）完善燃气行业管理法规

从2013年初开始，在各地燃气主管部门、燃气协会、燃气企业的大力支持配合下，经过近1年的不懈努力，完成了《河南省城镇燃气管理办法》的起草、修订和出台工作。办法的颁布施行，为进一步规范全省燃气行业提供了更好的政策保障。

（五）开展"燃气杯"第二届河南省城市燃气企业职业技能选拔赛

大赛由河南省市政公用业协会、河南省建设工会主办、燃气分会承办、平顶山燃气有限责任公司协办。来自郑州、安阳、平顶山等13个地市的75名选手，经过2天实操和理论考试的激烈角逐，最终郑州华润燃气、平顶山燃气、济源中裕燃气分别获得团体前3名。同时，荣获第一名的选手同时荣获了"河南省五一劳动奖章"荣誉称号；获第二名的选手荣获了"河南省建设劳动奖章"荣誉称号；居前3名的选手获得了"河南省技术能手"荣誉称号，居4名～15名的选手，获得了"河南省建设技术能手"荣誉称号。

三、燃气发展面临的问题

（一）随着我省城市化进程的加快，城市建设的快速发展，城市燃气总体发展水平仍然滞后于城市化进程，更无法满足城市日益增长的用气需求及持续发展的需要。城市燃气的利用规模、利用领域、利用地域、利用水平均需进一步提高。随着西气东输二线工程、晋城煤层气外供、鄂尔多斯天然气外输、西三线、西四线、新粤线、中海油进口LNG登陆等项目的规划建设，河南省燃气外部资源条件进一步丰富，城市燃气供需矛盾有望得以缓解，配套城市供气设施建设力度需配套进一步加强。

（二）随着城市燃气利用领域的不断拓宽，用气规模的不断扩大，用气季节不均衡性日益加大，冬季供需矛盾日益突出，不少地方采取了冬季限供，部分用户停供的措施，由此而引发的社会问题越来越突出，造成的社会不安定因素急需解决。

（三）在上游长输管道检修及气田生产故障时段限量供应的情况下，应对措施不足，应急气源储备规模过小，也是我省城市燃气利用事业发展过程中迫切需要解决的一个现实问题。

（四）各地燃气供应事业无序发展的现象依然存在，缺少统筹性、前瞻性专业规划文件的指导。

（五）个别县、市地方政府对城市燃气供应事业的市场准入条件把关不严，导致引入的经营企业自身条件不足，规范、整合市场的工作需进一步加强。

（六）在部分开展管道燃气供应业务较早的城市，燃气管道腐蚀及设备老化现象严重，加之外力破坏因素，导致管道泄漏事故增多。

（七）国家天然气价格改革，2015年存量、增量气要全部到位，将大大削弱天然气的价格优势，对我省天然气经营企业及未来我省天然气产业的发展产生不利影响。

四、2015年燃气规划目标

"十二五"期间，城镇燃气规划、建设、运营以及管理、技术和服务水平全面提升；城镇燃气使用量增大，普及率明显提高，应用领域范围明显拓宽；采用先进管理技术，确保城市燃气输配系统安全稳定运行；城镇燃气的优化清洁能源结构、改善环境质量、促进城镇发展、提高人民生活水平作用得到充分发挥。

（一）城镇燃气年度利用气总量在2010年的基础上大幅增长

到"十二五"期末，全省城镇燃气供应总量按热值折合成当量天然气约为75.91亿m^3，较"十一五"期末增加143%。其中天然气供应规模约64.69亿m^3，人工煤气供应规模约19.37亿m^3（按热值折合成当量天然气约为6亿m^3），液化石油气供应规模约40.3万t（按热值折合成当量天然气约为5.22亿m^3）。

（二）城镇居民燃气普及率明显提高

全省设市城市居民用气普及率不低于94%；县城城镇居民用气普及率不低于65%。2015年本规划所包含的全省126个市县城镇居民用户总量达1 197.47万户，用气人口达到3 987.58万人，城镇居民平均用气普及率达到86.23%。

（三）省辖市全面实现多气源、多回路安全供气

全省所有县级市、县城实现管道燃气县县通。"十二五"期间，全省新建城镇燃气管道约18 375km；到"十二五"期末，全省城镇燃气管道总长度将达到44 353km。

（四）配套建设相对完善的城镇燃气利用调峰及事故应急供气设施

调峰及事故应急供气设施按各供气城市地理位置分散布局，同时又要最大限度实现资源共享，

到"十二五"期末，我国城镇燃气应急气源储备能力要有显著提高。

（五）逐步完善管网输配系统数据采集及监控系统，全方位建立地下燃气管线地理信息系统，提高城镇燃气输配系统的供气可靠性、安全性

新建及续扩建、改造城镇燃气基础设施投资持续增长，加大城镇燃气输配系统改造工程投入力度，确保因燃气泄漏引发事故量逐年减少。

（六）进一步优化城镇燃气用气结构

形成城镇居民用户、商业服务业用户、工业企业用户、交通运输业用户、发电、制冷采暖用户协调发展的用户结构。

（七）全省燃气安全运营水平明显提高，燃气事故率明显降低

燃气经营者有关用户发展、供气保障、运行维护、安全管理等方面服务质量明显提高，用户服务电话及时接通率、报修处理及时率和办结率、投诉处理及时率和办结率等服务指标达到燃气服务标准要求。

湖南省燃气行业发展综述

湖南省位于长江中游南岸，总面积21.18万km^2，全省设13个地级市，1个自治州，35个市辖区，16个县级市，64个县，7个自治县。总人口7 000余万，其中城镇人口3 000余万。目前，燃气发展状况如下所述。

一、燃气资源

湖南省城镇在用燃气气源包括天然气、液化石油气、液化天然气和人工煤气。管输天然气由西二线供应，液化天然气由汽车运入，液化石油气由湖南岳阳长岭炼油厂、洛阳炼油厂、武汉石油化工炼油厂供应。人工煤气仅有娄底市使用的年消费量为2 200万m^3的焦炉煤气。另外，本省拥有丰富的页岩气、煤层气等资源，尚未开发利用。

二、管网布局

已建在用省级输气管道干支线14条，总长1 158km。城市输配主干管道总长度12 047.33km。根据湖南省发展和改革委员会〔湘发改能源（2013）〕1707号文件要求，湖南省天然气有限公司2014年将开展湘潭—益阳、株洲—攸县—茶陵—炎陵、浏阳支线、新化支线、巴陵石化支线、汨罗—平江、汨罗—湘阴、岳阳—临湘、屈原支线等9条输气管道建设的前期工作。该项目建设有利于加快推进"气化湖南工程"，提升管道天然气覆盖面，调整能源结构，促进节能减排。

三、汽车加气站

截至2013年底，湖南省拥有汽车加气站共84座；其中，省会长沙市22座，其余62座分布于株洲、湘潭、岳阳、邵阳等13个市、州。

四、分布式能源

湖南现有分布式能源项目3个。长沙黄花机场项目装机容量2 320kW，2013年消费天然气370万m^3。株洲神农城项目装机容量6 000kW，2013年消耗天然气350万m^3。株洲职教城项目正在建设，计划一期工程装机容量3 000kW，二期工程装机容量6 000kW。

五、天然气储备站

目前,湖南较大规模的天然气储配站有2个。一个位于长沙县星沙,储量1 200万m^3;另一个位于长沙市湘江新区,储量20万m^3。建设单位均为长沙新奥燃气有限公司,主要用于长沙市应急气源和调峰气源。全省有CNG加气母站7座。

六、燃气企业

湖南省燃气企业共计125家。其中,管道燃气企业48家,瓶装液化气企业77家。燃气从业人员达3.6万人。

七、2013年用气总量

2013年天然气用气总量23.1亿m^3,其中,管输天然气21.73亿m^3,液化天然气1.38亿m^3。液化石油气用气总量40万t。

八、湖南暂无大型液化天然气接收站和天然气船舶加气站

九、2013年燃气发展成绩

(一)基础设施建设方面,建成了省级输气管道湘潭—娄底—邵阳,全长213km,管径DN508,设计压力6.3MPa。设计年输气能力$20×10^8m^3$,实现了娄底、邵阳两市管输天然气的供应。邵阳市于2013年4月9日正式通气,置换天然气居民用户8万余户。长沙星沙储配站完成了设备、工艺的调试和试运行。增建汽车加气站18座。

(二)认真贯彻执行国家《城镇燃气管理条例》,按照湖南省住房和城乡建设厅下发的《湖南省燃气经营许可管理办法》和《湖南省燃气企业经营标准》。积极开展燃气经营企业经营许可的申请、审核和发证工作。为了促进燃气经营企业的安全管理,确保全省燃气经营企业的安全运营,制定了《湖南省燃气经营企业安全评价工作规程(试行)》,对管道燃气经营企业、液化石油气经营企业、燃气汽车加气站进行安全评价。开展全省燃气行业安全检查,并通报检查情况,督促落实安全隐患整改。

(三)经湖南省物价局批准,在管道天然气经营企业实行了阶梯气价收费政策,进一步理顺天然气价格,合理配置天然气资源,促进天然气利用事业的健康发展。

(四)为了满足全省燃气行业从业人员培训的需要,编写了《燃气行业从业人员专业基础知识》和《城镇燃气法律法规与政策汇编》,为全省燃气行业从业人员的培训提供了统一的教材。加强师资队伍建设,扎实开展燃气行业从业人员培训。组织职业技能竞赛活动,努力提高燃气行业从业人员的职业技术水平。

(五)为提高燃气企业的整体服务水平,修订了《湖南燃气企业服务标准》,各燃气企业实行了社会服务承诺制度,各企业集团都设立了统一的客户服务电话,如新奥燃气的客户服务电话为

95158，长沙市液化石油气发展有限公司客户服务电话为85417517，服务电话24小时值守，受理燃气用户对服务的建议和诉求，解决用户难题，着力提高服务质量。

十、燃气发展面临的问题

（一）天然气供需矛盾依然突出，上游给湖南省的天然气气量指标有限，天然气供需存在缺口。每年进入冬季用气高峰，不得不关停一些非居民用气大户来确保居民用气，燃气管理部门和燃气企业需投入大量的精力，对用户进行解释说服工作。

（二）管输天然气覆盖面不宽，天然气省级输气管道建设滞后，目前还有怀化市、永州市、郴州市、张家界市、吉首市等5个地级城市和更多的县级城市未接通管输天然气。

陕西省燃气行业发展综述

一、基本情况

陕西省共11市2区（新增计划单列市韩城市、西咸新区、杨凌示范区），82个县（市），2013年底，11市2区，82个县（市）实现天然气通气点火。其中：37个县（市）为CNG供气，其余均为天然气长输管线供气，全省天然气居民用户340万户；餐饮业18 000户；采暖燃气锅炉12 389台；工业用户420户；CNG加气站224座，加气能力398m³/d；LNG加气站67座，加气能力154m³/d；已建成城镇天然气输配管网11 000余km，2013年全省城镇天然气消费35.6亿m³，天然气城镇气化率64%（韩城市、彬县为煤层气）。

陕西省现有液化石油气贮灌站210座，除了3个县没有液化石油气贮灌站，其余分布各市、县完全满足城乡居民需求。

（一）陕西省资源状况

陕西省天然气资源丰富，目前陕西天然气主要由陕北气田供给。韩城煤田和彬长煤田均有丰富的煤层气，两煤田开发利用煤层气，已向外供气，约40万m³/d。

陕西共有4家炼油厂，分别为榆林、黄陵、永平炼油厂和长庆咸阳助剂厂，4家炼油厂所产液化石油气完全满足陕西城镇燃气需求。

陕西现已没有人工煤气，页岩气尚在前期调研中。

（二）管网布局

陕西省天然气股份有限公司已建成陕北至西安3条供气管网，以及泾（阳）—渭（南）、咸（阳）—宝（鸡）、宝（鸡）—汉（中）、汉（中）—安（康）、西（安）—商（洛）、关中环线以及中石油建设的韩城—西安（煤层气）等输气管网，总长约为2 970km。

（三）液化天然气和液化天然气接收站

陕西液化天然气厂均建在陕西北部、气田附近。2013年底已建成投产的见下表。

天然气液化厂一览表　　　　表1

序号	名称	规模（万Nm³/d）	地点	投产时间	备注
1	靖边县西蓝天然气液化有限责任公司LNG工厂	50	靖边县张家畔镇	2011.06	
2	陕西众源绿能定边县天然气存储调峰液化项目一期	100	定边县盐场堡镇	2011.12	
3	陕西金源集团公司	100	子洲县	2012.12	

续表

序号	名称	规模（万Nm³/d）	地点	投产时间	备注
4	安塞华油天然气有限公司	200	安塞华子坪	2012	
5	延长油田南泥湾LNG厂	50	延安南泥湾	2012	
6	延长油田甘谷驿LNG厂	100	延安甘谷驿	2012	
7	榆林圆恒能源有限公司LNG厂	100	榆林麻黄梁	2013	
8	韩城市龙门焦化公司LMG厂	25	韩城龙门工业园	2013	
9	陕西金源集团公司LNG厂	100	米脂县	2013	
10	澄城鸿程新能源有限公司LNG厂	10	澄城县韦庄	2013	正在调试

（四）城镇燃气经营企业天然气储备情况

陕西、西安、延安、铜川、咸阳、宝鸡、渭南等市建有天然气球罐储气站，储备调峰。

城镇燃气经营企业天然气储备情况　　　　　　表2

城市	西安	咸阳	延安	渭南	铜川	宝鸡
单台球罐容积（万/Nm³）	1	0.5	0.1	0.2	0.1	0.4
台数	4	3	2	2	4	4
合计容积（万/Nm³）	4	1.5	0.2	0.4	0.4	1.6

西安、安康、汉中分别建设了LNG储罐，储量分别为：西安3 500m³、安康100m³、汉中100m³。

2013年陕西省新增天然气民用户32万户，城镇燃气新增天然气销售量4.8亿m³，新增CNG加气站38座。比2012年分别增长10.4%、15.6%、22.4%。新增LNG加气站67座。

陕西城镇燃气快速发展同时，安全用气形势严峻。2013年陕西省燃气行业共发生了2起恶性事故。2013年11月25日西安市凤城五路中登大厦发生室内燃气爆炸事故，造成1死7伤。西安市安监局牵头进行事故调查，认为燃气设施、安全管理不存在问题，是用户私拆燃气自闭阀造成燃气泄漏酿成事故。2013年12月7日榆林市榆阳区知全新能源公司上盐湾LNG加气站，预冷置换中，操作不当，发生液氮泄漏，造成4人窒息死亡的恶性事故。

陕西省委、省政府非常重视燃气安全，2013年11月24日青岛爆燃事故发生后，省委、省政府立即安排了陕西省城镇燃气安全隐患排查工作，要求各级管理部门、燃气企业全体动员排查安全隐患，重点是排查油气管道以及宾馆、饭店、机关、学校餐厅、燃气锅炉房等公共场所安全用气。通过排查提高认识，清除隐患，使陕西安全用气状况得到好转。

二、城镇燃气行业发展存在主要问题

（一）陕西冬夏季供气峰谷差十分突出，调峰设备、技术完全能满足城镇调峰需求，但是，根据不同调峰措施，政府应尽快落实调峰气价格政策，保护燃气经营企业合理利润，促进燃气经营企业提高解决调峰能力。

（二）国家应尽快出台城镇燃气调价联动政策，上游燃气价格调整，下游依据政策迅速进行调整。目前，上游调价后城镇燃气迟迟得不到调整，严重损害了城镇燃气经营企业应得的利益，挫伤了城镇燃气经营企业的积极性，不利于城镇燃气经营企业健康发展。

（三）城镇燃气快速发展，管理人员、专业技术人才匮乏日益突出。国家应建立实用型专业技术人才的培养、考核、鉴定、晋级体系，以激励行业职工队伍不断提高自身素质、技能，立足本职工作能够得到社会认可和相应的回报。

四川省燃气行业发展综述

四川省位于中国西部，简称"川"，别称"蜀"。总面积48.5万km²，人口8 041.8万（2010年第6次人口普查数据）。四川省辖18个地级市、3个自治州，181个县级行政区划单位（44个市辖区、14个县级市、123个县）。省会成都市。

一、四川燃气行业基本情况

（一）资源状况

四川盆地天然气资源探明储量达2.2万亿m³，随着普光、龙岗、罗家寨、元坝等重点气田陆续建成，预计到2015年四川盆地天然气产量将突破400亿m³。"十二五"期间，中亚、中缅等输气管线对四川省供气规模将逐步达到130亿m³。近年来在川东北布局建设的相关生产装置也将陆续投产。四川省已形成多气源供应格局。

四川页岩气的储量高达27万亿m³，占全国页岩气储量134万亿m³的近1/4，是全国所有省份中储量最多的省份。

2013年中石油西南油气田公司在四川天然气产量75.5亿m³。2013年中石油西南油气田公司在四川天然气销量108.9亿m³，同比增加11.19亿万m³，增幅为11.45%。

（二）管网布局

四川盆地是全国天然气管网最发达的地区，已形成了以省内各气源开发区和连接省外的国家输气干线为依托，以南、北输气干线为主体的环形输送管网以及高压输送、低压配送的完整管网体系。覆盖全川的南北环形输气管网以及众多的支线管道约1.7万km，年输气能力约400亿m³。

（三）气源种类

四川省城镇燃气的主要气源为天然气。已有17个市接入长输管线天然气。焦炉煤气是攀枝花市的主要气源，由攀枝花钢铁公司供应。阿坝州、凉山州多数县的燃气气源为液化石油气（LPG），少数县为液化天然气（LNG）；甘孜州各县均为液化石油气（LPG）。全省城镇天然气消费量占城市燃气消费总量（折合天然气，未计入焦炉煤气，下同）的96%，液化石油气占4%。在家庭用量中，天然气占93%，液化石油气占7%。天然气在四川省城镇燃气中占据主要地位，成为居民炊事和热水的重要能源。

（四）城镇燃气经营企业总量

截至2014年4月，四川省燃气经营企业1 033个，其中管道燃气企业540个，占总量的52.3%；压缩天然气企业231个，占总量的22.4%；液化石油气企业249个（不含液化石油气销售点、门市部），占总量的24.1%，液化天然气企业11个，占总量的1.06%；新型燃气企业（二甲醚等）2个，占总数量的0.19%。

（五）燃气普及率

四川省设市城市和县城燃气普及率分别达到84%和63%。全省17个地级城市的城区、130个县（区）的城区和城区近郊的乡镇，均普及了管道天然气；1个地级市城区和3个县级区的城区普及了焦炉煤气；1个县的城区普及了煤层气（瓦斯气）；其余3个州的州府所在地城区和47个县的城区均使用了液化石油气或液化天然气。合计18个地级市、3个少数民族自治州、14个县级市、44个县级区、123个县。

（六）液化石油气（LPG）发展状况

全省已建成覆盖21个市、州，181个县（市区）的液化石油气充装站网点，既从根本上解决了由于地形限制，尚无管输天然气地区的群众生活、商业用气的问题，提高了全省城镇燃气普及率，又在一定程度上缓解了天然气气源紧缺的供需矛盾问题。

（七）压缩天然气（CNG）发展状况

全省清洁汽车产业推广和技术创新取得较大进展。一批新产品、新技术、新工艺的开发应用促进了产业加快发展。全省已建成覆盖20个市（州）、100多个县的CNG加气站网点，促进了CNG汽车的推广应用，经济社会效益显著。

（八）液化天然气（LNG）发展状况

全省液化天然气（LNG）推广工作进展较快，已有6个县采用液化天然气（LNG）经气化后，通过管输供应给用户。积极推进续航能力更强、安全性能更高的液化天然气（LNG）汽车。一些企业已在有条件的市、州，开展LNG加气站的建设和LNG汽车的推广工作。

（九）燃气管网改造、投资情况

全省计划2013年至2015年改扩建燃气管网4 600多km，项目总投资28.8亿元。其中2013年开工1 300多km，投资8.8亿元；2014年开工1 700多km，投资10.4亿元；2015年开工1 600多km，投资9.6亿元。

二、四川省城镇燃气行业2013发展状况

（一）认真学习贯彻党的十八大精神，积极开展"中国梦"主题教育活动

全省燃气行业紧密联系实际，把学习贯彻党的十八大精神与安全平稳供气相结合，着力排除隐患，防范安全事故；与优质服务相结合，指导用户安全用气、节约用气；与发展新用户相结合，积极推进乡镇燃气设施的建设与完善。

按照中共省委的部署，积极开展"实现伟大中国梦 建设美丽和谐繁荣四川"主题教育活动，

认真学习习近平总书记一系列重要讲话精神，深刻领会"中国梦"的科学内涵、本质要求，用"中国梦"统一思想、凝聚共识。联系实际，自查自纠、自我净化、自我提升，着力解决在燃气经营管理、安全生产、窗口服务等方面存在的问题。按照省住房城乡建设厅的要求，积极推进芦山"4·20"地震灾后燃气设施的恢复重建。

（二）全面开展专项整治行动，强化安全文化建设

全省燃气行业深入贯彻落实习近平总书记、李克强总理关于安全工作的重要指示精神，按照各级政府关于加强安全生产工作的系列部署，积极开展"安全生产年"活动，有针对性地开展安全检查，深化"打非治违"。加大安全生产投入，落实"一岗双责"安全生产责任制，开展安全生产标准化建设，夯实安全生产的工作基础。

加强了"三项岗位人员"（主要负责人、安全管理人员、从业人员）持证上岗工作，以及新进员工"三级"安全教育培训，提升企业安全管理水平和从业人员安全素质。大力推进安全生产、安全用气、应急避险和职业健康等知识进班组、进社区、进家庭活动，在全社会形成"关爱生命、安全发展"、"燃气安全、人人关切"的良好氛围。

加强了应急救援能力建设和应急队伍培训，健全完善安全生产综合预案、专项预案、现场处置方案，并适时开展演练。深入开展"消防安全4个能力"建设，定期开展消防安全教育培训和预案演练，不断提升员工安全意识和应急处置能力。

加强燃气安全自查与互查，相互监督，集中开展城区老旧管网、商业用户等地段安全隐患的排查治理。采用新技术、新材料、新工艺，集中整治建筑压管安全隐患，改造管网设施，安装数据远传系统，将隐患进行分类分级治理，保证管网安全运行。

吸取青岛"11.22"输油管道爆燃事故教训，研究分析安全形势，全面落实安全生产责任，认真开展安全监察和隐患整治工作。泸州摩尔商场"12.26"天然气爆燃事故发生后，积极配合省住房城乡建设厅开展事故调查工作，研究制定进一步加强燃气行业安全管理的具体措施，切实提高燃气经营者、操作者、使用者的安全意识、防范能力和处置技能，达到"一地出事故，全省受警示，齐心保安全"的效果。

（三）集中力量，积极开展行业培训工作

举办全省管道燃气、压缩天然气、液化石油气管理人员培训班共21期，3 435人参训，其中3 427人考试合格，取得省住房城乡建设厅颁发的《建设企事业单位专业管理人员岗位培训合格证书》。举办全省燃气输送工、调压工、管道工、汽车加气站操作工、液化石油气罐区运行工、液化石油气灌瓶工（初级）培训班共22期，2 615人参训，其中2 591人考试合格，取得了由省住房城乡建设厅、省人力资源社会保障厅颁发的《职业资格证书》。

组织市、州建设主管部门和燃气企业共420人参加省住房城乡建设厅开展燃气经营许可规定、标准、申报程序培训会。全省燃气企业100多人参加中国城市燃气协会在成都举办的《燃气系统运行安全评价标准》和《燃气服务导则》培训班。

重新编印了《城镇燃气法律法规文件汇编（上下册）》和液化石油气、压缩天然气经营管理、安全操作和服务等方面的培训教材，保证了培训教育的需要。

（四）开展职称评定，推广应用新技术

在组织全省燃气企业推荐的基础上，并报四川省住房城乡建设厅确定了81人为第一批四川省城镇燃气行业专家库专家。全省燃气行业技术人员积极申请城市燃气职称工作，经省住房城乡建设厅审查批准，共有87人获得城市燃气专业职称证书（其中助理工程师20人、工程师63人、高级工程师4人）。进一步讨论、修改《燃气用非定尺不锈钢波纹管民用室内暗设工程技术规程（讨论稿）》。参加了"燃气杯"第二届全国燃气行业职能竞赛。选手们充分发挥自身实力，展示了良好的职业技能和精神风貌，获得了团体总成绩铜奖。举办了"2013年四川省燃气设备和技术展览会"。在广元市召开了燃气"四新"技术推广应用座谈会，分享科技应用新成果，交流推广工作新经验。

（五）学习宣传先进典型，推动精神文明建设

及时表彰、宣传"2012年四川省燃气行业服务明星"，并印发专刊，介绍服务明星的先进事迹。在广安市举行了燃气服务论坛，采取访谈、问答、介绍经验的形式，弘扬爱国、敬业、诚信、友善的价值准则。

全省燃气行业继续开展以"树行业形象、展燃气风采"为主题的"五比五赛"（即"比安全、赛保障，比服务、赛礼仪，比技能、赛管理，比创新、赛效率，比文明、赛形象"）活动，涌现出一批"全国精神文明建设先进单位"、"全国创先争优先进窗口"、建设部文明服务示范窗口、省（市）最佳文明单位、省（市）级文明单位。

广泛开展企业文化、管理、团队建设交流活动，增强学习动力、提高创新能力。开展了"学习宣传十八大，践行中国梦"知识竞赛以及燃气安全知识竞赛、歌曲合唱、诗歌朗诵、闯关登山等比赛，激发企业职工的创造能力、协作精神和工作热情。

（六）燃气行业协会自身建设不断加强

四川省燃气协会按照省住房城乡建设厅的要求，起草了《四川省城镇燃气行业专家库专家管理办法》《燃气经营许可实施中有关具体问题处理意见》等一系列文件。积极主动参与，及时提供相关资料，协助省上有关部门出台了《四川省地方税务局关于安全防范用地城镇土地使用税有关问题的公告》，公告扩大了防火防爆用地的认定范围。配合省发展改革委就《四川省城镇管道燃气销售价格管理暂行办法（征求意见稿）》进行调研修订，提出了具体的修改建议，更好地维护行业的合法权益。参与了《民用室内燃气工程设计规范》、《压缩天然气供应站设计规范》、《城镇燃气设施运行、维护和抢修安全技术规程》、《城镇燃气管网泄漏检测技术规程》、《城镇燃气埋地钢质管道腐蚀控制技术规程》等国家标准的修订编写工作。编制完成了《四川省燃气行业发展综述》等课题研究文章。

协会认真落实国家和省上有关社团组织管理的政策规定，加强了专职工作人员的教育管理，坚持年度考评制度，自我总结，民主讲评，增强规则意识、责任意识、进取意识。协会还报请省住房城乡建设厅批准，成立了党支部，发挥党员的模范带头作用，努力提高为企业、为政府服务的质量和水平。2013年全年发行《四川燃气》12期。

根据燃气经营企业、燃气相关产品生产企业的申请，经理事长扩大会议研究批准，全年共有36家燃气经营企业、16家燃气相关产品生产企业加入了省燃气协会。会员队伍不断壮大，凝聚力和影

响力进一步增强。协会充分发挥即时通信网络工具（腾讯QQ群）的功能，向所有会员单位开放，成为秘书处与会员之间、会员与会员之间的有效沟通平台，加快了最新工作动态和信息交流分享，增强了协会的工作活力。

三、四川省城镇燃气行业2014年工作计划

（一）深入贯彻落实党的十八届三中全会精神和省委十一届四次全会精神

全省燃气行业要紧密联系实际，突出自身特点，深入学习领会党的十八大、十八届三中全会精神和省委十一届四次全会精神。要把学习贯彻中央精神和省委全会精神，落实在安全平稳供气和优质服务上，及时治理安全隐患，指导用户安全用气、节约用气，进一步提升安全管理和经营服务水平。

要认真贯彻执行中央"八项规定"和厉行节约、反对浪费等一系列反对"四风"的政策规定，以务实为民清廉为主题，加强廉洁勤俭的宣传教育，推进企业文化建设，切实做到安全供气，优质服务。省燃协秘书处和各专委会要严格按照上述规定，积极开展工作，自觉规范协会的各项活动，更好的为会员单位服务，为政府服务。

（二）着力加强燃气安全生产工作

全省燃气行业要认真吸取青岛市"11.22"中石化输油管道爆燃和泸州市"12.26"天然气爆燃事故的教训，按照住房城乡建设部《关于开展油气输送管线等安全专项排查整治的紧急通知》（建办质电〔2013〕27号，以下简称《建设部电报》）、省住房城乡建设厅《关于进一步加强城镇燃气安全管理工作的通知》（川建发〔2014〕5号）的要求，以"管网和用户"为重点，结合运用新技术、新工艺、新设备、新材料，扎实做好"防泄漏"工作，以先进科技和有效措施，保证燃气安全。

全省燃气行业要对照国家《城镇燃气设施运行、维护和抢修安全技术规程》（CJJ51—2006）和《燃气系统运行安全评价标准》（GB/T50811—2012）以及省市有关燃气安全的标准、规范和要求，全面开展燃气（包括天然气、人工煤气、压缩天然气、液化石油气、液化天然气）输送管线、门站、设施设备的大排查大整治。排查整治的内容要按照《建设部电报》明确的6个方面，集中时间、集中力量，认真实施。

全省燃气行业在全面、深入、细致排查的基础上，健全隐患排查治理报告制度。对所有查出的问题和隐患，要建立登记台账和数据库，并向燃气主管等有关部门报告备案，实行闭环管理。同时，加强安全教育培训，切实提高职工在安全生产中的应知、应会、应做的水平，增强应急管理，有效处置突发事件的管理技能和实操能力。

全省燃气行业要加大隐患整改治理力度，能整改的要立即整改，一时难以整改的要落实应急措施和防范预案，并坚持常态化的安全检查和巡检制度，真正做到"全覆盖、零容忍、严管理、重实效"，严防事故发生。

要按照省住房城乡建设厅印发的《四川省燃气行业反恐防范工作标准》（川建城发〔2012〕667号），健全反恐防范工作长效机制，提高预警能力和应急处置水平，有效应对可能发生的城镇燃气涉恐事件和安全事故，确保燃气设施正常运行。

（三）继续开展管理技能和职业技能的培训教育

一是开展管道天然气企业管理人员岗位培训，安排2期，共300人；二是开展液化石油气、压缩天然气、液化天然气管理人员岗位培训，各安排1期，共300人；三是开展管道工、调压工、输送工、汽车加气站操作工、液化石油气灌瓶工和罐区运行工（初级）职业资格培训，各安排1期，共400人；四是开展液化石油气销售人员岗位培训，分片区安排2期至3期，共400人；五是开展燃气行业相关技术标准、规范培训，安排2期，共400人；六是开展燃气法律、法规和政策、规定培训，安排1期，共200人。

（四）积极推进燃气经营许可的实施工作

按照省住房城乡建设厅印发的《燃气经营许可实施中有关具体问题的处理意见》（川建城发〔2013〕577号），全省燃气行业要以申报经营许可为契机，及时向主管部门报告，按照新的要求和规定，进一步确认、调整、划定管道燃气供气区域范围，尽快解决界限不清、交叉重叠等问题。进一步整理、完善燃气设备、设施档案资料，绘制或更新燃气管网分布图，依法及时向社会公示，动员全社会力量共同维护燃气管网的运营安全。

省燃协要配合主管部门，及时帮助和指导燃气企业解决许可申报中遇到的困难和问题，完善许可条件，整理申报资料，及时上报申请。抓紧做好相关人员的培训收尾工作，有针对性地帮助个别企业解决人力资源紧缺的困难。

（五）进一步加强科技推广工作

要充分发挥燃气行业专家的作用，完成《燃气用非定尺不锈钢波纹管民用室内暗设工程技术规程》（讨论稿）的修改工作。指导燃气经营企业做好燃气专业技术人员职称资格的申请，协助住建厅职改办做好职称评审工作。参加省内、全国燃气行业内的技术交流、专题研讨、现场演示、标准宣贯等多种活动，推广应用新技术、新设备、新工艺、新材料，并跟踪了解在推广、应用中出现的问题和困难，提出解决方案和建议。适时召开燃气科技推广交流会，展示科技成果，交流工作经验。

（六）深化全行业的精神文明建设

全省燃气行业要在突出社会主义核心价值观的思想内涵上求实效，积极参加当地文明城市、文明村镇的创建活动，弘扬"自由、平等、公正、法治"的价值取向。要以《燃气服务导则》（GB/T28885—2012）为主要内容，积极推进文明企业、文明班组、服务明星的创建活动，践行"爱国、敬业、诚信、友善"的价值准则。要把培育和践行社会主义核心价值观，深化精神文明建设，同企业的行政管理、班组建设结合起来，融入企业安全生产、经营管理等各项活动中。以窗口形象展示、文明服务常识竞赛、现场服务考评等形式，开展燃气行业窗口优质服务竞赛活动，端正行业风气，提高文明服务水平。适时召开全省有关涵养社会主义核心价值观实践活动的经验交流会，以先进经验和先进典型的示范作用，推进全省燃气行业的精神文明建设。

（七）开展阶梯气价和法规修订的调研、推进工作

按照国家和省上关于价格改革的精神，省燃气协会将积极配合政府有关部门，开展调查研究，

多方论证，按照保基本、促公平的原则，推进天然气阶梯价格制度。在这方面，都江堰市集能燃气有限公司已超前调研论证，于2012年3月1日在全市实行了居民生活用气阶梯气价，为全省阶梯气价的推进提供了有益的经验。2013年也将适时召开专题会议，交流情况，介绍经验，稳妥推进。

全省燃气行业要积极、主动配合省住房城乡建设厅，修订《四川省燃气管理条例》。

（八）切实加强协会组织建设

加强对压缩天然气（CNG）工作委员会的指导。针对CNG经营状况和专业特点，开展具有针对性、实效性的研讨和交流活动。同时，积极组织相关专家，指导帮助企业解决生产经营、安全管理、申办经营许可中遇到的困难和问题。

指导液化石油气工作委员会加强组织建设，积极发展会员单位，扩大影响力。组织开展技术交流、专题讲座等活动。抓紧修订《四川省液化石油气行业自律公约》（征求意见稿），建立行业内自我约束和相互监督的机制。

开展企业信息的收集整理工作。根据燃气经营企业申办经营许可的进展情况，对企业的所有制形式、资本构成、经营规模、人力资源、设施设备、气价类别等情况，进行统计分析，为省住房城乡建设厅加强行业管理提供基础资料。

充分发挥协会党支部、工会组织的作用。加强协会专职工作人员、中共党员的思想教育，进一步学习、掌握燃气行业经营管理知识和专业常识。适时召开协会与企业党建、工会工作交流研讨会，学习先进经验，提升工作水平。

云南省燃气行业发展综述

一、全省城镇燃气行业的发展现状

截至2013年,全省城镇燃气年供气总量达到6.5亿m^3,城镇燃气气源结构中,天然气、液化石油气、人工煤气供气量分别占供气总量的4.5%、38%和57.5%,全省用气人口840.36万人(人工煤气265.22万人,天然气55.46万人,液化石油气519.68万人),燃气普及率达到59%。全省各地继续深化在天然气供气干线、支线开发利用上的项目合作,加快落实中国石油下属公司以控股方式投资经营昆明、大理、玉溪、楚雄、德宏、保山、丽江、曲靖、红河、文山、腾冲等州(市)、县的城市燃气业务。随着中缅油气管线的建设,天然气上游设施包括支线和加气母站开始起步。

二、2014年发展目标

2013年11月27日,李纪恒省长主持召开了省政府第25次常委会,专题研究了全省天然气利用发展问题,审议通过了《云南省人民政府关于加快天然气利用发展的意见》和《云南省天然气利用发展规划纲要》,勾勒出全省天然气利用蓝图,到2015年,完成各州(市)区域燃气干管3 318km、气源场站229座、城区加气站及高速公路加气站199座(含高速公路加气站40座),液化天然气卫星站50座,液化天然气加气站101座,昆明、曲靖、玉溪等重点城市天然气应急调峰和储气设施总量达到1亿m^3、城市干管2 173km,云南省内主干支线、沿主干分布的支线网架基本形成,配套分输配气设施和其他重要工程投入使用,实现县级以上行政中心城市燃气设施全覆盖,管道气化率超过20%,城市天然气使用量超过15亿m^3。

贵州省燃气行业发展综述

一、贵州省燃气发展基本情况

（一）资源状况

贵州省无液化天然气与液化石油气资源，城市使用的液化天然气、液化石油气均由省外供应，部分城市使用焦炉煤气、二甲醚，贵州省具有丰富的煤层气、页岩气资源。

1. 人工煤气

人工煤气主要采用焦炉煤气，在贵阳市、六盘水市作为城市燃气的主要供应气源。

（1）贵阳市人工煤气

贵阳市城市人工煤气气源来自于贵州华能焦化制气股份有限公司。该公司现有JN43-80型42孔焦炉3座，JN60型60孔焦炉1座，焦炉煤气产能150万m^3（自加热用一半），外供能力75万m^3。另建有WG型煤气发生炉10台，可顶替出外供焦炉煤气35万m^3，冬季可提供最大供气能力105万m^3。

同时，位于贵州华能焦化制气股份有限公司旁的贵州水晶集团的3台水煤气发生炉，日产水煤气约30万m^3。贵州燃气（集团）有限责任公司在清镇储配站建有液化天然气掺混系统，液化天然气掺混能力达到5万m^3/d~10万m^3/d。

为解决贵阳市冬季供气不足问题，贵阳市冬季供气主要采用多气掺混的供应模式，主要为焦炉煤气中掺混水煤气、液化天然气，可实现煤气总供应能力150万m^3/d。掺混站位于贵州燃气（集团）有限责任公司清镇储配站。

贵阳市人工煤气主要供应贵阳市城区（云岩区、南明区、观山湖区、白云区、乌当区、花溪区）、清镇城区。

贵阳市城区从2012年开始进行天然气置换，人工煤气量不断减少。2013年人工煤气供应1.77亿m^3（其中：焦炉煤气1.67亿m^3）。

（2）六盘水市焦炉煤气

六盘水城市煤气主要采用水城钢铁公司焦化厂富余的焦炉煤气。水钢焦化厂现有4座焦炉，JN43型36孔2座，JN55型50孔2座。除焦化厂生产自用外，外供煤气27.83万Nm^3/d。

2. 天然气

（1）省内天然气

贵州省天然气资源主要分布在遵义市境内的赤水一带，但目前开采的天然气量不大，开采出来的天然气全部供应贵州赤天化集团有限责任公司使用（生产化肥）且不够，赤天化集团使用的大部分天然气由中石油四川天然气管道供应。

（2）引进的国外省外天然气

作为国家能源战略规划的重大项目，国家启动了中缅、中贵天然气管道的建设。"中缅"天然气输气管道起于缅甸西部海岸兰里岛皎漂，经云南、贵州进入广西境内，全长2 806km，输气能力120亿m³/a；"中贵"天然气输气管道（中卫至贵阳联络线）北起宁夏中卫首站，经甘肃、陕西、四川、重庆进入贵州省贵阳市，全长约1 613km，输气能力150亿m³/a。

为保障2条天然气管道顺利入黔投产，中石油与贵州燃气集团2012年9月28日共同成立了"中石油贵州天然气管网有限公司"，作为天然气入黔的承接主体，负责投资、建设、运营贵州支线管道。

管道天然气入黔工程从2012年启动，2013年10月中缅、中贵天然气管道相继建成通气，实现互联互通。11月15日中缅、中贵天然气开始分输，进入贵阳天然气管道，天然气进入试运行阶段。日最大供应量25万m³。

2014年1月27日上午10点08分，位于白云区麦架镇新村的管道天然气正式接入贵阳北门站内，随着站内主阀门的缓缓启动，国家能源主干道中缅、中贵管道天然气正式向贵阳市供气，结束了贵州省、贵阳市没有长输管道天然气的历史。

3. 页岩气

贵州省发育多套含气页岩层系，厚度大、分布范围广，具有形成大规模页岩气资源的基本地质基础。贵州省已自筹资金1.5亿元，在全国率先实施了省级页岩气调查评价，据2013年11月7日贵州省政府公布的调查数据，贵州省页岩气地质资源量13.54万亿m³，可采资源量约1.95万亿m³，全国排名仅次于四川、新疆。

贵州省于2013年1月与国土资源部签订全国唯一的部省合作共同推进页岩气勘查开发合作协议，为贵州省页岩气勘查开发奠定了良好基础。根据协议，从2013年起至2020年，国土资源部将与贵州省合作勘查开发页岩气，加快实现页岩气资源勘查开发重大突破，为全国提供页岩气勘查开发综合示范。

根据总体部署，2013年至2015年，贵州要完成重点地区页岩气资源调查评价，设立页岩气勘查开发示范区，提交页岩气地质储量2 000亿m³，可采储量600亿m³，产量1亿m³；2016年至2020年，形成一批页岩气勘探开发区，提交页岩气地质储量1万亿m³，可采储量3 000亿m³，产量80亿m³到100亿m³，实现页岩气规模化和产业化开发利用，成为我国页岩气主力产区。

贵州黔北地区已被国家纳入页岩气先导实验区。目前，中石油、中石化、华电煤业集团有限公司、中煤地质工程总公司、华瀛山西能源投资有限公司、北京泰坦通源天然气资源技术有限公司、贵州黔能页岩气开发有限责任公司、铜仁市能源投资有限公司等企业正在贵州进行页岩气资源勘探。

2013年，中国石油化工股份有限公司南方勘探分公司在黔北地区习水县坝寨镇钻探出一口深部高产页岩气预探井——丁页2HF号。丁页2HF井于2013年7月9日开钻，9月2日完钻，井深5 700m，其中垂深4 417.43m，水平段长度1 034.23m。从10月16日压裂第1段起，历经近2个月时间顺利完成该井12段压裂，于2013年12月10日压裂成功。日产气量最高达10.5万m³，日均产气量为4.3万m³，油压和气量比较稳定。

4. 煤层气

贵州省享有"江南煤海"之誉，其煤层气资源亦十分丰富。贵州煤层气资源储量3.15万亿m³，列全国第2位。但是，受技术和条件等因素影响，多年来开采利用始终未能走出困局。

因煤层薄、间距小、渗透率低等特点，贵州省煤层气主要是煤矿瓦斯抽采。2013年，全省煤矿瓦斯抽采量达18.26亿m^3，利用量为4.12亿m^3，利用率仅为22.54%。全省瓦斯发电装机达25.57万kW，发电量为7.29亿kWh。

2013年，六盘水市的盘江矿区利用煤矿瓦斯抽采，建成5万m^3/d的CNG燃料厂一座。

自20世纪90年代中期贵州煤层气被"认识"后，众多试图敲开贵州煤层气大门的中外企业纷至沓来。先后有中国石化集团西南石油局下属原西南石油地质局第八普查大队、中国石油天然气集团新兴公司、美国远东能源公司、中联煤层气有限责任公司、加拿大亚加公司等中外煤层气开发知名企业奔赴六盘水，但都无功而返。

2013年，贵州盘江煤层气开发利用有限责任公司和贵州省煤层气页岩气工程技术研究中心共同开发的项目——盘江矿区松河矿煤层气地面丛式井抽采示范工程启动。2013年8月28日，第一口试验井开钻；12月18日，示范工程的丛式井开始压裂；2014年2月25日，GP-2井压裂一次试点火获得成功。GP-2井每天气量达3 000m^3以上。这是贵州煤层气地面抽采压裂试验取得的突破，将迎来煤层气地面开采新时代。

5. 液化天然气

2013年11月前，长输管道天然气未进入贵州各城市。贵州城市天然气采用液化天然气和压缩天然气，均由省外供应，贵州燃气集团已签订约100万m^3/d的天然气气源供应协议。压缩天然气来源于重庆，液化天然气主要来源于四川达州汇鑫、新疆广汇、鄂尔多斯星星能源、重庆民生等企业，都采用汽车运输。

现有的液化天然气和压缩天然气气源主要用于解决部分市县迫切的清洁能源市场需求和大型工业用户的用气需求，同时实现市场培育的目标，为长输管道天然气进入贵州做好准备。

6. 液化石油气

目前，贵州省无石油资源，也无石油炼厂，液化石油气主要由省外供应，年供应量12.8万t。液化石油气主要来源于中石化乌鲁木齐石化公司、中石油昆仑公司、中石化荆门炼厂、中石化洛阳炼厂、广西钦州炼厂等公司，主要采用铁路运输，省内周转采用公路运输。

7. 二甲醚

贵州有着极为突出的煤炭资源优势，煤炭探明储量居全国第5位。贵州目前已建成煤制二甲醚生产厂2家：兴义宜化（因环境等因素影响已停产，需重新选址建厂），产能6万t/a；贵州天福化工，产能15万t/a。2013年二甲醚实际产量6万t，省内需求2万t。生产出的二甲醚主要向广西、广东等周边省份供应。但由于二甲醚自身性质决定需解决密封件、输送材料等问题，导致二甲醚的推广使用速度缓慢。

（二）城市燃气现状

序号	名称	内容		备注
1	管网	省级长输管网	——	正在建设
		城市配气管网	4 600km	其中：贵阳高压环线：全长61km，压力4.0MPa
2	液化天然气接收站		30座	
3	汽车加气站	LNG汽车加气站	14座	
		CNG汽车加气站	11座	
		天然气汽车数量	9 500辆	其中：公交汽车5 500辆

续表

序号	名称	内容	备注
4	天然气储备	24 500m³	
5	本省燃气企业数量	140家	其中：LPG企业102家
6	本省用气总量	4.57亿m³	折合天然气
7	燃气普及率	58.5%	

二、贵州省燃气发展情况

（一）积极引进天然气，促进燃气发展

随着中缅、中贵天然气管道的建设，贵州省各级政府与燃气企业高度重视，积极开展天然气入黔的相关准备工作。特别是贵州燃气（集团）有限责任公司，为迎接管道天然气的到来，相继在贵阳、遵义、都匀、安顺等地建设城市高压环、门站、高中压调压站、城市中压管道联络线等工程项目，为管道天然气顺利进入打下了坚实的基础，并于2013年11月在贵阳接收了中缅天然气。

（二）加强城市燃气行业管理

1. 开展部分地市县的燃气行业调查工作

在省住建厅的委派下，贵州省燃气协会多次派员下到黔南、黔东南、遵义等地区，就燃气企业的管理现状、液化石油气储配站及燃气市场存在的安全、诚信等问题进行了调查，为下一步规范燃气市场的管理做了大量基础工作。

2. 加强燃气行政管理人员依法行政与管理工作

鉴于贵州省燃气基层行政管理人员变动大、新上岗的工作人员多、缺乏燃气基本常识和燃气管理的相关知识等特点，为贯彻执行国家《燃气管理条例》和《贵州省燃气管理条例》，提高基层行政管理人员的工作素质，对全省燃气行政管理人员培训班，为他们进行了燃气常识、燃气规划、行政管理的基本知识、组织实施的计划流程等培训，使他们的管理意识和管理能力得到很大的提升。

（三）强化燃气安全管理

1. 在山西寿阳县喜羊羊火锅店"11·23"重大爆炸燃烧事故发生后，国家在全国开展餐饮场所燃气安全专项治理，出台了《国务院安委会关于深入开展餐饮场所燃气安全专项治理的通知》（安委〔2013〕1号）。为此，住建厅发布了《关于开展贵州省餐饮场所燃气安全专项治理有关工作的通知》（黔建城通〔2013〕207号），并出台了《贵州省餐饮场所使用燃气基本安全要求》《贵州省餐饮场所燃气供应合同（示范文本）》《餐饮场所使用管道燃气安全检查表》等。

2. 为加强燃气安全管理，督促燃气经营企业认真履行安全生产主体责任，全面开展安全生产自查自纠工作，按时上报有关检查、整改工作信息，住建厅发布了《关于认真开展燃气安全生产大检查和信息报告工作的通知》（黔建城通〔2013〕390号）。

3. 根据《住房城乡建设部办公厅关于开展油气输送管线等安全专项整治的紧急通知》（建办质电〔2013〕27号）的要求，从2013年12月至2014年3月底，全面开展涉及住房城乡建设系统的油气输送管线等安全专项排查整治。为此，住建厅出台了《省住房城乡建设厅关于开展燃气输送管线安全专项排查整治的紧急通知》（黔建城通〔2013〕665号），在全省开展油气输送管线等安全专项排查整治工作。

（四）做好规划与技术进步

1. 各地纷纷组织编制城市燃气规划，如《贵阳市城镇燃气发展规划》《贵阳市天然气利用规划》《六盘水城市燃气规划》《威宁县中心城区燃气工程专项规划》等。
2. 贵州省燃气协会协助住建部燃气标准委员会在贵阳召开《液化石油气设计规范》的审查工作，并派相关专家参与交流、审查。
3. 贵州省燃气协会参与中国城市燃气协会组织编写的《推进燃气行业技术进步的意见》的编写工作。

（五）实施贵阳天然气置换

为迎接管道天然气的到来，做好天然气用户的市场培育，扩大天然气用户与用气。在管道天然气入驻前，从2012年开始，采用LNG对贵阳市部分区域进行天然气置换并供气。到2013年已完成天然气置换煤气工作的观山湖区、白云区、乌当区全部，以及花溪区、云岩区、南明区部分区域，共24万户居民使用上天然气。

（六）加强技术交流，促进行业技术水平提升

1. 每年举办一次"贵州燃气行业技术交流"，本年度举办以"贵州燃气规划与发展"的主题交流活动，规划部门、政府部门、中石油贵州天然气管网有限公司、贵州燃气集团等从各自的角度探讨、研究管道天然气到来后，贵州天然气的规划、发展、建设等问题，取得了满意的效果。
2. 举办了贵州省首届"液化石油气论坛"，聚集全省70余家企业和部分专家参加论坛，以"液化石油气在贵州的发展与推广应用"为主题，共同探讨瓶装液化石油气的发展道路，大家集思广益，取得了良好的效果。该论坛获得了贵州省科技项目资金的资助，贵州省科学技术协会特地为论坛发来祝贺信。
3. 由中国城市燃气协会主办，贵州省燃气协会、贵州燃气集团协办，在贵阳召开"城镇燃气输配系统安全及设施设备应用高峰论坛"，并组织专家在论坛上做了题为《推广新技术，实现户内本质安全》的主题发言。

（七）加强液化石油气管理，严查二甲醚掺混

1. 根据《贵州省安委会办公室关于开展液化石油气掺混二甲醚行为专项整治的通知》（安委办〔2013〕84号）的要求，省住房城乡建设厅出台了《关于开展液化石油气掺混二甲醚行为专项整治的通知》，并公布了《2013年液化石油气产品质量专项监督抽查掺混二甲醚企业基本情况一览表》。加大了对液化石油气掺混二甲醚行为专项整治的行为，强化了液化石油气的管理。
2. 在贵阳组织召开百江燃气、中石油贵州公司等单位参加的LPG质量会议，通报全省LPG抽查情

况，认真总结，并对掺混二甲醚的LPG企业应加大处罚力度。

（八）加大行业培训，提高从业人员素质

1. 开展燃气从业人员培训与职业资格鉴定工作。为做好燃气从业人员持证上岗的培训与鉴定工作、提高从业人员技术水平及职业能力，贵州省燃气协会组织培训专家在铜仁、凯里、毕节、兴义、赤水等各地专州，分批次、分工种进行燃气从业人员培训，经过理论考试与实操鉴定，达到合格要求的颁发人力资源厅或住建厅从业技能等级资格证书。

2. 对燃气企业行政、服务等管理人员进行培训，贵州省燃气协会与中国城市燃气协会共同在贵阳举办了《燃气服务导则》（GB28885-2012）、《燃气系统运行安全评价标准》（GB/T50811-2012）的培训，并开展燃气管道完整性管理与管道评判、检测技术研讨会。

（九）开展全省燃气技能竞赛

1. 在贵州省人力资源厅、住建厅的大力支持下，组织举办贵州省第二届"燃协杯"职业技能竞赛活动，在贵州燃气集团、六盘水燃气总公司、成都费安特燃气设备有限公司等会员单位的支持下，成立了技术组、裁判组等相关组织机构，制定了竞赛试卷、实操题与评判标准，进行了裁判培训、调压工和燃气户内检修工的理论与实操共3天的技能竞赛，决出了燃气调压工、燃气安装维修工前3名选手。并由他们代表贵州省参加全国第二届"燃协杯"职业技能竞赛。

2. 贵州省第二届"燃协杯"职业技能竞赛活动中，参赛选手谭守国因2次参加省级职业技能竞赛并位列前3名获得人力资源厅颁发的燃气技师资格，成为我省第一位获得燃气技师的燃气工人。其余参赛前3名的选手分别获得人力资源厅特批的燃气调压工和燃气具安装维修工高级工职业资格。

（十）贵州省燃气协会自身建设不断加强

1. 为适应形式的需要，及时做好协会换届及机构调整工作。根据国家社团管理规定并征得贵州省住建厅及民政厅的同意，于2013年初就召开全体会员大会进行协会领导班子的换届选举。

2. 按照中燃协培训委的要求，协会积极推荐先进集体、先进个人、先进教师的材料上报参与评比，通过中燃协各方面评比，贵州省燃气协会获得全国燃气行业职业与考核"先进培训单位"的荣誉。

3. 协会秘书处制定了《贵州省燃气协会工作制度》《贵州省燃气协会财务管理规定》和《贵州省燃气协会专职工作人员分工安排》等制度，规范了协会秘书处内部管理和服务会员单位等工作。

4. 为宣传政策法规、安全管理、技术发展、技术探讨、企业管理等，协会编制了《贵州燃气》（季刊）杂志，每年向会员单位、有关政府部门与各省协会赠送。同时，为方便贵州省内燃气管理部门及会员单位及时掌握最新、最重要信息，协会组织编制了《贵州燃气信息》（月刊）和《贵州燃气科技动态》（季期），发放到各会员单位。

5. 按照省民政厅要求，在全省协会（学会）开展社会等级评估工作。协会积极组织相关人员按照省民政厅要求进行大量的基础工作，对相关材料、相关制度进行了建档分类等工作，最终通过了省民政厅组织的中介机构的考核、评估，并获得了AAAA社会等级的评级。

海南省燃气行业发展综述

一、燃气发展基本情况

至2013年底，海南省城镇燃气普及率达94.22%。天然气年供气量约2.7亿m^3，其中，管道天然气供气量约1.6亿m^3，车用天然气供气量约1.1亿m^3。

海南省液化石油气气源主要以本省油气企业自产为主、少量由省外炼厂购入或从国外进口。自产气主要来自省内的中石化海南炼油化工有限公司和中石油福山花场油气处理中心。

目前液化石油气在全省应用较为普及，供应方式以瓶装供气为主。从液化石油气气源结构来看，尽管本省炼厂产量较大，每年约为45万t，除可完全满足本省需求外还有大量剩余气外销，但受价格因素影响，本省部分供气企业仍少量从广东茂名、湛江石化、武汉石化、广西东油及济南炼厂等国内市场购入或从国外进口具有一定价格优势的液化石油气。根据各地建设主管部门不完全统计，截至2013年年底，全省共有液化石油气二级储配（灌瓶）站85座，年供用气量近20万t。

全省天然气管网现状大致分为3部分：一是将东方1-1气田、乐东气田、崖13-1气田的天然气输送至城市门站的跨市县输气管线及其支线，目前已基本覆盖了南部、西部及北部的三亚、乐东、东方、昌江、儋州、临高、澄迈、海口、文昌等地区；二是从各气田陆上终端至大型化工工业用户的直供管线，该部分管线主要为南山—东方以及乐东—东方直供管线；三是各用气城市建设的从城市门站至终端用户的各种压力级制的城镇天然气输配管网。全省管道天然气用户约37.5万户，其中居民用户用气量占19%，工业及商业用户用气量占81%。2013年新建城市天然气管道245.15km，累计建设城市天然气管道1 693.84km，其中，累计建设市政干线和支线管道798.37km，庭院管道775.47km。

海南省2013年新建燃气汽车加气站5座，累计建成加气站34座；现有燃气汽车类用户主要以压缩天然气（CNG）供气为主，液化天然气（LNG）供气为辅。供应模式为在气源产地进行处理，用拖车等方式配置到各下游市场。全省目前有CNG出租车4 400余辆，公交车1 200余辆，油改气私家车约5 000辆。主要分布于海口、三亚、文昌等城市。

二、2013年开展的工作情况

（一）组织专家及相关人员对中国市政工程中南设计研究总院编制完成的《海南省城镇燃气专项规划（2012—2030）》成果进行了评审，并予通过，现已由省政府颁布实施

（二）加强对外交流，提高对行业宏观发展的认识水平

多次参加中国城市燃气协会组织的有关培训、会议及竞赛活动，通过上述活动，一定程度上使

我省燃气行业的工作人员对国际、国内燃气行业的发展动态及趋势、安全及工艺技术装备的更新与进步、规范和标准的把握及执行等都有了更加全面的了解，开阔了眼界，提高了认识水平。

（三）申请"中央财政支持社会组织参与社会服务"活动项目

为了解决保亭什进村烧柴做饭洗澡的现状，海南省燃气协会利用中央财政支持社会组织参与社会服务的契机，为保亭什进村申请到了25万元的新燃料发展示范项目资金，致力于改善老百姓生活质量，把什进村全村黎民烧柴做饭洗澡的方式改为烧天然气。

（四）积极开展行业培训工作，提高从业人员的从业素质

开展行业从业人员的上岗培训工作，对燃气经营企业的主要负责人、安全管理人员和一线作业人员分别进行培训，共培训3期，培训人员173人；通过培训，进一步提高了从业人员的素质，其中80%以上的学员通过考试，获得了上岗证书或资格证书。

三、燃气行业面临的问题

（一）天然气管网建设问题

1. 现状环岛管网适应性问题

现状省级输气干线由于缺乏长远规划，其压力级制较为零乱，部分地段管径偏小，在形成环网后该地段成为环岛管网的瓶颈。从环岛管网作为全省天然气资源供应和调度的核心载体角度出发，环岛管网应统一设计压力，管径选择不仅考虑近期用户用气需求，更主要的是要全省统一协调，突破单一项目和地域限制，在保证用户近期用气需求前提下，适当考虑下游民用市场储气调峰要求，预留一定的管容，以利于远期全省联网供气，增强事故工况下的管网可靠性。

2. 省级环岛管网与下游城镇用气市场的衔接

规划为每个下游县市都预留了相应的分输接口，下游城市在与环岛省级干线衔接中，必须使用调压设施方可与省级管网联通，不得越压使用。各用气城市在下游市场输配系统建设过程中，应注意与上游管网良好衔接，在可能的情况下，城市门站与上游分输站毗邻建设或部分合建，以减少项目对土地的占用，减少高压输气管道对社会公共资源的挤占。

（二）天然气加气站与LNG气化站建设问题

下游城市为满足天然气汽车用气与作为环岛管网建成之前的过渡气源的LNG气化站，是全省天然气输配系统中重要的环节。2种站场在建设过程中，最重要的是完善各地区设施布点布局和落实建设用地。各地应编制相应的地区性布点布局规划，与全省城镇燃气专项规划相协调，并在各地规划过程中，注意控制建设用地，保障加气站场及LNG储备站建设顺利实施。

此外，LNG气化站作为天然气管道输气的阶段性过渡气源和远期的事故保障气源设施，对于培育全省天然气市场、缓解天然气资源供需失衡具有重要的意义。但由于下游市场发展的不可预知性，LNG气化站具体的建设时间需综合考虑市场发展情况、全省LNG项目进展情况以及建站经济性等多种问题后加以确定。建议各用气城市根据各自天然气市场发展情况，合理安排LNG气化站的建

设进度和时间。此外，由于气质相同，LNG气化站可与具备条件的LNG加气站合并建设。

（三）液化石油气相关问题

1. 全省液化石油气应具有一定的政府储备资源

目前全省的液化石油气市场对中石化海南炼化的依赖程度非常高，除长流气库外，其余用于储存和调度的一级气库容量闲置。目前对于液化石油气市场应急的储备仅依靠企业自身的商业储备，受企业自身经营风险以及生产控制的要求，全省缺少液化气的战略储备资源。

2. 液化石油气市场合理配置和延伸问题

随着城市建设的快速发展，许多液化石油气储配站点由于地处城市中心地区，给城市建设和公共安全带来影响。各地应结合各自总体规划，逐步将其搬迁至中心城区以外。

此外，由于液化石油气消费市场将逐步外移至小城镇和农村地区，各地应做好液化石油气市场向该部分延伸的工作，合理安排储配站和供应点在这些区域的合理布局，以适应未来液化石油气市场的需求。

3. 液化石油气的规模化经营

目前全省绝大多数液化石油气二级充装站储存容积不超过$50m^3$，单站规模和服务半径过小，导致城市建设用地被浪费。各地新建或搬迁的液化气站场应引导市场规模化经营，扩大站场服务半径，细化各级专项规划，控制新建站场的数量。

中国燃气行业年鉴 2014
CHINA GAS INDUSTRY YEARBOOK

第三篇

政策法规

国务院关于加强城市基础设施建设的意见

国发〔2013〕36号

各省、自治区、直辖市人民政府，国务院各部委、各直属机构：

城市基础设施是城市正常运行和健康发展的物质基础，对于改善人居环境、增强城市综合承载能力、提高城市运行效率、稳步推进新型城镇化、确保2020年全面建成小康社会具有重要作用。当前，我国城市基础设施仍存在总量不足、标准不高、运行管理粗放等问题。加强城市基础设施建设，有利于推动经济结构调整和发展方式转变，拉动投资和消费增长，扩大就业，促进节能减排。为加强和改进城市基础设施建设，现提出以下意见：

一、总体要求

（一）指导思想

以邓小平理论、"三个代表"重要思想、科学发展观为指导，围绕推进新型城镇化的重大战略部署，立足于稳增长、调结构、促改革、惠民生，科学研究、统筹规划，提升城市基础设施建设和管理水平，提高城镇化质量；深化投融资体制改革，充分发挥市场配置资源的基础性作用；着力抓好既利当前、又利长远的重点基础设施项目建设，提高城市综合承载能力；保障城市运行安全，改善城市人居生态环境，推动城市节能减排，促进经济社会持续健康发展。

（二）基本原则

规划引领。坚持先规划、后建设，切实加强规划的科学性、权威性和严肃性。发挥规划的控制和引领作用，严格依据城市总体规划和土地利用总体规划，充分考虑资源环境影响和文物保护的要求，有序推进城市基础设施建设工作。

民生优先。坚持先地下、后地上，优先加强供水、供气、供热、电力、通信、公共交通、物流配送、防灾避险等与民生密切相关的基础设施建设，加强老旧基础设施改造。保障城市基础设施和公共服务设施供给，提高设施水平和服务质量，满足居民基本生活需求。

安全为重。提高城市管网、排水防涝、消防、交通、污水和垃圾处理等基础设施的建设质量、运营标准和管理水平，消除安全隐患，增强城市防灾减灾能力，保障城市运行安全。

机制创新。在保障政府投入的基础上，充分发挥市场机制作用，进一步完善城市公用事业服务价格形成、调整和补偿机制。加大金融机构支持力度，鼓励社会资金参与城市基础设施建设。

绿色优质。全面落实集约、智能、绿色、低碳等生态文明理念，提高城市基础设施建设工业化水平，优化节能建筑、绿色建筑发展环境，建立相关标准体系和规范，促进节能减排和污染防治，提升城市生态环境质量。

二、围绕重点领域，促进城市基础设施水平全面提升

当前，要围绕改善民生、保障城市安全、投资拉动效应明显的重点领域，加快城市基础设施转型升级，全面提升城市基础设施水平。

（一）加强城市道路交通基础设施建设

公共交通基础设施建设。鼓励有条件的城市按照"量力而行、有序发展"的原则，推进地铁、轻轨等城市轨道交通系统建设，发挥地铁等作为公共交通的骨干作用，带动城市公共交通和相关产业发展。到2015年，全国轨道交通新增运营里程1 000km。积极发展大容量地面公共交通，加快调度中心、停车场、保养场、首末站以及停靠站的建设；推进换乘枢纽及充电桩、充电站、公共停车场等配套服务设施建设，将其纳入城市旧城改造和新城建设规划同步实施。

城市道路、桥梁建设改造。加快完善城市道路网络系统，提升道路网络密度，提高城市道路网络连通性和可达性。加强城市桥梁安全检测和加固改造，限期整改安全隐患。加快推进城市桥梁信息系统建设，严格落实桥梁安全管理制度，保障城市路桥的运行安全。各城市应尽快完成城市桥梁的安全检测并及时公布检测结果，到2015年，力争完成对全国城市危桥加固改造，地级以上城市建成桥梁信息管理系统。

城市步行和自行车交通系统建设。城市交通要树立行人优先的理念，改善居民出行环境，保障出行安全，倡导绿色出行。设市城市应建设城市步行、自行车"绿道"，加强行人过街设施、自行车停车设施、道路林荫绿化、照明等设施建设，切实转变过度依赖小汽车出行的交通发展模式。

（二）加大城市管网建设和改造力度

市政地下管网建设改造。加强城市供水、污水、雨水、燃气、供热、通信等各类地下管网的建设、改造和检查，优先改造材质落后、漏损严重、影响安全的老旧管网，确保管网漏损率控制在国家标准以内。到2015年，完成全国城镇燃气8万km、北方采暖地区城镇集中供热9.28万km老旧管网改造任务，管网事故率显著降低；实现城市燃气普及率94%、县城及小城镇燃气普及率65%的目标。开展城市地下综合管廊试点，用3年左右时间，在全国36个大中城市全面启动地下综合管廊试点工程；中小城市因地制宜建设一批综合管廊项目。新建道路、城市新区和各类园区地下管网应按照综合管廊模式进行开发建设。

城市供水、排水防涝和防洪设施建设。加快城镇供水设施改造与建设，积极推进城乡统筹区域供水，力争到2015年实现全国城市公共供水普及率95%和水质达标双目标；加强饮用水水源建设与保护，合理利用水资源，限期关闭城市公共供水管网覆盖范围内的自备水井，切实保障城市供水安全。在全面普查、摸清现状基础上，编制城市排水防涝设施规划。加快雨污分流管网改造与排水防涝设施建设，解决城市积水内涝问题。积极推行低影响开发建设模式，将建筑、小区雨水收集利用、可渗透面积、蓝线划定与保护等要求作为城市规划许可和项目建设的前置条件，因地制宜配套建设雨水滞渗、收集利用等削峰调蓄设施。加强城市河湖水系保护和管理，强化城市蓝线保护，坚决制止因城市建设非法侵占河湖水系的行为，维护其生态、排水防涝和防洪功能。完善城市防洪设施，健全预报预

警、指挥调度、应急抢险等措施，到2015年，重要防洪城市达到国家规定的防洪标准。全面提高城市排水防涝、防洪减灾能力，用10年左右时间建成较完善的城市排水防涝、防洪工程体系。

城市电网建设。将配电网发展纳入城乡整体规划，进一步加强城市配电网建设，实现各电压等级协调发展。到2015年，全国中心城市基本形成500（或330）千伏环网网架，大部分城市建成220（或110）千伏环网网架。推进城市电网智能化，以满足新能源电力、分布式发电系统并网需求，优化需求侧管理，逐步实现电力系统与用户双向互动。以提高电力系统利用率、安全可靠水平和电能质量为目标，进一步加强城市智能配电网关键技术研究与试点示范。

（三）加快污水和垃圾处理设施建设

城市污水处理设施建设。以设施建设和运行保障为主线，加快形成"厂网并举、泥水并重、再生利用"的建设格局。优先升级改造落后设施，确保城市污水处理厂出水达到国家新的环保排放要求或地表水Ⅳ类标准。到2015年，36个重点城市城区实现污水"全收集、全处理"，全国所有设市城市实现污水集中处理，城市污水处理率达到85%，建设完成污水管网7.3万km。按照"无害化、资源化"要求，加强污泥处理处置设施建设，城市污泥无害化处置率达到70%左右；加快推进节水城市建设，在水资源紧缺和水环境质量差的地区，加快推动建筑中水和污水再生利用设施建设。到2015年，城镇污水处理设施再生水利用率达到20%以上；保障城市水安全、修复城市水生态，消除劣Ⅴ类水体，改善城市水环境。

城市生活垃圾处理设施建设。以大中城市为重点，建设生活垃圾分类示范城市（区）和生活垃圾存量治理示范项目。加大处理设施建设力度，提升生活垃圾处理能力。提高城市生活垃圾处理减量化、资源化和无害化水平。到2015年，36个重点城市生活垃圾全部实现无害化处理，设市城市生活垃圾无害化处理率达到90%左右；到2017年，设市城市生活垃圾得到有效处理，确保垃圾处理设施规范运行，防止二次污染，摆脱"垃圾围城"困境。

（四）加强生态园林建设

城市公园建设。结合城乡环境整治、城中村改造、弃置地生态修复等，加大社区公园、街头游园、郊野公园、绿道绿廊等规划建设力度，完善生态园林指标体系，推动生态园林城市建设。到2015年，确保老城区人均公园绿地面积不低于5m²、公园绿地服务半径覆盖率不低于60%。加强运营管理，强化公园公共服务属性，严格绿线管制。

提升城市绿地功能。到2015年，设市城市至少建成一个具有一定规模，水、气、电等设施齐备，功能完善的防灾避险公园。结合城市污水管网、排水防涝设施改造建设，通过透水性铺装，选用耐水湿、吸附净化能力强的植物等，建设下沉式绿地及城市湿地公园，提升城市绿地汇聚雨水、蓄洪排涝、补充地下水、净化生态等功能。

三、科学编制规划，发挥调控引领作用

（一）科学编制城市总体规划

牢固树立规划先行理念，遵循城镇化和城乡发展客观规律，以资源环境承载力为基础，科学编

制城市总体规划，做好与土地利用总体规划的衔接，统筹安排城市基础设施建设。突出民生为本，节约集约利用土地，严格禁止不切实际的"政绩工程"、"形象工程"和滋生腐败的"豆腐渣工程"。强化城市总体规划对空间布局的统筹协调。严格按照规划进行建设，防止各类开发活动无序蔓延。开展地下空间资源调查与评估，制定城市地下空间开发利用规划，统筹地下各类设施、管线布局，实现合理开发利用。

（二）完善和落实城市基础设施建设专项规划

城市基础设施建设要着力提高科学性和前瞻性，避免盲目和无序建设。尽快编制完成城市综合交通、电力、排水防涝和北方采暖地区集中供热老旧管网改造规划。抓紧落实已明确的污水处理及再生利用、生活垃圾处理设施建设、城镇供水、城镇燃气等"十二五"规划。所有建设行为应严格执行建筑节能标准，落实《绿色建筑行动方案》。

（三）加强公共服务配套基础设施规划统筹

城市基础设施规划建设过程中，要统筹考虑城乡医疗、教育、治安、文化、体育、社区服务等公共服务设施建设。合理布局和建设专业性农产品批发市场、物流配送场站等，完善城市公共厕所建设和管理，加强公共消防设施、人防设施以及防灾避险场所等设施建设。

四、抓好项目落实，加快基础设施建设进度

（一）加快在建项目建设

各地要统筹组织协调在建基础设施项目，加快施工建设进度。通过建立城市基础设施建设项目信息系统，全面掌握在建项目进展情况。对城市道路和公共交通设施建设、市政地下管网建设、城市供水设施建设和改造、城市污水处理设施建设和改造、城市生活垃圾处理设施建设、消防设施建设等在建项目，要确保工程建设在规定工期内完成。各地要列出在建项目的竣工时间表，倒排工期，分项、分段落实；要采取有效措施，确保建设资金、材料、人工、装备设施等及时或提前到位；要优化工程组织设计，充分利用新理念、新技术、新工艺，推进在建项目实施。

（二）积极推进新项目开工

根据城市基础设施建设专项规划落实具体项目，科学论证，加快项目立项、规划、环保、用地等前期工作。进一步优化简化城市基础设施建设项目审批流程，减少和取消不必要的行政干预，逐步转向备案、核准与审批相结合的专业化管理模式。要强化部门间的分工合作，做好环境、技术、安全等领域审查论证，对重大基础设施建设项目探索建立审批"绿色通道"，提高效率。在完善规划的基础上，对经审核具备开工条件的项目，要抓紧落实招投标、施工图设计审查、确定施工及监理单位等配套工作，尽快开工建设。

（三）做好后续项目储备

按照城市总体规划和基础设施专项规划要求，超前谋划城市基础设施建设项目。各级发展改

革、住房城乡建设、规划和国土资源等部门要解放思想，转变职能和工作作风，通过统筹研究、做好用地规划安排、提前下拨项目前期可研经费、加快项目可行性研究等措施，实现储备项目与年度建设计划有效对接。对2016年、2017年拟安排建设的项目，要抓紧做好前期准备工作，建立健全统一、完善的城市基础设施项目储备库。

五、确保政府投入，推进基础设施建设投融资体制和运营机制改革

（一）确保政府投入

各级政府要把加强和改善城市基础设施建设作为重点工作，大力推进。中央财政通过中央预算内投资以及城镇污水管网专项等现有渠道支持城市基础设施建设，地方政府要确保对城市基础设施建设的资金投入力度。各级政府要充分考虑和优先保障城市基础设施建设用地需求。对于符合《划拨用地目录》的项目，应当以划拨方式供应建设用地。基础设施建设用地要纳入土地利用年度计划和建设用地供应计划，确保建设用地供应。

（二）推进投融资体制和运营机制改革

建立政府与市场合理分工的城市基础设施投融资体制。政府应集中财力建设非经营性基础设施项目，要通过特许经营、投资补助、政府购买服务等多种形式，吸引包括民间资本在内的社会资金，参与投资、建设和运营有合理回报或一定投资回收能力的可经营性城市基础设施项目，在市场准入和扶持政策方面对各类投资主体同等对待。创新基础设施投资项目的运营管理方式，实行投资、建设、运营和监管分开，形成权责明确、制约有效、管理专业的市场化管理体制和运行机制。改革现行城市基础设施建设事业单位管理模式，向独立核算、自主经营的企业化管理模式转变。进一步完善城市公用事业服务价格形成、调整和补偿机制。积极创新金融产品和业务，建立完善多层次、多元化的城市基础设施投融资体系。研究出台配套财政扶持政策，落实税收优惠政策，支持城市基础设施投融资体制改革。

六、科学管理，明确责任，加强协调配合

（一）提升基础设施规划建设管理水平

城市规划建设管理要保持城市基础设施的整体性、系统性，避免条块分割、多头管理。要建立完善城市基础设施建设法律法规、标准规范和质量评价体系。建立健全以城市道路为核心、地上和地下统筹协调的基础设施管理体制机制。重点加强城市管网综合管理，尽快出台相关法规，统一规划、建设、管理，规范城市道路开挖和地下管线建设行为，杜绝"拉链马路"、窨井伤人现象。在普查的基础上，整合城市管网信息资源，消除市政地下管网安全隐患。建立城市基础设施电子档案，实现设市城市数字城管平台全覆盖。提升城市管理标准化、信息化、精细化水平，提升数字城管系统，推进城市管理向服务群众生活转变，促进城市防灾减灾综合能力和节能减排功能提升。

(二) 落实地方政府责任

省级人民政府要把城市基础设施建设纳入重要议事日程，加大监督、指导和协调力度，结合已有规划和各地实际，出台具体政策措施并抓好落实。城市人民政府是基础设施建设的责任主体，要切实履行职责，抓好项目落实，科学确定项目规模和投资需求，公布城市基础设施建设具体项目和进展情况，接受社会监督，做好城市基础设施建设各项具体工作。对涉及民生和城市安全的城市管网、供水、节水、排水防涝、防洪、污水垃圾处理、消防及道路交通等重点项目纳入城市人民政府考核体系，对工作成绩突出的城市予以表彰奖励；对质量评价不合格、发生重大事故的政府负责人进行约谈，限期整改，依法追究相关责任。

(三) 加强部门协调配合

住房城乡建设部会同有关部门加强对城市基础设施建设的监督指导；发展改革委、财政部、住房城乡建设部会同有关部门研究制定城市基础设施建设投融资、财政等支持政策；人民银行、银监会会同有关部门研究金融支持城市基础设施建设的政策措施；住房城乡建设部、发展改革委、财政部等有关部门定期对城市基础设施建设情况进行检查。

国务院
2013年9月6日

国务院关于发布政府核准的投资项目目录（2013年本）的通知

国发〔2013〕47号

各省、自治区、直辖市人民政府，国务院各部委、各直属机构：

为进一步深化投资体制改革和行政审批制度改革，加大简政放权力度，切实转变政府投资管理职能，使市场在资源配置中起决定性作用，确立企业投资主体地位，更好发挥政府作用，加强和改进宏观调控，现发布《政府核准的投资项目目录（2013年本）》，并就有关事项通知如下：

一、企业投资建设本目录内的固定资产投资项目，须按照规定报送有关项目核准机关核准。企业投资建设本目录外的项目，实行备案管理。事业单位、社会团体等投资建设的项目，按照本目录执行。

二、法律、行政法规和国家制定的发展规划、产业政策、总量控制目标、技术政策、准入标准、用地政策、环保政策、信贷政策等是企业开展项目前期工作的重要依据，是项目核准机关和国土资源、环境保护、城乡规划、行业管理等部门以及金融机构对项目进行审查的依据。

对于钢铁、电解铝、水泥、平板玻璃、船舶等产能严重过剩行业的项目，国务院有关部门和地方政府要按照国务院关于化解产能严重过剩矛盾指导意见的要求，严格控制新增产能。

三、项目核准机关要改进完善管理办法，提高工作效能，认真履行核准职责，严格按照规定权限、程序和时限等要求进行审查。有关部门要密切配合，按照职责分工，相应改进管理办法，依法加强对投资活动的监管。对不符合法律法规规定以及未按规定权限和程序核准或者备案的项目，有关部门不得办理相关手续，金融机构不得提供信贷支持。

四、按照规定由国务院核准的项目，由发展改革委审核后报国务院核准。核报国务院核准的项目、国务院投资主管部门核准的项目，事前必须征求国务院行业管理部门的意见。由地方政府核准的项目，省级政府可以根据本地实际情况具体划分地方各级政府的核准权限。由省级政府核准的项目，核准权限不得下放。

五、法律、行政法规和国家有专门规定的，按照有关规定执行。

六、本目录自发布之日起执行，《政府核准的投资项目目录（2004年本）》即行废止。

国务院
2013年12月2日
（此件公开发布）

政府核准的投资项目目录（2013年本）

一、农业水利

农业：涉及开荒的项目由省级政府核准。

水库：在跨界河流、跨省（区、市）河流上建设的项目由国务院投资主管部门核准，其余项目由地方政府核准。

其他水事工程：涉及跨界河流、跨省（区、市）水资源配置调整的项目由国务院投资主管部门核准，其余项目由地方政府核准。

二、能源

水电站：在主要河流上建设的项目由国务院投资主管部门核准，其余项目由地方政府核准。

抽水蓄能电站：由国务院行业管理部门核准。

火电站：分布式燃气发电项目由省级政府核准，其余项目由国务院投资主管部门核准。

热电站：燃煤背压热电项目由省级政府核准，其余燃煤热电项目由国务院投资主管部门核准；其余热电项目由地方政府核准。

风电站：由地方政府核准。

核电站：由国务院核准。

电网工程：跨境、跨省（区、市）±400kV及以上直流项目，跨境、跨省（区、市）500kV、750kV、1 000kV交流项目，由国务院投资主管部门核准；非跨境、跨省（区、市）±400kV及以上直流项目，非跨境、跨省（区、市）750 kV、1 000 kV交流项目，由国务院行业管理部门核准；其余项目由地方政府核准。

煤矿：国家规划矿区内新增年生产能力120万t及以上煤炭开发项目由国务院行业管理部门核准，国家规划矿区内的其余煤炭开发项目由省级政府核准；其余一般煤炭开发项目由地方政府核准。国家规定禁止新建的煤与瓦斯突出、高瓦斯和中小型煤炭开发项目，不得核准。

煤制燃料：年产超过20亿m^3的煤制天然气项目，年产超过100万t的煤制油项目由国务院投资主管部门核准。

原油：油田开发项目由具有石油开采权的企业自行决定，报国务院行业管理部门备案。

天然气：气田开发项目由具有天然气开采权的企业自行决定，报国务院行业管理部门备案。

液化石油气接收、存储设施（不含油气田、炼油厂的配套项目）：由省级政府核准。

进口液化天然气接收、储运设施：由国务院行业管理部门核准。

输油管网（不含油田集输管网）：跨境、跨省（区、市）干线管网项目由国务院投资主管部门核准，其余项目由省级政府核准。

输气管网（不含油气田集输管网）：跨境、跨省（区、市）干线管网项目由国务院投资主管部门核准，其余项目由省级政府核准。

炼油：新建炼油及扩建一次炼油项目由国务院投资主管部门核准。

变性燃料乙醇：由省级政府核准。

三、交通运输

新建（含增建）铁路：跨省（区、市）项目和国家铁路网中的干线项目由国务院投资主管部门核准，国家铁路网中的其余项目由中国铁路总公司自行决定并报国务院投资主管部门备案；其余地方铁路项目由省级政府按照国家批准的规划核准。

公路：国家高速公路网项目由国务院投资主管部门核准，国家高速公路网外的干线项目由省级政府核准；地方高速公路项目由省级政府按照国家批准的规划核准，其余项目由地方政府核准。

独立公路桥梁、隧道：跨境、跨重要海湾、跨大江大河（三级及以上通航段）的项目由国务院投资主管部门核准，其余项目由地方政府核准。

煤炭、矿石、油气专用泊位：在沿海（含长江南京及以下）新建港区和年吞吐能力1 000万t及以上项目由国务院投资主管部门核准，其余项目由省级政府核准。

集装箱专用码头：在沿海（含长江南京及以下）建设的项目由国务院投资主管部门核准，其余项目由省级政府核准。

内河航运：千吨级及以上通航建筑物项目由国务院投资主管部门核准，其余项目由地方政府核准。

民航：新建机场项目由国务院核准，扩建军民合用机场项目由国务院投资主管部门会商军队有关部门核准。

四、信息产业

电信：国际通信基础设施项目由国务院投资主管部门核准；国内干线传输网（含广播电视网）以及其他涉及信息安全的电信基础设施项目，由国务院行业管理部门核准。

五、原材料

稀土、铁矿、有色矿山开发：已查明资源储量5 000万t及以上规模的铁矿开发项目，由国务院投资主管部门核准；稀土矿山开发项目，由国务院行业管理部门核准；其余项目由省级政府核准。

钢铁：新增生产能力的炼铁、炼钢、热轧项目由国务院投资主管部门核准。

有色：新增生产能力的电解铝项目，新建氧化铝项目，由国务院投资主管部门核准。

石化：新建乙烯项目由国务院投资主管部门核准。

化工：年产超过50万t的煤经甲醇制烯烃项目，年产超过100万t的煤制甲醇项目，新建对二甲苯（PX）项目，由国务院投资主管部门核准；新建二苯基甲烷二异氰酸酯（MDI）项目由国务院行业管理部门核准。

化肥：钾矿肥、磷矿肥项目由省级政府核准。

水泥：由省级政府核准。

稀土：冶炼分离项目由国务院行业管理部门核准，稀土深加工项目由省级政府核准。

黄金：采选矿项目由省级政府核准。

六、机械制造

汽车：按照国务院批准的《汽车产业发展政策》执行。

船舶：新建10万t级及以上造船设施（船台、船坞）项目由国务院投资主管部门核准。

七、轻工

烟草：卷烟、烟用二醋酸纤维素及丝束项目由国务院行业管理部门核准。

八、高新技术

民用航空航天：民用飞机（含直升机）制造、民用卫星制造、民用遥感卫星地面站建设项目，由国务院投资主管部门核准。

九、城建

城市快速轨道交通项目：由省级政府按照国家批准的规划核准。

城市供水：跨省（区、市）日调水50万t及以上项目由国务院投资主管部门核准。

城市道路桥梁、隧道：跨重要海湾、跨大江大河（三级及以上通航段）的项目由国务院投资主管部门核准。

其他城建项目：由地方政府核准。

十、社会事业

主题公园：特大型项目由国务院核准，大型项目由国务院投资主管部门核准，中小型项目由省级政府核准。

旅游：国家级风景名胜区、国家自然保护区、全国重点文物保护单位区域内总投资5 000万元及以上旅游开发和资源保护项目，世界自然和文化遗产保护区内总投资3 000万元及以上项目，由省级政府核准。

其他社会事业项目：除国务院已明确改为备案管理的项目外，按照隶属关系由国务院行业管理部门、地方政府自行确定实行核准或者备案。

十一、金融

印钞、造币、钞票纸项目：由中国人民银行核准。

十二、外商投资

《外商投资产业指导目录》中有中方控股（含相对控股）要求的总投资（含增资）3亿美元及以上鼓励类项目，总投资（含增资）5 000万美元及以上限制类（不含房地产）项目，由国务院投资主管部门核准。《外商投资产业指导目录》限制类中的房地产项目和总投资（含增资）小于5 000万美元的其他限制类项目，由省级政府核准。《外商投资产业指导目录》中有中方控股（含相对控股）要求的总投资（含增资）小于3亿美元的鼓励类项目，由地方政府核准。

前款规定之外的属于本目录第一至十一条所列项目，按照本目录第一至十一条的规定核准。

外商投资企业的设立及变更事项，按现行有关规定由商务部和地方政府核准。

十三、境外投资

中方投资10亿美元及以上项目，涉及敏感国家和地区、敏感行业的项目，由国务院投资主管部门核准。

前款规定之外的中央管理企业投资项目和地方企业投资3亿美元及以上项目报国务院投资主管部门备案。

国内企业在境外投资开办企业（金融企业除外）事项，涉及敏感国家和地区、敏感行业的，由商务部核准；其他情形的，中央管理企业报商务部备案，地方企业报省级政府备案。

国家能源局关于印发2014年能源工作指导意见的通知

各省（自治区、直辖市）发展改革委（能源局），各派出机构，有关企业：

为做好2014年能源工作，推动能源创新与可持续发展，打造中国能源"升级版"，为经济社会发展提供坚实的能源保障，现将我局制定的《2014年能源工作指导意见》印发你们，请认真组织实施。

附件：2014年能源工作指导意见

国家能源局
2014年1月20日

2014年能源工作指导意见

一、总体要求

2014年能源工作的指导思想是：全面贯彻党的十八大和十八届二中、三中全会精神，认真落实党中央、国务院各项决策部署，围绕确保国家能源战略安全、转变能源消费方式、优化能源布局结构、创新能源体制机制等四项基本任务，着力转方式、调结构、促改革、强监管、保供给、惠民生，以改革红利激发市场动力活力，打造中国能源"升级版"，为经济社会发展提供坚实的能源保障。

二、主要目标

（一）提高能源效率。2014年，单位GDP能耗0.71t标准煤/万元，比2010年下降12%。

（二）优化能源结构。2014年，非化石能源消费比重提高到10.7%，非化石能源发电装机比重达到32.7%。天然气占一次能源消费比重提高到6.5%，煤炭消费比重降低到65%以下。

（三）增强能源生产能力。2014年，能源生产总量35.4亿t标准煤，同比增长4.3%。其中，煤炭生产38亿t，增长2.7%；原油生产2.08亿t，增长0.5%；天然气生产（不含煤制气）1310亿m^3，增长12%；非化石能源发电1.3万亿kWh，增长11.8%。

（四）控制能源消费。2014年，能源消费总量38.8亿t标准煤左右，同比增长3.2%；用电量5.72万亿kWh，同比增长7%；煤炭消费量38亿t，增长1.6%；石油表观消费量5.1亿t，增长1.8%；天然气表观消费量1 930亿m^3，增长14.5%。

三、重点任务

（一）转变能源消费方式，控制能源消费过快增长

以提高能源效率为主线，保障合理用能，鼓励节约用能，控制过度用能，限制粗放用能，以尽可能少的能源消费支撑经济社会发展。2014年，单位GDP能耗比2013年下降3.9%左右。

1. 推行"一挂双控"措施。将能源消费与经济增长挂钩，对高耗能产业和过剩产业实行能源消费总量控制强约束，能源消费总量只减不增。对其他产业按平均先进能效标准实行能耗强度约束，现有产能能效限期达标，新增产能必须符合先进能效标准，促进优胜劣汰。

2. 推行区域差别化能源政策。在能源资源丰富的西部地区，根据水资源和生态承载能力，在节能环保、技术先进的条件下，合理增强能源开发力度，加大跨区调出能力。合理控制中部地区能源开发强度。大力优化东部地区能源开发利用结构，严格控制化石能源消费过快增长。

3. 实施控制能源消费总量工作方案。坚持能源消费总量和能耗强度双控考核，指导各地编制和落实具体实施方案，切实控制能源消费总量过快增长。加强监督检查，确保各地区目标落实到位。

（二）认真落实大气污染防治措施，促进能源结构优化

以大气污染防治为契机，加快淘汰能源行业落后产能，着力降低煤炭消费比重，提高天然气和非化石能源比重。2014年，京津冀鲁分别削减原煤消费300万t、200万t、800万t和400万t，合计1 700万t；全国淘汰煤炭落后产能3 000万t，关停小火电机组200万kW；力争实现煤电脱硫比重接近100%，火电脱硝比重达到70%。

1. 落实大气污染防治行动计划年度重点任务。健全工作协调机制，加强京津冀及其周边地区联防联控，制订出台重点省区能源保障方案，抓好增供外来电力、保障天然气供应、发展核电和可再生能源以及提前供应国五油品等5个方面127个重大项目落地，优化调整能源消费结构和空间布局，促进重点区域空气质量改善。

2. 降低煤炭消费比重。出台并组织实施煤炭减量替代管理办法。研究制订商品煤质量国家标准，发布煤炭质量管理办法。提高煤炭洗选加工比例。完善差别化煤炭进口关税政策，鼓励优质煤炭进口，限制高灰、高硫劣质煤炭进口。转变农村用煤方式，逐步降低分散用煤比例。

3. 严格控制京津冀、长三角、珠三角等区域煤电项目。新建工业项目禁止配套建设自备燃煤电站。除热电联产外，禁止审批新建燃煤发电项目。现有多台燃煤机组装机容量合计达到30万kW以上的，可按照煤炭等量替代的原则改建为大容量机组。

4. 有序实施"煤改气"。在落实气源、签订供气合同的地区，有序推进"煤改气"，避免一哄而上和供需严重失衡。

5. 加快推进油品质量升级。出台成品油质量升级行动计划（2014～2017），大力推进炼油企业升级改造和先进产能布局，确保2015年底前京津冀、长三角、珠三角等区域内重点城市供应国五标准的车用汽、柴油，2017年底前全国供应国五标准的车用汽、柴油。

6. 提高天然气供气保障能力。结合各省市天然气需求情况，制订天然气中长期供应计划。增加常规天然气生产供应，加快开发煤层气、页岩气等非常规天然气，推进煤制气产业科学有序发展。

加快推进输气管道、储气设施和LNG接收站项目建设。完善天然气利用政策，加强需求侧管理，制订有序用气方案和应急预案。

7. 加大淘汰落后产能和节能减排工作力度。停止核准新建低于30万t/年的煤矿和低于90万t/年的煤与瓦斯突出矿井。逐步淘汰9万t/年及以下煤矿，加快关闭其中煤与瓦斯突出等灾害隐患严重的煤矿，继续推进煤矿企业兼并重组。完善火电淘汰落后产能和"上大压小"后续政策，更多运用市场手段，促进落后火电机组自然淘汰。科学安排电力行业脱硫、脱硝、除尘改造工程，加大节能减排监管力度，确保相关设施稳定、达标运行。2015年前，完成京津冀、长三角、珠三角区域燃煤电厂污染治理设施建设和改造。

（三）大力发展清洁能源，促进能源绿色发展

坚持集中式与分布式并重、集中送出与就地消纳结合，稳步推进水电、风电、太阳能、生物质能、地热能等可再生能源发展，安全高效发展核电。2014年，新核准水电装机2 000万kW，新增风电装机1 800万kW，新增光伏发电装机1 000万kW（其中分布式占60%），新增核电装机864万kW。

1. 积极开发水电。加快推动重点流域规划制订。在做好生态环境保护和移民安置的前提下，加快金沙江、澜沧江、大渡河、雅砻江等大型水电基地建设，抓紧外送输电工程建设。研究制订抽水蓄能发展政策，完善抽水蓄能电站建设运行管理。研究优化流域水电站运行管理，提高水能资源梯级利用效能。推动完善水电环境影响评价标准，探索移民土地补偿费用入股和流域梯级效益补偿机制，研究制定龙头水库征地补偿机制和利益共享机制。

2. 有序发展风电。制订、完善并实施可再生能源电力配额及全额保障性收购等管理办法，逐步降低风电成本，力争2020年前实现与火电平价。下达"十二五"第四批风电项目核准计划。优化风电开发布局，加快中东部和南方地区风能资源开发。修订和完善可再生能源发电工程质量监督管理办法，规范风电开发秩序，保障工程建设质量。有序推进酒泉、蒙西、蒙东、冀北、吉林、黑龙江、山东、哈密、江苏等9个大型风电基地及配套电网工程建设，合理确定风电消纳范围，缓解弃风弃电问题。稳步发展海上风电。

3. 加快发展太阳能发电。落实国务院《关于促进光伏产业健康发展的若干意见》，加强光伏发电并网服务、保障性收购等全过程监管，确保补贴资金及时到位。重点抓好北京海淀区等18个分布式光伏发电应用示范区建设，在大型公用建筑、工商企业、观光农业、居民住宅等领域拓展分布式光伏发电。协调地方政府、电网企业和金融机构做好项目建设、并网接入和金融支持等配套服务。探索形成符合实际的分布式光伏商业模式，逐步降低发电成本，力争2020年光伏发电实现用户侧平价上网。

4. 积极推进生物质能和地热能开发利用。完善有关政策措施，积极推进生物质能和地热能供热示范工程建设，大力推广生物质能和地热能在民用和工业供热中的应用，鼓励生物质热电联产，在资源条件具备的区域优先使用地热能供热。年内新增生物质能民用供热面积800万m^2，新增生物质能工业供热折合100万t标准煤。加快非粮燃料乙醇试点、生物柴油和航空涡轮生物燃料产业化示范。

5. 安全高效发展核电。加强在运核电站安全管理，确保核电站安全运行。加快完成AP1000设计固化、主设备定型，推动AP1000自主化依托工程建设。适时启动核电重点项目审批，稳步推进沿海地区核电建设，做好内陆地区核电厂址保护。加快推进国内自主技术研发和工程验证，重点做好大型先进压水堆和高温气冷堆重大科技专项示范工程建设，加快融合技术的论证，避免多种堆型重复

建设。制订核燃料技术发展总体战略规划,保障核电安全高效可持续发展。

(四)加快石油天然气发展,提高安全保障能力

按照常规非常规并重、陆上海上并举的方针,加强油气资源勘探开发,提升油气自给能力。2014年,国内原油产量达到2.1亿t,天然气产量(不含煤制气)达到1 310亿m³,其中页岩气生产量15亿m³,煤层气(煤矿瓦斯)抽采量180亿m³。

1. 加大油气资源勘探开发力度。做好深层、近海和深水油气田勘探,以松辽、渤海湾、鄂尔多斯、西北、四川和海上6大油气生产基地为重点,切实提高油气资源探明率和采收率,努力实现增储上产。推动出台差别化的财税政策,鼓励老油田和低品位油气资源开发。

2. 着力突破页岩气等非常规油气和海洋油气资源开发。总结推广中石化涪陵示范区经验,加快页岩气示范区建设,力争在川渝地区加快勘探开发步伐,在湘鄂、云贵和苏皖等地区取得突破。加快沁水盆地和鄂尔多斯盆地东缘煤层气产业基地建设,积极推进新疆等地区煤层气勘查开发步伐。制订和实施海洋能源发展规划和周边海域油气开发规划。按照"以近养远、远近结合"的发展模式,积极推进南海、东海油气资源开发。

3. 稳妥推进煤制油气产业示范。研究制定政策措施,按照最严格的能效和环保标准,积极稳妥推进煤制气、煤制油产业化示范,鼓励煤炭分质利用,促进自主技术研发应用和装备国产化。

4. 加快油气基础设施建设。加快推动西气东输三线、陕京四线、新疆煤制气外输管道、庆铁三四线等油气管道建设。完善天然气输配管网,大力推动LNG接收站及应急调峰储气设施建设。

5. 积极推进石油和天然气期货贸易。加快上海国际能源交易中心建设,搭建油气现货和期货交易平台。

(五)优化布局,推进煤炭煤电大基地和大通道建设

按照"安全、绿色、集约、高效"的原则,重点建设14个大型煤炭基地、9个大型煤电基地、12条"西电东送"输电通道,优化能源发展空间布局,提高能源资源配置效率。2014年,煤炭基地产量达到34.6亿t,占全国的91.1%。煤电基地开工和启动前期工作规模7 000万kW,占全国煤电总装机比重达到8%。

1. 加强大型煤炭基地建设。按照优化结构、扶强限劣、综合施策、挖潜增效、分质利用、抓好示范的方针,推进神东、陕北、蒙东、宁东、新疆、云贵等14个大型煤炭基地建设。加强煤炭矿区总体规划管理,发挥矿区总体规划的引导和约束作用,规范煤炭资源勘查开发秩序,稳步推进大中型现代化煤矿项目前期工作和核准工作;以大型煤炭企业为主体,推进煤炭安全绿色开采,推广煤矿充填开采技术;加快煤矿瓦斯规模化抽采利用矿区和瓦斯治理示范矿井建设,提高瓦斯利用水平;稳步推进煤炭深加工产业升级示范,促进煤炭资源高效清洁转化和综合利用。

2. 加快清洁煤电基地和输电通道建设。出台煤电基地科学开发指导意见,在新疆、内蒙古、山西、宁夏等煤炭资源富集地区,按照最先进的节能节水环保标准,建设大型燃煤电站(群)。推进鄂尔多斯、锡盟、晋北、晋中、晋东、陕北、宁东、哈密、准东等9个以电力外送为主的千万千瓦级现代化大型煤电基地建设。鼓励低热值煤发电。加大西电东送力度,加快推进鄂尔多斯、山西、锡林郭勒盟能源基地向华北、华中、华东地区输电通道建设,规划建设蒙西—天津南、锡盟—山东、锡盟—江苏、宁东—浙江、准东—华东等12条电力外输通道,提高跨省区电力

输送能力。

（六）以重大项目为载体，大力推进能源科技创新

坚持自主创新，鼓励引进消化吸收再创新，以能源重大工程为载体，以政府为主导、以企业为主体，建立政、产、学、研、用相结合的自主创新体制机制，推动能源装备国产化，打造能源科技装备"升级版"。

1. 抓好重大技术研究和重大科技专项。充分发挥国家能源研发中心（重点实验室）骨干作用，重点推进非常规油气、深水油气、先进核电、新能源、700℃超超临界燃煤发电、符合燃机排放标准的燃煤发电、煤炭深加工、煤层气（煤矿瓦斯）开发利用、智能电网、分布式能源、大容量储能、高效节能、新材料等重大技术研究。启动并抓好24项国家能源重大应用技术研究及工程示范专项，力争页岩油气、致密油气等非常规油气和深海油气、新一代核能等核心技术取得新突破。

2. 依托重大工程推动关键装备国产化。重点推动页岩气和煤层气勘探开发、海洋油气开发、天然气液化和接收、核电、抽水蓄能等重大装备国产化。推进大型燃气轮机自主研发，加快高温部件研制和验证平台建设。制订出台促进能源装备制造业健康发展的指导意见。加快能源企业及能源装备制造企业自主创新技术平台建设，推进能源装备国产化，提升能源装备自主化水平，形成有国际竞争力的能源装备工业体系，积极支持能源装备企业"走出去"。

3. 加强能源行业标准制订和管理。有序推进重点领域标准制修订。加强行业标准实施宣贯力度。成立海洋深水石油工程等新兴重点领域标准化技术委员会。

（七）深化能源国际合作，拓展我国能源发展空间

以建设丝绸之路经济带和21世纪海上丝绸之路为重大契机，统筹国际国内2个大局、2个市场、2种资源，围绕确保国家能源战略安全核心目标，按照"总体谋划、多元合作、分类施策、掌握主动"的方针，全面落实能源国际合作成果，巩固深化能源国际合作重大关系，推动能源企业"走出去"，增强全球能源治理的话语权和影响力，进一步提升能源国际合作水平。

（八）加快能源民生工程建设，提高能源普遍服务水平

以逐步推进城乡能源基本公共服务均等化为导向，以解决无电地区用电问题为重点，全面推进能源民生工程建设，满足人民群众日益增长的生产生活用能需要。

1. 加强无电地区电力建设。实施全面解决无电人口用电问题三年行动计划，确保年内全部建成无电地区光伏独立供电工程，基本完成电网延伸工程建设任务，解决120万无电人口的用电问题。

2. 深入推进人民群众用电满意工程。加大城市配网建设和农村电网改造力度，提高配网投资比重。加强电网安全运行和应急管理，提高电网供电可靠率和居民用户受电端电压合格率，促进电网企业提高供电服务水平，确保人民群众放心用电、可靠用电、满意用电。

3. 提高民用天然气供给普及率。加快天然气输配管网和储气设施建设，扩大天然气供应覆盖面，优先保障民生用气，确保居民生活等重点用气需求。2014年，全国用气人口达到2.5亿。

4. 积极推进"新城镇、新能源、新生活"行动。结合新能源示范城市和绿色能源县建设，因地制宜、科学布局城镇天然气热电冷三联供、分布式光伏发电、地热能和生物质能供热，促进城乡用

能清洁化，为推进新型城镇化建设、改善人民群众生活质量提供能源保障。

（九）推进体制机制改革，强化能源市场监管

全面贯彻党的十八届三中全会精神，研究拟订全面深化能源领域体制机制改革方案，推进能源领域体制机制创新，为能源科学发展提供保障。

1. 鼓励和引导民间资本进一步扩大能源领域投资。继续清理和修订有关能源领域民间投资的法规文件，建立健全相关配套政策，积极为民间资本进入能源领域创造制度条件。推出一批有利于激发民间投资活力的煤炭深加工、新能源、生物液体燃料等示范项目，积极探索民间资本参与配电网、购售电、油气勘探开采及进出口、天然气管网等业务的有效途径。

2. 进一步深化电力改革。推动尽快出台进一步深化电力体制改革的意见。积极支持在内蒙古、云南等省区开展电力体制改革综合试点。积极推进电能直接交易和售电侧改革。推动探索有利于能效管理和分布式能源发展的灵活电价机制。推进输配电价改革，提出单独核定输配电价的实施方案。

3. 稳步推进石油天然气改革。认真研究油气管网投资体制改革方案，促进油气管网尤其是天然气管网设施公平接入和开放，推动完善油气价格机制，理顺天然气与可替代能源的比价关系。推动油气勘探、开发、进口等环节的市场化改革，建立规范有序、公平合理的市场准入机制。

4. 加快煤炭改革。以清费立税为主线，清理整顿涉煤收费基金，加快推进煤炭资源税从价计征改革。实施煤矿生产能力登记和公告制度，促进煤炭产业平稳运行。推进煤炭市场建设，探索创新煤炭市场监管机制，推动电煤运输市场化改革。

5. 加强能源市场监管。加强能源相关法律法规、规划、政策、标准、项目落实情况监管，确保行业规范有序发展。加强对电网、油气管网等垄断环节监管，确保准入公平、接网公平、交易公平、价格合理、结算及时。加强能源项目核准事后监管。加强电力普遍服务监管，提高用电服务质量。加强监管执法能力和制度建设，切实维护市场秩序。

6. 加强能源安全监管。按照"管行业必须管安全、管业务必须管安全"的要求，健全能源安全监管工作机制，落实能源企业安全生产主体责任。深入开展安全生产大检查，重点做好电网安全、油气管网运行安全、石油储备库安全、核电站并网和应急管理、电力建设施工安全、煤矿建设生产、煤矿瓦斯防治、能源企业网络与信息安全等监管和大检查工作。强化安全生产隐患排查治理和危险源管控，突出抓好重点地区、重点企业和重要部位隐患治理，有效防范和坚决遏制重特大事故发生。

（十）加强能源行业管理，转职能、改作风、抓大事、解难题、办实事、建机制

转变政府职能，减少行政审批，创新能源管理方式，强化战略、规划、政策、监管与服务，切实提高能源管理效能。

1. 推进能源法制建设。推进《电力法》修订。推动出台海洋石油天然气管道保护条例、核电管理条例、国家石油储备管理条例。完善《可再生能源法》、《石油天然气管道保护法》配套办法。研究拟订能源监管条例，健全能源监管规章制度。推进能源执法体系和执法能力建设。

2. 强化战略规划政策引导。出台国家能源战略行动计划等重大能源战略规划，启动能源"十三五"规划前期研究工作，拟定实施能源发展年度计划，加强能源政策研究，完善重大能源产

业政策。

3. 创新审批（核准）备案机制。创新能源项目管理方式，更多地通过规划、计划、政策和监管"四位一体"实施项目管理。继续取消和下放行政审批事项，凡是能下放的一律下放到地方，凡是能交给市场的一律交给市场。落实《政府核准的投资项目目录（2013年本）》，对于保留的审批、核准、备案事项，进一步优化行政审批程序，简化项目审批前置条件，建立网上公示和审批制度，加快推进阳光审批、限时办结，提高服务效率和透明度。

4. 做好服务能源大省和能源企业工作。发挥对口服务联系能源资源大省工作机制和对口服务地方能源工作联络员机制的作用，及时了解和合理解决有关诉求，落实区域差别化能源政策，促进东、中、西部地区经济社会协调、可持续发展。发挥服务能源企业科学发展协调工作机制作用，及时帮助企业把握机遇，应对挑战、化解难题，在市场竞争中做强做大。

5. 加强能源统计监测和预警。加强能源行业统计能力建设，研究制订能源行业统计规范，完善能源统计监测预警机制，启动实施国家能源安全保障信息化工程，加快推进全国能源统计监测信息系统建设，为能源科学发展提供决策支撑。

关于印发《住房和城乡建设部城市建设司2014年工作要点》的通知

各省、自治区住房和城乡建设厅，直辖市建（交）委，北京市市政市容委、园林绿化局、水务局，天津市市容园林委、水务局，上海市绿化和市容管理局、水务局，重庆市市政委、园林事业管理局，海南省水务厅，各计划单列市建委，新疆生产建设兵团建设局，有关单位：

2014年是深入贯彻落实党的十八届三中全会精神，全面推进深化改革之年，做好今年的工作意义重大。为加强工作联系与配合，现将《住房和城乡建设部城市建设司2014年工作要点》印发你们，供参考。

中华人民共和国住房和城乡建设部城市建设司
2014年2月11日

城市建设司2014年工作要贯彻党的十八大和十八届三中全会精神，紧紧围绕住房城乡建设部的中心工作，推进深化改革，以贯彻落实国务院关于加强城市基础设施建设的意见为重点，加快城市基础设施建设，促进城市基础设施转型升级，大力推进城镇节能减排，改善城镇人居生态环境，切实加强城市综合管理，预防和治理"城市病"，推进城镇化健康发展。重点抓好以下工作：

一、加快城市基础设施建设，提高设施运行管理水平

（一）切实加强城市暴雨内涝防治工作。一是贯彻落实《城市排水（雨水）防涝综合规划编制

大纲》，会同发展改革委在各地专项规划的基础上，编制《全国城市排水防涝设施建设规划》，争取中央资金支持项目建设。二是督促各地加快雨污分流改造，提高城市排水防涝水平，大力推行低影响开发建设模式，加快研究建设海绵型城市的政策措施。

（二）加强城市地下管线综合管理，开展城市综合管廊试点。一是做好呈报国务院《关于加强城市地下管线建设管理的指导意见》发文及落实工作。适时组织召开全国城市地下管线综合管理工作会议。二是下发《关于开展城市地下管线普查工作的通知》，组织开展管网普查，查清家底，排除隐患。三是会同有关部门启动城市地下综合管廊试点示范工作。组织制订《地下综合管廊工程建设导则》等技术指导文件。

（三）加强城镇供水安全保障。一是开展《全国城镇供水设施改造与建设"十二五"规划及2020年远景目标》中期评估，强化城镇供水信息化管理。二是推进规范化管理考核，抽查部分城市的供水规范化管理考核情况，继续实施全国县城供水水质督察。

（四）加强城镇燃气供应和运行安全管理。一是研究城镇燃气供需平衡的政策措施，会同发展改革委、能源局做好燃气供需平衡工作。二是进一步强化燃气安全生产，落实国务院安委会（安委〔2013〕9号）和（建办质电〔2013〕27号）文件精神，开展城镇燃气安全专项排查整治工作。三是贯彻《城镇燃气管理条例》，制订《燃气经营许可管理办法》、《城镇燃气从业人员专业培训考核管理办法》。四是贯彻落实国务院36号文件关于全国城镇燃气老旧管网改造任务，建立城镇燃气改造项目库，指导各地做好2014年城镇燃气老旧管网改造工作。

（五）加强城市道路桥梁及照明管理。一是做好城市桥梁安全检测和加固改造的指导。印发《加快城市道路桥梁建设改造的通知》，组织专家对各地进行指导和监督检查。继续指导城市窨井盖的安全管理。二是推进城市桥梁管理信息系统建设。制订《城市桥梁安全检测和管理信息系统建设导则》，督导各地危桥改造和省级城市桥梁管理信息建设进展情况。三是继续推进城市绿色照明工作，开展城市绿色照明示范。

（六）强化城市综合交通的政策指导。一是从城市规划和建设入手，研究制定促进预防和缓解城市交通拥堵的政策。二是研究出台《关于加强城市轨道交通线网规划工作的指导意见》，强化线网规划对城市轨道交通发展的指导作用。完成城市轨道交通建设规划审核会签工作。三是研究制订加强城市停车设施规划建设的政策，引导城市停车健康发展。四是研究出台《城市交通设计导则》，通过精细化设计，提高交通设施使用功能和效率。五是研究出台《城市综合交通调查技术导则》，支持科学规划建设和制订交通需求管理政策。

（七）鼓励社会资本参与城市基础设施建设。一是推动地方通过特许经营、投资补助、政府购买服务等多种方式，吸引社会资本参与投资、建设和运营城市基础设施项目。督促各地在今年3月底以前提出鼓励社会资本参与城市基础设施建设的具体实施意见并报住房城乡建设部备案。二是推进城市基础设施投融资体制改革，配合有关部门研究推动地方政府发行市政债券、建立城市基础设施政策性金融机构、推进城市基础设施服务价格改革。三是研究完善市政公用事业特许经营制度，修订城镇供水、燃气、供热、污水处理、生活垃圾处理等特许经营协议示范文本，规范特许经营招投标管理。

二、大力推进城镇节能减排

（一）强化城市生活垃圾处理。一是组织召开全国城市生活垃圾处理工作会议，推广生活垃圾处理产业园区、垃圾分类、餐厨垃圾和建筑垃圾处理等典型经验。二是会同有关部门修订《生活垃圾分类标志》《城市生活垃圾分类及评价标准》等标准，推动垃圾分类，组织开展生活垃圾分类示范城市工作。组织编制《存量垃圾（非正规垃圾场地）治理技术指南》并组织实施。推动餐厨垃圾、建筑垃圾处理及资源化利用工作。三是推动落实"十二五"规划，完善生活垃圾处理管理信息系统及上报机制，指导各地做好项目储备。会同发展改革委等部门加强对各地落实"十二五"规划情况的指导和督查，加快生活垃圾处理设施建设。四是加强行业监管，研究建立城市生活垃圾处理指标体系，提高城市生活垃圾管理水平。五是推进行业能力提升，研究发布生活垃圾处理相关技术政策，推动生活垃圾处理收费制度改革。加强宣传引导，提升环卫工人社会地位和环卫行业形象。

（二）强化城镇污水处理设施建设和运行监管。一是贯彻落实《城镇排水与污水处理条例》，研究制（修）订城镇排水许可、污水处理收费等配套规章制度。二是强化城镇污水处理工作考核，推动设施规划建设，提高设施运行绩效和管理水平。

（三）继续推进城镇供热计量改革。一是研究出台《民用建筑供热计量管理办法》。二是召开2014年北方采暖地区供热计量改革工作会议。三是开展供热计量专项检查，加强对新建建筑和经计量改造的既有建筑实行供热计量收费的监管。四是加快北方采暖地区城镇集中供热老旧管网改造，指导地方完成2014年北方采暖地区城市集中供热老旧管网改造任务。

（四）加强城市大气污染防治工作。根据国务院要求，做好我部负责的大气污染防治相关工作，落实城镇需求侧大气污染防治有关政策措施，改善城镇环境质量。一是制定推进供热计量、绿色交通、扬尘监管、扩大园林绿地规模等方面的政策措施。二是按照《大气污染防治行动计划实施情况评估考核办法》，组织开展城市扬尘污染控制、建筑节能与供热计量、步行和自行车交通系统建设等工作的评估考核。三是配合有关单位制订优化城市功能布局、建筑节能、绿色生态区等方面的政策措施。

（五）推进城市绿色交通发展。一是继续开展城市步行、自行车交通系统示范试点工作，确定示范项目，按照《城市步行和自行车交通系统规划设计导则》要求，指导各地做好示范项目。二是继续开展中国城市无车日活动。增强宣传力度和活动效果，促进改善城市公共交通、步行和自行车等基础设施，倡导绿色出行。

（六）加强城市节水工作。一是研究出台指导意见，将城市节水工作与城镇化发展、生态文明建设相结合，尤其在水资源短缺和水环境污染严重的地区，强化城市节水工作。二是组织各地做好第七批国家节水型城市的申报工作，加强国家节水型城市日常管理和基础数据的统计上报工作。三是会同发展改革委加强对阶梯水价制度实施的指导和检查。

三、提升城市管理水平，大力改善人居生态环境

（一）推动数字化城市管理建设。一是指导各地加快数字城管的建设，逐步实现设市城市数字城管平台全覆盖。二是将数字城管功能向地下管线管理、市政公用事业监管、城市应急调度等方面拓展，建立城市基础设施电子档案，提升城市日常和应急管理水平。三是以网格化管理、社会化服务为方向，依托数字城管平台，完善城管服务功能，促进城市管理向服务群众生活转变。四是针对城市管理现实需要，开展城市管理程序、管理方法和管理理念的研讨，加强城市管理理论研究。

（二）加强城市生态园林建设。一是修订《城市绿线管理办法》《城市动物园管理规定》，研究制订《关于加强城市园林绿化市场管理的意见》《绿线划定技术规程》《国家重点公园标准》等。二是强化公园绿地建设与监督管理。加快城市中心区、老城区公园绿地建设。严格绿线管制，组织专项检查，强化公园公共服务属性。三是开展防灾避险公园专题研究及示范建设。制订《防灾避险公园规划设计导则》，选取试点城市建设防灾避险示范公园。四是开展城市绿地雨洪利用、城市湿地公园规划建设及应用示范研究。制订《园林绿地雨水利用技术规程（草案）》，修订《城市湿地公园规划设计导则》，选取试点城市建设下沉式绿地等示范项目，实现城市绿地调蓄雨洪等"城市海绵体"功能。五是推动国家园林城市、生态园林城市建设。完善生态园林城市标准体系，强化城市绿色生态空间保护线管制。开展国家园林城市复查工作，编制《城市园林绿化建设指导手册》，加强对园林城市创建工作全过程指导和培训服务。

（三）加强城镇人居环境建设。一是研究完善中国人居环境奖评价指标体系，提出具有引导性、示范性和可操作性的评价指标，引导推进城市建设管理，促进提升城镇人居生态环境。二是做好2014年中国人居环境奖的组织评选及年度复查工作，加大宣传引导力度，充分发挥典型示范引领作用。三是组织做好年度联合国人居奖和迪拜国际改善居住环境最佳范例奖评选申报工作。

（四）加强风景名胜区和世界遗产保护与管理。一是制订国家级风景名胜区规划审批、门票和资源有偿使用管理办法。编制风景名胜区规划规范等技术规范，促进行业规范化管理。二是加快国家级风景名胜区总体规划审查、详细规划审批、重大建设工程项目选址核准。开展国家级风景名胜区规划实施评估工作。三是继续开展国家级风景名胜区执法检查。加强国家级风景名胜区遥感动态监测，实现监测全覆盖，加强监督管理。四是按照党的十八届三中全会精神要求，抓好国家级风景名胜区与国家公园体制建设、风景名胜区生态补偿政策和基础设施建设融资模式相关研究。五是抓好第九批国家级风景名胜区设立审查。发挥部世界自然遗产保护和研究中心的技术支撑作用，重点做好南方喀斯特二期、新疆阿尔泰山申报世界自然遗产相关工作。

四、加强队伍思想作风建设

（一）加强学习教育。认真学好党的十八大报告、十八届三中全会报告、习近平总书记一系列重要讲话等文件报告，深刻领会和准确把握中央有关决策部署和具体要求。深入推进群众路线教育实践活动整改落实各项工作，重点抓好教育实践活动中基层群众反映工作中存在的突出问题，确保推动各项工作，切实解决实际问题。

（二）加强作风建设。深入落实《关于改进工作作风、密切联系群众的八项规定》及其实施细则，把坚持贯彻群众路线、坚决反对"四风"、贯彻落实中央八项规定精神作为切入点，进一步转变作风，深入开展调查研究，努力为基层服务、为群众服务，着力解决城市建设工作中的突出问题，促进城市建设不断取得新进展。

（三）加强廉政建设。严格落实党风廉政建设责任制，加强干部队伍廉洁从政教育，筑牢反腐倡廉思想防线。认真落实廉政风险防控工作各项要求，坚持反腐倡廉和业务工作紧密结合，在行政审批和评选审查等工作中，加强行政审批、评奖评优、资质审批等工作的廉政制度建设，认真落实各项制度要求，把廉政纪律要求落到实处。

国家能源局关于印发《油气管网设施公平开放监管办法（试行）》的通知

国能监管〔2014〕84号

各派出机构，各省（自治区、直辖市）发展改革委、能源局，新疆生产建设兵团发展改革委，各有关油气企业：

现将《油气管网设施公平开放监管办法（试行）》印发你们，请遵照执行。执行中有何问题，请及时向国家能源局报告。

国家能源局
2014年2月13日

油气管网设施公平开放监管办法（试行）

第一条　为促进油气管网设施公平开放，提高油气管网设施利用效率，保障油气安全稳定供应，规范油气管网设施开放相关市场行为，建立公平、公正、有序的市场秩序，制定本办法。

第二条　本办法适用于中华人民共和国境内及其所管辖海域油气管网设施开放情况监管。

第三条　本办法所指油气管网设施包括符合相应技术条件和规范，并按照国家及地方有关规定履行审批、核准或者备案手续的原油、成品油、天然气管道干线和支线（含省内承担运输功能的油气管网），以及与管道配套的相关设施（包括：码头、装卸设施、LNG接收站、天然气液化设施和压缩设施、储油与储气设施等）。城镇燃气设施执行相关法律法规规定。

本办法所指油气管网设施开放是指油气管网设施运营企业之间及其向上、下游用户开放使用其油气管网设施输送、储存、气化、液化和压缩等相关服务。

本办法所指油气管网设施运营企业是指在中华人民共和国境内注册的、专营或者兼营油气管网设施运营业务的企业。

本办法所指上游用户是指在中华人民共和国境内注册的、符合国家法律法规及相关产业政策的油气生产企业以及上游的油气销售企业，其中油气生产企业是指原油、成品油（含煤制油等）、天然气（含煤制天然气、煤层气、页岩气等）生产企业。

本办法所指下游用户是指在中华人民共和国境内注册的、符合国家法律法规及相关产业政策的油气销售企业和终端用户，包括城市燃气企业、油气零售企业以及炼化企业、燃油（燃气）发电厂、石油（天然气）工业用户、其他石油（天然气）直供用户等。

第四条　国家能源局负责油气管网设施开放监管相关工作，包括：建立健全油气管网设施公平开放监管规章和工作机制，协调油气管网设施公平开放相关问题，负责海域油气管网设施开放及油气管网设施跨区域开放监管，组织并指导各派出机构开展油气管网设施开放相关监管工作。

国家能源局各派出机构负责辖区内油气管网设施开放相关监管工作，协调解决辖区内相关问题。省级监管办公室辖区为本省；区域监管局辖区为本区域未设立省级监管办公室的省份，并负责区域内跨省开放相关监管工作。

监管内容包括：油气管网设施规划、计划的落实和重大油气项目的实施，油气管网设施公平开放，输送（储存、气化、液化和压缩）能力和效率、价格与成本，接入申请和受理，合同签订与执行，信息公开与报送等油气管网设施公平开放相关事宜。

第五条　油气管网设施运营企业在油气管网设施有剩余能力的情况下，应向第三方市场主体平等开放管网设施，提供输送、储存、气化、液化和压缩等服务。

第六条　油气管网设施运营企业应在互惠互利、充分利用设施能力并保障现有用户现有服务的前提下，按签订合同的先后次序向新增用户公平、无歧视地开放使用油气管网设施。

第七条　上、下游用户要结合生产实际情况或市场需求与消费量预测情况，以及油气管网设施规划、建设与使用现状，合理向油气管网设施运营企业提出开放申请。油气管网设施运营企业要结合自身管网设施输送（储存、气化、液化和压缩）能力以及实际需求情况，合理向其他油气管网设施运营企业提出开放申请。

第八条　油气管网设施运营企业及其上、下游用户均应加强应急体系建设，依照各自职责确保油气管网设施安全运行，保障油气可靠供应。当出现油气供应不足时，应采取有效措施优先保障居民、公共服务设施以及其他紧急用户的需求。

第九条　鼓励以自行协商或委托代理等方式由不同市场主体的上游用户向下游用户直接销售油气，并由上、下游用户与油气管网设施运营企业签订合同或协议。

第十条　上游用户向油气管网设施运营企业提出接入申请时，应提供相关材料，包括：油气开发（或生产）现状及预测、经有资质的第三方评估的产能报告、油气品质等参数、输送（储存、气化、液化和压缩）量及时间要求等。

油气管网设施运营企业综合考虑输送（储存、气化、液化和压缩）能力、安全性以及上游用户接入技术条件、油气质量、供应稳定性等因素，30个工作日内作出是否同意接入的答复意见，不同意接入的要说明理由并抄报国家能源局或其派出机构。

第十一条　下游用户向油气管网设施运营企业提出接入申请时，应提供相关材料，包括：用户性质、安全设施设计、消防安全设计、近三年分月分用户类别销售报告、油气资源需求预测、油气质量要求、输送（储存、气化、液化和压缩）量及时间要求等。

油气管网设施运营企业综合考虑输送（储存）能力、安全性以及下游用户性质、需求等因素，30个工作日内作出是否同意接入的答复意见，不同意接入的要说明理由并抄报国家能源局或其派出机构。

第十二条　鼓励油气管网设施互联互通，油气管网设施运营企业可根据实际需求及能力，平等协商相互开放相关事宜。

第十三条　对存在争议的开放项目，上、下游用户可在收到答复意见之日起30个工作日内提请国家能源局或其派出机构进行协调，国家能源局及其派出机构根据实际情况出具协调意见。

第十四条　油气管网设施运营企业与上、下游用户就油气管网设施开放事宜达成一致的，在正式实施前相关企业应签订购销或输送（储存、气化、液化和压缩）服务合同，合同主要内容包括合同主体、购销或服务时段、购销或服务油气量、交接点与交接方式、购销或服务价格、油气质量、计量方式、安全责任、违约责任及免责条款等。

油气管网设施运营企业每年向国家能源局或其派出机构报备当年新签订的油气管网设施开放相关的购销或输送（储存、气化、液化和压缩等）服务合同。

第十五条　通过油气管网设施输送（储存、气化、液化和压缩）的原油、成品油、天然气应当符合国家规定的质量标准。

第十六条　用于油气管网设施输送（储存、气化、液化和压缩）的计量器具应当符合计量法律法规要求。

第十七条　油气管网设施开放应当执行价格主管部门按有关管理规定确定的输送（储存、气化等）服务价格。

第十八条　相关市场主体应严格执行合同，发生争议的，应本着平等、自愿、诚信的原则协商解决。不能达成一致意见的，可以由国家能源局或其派出机构进行协调和调解。

第十九条　油气管网设施运营企业同时经营油气生产、销售等其他业务的，应当逐步建立健全财务制度，对油气管网设施运营业务实行独立核算。

第二十条　油气管网设施运营企业应每季度通过网站或国家能源局指定的信息平台等途径公开油气管网设施的接入标准、输送（储存、气化）价格、申请接入的条件、受理流程等信息。

油气管网设施运营企业应向提出申请的上、下游用户披露相关设施运营情况、可接收或分输油气的地点、剩余的输送（储存、气化、液化和压缩）能力、限（停）产检修计划等信息。上、下游用户对以上信息依法履行保密责任和义务，并对因泄密产生的后果承担相应的经济赔偿和法律责任。

第二十一条　油气管网设施运营企业应每半年向国家能源局或其派出机构报送油气管网设施相关情况，包括建设情况、运营情况、限（停）产检修计划及执行情况、输送（储存、气化、液化和压缩）能力及开放情况等。

第二十二条　国家能源局及其派出机构根据履行监管职责的需要，可以要求油气管网设施运营企业报送与监管事项相关的信息和资料，发现违规行为及时处理。

第二十三条　国家能源局及其派出机构应定期编制并发布监管报告，公布油气管网设施公平开放相关情况。

第二十四条　国家能源局及其派出机构可以采取下列措施，进行现场检查：

（一）进入油气管网设施运营企业进行检查；

（二）询问油气管网设施运营企业的工作人员，要求其对有关检查事项作出说明；

（三）查阅、复制与检查事项有关的文件、资料；

（四）对检查中发现的违规行为，可以当场予以纠正或者要求限期改正。

第二十五条　对相关市场主体违反本办法规定的，国家能源局及其派出机构可责令整改并视情况予以通报批评；造成重大损失或者严重社会影响的，国家能源局及其派出机构可对相关企业主管人员和其他直接责任人员提出处理意见和建议。

第二十六条　本办法由国家能源局负责解释。

第二十七条　本办法自发布之日起施行，有效期为5年。

天然气基础设施建设与运营管理办法

第一章 总则

第一条 为加强天然气基础设施建设与运营管理，建立和完善全国天然气管网，提高天然气基础设施利用效率，保障天然气安全稳定供应，维护天然气基础设施运营企业和用户的合法权益，明确相关责任和义务，促进天然气行业持续有序健康发展，制定本办法。

第二条 中华人民共和国领域和管辖的其他海域天然气基础设施规划和建设、天然气基础设施运营和服务，天然气运行调节和应急保障及相关管理活动，适用本办法。

本办法所称天然气基础设施包括天然气输送管道、储气设施、液化天然气接收站、天然气液化设施、天然气压缩设施及相关附属设施等。

城镇燃气设施执行相关法律法规规定。

第三条 本办法所称天然气包括天然气、煤层气、页岩气和煤制气等。

第四条 天然气基础设施建设和运营管理工作应当坚持统筹规划、分级管理、明确责任、确保供应、规范服务、加强监管的原则，培育和形成平等参与、公平竞争、有序发展的天然气市场。

第五条 国家发展改革委、国家能源局负责全国的天然气基础设施建设和运营的管理工作。

县级以上地方人民政府天然气主管部门负责本行政区域的天然气基础设施建设和运营的行业管理工作。

第六条 国家鼓励、支持各类资本参与投资建设纳入统一规划的天然气基础设施。

国家能源局和县级以上地方人民政府天然气主管部门应当加强对天然气销售企业、天然气基础设施运营企业和天然气用户履行本办法规定义务情况的监督管理。

第七条 国家鼓励、支持天然气基础设施先进技术和装备的研发，经验证符合要求的优先推广应用。

第二章 天然气基础设施规划和建设

第八条 国家对天然气基础设施建设实行统筹规划。天然气基础设施发展规划应当遵循因地制宜、安全、环保、节约用地和经济合理的原则。

第九条 国家发展改革委、国家能源局根据国民经济和社会发展总体规划、全国主体功能区规划要求，结合全国天然气资源供应和市场需求情况，组织编制全国天然气基础设施发展规划。

省、自治区、直辖市人民政府天然气主管部门依据全国天然气基础设施发展规划并结合本行政区域实际情况，组织编制本行政区域天然气基础设施发展规划，并抄报国家发展改革委和国家能源局。

天然气基础设施发展规划实施过程中，规划编制部门要加强跟踪监测，开展中期评估，确有必要调整的，应当履行原规划编制审批程序。

第十条　天然气基础设施发展规划应当包括天然气气源、供应方式及其规模，天然气消费现状、需求预测，天然气输送管道、储气设施等基础设施建设现状、发展目标、项目布局、用地、用海和用岛需求、码头布局与港口岸线利用、建设投资和保障措施等内容。

第十一条　天然气基础设施项目建设应当按照有关规定履行审批、核准或者备案手续。申请审批、核准或者备案的天然气基础设施项目应当符合本办法第九条所述规划。对未列入规划但又急需建设的项目，应当严格规范审查程序，经由规划编制部门委托评估论证确有必要的，方可履行审批、核准或者备案手续。未履行审批、核准或者备案手续的天然气基础设施项目不得开工建设。

由省、自治区、直辖市人民政府审批或者核准的天然气基础设施项目的批复文件，应当抄报国家发展改革委。

第十二条　天然气基础设施建设应当遵守有关工程建设管理的法律法规的规定，符合国家有关工程建设标准。

经审批、核准或者备案的天然气基础设施项目建设期间，原审批、核准或者备案部门可以自行组织或者以委托方式对审批、核准或者备案事项进行核查。

第十三条　经审批的天然气基础设施项目建成后，原审批部门应当按照国家有关规定进行竣工验收。

经核准、备案的天然气基础设施项目建成后，原核准、备案部门可以自行组织或者以委托方式对核准、备案事项进行核查，对不符合要求的书面通知整改。项目单位应当按照国家有关规定组织竣工验收，并自竣工验收合格之日起30日内，将竣工验收情况报原核准、备案部门备案。

第十四条　国家鼓励、支持天然气基础设施相互连接。

相互连接应当坚持符合天然气基础设施发展规划、保证天然气基础设施运营安全、保障现有用户权益、提高天然气管道网络化水平和企业协商确定为主的原则。必要时，国家发展改革委、国家能源局和省、自治区、直辖市人民政府天然气主管部门给予协调。

第十五条　天然气基础设施发展规划在编制过程中应当考虑天然气基础设施之间的相互连接。

互连管道可以作为单独项目进行投资建设，或者纳入相互连接的天然气基础设施项目。互连管道的投资分担、输供气和维护等事宜由相关企业协商确定，并应当互为对方提供必要的便利。

天然气基础设施项目审批、核准的批复文件中应对连接方案提出明确要求。

第三章　天然气基础设施运营和服务

第十六条　天然气基础设施运营企业同时经营其他天然气业务的，应当建立健全财务制度，对天然气基础设施的运营业务实行独立核算，确保管道运输、储气、气化、液化、压缩等成本和收入的真实准确。

第十七条　国家能源局及其派出机构负责天然气基础设施公平开放监管工作。天然气基础设施运营企业应当按照规定公布提供服务的条件、获得服务的程序和剩余服务能力等信息，公平、公正地为所有用户提供管道运输、储气、气化、液化和压缩等服务。

天然气基础设施运营企业不得利用对基础设施的控制排挤其他天然气经营企业；在服务能力具备的情况下，不得拒绝为符合条件的用户提供服务或者提出不合理的要求。现有用户优先获得天然气基础设施服务。

国家建立天然气基础设施服务交易平台。

第十八条　天然气基础设施运营企业应当遵守价格主管部门有关管道运输、储气、气化等基础设施服务价格的规定，并与用户签订天然气基础设施服务合同。

第十九条　通过天然气基础设施销售的天然气应当符合国家规定的天然气质量标准，并符合天然气基础设施运营企业的安全和技术要求。

天然气基础设施运营企业应当建立健全天然气质量检测制度。不符合前款规定的，天然气基础设施运营企业可以拒绝提供运输、储存、气化、液化和压缩等服务。全国主干管网的国家天然气热值标准另行制定。

第二十条　天然气基础设施需要永久性停止运营的，运营企业应当提前一年告知原审批、核准或者备案部门、供气区域县级以上地方人民政府天然气主管部门，并通知天然气销售企业和天然气用户，不得擅自停止运营。

天然气基础设施停止运营、封存、报废的，运营企业应当按照国家有关规定处理，组织拆除或者采取必要的安全防护措施。

第二十一条　天然气销售企业、天然气基础设施运营企业和天然气用户应当按照规定报告真实准确的统计信息。

有关部门应当对企业报送的涉及商业秘密的统计信息采取保密措施。

第四章　天然气运行调节和应急保障

第二十二条　县级以上地方人民政府天然气运行调节部门应当会同同级天然气主管部门、燃气管理部门等，实施天然气运行调节和应急保障。

天然气销售企业、天然气基础设施运营企业和城镇天然气经营企业应当共同负责做好安全供气保障工作，减少事故性供应中断对用户造成的影响。

第二十三条　县级以上地方人民政府天然气运行调节部门应当会同同级天然气主管部门、燃气管理部门等，加强天然气需求侧管理。国家鼓励具有燃料或者原料替代能力的天然气用户签订可中断购气合同。

第二十四条　通过天然气基础设施进行天然气交易的双方，应当遵守价格主管部门有关天然气价格管理规定。

天然气可实行居民用气阶梯价格、季节性差价、可中断气价等差别性价格政策。

第二十五条　天然气销售企业应当建立天然气储备，到2020年拥有不低于其年合同销售量10%的工作气量，以满足所供应市场的季节（月）调峰以及发生天然气供应中断等应急状况时的用气要求。城镇天然气经营企业应当承担所供应市场的小时调峰供气责任。由天然气销售企业和城镇天然气经营企业具体协商确定所承担的供应市场日调峰供气责任，并在天然气购销合同中予以约定。

天然气销售企业之间因天然气贸易产生的天然气储备义务转移承担问题，由当事双方协商确定并在天然气购销合同中予以约定。

天然气销售企业和天然气用户之间对各自所承担的调峰、应急供用气等具体责任，应当依据本条规定，由当事双方协商确定并在天然气购销合同中予以约定。

县级以上地方人民政府应当建立健全燃气应急储备制度，组织编制燃气应急预案，采取综合措施提高燃气应急保障能力，至少形成不低于保障本行政区域平均3天需求量的应急储气能力，在发生天然气输送管道事故等应急状况时必须保证与居民生活密切相关的民生用气供应安全可靠。

第二十六条 可中断用户的用气量不计入计算天然气储备规模的基数。

承担天然气储备义务的企业可以单独或者共同建设储气设施储备天然气，也可以委托代为储备。

国家采取措施鼓励、支持企业建立天然气储备，并对天然气储备能力达到一定规模的企业，在政府服务等方面给予重点优先支持。

第二十七条 天然气基础设施运营企业应当依据天然气运输、储存、气化、液化和压缩等服务合同的约定和调峰、应急的要求，在保证安全的前提下确保天然气基础设施的正常运行。

第二十八条 县级以上地方人民政府天然气运行调节部门、天然气主管部门、燃气管理部门应当会同有关部门和企业制定本行政区域天然气供应应急预案。

天然气销售企业应当会同天然气基础设施运营企业、天然气用户编制天然气供应应急预案，并报送所供气区域县级以上地方人民政府天然气运行调节部门、天然气主管部门和燃气管理部门备案。

第二十九条 天然气销售企业需要大幅增加或者减少供气（包括临时中断供气）的，应当提前72小时通知天然气基础设施运营企业、天然气用户，并向供气区域县级以上地方人民政府天然气运行调节部门、天然气主管部门和燃气管理部门报告，同时报送针对大幅减少供气（包括临时中断供气）情形的措施方案，及时做出合理安排，保障天然气稳定供应。

天然气用户暂时停止或者大幅减少提货的，应当提前48小时通知天然气销售企业、天然气基础设施运营企业，并向供气区域县级以上地方人民政府天然气运行调节部门、天然气主管部门和燃气管理部门报告。

天然气基础设施运营企业需要临时停止或者大幅减少服务的，应当提前半个月通知天然气销售企业、天然气用户，并向供气区域县级以上地方人民政府天然气运行调节部门、天然气主管部门和燃气管理部门报送措施方案，及时做出合理安排，保障天然气稳定供应。

因突发事件影响天然气基础设施提供服务的，天然气基础设施运营企业应当及时向供气区域县级以上地方人民政府天然气运行调节部门、天然气主管部门和燃气管理部门报告，采取紧急措施并及时通知天然气销售企业、天然气用户。

第三十条 县级以上地方人民政府天然气运行调节部门、天然气主管部门和燃气管理部门应当会同有关部门和企业对天然气供求状况实施监测、预测和预警。天然气供应应急状况即将发生或者发生的可能性增大时，应当提请同级人民政府及时发布应急预警。

天然气基础设施运营企业、天然气销售企业及天然气用户应当向天然气运行调节部门、天然气主管部门报送生产运营信息及第二十九条规定的突发情形。有关部门应对企业报送的涉及商业秘密的信息采取保密措施。

第三十一条 发生天然气资源锐减或者中断、基础设施事故及自然灾害等造成天然气供应紧张状况时，天然气运行调节部门可以会同同级天然气主管部门采取统筹资源调配、协调天然气基础设施利用、施行有序用气等紧急处置措施，保障天然气稳定供应。省、自治区、直辖市天然气应急处理工作应当服从国家发展改革委的统一安排。

天然气销售企业、天然气基础设施运营企业和天然气用户应当服从应急调度，承担相关义务。

第五章　法律责任

第三十二条　对不符合本办法第九条所述规划开工建设的天然气基础设施项目，由项目核准、审批部门通知有关部门和机构，在职责范围内依法采取措施，予以制止。

第三十三条　违反本办法第十六条规定，未对天然气基础设施运营业务实行独立核算的，由国家能源局及其派出机构给予警告，责令限期改正。

第三十四条　违反本办法第十七条规定，拒绝为符合条件的用户提供服务或者提出不合理要求的，由国家能源局及其派出机构责令改正。违反《反垄断法》的，由反垄断执法机构依据《反垄断法》追究法律责任。

第三十五条　违反本办法第十八条规定的，由价格主管部门依据《价格法》、《价格违法行为行政处罚规定》等法律法规予以处罚。

第三十六条　违反本办法第二十条规定，擅自停止天然气基础设施运营的，由天然气主管部门给予警告，责令其尽快恢复运营；造成损失的，依法承担赔偿责任。

第三十七条　违反本办法第二十五条规定，未履行天然气储备义务的，由天然气主管部门给予警告，责令改正；造成损失的，依法承担赔偿责任。

第三十八条　违反本办法第二十九条规定的，由天然气运行调节部门给予警告，责令改正；造成损失的，依法承担赔偿责任。

第三十九条　相关主管部门未按照本办法规定履行职责的，对直接负责的主管人员和其他直接责任人员依法进行问责和责任追究。

第六章　附则

第四十条　本办法中下列用语的含义

（一）天然气输送管道：是指提供公共运输服务的输气管道及附属设施，不包括油气田、液化天然气接收站、储气设施、天然气液化设施、天然气压缩设施、天然气电厂等生产作业区内和城镇燃气设施内的管道。

（二）液化天然气接收站：是指接收进口或者国产液化天然气（LNG），经气化后通过天然气输送管道或者未经气化进行销售或者转运的设施，包括液化天然气装卸、存储、气化及附属设施。

（三）储气设施：是指利用废弃的矿井、枯竭的油气藏、地下盐穴、含水构造等地质条件建设的地下储气空间和建造的储气容器及附属设施，通过与天然气输送管道相连接实现储气功能。

（四）天然气液化设施：是指通过低温工艺或者压差将气态天然气转化为液态天然气的设施，包括液化、储存及附属设施。

（五）天然气压缩设施：是指通过增压设施提高天然气储存压力的设施，包括压缩机组、储存设备及附属设施。

（六）天然气销售企业：是指拥有稳定且可供的天然气资源，通过天然气基础设施销售天然气的企业。

（七）天然气基础设施运营企业：是指利用天然气基础设施提供天然气运输、储存、气化、液化和压缩等服务的企业。

（八）城镇天然气经营企业：是指依法取得燃气经营许可，通过城镇天然气供气设施向终端用户输送、销售天然气的企业。

（九）天然气用户：是指通过天然气基础设施向天然气销售企业购买天然气的单位，包括城镇天然气经营企业和以天然气为工业生产原料使用的用户等，但不包括城镇天然气经营企业供应的终端用户。

（十）调峰：是指为解决天然气基础设施均匀供气与天然气用户不均匀用气的矛盾，采取的既保证用户的用气需求，又保证天然气基础设施安全平稳经济运行的供用气调度管理措施。

（十一）应急：是指应对处置突然发生的天然气中断或者严重失衡等事态的经济行动及措施。如发生进口天然气供应中断或者大幅度减少，国内天然气产量锐减，天然气基础设施事故，异常低温天气，以及其他自然灾害、事故灾难等造成天然气供应异常时采取的紧急处置行动。

（十二）可中断用户：是指根据供气合同的约定，在用气高峰时段或者发生应急状况时，经过必要的通知程序，可以对其减少供气或者暂时停止供气的天然气用户。

第四十一条 本办法由国家发展改革委负责解释。各省、自治区、直辖市可在本办法规定范围内结合本地实际制定相关实施细则。

第四十二条 本办法自2014年4月1日起实施。

国家发展改革委关于建立健全居民生活用气阶梯价格制度的指导意见

发改价格〔2014〕467号

各省、自治区、直辖市发展改革委、物价局：

为深入贯彻党的十八届三中全会精神，落实国务院关于深化资源性产品价格改革决策部署，现就建立健全居民生活用气阶梯价格制度提出如下意见：

一、建立健全居民生活用气阶梯价格制度的必要性

天然气是一种不可再生的清洁能源，我国天然气人均资源占有量不到世界平均水平的10%。随着经济和社会的发展，我国天然气消费持续快速增长，国内天然气产量已不能满足日益增长的市场需求，对外依存度不断提高。但长期以来，我国对居民用气实行低价政策，一方面，由于居民气价明显低于工商业等其他用户价格，交叉补贴现象严重，导致用气量越大的用户，享受的补贴越多，没有体现公平负担的原则；另一方面，造成部分居民用户过度消费天然气，特别是加大了冬季用气高峰时调峰保供的压力。

近年来，部分城市率先实施了阶梯气价政策，在保障居民基本用气需求、引导节约用气、缓解供气压力等方面起到了良好的政策效果。为进一步促进天然气市场的可持续健康发展，确保居民基本用气需求，同时引导居民合理用气、节约用气，有必要在全国范围内建立健全居民用气阶梯价格制度。

二、基本原则和主要内容

（一）基本原则

实行居民用气阶梯价格制度，遵循以下基本原则：一是保障基本与反映资源稀缺程度相结合。对于居民基本生活用气需求，实行相对较低价格；对超出基本生活用气需求的部分，要适当提高价格，以反映天然气资源稀缺程度。二是补偿成本与公平负担相结合。居民生活用气价格总体上要逐步反映用气成本，减少交叉补贴。同时，公平用气负担，用气多的居民多负担。三是统一政策与因地制宜相结合。国家制定居民生活用气阶梯价格政策的总体框架和指导性意见，各地结合当地自然地理环境、经济发展和居民用气特点，确定具体实施方案。

（二）主要内容

1. 分档气量的确定。按照满足不同用气需求，将居民用气量分为三档，其中：

第一档用气量，按覆盖区域内80%居民家庭用户的月均用气量确定，保障居民基本生活用气需求；

第二档用气量，按覆盖区域内95%居民家庭用户的月均用气量确定，体现改善和提高居民生活质量的合理用气需求；

第三档用气量，为超出第二档的用气部分。

2. 分档气价的安排。各档气量价格实行超额累进加价，其中：

第一档气价，按照基本补偿供气成本的原则确定，并在一定时期内保持相对稳定；

第二档气价，按照合理补偿成本、取得合理收益的原则制定，价格水平原则上与第一档气保持1.2倍左右的比价；

第三档气价，按照充分体现天然气资源稀缺程度、抑制过度消费的原则制定，价格水平原则上与第一档气保持1.5倍左右的比价。

3. 关于独立采暖。各地可结合当地气候、采暖用气需求等实际情况，单独制定独立采暖用气阶梯价格制度，也可综合考虑采暖用气和非采暖用气情况，将独立采暖用气纳入统一阶梯价格制度。确定分档气量和气价时，应统筹考虑不同住房面积用气数量差异，以及天然气独立采暖与集中供热等不同方式（以煤炭为燃料集中供热的，应考虑煤炭的环境成本）、天然气与电力等不同能源的采暖成本衔接，着重保障基本住房面积的采暖需求。

4. 实施范围。居民生活用气为通过城市燃气管网向居民家庭供应的所有燃气。居民用户原则上以住宅为单位，一个房产证明对应为一个居民户；没有房产证明的，以当地供气企业为居民安装的气表为单位。单个居民用户或单个气表对应家庭居民人数较多的，由各地根据实际情况妥善研究解决办法。

对学校、养老福利机构等执行居民气价的非居民用户，气价水平按当地居民第一档、第二档气价平均水平执行。

5. 计价周期。阶梯气价可以月为周期执行，也可以季度或年为周期，具体由各地结合当地实际情况合理确定。用气量在周期之间不累计、不结转。

6. 建立动态调整机制。各地可根据当地经济社会发展、居民生活水平提高、居民生活用气变化等实际情况，适时调整各档气量和气价。

7. 收入用途。实行阶梯气价后供气企业增加的收入，主要用于"一户一表"改造、弥补居民基本生活用气供应和储气调峰成本，以及减少与工商业交叉补贴等方面。

三、工作要求

（一）加强组织领导。居民生活用气阶梯价格制度是天然气价格改革的重要组成部分，关系居民切身利益。各地价格主管部门要加快工作步伐，2015年底前所有已通气城市均应建立起居民生活用气阶梯价格制度。今后凡制定或调整居民生活用气销售价格的城市，要同步建立起阶梯价格制度；已实行阶梯气价的城市，要根据本指导意见进一步完善相关政策。

天然气销售价格管理权限已下放至市县的省份，省级价格主管部门要加强工作指导，确保居民用气阶梯价格方案平稳实施。

（二）制定实施方案。各地价格主管部门要按照国家统一要求，组织专门力量，会同有关部门，结合当地用气实际情况，合理确定各档气量、分档气价、计价周期等，尽快制定实行居民用气阶梯价格制度的实施方案，妥善处理方案实施过程中可能面临的问题。

（三）做好价格论证和听证。各地在制定居民用气阶梯价格方案的过程中，要充分听取各方面意见，对阶梯气价的实施范围、档次划分、价格安排等方面进行认真研究论证。方案形成后，应按《政府制定价格听证办法》的规定进行价格听证后实施。

（四）保障低收入群体利益。各地在建立居民用气阶梯价格制度工作中，要充分考虑低收入家庭经济承受能力，对低收入家庭，要采取提高低保标准、增加补贴或设定减免优惠气量等方式，确保其基本生活水平不因气价调整而降低。

（五）加强宣传引导。各地要加强与新闻媒体沟通，采取多种形式，宣传我国天然气资源现状、实行阶梯气价的重要意义，做好政策宣传解读和引导，及时回应社会关切，争取社会各方理解和支持。

国家发展改革委
2014年3月20日

国家发展改革委关于加快推进储气设施建设的指导意见

发改运行〔2014〕603号

各省、自治区、直辖市及计划单列市、新疆生产建设兵团发展改革委、经信委、能源局、物价局，中国城市燃气协会，中国石油天然气集团公司、中国石油化工集团公司、中国海洋石油总公司：

为切实推进储气设施建设，进一步做好天然气供应保障工作，维护经济社会平稳运行，特提出以下意见：

一、增强推进储气设施建设的紧迫感。随着国内天然气产量增加、进口天然气规模扩大以及管网设施建设力度加大，我国天然气产业保持快速增长态势。天然气利用领域不断拓展，深入到城市燃气、工业燃料、发电、化工等各方面。稳定供气已成为关乎国计民生的重大问题。但是，由于城市燃气用气不均衡及北方地区冬季采暖用气大幅攀升，部分城市用气季节性峰谷差巨大，加之目前储气设施建设相对滞后，调峰能力不足，冬季供气紧张局面时有发生。为确保天然气安全稳定供应，必须高度重视储气设施建设，加强统筹协调，加大资金投入，集中力量加快推进相关工作。

二、加快在建项目施工进度。各级有关部门、项目建设单位要加强沟通联系和统筹协调，形成工作合力，全力推进储气设施建设发展。各级有关部门要强化要素保障，积极落实用地、银行贷款等，加快征迁交地，确保无障碍施工。各储气设施建设单位要加强管理，推进标准化施工，优化施工组织，在确保安全、质量前提下，加快在建储气设施项目建设进度，确保按期建成投用。

三、鼓励各种所有制经济参与储气设施投资建设和运营。承担天然气调峰和应急储备义务的天然气销售企业和城镇天然气经营企业等，可以单独或者共同建设储气设施储备天然气，也可以委托代为储备。各级政府要优先支持天然气销售企业和所在区域用气峰谷差超过3∶1、民生用气（包括居民生活、学校教学和学生生活、养老福利机构用气等）占比超过40%的城镇燃气经营企业建设储气设施。

四、加大对储气设施投资企业融资支持力度。积极支持符合条件的天然气销售企业和城镇天然气经营企业发行企业债券融资，拓宽融资渠道，增加直接融资规模。创新债券融资品种，支持储气设施建设项目发行项目收益债券。支持地方政府投融资平台公司通过发行企业债券筹集资金建设储气设施，且不受年度发债规模指标限制。

五、出台价格调节手段引导储气设施建设。各级价格主管部门要进一步理顺天然气与可替代能源价格关系。推行非居民用户季节性差价、可中断气价等政策，鼓励用气峰谷差大的地方率先实施，引导用户削峰填谷。2015年底前所有已通气城市均应按照我委印发的《关于建立健全居民生活用气阶梯价格制度的指导意见》的精神，建立起居民生活用气阶梯价格制度。对独立经营的储气设施，按补偿成本、合理收益的原则确定储气价格；对城镇天然气经营企业建设的储气设施，投资和运营成本纳入配气成本统筹考虑，并给予适当收益。

六、加大储气设施建设用地支持力度。储气设施建设的项目用地可通过行政划拨、有偿出让或租赁等方式取得。对储气设施建设用地，有关方面要优先予以支持。

七、优化项目核准程序，提高核准效率。地方投资部门要研究制定简化核准工作手续、优化核准工作程序、提高核准工作效率的具体办法，配合住建、国土、环保等部门，优化规划选址、用地、环评、初设等环节的审批程序，缩短办理时限。

八、在落实《国务院办公厅关于促进进出口稳增长、调结构的若干意见》（国办发〔2013〕83号）有关政策过程中，采取措施进一步加快推动储气设施建设。

九、继续执行现有支持大型储气库建设的有关政策，进一步加大支持力度，适时扩大适用范围。有条件的地区可出台鼓励政策，对储气设施建设给予一定的资金补助。

十、天然气销售企业在同等条件下要优先增加配建有储气设施地区的资源安排，增供气量要与当地储气设施规模挂钩。

国家发展改革委
2014年4月5日

境外投资项目核准和备案管理办法

第一章 总则

第一条 为促进和规范境外投资，加快境外投资管理职能转变，根据《中华人民共和国行政许可法》、《国务院关于投资体制改革的决定》和《国务院对确需保留的行政审批项目设定行政许可的决定》，特制定本办法。

第二条 本办法适用于中华人民共和国境内各类法人（以下简称"投资主体"）以新建、并购、参股、增资和注资等方式进行的境外投资项目，以及投资主体以提供融资或担保等方式通过其境外企业或机构实施的境外投资项目。

第三条 本办法所称境外投资项目是指投资主体通过投入货币、有价证券、实物、知识产权或技术、股权、债权等资产和权益或提供担保，获得境外所有权、经营管理权及其他相关权益的活动。

第四条 本办法所称中方投资额是指投资主体为境外投资项目投入的货币、有价证券、实物、知识产权或技术、股权、债权等资产和权益或提供担保的总额。

第五条 国家根据不同情况对境外投资项目分别实行核准和备案管理。

第六条 国家发展和改革委员会（以下简称"国家发展改革委"）会同有关部门加强对企业境外投资的宏观指导、投向引导和综合服务，并通过多双边投资合作和对话机制，为投资主体实施境外投资项目积极创造有利的外部环境。

第二章 核准和备案机关及权限

第七条 中方投资额10亿美元及以上的境外投资项目，由国家发展改革委核准。涉及敏感国家和地区、敏感行业的境外投资项目不分限额，由国家发展改革委核准。其中，中方投资额20亿美元及以上，并涉及敏感国家和地区、敏感行业的境外投资项目，由国家发展改革委提出审核意见报国务院核准。

本办法所称敏感国家和地区包括：未建交和受国际制裁的国家，发生战争、内乱等国家和地区。

本办法所称敏感行业包括：基础电信运营，跨境水资源开发利用，大规模土地开发，输电干线、电网，新闻传媒等行业。

第八条 本办法第七条规定之外的境外投资项目实行备案管理。其中，中央管理企业实施的境外投资项目、地方企业实施的中方投资额3亿美元及以上境外投资项目，由国家发展改革委备案；地方企业实施的中方投资额3亿美元以下境外投资项目，由各省、自治区、直辖市及计划单列市和新疆生产建设兵团等省级政府投资主管部门备案。

第九条 对于境外投资项目前期工作周期长、所需前期费用（包括履约保证金、保函手续费、中介服务费、资源勘探费等）规模较大的，根据现行外汇管理规定的需要，投资主体可参照本办法第七、八条规定对项目前期费用申请核准或备案。经核准或备案的项目前期费用计入项目中方投资额。

第十条　中方投资额3亿美元及以上的境外收购或竞标项目，投资主体在对外开展实质性工作之前，应向国家发展改革委报送项目信息报告。国家发展改革委收到项目信息报告后，对符合国家境外投资政策的项目，在7个工作日内出具确认函。项目信息报告格式文本由国家发展改革委发布。

本办法所称境外收购项目，是指投资主体以协议、要约等方式收购境外企业全部或者部分股权、资产或其他权益的项目。境外竞标项目，是指投资主体参与境外公开或不公开的竞争性投标等方式获得境外企业全部或者部分股权、资产或其他权益的项目。

本办法所称对外开展实质性工作，境外收购项目是指对外签署约束性协议、提出约束性报价及向对方国家或地区政府审查部门提出申请，境外竞标项目是指对外正式投标。

第三章　核准和备案程序及条件

第十一条　由国家发展改革委核准或由国家发展改革委提出审核意见报国务院核准的境外投资项目，地方企业直接向所在地的省级政府发展改革部门提交项目申请报告，由省级政府发展改革部门提出审核意见后报送国家发展改革委；中央管理企业由集团公司或总公司向国家发展改革委报送项目申请报告。

第十二条　向国家发展改革委报送的项目申请报告主要包括项目名称、投资主体情况、项目必要性分析、背景及投资环境情况、项目实施内容、投融资方案、风险分析等内容。项目申请报告示范大纲由国家发展改革委发布。

项目申请报告应附以下附件：

（一）公司董事会决议或相关的出资决议；

（二）投资主体及外方资产、经营和资信情况的文件；

（三）银行出具的融资意向书；

（四）以有价证券、实物、知识产权或技术、股权、债权等资产权益出资的，按资产权益的评估价值或公允价值核定出资额，并应提交具备相应资质的会计师事务所、资产评估机构等中介机构出具的审计报告、资产评估报告及有权机构的确认函，或其他可证明有关资产权益价值的第三方文件；

（五）投标、并购或合资合作项目，应提交中外方签署的意向书或框架协议等文件。

第十三条　对于项目申请报告及附件不齐全或内容不符合规定要求的，国家发展改革委在5个工作日内一次性告知申报单位予以补正。

第十四条　涉及敏感国家和地区、敏感行业的境外投资项目，国家发展改革委在受理项目申请报告之日起3个工作日内征求有关部门意见，有关部门应当自收到征求意见函之日起7个工作日内出具书面意见。

第十五条　国家发展改革委在受理项目申请报告后，若确有必要，应在5个工作日内委托有资质的咨询机构进行评估。接受委托的咨询机构在规定时限内提出评估报告，并对评估结论承担责任。评估时限原则上不超过40个工作日。

评估费用由国家发展改革委承担，咨询机构及其工作人员不得收取申报单位或投资主体的任何费用。

第十六条　国家发展改革委自受理项目申请报告之日起，对于符合核准条件的境外投资项目在20个工作日内完成核准，或提出审核意见报国务院核准。如20个工作日不能做出核准决定或提出审核意见的，由国家发展改革委负责人批准延长10个工作日，并将延长期限的理由告知申报单位。

前款规定的核准期限，不包括委托咨询机构评估的时间。

第十七条　国家发展改革委对核准的项目将向申报单位出具书面核准文件；对不予核准的项目，将以书面决定的方式通知申报单位并说明理由，投资主体享有依法申请行政复议或者提起行政诉讼的权利。

第十八条　国家发展改革委核准项目的条件为：

（一）符合国家法律法规和产业政策、境外投资政策；

（二）符合互利共赢、共同发展的原则，不危害国家主权、安全和公共利益，不违反我国缔结或参加的国际条约；

（三）符合国家资本项目管理相关规定；

（四）投资主体具备相应的投资实力。

第十九条　属于国家发展改革委备案的项目，地方企业应填报境外投资项目备案申请表并附有关附件，直接提交所在地的省级政府发展改革部门，由省级政府发展改革部门报送国家发展改革委；中央管理企业由集团公司或总公司向国家发展改革委报送备案申请表及有关附件。

境外投资项目备案申请表格式文本及附件要求由国家发展改革委发布。

第二十条　对于备案申请表及附件不齐全或内容不符合规定要求的，国家发展改革委在5个工作日内一次性告知申报单位予以补正。

第二十一条　国家发展改革委在受理备案申请表之日起7个工作日内，对符合备案条件的境外投资项目出具备案通知书。对不予备案的境外投资项目，国家发展改革委将以书面决定的方式通知申报单位并说明理由，投资主体享有依法申请行政复议或者提起行政诉讼的权利。

第二十二条　国家发展改革委对申请备案的境外投资项目，主要从是否属于备案管理范围，是否符合相关法律法规、产业政策和境外投资政策，是否符合国家资本项目管理相关规定，是否危害国家主权、安全、公共利益，以及投资主体是否具备相应投资实力等进行审核。

第二十三条　对于已经核准或备案的境外投资项目，如出现下列情况之一的，应按照本办法第七、八条规定向国家发展改革委申请变更：

（一）项目规模和主要内容发生变化；

（二）投资主体或股权结构发生变化；

（三）中方投资额超过原核准或备案的20%及以上。

第四章　核准和备案文件效力

第二十四条　投资主体凭核准文件或备案通知书，依法办理外汇、海关、出入境管理和税收等相关手续。对于未按规定权限和程序核准或者备案的项目，有关部门不得办理相关手续，金融机构不得发放贷款。

第二十五条　投资主体实施需国家发展改革委核准或备案的境外投资项目，在对外签署具有最终法律约束效力的文件前，应当取得国家发展改革委出具的核准文件或备案通知书；或可在签署的文件中明确生效条件为依法取得国家发展改革委出具的核准文件或备案通知书。

第二十六条　核准文件和备案通知书应规定有效期，其中建设类项目核准文件和备案通知书有效期2年，其他项目核准文件和备案通知书有效期1年。

在有效期内投资主体未能完成办理本办法第二十四条所述相关手续的，应在有效期届满前30个工作日内申请延长有效期。

第五章　法律责任

第二十七条　国家发展改革委工作人员有下列行为之一的，责令其限期整改，并依据《行政机关公务员处分条例》等有关规定追究有关责任人的行政责任；构成犯罪的，由司法机关依法追究刑事责任。

（一）滥用职权、玩忽职守、徇私舞弊、索贿受贿的；

（二）违反本办法规定的程序和条件办理项目核准、备案的；

（三）其他违反本办法规定的行为。

第二十八条　投资主体应当对境外投资项目申请报告或项目备案申请表及附件的真实性、合法性负责。投资主体在境外投资项目申报过程中违反法律法规，隐瞒有关情况或提供虚假材料的，国家发展改革委将不予受理或不予核准、备案；已经取得核准文件或备案通知书的，国家发展改革委将撤销核准文件或备案通知书，并给予警告。

第二十九条　对于按照本办法规定投资主体应申请办理核准或备案但未依法取得核准文件或备案通知书而擅自实施的项目，以及未按照核准文件或备案通知书内容实施的项目，一经发现，国家发展改革委将会同有关部门责令其停止项目实施，并提请或者移交有关机关依法追究有关责任人的法律和行政责任。

对于按照本办法第十条规定投资主体应报送项目信息报告但未获得信息报告确认函而对外开展实质性工作的，国家发展改革委将予以通报批评，责令其纠正。对于性质严重、给国家利益造成严重损害的，国家发展改革委将会同有关部门依法进行处罚，并提请或者移交有关机关依法追究有关责任人的法律和行政责任。

第六章　附则

第三十条　各省级政府投资主管部门要加强对本地企业境外投资的引导和服务，并参照本办法规定制定相应的备案管理办法。国家发展改革委对省级政府投资主管部门境外投资项目备案工作进行指导和监督，并对发现的问题及时予以纠正。

第三十一条　投资主体在境外投资参股或设立股权投资基金，适用本办法。

自然人和其他组织在境外实施的投资项目，参照本办法规定另行制定具体管理办法。

第三十二条　投资主体在香港特别行政区、澳门特别行政区实施的投资项目，参照本办法执行。投资主体在台湾地区实施的投资项目，参照本办法规定另行制定具体管理办法。

第三十三条　本办法由国家发展改革委负责解释。

第三十四条　本办法自2014年5月8日起施行。国家发展改革委于2004年10月颁布的《境外投资项目暂行管理办法》（第21号令）同时废止。

国务院办公厅转发发展改革委关于建立保障天然气稳定供应长效机制若干意见的通知

近年来，我国天然气供应能力不断提升，但由于消费需求快速增长、需求侧管理薄弱、调峰应急能力不足等原因，一些地区天然气供需紧张情况时有发生，民生用气保障亟待加强。为保障天然气长期稳定供应，现提出以下意见：

一、总体要求

贯彻落实党中央、国务院各项决策部署，按照责任要落实、监管要到位、长供有规划、增供按计划、供需签合同、价格要理顺的原则，统筹规划，合理调度，保障民生用气，努力做到天然气供需基本平衡、长期稳定供应。

二、主要任务

（一）增加天然气供应。到2020年天然气供应能力达到4 000亿m^3，力争达到4 200亿m^3。

（二）保障民生用气。基本满足新型城镇化发展过程中居民用气（包括居民生活用气、学校教学和学生生活用气、养老福利机构用气等）、集中供热用气，以及公交车、出租车用气等民生用气需求，特别是要确保居民用气安全稳定供应。

（三）支持推进"煤改气"工程。落实《国务院关于印发大气污染防治行动计划的通知》（国发〔2013〕37号）要求，到2020年累计满足"煤改气"工程用气需求1 120亿m^3。

（四）建立有序用气机制。坚持规划先行、量入为出、全国平衡、供需协商，科学确定各省（区、市）的民生用气和"煤改气"工程用气需求量，加强需求侧管理，规范用气秩序。

三、保障措施

（一）统筹供需、做好衔接

加大对天然气尤其是页岩气等非常规油气资源勘探开发的政策扶持力度，有序推进煤制气示范项目建设。落实鼓励开发低品位、老气田和进口天然气的税收政策。各地区要综合考虑民生改善和环境保护等因素，优化天然气使用方式。做好天然气与其他能源的统筹平衡，优先保障天然气生产。利用各种清洁能源，多渠道、多途径推进煤炭替代。制定有序用气方案和调度方案，加强本行政区域内地区之间、民生用气与非民生用气之间用气调度。在落实气源的基础上，科学制定实施年度"煤改气"工程计划，防止一哄而上。

天然气销售企业要落实年度天然气生产计划和管道天然气、液化天然气（LNG）进口计划，履行季（月）调峰及天然气购销合同中约定的日调峰供气义务。执行应急处置"压非保民"（压非民生用气、保民生用气）等措施，保证民生用气供应的调度执行到位。城镇燃气经营企业要严格执行需求侧管理措施和应急调度方案，落实小时调峰以及天然气购销合同中约定的日调峰供气义务。

（二）多方施策、增加储备

支持各类市场主体依法平等参与储气设施投资、建设和运营，研究制定鼓励储气设施建设的政策措施。优先支持天然气销售企业和所供区域用气峰谷差超过3∶1、民生用气占比超过40%的城镇燃气经营企业建设储气设施。符合条件的企业可发行项目收益债券筹集资金用于储气设施建设。对独立经营的储气设施，按补偿成本、合理收益的原则确定储气价格。对储气设施建设用地优先予以支持。各地区要加强储气调峰设施和LNG接收、存储设施建设，有效提高应急储备能力，至少形成不低于保障本地区平均3天需求量的应急储气能力。对城镇燃气经营企业的储气设施，将投资、运营成本纳入配气成本统筹考虑。

天然气销售企业和城镇燃气经营企业可以单独或者共同建设储气设施，也可委托其他企业代储，增强应急调峰能力。将增供气量与储气设施规模相挂钩，天然气销售企业在同等条件下优先向有储气设施的地区增加供气。

（三）预测预警、加强监管

建立天然气监测和预测、预警机制，对天然气供应风险做到早发现、早协调、早处置。对无序推进"煤改气"工程特别是无序新建和改建燃气发电、中断或影响民生用气、没有制定并执行"压非保民"措施的地区要予以通报批评。各地区要建立重点城市高峰时段每日天然气信息统计制度，并按要求报送国务院能源主管部门。督促签订天然气购销合同和供气、用气合同，做好合同备案管理，加强对天然气销售企业和城镇燃气经营企业落实合同和保障民生用气情况的监督管理。推动城镇燃气经营企业建立信息系统，全面掌握市场用户及用气结构，及时准确报送天然气供需情况信息。

（四）推动改革、理顺价格

稳步推进天然气领域改革。做好油气勘探开发体制改革试点工作，研究制定天然气管网和LNG接收、存储设施向第三方公平接入、公平开放的政策措施。

进一步理顺天然气与可替代能源价格关系，抓紧落实天然气门站价格调整方案。加快理顺车用天然气与汽柴油的比价关系。建立健全居民生活用气阶梯价格制度，研究推行非居民用户季节性差价、可中断气价等价格政策。

四、加强组织领导

地方各级人民政府要把保障民生用气供应作为改善民生的重要任务,加强组织领导,落实主体责任,科学制定应急预案,妥善处置突发事件,正确引导舆论,维护社会稳定。国务院能源主管部门要加强综合协调,组织制定并实施天然气发展规划,制定清洁能源保障方案,提出年度全国天然气商品量平衡计划,做好天然气年度供需平衡和日常运行协调监管工作,及时协调天然气供需矛盾,提出解决的办法和措施。国务院有关部门要按照职能分工,密切配合,抓紧细化相关政策措施,扎实做好相关工作,确保取得实效。

关于调整享受税收优惠政策的天然气进口项目的通知

财关税〔2014〕8号

天津、河北、福建、海南省(市)财政厅(局)、国家税务局,海关总署广东分署、各直属海关:

根据《财政部海关总署国家税务总局关于对2011～2020年期间进口天然气及2010年底前"中亚气"项目进口天然气按比例返还进口环节增值税有关问题的通知》和《财政部海关总署国家税务总局关于调整进口天然气税收优惠政策有关问题的通知》(财关税〔2011〕39号、财关税〔2013〕74号)中的有关规定,对进口天然气具体项目和相应企业名单进行调整,具体如下:

一、新增加天津浮式液化天然气项目享受优惠政策,该项目进口规模为220万t/年,进口企业为中海石油气电集团有限责任公司和中海油天津液化天然气有限责任公司。享受政策起始时间为2013年10月1日。

二、新增加唐山液化天然气项目享受优惠政策,该项目进口规模为350万t/年,进口企业为中国石油国际事业有限公司和东北中石油国际事业有限公司。享受政策起始时间为2013年10月1日。

三、新增加海南液化天然气项目享受优惠政策,该项目进口规模为300万t/年,进口企业为中海石油气电集团有限责任公司和中海石油海南天然气有限公司。享受政策起始时间为2014年7月1日。

四、自2013年10月1日起,将福建液化天然气项目可享受政策的进口规模由260万t调整为630万t。

特此通知。

财政部海关总署国家税务总局
2014年4月21日

国务院批转发展改革委关于2014年深化经济体制改革重点任务意见的通知

国发〔2014〕18号

各省自治区、直辖市人民政府，国务院各部委、各直属机构：

国务院同意发展改革委《关于2014年深化经济体制改革重点任务的意见》，现转发给你们，请认真贯彻执行。

国务院

2014年4月30日

关于2014年深化经济体制改革重点任务的意见

2014年是全面贯彻落实党的十八届三中全会精神的第一年，改革是今年政府工作的首要任务，经济体制改革是全面深化改革的重点。根据《中央全面深化改革领导小组2014年工作要点》和今年《政府工作报告》的部署，现就2014年深化经济体制改革重点任务提出以下意见。

一、切实增强改革的责任感和紧迫感

做好2014年经济体制改革工作，要高举中国特色社会主义伟大旗帜，坚持社会主义市场经济改革方向，按照全面深化改革的总目标和党中央、国务院的决策部署，把改革贯彻到政府工作的各个方面，贯穿于经济社会发展的各个领域各个环节。要紧紧抓住推动发展和改善民生中的难题，从群众最期盼的领域改起，从制约经济社会发展最突出的问题改起，从社会各界能够达成共识的环节改起，优先推出对稳增长、调结构、惠民生有直接效果的改革举措。

各地区、各部门要充分认识深化经济体制改革的重要性和紧迫性，深刻理解其科学内涵和本质要求，发挥经济体制改革牵引作用，充分调动各方面积极因素，处理好解放思想和实事求是的关系、整体推进和重点突破的关系、全局和局部的关系、顶层设计和摸着石头过河的关系、胆子要大和步子要稳的关系、改革发展稳定的关系，把握好改革的战略重点、优先顺序、主攻方向和推进方

式，正确、准确、有序、协调地推进改革，努力在重要领域和关键环节取得新突破。

二、加快转变政府职能

抓好简政放权的先手棋，进一步完善放管结合的体制机制。今年，要重点取消对投资创业就业影响大、对经济社会发展制约明显的行政审批事项，更大限度地向市场放权、给企业松绑，更大程度地让人民群众受益。该下放的事项要坚决下放，充分发挥地方政府贴近基层、就近管理和便民服务的优势。深化投资审批制度改革，取消或简化前置性审批，充分落实企业投资自主权，推进投资创业便利化。全面清理非行政许可审批事项。对面向公民、法人或其他组织的非行政许可审批事项原则上予以取消，确属需要且符合行政许可法规定的事项，要依法履行程序。加快清理各类变相行政审批，该取消的一律取消。

加快建立和完善权力清单制度。行政审批事项一律以清单形式向社会公开。清单之外的，一律不得实施审批，让政府部门"法无授权不可为"。加快探索市场准入负面清单管理方式，逐步做到负面清单之外的事项，由市场主体依法自行决定，实现"法无禁止即可为"。在全国实施工商登记制度改革，落实认缴登记制，由先证后照改为先照后证，由企业年检制度改为年报公示制度，让市场主体不断迸发新的活力。

进一步完善宏观调控体系，推进宏观调控目标制定和政策手段运用机制化。坚持权力和责任同步下放、放活和监管同步到位。应当取消的审批事项，要真正放给市场和社会，不能避重就轻、放小留大。已经下放的审批事项，有关部门、地方政府、基层和社会组织要联动配合，接住管好，切实解决好"中梗阻"和"最后一公里"问题。要加强事中事后监管，建立横向到边、纵向到底的监管网络和科学有效的监管机制，严厉惩处坑蒙拐骗、假冒伪劣、侵犯知识产权、蓄意污染环境、违背市场公平竞争原则的行为。建立科学的抽查制度、责任追溯制度、经营异常名录和黑名单制度，重点监控问题企业和违法违规经营者。

三、着力推进财税金融价格改革

财税体制改革的目标是建立现代财政制度。要实施全面规范、公开透明的预算制度，积极推进预决算公开，建设阳光政府，让人民群众看明白、能监督。实行全口径预算管理，加大政府性基金预算、国有资本经营预算与公共预算的统筹力度。实行中期财政规划管理，建立跨年度预算平衡机制。

继续扩大营改增试点范围，促进服务业发展和产业结构优化升级。改革完善消费税制度，抑制高耗能、高污染产品消费，合理引导高档消费品和高端服务消费，鼓励居民基本生活消费。坚持正税清费，推进煤炭资源税改革和房地产税、环境保护税立法相关工作。

抓紧研究调整中央与地方事权和支出责任。科学界定政府与市场边界，充分考虑公共事项的责任性质和受益范围，合理划分中央与地方、地方各级政府之间的事权和支出责任。结合税制改革，厘清税种属性，进一步理顺中央和地方收入划分，保持现有中央和地方财力格局总体稳定。提高一般性转移支付比例，清理、整合、规范专项转移支付项目，逐步取消竞争性领域专项和地方资金配套。科学设定财政转移支付的因素及权重，使转移支付更加公开透明。

规范政府举债融资制度。开明渠、堵暗道，建立以政府债券为主体的地方政府举债融资机制，剥离融资平台公司政府融资职能。对地方政府债务实行限额控制，分类纳入预算管理。推行权责发生制的政府综合财务报告制度，建立考核问责机制和地方政府信用评级制度。建立健全债务风险预警及应急处置机制，防范和化解债务风险。

金融体制改革要更好地服务于实体经济和社会事业发展。加快推进利率汇率市场化改革，有序推进人民币资本项目可兑换。进一步完善人民币汇率市场化形成机制，加大市场决定汇率的力度，增强人民币汇率双向浮动弹性。有序放宽金融机构市场准入，在加强监管前提下，允许具备条件的民间资本依法发起设立中小银行等金融机构，引导民间资本参股、投资金融机构和融资中介服务机构。针对中小企业特别是小微企业和"三农"多层次、多样化融资需求，注重发展熟悉当地情况、特色鲜明的地方法人银行。推进政策性金融机构改革，健全可持续运营机制。建立存款保险制度，健全金融机构风险处置机制，保护存款人利益。加快发展多层次资本市场，发展并规范债券市场，提高直接融资比重。完善保险定价机制，建立健全农业保险和巨灾保险制度。处理好金融创新与金融监管的关系，促进互联网金融健康发展。加快建立统一、全面、共享的金融业综合统计体系，制订金融统计管理条例。通过完善制度、规范秩序、加强监管、坚守底线，切实防范系统性和区域性金融风险。

抓住当前物价水平总体稳定的时间窗口，积极稳妥推进资源性产品和交通、电信、医药、医疗服务等价格改革，促进能源等重点行业改革和服务业发展。进一步减少政府定价项目，凡是能通过市场竞争形成价格的，要坚决交给市场。暂不具备放开条件的，要探索建立更加符合市场导向、更好反映供求关系的价格机制。对居民生活用电、用气、用水等，区分基本和非基本需求，不断完善兼顾人民群众基本生活和资源要素节约利用的阶梯价格制度。价格改革要注意全面评估改革对资源配置、物价水平、人民生活、生态环境的影响，处理好推进改革与防通胀、保民生、改善环境之间的关系。

四、深化国有企业、科技体制等改革

深化国有企业改革，深入研究和准确定位国有企业的功能性质，区分提供公益性产品或服务、自然垄断环节、一般竞争性行业等类型，完善国有企业分类考核办法，推动国有经济战略性调整，增强国有经济的市场活力和国际竞争力。以管资本为主加强国有资产监管，推进国有资本投资运营公司试点。遵循市场经济规律和技术经济规律，有序推进电信、电力、石油、天然气等行业改革。

加快发展混合所有制经济。推进国有企业股权多元化改革，建立政府和社会资本合作机制。除少数涉及国家安全的企业和投资运营公司可采用国有独资形式外，其他行业和领域国有资本以控股或参股形式参与经营。加快清理限制非公有制经济发展的法律、法规、规章和规范性文件，推动非国有资本参与中央企业投资和进入特许经营领域。放开包括自然垄断行业竞争性业务在内的所有竞争性领域，为民间资本提供大显身手的舞台。发展混合所有制经济要依法合规、规范运作，有效防止国有资产流失。

加快科技体制改革要突出以创新支撑和推动产业结构优化，促进产业由价值链低端向中高端跃升。强化企业在技术创新中的主体地位，鼓励企业设立研发机构，牵头构建产学研协同创新联盟。加大中小企业发展专项资金对科技创新的支持力度。充分发挥市场对科技创新的导向作用，健全促进科技成果转化和产业化的体制机制。

发挥市场机制对产业结构优化升级的决定性作用。抓紧清理各类优惠政策，强化环保、安全、能耗、用地等标准，通过市场竞争实现优胜劣汰，促进落后、过剩产能退出，推动企业加强管理创新和商业模式创新。完善设备加速折旧等政策，促进企业技术改造。建设创新平台，推动战略性新兴产业发展。

提高服务业发展水平，让人民群众像选择商品一样有更多的服务可选择。依靠改革推动和开放倒逼机制，加快健康服务业、养老服务业、节能环保产业、文化创意和设计服务、现代物流、电子商务、信息消费、物联网和互联网等服务业发展。

五、深化户籍、土地等体制改革

推进以人为核心的新型城镇化。紧紧围绕解决好现有"3个1亿人"问题，推进户籍制度改革和基本公共服务体系建设。研究提出城市规模标准。根据各类城镇的综合承载能力和发展潜力，实行差别化落户政策，建立健全与居住年限等条件相挂钩的基本公共服务提供机制，从各地实际出发明确基本公共服务覆盖城镇全部常住人口的时间表。

农村土地制度改革试点要按照集体所有权不能变、耕地红线不能动、农民利益不能损的原则，慎重稳妥地推进。在授权范围内有序推进农村集体经营性建设用地、农村宅基地、征地制度等改革试点。探索农村土地集体所有制的有效实现形式，落实集体所有权、稳定农户承包权、放活土地经营权，引导承包地经营权有序流转，赋予承包地经营权抵押、担保权能，扩大农村承包土地确权登记范围。

加强城镇化管理创新和机制建设。落实国家新型城镇化规划，推动经济社会发展规划、土地利用规划、城乡发展规划、生态环境保护规划等"多规合一"，开展市县空间规划改革试点，促进城乡经济社会一体化发展。围绕建立农业转移人口市民化成本分担机制和多元化可持续的投融资机制、创新行政管理体制和降低行政成本的设市设区模式等，开展国家新型城镇化试点和中小城市综合改革试点。

六、以开放促进改革

通过深化改革构建开放型经济新体制，通过扩大开放倒逼国内深层次改革和体制机制创新。以改革开放的相互促进，推动要素有序流动、资源高效配置、市场深度融合、产业转型升级，打造符合国际投资贸易规则、内外资企业公平竞争的营商环境，加快培育国际竞争新优势。

坚持利用外资与调整经济结构和转变发展方式相结合。注重引进先进技术、管理经验和高素质人才，发挥利用外资的技术溢出效应和综合带动效应。建立统一、公平、透明的投资准入体制，将逐案审批和产业指导目录式的外资管理方式，逐步改革为准入前国民待遇加负面清单管理模式。放宽教育、文化、医疗等服务业市场准入。

建立健全对外投资贸易便利化体制。推进对外投资管理方式改革，实行以备案为主、核准为辅的管理方式，缩小核准范围，确立企业和个人对外投资主体地位。健全金融、法律、中介、领事等服务，引导有实力的企业到海外整合和延伸产业链，支持企业打造自主品牌和国际营销网络，提高其在全球范围内配置资源要素的能力。加大部门间管理协同力度，加快通关便利化改革，培育出口贸易新优势。统筹多双边和区域开放合作，加快内陆沿边开放，积极推动自贸区建设。

七、推进关系民生改善的各项体制改革

以保基本、兜底线、促公平为核心，深化教育、文化、医药卫生、社会保障、住房保障等领域改革，构建基本民生保障服务体系。以农村为重点，以农村社区建设试点工作为重要抓手，统筹推进城乡基层公共资源共建共享和基本公共服务设施建设，建立健全农村公共服务运行维护机制。以提高质量、促进公平、增强活力为目标，以资源配置方式、人才培养模式和管理体制为重点，深化教育综合改革。统筹城乡义务教育资源配置，促进义务教育均衡发展。增加贫困地区农村学生上重点高校比例，推动优质教育资源更多惠及农村、边远、贫困、民族地区。围绕保基本、强基层、建机制，推动医改向纵深发展，不断健全覆盖城乡居民的基本医疗卫生制度，为群众提供安全、有效、方便、价廉的医疗卫生服务。按照增强公平性、适应流动性、保证可持续性的要求，完善社会保障制度。以全体人民住有所居为目标，完善住房保障机制，促进房地产市场健康发展。深化文化体制改革，完善文化经济政策，推进基本公共文化服务标准化、均等化。健全从中央到地方直至基层的食品药品安全监管体制，建立从生产加工到流通消费的全过程监管机制、社会共治制度和可追溯体系。

完善社会救助制度体系，兜住特殊困难群众的生活底线。加快构建与经济社会发展水平相适应、与其他保障制度相衔接的社会救助制度，使救助体系科学化、规范化、法制化。全面实施临时救助制度，保障遭遇临时性、突发性困难家庭的基本生活，让突遇不测者得周急之助，因病因灾者去生存之虞，创新创业者无后顾之忧。

推进就业创业、收入分配、社会治理等制度改革，促进起点公平、机会均等和社会稳定。优化就业创业环境，统筹做好高校毕业生、农村转移劳动力、城镇困难人员等就业工作。深化收入分配制度改革，努力缩小收入差距，增加低收入者收入，扩大中等收入者比重，使城乡居民收入与经济同步增长。协调推进经济改革和社会改革，创新社会管理体制。通过市场引导、政府购买服务等方式，支持社会组织发展，激发社会组织活力。健全基层民主法治制度，发挥多元主体共同治理作用，促进人民安居乐业。

八、加快生态文明制度建设

坚持节约优先、保护优先、自然恢复为主的基本方针，着力推进绿色发展、循环发展、低碳发展，形成节约资源和保护环境的空间格局、产业结构、生产方式、生活方式，从源头上扭转生态环境恶化趋势。加大主体功能区制度实施力度，研究制定国家主体功能区制度的综合政策体系。严格生态空间保护制度，建立陆海统筹的生态系统保护修复和污染防治区域联动机制。探索编制自然资源资产负债表，加大对自然价值较高的国土空间的保护力度，改变自然资源的粗放利用状态。推动建立跨区域、跨流域生态补偿机制，促进形成综合补偿与分类补偿相结合，转移支付、横向补偿和市场交易互为补充的生态补偿制度。完善资源有偿使用、环境损害赔偿、环境污染责任保险等制度，制定实施生态文明建设目标体系，健全评价考核、行为奖惩、责任追究等机制，加强资源环境

领域法制建设，为生态文明建设提供制度保障。

坚持铁腕治污、铁规治污。深入实施大气污染防治行动计划，加大环境信息公开力度，以雾霾频发的特大城市和区域为重点，以细颗粒物和可吸入颗粒物治理为突破口，抓住产业结构、能源效率、尾气排放和扬尘管控等关键环节，健全政府、企业、公众共同参与的治污新机制。推进环境污染第三方治理。继续开展排污权有偿使用和交易试点。

推动工业、建筑、交通运输、公共机构等重点领域和重点单位节能减排，加快制定和完善配套政策措施。研究全国碳排放总量控制和分解落实机制，研究制定全国碳排放权交易管理办法。推动能源生产和消费方式变革，控制能源消费总量，建立健全碳强度下降和节能目标责任制及评价考核体系。出台更为严格的节水管理办法和相关标准。

九、确保责任落实和任务完成

注重改革的系统性、整体性、协同性，强化改革的组织领导和工作责任。各地区、各部门要按照党中央、国务院的统一部署，健全改革机构，加强改革力量，完善推进机制。各项任务的牵头部门要对任务落实负总责，立足全局制定改革方案，扩大征求意见的参与面，切实防止"部门化"倾向。参加部门要各司其职，密切配合。对牵头或参加的改革任务，各部门要明确到具体责任领导、责任单位和责任人，以抓铁有痕、踏石留印的劲头，落实改革任务。

提高改革决策的科学化、民主化水平。坚持以人为本，从人民利益出发谋划和推进改革。制定改革方案，要进行认真细致的调查研究，集中民智、体现民意。充分发挥专家学者、智库的决策咨询作用，重视发挥各类改革试点、试验的示范带动作用。坚持改革创新和依法行政的辩证统一，协调推进体制改革和法制建设。坚持分类有序推进改革。对已有共识、基础条件较好的改革事项，要加快推进实施。对方向已经明确、但实施条件尚不成熟的改革事项，要抓紧研究制定方案，适时启动。对利益关系复杂、意见分歧较大的改革事项，要选择部分地区、部分行业开展试点。对需要较长时间完成的改革任务，要统筹规划、有序推进、常抓不懈。

加强改革宣传和舆论引导。对拟出台的重大改革方案或政策，要通过专题宣传、专家解读等多种方式，进行充分解读、释疑解惑，正确引导社会预期，消除模糊认识和片面理解，避免不必要的炒作，最大程度凝聚各方共识。要及时发布改革信息、解答改革难题、宣传改革经验、回应社会关切，为改革创造良好的社会环境。

加强绩效考核和督促检查。充分发挥经济体制改革工作协调机制的作用，加强改革工作的绩效考核，搞好重点任务的督查督办。对已经出台的改革方案，要加强跟踪落实，善于发现苗头性、倾向性、潜在性问题，及时纠正偏差、完善政策。重大情况和重要问题及时报告国务院。

国家发展改革委关于发布首批基础设施等领域鼓励社会投资项目的通知

发改基础〔2014〕981号

工业和信息化部、交通运输部、国家能源局，各省、自治区、直辖市及计划单列市发展改革委，中国铁路总公司、中国石油天然气集团公司、中国石油化工集团公司、中国海洋石油总公司、国家电网公司、中国电信集团公司、中国联合网络通信集团有限公司、中国移动通信集团公司，有关单位：

经国务院同意，为加快投融资体制改革，推进投资主体多元化，进一步发挥社会资本作用，决定在基础设施等领域首批推出80个鼓励社会资本参与建设营运的示范项目。现将有关事项通知如下：

一、首批推出的基础设施等领域鼓励社会资本参与的80个项目涵盖铁路、公路、港口等交通基础设施，新一代信息基础设施，重大水电、风电、光伏发电等清洁能源工程，油气管网及储气设施，现代煤化工和石化产业基地等方面，鼓励和吸引社会资本特别是民间投资以合资、独资、特许经营等方式参与建设及营运。

二、80个项目中，对于已开工建设和基本明确投资者的项目，应加快建设营运进程，或加快推进前期工作，尽快形成示范效应；对于尚未确定投资者的项目，应创造条件进一步落实鼓励和吸引社会资本参与投资、建设及营运，具备条件的要面向社会公开招标，并按照有关规定程序办理。有关项目业主要强化市场主体责任意识，依法经营，努力把项目建成社会资本参与建设和营运的样板工程。

此外，对于80个项目之外的符合规划布局要求、有利转型升级的基础设施等领域项目，也要加快推进向社会资本特别是民间投资开放。

三、在基础设施等领域实施鼓励社会资本投资的示范项目是落实今年政府工作报告的重要举措，有利于优化投资结构、激发市场活力、促进经济持续健康发展。各级地方政府、有关部门、有关单位要高度重视，共同做好80个示范项目的组织实施、宣传引导、服务监管工作，通过推动实施示范项目促进社会资本愿进来、进得来、留得住、可流动，切实激发社会资本进入基础设施等领域的积极性。要进一步完善配套政策，创新管理方式，简化审批程序，严格依法行政，加强有效监管，努力营造公平的竞争环境，深入推动相关领域扩大向社会资本开放。各省（区、市）发展改革委要密切跟踪，协调推动示范项目，并将项目实施进展情况及时总结报送我委。

附件：首批基础设施等领域鼓励社会投资项目表

国家发展改革委
2014年5月18日

国家发展改革委关于调整非居民用存量天然气价格的通知

发改价格〔2014〕1835号

各省、自治区、直辖市、新疆生产建设兵团发展改革委、物价局,中国石油天然气集团公司、中国石油化工集团公司:

2013年6月,我委区分存量气和增量气调整了天然气价格。方案实施后,国内资源开发和海外资源引进速度明显加快,天然气供应能力显著增强;资源配置趋于合理,天然气利用效率进一步提高。根据党的十八届三中全会精神和2014年深化经济体制改革重点任务的总体安排,按照2015年实现与增量气价格并轨的既定目标,我委会同相关部门研究提出了进一步调整非居民用存量天然气价格的意见。现就有关事项通知如下:

一、价格调整具体安排

在保持增量气门站价格不变的前提下,适当提高非居民用存量天然气门站价格,具体为:

(一)非居民用存量气门站价格适当提高。非居民用存量气最高门站价格每千立方米提高400元。广东、广西存量气最高门站价格按与全国水平衔接的原则适当提高。调整后的各省(区、市)天然气最高门站价格见附表。

鉴于目前化肥市场低迷,化肥用气调价措施暂缓出台,待市场形势出现积极变化时再择机出台。用气化肥企业需承担冬季调峰责任。

(二)居民用气门站价格不作调整。居民生活用气、学校教学和学生生活用气、养老福利机构用气等(不包括集中供热用气)门站价格此次仍不作调整。方案实施后新增用气城市居民用气门站价格按该省(区、市)调整后的存量气门站价格政策执行。

(三)进一步落实放开进口液化天然气(LNG)气源价格和页岩气、煤层气、煤制气出厂价格政策。需要进入管道与国产陆上气、进口管道气混合输送并一起销售的,供需双方可区分气源单独签订购销和运输合同,气源和出厂价格由市场决定,管道运输价格按有关规定执行。

(四)实施时间。上述方案自2014年9月1日起实施。

二、工作要求

天然气价格调整涉及面广,社会关注度高,各地区、各有关部门和天然气生产经营企业要高度重视、通力合作,共同做好相关工作。

(一)精心组织方案实施。各地区、各有关部门要统一思想,加强组织领导、精心部署,认真排查可能出现的问题,把风险消除在萌芽状态;建立应急预案,完善应急措施,确保调价方案平稳出台。天然气生产经营企业要主动配合地方发展改革（价格）部门，加强与用气企业的沟通和协商，争取用户的理解和支持。

（二）保障天然气市场供应。有关部门和天然气生产经营企业要加强生产组织和供需衔接，保障市场平稳运行。各地要强化需求侧管理，鼓励在终端消费环节推行非居民用气季节性差价、可中断气价政策。天然气生产经营企业要严格执行价格政策，不得采取扣减居民气量、将居民独立采暖用气列为非居民用气等方式，变相提高居民用气价格；转供企业不得扣减或挪用居民气量。增量气中居民气量发生变化的，供需双方应据实核定。

（三）合理安排销售价格。各地要抓紧开展销售价格疏导工作，加强成本监审，从紧核定省内管道运输价格和配气价格，综合考虑天然气采购成本，兼顾用户承受能力，合理安排非居民用气销售价格，其中，车用气销售价格政策可结合当地实际情况自行确定。同时，要按照《国务院关于加快发展养老服务业的若干意见》（国发〔2013〕35号）、《国务院关于促进健康服务业发展的若干意见》（国发〔2013〕40号）等文件要求，认真落实养老机构用气按居民生活类执行、非公立医疗机构用气与公立医疗机构同价等政策。

此外，要根据已出台的居民生活用气阶梯价格指导意见，抓紧建立健全阶梯价格制度。

（四）确保出租车等用气行业稳定。对出租车行业，各地可根据当地实际情况和已建立的运价与燃料价格联动机制，通过调整运价或燃料附加标准疏导气价调整影响；疏导前要统筹考虑当地用油、用气车辆燃料成本差异和补贴情况，以及经营者承受能力，由地方政府采取发放临时补贴等措施，缓解气价调整对出租车行业的影响；对城市公交和农村道路客运，继续按现行补贴政策执行。对供热企业，各地要积极推进供热价格改革，适当理顺供热价格，地方政府可给予适当补贴。对西部个别省份以及确有困难的供热企业等，供气企业要给予适当价格优惠。

（五）加强价格监督检查。各地要加大天然气价格特别是车用气价格的检查和巡查力度，依法查处各种价格违法行为，切实维护天然气市场价格秩序。对不执行国家价格政策，擅自提高或变相提高门站价格，转供过程中变相加价，以及加气站搭车涨价、哄抬价格，或停供、限供等违法违规行为，要依法查处。对性质恶劣、问题严重、社会影响较大的典型案例，要公开曝光。

天然气生产和进口企业每年3月底前要将上年液化天然气（LNG）、页岩气、煤层气、煤制气生产和进口数量，与用户签订的购销合同，以及实际销售气量和价格报送国家发展改革委（价格司）。

（六）营造良好舆论氛围。各地要加强舆论宣传引导，有针对性地宣传解释调整非居民用存量天然气价格的必要性和主要内容，及时回应社会关切，争取社会各方理解和支持，营造良好舆论环境，确保方案平稳实施。

国家发展改革委
2014年8月10日

商务部令2014年第3号《境外投资管理办法》

《境外投资管理办法》已经2014年8月19日商务部第27次部务会议审议通过,现予发布,自2014年10月6日起施行。

部长 高虎城
2014年9月6日

境外投资管理办法

第一章 总则

第一条 为了促进和规范境外投资,提高境外投资便利化水平,根据《国务院关于投资体制改革的决定》、《国务院对确需保留的行政审批项目设定行政许可的决定》及相关法律规定,制定本办法。

第二条 本办法所称境外投资,是指在中华人民共和国境内依法设立的企业(以下简称企业)通过新设、并购及其他方式在境外拥有非金融企业或取得既有非金融企业所有权、控制权、经营管理权及其他权益的行为。

第三条 企业开展境外投资,依法自主决策、自负盈亏。

第四条 企业境外投资不得有以下情形:

(一)危害中华人民共和国国家主权、安全和社会公共利益,或违反中华人民共和国法律法规;

(二)损害中华人民共和国与有关国家(地区)关系;

(三)违反中华人民共和国缔结或者参加的国际条约、协定;

(四)出口中华人民共和国禁止出口的产品和技术。

第五条 商务部和各省、自治区、直辖市、计划单列市及新疆生产建设兵团商务主管部门(以下称省级商务主管部门)负责对境外投资实施管理和监督。

第二章 备案和核准

第六条 商务部和省级商务主管部门按照企业境外投资的不同情形,分别实行备案和核准管理。

企业境外投资涉及敏感国家和地区、敏感行业的,实行核准管理。

企业其他情形的境外投资,实行备案管理。

第七条 实行核准管理的国家是指与中华人民共和国未建交的国家、受联合国制裁的国家。必要时，商务部可另行公布其他实行核准管理的国家和地区的名单。

实行核准管理的行业是指涉及出口中华人民共和国限制出口的产品和技术的行业、影响一国（地区）以上利益的行业。

第八条　商务部和省级商务主管部门应当依法办理备案和核准，提高办事效率，提供优质服务。

商务部和省级商务主管部门通过"境外投资管理系统"（以下简称"管理系统"）对企业境外投资进行管理，并向获得备案或核准的企业颁发《企业境外投资证书》（以下简称《证书》，样式见附件1）。《证书》由商务部和省级商务主管部门分别印制并盖章，实行统一编码管理。

《证书》是企业境外投资获得备案或核准的凭证，按照境外投资最终目的地颁发。

第九条　对属于备案情形的境外投资，中央企业报商务部备案；地方企业报所在地省级商务主管部门备案。

中央企业和地方企业通过"管理系统"按要求填写并打印《境外投资备案表》（以下简称《备案表》，样式见附件2），加盖印章后，连同企业营业执照复印件分别报商务部或省级商务主管部门备案。

《备案表》填写如实、完整、符合法定形式，且企业在《备案表》中声明其境外投资无本办法第四条所列情形的，商务部或省级商务主管部门应当自收到《备案表》之日起3个工作日内予以备案并颁发《证书》。企业不如实、完整填报《备案表》的，商务部或省级商务主管部门不予备案。

第十条　对属于核准情形的境外投资，中央企业向商务部提出申请，地方企业通过所在地省级商务主管部门向商务部提出申请。

企业申请境外投资核准需提交以下材料：

（一）申请书，主要包括投资主体情况、境外企业名称、股权结构、投资金额、经营范围、经营期限、投资资金来源、投资具体内容等；

（二）《境外投资申请表》（样式见附件3），企业应当通过"管理系统"按要求填写打印，并加盖印章；

（三）境外投资相关合同或协议；

（四）有关部门对境外投资所涉的属于中华人民共和国限制出口的产品或技术准予出口的材料；

（五）企业营业执照复印件。

第十一条　核准境外投资应当征求我驻外使（领）馆（经商处室）意见。涉及中央企业的，由商务部征求意见；涉及地方企业的，由省级商务主管部门征求意见。征求意见时，商务部和省级商务主管部门应当提供投资事项基本情况等相关信息。驻外使（领）馆（经商处室）应当自接到征求意见要求之日起7个工作日内回复。

第十二条　商务部应当在受理中央企业核准申请后20个工作日内（包含征求驻外使（领）馆（经商处室）意见的时间）作出是否予以核准的决定。申请材料不齐全或者不符合法定形式的，商务部应当在3个工作日内一次告知申请企业需要补正的全部内容。逾期不告知的，自收到申请材料之日起即为受理。中央企业按照商务部的要求提交全部补正申请材料的，商务部应当受理该申请。

省级商务主管部门应当在受理地方企业核准申请后对申请是否涉及本办法第四条所列情形进行

初步审查，并在15个工作日内（包含征求驻外使（领）馆（经商处室）意见的时间）将初步审查意见和全部申请材料报送商务部。申请材料不齐全或者不符合法定形式的，省级商务主管部门应当在3个工作日内一次告知申请企业需要补正的全部内容。逾期不告知的，自收到申请材料之日起即为受理。地方企业按照省级商务主管部门的要求提交全部补正申请材料的，省级商务主管部门应当受理该申请。商务部收到省级商务主管部门的初步审查意见后，应当在15个工作日内做出是否予以核准的决定。

第十三条　对予以核准的境外投资，商务部出具书面核准决定并颁发《证书》；因存在本办法第四条所列情形而不予核准的，应当书面通知申请企业并说明理由，告知其享有依法申请行政复议或者提起行政诉讼的权利。企业提供虚假材料申请核准的，商务部不予核准。

第十四条　两个以上企业共同开展境外投资的，应当由相对大股东在征求其他投资方书面同意后办理备案或申请核准。如果各方持股比例相等，应当协商后由一方办理备案或申请核准。如投资方不属同一行政区域，负责办理备案或核准的商务部或省级商务主管部门应当将备案或核准结果告知其他投资方所在地商务主管部门。

第十五条　企业境外投资经备案或核准后，原《证书》载明的境外投资事项发生变更的，企业应当按照本章程序向原备案或核准的商务部或省级商务主管部门办理变更手续。

第十六条　自领取《证书》之日起2年内，企业未在境外开展投资的，《证书》自动失效。如需再开展境外投资，应当按照本章程序重新办理备案或申请核准。

第十七条　企业终止已备案或核准的境外投资，应当在依投资目的地法律办理注销等手续后，向原备案或核准的商务部或省级商务主管部门报告。原备案或核准的商务部或省级商务主管部门根据报告出具注销确认函。

终止是指原经备案或核准的境外企业不再存续或企业不再拥有原经备案或核准的境外企业的股权等任何权益。

第十八条　《证书》不得伪造、涂改、出租、出借或以任何其他形式转让。已变更、失效或注销的《证书》应当交回原备案或核准的商务部或省级商务主管部门。

第三章　规范和服务

第十九条　企业应当客观评估自身条件、能力，深入研究投资目的地投资环境，积极稳妥开展境外投资，注意防范风险。境内外法律法规和规章对资格资质有要求的，企业应当取得相关证明文件。

第二十条　企业应当要求其投资的境外企业遵守投资目的地法律法规、尊重当地风俗习惯，履行社会责任，做好环境、劳工保护、企业文化建设等工作，促进与当地的融合。

第二十一条　企业对其投资的境外企业的冠名应当符合境内外法律法规和政策规定。未按国家有关规定获得批准的企业，其境外企业名称不得使用"中国"、"中华"等字样。

第二十二条　企业应当落实人员和财产安全防范措施，建立突发事件预警机制和应急预案。在境外发生突发事件时，企业应当在驻外使（领）馆和国内有关主管部门的指导下，及时、妥善处理。

企业应当做好外派人员的选审、行前安全、纪律教育和应急培训工作，加强对外派人员的管理，依法办理当地合法居留和工作许可。

第二十三条　企业应当要求其投资的境外企业中方负责人当面或以信函、传真、电子邮件等方式及时向驻外使（领）馆（经商处室）报到登记。

第二十四条　企业应当向原备案或核准的商务部或省级商务主管部门报告境外投资业务情况、统计资料，以及与境外投资相关的困难、问题，并确保报送情况和数据真实准确。

第二十五条　企业投资的境外企业开展境外再投资，在完成境外法律手续后，企业应当向商务主管部门报告。涉及中央企业的，中央企业通过"管理系统"填报相关信息，打印《境外中资企业再投资报告表》（以下简称《再投资报告表》，样式见附件4）并加盖印章后报商务部；涉及地方企业的，地方企业通过"管理系统"填报相关信息，打印《再投资报告表》并加盖印章后报省级商务主管部门。

第二十六条　商务部负责对省级商务主管部门的境外投资管理情况进行检查和指导。省级商务主管部门应当每半年向商务部报告本行政区域内境外投资的情况。

第二十七条　商务部会同有关部门为企业境外投资提供权益保障、投资促进、风险预警等服务。

商务部发布《对外投资合作国别（地区）指南》、国别产业指引等文件，帮助企业了解投资目的地投资环境；加强对企业境外投资的指导和规范，会同有关部门发布环境保护等指引，督促企业在境外合法合规经营；建立对外投资与合作信息服务系统，为企业开展境外投资提供数据统计、投资机会、投资障碍、风险预警等信息。

第四章　法律责任

第二十八条　企业以提供虚假材料等不正当手段办理备案并取得《证书》的，商务部或省级商务主管部门撤销该企业境外投资备案，给予警告，并依法公布处罚决定。

第二十九条　企业提供虚假材料申请核准的，商务部给予警告，并依法公布处罚决定。该企业在一年内不得再次申请该项核准。

企业以欺骗、贿赂等不正当手段获得境外投资核准的，商务部撤销该企业境外投资核准，给予警告，并依法公布处罚决定。该企业在三年内不得再次申请该项核准；构成犯罪的，依法追究刑事责任。

第三十条　企业开展境外投资过程中出现本办法第四条所列情形的，应当承担相应的法律责任。

第三十一条　企业伪造、涂改、出租、出借或以任何其他形式转让《证书》的，商务部或省级商务主管部门给予警告；构成犯罪的，依法追究刑事责任。

第三十二条　境外投资出现第二十八至三十一条规定的情形以及违反本办法其他规定的企业，三年内不得享受国家有关政策支持。

第三十三条　商务部和省级商务主管部门有关工作人员不依照本办法规定履行职责、滥用职权、索取或者收受他人财物或者谋取其他利益，构成犯罪的，依法追究刑事责任；尚不构成犯罪的，依法给予行政处分。

第五章 附则

第三十四条 省级商务主管部门可依照本办法制定相应的工作细则。

第三十五条 本办法所称中央企业系指国务院国有资产监督管理委员会履行出资人职责的企业及其所属企业、中央管理的其他单位。

第三十六条 事业单位法人开展境外投资、企业在境外设立分支机构参照本办法执行。

第三十七条 企业赴香港、澳门、台湾地区投资参照本办法执行。

第三十八条 本办法由商务部负责解释。

第三十九条 本办法自2014年10月6日起施行。商务部2009年发布的《境外投资管理办法》（商务部令2009年第5号）同时废止。

中华人民共和国国家发展和改革委员会令第11号

《政府核准投资项目管理办法》业经国家发展和改革委员会主任办公会讨论通过，现予以发布，自2014年6月14日起施行。

主任：徐绍史

2014年5月14日

政府核准投资项目管理办法

第一章 总则

第一条 为进一步深化投资体制改革，规范政府对企业投资项目的核准行为，实现便利、高效服务和有效管理，根据《中华人民共和国行政许可法》、《国务院关于投资体制改革的决定》和国家有关法律法规，制定本办法。

第二条 实行核准制的投资项目范围和项目核准机关的核准权限，由国务院颁布的《政府核准的投资项目目录》（以下简称《核准目录》）确定。

前款所称项目核准机关，是指《核准目录》中规定具有项目核准权限的行政机关。《核准目录》所称国务院投资主管部门是指国家发展和改革委员会；《核准目录》规定由省级政府、地方政府核准的项目，其具体项目核准机关由省级政府确定。

项目核准机关对企业投资项目进行的核准是行政许可事项，实施行政许可所需经费应当由本级财政予以保障。

第三条　企业投资建设实行核准制的项目，应当按照国家有关要求编制项目申请报告，取得依法应当附具的有关文件后，按照规定报送项目核准机关。

第四条　项目核准机关对企业提交的项目申请报告，应当主要从维护经济安全、合理开发利用资源、保护生态环境、优化重大布局、保障公共利益、防止出现垄断等方面依法进行审查，作出是否予以核准的决定，并加强监督管理。

项目的市场前景、经济效益、资金来源、产品技术方案等均由企业自主决策、自担风险，项目核准机关不得干预企业的投资自主权。

第五条　项目核准机关及其工作人员应当严格执行国家有关规定，不得擅自增减核准审查条件，不得超出办理时限。

第六条　除涉及国家秘密、商业秘密或者个人隐私的外，项目核准机关应当依法将核准过程、核准结果予以公开。

第七条　项目核准机关应当建立项目核准管理在线运行系统，实现核准过程和结果的可查询、可监督。

第八条　外商投资项目和境外投资项目的核准办法另行制定，其他各类企业在中国境内投资建设的项目按本办法执行。

第二章　项目申请报告的内容及编制

第九条　项目单位应当向项目核准机关报送项目申请报告（一式5份）。项目申请报告应当由项目单位自主选择具备相应资质的工程咨询机构编制，其中由国家发展和改革委员会核准的项目，其项目申请报告应当由具备相应资质的甲级工程咨询机构编制。

第十条　项目申请报告应当主要包括以下内容：

（一）项目单位情况；

（二）拟建项目情况；

（三）资源利用和生态环境影响分析；

（四）经济和社会影响分析。

第十一条　国家发展和改革委员会编制并颁布项目申请报告通用文本、主要行业的项目申请报告示范文本、项目核准文件格式文本。

项目核准机关应当遵循便民、高效原则，制定并公开《服务指南》，列明项目核准的申报材料和所需附件、受理方式、审查条件、办理流程、办理时限等内容，提高工作透明度，为项目单位提供指导和服务。

第十二条　项目单位在报送项目申请报告时，应当根据国家法律法规的规定附送以下文件：

（一）城乡规划行政主管部门出具的选址意见书（仅指以划拨方式提供国有土地使用权的项目）；

（二）国土资源行政主管部门出具的用地预审意见（不涉及新增用地，在已批准的建设用地范围内进行改扩建的项目，可以不进行用地预审）；

（三）环境保护行政主管部门出具的环境影响评价审批文件；

（四）节能审查机关出具的节能审查意见；

（五）根据有关法律法规的规定应当提交的其他文件。

第十三条 项目单位应当对所有申报材料的真实性负责。

第三章 核准程序

第十四条 企业投资建设应当由地方政府核准的项目，应当按照地方政府的有关规定，向相应的项目核准机关报送项目申请报告。

地方企业投资建设应当分别由国家发展和改革委员会、国务院行业管理部门核准的项目，应当由项目所在地省级政府发展改革部门、行业管理部门提出初审意见后，分别向国家发展和改革委员会、国务院行业管理部门报送项目申请报告。属于国家发展和改革委员会核准权限的项目，项目所在地省级政府规定由省级政府行业管理部门初审的，应当由省级政府发展改革部门与其联合报送。

国务院有关部门所属单位、计划单列企业集团、中央管理企业投资建设应当分别由国家发展和改革委员会、国务院行业管理部门核准的项目，直接由国务院有关部门、计划单列企业集团、中央管理企业分别向国家发展和改革委员会、国务院行业管理部门报送项目申请报告，并分别附项目所在地省级政府发展改革部门、行业管理部门的意见。

企业投资建设应当由国务院核准的项目，由国家发展和改革委员会审核后报国务院核准。

第十五条 申报材料不齐全或者不符合有关要求的，项目核准机关应当在收到申报材料后5个工作日内一次告知项目单位补正。

项目核准机关受理或者不予受理申报材料，都应当出具加盖本机关专用印章并注明日期的书面凭证。对于受理的申报材料，书面凭证应注明编号，项目单位可以根据编号在线查询、监督核准过程和结果。

第十六条 项目核准机关在正式受理申报材料后，如有必要，应在4个工作日内按照有关规定委托工程咨询机构进行评估。编制项目申请报告的工程咨询机构不得承担同一项目的评估工作。工程咨询机构与项目单位存在控股、管理关系或者负责人为同一人的，该工程咨询机构不得承担该项目单位的项目评估工作。接受委托的工程咨询机构应当在项目核准机关规定的时间内提出评估报告，并对评估结论承担责任。

评估费用由委托评估的项目核准机关承担，评估机构及其工作人员不得收取项目单位的任何费用。

第十七条 对于涉及有关行业管理部门职能的项目，项目核准机关应当商请有关行业管理部门在7个工作日内出具书面审查意见。有关行业管理部门逾期没有反馈书面审查意见的，视为同意。

第十八条 对于可能会对公众利益构成重大影响的项目，项目核准机关应当采取适当方式征求公众意见。对于特别重大的项目，可以实行专家评议制度。

第十九条 项目核准机关应当在正式受理申报材料后20个工作日内做出是否予以核准的决定，或向上级项目核准机关提出审核意见。20个工作日内不能做出决定的，经本机关负责人批准，可以延长10个工作日,并应当将延长期限的理由告知项目单位。

项目核准机关需要委托评估和进行专家评议的,所需时间不计算在前款规定的期限内。项目核准机关应当将咨询评估和专家评议所需时间书面告知项目单位。

第二十条　对于同意核准的项目,项目核准机关应当出具项目核准文件并依法将核准决定向社会公开;对于不同意核准的项目,项目核准机关应当出具不予核准决定书,说明不予核准的理由。

属于国务院核准权限的项目,由国家发展和改革委员会根据国务院的意见出具项目核准文件或者不予核准决定书。

项目核准机关出具项目核准文件或者不予核准决定书应当抄送同级行业管理、城乡规划、国土资源、环境保护、节能审查等相关部门和下级项目核准、初审机关。

第二十一条　项目核准机关应当强化自我约束,制定并严格遵守内部《工作规则》,明确受理申请、要件审查、委托评估、征求行业审查意见、内部会签、限时办结、信息公开等办事规则,充分利用信息化手段,提高核准工作效率。

第二十二条　项目单位对项目核准机关的核准决定有异议的,可以依法申请行政复议或者提起行政诉讼。

第四章　核准内容及效力

第二十三条　项目核准机关主要根据以下条件对项目进行审查:

(一)符合国家法律法规和宏观调控政策;

(二)符合发展规划、产业政策、技术政策和准入标准;

(三)合理开发并有效利用了资源;

(四)不影响我国国家安全、经济安全和生态安全;

(五)对公众利益,特别是项目建设地的公众利益不产生重大不利影响。

第二十四条　项目单位依据项目核准文件,依法办理规划许可、土地使用、资源利用、安全生产等相关手续。

第二十五条　项目核准文件自印发之日起有效期2年。在有效期内未开工建设的,项目单位应当在有效期届满前的30个工作日之前向原项目核准机关申请延期,原项目核准机关应当在有效期届满前作出是否准予延期的决定。在有效期内未开工建设也未按照规定向原项目核准机关申请延期的,原项目核准文件自动失效。

第二十六条　取得项目核准文件的项目,有下列情形之一的,项目单位应当及时以书面形式向原项目核准机关提出调整申请。原项目核准机关应当根据项目具体情况,出具书面确认意见或者要求其重新办理核准手续。

(一)建设地点发生变更的;

(二)建设规模、建设内容发生较大变化的;

(三)项目变更可能对经济、社会、环境等产生重大不利影响的;

(四)需要对项目核准文件所规定的内容进行调整的其他情形。

第五章　监督管理和法律责任

第二十七条　项目核准机关应当会同行业管理、城乡规划（建设）、国土资源、环境保护、金融监管、安全生产监管等部门，加强对企业投资项目的稽察和监管。

第二十八条　对于未按规定取得规划选址、用地预审、环评审批、节能审查意见的项目，各级项目核准机关不得予以核准。对于未按规定履行核准手续或者未取得项目核准文件的项目，城乡规划（建设）、国土资源、安全生产监管等部门不得办理相关手续，金融机构不得发放贷款。

第二十九条　各级发展改革部门应当会同行业管理、城乡规划（建设）、国土资源、环境保护、金融监管、安全生产监管等部门加快完善信息系统，建立发展规划、产业政策、技术政策、准入标准、诚信记录等信息的横向互通制度，及时通报对违法违规行为的查处情况，实现行政审批和市场监管的信息共享。

第三十条　项目核准机关及其工作人员违反本办法有关规定，有下列情形之一的，由其上级行政机关或者监察机关责令改正；情节严重的，对直接负责的主管人员和其他直接责任人员依法给予行政处分。

（一）超越法定职权予以核准的；

（二）对不符合法定条件的项目予以核准的；

（三）对符合法定条件的项目不予核准的；

（四）擅自增减核准审查条件的；

（五）不在法定期限内作出核准决定的；

（六）不依法履行监管职责或者监督不力，造成严重后果的。

第三十一条　项目核准机关工作人员，在项目核准过程中索取或者收受他人财物或者谋取其他利益，构成犯罪的，依法追究刑事责任；尚不构成犯罪的，依法给予行政处分。

第三十二条　工程咨询评估机构及其人员、参与专家评议的专家，在编制项目申请报告、受项目核准机关委托开展评估或者参与专家评议过程中，不遵守国家法律法规和本办法规定的，依法追究相应责任。

第三十三条　项目单位以隐瞒有关情况或者提供虚假申报材料等不正当手段申请核准的，项目核准机关不予受理或者不予核准；已经取得项目核准文件的，项目核准机关应当依法撤销该项目核准文件，已经开工建设的，依法责令其停止建设。相应的项目核准机关和有关部门应当将其纳入不良信用记录，并依法追究有关责任人的法律责任。

第三十四条　对属于实行核准制的范围但未依法取得项目核准文件而擅自开工建设的项目，以及未按照项目核准文件的要求进行建设的项目，一经发现，相应的项目核准机关和有关部门应当将其纳入不良信用记录，依法责令其停止建设或者限期整改，并依法追究有关责任人的法律责任。

第六章　附则

第三十五条　具有项目核准权限的省级政府有关部门和国务院行业管理部门，可以按照国家有关法律法规和本办法的规定，制订具体实施办法。

第三十六条　事业单位、社会团体等投资建设《核准目录》规定实行核准制的项目，按照本办法执行。

第三十七条 本办法由国家发展和改革委员会负责解释。

第三十八条 本办法自2014年6月14日起施行。《企业投资项目核准暂行办法》（国家发展和改革委员会第19号令）同时废止。

国家能源局
关于规范煤制油、煤制天然气产业
科学有序发展的通知

各省、自治区、直辖市发展改革委（能源局），各相关企业：

煤炭是我国主体能源，适度发展煤制油、煤制天然气对保障国家能源安全、适度增加油气替代、实现高效清洁利用具有重要意义。近年来，随着前期产业化示范和技术进步效果明显，一些地区发展新建项目的积极性很高，也出现了一些不顾环境、水资源现状和技术、经济实力而盲目发展的现象。为了进一步规范煤制油（气）产业科学有序发展，现就有关问题通知如下：

一、严格产业准入要求

国家发展改革委、能源局正在研究制定《关于有序推进煤制油示范项目建设的指导意见》和《关于稳步推进煤制天然气产业化示范的指导意见》，近期将发布实施。产业政策明确了煤制油（气）"不能停止发展、不宜过热发展、禁止违背规律无序建设"的方针和"坚持量水而行、坚持清洁高效转化、坚持示范先行、坚持科学合理布局、坚持自主创新"的原则，申报的示范项目必须符合产业政策相关规定，能源转化效率、能耗、水耗、二氧化碳排放和污染物排放等指标必须达到准入值。

二、规范项目审批程序

按照国务院发布的《政府核准的投资项目目录（2013年本）》要求，年产超过20亿立方米的煤制天然气项目和年产超过100万t的煤制油项目报国务院投资主管部门核准。禁止建设年产20亿m^3及以下规模的煤制天然气项目和年产100万吨及以下规模的煤制油项目。各地发展改革部门和能源行业管理部门要严格把关，按照相关管理规定和审批程序，加强煤制油（气）项目审批管理，严禁违规审批。

三、强化要素资源配置

进一步加强煤制油（气）生产要素资源配置，煤炭供应要优先满足群众生活和发电需要，严禁在煤炭净调入省发展煤制油（气）；严禁挤占生活用水、农业用水和生态用水，以及利用地下水发展煤制油（气）。对取水量已达到或超过控制指标、主要污染物排放总量超标地区，暂停审批新建煤制油（气）示范项目；对不符合产业政策规定的项目，在资源配置、建设用地、环境评价、贷款融资等方面严格控制。

四、统筹规划试点示范

煤制油（气）处于产业化示范阶段，要坚持统筹规划、科学布局、严格准入，在生态环境和水资源条件允许的前提下有序推进示范项目建设，适度发展产业规模。国家已支持开展煤制油（气）示范项目前期工作的省区，要协调落实好煤炭资源、水资源、环境容量指标和项目建设用地等，集中精力推动示范项目建设各项工作。未能做好落实工作的，不宜申报新上项目。没有列入国家示范的项目，各地禁止擅自违规立项建设。

五、做好项目监督评价

示范项目的实施主要为了探索和验证科学高效的煤制油（气）技术，培育具有知识产权和竞争力的市场主体。要加强对示范项目立项、实施、中期评估到后评价等全过程的管理。示范工程建成后，要及时对能效、资源消耗、"三废"治理进行监督考核，做好总结评价工作，确保示范项目实施效果。

六、落实相关管理责任

各地发展改革部门和能源行业管理部门要主动会同有关部门按照国家相关政策要求，认真履行职责，依法依规把好土地、环保、信贷、产业政策和项目审批关，坚决遏制煤制油（气）盲目发展的势头。对违反国家政策和煤制油（气）产业政策规定，违规上马新建项目的行为要进行问责。

国家能源局
2014年7月17日

国务院安委会关于集中开展"六打六治"打非治违专项行动的通知

安委〔2014〕6号

各省、自治区、直辖市人民政府，新疆生产建设兵团，国务院安委会各成员单位，有关中央企业：

近年来，各地区、各有关部门认真贯彻落实党中央、国务院决策部署，持续深入开展安全生产"打非治违"工作，取得明显成效。但是，非法违法生产经营建设行为仍未得到有效遏制，依然是当前事故多发的重要原因。为进一步深化"打非治违"，有效防范和坚决遏制重特大事故，国务院安委会决定，2014年8月至12月底在全国集中开展以"六打六治"为重点的"打非治违"专项行动（以下简称专项行动）。现就有关事项通知如下：

一、总体要求和工作目标

认真贯彻落实习近平总书记、李克强总理等中央领导同志关于安全生产的重要指示精神，按照"全覆盖、零容忍、严执法、重实效"的总体要求，严格落实停产整顿、关闭取缔、上限处罚和严厉追责的"四个一律"执法措施，集中打击、整治一批当前表现突出的非法违法、违规违章行为，进一步规范安全生产法治秩序，大幅减少因非法违法行为造成的事故，促进安全生产形势持续稳定好转。

二、重点内容

突出煤矿、金属与非金属矿山、危险化学品、油气管道、交通运输、建筑施工、消防等重点行业领域，集中开展"六打六治"：

（一）打击矿山企业无证开采、超越批准的矿区范围采矿行为，整治图纸造假、图实不符问题；

（二）打击破坏损害油气管道行为，整治管道周边乱建乱挖乱钻问题；

（三）打击危化品非法运输行为，整治无证经营、充装、运输，非法改装、认证，违法挂靠、外包，违规装载等问题；

（四）打击无资质施工行为，整治层层转包、违法分包问题；

（五）打击客车客船非法营运行为，整治无证经营、超范围经营、挂靠经营及超速、超员、疲劳驾驶和长途客车夜间违规行驶等问题；

（六）打击"三合一"、"多合一"场所违法生产经营行为，整治违规住人、消防设施缺失损坏、安全出口疏散通道堵塞封闭等问题。

各地区、各有关部门要围绕"六打六治"，紧密结合实际，确定本地区、本行业领域专项行动的具体内容。

三、时间步骤

专项行动从2014年8月开始，到12月底结束。分3个阶段进行：

（一）动员部署和自查自纠阶段（8月上中旬）

1. 各地区、各有关部门成立领导机构，在调查摸底基础上，制定实施方案，层层动员部署，广泛宣传发动。

2. 地方各级人民政府组织对企业依法取得安全生产许可情况进行全面梳理，将未取得证照或证照过期的企业向社会公告。

3. 组织企业认真自查自纠，凡存在重点打击整治的六类行为的，立即整改，并向当地有关部门报告，自觉接受处理。

（二）集中打击整治阶段（8月中旬—11月底）

1. 组织开展联合执法，对六类非法违法、违规违章行为，进行集中打击和整治。对已公告证照过期的企业进行逐一检查，仍在生产经营建设的，一律予以关闭取缔。对存在六类非法违规行为且未整改的，按照有关法律法规从严从重处理。

2. 采取"四不两直"的方式，对重点地区和单位实施暗查暗访，及时发现和解决问题，推动专项行动扎实深入开展。

（三）巩固深化阶段（12月）

1. 对非法违法、违规违章行为严重的地区和单位进行重点督查，对已停产整顿或关闭取缔的企业逐一复查，巩固专项行动成果。国务院安委会组织对各地区开展综合督查。

2. 各地区、各有关部门对开展专项行动情况进行全面总结，进一步完善相关制度措施，推动建立常态化"打非治违"工作机制。

四、重点工作措施

（一）实施重大非法违法行为备案督办制度。省级专项行动领导机构对实施关闭取缔、暂扣或吊销有关许可证、责令停产整顿、没收非法所得并按国家规定上限罚款等行政处罚以及应追究刑事责任的严重非法违法行为进行备案，一案一档，跟踪督办。

（二）组织开展跨地区、跨部门联合执法。专项行动期间，省级政府每月至少组织开展1次，市、县级政府每月至少开展2次跨地区、跨部门的联合执法行动。加强行政执法与刑事司法衔接，对涉及刑事犯罪的安全生产非法违法行为一律移交司法机关，不能有案不移、以罚代刑。

（三）开展"打非治违"专题行。在全国以暗查暗访的方式组织开展"打非治违"专题行活动，通过主流媒体适时报道专题行开展情况，选择典型案例公开曝光。各地区以深化"打非治违"为主题，开展区域性专题行活动；畅通举报渠道，鼓励群众举报非法违法线索，落实举报奖励制度。

（四）严格实施"黑名单"制度。将存在严重非法违法行为且不整改以及因非法违法行为导致事故的企业列入"黑名单"，及时向社会公告并通报相关部门，在项目审批、核准、备案、用地审批、证券融资、银行贷款等方面严格限制，并在各类考核中实行安全生产"一票否决"。

（五）开展典型案例公开审判和约谈警示。配合公检法机关，对企业存在严重非法违法行为或因非法违法行为造成重特大事故等典型案例进行公开处理、审判，强化教育和震慑。对专项行动组织开展不力或行动期间事故多发的地区，逐级开展约谈警示。发生特别重大事故或发生2起以上重大事故的地区，约谈省级人民政府分管负责同志。

（六）实行"一案双查"制度，严格责任追究。专项行动期间，同一企业1个月内发现2次严重非法违法行为的，一律予以关闭，并严肃追究企业主要负责人责任。因此导致事故的，在追究企业及其负责人责任的同时，依法追究县、乡政府及其负责人责任。对"打非治违"不力，连续发生因非法违法造成较大以上事故的，依法追究地方政府主要负责人责任。

五、组织领导和职责分工

按照"党政同责、一岗双责、齐抓共管"的要求，加强地方各级党委、政府对"打非治违"工作的组织领导，将专项行动开展情况纳入各地区安全生产目标考核，加强过程监督，推动责任落实。

（一）全国专项行动的组织领导

在国务院领导下，由国务院安委会统一组织开展，各地区、各有关部门负责具体实施。国务院安委会成立专项行动领导小组，办公室设在国务院安委会办公室。

（二）各重点行业领域专项行动的组织领导

煤矿、金属与非金属矿山、危险化学品等行业领域由安全监管总局牵头组织；交通运输企业层面由交通运输部牵头组织；道路交通路面执法、消防由公安部牵头组织；建筑施工由住房城乡建设部牵头组织；油气管道由国务院安委会办公室协调组织，相关部门依法分工负责，县级以上地方人民政府主管管道保护工作的部门牵头组织落实。其他有关行业主管部门单位要针对本行业领域存在的非法违法、违规违章行为，明确细化重点打击和整治内容，深入开展专项行动。

（三）有关职能部门的职责分工

公安部门加强与行政执法部门和行业管理部门的工作联系，对情节严重、涉嫌犯罪的案件及时介入，并依法移送检察机关提起公诉。对暴力抗法行为要严厉打击。

国土资源部门结合土地矿产卫片执法检查，严格依法查处矿山领域无证开采、超越批准的矿区范围采矿等违法违规行为。

工商部门负责对有关部门撤销许可的企业，依法督促其办理变更经营范围或注销登记；配合有关部门依法查处取缔未经安全生产（经营）许可的企业。

宣传、新闻出版广电等部门负责组织协调新闻媒体做好专项行动的宣传报道和舆论引导工作。

（四）各地区专项行动的组织领导

各省级人民政府和新疆生产建设兵团负责组织开展本地区专项行动。存在职能交叉、多头管理的行业领域，地方政府应及时协调，落实有关部门责任，防止出现推诿扯皮现象。

六、有关要求

各地区、各有关部门要高度重视，认真组织开展好专项行动。各省级人民政府、新疆生产建设兵团、各重点行业领域专项行动牵头组织单位要依照本通知要求，制定本地区、本行业领域具体实施方案，于8月10日前报送国务院安委会办公室（电子邮箱：awb@chinasafety.gov.cn）。国务院安委会办公室要加强综合协调和监督检查。各省级人民政府、新疆生产建设兵团和国务院安委会有关成员单位要于12月20日前将专项行动总结报告报送国务院安委会办公室。

国务院安委会
2014年7月30日

关于全面清理涉及煤炭原油天然气收费基金有关问题的通知

财税〔2014〕74号

所属地区　全国
法规性质　政策法规
发布机构　财政部
法规标号　财税[2014]74号
发布时间　2014-10-10　　生效时间　2014-12-01

各省、自治区、直辖市人民政府，国务院各部委、各直属机构：

按照国务院关于实施煤炭资源税改革的要求，决定全面清理涉及煤炭、原油、天然气的收费基金。经国务院同意，现将有关事项通知如下：

一、自2014年12月1日起，在全国范围统一将煤炭、原油、天然气矿产资源补偿费费率降为零，停止征收煤炭、原油、天然气价格调节基金，取消煤炭可持续发展基金（山西省）、原生矿产品生态补偿费（青海省）、煤炭资源地方经济发展费（新疆维吾尔自治区）。

二、各省、自治区、直辖市要对本地区出台的涉及煤炭、原油、天然气的收费基金项目进行全面清理。凡违反行政事业性收费和政府性基金审批管理规定，越权出台的收费基金项目要一律取消。属于重复设置、不能适应经济社会发展和财税体制改革要求的不合理收费，也应清理取消。对确需保留的收费项目，应报经省级人民政府批准后执行。对中央设立的收费基金，要严格按照相关政策规定执行，不得擅自扩大征收范围、提高征收标准或另行加收任何费用。各省、自治区、直辖市要于2014年10月30日前将清理情况，包括取消的收费基金项目和涉及金额、保留的收费项目等，报财政部、国家发展改革委。

三、取消或停征涉及煤炭、原油、天然气有关收费基金后，相关部门履行正常工作职责所需经费，由中央财政和地方财政通过一般公共预算安排资金予以保障。

四、今后除法律、行政法规和国务院规定外，任何地方、部门和单位均不得设立新的涉及煤炭、原油、天然气的行政事业性收费和政府性基金项目。

五、各地区、各有关部门要严格执行本通知规定，对公布取消或停征的收费基金，不得以任何理由拖延或者拒绝执行，不得以其他名目变相继续收费。要认真履行职责，组织做好收费基金清理工作，切实减轻企业负担，确保资源税改革平稳顺利实施。对清理后保留的收费基金项目要统一纳入涉企收费基金目录清单，并向社会公布，接受公众监督。财政部、国家发展改革委将会同有关部门加大督查力度，对不按规定取消或停征有关收费基金，未按要求做好收费基金清理工作，以及在目录清单之外违规收费的地区和部门，要予以严肃查处，并追究相关责任人的行政责任。

财政部　国家发展改革委
2014年10月10日

国家能源局2014年第11号公告

所属地区　全国
法规性质　政策法规
发布机构　能源局
法规标号　2014年 第11号
发布时间　2014-10-15　生效时间　2014-10-15

依据《国家能源局关于印发<能源领域行业标准化管理办法(试行)>及实施细则的通知》（国能局科技[2009]52号）有关规定，经审查，国家能源局批准《核电厂核岛机械设备材料理化检验方法》等330项行业标准，其中能源标准（NB）71项、电力标准（DL）122项和石油天然气标准（SY）137项，现予以发布。

附件：行业标准目录

国家能源局
2014年10月15日

国家发展改革委 国家能源局
关于做好2014年天然气迎峰度冬工作的通知

发改运行〔2014〕2337号

各省、自治区、直辖市发展改革委、经信委、物价局、能源局，新疆生产建设兵团发展改革委，中国石油和化学工业联合会、中国城市燃气协会、中国石油天然气集团公司、中国石油化工集团公司、中国海洋石油总公司、国家电网公司、中国南方电网有限责任公司：

今年以来，我国天然气供需形势总体平稳。但冬季高峰期矛盾仍然突出，保供难度较大。按照《国务院办公厅转发发展改革委关于建立保障天然气稳定供应长效机制若干意见的通知》（国办发〔2014〕16号）精神，为实现迎峰度冬期间天然气稳定供应，现就有关事项通知如下。

一、提高认识，严格落实总体任务要求

（一）准确把握供需形势。今年以来，国内天然气消费保持较快增长，居民、采暖等刚性需求占比不断提高，工业用气冬季压减空间十分有限。与此同时，管道进口及煤制气等资源供应存在较大不确定性，海上天然气和进口LNG（液化天然气）市场消纳困难。预计今冬明春我国天然气供需总体偏紧，华北、西北等部分地区高峰时段矛盾突出。如遇持续低温天气，形势将更趋严峻。

（二）明确任务要求。认真贯彻中央关于做好经济工作的各项要求，切实落实国办发[2014]16号文件精神，充分发挥煤电油气运保障工作部际协调机制作用，努力增供资源，强化需求侧管理，加强安全生产，推动改革创新，实现天然气迎峰度冬形势总体平稳，确保居民生活等重点用气需求，促进经济社会持续健康发展。

二、深挖潜力，千方百计增加资源供应

（三）保持现有气田满负荷生产。供气企业要严格落实既定产量指标，将任务层层分解到具体区块和项目，在确保安全的同时，合理安排检修，加大长庆、塔里木、青海、西南、大牛地、荔湾3-1和东方1-1等主力油气田的开发力度，优化开采方案，防止气井产量下降，确保产能充分发挥，努力完成生产计划，及早安排加钻采气井，争取关键时刻放压增产。

（四）加快新区建设步伐。积极推进西南地区磨溪、元坝、川西中浅层等新区产能建设，加强新井投产的组织管理，加快试气和地面工程建设，确保新井及时接入集气管网，力争在用气高峰期到来前，形成有效供应能力。

（五）减少损耗和自用。供气企业在生产运输环节，要进一步优化阀室门站、压缩机日常运行，有效降低损耗。同时，压减油气田自用和系统内化肥、化工、液化等生产用气，努力增加管道

气外供量。

（六）稳定管道气进口。中石油要加强与中亚资源国家的衔接协商，协调乌兹别克斯坦尽量保障管道进气量，哈萨克斯坦尽可能减少下载量，努力实现进口管道气稳定供应。

（七）统筹利用非常规资源。及时解决内蒙古大唐、新疆庆华等煤制气生产和供应中存在的问题，力争平稳运行。未与主干管网连接的煤层气资源，要争取就近并网或以CNG（压缩天然气）、LNG等形式参与地方保供。加大重庆涪陵、四川长宁—威远等页岩气开发项目建设力度，努力增加非常规天然气供应。

（八）盘活进口LNG等富裕资源。供需矛盾突出的地区，应尽早明确进口LNG或海上天然气的采购数量，委托供气企业提前在较低价位锁定资源，通过串换等方式，弥补用气缺口，保障重点需求。供气企业要做好货源准备工作，加强协调配合，在满足现有市场需求的同时，统筹管输和LNG接转能力，相互提供代输、接转服务，努力降低气化、管输成本。

三、完善设施，提高供应保障能力

（九）加快管网建设。抓紧推进中石油西气东输三线西段、中石化济青二线和广东管网二期等项目建设。加快中石化渝济线增压改造及清管作业，力争发挥管道最大输气能力。加大部分地区城市管网改造力度，进一步完善输配气管网，提高城市燃气供应保障能力。

（十）消除管输瓶颈。新疆等地要尽快分离串接在居民生活用气管网上的汽车加气站、工商业等用户。加快天津浮式LNG接收站与城市管网联络线建设进度，确保用气高峰前投用。

四、有保有控，切实加强需求侧管理

（十一）建立有序用气机制。坚持"规划先行、量入为出、全国平衡、供需协商"原则，把供气合同作为发展用户与保障供需平衡的首要条件，逐步实现供气合同全覆盖。供需双方要明确供应总量、峰谷期供应量以及可中断用户的中断时间等，确保用气总量与峰值可预、可控。加强"煤改气"项目规划与供气计划的衔接，根据资源落实情况，合理确定建设进度。适当发展可中断用户，控制新建陆上管道天然气液化工厂，严禁违规项目用气。

（十二）编制完善应急预案。供气企业和城市燃气经营企业要按照"保民生、保公用、保重点"的要求，制订完善不同供应水平下的应急预案，明确具体到用户的减停供次序，始终坚持民生第一的保供原则。各地要对城市燃气经营企业的供应保障方案落实情况进行重点监督。

（十三）适当削减发电等用气。电力供应相对宽松的地区，要充分发挥本地燃煤机组能力及跨省区余缺调剂作用，减少冬季高峰发电用气。建有液化工厂的新疆、陕西、内蒙古、山东、四川、湖北等地，迎峰度冬期间要尽量减少或停止LNG生产。

（十四）大力做好节约用气。继续推行建筑保温、分户热计量、老旧供热管网和锅炉供热系统改造等节能技术；严格控制超市、商场等公共建筑室温，推广学校、写字楼节假日低温运行措施，提高天然气使用效率。

五、多措并举，努力搞好安全生产

（十五）加强隐患排查。供气企业要落实安全主体责任，加强主干管网和配套设施维护，加大生产井、采气设施、地面集输系统、净化处理设施等关键部位、薄弱环节的检维修工作，深入排查安全隐患，确保天然气设施冬季处于良好运行状态。

（十六）做好安全保护。各地要切实搞好安全生产监督检查，建立挂牌督办制度。加强重要设施的安全保卫工作，严厉打击各类破坏天然气生产、运输设施的违法犯罪行为，确保安全生产。

（十七）强化应急管理。供气企业和城市燃气经营企业要加强天然气长输、城市配气过程中的风险管控，确保事故预案切实可行，同时安排好预案演练，提高事故处置能力，确保处理有序、响应得当。

六、改革创新，健全市场化保障机制

（十八）落实天然气调价政策。各地要按照我委《关于调整非居民用存量天然气价格的通知》（发改价格[2014]1835号）要求，及时调整天然气销售价格，尽早出台疏导方案和配套措施，争取冬季用气高峰前实施到位。鼓励各地在终端消费环节推行非居民用气季节性差价、可中断气价等政策，促进移峰填谷和节约用气，缓解供需矛盾。

（十九）建立健全阶梯价格制度。各地要按照我委《关于建立健全居民生活用气阶梯价格制度的指导意见》（发改价格[2014]467号）精神，加快工作步伐，在2015年底前建立健全居民生活用气阶梯价格制度。在制定或调整居民生活用气销售价格时，同步建立阶梯价格制度。

（二十）加强企业社会责任监管。研究采取市场化调节手段，鼓励企业主动承担社会责任。对一些高峰时段主动削减负荷的用户，在资源保障和价格政策上给予适当倾斜。今年8月12日，我委在出台非居民用存量天然气调价措施时，已暂缓调整化肥用气价格，并要求化肥企业承担调峰责任。有关方面要加强监督指导，确保政策落实到位。

（二十一）搞好信用体系建设。研究建立天然气利用领域供气企业及用户信用体系，通过供气合同备案等措施，采集供需双方信用记录，重点加强供气企业及大用户等法人的信用管理，构建良好市场环境。对不签订供气合同或拒不履行合同义务的，予以通报批评，并列入不良记录；对积极签订合同并认真履行合同义务的，给予政策优惠，同时作为良好信誉载入信用档案。

七、增加储备，提高应急调峰能力

（二十二）优化储气库注采方案。在用气高峰前，要尽量增加今冬能发挥作用的江苏金坛、河北华北和天津大港等储气库注气；力争新建成的河北苏桥、新疆呼图壁等储气库冬季实现采气；适当延缓新投产、今冬明春尚不能采气的天津板南、辽宁双六等储气库注气进度，合理调配使用储气资源。

（二十三）提高储气库运行效率。中石油、中石化要在条件允许的情况下建立储气库分级应急机制，区分常规可采和高峰可采储气库，保证高峰期开采压力及采出效率，做到起始缓采，中间强采，最后净采，最大限度发挥储备资源的应急保障作用。

（二十四）建立健全调峰机制。各地要通过政策引导、市场运作等方式，逐步建立与消费规模相适应的应急调峰储备。峰谷差超过3：1、民生用气超过40%的城市及其他具备条件的地区，要充分发挥市场机制作用，简化项目核准流程，通过发行项目收益债券等政策措施，加快推进储气设施建设。

八、加强监测，及时掌握供需动态

（二十五）强化供需形势预测预警。供气企业和城市燃气经营企业要进一步完善监测预警机制，全面掌握市场用户及用气结构，及时发现影响平稳供气的各类苗头性、倾向性问题和潜在风险，做到早发现、早报告、早处置。采取停限供措施，特别是可能影响居民用气时，须提前告知用户并向有关部门报告。

（二十六）加大综合协调力度。有关方面要充分发挥煤电油气运保障工作部际协调机制作用，加强运行调节，做好应急调度，及时协调解决跨地区、跨部门、跨行业的重大问题。各地发改、经信、能源等部门要会同城建、气象等有关方面，建立健全煤、电、油、气、热等供应企业参加的联合会商调度机制，及时沟通情况，加强综合协调，统筹使用天然气、电力等清洁能源，在改善空气质量的同时，缓解天然气供应压力，努力实现供需平衡。

九、强化宣传，营造良好舆论氛围

（二十七）加强舆论引导。各地、各有关企业要与新闻媒体密切沟通，通过多种形式，加强天然气资源现状、利用政策等宣传，做好政策解读工作，提高公众节约用气、合理用气意识，针对部分地区出现的供应紧张状况，要及时通报供需形势和采取的措施，积极回应社会关切，争取各方理解、配合与支持。

十、落实责任，完善问责通报制度

（二十八）建立健全责任追究制度。各地要加强有序用气监管，检查不合规用气，确保各项保供措施落实到位。对违反《天然气利用政策》，无序进行"煤改气"以及没有按规定实施有序用气导致居民生活受到影响的，要通报批评。特别是发生大面积居民用气停限供情况的，要追究责任。

以上，请按照执行。如有重大紧急情况，请及时报告我委（经济运行调节局）、国家能源局（油气司）。

国家发展改革委
国家能源局
2014年10月20日

国务院安全生产委员会关于深入开展油气输送管道隐患整治攻坚战的通知

安委〔2014〕7号

各省、自治区、直辖市人民政府，新疆生产建设兵团，国务院安全生产委员会各成员单位，有关中央企业：

自2013年底开展油气输送管道安全隐患专项排查整治以来，各地区、各有关部门和单位协同行动、共同努力，取得了积极进展，全国共排查出油气输送管道占压、安全距离不足、不满足安全距离要求交叉穿越等安全隐患近3万处。由于整改难度大、涉及方面广、投入资金多以及历史遗留问题等多种原因，隐患整改进度比较缓慢。同时，破坏损害油气输送管道及其附属设施的现象仍然十分严重，管道周边乱建乱挖乱钻及老旧管道腐蚀问题非常突出，油气输送管道事故呈现多发势头。

根据习近平总书记、李克强总理等中央领导同志重要指示精神，按照国务院安全生产委员会（以下简称安委会）全体会议有关工作部署，为全面彻底整改油气输送管道安全隐患，依法严厉打击破坏损害油气输送管道及其附属设施的各类违法行为，有效防范和坚决遏制油气输送管道重特大事故的发生，确保油气输送管道安全生产形势持续稳定好转，经国务院同意，决定于2014年10月至2017年9月在全国范围内深入开展油气输送管道隐患整治攻坚战。现就有关事项通知如下：

一、目标原则和时间安排

（一）总体目标。集中力量开展油气输送管道隐患整治攻坚战，加快隐患整治进度，争取利用3年左右时间，完成全部隐患整治工作；近期集中开展油气输送管道领域"打非治违"专项行动，打击破坏损害油气输送管道及其附属设施行为，整治管道周边乱建乱挖乱钻及管道超期未检等问题；进一步完善油气输送管道保护和安全运行等法规制度与标准规范，建立健全相关安全监管体系和应急体系，实现油气输送管道生产安全事故明显减少，油气输送管道保护安全管理水平明显提升。

（二）基本原则。谁主管谁负责，切实落实企业安全生产主体责任和行业主管部门、地方党委政府的安全生产职责，强化安全监管部门的监管责任。突出重点、加快整治，以解决城乡集中占压等重大隐患为切入点，以打击影响油气输送管道安全的非法违法行为为抓手，务求整治见实效。标本兼治，加快建立健全油气输送管道安全生产责任体系，着力构建油气输送管道保护和安全管理长效机制。

（三）时间安排。自2014年10月起，至2015年9月前，完成排查出的全部重大隐患和形成密闭空间隐患的整治工作；2016年9月前，隐患整改率达到80%；2017年9月前，完成排查出的全部隐患整治工作。油气输送管道领域"打非治违"专项行动时间安排执行《国务院安委会关于集中开展"六打六治"打非治违专项行动的通知》(安委[2014]6号)有关要求。

二、重点工作措施

（一）建立健全工作机构。为加快推进隐患整治，国务院成立由国务院领导同志牵头的油气输送管道安全隐患整改工作领导小组，加强统筹协调，加大政策支持。各地区、各有关企业要按照国务院安委会全体会议部署，成立油气输送管道安全隐患整治工作专门机构，统筹组织、全面协调解决管道改线、占压建筑拆迁、城市地下油气输送管道建设管理等问题。承担省、市级油气输送管道安全隐患整治工作的机构负责逐项制定重大隐患整治实施方案，落实责任单位、资金、时限，分别报送上一级安委会办公室备案，由其负责跟踪督促落实。同时，要明确各有关部门在"打非治违"专项行动中的职责，落实部门分工，积极推动工作落实。

（二）严格落实企业主体责任。各有关企业要切实落实安全生产主体责任，及时完善管道设施标识，特别要加大重点区域、地段管道标志桩、警示牌的设立密度，防止因标识警示不清、管道走向指示不明等因素导致第三方盲目施工等行为发生。要加强城镇区域线路巡查，及时制止并向当地管道保护部门报送新发现的违反《石油天然气管道保护法》、破坏损害油气输送管道及其附属设施、危及管道安全运行的各类非法违法行为。进一步细化隐患整改措施和方案，对所有隐患实施逐条逐处整改销项。在隐患整改完成之前，要加强周边巡护和检查，配备充足的应急抢险物资、设备，防患于未然。对于本企业能够自行解决的隐患，要落实责任单位、资金和措施，加快整改进度，争取1年内完成，同时要加强管道风险评估和检验检测，保证所属管道本质安全；对于需要政府协调支持解决、必须改线或拆迁占压物等隐患，要逐项说明具体情况，及时报告所在地地方政府安委会和管道保护主管部门，请其协调解决。

（三）强化地方党委政府和相关部门安全保护职责。各地区、各有关部门要认真贯彻落实《石油天然气管道保护法》和《国务院办公厅关于加强城市地下管线建设管理的指导意见》(国办发[2014]27号)，尽快明确油气输送管道保护主管部门和相关安全监管部门职责。各地区主管管道保护工作的部门要牵头制定油气输送管道领域"打非治违"工作方案，组织相关部门和管道企业集中打击本行政区域内破坏损害油气输送管道及其附属设施的行为，整治管道周边乱建乱挖乱钻等问题；要和管道企业尽快对接，制定油气输送管道隐患整治方案，按照隐患整改"五落实"（整改措施、责任、资金、时限和预案）的要求，组织协调相关部门和企业加快隐患整治。公安部门要依法严厉打击打孔盗油等破坏油气输送管道的违法犯罪活动，维护良好的管道保护治安秩序。国土资源主管部门要严格依法查处毗邻油气输送管道保护范围的无证开采、超越批准的矿区范围采矿等违法违规行为。城乡规划部门要依法根据城乡规划为管道建设项目核发规划许可。住房城乡建设主管部门要配合管道保护部门严查管道周边违法施工行为。质检部门要依法实施油气输送管道等特种设备质量监督和安全检查，组织制定有关安全标准和技术规程，规范行政许可、风险评估和检验检测工作。安全监管部门要严格落实油气输送管道建设项目安全设施"三同时"审查。其他有关部门要各司其职，积极配合，为当地油气输送管道隐患整治尽职尽责。

（四）集中开展"打非治违"专项行动。各地区、各有关企业要扎实推进国务院安委会部署的"六打六治"打非治违专项行动，深刻吸取大连"6·30"中石油原油管道泄漏燃烧事故教训，坚持依法治理、源头治理和综合治理，从严从重打击先清后占、盲目施工、打孔盗油等破坏损害油气输送管道及其附属设施、危及管道安全运行的乱建乱挖乱钻非法违法行为，确保油气输送管道安全平稳运行。

（五）实行隐患整治分级挂牌督办制度。各地区对排查出的安全隐患要按照整治难易程度，由地方各级安委会分级挂牌督办，重大隐患由省级安委会挂牌督办，较大及其他隐患由市级安委会挂牌督办。问题突出、地方难以协调的重大隐患，由国务院安委会办公室挂牌督办。各级安委会要建立依靠专家整治隐患的工作机制，组织专家组加强对隐患整治的督促、指导、检查和验收，确保隐患整治工作到位。对隐患整治和"打非治违"工作不得力、不彻底、进展缓慢，安全防控措施不到位，以及先清后占、隐患重复出现的地区和单位，要选择典型案例在主流媒体公开曝光。

（六）建立政府和企业应急联动机制。各地区、各有关企业要深刻吸取近年来油气输送管道典型事故教训，认真分析当前应急处置工作中存在的问题和不足，进一步修订完善政府应急预案和企业应急预案，实现有效衔接。每年至少协同组织开展一次有针对性的应急演练并加强分析总结、评估和再完善，强化政府、企业之间的应急快速响应和协同联动，完善重大险情通报和事故应急处置协调指挥机制，全面提升油气输送管道应急处置能力。

（七）建立隐患整治和"打非治违"工作通报制度。国务院安委会办公室要建立油气输送管道安全隐患整治和"打非治违"工作通报制度，在相关安全动态信息刊物和网站上按月发布各地区、各有关企业工作进展。承担各省（区、市）油气输送管道"打非治违"和隐患整治工作的机构和各有关企业要加强协调，支持同级安委会办公室每月5日前调度上报本地区、本企业油气输送管道安全隐患整改进度以及"打非治违"和隐患整治工作好的经验、做法。

（八）强化源头治理，推进油气输送管道安全保护长效机制建设。各地区、各有关部门和企业要认真贯彻落实《石油天然气管道保护法》、《危险化学品输送管道安全管理规定》（国家安全监管总局令第43号）和《国务院安委会办公室关于切实加强城镇地面开挖和地下施工管理保障油气等危险化学品管道安全的紧急通知》（安委办明电[2014]16号）等有关法律法规及文件规定，加强油气输送管道建设项目从规划、设计、施工到投产、运行维护等各个环节的有效衔接和严格管理，加快推动出台油气输送管道完整性管理等配套法规、部门规章和标准规范，落实部门分工，细化工作职责，督促管道企业全面实施完整性管理，加强日常监督检查和管道保护宣传，推动建立油气输送管道保护和安全管理长效机制。

三、有关工作要求

（一）加强组织领导，全面落实责任。各地区、各有关部门和企业要站在发展决不能以牺牲人的生命为代价的高度，强化红线意识和底线思维，深刻认识集中力量打好油气输送管道隐患整治攻坚战的重大意义，切实加强组织领导，加大政策保障和资金支持力度，妥善解决突出问题。各地区、各有关企业要结合实际，制定详细的实施方案，细化隐患整治和"打非治违"工作目标和计划措施，确定重点地区和重点环节，确保隐患整治攻坚战取得实效。地方各级人民政府要切实履行安全监管职责，统筹地上地下设施建设和地下管线安全隐患整治，推广应用地下管网信息化监控系统，做好地下空间和管线管理各项具体工作。特别是省级人民政府要加大对城市地下油气输送管道隐患整治的监督、指导和协调力度，督促各城市结合实际抓好相关工作。

（二）密切协调配合，形成工作合力。各有关部门要加强配合，充分用好法律手段，对破坏损害油气输送管道及其附属设施、在管道周边乱建乱挖乱钻、管道超期未检等行为要依法严管重罚、上限处罚，对构成犯罪的要坚决依法追究法律责任。对在油气输送管道周边经营相关业务，安全管理粗放、隐患突出、事故频发而危及管道安全运行的企业，视情节给予资质降级、纳入企业安全"黑名单"、取消相关经营范围等处罚。地方各级人民政府要督促指导有关部门建立定期沟通协商机制，加强协调配合，强化隐患防控，帮助企业加快需要政企协调解决的隐患整改工作进度。国务院有关部门要加强协调指导，形成工作合力，加大行政问责和行政监察力度，督促地方政府及其有关部门依法履行职责，严肃查处失职、渎职行为。对因地方政府规划、建设及监管不到位等原因，导致新增占压或重复占压的，追究地方政府及有关部门的责任；对于以管道占压方式谋取非法利益的单位和个人，督促地方政府予以严厉打击并追究法律责任。

（三）广泛宣传引导，营造良好氛围。各地区、各有关企业要切实建立有关工作进展情况通报制度，及时向社会公布隐患整治和"打非治违"工作动态，接受社会监督。要充分发挥广播、电视、报刊、网络及微博、微信等各类媒体的作用，利用公益广告等平台，广泛宣传油气输送管道保护和应急防护知识，并加强舆情收集与分析，做好舆论引导和应对工作。要进一步完善油气输送管道突发事件新闻发布机制，保证信息及时、准确、有序发布，创造良好的舆论环境。

（四）强化督查暗访，确保取得实效。省、市两级安委会要加强本地区油气输送管道领域隐患整治和"打非治违"工作的综合协调与督促检查，推动工作落实。要建立完善制度化、常态化的暗查暗访机制，采取"四不两直"的方式，对油气输送管道领域"打非治违"和安全隐患整治深入开展暗查暗访。对工作不力、问题突出的地区，要进行通报批评，督促其加大工作力度。国务院安委会办公室要适时组织相关部门对各地区、各有关企业油气输送管道领域"打非治违"和隐患整治攻坚战开展情况进行督查，并向国务院安委会专题报告。

国务院安全生产委员会
2014年10月29日

国务院关于发布政府核准的投资项目目录（2014年本）的通知

国发〔2014〕53号

各省、自治区、直辖市人民政府，国务院各部委、各直属机构：

为进一步深化投资体制改革和行政审批制度改革，加大简政放权力度，切实转变政府投资管理职能，使市场在资源配置中起决定性作用，确立企业投资主体地位，更好发挥政府作用，加强和改进宏观调控，现发布《政府核准的投资项目目录（2014年本）》，并就有关事项通知如下：

一、企业投资建设本目录内的固定资产投资项目，须按照规定报送有关项目核准机关核准。企业投资建设本目录外的项目,实行备案管理。事业单位、社会团体等投资建设的项目,按照本目录执行。

原油、天然气开发项目由具有开采权的企业自行决定,并报国务院行业管理部门备案。具有开采权的相关企业应依据相关法律法规,坚持统筹规划,合理开发利用资源,避免资源无序开采。

二、法律、行政法规和国家制定的发展规划、产业政策、总量控制目标、技术政策、准入标准、用地政策、环保政策、信贷政策等是企业开展项目前期工作的重要依据,是项目核准机关和国土资源、环境保护、城乡规划、行业管理等部门以及金融机构对项目进行审查的依据。环境保护部门应根据项目对环境的影响程度实行分级分类管理,对环境影响大、环境风险高的项目严格环评审批,并强化事中事后监管。

三、对于钢铁、电解铝、水泥、平板玻璃、船舶等产能严重过剩行业的项目,要严格执行《国务院关于化解产能严重过剩矛盾的指导意见》(国发[2013]41号),各地方、各部门不得以其他任何名义、任何方式备案新增产能项目,各相关部门和机构不得办理土地(海域)供应、能评、环评审批和新增授信支持等相关业务,并合力推进化解产能严重过剩矛盾各项工作。

四、项目核准机关要改进完善管理办法,切实提高行政效能,认真履行核准职责,严格按照规定权限、程序和时限等要求进行审查。监管重心要与核准、备案权限同步下移,地方政府要切实履行监管职责。有关部门要密切配合,按照职责分工,相应改进管理办法,依法加强对投资活动的监管。对不符合法律法规规定以及未按规定权限和程序核准或者备案的项目,有关部门不得办理相关手续,金融机构不得提供信贷支持。

五、按照规定由国务院核准的项目,由发展改革委审核后报国务院核准。按照规定报国务院备案的项目,由发展改革委核准后报国务院备案。核报国务院核准的项目、国务院投资主管部门核准的项目,事前须征求国务院行业管理部门的意见。由地方政府核准的项目,省级政府可以根据本地实际情况具体划分地方各级政府的核准权限。由省级政府核准的项目,核准权限不得下放。

六、法律、行政法规和国家有专门规定的,按照有关规定执行。商务主管部门按国家有关规定对外商投资企业的设立和变更、国内企业在境外投资开办企业(金融企业除外)进行审核或备案管理。

七、本目录自发布之日起执行,《政府核准的投资项目目录(2013年本)》即行废止。

国务院
2014年10月31日

政府核准的投资项目目录(2014年本)

一、农业水利

农业:涉及开荒的项目由省级政府核准。

水库:在跨界河流、跨省(区、市)河流上建设的项目由国务院投资主管部门核准,其中库容10亿立方米及以上或者涉及移民1万人及以上的项目由国务院核准。其余项目由地方政府核准。

其他水事工程：涉及跨界河流、跨省（区、市）水资源配置调整的项目由国务院投资主管部门核准，其余项目由地方政府核准。

二、能源

水电站：在跨界河流、跨省（区、市）河流上建设的单站总装机容量50万千瓦及以上项目由国务院投资主管部门核准，其中单站总装机容量300万千瓦及以上或者涉及移民1万人及以上的项目由国务院核准。其余项目由地方政府核准。

抽水蓄能电站：由省级政府核准。

火电站：由省级政府核准，其中燃煤火电项目应在国家依据总量控制制定的建设规划内核准。

热电站：由地方政府核准，其中抽凝式燃煤热电项目由省级政府在国家依据总量控制制定的建设规划内核准。

风电站：由地方政府在国家依据总量控制制定的建设规划及年度开发指导规模内核准。

核电站：由国务院核准。

电网工程：跨境、跨省（区、市）±500千伏及以上直流项目，跨境、跨省（区、市）500千伏、750千伏、1000千伏交流项目，由国务院投资主管部门核准，其中±800千伏及以上直流项目和1000千伏交流项目报国务院备案；其余项目由地方政府核准，其中±800千伏及以上直流项目和1000千伏交流项目应按照国家制定的规划核准。

煤矿：国家规划矿区内新增年生产能力120万吨及以上煤炭开发项目由国务院行业管理部门核准，其中新增年生产能力500万吨及以上的项目报国务院备案，国家规划矿区内的其余煤炭开发项目由省级政府核准；其余一般煤炭开发项目由地方政府核准。国家规定禁止新建的煤与瓦斯突出、高瓦斯和中小型煤炭开发项目，不得核准。

煤制燃料：年产超过20亿立方米的煤制天然气项目，年产超过100万吨的煤制油项目由国务院投资主管部门核准。

液化石油气接收、存储设施（不含油气田、炼油厂的配套项目）：由省级政府核准。

进口液化天然气接收、储运设施：新建（含异地扩建）项目由国务院行业管理部门核准，其中新建接收储运能力300万吨及以上的项目报国务院备案。其余项目由省级政府核准。

输油管网（不含油田集输管网）：跨境、跨省（区、市）干线管网项目由国务院投资主管部门核准，其中跨境项目报国务院备案。其余项目由省级政府核准。

输气管网（不含油气田集输管网）：跨境、跨省（区、市）干线管网项目由国务院投资主管部门核准，其中跨境项目报国务院备案。其余项目由省级政府核准。

炼油：新建炼油及扩建一次炼油项目由国务院投资主管部门核准，其中列入国务院批准的国家能源发展规划、石化产业规划布局方案的扩建项目由省级政府核准。

变性燃料乙醇：由省级政府核准。

三、交通运输

新建（含增建）铁路：跨省（区、市）项目和国家铁路网中的干线项目由国务院投资主管部门核准，国家铁路网中的其余项目由中国铁路总公司自行决定并报国务院投资主管部门备案；其余地方铁路项目由省级政府按照国家批准的规划核准。

公路：国家高速公路网项目由国务院投资主管部门核准，普通国道网项目由省级政府核准；地方高速公路项目由省级政府按照规划核准，其余项目由地方政府核准。

独立公（铁）路桥梁、隧道：跨境、跨10万吨级及以上航道海域、跨大江大河（现状或规划为一级及以上通航段）的项目由国务院投资主管部门核准，其中跨境项目报国务院备案；国家铁路网中的其余项目由中国铁路总公司自行决定并报国务院投资主管部门备案；其余项目由地方政府核准。

煤炭、矿石、油气专用泊位：在沿海（含长江南京及以下）新建年吞吐能力1000万吨及以上项目由国务院投资主管部门核准，其余项目由省级政府核准。

集装箱专用码头：在沿海（含长江南京及以下）建设的年吞吐能力100万标准箱及以上项目由国务院投资主管部门核准，其余项目由省级政府核准。

内河航运：跨省（区、市）高等级航道的千吨级及以上航电枢纽项目由国务院投资主管部门核准，其余项目由地方政府核准。

民航：新建运输机场项目由国务院核准，新建通用机场项目、扩建军民合用机场项目由省级政府核准。

四、信息产业

电信：国际通信基础设施项目由国务院投资主管部门核准；国内干线传输网（含广播电视网）以及其他涉及信息安全的电信基础设施项目，由国务院行业管理部门核准。

五、原材料

稀土、铁矿、有色矿山开发：稀土矿山开发项目，由国务院行业管理部门核准；其余项目由省级政府核准。

石化：新建乙烯项目由省级政府按照国务院批准的石化产业规划布局方案核准。

化工：年产超过50万吨的煤经甲醇制烯烃项目、年产超过100万吨的煤制甲醇项目，由国务院投资主管部门核准；新建对二甲苯（PX）项目、新建二苯基甲烷二异氰酸酯（MDI）项目由省级政府按照国务院批准的石化产业规划布局方案核准。

稀土：冶炼分离项目由国务院行业管理部门核准，稀土深加工项目由省级政府核准。

黄金：采选矿项目由省级政府核准。

六、机械制造

汽车：按照国务院批准的《汽车产业发展政策》执行。

七、轻工

烟草：卷烟、烟用二醋酸纤维素及丝束项目由国务院行业管理部门核准。

八、高新技术

民用航空航天：干线支线飞机、6吨/9座及以上通用飞机和3吨及以上直升机制造、民用卫星制造、民用遥感卫星地面站建设项目，由国务院投资主管部门核准；6吨/9座以下通用飞机和3吨以下直升机制造项目由省级政府核准。

九、城建

城市快速轨道交通项目：由省级政府按照国家批准的规划核准。

城市道路桥梁、隧道：跨10万吨级及以上航道海域、跨大江大河（现状或规划为一级及以上通航段）的项目由国务院投资主管部门核准。

其他城建项目：由地方政府自行确定实行核准或者备案。

十、社会事业

主题公园：特大型项目由国务院核准，大型项目由国务院投资主管部门核准，中小型项目由省级政府核准。

旅游：国家级风景名胜区、国家自然保护区、全国重点文物保护单位区域内总投资5000万元及以上旅游开发和资源保护项目，世界自然和文化遗产保护区内总投资3000万元及以上项目，由省级政府核准。

其他社会事业项目：除国务院已明确改为备案管理的项目外，按照隶属关系由国务院行业管理部门、地方政府自行确定实行核准或者备案。

十一、外商投资

《外商投资产业指导目录》中有中方控股（含相对控股）要求的总投资（含增资）10亿美元及以上鼓励类项目，总投资（含增资）1亿美元及以上限制类（不含房地产）项目，由国务院投资主管部门核准，其中总投资（含增资）20亿美元及以上项目报国务院备案。《外商投资产业指导目录》限制类中的房地产项目和总投资（含增资）小于1亿美元的其他限制类项目，由省级政府核准。《外商投资产业指导目录》中有中方控股（含相对控股）要求的总投资（含增资）小于10亿美元的鼓励类项目，由地方政府核准。

前款规定之外的属于本目录第一至十条所列项目，按照本目录第一至十条的规定核准。

十二、境外投资

涉及敏感国家和地区、敏感行业的项目,由国务院投资主管部门核准。

前款规定之外的中央管理企业投资项目和地方企业投资3亿美元及以上项目报国务院投资主管部门备案。

住房城乡建设部
关于印发《燃气经营许可管理办法》
和《燃气经营企业从业人员专业培训考核
管理办法》的通知

建城[2014]167号

各省、自治区住房城乡建设厅,北京市市政市容委,天津市、上海市建委,重庆市市政管委、经信委、商委,新疆生产建设兵团建设局:

根据《城镇燃气管理条例》的有关规定,我部制定了《燃气经营许可管理办法》和《燃气经营企业从业人员专业培训考核管理办法》。现印发你们,请认真组织实施。

中华人民共和国住房和城乡建设部

2014年11月19日

燃气经营许可管理办法

第一条 为规范燃气经营许可行为,加强燃气经营许可管理,根据《城镇燃气管理条例》,制定本办法。

第二条 从事燃气经营活动的,应当依法取得燃气经营许可,并在许可事项规定的范围内经营。

燃气经营许可的申请、受理、审查批准、证件核发以及相关的监督管理等行为,适用本办法。

第三条　住房城乡建设部指导全国燃气经营许可管理工作。县级以上地方人民政府燃气管理部门负责本行政区域内的燃气经营许可管理工作。

第四条　燃气经营许可证由县级以上地方人民政府燃气管理部门核发，具体发证部门根据省级地方性法规、省级人民政府规章或决定确定。

第五条　申请燃气经营许可的，应当具备下列条件：

（一）符合燃气发展规划要求。

燃气经营区域、燃气种类、供应方式和规模、燃气设施布局和建设时序等符合依法批准并备案的燃气发展规划。

（二）有符合国家标准的燃气气源。

1. 应与气源生产供应企业签订供用气合同或供用气意向书。
2. 燃气气源应符合国家城镇燃气气质有关标准。

（三）有符合国家标准的燃气设施。

1. 有符合国家标准的燃气生产、储气、输配、供应、计量、安全等设施设备。
2. 燃气设施工程建设符合法定程序，竣工验收合格并依法备案。

（四）有固定的经营场所。

有固定办公场所、经营和服务站点等。

（五）有完善的安全管理制度和健全的经营方案。

安全管理制度主要包括：安全生产责任制度，设施设备（含用户设施）安全巡检、检测制度，燃气质量检测制度，岗位操作规程，燃气突发事件应急预案，燃气安全宣传制度等。

经营方案主要包括：企业章程、发展规划、工程建设计划，用户发展业务流程、故障报修、投诉处置、安全用气等服务制度。

（六）企业的主要负责人、安全生产管理人员以及运行、维护和抢修人员经专业培训并经燃气管理部门考核合格。专业培训考核具体办法另行制定。

经专业培训并考核合格的人员及数量，应与企业经营规模相适应，最低人数应符合以下要求：

1. 企业主要负责人。是指企业法人代表（董事长）、企业总经理（总裁），每个岗位1人。
2. 安全生产管理人员。是指企业负责安全运行的副总经理（副总裁），企业生产、安全管理部门负责人，企业生产和销售分支机构的负责人以及企业专职安全员，每个岗位不少于1人。
3. 运行、维护和抢修人员。是指负责燃气设施设备运行、维护和事故抢险抢修的操作人员，包括但不仅限于燃气输配场站工、液化石油气库站工、压缩天然气场站工、液化天然气储运工、汽车加气站操作工、燃气管网工、燃气用户检修工。最低人数应满足：

管道燃气经营企业，燃气用户10万户以下的，每2 500户不少于1人；10万户以上的，每增加2 500户增加1人；

瓶装燃气经营企业，燃气用户1 000户及以下的不少于3人；1 000户以上不到1万户的，每800户1人；1~5万户，每增加1万户增加10人；5~10万户，每增加1万户增加8人；10万户以上每增加1万户增加5人；

燃气汽车加气站等其他类型燃气经营企业人员及数量配备以及其他运行、维护和抢修类人员，由省级人民政府燃气管理部门根据具体情况确定。

（七）法律、法规规定的其他条件。

第六条　申请燃气经营许可的，应当向发证部门提交下列申请材料，并对其真实性、合法性、有效性负责：

（一）燃气经营许可申请书；

（二）企业章程和企业资本结构说明；

（三）企业的主要负责人、安全生产管理人员以及运行、维护和抢修等人员的身份证明、所取得的有效期内的燃气从业人员专业培训考核合格证书；

（四）固定的经营场所（包括办公场所、经营和服务站点等）的产权证明或租赁协议；

（五）燃气设施建设工程竣工验收报告及备案文件；

（六）申请的燃气经营类别和经营区域，企业实施燃气发展规划的具体方案；

（七）气源证明。燃气气质检测报告；与气源供应企业签订的供用气合同书或供用气意向书；

（八）本办法第五条第（五）项要求的完善的安全管理制度和健全的经营方案材料；

（九）法律、法规和规章规定的其他材料。

第七条　发证部门通过材料审查和现场核查的方式对申请人的申请材料进行审查。

第八条　发证部门应当自受理申请之日起二十个工作日内作出是否准予许可的决定。二十日内不能作出许可决定的，经发证部门负责人批准，可以延长十个工作日，并应当将延长期限的理由告知申请人。发证部门作出准予许可决定的，应向申请人出具《准予许可通知书》，告知申请人领取燃气经营许可证。

发证部门作出不予许可决定的，应当出具《不予许可决定书》，说明不予许可的理由，并告知申请人依法享有申请行政复议或者提起行政诉讼的权利。

第九条　发证部门作出的准予许可决定的，应当予以公开，公众有权查询。

公开的内容包括：准予许可的燃气经营企业名称、燃气经营许可证编号、企业注册登记地址、企业法定代表人、经营类别、经营区域、发证部门名称、发证日期和许可证有效期限等。

第十条　燃气经营许可证的格式、内容、有效期限、编号方式等按照住房城乡建设部《关于印发〈燃气经营许可证〉格式的通知》（建城〔2011〕174号）执行。

第十一条　已取得燃气经营许可证的燃气经营企业需要变更企业名称、登记注册地址、法定代表人的，应向原发证部门申请变更燃气经营许可，其中变更法定代表人的，新法定代表人应具有燃气从业人员专业培训考核合格证书。未经许可，不得擅自改变许可事项。

第十二条　已取得燃气经营许可证的燃气经营企业，有下列情形的，应重新申请经营许可。

（一）燃气经营企业的经营类别、经营区域、供应方式等发生变化的；

（二）燃气经营企业发生分立、合并的。

第十三条　有下列情形之一的，出具《准予许可通知书》的发证部门或者其上级行政机关，可以撤销已作出的燃气经营许可：

（一）许可机关工作人员滥用职权，玩忽职守，给不符合条件的申请人发放燃气经营许可证的；

（二）许可机关工作人员超越法定权限发放燃气经营许可证的；

（三）许可机关工作人员违反法定程序发放燃气经营许可证的；

（四）对不具备申请资格或者不符合法定条件的申请人出具《准予许可通知书》；

（五）依法可以撤销燃气经营许可证的其他情形。

燃气经营企业以欺骗、贿赂等不正当手段取得燃气经营许可，应当予以撤销。

第十四条 有下列情形之一的，发证部门应当依法办理燃气经营许可的注销手续：

（一）燃气经营许可证有效期届满且燃气经营企业未申请延续的；

（二）燃气经营企业没有在法定期限内取得合法主体资格或者主体资格依法终止的；

（三）燃气经营许可依法被撤销、撤回，或者燃气经营许可证被依法吊销的；

（四）因不可抗力导致燃气经营许可事项无法实施的；

（五）依法应当注销燃气经营许可的其他情形。

第十五条 燃气经营企业申请注销燃气经营许可的，应当向原许可机关提交下列申请材料：

（一）燃气经营许可注销申请书；

（二）燃气经营企业对原有用户安置和设施处置等相关方案；

（三）燃气经营许可证正、副本；

（四）与注销燃气经营许可证相关的证明文件。

发证部门受理注销申请后，经审核依法注销燃气经营许可证。

第十六条 燃气经营企业遗失燃气经营许可证的，应当在国家认可的报刊上公开声明，并持相关证明向发证部门申请补办，发证部门应在二十个工作日内核实补办燃气经营许可证。

燃气经营许可证表面发生脏污、破损或其他原因造成燃气经营许可证内容无法辨识的，燃气经营企业应向发证部门申请补办，发证部门应收回原经营许可证正、副本，并在二十个工作日内核实补办燃气经营许可证。

第十七条 已取得燃气经营许可证的燃气经营企业，应当于每年1月1日至3月31日，向发证部门报送上一年度企业年度报告。当年设立登记的企业，自下一年起报送企业年度报告。

燃气经营企业的出资比例、股权结构等重大事项发生变化的，应当在事项变化结束后十五个工作日内，向发证部门报告并提供相关材料，由发证部门记载在燃气经营许可证副本中。

第十八条 企业年度报告内容主要包括：

（一）企业章程和企业资本结构及其变化情况；

（二）企业的主要负责人、安全生产管理人员以及运行、维护和抢修等人员变更和培训情况；

（三）企业建设改造燃气设施具体情况；

（四）企业运行情况（包括供应规模、用户发展、安全运行等）；

（五）其他需要报告的内容。

具体报告内容和要求由省级人民政府燃气管理部门确定。

第十九条 发证部门应当按照国家统一要求建立本行政区域燃气经营许可管理信息系统，内容包括燃气许可证发证、变更、撤回、撤销、注销、吊销等，燃气经营企业从业人员信息、燃气经营出资比例和股权结构、燃气事故统计、处罚情况、诚信记录、年度报告等事项。

省级人民政府燃气管理部门应当建立本行政区域燃气经营许可管理信息系统，对本行政区域内发证部门的燃气经营许可管理信息系统监督指导。

第二十条 省级人民政府燃气管理部门可以根据本地实际情况，制定具体实施办法，报住房城乡建设部备案。

燃气经营企业从业人员专业培训考核管理办法

第一条 为规范燃气经营许可行为，做好燃气经营企业从业人员（以下简称"燃气从业人员"）的专业培训考核工作，根据《城镇燃气管理条例》的有关规定，制定本办法。

第二条 本办法所指燃气从业人员是指：

（一）企业主要负责人。是指企业法人代表（董事长）、企业总经理（总裁）；

（二）安全生产管理人员。是指企业负责安全运行的副总经理（副总裁），企业生产、安全管理部门负责人，企业生产和销售分支机构的负责人以及企业专职安全员；

（三）运行、维护和抢修人员。是指负责燃气设施设备运行、维护和事故抢险抢修的操作人员，包括但不仅限于燃气输配场站工、液化石油气库站工、压缩天然气场站工、液化天然气储运工、汽车加气站操作工、燃气管网工、燃气用户检修工，其他人员由各省级人民政府燃气管理部门根据具体情况确定。

第三条 住房城乡建设部指导全国燃气从业人员专业培训考核工作。负责组织编制全国燃气经营企业主要负责人，安全生产管理人员以及燃气输配场站工、液化石油气库站工、压缩天然气场站工、液化天然气储运工、汽车加气站操作工、燃气管网工、燃气用户检修工等运行、维护和抢修人员的职业标准、专业培训大纲和教材；建立全国统一的专业考核题库。

省级人民政府燃气管理部门负责本行政区域燃气从业人员专业培训考核工作。负责编制本行政区域燃气从业人员继续教育教材，编制本行政区域其他运行、维护和抢修人员专业培训大纲和教材，建立本行政区域其他运行、维护和抢修人员专业考核题库，并报住房城乡建设部备案。

县级以上地方人民政府燃气管理部门负责监督管理本行政区域燃气从业人员继续教育工作。

城市燃气行业协会协助同级燃气管理部门，做好燃气从业人员专业培训考核和继续教育工作，加强行业燃气从业人员自律管理。

第四条 从事燃气经营活动的企业，应组织本企业燃气从业人员参加有关燃气知识的专业培训考核和继续教育。

燃气从业人员由所从业的燃气经营企业组织参加燃气知识的专业培训，并经专业考核合格；在从业期间，应参加相应岗位的燃气知识继续教育，以提高从业能力和水平。

企业主要负责人、安全生产管理人员和运行、维护和抢修人员在专业培训考核合格证书复检日期前，应参加不少于三十学时的继续教育。

第五条 燃气从业人员专业培训和继续教育由具备必要的燃气专业培训能力的燃气经营企业

或社会培训机构（单位）承担，从事燃气从业人员专业培训和继续教育的企业或社会培训机构（单位）应主动报省级人民政府燃气管理部门备案，接受省级人民政府燃气管理部门指导监督。

从事燃气从业人员专业培训和继续教育的企业或社会培训机构（单位），要保证培训质量，应采用统一的燃气从业人员专业培训大纲开展专业培训工作。

第六条　从事燃气从业人员专业培训的企业或社会培训机构（单位），在专业培训结束后，应向省级人民政府燃气管理部门提出专业考核申请。

省级人民政府燃气管理部门在接到专业考核申请后，应从燃气从业人员专业考核题库内抽取相应类别的专业考核题目，对不同类别燃气从业人员，分别进行专业考核。

经专业考核合格的人员，由省级人民政府燃气管理部门发放相应类别的燃气从业人员专业培训考核合格证书。

第七条　燃气从业人员专业培训考核合格证书样式由住房城乡建设部制订。燃气从业人员专业培训考核合格证书不得转让、涂改、伪造、冒用。

燃气从业人员专业培训考核合格证书（除各省级人民政府燃气管理部门确定的其他运行、维护和抢修人员以外），全国通用，统一编号；各省级人民政府燃气管理部门确定的运行、维护和抢修人员专业培训考核合格证书，在本省级行政区域内通用、统一编号。

省级人民政府燃气管理部门应按照国家统一要求建立本行政区域燃气从业人员专业培训考核合格人员信息库，统一管理专业培训考核合格人员信息。专业培训考核合格人员信息应向社会公告。

专业培训考核合格证书每五年由省级人民政府燃气管理部门开展一次复检，未经复检或复检不通过的，专业培训考核合格证书自动失效。

第八条　燃气从业人员应在专业培训考核合格证书复检日期前六十个工作日内，由燃气经营企业向所在地省级人民政府燃气管理部门提出复检申请，省级人民政府燃气管理部门应在收到复检申请三十个工作日内作出复检意见。

燃气从业人员专业培训考核合格证书复检，应包括持证人从业期间在岗履职情况、安全事故记录和继续教育等内容。具体复检标准由各省级人民政府燃气管理部门确定。

第九条　专业培训考核合格人员跨企业流动从业的，应由流入燃气经营企业向流入地省级人民政府燃气管理部门申请办理燃气从业人员专业培训考核合格证书变更。

专业培训考核合格人员流出企业应主动向本行政区省级人民政府燃气管理部门报告人员变更事项。

第十条　燃气从业人员专业培训考核和继续教育工作接受上级燃气管理部门和社会监督，燃气管理部门设立对外监督投诉电话，接受社会监督。

国务院办公厅关于印发能源发展战略行动计划（2014-2020年）的通知

国办发〔2014〕31号

各省、自治区、直辖市人民政府，国务院各部委、各直属机构：

《能源发展战略行动计划（2014—2020年）》已经国务院同意，现印发给你们，请认真贯彻落实。

国务院办公厅
2014年6月7日

（本文有删减，个别表述有调整）

能源发展战略行动计划（2014—2020年）

能源是现代化的基础和动力。能源供应和安全事关我国现代化建设全局。新世纪以来，我国能源发展成就显著，供应能力稳步增长，能源结构不断优化，节能减排取得成效，科技进步迈出新步伐，国际合作取得新突破，建成世界最大的能源供应体系，有效保障了经济社会持续发展。

当前，世界政治、经济格局深刻调整，能源供求关系深刻变化。我国能源资源约束日益加剧，生态环境问题突出，调整结构、提高能效和保障能源安全的压力进一步加大，能源发展面临一系列新问题新挑战。同时，我国可再生能源、非常规油气和深海油气资源开发潜力很大，能源科技创新取得新突破，能源国际合作不断深化，能源发展面临着难得的机遇。

从现在到2020年，是我国全面建成小康社会的关键时期，是能源发展转型的重要战略机遇期。为贯彻落实党的十八大精神，推动能源生产和消费革命，打造中国能源升级版，必须加强全局谋划，明确今后一段时期我国能源发展的总体方略和行动纲领，推动能源创新发展、安全发展、科学发展，特制定本行动计划。

一、总体战略

（一）指导思想

高举中国特色社会主义伟大旗帜，以邓小平理论、"三个代表"重要思想、科学发展观为指导，深入贯彻党的十八大和十八届二中、三中全会精神，全面落实党中央、国务院的各项决策部署，以开源、节流、减排为重点，确保能源安全供应，转变能源发展方式，调整优化能源结构，创新能源体制机制，着力提高能源效率，严格控制能源消费过快增长，着力发展清洁能源，推进能源绿色发展，着力推动科技进步，切实提高能源产业核心竞争力，打造中国能源升级版，为实现中华民族伟大复兴的中国梦提供安全可靠的能源保障。

（二）战略方针与目标

坚持"节约、清洁、安全"的战略方针，加快构建清洁、高效、安全、可持续的现代能源体系。重点实施四大战略：

1. 节约优先战略。把节约优先贯穿于经济社会及能源发展的全过程，集约高效开发能源，科学合理使用能源，大力提高能源效率，加快调整和优化经济结构，推进重点领域和关键环节节能，合理控制能源消费总量，以较少的能源消费支撑经济社会较快发展。

到2020年，一次能源消费总量控制在48亿吨标准煤左右，煤炭消费总量控制在42亿吨左右。

2. 立足国内战略。坚持立足国内，将国内供应作为保障能源安全的主渠道，牢牢掌握能源安全主动权。发挥国内资源、技术、装备和人才优势，加强国内能源资源勘探开发，完善能源替代和储备应急体系，着力增强能源供应能力。加强国际合作，提高优质能源保障水平，加快推进油气战略进口通道建设，在开放格局中维护能源安全。

到2020年，基本形成比较完善的能源安全保障体系。国内一次能源生产总量达到42亿吨标准煤，能源自给能力保持在85%左右，石油储采比提高到14~15，能源储备应急体系基本建成。

3. 绿色低碳战略。着力优化能源结构，把发展清洁低碳能源作为调整能源结构的主攻方向。坚持发展非化石能源与化石能源高效清洁利用并举，逐步降低煤炭消费比重，提高天然气消费比重，大幅增加风电、太阳能、地热能等可再生能源和核电消费比重，形成与我国国情相适应、科学合理的能源消费结构，大幅减少能源消费排放，促进生态文明建设。

到2020年，非化石能源占一次能源消费比重达到15%，天然气比重达到10%以上，煤炭消费比重控制在62%以内。

4. 创新驱动战略。深化能源体制改革，加快重点领域和关键环节改革步伐，完善能源科学发展体制机制，充分发挥市场在能源资源配置中的决定性作用。树立科技决定能源未来、科技创造未来能源的理念，坚持追赶与跨越并重，加强能源科技创新体系建设，依托重大工程推进科技自主创新，建设能源科技强国，能源科技总体接近世界先进水平。

到2020年，基本形成统一开放竞争有序的现代能源市场体系。

二、主要任务

（一）增强能源自主保障能力

立足国内，加强能源供应能力建设，不断提高自主控制能源对外依存度的能力。

1. 推进煤炭清洁高效开发利用

按照安全、绿色、集约、高效的原则，加快发展煤炭清洁开发利用技术，不断提高煤炭清洁高效开发利用水平。

清洁高效发展煤电。转变煤炭使用方式，着力提高煤炭集中高效发电比例。提高煤电机组准入标准，新建燃煤发电机组供电煤耗低于每千瓦时300克标准煤，污染物排放接近燃气机组排放水平。

推进煤电大基地大通道建设。依据区域水资源分布特点和生态环境承载能力，严格煤矿环保和安全准入标准，推广充填、保水等绿色开采技术，重点建设晋北、晋中、晋东、神东、陕北、黄陇、宁东、鲁西、两淮、云贵、冀中、河南、内蒙古东部、新疆等14个亿吨级大型煤炭基地。到2020年，基地产量占全国的95%。采用最先进节能节水环保发电技术，重点建设锡林郭勒、鄂尔多斯、晋北、晋中、晋东、陕北、哈密、准东、宁东等9个千万千瓦级大型煤电基地。发展远距离大容量输电技术，扩大西电东送规模，实施北电南送工程。加强煤炭铁路运输通道建设，重点建设内蒙古西部至华中地区的铁路煤运通道，完善西煤东运通道。到2020年，全国煤炭铁路运输能力达到30亿吨。

提高煤炭清洁利用水平。制定和实施煤炭清洁高效利用规划，积极推进煤炭分级分质梯级利用，加大煤炭洗选比重，鼓励煤矸石等低热值煤和劣质煤就地清洁转化利用。建立健全煤炭质量管理体系，加强对煤炭开发、加工转化和使用过程的监督管理。加强进口煤炭质量监管。大幅减少煤炭分散直接燃烧，鼓励农村地区使用洁净煤和型煤。

2. 稳步提高国内石油产量

坚持陆上和海上并重，巩固老油田，开发新油田，突破海上油田，大力支持低品位资源开发，建设大庆、辽河、新疆、塔里木、胜利、长庆、渤海、南海、延长等9个千万吨级大油田。

稳定东部老油田产量。以松辽盆地、渤海湾盆地为重点，深化精细勘探开发，积极发展先进采油技术，努力增储挖潜，提高原油采收率，保持产量基本稳定。

实现西部增储上产。以塔里木盆地、鄂尔多斯盆地、准噶尔盆地、柴达木盆地为重点，加大油气资源勘探开发力度，推广应用先进技术，努力探明更多优质储量，提高石油产量。加大羌塘盆地等新区油气地质调查研究和勘探开发技术攻关力度，拓展新的储量和产量增长区域。

加快海洋石油开发。按照以近养远、远近结合，自主开发与对外合作并举的方针，加强渤海、东海和南海等海域近海油气勘探开发，加强南海深水油气勘探开发形势跟踪分析，积极推进深海对外招标和合作，尽快突破深海采油技术和装备自主制造能力，大力提升海洋油气产量。

大力支持低品位资源开发。开展低品位资源开发示范工程建设，鼓励难动用储量和濒临枯竭油田的开发及市场化转让，支持采用技术服务、工程总承包等方式开发低品位资源。

3. 大力发展天然气

按照陆地与海域并举、常规与非常规并重的原则，加快常规天然气增储上产，尽快突破非常规天然气发展瓶颈，促进天然气储量产量快速增长。

加快常规天然气勘探开发。以四川盆地、鄂尔多斯盆地、塔里木盆地和南海为重点，加强西部低品位、东部深层、海域深水三大领域科技攻关，加大勘探开发力度，力争获得大突破、大发现，努力建设8个年产量百亿立方米级以上的大型天然气生产基地。到2020年，累计新增常规天然气探明地质储量5.5万亿立方米，年产常规天然气1850亿立方米。

重点突破页岩气和煤层气开发。加强页岩气地质调查研究，加快"工厂化"、"成套化"技术研发和应用，探索形成先进适用的页岩气勘探开发技术模式和商业模式，培育自主创新和装备制造能力。着力提高四川长宁—威远、重庆涪陵、云南昭通、陕西延安等国家级示范区储量和产量规模，同时争取在湘鄂、云贵和苏皖等地区实现突破。到2020年，页岩气产量力争超过300亿立方米。以沁水盆地、鄂尔多斯盆地东缘为重点，加大支持力度，加快煤层气勘探开采步伐。到2020年，煤层气产量力争达到300亿立方米。

积极推进天然气水合物资源勘查与评价。加大天然气水合物勘探开发技术攻关力度，培育具有自主知识产权的核心技术，积极推进试采工程。

4. 积极发展能源替代

坚持煤基替代、生物质替代和交通替代并举的方针，科学发展石油替代。到2020年，形成石油替代能力4000万吨以上。

稳妥实施煤制油、煤制气示范工程。按照清洁高效、量水而行、科学布局、突出示范、自主创新的原则，以新疆、内蒙古、陕西、山西等地为重点，稳妥推进煤制油、煤制气技术研发和产业化升级示范工程，掌握核心技术，严格控制能耗、水耗和污染物排放，形成适度规模的煤基燃料替代能力。

积极发展交通燃油替代。加强先进生物质能技术攻关和示范，重点发展新一代非粮燃料乙醇和生物柴油，超前部署微藻制油技术研发和示范。加快发展纯电动汽车、混合动力汽车和船舶、天然气汽车和船舶，扩大交通燃油替代规模。

5. 加强储备应急能力建设

完善能源储备制度，建立国家储备与企业储备相结合、战略储备与生产运行储备并举的储备体系，建立健全国家能源应急保障体系，提高能源安全保障能力。

扩大石油储备规模。建成国家石油储备二期工程，启动三期工程，鼓励民间资本参与储备建设，建立企业义务储备，鼓励发展商业储备。

提高天然气储备能力。加快天然气储气库建设，鼓励发展企业商业储备，支持天然气生产企业参与调峰，提高储气规模和应急调峰能力。

建立煤炭稀缺品种资源储备。鼓励优质、稀缺煤炭资源进口，支持企业在缺煤地区和煤炭集散地建设中转储运设施，完善煤炭应急储备体系。

完善能源应急体系。加强能源安全信息化保障和决策支持能力建设，逐步建立重点能源品种和能源通道应急指挥和综合管理系统，提升预测预警和防范应对水平。

（二）推进能源消费革命

调整优化经济结构，转变能源消费理念，强化工业、交通、建筑节能和需求侧管理，重视生活节能，严格控制能源消费总量过快增长，切实扭转粗放用能方式，不断提高能源使用效率。

1. 严格控制能源消费过快增长

按照差别化原则，结合区域和行业用能特点，严格控制能源消费过快增长，切实转变能源开发和利用方式。

推行"一挂双控"措施。将能源消费与经济增长挂钩，对高耗能产业和产能过剩行业实行能源消费总量控制强约束，其他产业按先进能效标准实行强约束，现有产能能效要限期达标，新增产能必须符合国内先进能效标准。

推行区域差别化能源政策。在能源资源丰富的西部地区，根据水资源和生态环境承载能力，在节水节能环保、技术先进的前提下，合理加大能源开发力度，增强跨区调出能力。合理控制中部地区能源开发强度。大力优化东部地区能源结构，鼓励发展有竞争力的新能源和可再生能源。

控制煤炭消费总量。制定国家煤炭消费总量中长期控制目标，实施煤炭消费减量替代，降低煤炭消费比重。

2.着力实施能效提升计划

坚持节能优先，以工业、建筑和交通领域为重点，创新发展方式，形成节能型生产和消费模式。

实施煤电升级改造行动计划。实施老旧煤电机组节能减排升级改造工程，现役60万千瓦（风冷机组除外）及以上机组力争5年内供电煤耗降至每千瓦时300克标准煤左右。

实施工业节能行动计划。严格限制高耗能产业和过剩产业扩张，加快淘汰落后产能，实施十大重点节能工程，深入开展万家企业节能低碳行动。实施电机、内燃机、锅炉等重点用能设备能效提升计划，推进工业企业余热余压利用。深入推进工业领域需求侧管理，积极发展高效锅炉和高效电机，推进终端用能产品能效提升和重点用能行业能效水平对标达标。认真开展新建项目环境影响评价和节能评估审查。

实施绿色建筑行动计划。加强建筑用能规划，实施建筑能效提升工程，尽快推行75%的居住建筑节能设计标准，加快绿色建筑建设和既有建筑改造，推行公共建筑能耗限额和绿色建筑评级与标识制度，大力推广节能电器和绿色照明，积极推进新能源城市建设。大力发展低碳生态城市和绿色生态城区，到2020年，城镇绿色建筑占新建建筑的比例达到50%。加快推进供热计量改革，新建建筑和经供热计量改造的既有建筑实行供热计量收费。

实行绿色交通行动计划。完善综合交通运输体系规划，加快推进综合交通运输体系建设。积极推进清洁能源汽车和船舶产业化步伐，提高车用燃油经济性标准和环保标准。加快发展轨道交通和水运等资源节约型、环境友好型运输方式，推进主要城市群内城际铁路建设。大力发展城市公共交通，加强城市步行和自行车交通系统建设，提高公共出行和非机动出行比例。

3.推动城乡用能方式变革

按照城乡发展一体化和新型城镇化的总体要求，坚持集中与分散供能相结合，因地制宜建设城乡供能设施，推进城乡用能方式转变，提高城乡用能水平和效率。实施新城镇、新能源、新生活行动计划。科学编制城镇规划，优化城镇空间布局，推动信息化、低碳化与城镇化的深度融合，建设低碳智能城镇。制定城镇综合能源规划，大力发展分布式能源，科学发展热电联产，鼓励有条件的地区发展热电冷联供，发展风能、太阳能、生物质能、地热能供暖。

加快农村用能方式变革。抓紧研究制定长效政策措施，推进绿色能源县、乡、村建设，大力发展农村小水电，加强水电新农村电气化县和小水电代燃料生态保护工程建设，因地制宜发展农村可再生能源，推动非商品能源的清洁高效利用，加强农村节能工作。

开展全民节能行动。实施全民节能行动计划，加强宣传教育，普及节能知识，推广节能新技术、新产品，大力提倡绿色生活方式，引导居民科学合理用能，使节约用能成为全社会的自觉行动。

（三）优化能源结构

积极发展天然气、核电、可再生能源等清洁能源，降低煤炭消费比重，推动能源结构持续优化。

1. 降低煤炭消费比重

加快清洁能源供应，控制重点地区、重点领域煤炭消费总量，推进减量替代，压减煤炭消费，到2020年，全国煤炭消费比重降至62%以内。

削减京津冀鲁、长三角和珠三角等区域煤炭消费总量。加大高耗能产业落后产能淘汰力度，扩大外来电、天然气及非化石能源供应规模，耗煤项目实现煤炭减量替代。到2020年，京津冀鲁四省市煤炭消费比2012年净削减1亿吨，长三角和珠三角地区煤炭消费总量负增长。

控制重点用煤领域煤炭消费。以经济发达地区和大中城市为重点，有序推进重点用煤领域"煤改气"工程，加强余热、余压利用，加快淘汰分散燃煤小锅炉，到2017年，基本完成重点地区燃煤锅炉、工业窑炉等天然气替代改造任务。结合城中村、城乡结合部、棚户区改造，扩大城市无煤区范围，逐步由城市建成区扩展到近郊，大幅减少城市煤炭分散使用。

2. 提高天然气消费比重

坚持增加供应与提高能效相结合，加强供气设施建设，扩大天然气进口，有序拓展天然气城镇燃气应用。到2020年，天然气在一次能源消费中的比重提高到10%以上。

实施气化城市民生工程。新增天然气应优先保障居民生活和替代分散燃煤，组织实施城镇居民用能清洁化计划，到2020年，城镇居民基本用上天然气。

稳步发展天然气交通运输。结合国家天然气发展规划布局，制定天然气交通发展中长期规划，加快天然气加气站设施建设，以城市出租车、公交车为重点，积极有序发展液化天然气汽车和压缩天然气汽车，稳妥发展天然气家庭轿车、城际客车、重型卡车和轮船。

适度发展天然气发电。在京津冀鲁、长三角、珠三角等大气污染重点防控区，有序发展天然气调峰电站，结合热负荷需求适度发展燃气—蒸汽联合循环热电联产。

加快天然气管网和储气设施建设。按照西气东输、北气南下、海气登陆的供气格局，加快天然气管道及储气设施建设，形成进口通道、主要生产区和消费区相连接的全国天然气主干管网。到2020年，天然气主干管道里程达到12万公里以上。

扩大天然气进口规模。加大液化天然气和管道天然气进口力度。

3. 安全发展核电

在采用国际最高安全标准、确保安全的前提下，适时在东部沿海地区启动新的核电项目建设，研究论证内陆核电建设。坚持引进消化吸收再创新，重点推进AP1000、CAP1400、高温气冷堆、快堆及后处理技术攻关。加快国内自主技术工程验证，重点建设大型先进压水堆、高温气冷堆重大专项示范工程。积极推进核电基础理论研究、核安全技术研究开发设计和工程建设，完善核燃料循环体系。积极推进核电"走出去"。加强核电科普和核安全知识宣传。到2020年，核电装机容量达到5800万千瓦，在建容量达到3000万千瓦以上。

4. 大力发展可再生能源

按照输出与就地消纳利用并重、集中式与分布式发展并举的原则，加快发展可再生能源。到2020年，非化石能源占一次能源消费比重达到15%。

积极开发水电。在做好生态环境保护和移民安置的前提下，以西南地区金沙江、雅砻江、大渡河、澜沧江等河流为重点，积极有序推进大型水电基地建设。因地制宜发展中小型电站，开展抽水蓄能电站规划和建设，加强水资源综合利用。到2020年，力争常规水电装机达到3.5亿千瓦左右。

大力发展风电。重点规划建设酒泉、内蒙古西部、内蒙古东部、冀北、吉林、黑龙江、山东、哈密、江苏等9个大型现代风电基地以及配套送出工程。以南方和中东部地区为重点，大力发展分散式风电，稳步发展海上风电。到2020年，风电装机达到2亿千瓦，风电与煤电上网电价相当。

加快发展太阳能发电。有序推进光伏基地建设，同步做好就地消纳利用和集中送出通道建设。加快建设分布式光伏发电应用示范区，稳步实施太阳能热发电示范工程。加强太阳能发电并网服务。鼓励大型公共建筑及公用设施、工业园区等建设屋顶分布式光伏发电。到2020年，光伏装机达到1亿千瓦左右，光伏发电与电网销售电价相当。

积极发展地热能、生物质能和海洋能。坚持统筹兼顾、因地制宜、多元发展的方针，有序开展地热能、海洋能资源普查，制定生物质能和地热能开发利用规划，积极推动地热能、生物质和海洋能清洁高效利用，推广生物质能和地热供热，开展地热发电和海洋能发电示范工程。到2020年，地热能利用规模达到5000万吨标准煤。

提高可再生能源利用水平。加强电源与电网统筹规划，科学安排调峰、调频、储能配套能力，切实解决弃风、弃水、弃光问题。

（四）拓展能源国际合作

统筹利用国内国际两种资源、两个市场，坚持投资与贸易并举、陆海通道并举，加快制定利用海外能源资源中长期规划，着力拓展进口通道，着力建设丝绸之路经济带、21世纪海上丝绸之路、孟中印缅经济走廊和中巴经济走廊，积极支持能源技术、装备和工程队伍"走出去"。

加强俄罗斯中亚、中东、非洲、美洲和亚太五大重点能源合作区域建设，深化国际能源双边多边合作，建立区域性能源交易市场。积极参与全球能源治理。加强统筹协调，支持企业"走出去"。

（五）推进能源科技创新

按照创新机制、夯实基础、超前部署、重点跨越的原则，加强科技自主创新，鼓励引进消化吸收再创新，打造能源科技创新升级版，建设能源科技强国。

1. 明确能源科技创新战略方向和重点

抓住能源绿色、低碳、智能发展的战略方向，围绕保障安全、优化结构和节能减排等长期目标，确立非常规油气及深海油气勘探开发、煤炭清洁高效利用、分布式能源、智能电网、新一代核电、先进可再生能源、节能节水、储能、基础材料等9个重点创新领域，明确页岩气、煤层气、页岩油、深海油气、煤炭深加工、高参数节能环保燃煤发电、整体煤气化联合循环发电、燃气轮机、现代电网、先进核电、光伏、太阳能热发电、风电、生物燃料、地热能利用、海洋能发电、天然气水合物、大容量储能、氢能与燃料电池、能源基础材料等20个重点创新方向，相应开展页岩气、煤层气、深水油气开发等重大示范工程。

2. 抓好科技重大专项

加快实施大型油气田及煤层气开发国家科技重大专项。加强大型先进压水堆及高温气冷堆核电站国家科技重大专项。加强技术攻关，力争页岩气、深海油气、天然气水合物、新一代核电等核心技术取得重大突破。

3. 依托重大工程带动自主创新

依托海洋油气和非常规油气勘探开发、煤炭高效清洁利用、先进核电、可再生能源开发、智能电网等重大能源工程，加快科技成果转化，加快能源装备制造创新平台建设，支持先进能源技术装备"走出去"，形成有国际竞争力的能源装备工业体系。

4. 加快能源科技创新体系建设

制定国家能源科技创新及能源装备发展战略。建立以企业为主体、市场为导向、政产学研用相结合的创新体系。鼓励建立多元化的能源科技风险投资基金。加强能源人才队伍建设，鼓励引进高端人才，培育一批能源科技领军人才。

三、保障措施

（一）深化能源体制改革

坚持社会主义市场经济改革方向，使市场在资源配置中起决定性作用和更好发挥政府作用，深化能源体制改革，为建立现代能源体系、保障国家能源安全营造良好的制度环境。

完善现代能源市场体系。建立统一开放、竞争有序的现代能源市场体系。深入推进政企分开，分离自然垄断业务和竞争性业务，放开竞争性领域和环节。实行统一的市场准入制度，在制定负面清单基础上，鼓励和引导各类市场主体依法平等进入负面清单以外的领域，推动能源投资主体多元化。深化国有能源企业改革，完善激励和考核机制，提高企业竞争力。鼓励利用期货市场套期保值，推进原油期货市场建设。

推进能源价格改革。推进石油、天然气、电力等领域价格改革，有序放开竞争性环节价格，天然气井口价格及销售价格、上网电价和销售电价由市场形成，输配电价和油气管输价格由政府定价。

深化重点领域和关键环节改革。重点推进电网、油气管网建设运营体制改革，明确电网和油气管网功能定位，逐步建立公平接入、供需导向、可靠灵活的电力和油气输送网络。加快电力体制改革步伐，推动供求双方直接交易，构建竞争性电力交易市场。

健全能源法律法规。加快推动能源法制定和电力法、煤炭法修订工作。积极推进海洋石油天然气管道保护、核电管理、能源储备等行政法规制定或修订工作。进一步转变政府职能，健全能源监管体系。加强能源发展战略、规划、政策、标准等制定和实施，加快简政放权，继续取消和下放行政审批事项。强化能源监管，健全监管组织体系和法规体系，创新监管方式，提高监管效能，维护公平公正的市场秩序，为能源产业健康发展创造良好环境。

（二）健全和完善能源政策

完善能源税费政策。加快资源税费改革，积极推进清费立税，逐步扩大资源税从价计征范围。研究调整能源消费税征税环节和税率，将部分高耗能、高污染产品纳入征收范围。完善节能减排税收政策，建立和完善生态补偿机制，加快推进环境保护税立法工作，探索建立绿色税收体系。

完善能源投资和产业政策。在充分发挥市场作用的基础上，扩大地质勘探基金规模，重点支持和引导非常规油气及深海油气资源开发和国际合作，完善政府对基础性、战略性、前沿性科学研究和共性技术研究及重大装备的支持机制。完善调峰调频备用补偿政策，实施可再生能源电力配额制和全额保障性收购政策及配套措施。鼓励银行业金融机构按照风险可控、商业可持续的原则，加大对节能提效、能源资源综合利用和清洁能源项目的支持。研究制定推动绿色信贷发展的激励政策。

完善能源消费政策。实行差别化能源价格政策。加强能源需求侧管理，推行合同能源管理，培育节能服务机构和能源服务公司，实施能源审计制度。健全固定资产投资项目节能评估审查制度，落实能效"领跑者"制度。

（三）做好组织实施

加强组织领导。充分发挥国家能源委员会的领导作用，加强对能源重大战略问题的研究和审议，指导推动本行动计划的实施。能源局要切实履行国家能源委员会办公室职责，组织协调各部门制定实施细则。

细化任务落实。国务院有关部门、各省（区、市）和重点能源企业要将贯彻落实本行动计划列入本部门、本地区、本企业的重要议事日程，做好各类规划计划与本行动计划的衔接。国家能源委员会办公室要制定实施方案，分解落实目标任务，明确进度安排和协调机制，精心组织实施。

加强督促检查。国家能源委员会办公室要密切跟踪工作进展，掌握目标任务完成情况，督促各项措施落到实处、见到实效。在实施过程中，要定期组织开展评估检查和考核评价，重大情况及时报告国务院。

国务院安全生产委员会关于加强企业安全生产诚信体系建设的指导意见

安委〔2014〕8号

各省、自治区、直辖市及新疆生产建设兵团安全生产委员会，国务院安委会各成员单位，各中央企业：

为认真贯彻落实党的十八届三中、四中全会精神和《国务院关于印发社会信用体系建设规划纲要（2014—2020年）的通知》（国发[2014]21号）要求，推动实施《安全生产法》有关规定，强化安全生产依法治理，促进企业依法守信加强安全生产工作，切实保障从业人员生命安全和职业健康，报请国务院领导同志同意，现就加强企业安全生产诚信体系建设提出以下意见。

一、总体要求

以党的十八大和十八届三中、四中全会精神为指导，以煤矿、金属与非金属矿山、交通运输、建筑施工、危险化学品、烟花爆竹、民用爆炸物品、特种设备和冶金等工贸行业领域为重点，建立健全安全生产诚信体系，加强制度建设，强化激励约束，促进企业严格落实安全生产主体责任，依法依规、诚实守信加强安全生产工作，实现由"要我安全向我要安全、我保安全"转变，建立完善持续改进的安全生产工作机制，实现科学发展、安全发展。

二、加强企业安全生产诚信制度建设

（一）建立安全生产承诺制度

重点承诺内容：一是严格执行安全生产、职业病防治、消防等各项法律法规、标准规范，绝不非法违法组织生产；二是建立健全并严格落实安全生产责任制度；三是确保职工生命安全和职业健康，不违章指挥，不冒险作业，杜绝生产安全责任事故；四是加强安全生产标准化建设和建立隐患排查治理制度；五是自觉接受安全监管监察和相关部门依法检查，严格执行执法指令。

安全监管监察部门、行业主管部门要督促企业向社会和全体员工公开安全承诺，接受各方监督。企业也要结合自身特点，制定明确各个层级一直到区队班组岗位的双向安全承诺事项，并签订和公开承诺书。

（二）建立安全生产不良信用记录制度

生产经营单位有违反承诺及下列情形之一的，安全监管监察部门和行业主管部门要列入安全生产不良信用记录。主要包括以下内容：一是生产经营单位一年内发生生产安全死亡责任事故的；二是非法违法组织生产经营建设的；三是执法检查发现存在重大安全生产隐患、重大职业病危害隐患的；四是未按规定开展企业安全生产标准化建设的或在规定期限内未达到安全生产标准化要求的；五是未建立隐患排查治理制度，不如实记录和上报隐患排查治理情况，期限内未完成治理整改的；六是拒不执行安全监管监察指令的，以及逾期不履行停产停业、停止使用、停止施工和罚款等处罚的；七是未依法依规报告事故、组织开展抢险救援的；八是其他安全生产非法违法或造成恶劣社会影响的行为。

对责任事故的不良信用记录，实行分级管理，纳入国家相关征信系统。原则上，生产经营单位一年内发生较大（含）以上生产安全责任事故的，纳入国家级安全生产不良信用记录；发生死亡2人（含）以上生产安全责任事故的，纳入省级安全生产不良信用记录；发生一般责任事故的，纳入市（地）级安全生产不良信用记录；发生伤人责任事故的，纳入县（区）级安全生产不良信用记录。纳入国家安全生产不良信用记录的，必须纳入省级记录，依次类推。

不良信用记录管理期限一般为一年。各地区和相关部门可根据具体情况明确安全生产不良信用记录内容及管理层级，但不得低于本意见的标准要求。

（三）建立安全生产诚信"黑名单"制度

以不良信用记录作为企业安全生产诚信"黑名单"的主要判定依据。生产经营单位有下列情况之一的，纳入国家管理的安全生产诚信"黑名单"：一是一年内发生生产安全重大责任事故，或累计发生责任事故死亡10人（含）以上的；二是重大安全生产隐患不及时整改或整改不到位的；三是发生暴力抗法的行为，或未按时完成行政执法指令的；四是发生事故隐瞒不报、谎报或迟报，故意破坏事故现场、毁灭有关证据的；五是无证、证照不全、超层越界开采、超载超限超时运输等非法违法行为的；六是经监管执法部门认定严重威胁安全生产的其他行为。有上述第二至第六种情形和下列情形之一的，分别纳入省、市、县级管理的安全生产诚信"黑名单"：一是一年内发生较大生产安全责任事故，或累计发生责任事故死亡超过3人（含）以上的，纳入省级管理的安全生产诚信"黑名单"；二是一年内发生死亡2人（含）以上的生产安全责任事故，或累计发生责任事故死亡超过2人（含）以上的，纳入市（地）级管理的安全生产诚信"黑名单"；三是一年内发生死亡责任事故的，纳入县（区）级管理的安全生产诚信"黑名单"。纳入国家管理的安全生产诚信"黑名单"，必须同时纳入省级管理，依次类推。各地区和各相关部门可在此基础上，根据具体情况明确安全生产诚信"黑名单"内容及管理层级，但不得低于本意见的标准要求。

根据企业存在问题的严重程度和整改情况，列入"黑名单"管理的期限一般为一年，对发生较大事故、重大事故、特别重大事故管理的期限分别为一年、二年、三年。一般遵循以下程序：

1. 信息采集。各级安全监管监察部门或行业主管部门通过事故调查、执法检查、群众举报核查等途径，收集记录相关单位名称、案由、违法违规行为等信息。

2. 信息告知。对拟列入"黑名单"的生产经营单位，相关部门要提前告知，并听取申辩意见；对当事方提出的事实、理由和证据成立的，要予以采纳。

3. 信息公布。被列入"黑名单"的企业名单，安全监管监察部门和行业主管部门要提交本级政府安委会办公室，由其在10个工作日内统一向社会公布。

4. 信息删除。被列入"黑名单"的企业，经自查自改后向相关部门提出删除申请，经安全监管监察部门和行业主管部门整改验收合格，公开发布整改合格信息。在"黑名单"管理期限内未再发生不良信用记录情形的，在管理期限届满后提交本级政府安委会办公室统一删除，并在10个工作日内向社会公布。未达到规定要求的，继续保留"黑名单"管理。

（四）建立安全生产诚信评价和管理制度

开展安全生产诚信评价。把企业安全生产标准化建设评定的等级作为安全生产诚信等级，分别相应地划分为一级、二级、三级，原则上不再重复评级。安全生产标准化等级的发布主体是安全生产诚信等级的授信主体，一年向社会发布一次。加强分级分类动态管理。重点是巩固一级、促进二级、激励三级。对纳入安全生产不良信用记录和"黑名单"的生产经营单位，根据具体情况，下调或取消安全生产诚信等级，并及时向社会发布。对纳入"黑名单"的生产经营单位，要依法依规停产整顿或取缔关闭。要合理调整监管力量，以"黑名单"为重点，加强重点执法检查，严防事故发生。

（五）建立安全生产诚信报告和执法信息公示制度

生产经营单位定期向安全监管监察部门或行业主管部门报告安全生产诚信履行情况，重点包括落实安全生产责任和管理制度、安全投入、安全培训、安全生产标准化建设、隐患排查治理、职业病防治和应急管理等方面的情况。各有关部门要在安全生产行政处罚信息形成之日起20个工作日内向社会公示，接受监督。

三、提升企业安全生产诚信大数据支撑能力

（一）加快推进安全生产信用管理信息化建设

依托安全生产监管信息化管理系统，整合安全生产标准化建设信息系统和隐患排查治理信息系统，建立基础信息平台，以自然人、法人和其他组织统一社会信用代码为基础，构建完备的企业安全生产诚信大数据，建立健全企业安全生产诚信档案，全面、真实、及时记录征信和失信等数据信息，实行动态管理。推动加强企业安全生产诚信信息化建设，准确、完整记录企业及其相关人员兑现安全承诺、生产安全事故、职业病危害事故，以及企业负责人、车间、班组和职工个人等安全生产行为。

（二）加快实现互联互通

加快推进企业安全生产诚信信息平台与有关行业管理部门、地方政府信用平台的对接，实现与社会信用建设相关部门和单位的信息互联互通，及时通过网络平台和文件告知等形式向财政、投资、国土资源、建设、工商、银行、证券、保险、工会等部门和单位以及上下游相关企业通报有关情况，实现对企业安全生产诚信信息的即时检索查询。

四、建立企业安全生产诚信激励和失信惩戒机制

（一）激励企业安全生产诚实守信

各级政府及有关部门对安全生产诚实守信企业，开辟"绿色通道"，在相关安全生产行政审批等工作中优先办理。加强安全生产诚信结果的运用，通过提供信用保险、信用担保、商业保理、履约担保、信用管理咨询及培训等服务，在项目立项和改扩建、土地使用、贷款、融资和评优表彰及企业负责人年薪确定等方面将安全生产诚信结果作为重要参考。建立完善安全生产失信企业纠错激励制度，推动企业加强安全生产诚信建设。

（二）严格惩戒安全生产失信企业

健全失信惩戒制度，完善市场退出机制。企业发生重特大责任事故和非法违法生产造成事故的，各级安全监管监察部门及有关行业管理部门要实施重点监管监察；对企业法定代表人、主要负责人一律取消评优评先资格，通过组织约谈、强制培训等方式予以诫勉，将其不良行为记录及时公开曝光。强化对安全失信企业或列入安全生产诚信"黑名单"企业实行联动管制措施，在审批相关企业发行股票、债券、再融资等事项时，予以严格审查；在其参与土地出让、采矿权出让的公开竞争中，要依法予以限制或禁入；相关金融机构应当将其作为评级、信贷准入、管理和退出的重要依据，并根据《绿色信贷指引》（银监发[2014]3号）的规定，采取风险缓释措施；对已被吊销安全生产许可证或安全生产许可证已过期失效的企业，依法督促其办理变更登记或注销登记，直至依法吊销营业执照；相关部门或保险机构可根据失信企业信用状况调整其保险费率。其他有关部门根据安全生产诚信等级制定失信监管措施。

（三）加强行业自律和社会监督

各行业协（学）会要把诚信建设纳入各类社会组织章程，制定行业自律规则，完善规范行规行约并监督会员遵守。要在本行业内组织开展安全生产诚信承诺、公约、自查或互查等自身建设活动，对违规的失信者实行行业内通报批评、公开谴责等惩戒措施。鼓励和动员新闻媒体、企业员工举报企业安全生产不良行为，对符合《安全生产举报奖励办法》（安监总财[2012]63号）条件的举报人给予奖励，对举报企业重大安全生产隐患和事故的人员实行高限奖励，并严格保密，予以保护。

五、分步实施，扎实推进

（一）2015年底前，地方各级安全监管监察部门和行业主管部门要建立企业安全生产诚信承诺制度、安全生产不良信用记录和"黑名单"制度、安全生产诚信报告和公示制度。

（二）2016年底前，依托国家安全生产监管信息化管理平台，实现安全生产不良信用记录和"黑名单"与国家相关部门和单位互联互通。同步推进建立各省级的企业安全生产诚信建设体系及信息化平台，并投入使用。

（三）2017年底前，各重点行业领域企业安全生产诚信体系全面建成。

（四）2020年底前，所有行业领域建立健全安全生产诚信体系。

各地区、各有关部门要把加强企业安全生产诚信体系建设作为履职尽责、抓预防重治本、创新安全监管机制的重要举措，组织力量，保障经费，狠抓落实。要认真宣传贯彻落实《安全生产法》等法律法规，强化法治观念，推进依法治理。要根据本地区和行业领域实际情况，细化激励及惩戒措施，建立健全各级、各部门间的信息沟通、资源共享、协调联动工作机制。要充分运用市场机制，积极培育发展企业安全生产信用评级机构，逐步开展第三方评价，对相同事项要实行信息共享，防止重复执法和多头评价，减轻企业负担。要加强安全生产诚信宣传教育，充分发挥新闻媒体作用，弘扬社会主义核心价值观，弘扬崇德向善、诚实守信的传统文化和现代市场经济的契约精神，形成以人为本、安全发展，关爱生命、关注安全，崇尚践行安全生产诚信的社会风尚。

各省（区、市）及新疆生产建设兵团安委会、各有关部门要结合实际制定本地区和本行业领域的企业安全生产诚信体系建设实施方案，于2014年12月底前报送国务院安委会办公室。

国务院安全生产委员会
2014年11月26日

住房城乡建设部等部门
关于开展城市地下管线普查工作的通知

建城〔2014〕179号

各省、自治区住房城乡建设厅、通信管理局、新闻出版广电局、安全监管局、能源主管部门，北京市市政市容委、规划委、交通委、通信管理局、新闻出版广电局、安全监管局、发展改革委，上海市城乡建设和管理委员会、规划和国土资源管理局、通信管理局、文化广播影视管理局、安全监管局、经济和信息化委员会，天津市城乡建设委员会、规划局、通信管理局、文化广播影视局、安全监管局、经济和信息化委员会，重庆市城乡建设委员会、规划局、通信管理局、文化委员会、安全监管局、经济和信息化委员会，新疆生产建设兵团建设局、文化广播电视局、安全监管局、工业和信息化委员会：

为了贯彻落实《国务院办公厅关于加强城市地下管线建设管理的指导意见》（国办发[2014]27号），做好城市地下管线普查工作，现通知如下：

一、普查目的

全面查清城市范围内的地下管线现状，获取准确的管线数据，掌握地下管线的基础信息情况和存在的事故隐患，明确管线责任单位，限期消除事故隐患。各城市在普查的基础上，整合各行业和权属单位的管线信息数据，建立综合管理信息系统；各管线行业主管部门和权属单位建立完善专业管线信息系统。

二、普查范围及内容

（一）普查范围

城市范围内的供水、排水、燃气、热力、电力、通信、广播电视、工业（不包括油气管线）等管线及其附属设施，各类综合管廊。

（二）普查内容

普查内容包括基础信息普查和事故隐患排查。

基础信息普查应重点掌握地下管线的种类、数量、功能属性、材质、管径、平面位置、埋设方式、埋深、高程、走向、连接方式、权属单位、建设时间、运行时间、管线特征、沿线地形以及相关场站等信息。

事故隐患排查应全面摸清存在的结构性隐患和危险源，特别是要查清重大事故隐患，包括：隐患地点、隐患类别、隐患部位、隐患描述、责任单位、责任人、是否有安全标识、是否采取整改措施等。

三、普查工作要求

（一）组织实施

普查实行属地负责制，由城市人民政府统一组织实施。各城市要明确牵头部门，制定总体工作方案，指导、督查、协调各管线行业主管部门和权属单位建立工作机制，制定相关规范，组织好普查成果验收和归档工作。驻军单位、中央直属企业要按照当地人民政府的统一部署，积极配合做好所属地下管线的普查工作。

（二）落实责任

牵头部门负责普查工作的综合协调和基础信息普查工作，制定普查工作方案和地方普查标准规范，按照相关技术规程进行探测、补测，做好普查信息、资料的收集整理及成果验收，按照规定将普查成果统一报送到城建档案管理等部门。

供水、排水、燃气、热力、电力、通信、广播电视、工业等部门和单位负责组织所属地下管线普查和隐患排查工作，按要求及时、准确地提供既有地下管线的相关基础资料，提出隐患排查整改方案。

（三）建立系统

各城市要利用普查成果，建立地下管线综合管理信息系统，满足城市规划、建设、运行和应急等工作需要。包括驻军单位、中央直属企业在内的行业主管部门和管线单位要建立完善专业管线信息系统，满足日常运营维护管理需要。综合管理信息系统和专业管线信息系统应按照统一的数据标准，实现信息即时交换、共建共享、动态更新，并与数字化城市管理系统、智慧城市相融合。新建或改建的城市地下管线工程覆土前的竣工测量成果，应及时报送城建档案管理部门，实行综合管理信息系统的动态更新。要充分利用信息资源，做好工程规划、勘察设计、施工建设、运行维护、应急防灾、公共服务等工作。涉及国家秘密的地下管线信息，要严格按照有关保密法律法规和标准进行管理。

（四）完成时间

各城市及管线行业主管部门和权属单位要在2015年底前完成城市地下管线普查，建立完善城市地下管线综合管理信息系统和专业管线信息系统。各省（市、区）住房城乡建设部门要会同通信、广播电视、安全监管、能源主管部门于2016年3月前将所辖范围内普查工作完成情况和综合管理信息系统建设情况上报住房城乡建设部、工业和信息化部、新闻出版广电总局、安全监管总局、能源局。

（五）检查落实

各省（市、区）住房城乡建设部门要会同通信、广播电视、安全监管、能源主管部门加大对城市地下管线普查工作的检查、指导和协调力度，督促各城市按时完成普查工作任务，并于2015年3月底前将普查工作方案报送住房城乡建设部。各城市规划、建设、管理、市政、通信、广播电视、安全监管、能源等部门要按照省级主管部门和城市人民政府的统一部署和要求，各司其职、密切配合，形成合力，参照《城市地下管线普查工作指导手册》，结合当地实际做好普查相关工作。

住房城乡建设部将会同工业和信息化部、新闻出版广电总局、安全监管总局、能源局等部门于2015年7月底前对各地地下管线普查工作进展情况进行检查。

中华人民共和国住房和城乡建设部
中华人民共和国工业和信息化部
中华人民共和国国家新闻出版广电总局
国家安全生产监督管理总局
国家能源局
2014年12月1日

国土资源部办公厅关于积极配合深入开展油气输送管道隐患整改攻坚战的通知

国土资厅函〔2014〕1323号

各省、自治区、直辖市国土资源主管部门：

2013年底以来，国务院安委会组织开展油气输送管道安全隐患专项排查整治，取得了积极进展。近日，国务院安委会部署在全国范围内开展为期3年的油气输送管道隐患整改攻坚战，全面彻底整改油气输送管道安全隐患，依法严厉打击破坏损害油气输送管道及其附属设施的各类违法行为，有效防范和坚决遏制油气输送管道重特大事故的发生。为认真贯彻落实国务院安委会部署，积极配合打好油气管道隐患整改攻坚战，确保油气输送管道安全生产形势持续稳定好转，现就有关事项通知如下：

一、进一步提高对打好油气输送管道隐患整改攻坚战重要性认识

油气输送管道是连接油气资源和生产生活的桥梁纽带，保障油气输送管道安全运行，事关经

济社会发展和人民群众生命财产安全,责任特别重大。党中央、国务院高度重视油气输送管道安全工作。习近平总书记、李克强总理作出重要指示。国务院成立了油气输送管道安全隐患整改工作领导小组,国务院安委会下发了《关于深入开展油气输送管道隐患整改攻坚战的通知》(安委[2014]7号),专门召开了视频会议,对开展油气管道隐患攻坚战作了部署。各级国土资源主管部门要认真贯彻落实习近平总书记、李克强总理重要指示精神,深刻认识集中力量打好油气输送管道隐患整改攻坚战的重大意义,强化红线意识和底线思维,按照地方人民政府的统一部署,充分发挥职能作用,积极配合安全监管、管道保护等主管部门,开展好油气输送管道隐患整改攻坚战有关工作。

二、落实部门职责,积极配合开展攻坚战

各级国土资源主管部门要按照安委[2014]7号文件的要求,认真落实部门职责,会同管道保护主管部门、管道企业,对照《矿产资源法》《石油天然气管道保护法》的有关规定,加强油气输送管道保护范围及其毗邻区域的排查,严格依法查处无证开采、超越批准的矿区范围采矿等违法违规行为。

(一)进一步加强排查。地方各级国土资源主管部门要组织力量,对照《石油天然气管道保护法》等法律法规的要求,重点对油气输送管道保护范围及其毗邻区域的矿产资源勘查开采活动进行排查,全面掌握矿产资源勘查开采活动对油气输送管道影响情况。

(二)严厉打击非法违法勘查开采行为。地方各级国土资源主管部门要结合"六打六治"打非治违专项行动,严厉打击油气输送管道保护范围内及其毗邻油区域的无证勘查开采、超越批准的矿区范围采矿等矿产资源违法违规行为,严防矿产资源开发活动威胁油气输送管道安全。对存在违反《石油天然气管道保护法》的矿产资源勘查开采活动,及时移交管道保护主管部门处理。

(三)积极配合构建油气输送管道安全管理长效机制。各级国土资源主管部门要会同管道保护主管部门、管道企业建立以"企业巡查、及时报告、严格查处"为主要内容的共同责任机制,督促管道企业加强日常监督检查和巡查,发现影响管道安全的矿产资源勘查开采活动,及时通报国土资源主管部门依法处理;督促矿山企业牢固树立管道安全意识,在矿产资源勘查开采活动中严格加强油气输送管道保护,确保管道安全。在新立矿业权审批过程中,地方各级国土资源主管部门要严格执行《矿产资源法》和《石油天然气管道保护法》有关规定,确保新立矿业权符合安全要求。

三、精心组织,强化责任,配合打好攻坚战

(一)全面落实责任,强化督促检查。各级国土资源主管部门切实加强组织领导,明确重点地区、重点矿区和重点环节,落实工作责任,加大油气输送管道保护范围及其毗邻区域排查和处理力度。要加强督促检查,积极配合地方人民政府建立完善制度化、常态化的暗查暗访机制,参与地方人民政府组织开展的"四不两直"暗访暗查和检查督查,对工作不到位、措施不得力、整改不落实的要及时予以纠正,确保隐患整改攻坚战取得实效。

(二)密切协调配合,形成工作合力。要加强与管道保护主管部门、管道企业的沟通、协调,强化隐患防控,督促、协助地勘单位、矿山企业和管道企业加快隐患整改进度。对于需要迁移敷设

的油气输送管道，在土地供应方面予以支持。对管道保护主管部门、管道企业反映的矿产资源违法违规线索，国土资源主管部门认真组织核实处理；对日常监管中发现的油气输送管道安全隐患，国土资源主管部门要及时通报管道保护主管部门和管道企业处理。

（三）广泛宣传，营造良好氛围。各级国土资源主管部门要加大宣传力度，在有关地勘单位、矿山企业中广泛宣传《矿产资源法》、《石油天然气管道保护法》等法律法规、油气输送管道保护和应急防护知识，增强地勘单位、矿山企业保护油气输送管道安全的自觉性、主动性，提高地勘单位、矿山企业消除安全隐患、保护油气输送管道安全的能力，确保油气输送管道安全。

2014年12月16日

国家发展改革委关于做好2015年元旦春节期间煤电油气运及重要物资保障供应工作的紧急通知

发改电〔2014〕438号

北京、河北、吉林、江西、河南、西藏、陕西省（区、市）、新疆生产建设兵团发展改革委，天津、山西、内蒙古、辽宁、黑龙江、上海、江苏、浙江、安徽、福建、山东、湖北、湖南、广东、广西、海南、重庆、四川、贵州、云南、甘肃、宁夏、新疆、青海省（区、市）经信委（工信委、工信厅），煤电油气运保障工作部际协调机制各成员单位：

2015年元旦、春节即将来临，煤电油气运迎峰度冬已进入关键时期。近日，中共中央办公厅、国务院办公厅下发了《关于做好2015年元旦春节期间有关工作的通知》，明确要求保障节日市场平稳运行，搞好煤电油气运组织协调，稳定粮油、肉蛋、蔬菜等重要商品供应，保障城乡居民消费需要；统筹做好春运工作，让群众出行便利、安全；切实抓好安全生产工作，认真抓好煤矿等重点行业安全专项整治，有效防范各类生产安全事故；认真做好值守应急工作，确保各项工作正常运转。为深入贯彻通知要求，进一步搞好煤电油气运及重要生产、生活物资的保障供应，现就有关事项通知如下：

一、加强经济运行动态监测。各地经济运行调节部门要强化对煤电油气运供需状况的动态监测，准确掌握节日期间的消费需求和市场变化，加强产运销衔接和各职能部门之间的配合，及时协调解决出现的各类矛盾和问题。同时，加强与气象等部门的联系，密切关注天气变化，预判其对煤电油气运供应的影响，努力做到防患于未然，一旦出现突发性、灾害性天气症候，及时通知要素保障有关部门、单位和企业，妥善做好应对安排。

二、扎实做好煤炭供应保障工作。各有关单位和煤炭企业要在确保安全的前提下，根据市场需求合理组织生产，妥善安排节日放假、煤矿检修，坚决制止违法违规生产、超能力生产和不安全生产。煤炭、供热和电力供需双方要针对低温及恶劣天气条件下的需求特点，加强沟通衔接，保证重点地区、重点用户的用煤需求，要把居民供热和电煤作为保障重点，特别是要做好"三北"地区供热电厂的电煤供应。交通运输部门和铁路、港航企业要在统筹安排节假日期间客货运输的基础上，保障好发电、供热煤炭运输；要做好应对极端天气的准备，保持运煤主要通道、港口、交通枢纽有序运转。要加大对经营困难的煤炭企业帮扶力度，协调解决实际问题，关心困难职工生活。

三、确保供电供热安全平稳和清洁能源消纳。要高度重视节日期间电力供需平衡和供热保障工作，加强设备检查与维护，确保各项措施落实到位。电力企业要科学安排发电开机组合，务必保障供热机组合理发电需要；发电、供热企业要积极与煤炭、运输企业衔接，落实资源运力，保持煤炭合理库存，确保生产安全运行；电网企业要准确掌握用电需求，优化电力调度，确保电网安全稳定。要在保障供热的前提下，尽可能多消纳清洁能源发电，并尝试替代发电、调峰辅助服务等市场机制。要针对春节期间外出务工人员集中返乡、取暖用电需求爆发式增长的特点，加强农村地区的抢修力量和物资准备，努力缓解低压配电网过负荷、低电压问题。要做好应对低温雨雪冰冻等自然灾害和突发事件的准备工作，确保居民生活和其他重要用户、重大活动供电安全可靠。

四、切实做好成品油天然气稳定供应。石油石化企业要组织好成品油天然气生产，保障市场供应。石油企业要优化成品油产品结构，保持合理库存，满足不同品种牌号特别是冬季低凝点柴油需求。针对两节期间高速公路实施免费通行，机动车流量明显增加的情况，提前优化资源配置，加强调运配送，确保高速公路沿线、旅游景区等用油需求，同时继续做好春耕农业用油保障工作。各地及供气企业要针对冬季用气特点，落实好各项增产保供措施。天然气供需矛盾突出的地区，要加强需求侧管理，细化完善有序用气方案和应急预案，明确保供、限供次序，始终将民生用气放在首位，科学调用储气资源，必要时采取"压工保民"等措施，务必保证居民生活、公共设施等重点用气需求。

五、搞好春运综合协调和重点物资运输。加强各部门、各地区之间的协调配合，做好春运和元旦、春节期间的运输组织工作。要制定好春运工作方案，增加运力，保证群众顺利回家过节和安全出行；多渠道发布春运信息和道路预警信息，如遇恶劣天气造成车辆和旅客滞留，要发挥多种运输方式的互补作用，及时采取救援和疏导措施，保障旅客安全。各车站、机场、码头要加强服务，做好通报解释工作，维护良好的交通运输秩序。组织协调各级运输部门和有关企业，加强肉禽、蔬菜等节日物资和煤炭、油品、粮食等重点物资调运，利用春节客流相对较少时机，多运电煤、成品油和生活必需品，确保居民生活和企业的正常生产需要。

六、全力强化应急和安全生产工作。加强督促检查和预警工作，充分估计可能出现的各种困难，针对性地完善煤电油气运生产供应各环节应急预案。细化应对措施，充实应急抢修队伍，备足应急物资，根据需要适时启动预案并抓好组织实施，全面提升应急响应能力，有效应对各类突发事件。加大安全生产监督检查力度，落实责任制，有效防范各类生产安全事故。加强隐患排查，最大限度降低安全事故、重大突发事件和极端天气对煤电油气运保障的影响。

七、安排好节日期间值班带班工作。要认真组织好节日期间领导带班和值班工作，健全应急协调机制，畅通信息报送渠道，提高处理紧急情况和复杂问题的能力。值班人员要始终坚守岗位，如有突发事件和重要紧急情况，按照规定程序立即请示报告，并及时采取有效措施妥善应对和处置。供暖、供电、供气、供水等直接关系群众生活的单位，更要加强值班力量，全力提高服务质量和效率。

各有关单位要本着对人民群众高度负责的精神，把保民生、保重点、保稳定放在突出位置，使各项措施落到实处，保障元旦、春节期间煤电油气运和重要物资的稳定供应，满足正常的生产生活需要，促进经济平稳运行和社会和谐稳定。

国家发展改革委

2014年12月30日

国家发展改革委关于规范天然气发电上网电价管理有关问题的通知

发改价格〔2014〕3009号

各省、自治区、直辖市发展改革委、物价局：

为规范天然气发电上网电价管理，促进天然气发电产业健康、有序、适度发展，经商国家能源局，现就有关事项通知如下：

一、根据天然气发电在电力系统中的作用及投产时间，实行差别化的上网电价机制。

（一）对新投产天然气热电联产发电机组上网实行标杆电价政策。具体电价水平由省级价格主管部门综合考虑天然气发电成本、社会效益和用户承受能力确定。

（二）新投产天然气调峰发电机组上网电价，在参考天然气热电联产发电上网标杆电价基础上，适当考虑两者发电成本的合理差异确定。

（三）鼓励天然气分布式能源与电力用户直接签订交易合同，自主协商确定电量和价格。对新投产天然气分布式发电机组在企业自发自用或直接交易有余，并由电网企业收购的电量，其上网电价原则上参照当地新投产天然气热电联产发电上网电价执行。

（四）已投产天然气发电上网电价要逐步向新投产同类天然气发电上网电价归并。

二、具备条件的地区天然气发电可以通过市场竞争或与电力用户协商确定电价。

三、建立气、电价格联动机制。当天然气价格出现较大变化时，天然气发电上网电价应及时调整，但最高电价不得超过当地燃煤发电上网标杆电价或当地电网企业平均购电价格每千瓦时0.35元。有条件的地方要积极采取财政补贴、气价优惠等措施疏导天然气发电价格矛盾。

四、加强天然气热电联产和分布式能源建设管理。国家能源局派出机构和省级政府能源主管部门要加强天然气热电联产和分布式能源建设的监督管理，新建企业必须符合集中供热规划，同时要落实热负荷，防止以建设热电联产或分布式能源的名义建设纯发电的燃气电厂。

五、对天然气发电价格管理实行省级负责制。各地天然气发电上网电价具体管理办法由省级政府价格主管部门根据上述原则制定，报我委备案，并自2015年1月1日起执行。

国家发展改革委
2014年12月31日

第四篇

统计数据

2013年全国天然气统计资料

地区名称	储气能力（万m³）	供气管道长度（km）	供气总量（万m³）	销售气量（万m³）	居民家庭（万m³）	集中供热（万m³）	燃气汽车（万m³）	燃气损失量（万m³）	用气户数（户）	家庭用户（户）	用气人口（万人）	天然气汽车加气站（座）
上年	50 840.33	342 751.81	7 950 377.46	7 744 031.28	1 558 310.77			206 346.18	75 286 731	72 755 133	21 207.53	1 909
全国	54 557.97	388 472.98	9 009 903.92	8 791 982.74	1 854 106.94	442 899.85	869 917.13	217 921.18	85 117 133	82 256 161	23 783.44	2 499
北京	72.00	19 650.00	989 484.00	952 114.00	119 406.00			37 370.00	5 518 933	5 468 956	1 398.57	25
天津	115.71	14 963.20	281 885.20	269 562.10	43 883.80	10 193.78	11 506.80	12 323.10	3 140 010	3 124 054	651.01	28
河北	362.95	11 766.90	244 012.29	234 454.37	56 248.21	14 853.51	37 074.66	9 557.92	3 166 390	2 471 251	1 059.01	115
山西	308.20	6 063.96	233 050.70	217 308.27	50 049.75	3 677.90	13 287.43	15 742.43	2 211 857	2 169 155	768.70	37
内蒙古	314.56	5 989.91	104 731.85	103 891.47	19 651.23	18 652.00	22 811.10	840.38	1 345 265	1 302 393	458.74	88
辽宁	701.30	12 425.96	97 744.67	88 871.63	48 062.28	3 158.35	8 225.16	8 873.04	3 557 515	3 540 260	1 021.16	37
吉林	146.15	5 871.84	85 833.85	82 912.01	21 523.63	1 167.84	19 731.01	2 921.84	1 390 421	1 358 143	423.92	55
黑龙江	129.27	7 213.19	111 136.39	107 936.83	25 733.40	7 236.85	22 165.64	3 199.56	2 472 705	2 449 124	672.60	54
上海	36 935.00	23 155.86	690 884.65	657 515.77	109 947.48		3 052.47	33 368.88	5 658 548	5 581 856	1 447.28	10
江苏	2 128.35	50 186.94	765 869.15	749 338.57	140 470.51		59 375.19	16 530.58	7 321 658	7 160 713	1 906.64	170
浙江	381.57	22 813.19	230 090.74	227 513.38	49 079.03		12 309.15	2 577.36	2 713 469	2 640 550	840.13	44
安徽	1 605.20	15 380.14	199 095.12	192 427.10	57 920.83		36 366.77	6 668.02	3 480 416	3 422 613	975.86	133
福建	479.26	7 008.49	112 445.74	111 426.05	9 480.90	11 693.66	12 774.73	1 019.69	1 020 788	1 016 859	346.86	33
江西	407.38	7 114.50	56 126.59	53 844.98	16 208.42		3 284.14	2 281.61	1 406 475	1 098 735	429.84	21
山东	1 370.77	36 671.92	610 754.54	599 817.81	123 514.07	14 002.87	104 123.52	10 936.73	7 102 610	6 897 697	2 085.84	303
河南	544.96	16 591.14	288 625.01	280 500.78	94 825.73	2 887.00	47 595.40	8 124.23	4 054 578	3 970 912	1 307.45	106
湖北	316.42	17 815.47	285 323.84	283 810.32	66 788.31	1.50	42 166.93	1 513.52	3 318 951	3 262 545	1 106.17	128
湖南	2 032.90	10 167.25	199 746.14	197 098.27	44 022.31	300.00	26 391.00	2 647.87	2 263 228	2 218 337	639.82	55
广东	3 643.40	21 777.90	1 231 701.68	1 224 805.31	83 343.65	644.00	20 492.18	6 896.37	4 206 506	4 142 605	1 380.26	292

续表

地区名称	储气能力（万m³）	供气管道长度（km）	供气总量（万m³）	销售气量（万m³）	居民家庭（万m³）	集中供热（万m³）	燃气汽车（万m³）	燃气损失量（万m³）	用气户数（户）	家庭用户（户）	用气人口（万人）	天然气汽车加气站（座）
广西	382.97	2 859.42	22 234.10	21 991.29	9 496.10		1 602.76	242.81	707 444	703 028	241.80	11
海南	57.43	1 951.50	25 279.55	24 896.43	11 055.60		11 153.80	383.12	350 837	343 182	110.82	26
重庆	121.70	13 501.49	324 335.90	315 442.78	110 898.99	47.88	71 041.45	8 913.12	3 838 796	3 677 538	955.21	73
四川	169.96	28 367.90	590 235.63	576 994.78	196 110.61		88 553.35	13 240.85	6 892 311	6 511 012	1 492.14	170
贵州	614.70	854.34	16 077.73	15 907.83	2 799.63	146.45	4 072.39	169.90	376 832	367 849	129.41	17
云南	97.20	828.05	2 286.01	2 244.95	999.11		113.01	41.06	60 127	58 583	37.82	7
西藏		552.00	127 500.00	127 500.00	127 500.00				12 100	12 100	4.96	
陕西	447.74	9 334.84	238 667.08	232 522.50	63 616.53	52 371.26	25 568.76	6 144.58	2 945 230	2 810 972	712.88	111
甘肃	234.21	1 900.43	134 043.51	133 769.89	24 013.75	41 454.91	24 483.91	273.62	1 019 736	1 004 723	275.66	52
青海	70.50	1 035.31	118 968.71	116 162.07	18 066.80	65 259.27	27 090.00	2 806.64	397 700	396 340	123.13	21
宁夏	13.30	3 673.58	210 853.82	210 723.72	33 449.81	20 498.00	24 127.96	130.10	691 768	685 117	177.70	41
新疆	352.91	10 986.36	380 879.73	378 697.48	75 940.47	174 652.82	89 376.46	2 182.25	2 473 929	2 388 959	602.05	236

2013年全国人工煤气统计资料

地区名称	生产能力（万m³/d）	储气能力（万m³）	供气管道长度（km）	自制气量（万m³）	供气总量（万m³）	销售气量（万m³）	居民家庭（户）	燃气损失量（万m³）	用户气数（户）	家庭用户（户）	用气人口（万人）
上年	2 656.15	1 161.03	33 537.77	487 620.65	769 685.87	738 707.27	215 068.59	30 978.60	7 883 115	7 776 176	2442.28
全国	2 284.15	899.90	3 0467.25	424 343.81	627 988.77	600 232.31	167 885.53	27 756.46	6 644 310	6 575 701	1 942.99
河北	88.10	67.30	3 215.50	10 825.70	71 057.90	65 451.53	14 134.80	5 606.37	545 829	541 982	180.94
山西	51.74	78.80	4 354.86	4 300.00	56 556.21	50 863.09	7 930.21	5 693.12	278 429	276 278	101.81
内蒙古	164.00	15.00	507.00	3 370.00	3 500.00	2 990.00	2 944.00	510.00	138 721	138 685	40.20
辽宁	335.63	134.60	5 566.69	47 318.55	59 264.06	54 912.61	40 405.04	4 351.45	2 095 418	2 059 057	573.58
吉林	80.00	28.60	1 858.29	23 501.54	16 574.83	15 350.50	9 554.05	1 224.33	601 266	600 675	178.96
黑龙江	122.80	34.30	771.64	18 487.00	8 443.00	8 185.00	4 669.00	258.00	282 743	277 341	89.49
上海	347.40	214.00	2 962.42	59 328.90	59 345.90	54 400.00	26 001.00	4945.90	441 968	433 853	112.35
江苏	38.00	22.60	270.00	945.00	3 940.00	3 940.00	2 270.00		30 751	30 230	9.00
浙江	1.78	1.90	111.71	649.00	499.83	499.83	475.00	10.00	14 901	14 889	4.30
福建	8.00	5.00	310.00	1 560.00	2 927.00	2 917.00	2 374.00		53 810	53 512	19.91
江西	117.30	38.00	1 179.60	14 393.00	36 048.68	35 329.07	4 086.37	719.61	103 664	102 959	32.16
山东	12.90	13.90	345.30	0.52	9 209.80	8 980.20	4 237.20	229.60	106 216	104 928	27.99
河南	226.10	60.40	1 051.19	52 815.00	60 052.25	59 863.25	3 374.00	189.00	119 504	118 819	43.14
湖南		5.00	439.56		2 765.44	2 568.88	2 205.53	196.56	78 780	78 195	31.95
广东		0.60									
广西	10.60	18.20	450.31	3 694.50	4 533.48	4491.38	3 970.22	42.10	133 961	133 567	46.83
四川	511.00	35.00	563.96	165 003.10	16 5003.10	164293.93	5 803.24	709.17	158 069	157 204	50.04
贵州	102.00	56.00	2 948.42		23 788.00	23768.00	12 177.30	20.00	469 990	465 687	126.60
云南	10.00	46.70	3 047.92	52 815.00	40 535.18	37563.93	17 484.75	2 971.25	888 639	886 565	247.68
甘肃	10.80	17.00	399.58	1 727.00	1 722.00	1642.00	1 597.60	80.00	71 528	71 175	17.82
宁夏		5.00	42.00		132.11	132.11	102.22		8 123	8 100	3.24
新疆	46.00	2.00	71.30	16 425.00	2 090.00	2 090.00	2 090.00		22 000	22 000	5.00

2013年全国液化石油气统计资料

地区名称	储气能力（t）	供气管道长度（km）	供气总量（t）	销售气量（t）	居民家庭（t）	燃气汽车（t）	燃气损失量（t）	用气户数（户）	家庭用户（户）	用气人口（万人）	液化石油气汽车加气站（座）
上年	1 665 176.64	12 651.47	11 148 032	11 065 906	6 081 312		82 125	50 909 699	46 084 488	15 682.86	426
全国	1 694 339.57	13 436.86	11 097 298	11 050 727	6 130 639	617 486	46 570	50 856 984	44 947 118	15 101.95	356
北京	36 473.00	414.00	472 980	453 546	202 468		19 434	1 935 141	1 905 121	426.53	6
天津	7 001.80	183.57	49 490	49 490	22 734			62 705	59 629	12.65	
河北	19 311.10	326.28	183 591	183 181	110 540		409	1 003 798	829 195	342.19	
山西	4 625.00	386.00	74 399	73 936	45 958		464	385 669	350 443	145.62	
内蒙古	10 213.80	217.26	69 174	67 801	60 932	2 392	1 373	802 315	701 765	278.85	8
辽宁	49 960.00	670.06	495 244	494 603	231 198	24 135	641	2 370 525	2 101 728	639.37	34
吉林	20 521.45	87.84	181 420	180 103	114 194	9 539	1 317	1 347 119	1 247 146	428.10	32
黑龙江	16 293.50	22.37	218 023	217 406	116 994	11 263	617	1 236 919	1 127 618	402.77	41
上海	21 130.00	516.23	397 314	397 352	235 092	32 309	-38	3 345 491	3 304 585	855.52	45
江苏	107 942.50	905.75	700 765	698 513	458 823	8 970	2 252	3 497 444	3 322 840	956.61	12
浙江	318 660.77	3 105.97	821 658	819 937	532 847	7 239	1 721	4 257 487	3 714 507	1 149.59	4
安徽	39 620.26	259.20	619 620	618 305	135 713	3 957	1 315	1 102 580	1 007 051	351.47	2
福建	23 591.58	198.45	277 846	277 427	166 891		419	2 119 575	1 806 292	725.38	2
江西	19 511.10	159.98	223 399	219 507	178 590		3 893	1 205 572	1 111 791	450.86	
山东	60 989.28	758.80	484 287	483 466	310 663	32 755	821	3 115 395	2 852 607	819.08	37
河南	12 939.00	18.70	227 208	225 693	190 222	7 608	1 514	1 576 722	1 409 213	551.76	11
湖北	40 614.60	266.78	361 641	360 988	202 459	29 000	653	1 839 789	1 460 496	644.00	11
湖南	26 188.00		195 167	194 561	175 306	6 167	606	1 964 775	1 799 915	643.14	8
广东	579 472.76	4 308.99	3 889 033	3 883 907	1 863 314	428 894	5 126	11 670 177	9 688 413	3 412.92	44

续表

地区名称	储气能力(t)	供气管道长度(km)	供气总量(t)	销售气量(t)	居民家庭(t)	燃气汽车(t)	燃气损失量(t)	用气户数(户)	家庭用户(户)	用气人口(万人)	液化石油气汽车加气站(座)
广西	65 208.25	85.00	309 475	308 251	242 840		1 225	1 949 582	1 789 187	592.78	
海南	6 378.00	17.96	91 151	91 130	80 923	8 575	21	586 300	324 875	121.98	11
重庆	8 037.60		87 922	87 709	29 541		213	269 998	199 822	99.54	
四川	19 533.00	200.80	183 581	182 311	102 507	1 710	1 270	583 680	511 164	130.79	1
贵州	5 143.84	134.95	71 027	70 671	65 701		355	582 304	477 400	210.13	
云南	21 101.38	110.98	196 004	195 946	77 689		57	934 021	851 819	290.90	
西藏	24 646.00	0.13	20 394	20 245	17 322	82	148	51 571	47 626	18.87	
陕西	8 198.00		32 732	32 326	24 450		406	157 331	139 862	94.91	11
甘肃	106 004.00		73 791	73 746	66 515	50	225	395 656	374 128	162.03	
青海	1 496.00		5 366	5 356	5 346		10	51 960	51 644	15.59	2
宁夏	4 598.00		18 444	18 423	10 608		20	164 520	156 254	54.19	
新疆	8 936.00	80.81	64 973	64 890	52 259	2 842	83	290 863	222 982	73.83	34

2013年全国分省县城天然气统计资料

地区名称	储气能力（万m³）	供气管道长度（km）	供气总量（万m³）	销售气量（万m³）	居民家庭（万m³）	集中供热（万m³）	燃气汽车（万m³）	燃气损失量（万m³）	用户气数（户）	家庭用户（户）	用气人口（万人）	天然气汽车加气站（座）
上年	4 159.16	66 696.99	701 446.57	684 475.16	281 132.02			16 971.41	8 897 070	8 192 656	2 925.63	514
全国	5 470.90	77 122.22	815 787.26	797 460.31	315 497.10	23 944.53	129 892.32	18 326.95	11 382 805	10 583 580	3 554.88	679
天津		181.72	4 065.00	4 065.00	997.00				7 056	6 920	1.47	1
河北	576.05	4 782.65	43 869.81	43 007.34	28 245.34	848.93	3 519.94	862.47	804 231	787 381	296.19	50
山西	148.45	4 441.89	48 178.32	47 204.52	15 551.26	1 837.78	3 625.70	973.80	471 204	438 527	211.60	17
内蒙古	111.70	1194.18	13 089.68	12 860.96	3 408.18	974.02	6 272.78	228.72	242 845	206 929	76.82	37
辽宁	47.41	929.51	4 039.43	3 934.40	1 420.58	16.34	125.38	105.03	215 213	212 350	68.68	6
吉林	67.61	576.52	3 548.67	3 516.13	2 058.84		711.00	32.54	303 486	82699	25.68	5
黑龙江	38.27	325.93	1 499.85	1 486.15	1 301.47		164.80	13.70	47 145	46 906	14.18	4
江苏	177.12	4 136.61	18 811.70	18 588.97	6 638.35		3 786.44	222.73	473 267	456 437	181.66	31
浙江	152.13	2 752.11	13 082.89	13 021.20	1 652.18		535.65	61.69	164 698	163 534	73.48	2
安徽	259.90	5 095.15	32 612.82	32 142.26	10 853.41		7 906.60	470.56	584 989	574 321	205.52	40
福建	378.76	583.99	13 358.41	13 242.53	463.19	0.19	6.62	115.88	40 265	36 056	19.63	3
江西	619.97	1 884.86	10 412.33	10 306.27	4 077.30			106.06	284 037	281 947	74.23	
山东	348.54	7 605.78	124 528.30	122 915.82	29 497.86	2 800.40	15 270.65	1 612.48	1 235 477	1 168 037	430.91	96
河南	330.58	3 583.02	33 203.14	32 688.84	11 215.36	58.78	6 484.93	514.30	431 843	408 495	156.02	45
湖北	71.87	2 806.81	10 729.54	10 336.91	5 321.94		1 379.46	392.63	267 155	244 265	125.41	13
湖南	253.10	3 308.28	24 812.60	24 477.41	7 995.90	96.00	1 454.45	335.19	391 637	380 645	131.92	14
广东	94.65	326.44	1 877.85	1 864.38	1 216.42			13.47	21 455	20 987	13.10	
广西	193.65	273.45	306.96	303.31	274.56			3.65	20 036	19 656	8.78	15
海南	80.00	220.00	10 000.00	10 000.00	50.00				5 000	4 800	2.50	
重庆	54.07	6 241.95	46 195.99	44 724.65	23 064.34	730.00	4 185.96	1 471.34	810 409	763 444	228.63	15
四川	212.14	16 922.82	170 117.96	163 766.88	84 604.71		18 009.58	6 351.08	2 640 308	2 469 538	678.08	67
贵州	68.60	72.98	590.10	588.00	318.60	71.00	91.80	2.10	26 526	26 380	7.72	3
云南	192.64	446.28	3 552.13	3 259.35	2 337.27		32.33	292.78	34 611	32 875	26.18	2
陕西	324.68	3 925.55	61 348.83	60 561.55	29 811.26	3 172.43	13 753.03	787.28	655 433	624 069	240.97	62
甘肃	130.63	303.45	7 910.12	7 879.23	1 566.13	1 600.00	3 900.75	30.89	68 115	58 892	17.00	13
青海	86.21	466.18	20 018.27	19 886.08	9 855.25	7 905.00	1 795.40	132.19	353 860	345 310	17.20	14
宁夏	7.16	583.59	17 380.60	17 021.00	5 053.00	3.20	3 743.50	359.60	155 814	154 115	24.88	11
新疆	414.67	2 630.00	64 777.00	62 615.35	17 617.06	3 775.76	31 463.91	2 161.65	504 565	452 463	165.99	93
新疆兵团	30.54	520.52	11 868.96	11 195.82	9 030.34	54.70	1 671.66	673.14	122 125	115 602	30.45	35

2013年全国分省县城人工煤气统计资料

地区名称	生产能力（万m³/d）	储气能力（万m³）	供气管道长度（km）	自制气量（万m³）	供气总量（万m³）	销售气量（万m³）	居民家庭（万m³）	燃气损失量（万m³）	用气户数（户）	家庭用户（户）	用气人口（万人）
上年	502.10	79.85	1 255.19	121 584.00	85 676.12	83 877.59	10 786.24	1 798.53	152 241	146 854	53.58
全国	614.72	599.31	1 344.97	123 319.00	76 505.51	75 012.31	22 399.21	1 493.20	190 500	180 875	63.15
河北		7.00	130.83		5 892.80	5 845.30	2 685.40	47.50	39 444	39 371	13.78
山西	49.40	69.80	832.99	1 450.00	7 849.10	7 304.30	3 613.30	544.80	91 689	85 825	30.60
内蒙古		10.00	5.00		215.00	210.00	200.00	5.00	9 500	8 000	3.00
山东	410.00	1.00	33.05	113 431.00	45 240.90	45 018.90		222.00	38		
湖南	103.92	506.00	130.49	1 430.00	1 985.20	1 981.30	1 548.00	3.90	20 929	18 859	7.35
四川	13.00	5.50	183.50		2 252.50	1 652.50	1 352.50	600.00	20 200	20 120	7.40
西藏		0.01	0.01		0.01	0.01	0.01		2 100	2 100	0.12
甘肃	38.40		29.10	7 008.00	13 070.00	13 000.00	130 000.00	70.00	6 600	6 600	0.90

2013年全国分省县城液化石油气统计资料

地区名称	储气能力（t）	供气管道长度（km）	供气总量（t）	销售气量（t）	居民家庭（t）	燃气汽车（t）	燃气损失量（t）	用气户数（户）	家庭用户（户）	用气人口（万人）	液化石油气汽车加气站（座）
上年	320 602.64	2 773.15	2 569 445.67	2 547 317.99	2 121 338.15		22 127.68	18 266 843	16 091 273	7 241.03	136
全国	313 837.18	2 236.41	2 410 691.73	2 393 601.09	1 968 877.90	10 499.74	17 090.64	18 381 238	16 609 631	7 207.77	324
天津	1 367.60		20 885.28	20 885.28	20 885.28			136 180	136 180	40.56	
河北	14 634.16	123.48	137 256.70	136 657.00	125 553.40	500.00	599.70	1 344 214	1 254 872	571.60	3
山西	10 412.80	93.32	39 713.31	39 353.37	33 396.17		359.94	357 569	307 877	172.70	
内蒙古	4 341.57	20.65	57 110.78	56 206.04	50 828.04	414.00	904.74	831 103	762 566	306.30	5
辽宁	7 241.00	53.41	37 659.09	37 531.98	33 667.88	374.90	127.11	403 340	335 333	131.48	3
吉林	2 161.96	57.12	25 342.60	25 292.60	22 563.60	1 081.00	50.00	322 898	246 068	106.05	4
黑龙江	6 322.50	1.50	44 896.29	44 787.26	39 312.76	973.00	109.03	506 275	411 644	161.15	15
江苏	20 307.50	73.87	133 421.34	132 767.39	110 079.39	20.00	653.95	867 057	810 215	340.05	5
浙江	14 966.00	583.76	186 308.62	185 919.79	139 848.79		388.83	1 077 643	925 396	349.52	
安徽	18 391.00	47.24	169 177.30	167 394.46	143 641.96	20.00	1 782.84	1 396 500	1 300 141	468.40	1
福建	11 411.60	315.58	120 526.86	120 307.67	101 950.27	250.00	219.19	874 492	847 943	345.55	
江西	19 030.95	57.65	182 377.30	180 881.91	153 348.31	1 237.00	1 495.39	1 355 376	1 225 455	607.46	4
山东	35 457.80	101.86	191 940.12	191 291.31	105 955.26		648.81	1 104 900	996 119	444.08	4
河南	12 640.55	1.55	112 029.23	110 507.95	98 468.47		1 521.28	935 058	899 105	341.24	
湖北	13 442.48	40.15	61 662.50	60 921.50	56 466.50	730.00	741.00	633 494	545 225	244.85	
湖南	23 441.48		205 486.21	203 940.69	164 681.50		1 545.52	1 561 093	1 443 452	562.82	13
广东	23 880.86	265.02	197 409.78	196 796.20	175 560.07		613.58	985 202	915 808	385.19	
广西	9 844.59	96.65	142 721.24	141 022.75	128 591.45		1 698.49	980 243	942 948	414.49	
海南	2 648.00	0.30	15 368.41	15 367.00	14 688.00		1.41	127 484	120 737	61.37	

续表

地区名称	储气能力（t）	供气管道长度（km）	供气总量（t）	销售气量（t）	居民家庭（t）	燃气汽车（t）	燃气损失量（t）	用气户数（户）	家庭用户（户）	用气人口（万人）	液化石油气汽车加气站（座）
重庆	3 404.00		28 098.30	28 000.00	19 960.70		98.30	245 118	186 861	74.89	
四川	7 203.25	122.75	38 537.09	38 004.98	31 268.06	27.00	532.11	259 990	207 520	83.06	2
贵州	2 613.45	55.00	37 117.34	36 962.36	33 639.82		154.98	348 033	302 490	192.40	
云南	16 566.62	42.40	56 266.57	55 630.14	46 966.30	115.60	636.43	534 023	464 220	264.01	
西藏	1 065.62	27.28	36 848.54	36 351.00	2 397.73		497.54	34 437	28 187	17.22	240
陕西	13 538.90	3.55	51 720.45	50 957.23	45 880.85		763.22	488 918	382 298	201.19	
甘肃	3 794.04	35.00	23 025.29	22 634.63	20 781.31	37.00	390.66	267 619	243 479	152.70	3
青海	440.50		919.10	914.30	901.07		4.80	10 355	8 202	7.88	
宁夏	3 025.00	10.61	11 530.35	11 490.00	10 060.00		40.35	103 217	87 194	39.04	
新疆	9 269.30	1.41	30 149.27	29 998.05	24 042.67	3 969.77	151.22	203 780	190 387	96.04	18
新疆兵团	972.10	5.30	15 186.47	14 826.25	13 492.29	750.47	360.22	85 627	81 698	24.48	4

（以上资料来自住建部计划财务与外事司）

第五篇

主要上市燃气企业基本情况

中国燃气行业年鉴 2014
CHINA GAS INDUSTRY YEARBOOK

北京燃气集团有限责任公司

作为北京控股有限公司（00392.HK）的全资公司——北京燃气集团有限责任公司，2013年共销售天然气87.2亿m^3，液化石油气销售达到14.3万t。天然气管线长度达到15942km，燃气用户数量达到496万户。完成上游及城市燃气投资项目20余个，经营LNG汽车加气站18座，CNG汽车加气站32座，员工总数达到7128人，客户满意度达到92%。

2014年，北京燃气集团天然气销售量达到99.6亿m^3。

上海燃气（集团）有限公司

作为申能股份有限公司（600642）的全资子公司——上海燃气（集团）有限公司，2013年底销售气量达到68亿m^3，用户数量达到616万户，员工近万名。

2014年，上海燃气（集团）有限公司天然气供应量达到68.2亿m^3。

新奥能源控股有限公司（02688.HK）

截至2013年底，新奥能源控股有限公司共销售燃气81.2亿m^3，其中天然气占80.4亿m^3，液化石油气销售达到5770t。天然气管线长度达到23907km，燃气用户数量达到927万户。城市燃气项目总数达到117个，在全国71个城市经营CNG汽车加气站268座，LNG加气站180座。员工总数达到26352名。

2014年，新奥能源控股有限公司天然气销售量达到101.2亿m^3。

香港中华煤气有限公司（0003.HK）

截至2013年底，香港中华煤气有限公司连同港华燃气在国内22个省市拥有173个项目，燃气销售量达到134亿m^3，其中香港地区燃气销售量达到8亿m^3，客户数量达到179万户。内地业务发展迅速，燃气销售量达到126亿m^3，用户增加至1729万户。在陕西、山西、河南、山东等地建成投运、在建和筹建加气站合计25座。

2014年，香港中华煤气有限公司燃气销售量达到136亿m^3。

华润燃气控股有限公司（01193.HK）

截至2013年底，华润燃气控股有限公司销售气量达到121亿m^3，用户数量达到1860万户。在全国21多个省市运营176个城市燃气项目和192座加气站项目。

2014年，华润燃气控股有限公司销售气量达到133.2亿m^3。

中国燃气控股有限公司（0384.HK）

截至2014年3月，中国燃气控股有限公司天然气销售量达到80亿m^3，液化石油气销售量达到176万t。集团累计在全国24个省市、自治区、直辖市取得237个城市燃气项目（已接通天然气的城市达到160个），12个天然气长输管道项目，353座汽车加气站项目，1个天然气开发项目，2个煤层气开发项目和98个液化石油气分销项目，用户数量达到1 600万户，天然气管网长度达到47 668km。

2014年度，中国燃气控股有限公司天然气销售量超过90亿m^3。

昆仑能源有限公司（00135.HK）

截至2013年底，昆仑能源有限公司旗下LNG接收站全年共接收48艘驳船，合计489万t液化天然气。拥有LNG加工厂17座，总生产能力达到588万m^3/d，天然气销售量达到61.14亿m^3，开发LNG汽车8万余辆，建设投产LNG加注站600余座，在长江、京杭运河等地开展LNG船舶气化，已开发LNG船舶21艘。

2014年，昆仑能源有限公司天然气销售量达到92亿m^3。

中裕燃气控股有限公司（03633.HK）

截至2013年底，中裕燃气控股有限公司天然气销售量达到8.75亿m^3，液化石油气销售量达到2 117t。集团累计在全国4个省取得29个城市燃气项目、14座汽车加气站项目，天然气管网长度达到3 204km，可接驳城市用气人口达到589万人，用户数量达到近196万户。

2014年，中裕燃气控股有限公司天然气销售量达到7.9亿m^3。

中国天伦燃气控股有限公司（01600.HK）

截至2013年底，中国天伦燃气控股有限公司气量销售达到1.81亿m^3，集团累计在全国10个省、直辖市取得41个城市燃气项目、25座汽车加气站项目、9个天然气开发项目，用户数量达到近59万户。公司已经逐步由位于河南省的区域性公司转型为立足河南、布局全国的大型清洁能源企业。

2014年，天伦燃气控股有限公司天然气销售量达到2.58亿m^3。

陕西省天然气股份有限公司（002267）

截至2013年底，陕西省天然气股份有限公司长输管道输气量29.3亿m^3，城市燃气销售气量0.94亿m^3，长输管道总里程接近3 000km，"七纵、两横、一环、两枢纽，以7座CNG市场组团辐射周边"的天然气供应系统更趋成型。

2014年，陕西省天然气股份有限公司购入天然气39.45亿m^3，销售气量39.1亿m^3。

深圳市燃气集团股份有限公司（601139）

截至2013年底，深圳市燃气集团股份有限公司天然气销售量达到13.82亿m^3，液化石油气销售量达到9万t，管道燃气用户数量达到167.8万户，管网长度达到4 012km。在江西、安徽、广西的23个城市（区域）开展管道燃气业务经营。全年新增天然气汽车加气站4座，乌审旗和宣城两座天然气液化工厂实现顺利投产。

2014年，深圳市燃气集团股份有限公司天然气销售量达到15.22亿m^3。

长春燃气股份有限公司（600333）

截至2013年底，长春燃气股份有限公司天然气销售量达到3亿m^3，管网长度超过3 000km，用户数量达到105万户，目前，公司已获得包括长春市在内的7个城市的管道燃气特许经营权。

2014年，长春燃气股份有限公司天然气销售量达到3.45亿m^3。

重庆燃气集团股份有限公司（600917）

2014年8月25日，重庆燃气正式上市。截至2015年3月，重庆燃气实现销气量24.92亿立方米，服务用户数达到372万户，营业收入达到59.3亿元，总资产达到71.7亿元。

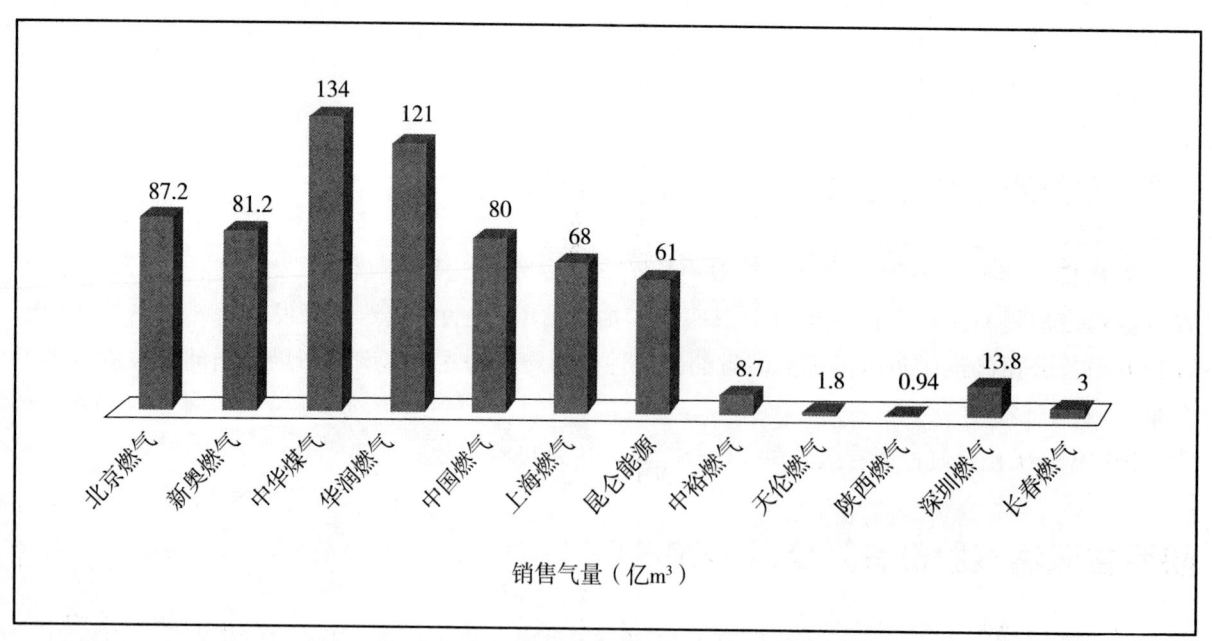

图1　2013年部分上市燃气企业销售气量统计

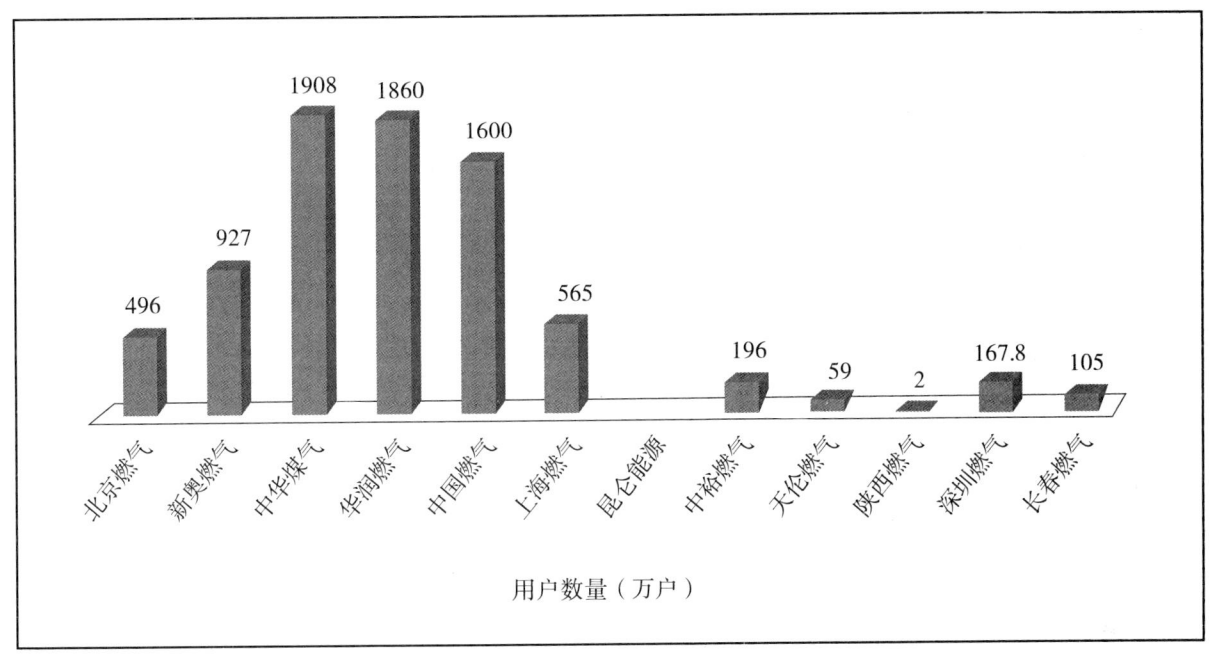

图2 2013年部分上市燃气企业用户数量统计

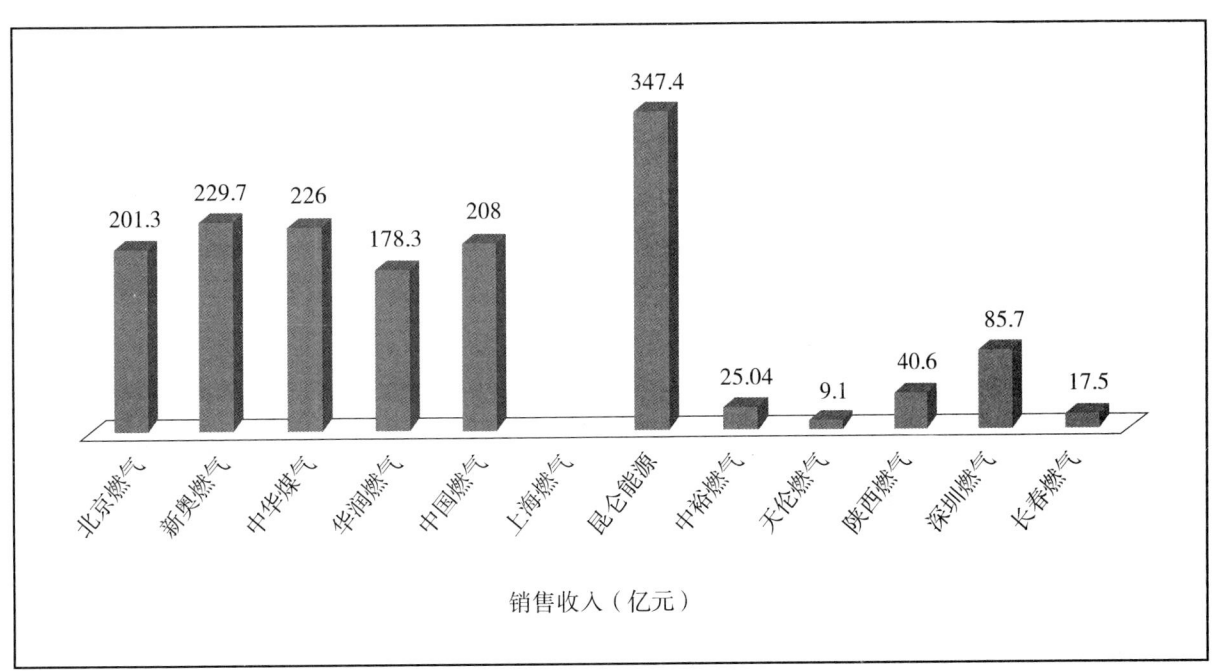

图3 2013年部分上市燃气企业销售收入统计

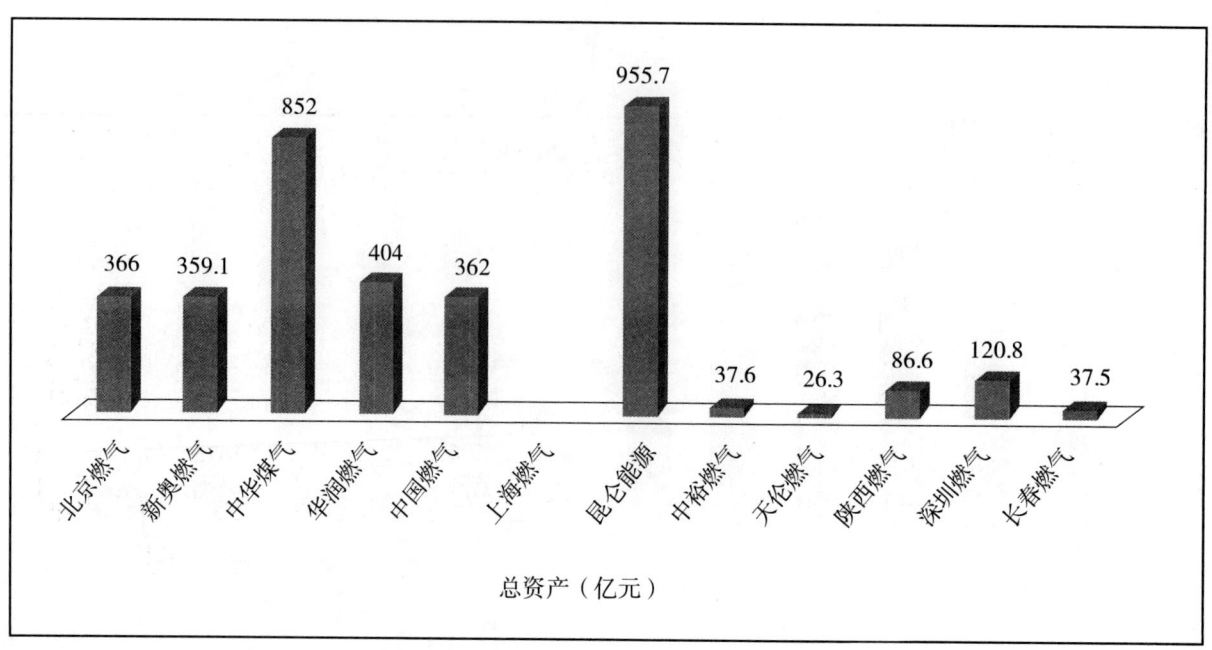

图4 2013年部分上市燃气企业总资产统计

上海飞奥燃气设备有限公司

燃气输配领域总体解决方案的提供者
The supplier of total solutions for gas transmission and distribution

01 PRODUCT LINE
覆盖上中下游的产品线

上海飞奥燃气设备有限公司产品线涵盖：

- 调压系统集成产品：城市门站、高中压站、区域调压站、专用调压站、CNG减压站、LNG气化调压站、楼栋调压箱；
- 压力容器类产品：过滤器、分离器、快开盲板、绝缘接头、收发球装置；
- 智能气网类产品：燃气输配调度管理系统、信息管理软件产品、智能调流调压产品、智能控制产品、智能检测产品；
- 阀门类产品：调压器、紧急切断阀、安全放散阀、调节阀、蝶形球阀；
- 计量类产品：气体涡轮流量计、体积修正仪；

02 TECHNICAL SUPPORT
可靠的安全技术保障

【国家级实验室】

 气体流量标定实验室
 调压阀门检测实验室
 控制仿真实验室

03 SERVICE
完善的一体化服务

未来数年，在全国20余个服务点的基础上，上海飞奥将建立包括杭州、广州、武汉等地多个4S服务中心，确保对客户需求快速响应。

【快速响应服务】　【增值服务-加臭、阴极保护】　【大型工厂化售后服务中心】

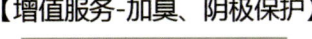
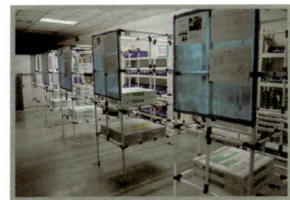

- 地　址：上海浦东新区龙东大道4493号
- 电　话：86-21-58589889
- 传　真：86-21-58589251
- Website: www.fiorentini.cn

中国燃气控股有限公司
CHINAGAS HOLDINGS LTD.

【追求无止境】

我们将一如既往创新产品,优质服务;只有专注,才能精致;只有专一,才能专业;只有专业,才能卓越;伴着卓越梦想,我们追求无止境!

　　天信仪表集团是中国燃气计量行业的龙头企业,是"国家863计划项目"、"国家重点新产品项目"、"国家火炬计划项目"和"国家创新基金项目"的承担者。自1995年创建以来,凭借灵活的经营机制和持续的自主创新,取得了快速的发展,集团主营业务有:燃气计量仪表、工业计量仪表、液体计量仪表、燃气调压设备、自动化控制系统、软件开发、金融投资。现有气体罗茨(腰轮)流量计、气体涡轮流量计、气体旋进流量计、CPU卡工业气体流量计、气(液)体超声流量计、体积修正仪、数据采集器、流量控制器、流量计算机、气体流量标准装置、宽量程气体计量装置、远程数据采集系统等十二大系列产品。其中包含与美国GE公司(德莱赛)合作生产的G型气体罗茨流量计与C型气体涡轮流量计;与德国西克公司合作生产的TUSM型气体超声流量计;还有自主研发的气体腰轮流量计和气体涡轮流量计获得欧盟NMI认证;TBQM型气体涡轮流量计和FC-I型流量计算机通过中石油油气管道国产化设备项目的验收,同时被国家能源局、中机联和中石油天然气集团评价为"其技术指标达到国外同类产品先进水平"。产品广泛应用于城市天然气、石油、石化、轻工、冶金、电力、煤炭等行业。

　　集团谨奉"为用户提供天然气应用整体解决方案"的经营理念,始终坚持以用户利益为己任的制造和服务原则,打造满足用户动态需求的运营管理体系,一如既往地为用户不断创新,努力实现天信品牌的国际化。

◆燃气调压装置
(由天信集团下属公司上海天信能源设备有限公司制造生产)

◆LTH型手推式校准仪

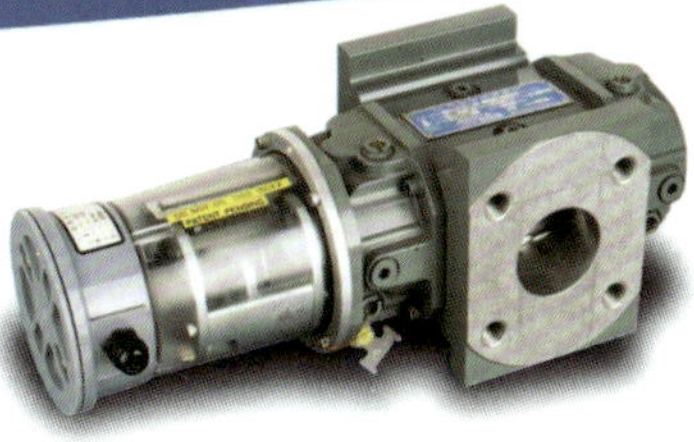

◆G 型气体罗茨流量计
（与美国 GE 公司（德莱赛）合作生产）

◆TBQM 型气体涡轮流量计
（自主研发并通过欧盟 NMI 认证）

◆TYL 型气体腰轮流量计
（自主研发并通过欧盟 NMI 认证）

◆TBQZII 型智能气体涡轮流量计

◆TBQJ 型气体涡轮流量计

◆TUSM 型气体超声流量计
（与德国西克公司合作生产）

◆CPU 卡工业气体流量计
（基表分别为：气体罗茨流量计、气体涡轮流量计、气体腰轮流量计）

◆LWM 型气体涡轮流量计
（为煤层气计量应用而设计）

天信仪表集团有限公司

地址：浙江省苍南县灵溪镇通福路3468号
客服热线：400-926-9922
销售热线：0577-68856655　68856699
Http://www.tancy.com
Email:tancy@tancy.com

上海煤气始于1865年。新中国成立后，上海城市燃气得到不断发展和壮大，并于上世纪90年代实现城镇全气化。1999年，东海天然气进入上海，开启了上海天然气大发展的新时代，随着西气东输、进口LNG、川气东送等天然气气源相继入沪，至"十二五"期末，上海有望实现管道燃气的全天然气化。

上海燃气（集团）有限公司成立于2003年12月，注册资金42亿元，为申能（集团）有限公司全资子公司。业务领域涵盖天然气管网投资、建设运营与销售，人工煤气生产与销售，以及液化气经营等，上海本地燃气市场占有率超过90%,用户规模与储运能力位居全国首位。旗下包括一家天然气管网公司、三家制气公司、五家燃气销售公司、一家液化气公司，参股燃气设计院、申能新能源、申能能源服务、林内、富士工器等企业。截至2013年底，公司拥有城市燃气高、中、低压管网20000多公里。总资产177亿元，年产值销售收入194亿元，集团员工8000多名；燃气用户633万户，其中天然气494万户，人工煤气34万户，液化石油气105万户；年供应天然气68亿立方米，人工煤气5.5亿立方米，液化气8.6万吨。

公司秉持"上海燃气，让天更蓝"的理念，正在加快推进天然气发展，并致力于成为国内同行领先的系统能源服务商，为促进上海经济社会发展、改善城市环境质量、提高人民生活水平发挥积极作用。

962777 燃气热线·服务无限

上海燃气服务热线

参加在香港举行的GASEX2014

建设中的五号沟LNG站二期工程扩建

申海号LNG船

上海LNG接收站

洋山港LNG加气站

上海燃气·让天更蓝

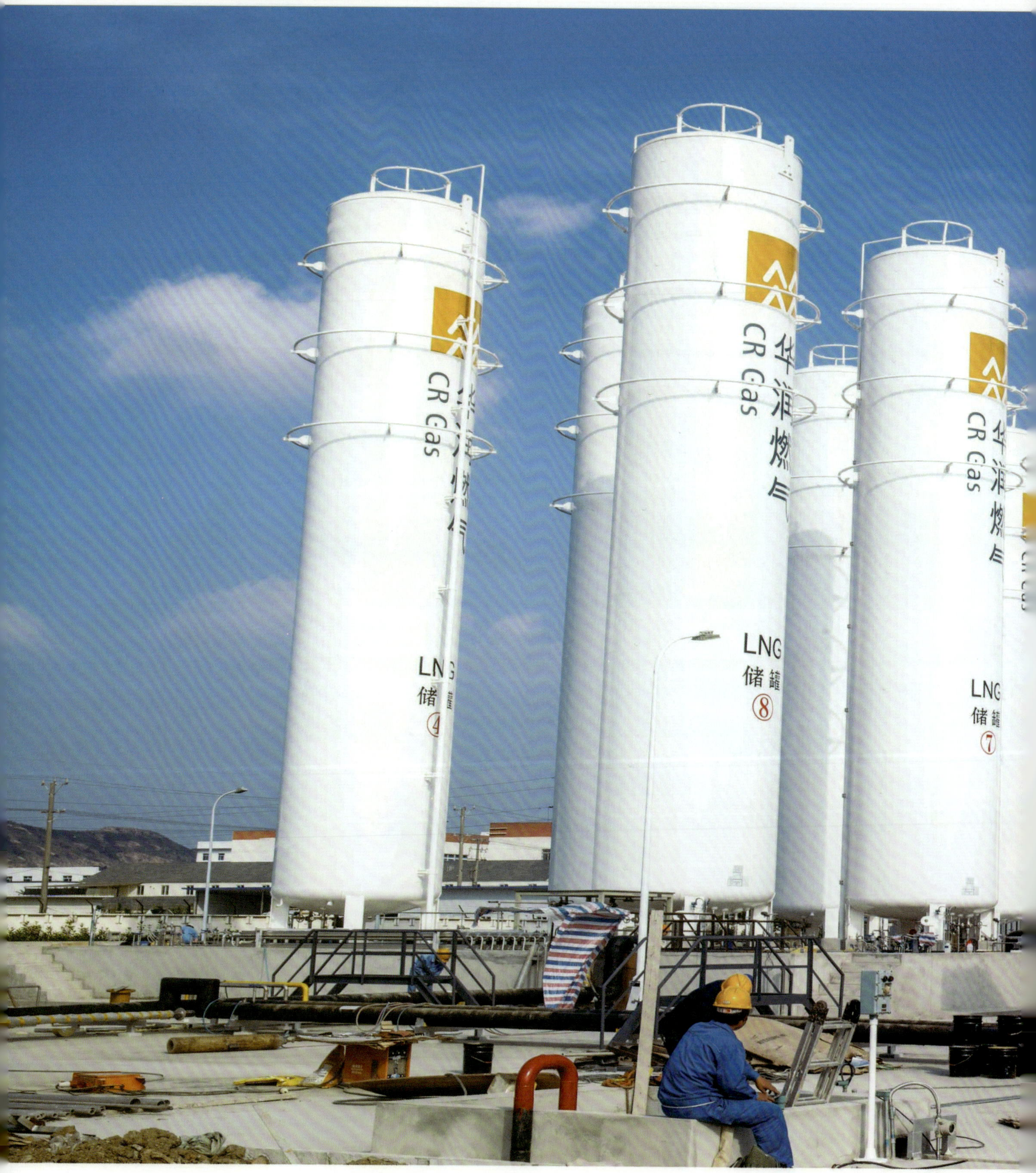

华润燃气控股有限公司
China Resources Gas Group Limited

与您携手 改变生活

http://www.crcgas.com
深圳市深南东路5001号华润大厦19楼
电话：(0755) 8266 8008   传真：(0755) 8269 1109

广州燃气集团有限公司
Guangzhou Gas Group Co., Ltd.

注重认真　追求卓越　和谐发展

广州燃气集团有限公司（以下简称"广州燃气集团"）是广州发展集团有限公司的全资下属公司。其前身是广州市煤气工程筹建处，成立于1975年。1983年，正式更名为广州市煤气公司。2009年1月16日，广州市煤气公司成建制划归广州发展集团后，改制组建为广州燃气集团有限公司，并于2009年7月2日正式挂牌。2012年7月，广州燃气集团作为发展集团优质资产注入上市公司广州发展，成功实现资产上市。

企业经营范围主要涉及燃气管网及设施的建设和管理，燃气项目的投资、经营、设计、施工、监理和技术咨询，安装、维修、检测燃气用具，（燃气的）批发和零售，天然气加气。截至2013年年底，公司拥有燃气输配管网3352公里，客户超过129万户，全年管道气销售气量超过9亿立方米。供气范围遍及广州中心城区和周边南沙、增城全部区域及花都、萝岗、番禺部分区域，有力保障了广州市城市燃气的稳定连续供应。

目前，广州燃气集团总部设11个职能部室；以地理区域为划分边界设立东、西、南三大区域分公司，负责区域内一体化业务运营；组建高压运行分公司，负责高压管道的工程建设和高压管网运行管理；设立调度与服务两大业务中心；有4个全资子公司，5个参股公司。全集团在岗职工人数约1900人，拥有燃气、管理等各类专业技术人才600余人。

近年来，广州燃气集团被授予"广东省广州亚运会、亚残运会先进集体"、"守合同重信用企业"、"广东省厂务公开民主管理先进单位"、广东省直通车服务重点企业、"全国工人先锋号"单位、全国"安康杯"竞赛优胜企业等荣誉称号。

广州燃气集团作为广州市城市燃气高压管网建设和购销唯一主体，统筹全市高压管网建设和上游气源购销。近年来，广州燃气集团紧紧抓住"天然气入穗"的黄金契机，全面推进广州市天然气利用工程建设。其

www.gzgas.com

中：一期工程截止到2013年12月共建成高压管线125.07公里、3个接收门站及4座高中压调压站，主要接收广东大鹏进口LNG气，正式揭开了广州天然气时代的序幕，为广州"全市一张网"格局奠定良好基础。二期工程暨广州亚运村项目燃气配套工程，截止到2013年12月共建成高压输气管道25.94公里，建设亚运场站1座、高中压调压站1座、线路阀室1座，确保了2010年亚运会、亚残运会的供气保障任务圆满完成。三期工程暨"广州西气东输项目"，共建成高压输气管道23公里，建设门站3座，接收国家"西气东输"二线气，使广州成为广东省第一个使用上"西气"的城市，并与广东大鹏进口LNG气形成双气源供应保障系统，全面提升了广州天然气供应保障综合实力。四期工程预计2018年投产，将投资69.7亿元，将建设高压、次高压输气管道约165公里、配套建设中压管道约900公里、新建门站1座、调压站3座，线路阀室13座，以实现高中压管网基本覆盖全广州，"全市一张网"的格局清晰呈现，为广州市推行管道燃气三年发展计划提供坚实后盾。此外，广州燃气集团还将投资16.7亿元建设"广州南沙天然气应急调峰气源站项目"，预计项目建成投运时，每年可为广州市提供3亿立方米的应急调峰天然气，广州市城市天然气供气规模和供气安全保障能力将得到进一步提升。

广州燃气集团严格按照"安全是根，以人为本，科学发展，绿色节能"的企业安全生产方针，建立了高标准的安健环管理体系、地下管网安全综合评价及风险预警体系，维修、抢险队伍与110联动，综合抢险水平处于同行先进水平，抢险及时率始终保持100%。同时，广州燃气集团还开通了"96833"24小时客户服务热线电话，适时推出银行划扣、电子账单、"网上营业厅"等便民服务，实现了用户足不出户即可办理燃气管道业务，形成了集团网站、营业厅、呼叫中心三位一体的服务系统，为客户提供高质量、高效率的服务。

展望未来，广州燃气集团将秉承"注重认真、追求卓越、和谐发展"的企业核心价值观，围绕建设"珠三角燃气龙头企业"的战略发展目标，加大天然气利用工程的投资建设力度，扩大燃气管网建设规模，努力提高天然气气化率和气源安全供应能力，切实保障广州城市发展对清洁燃气的需求，不断提升服务市民的水平和质量，让市民切实享受到天然气产业的发展成果，为推进广州新型城市化发展做出更大的贡献！

当千家万户在打开燃气灶、点燃天然气那一刻，都能够感受到广州燃气集团送上的一份温暖和祝福。

成都城市燃气有限责任公司
Chengdu City Gas Co., Ltd.

成都城市燃气有限责任公司始建于1967年,是国内大中城市中较早从事城镇燃气供应的公司之一。2004年改制后,由成都城建投资管理集团有限责任公司、华润燃气投资(中国)有限公司、港华燃气投资有限公司、成都城市燃气有限责任公司工会四家股东投资组建的中外合资企业。截至2013年末,公司总资产达37亿元,日供气能力达800万立方米,年销售天然气逾11亿立方米,服务民用客户244万余户,现有储配气站17座、调压设施1万余座、燃气管线5920余公里。

目前,成都燃气业务已涵盖天然气工程规划、设计、施工安装,天然气输配、应用、管理,燃气智能化系统研发、设备制造,燃气专用设备、压力容器、计量装置检测,以及天然气市场拓展等方面。公司拥有完善的输供气管网体系、先进的技术设备和训练有素的员工队伍,供气规模、管理户数等运营指标在行业内名列前茅。

2013年是公司承前启后、创新发展的一年,公司经营管理团队带领全体员工同心协力、真抓实干,不断提升输供气保障能力,积极推进重点基础设施建设,大力开展客户优质服务,各方面工作取得了显著成效。

强化手段,不断提升输供气保障能力。结合国内外先进水平,优化输配工艺,打破输气瓶颈,供气压力水平是近三年最好的一年,充分保障了城区天然气的安全、稳定供应,圆满完成了财富全球论坛、华商大会、西博会等重要会议的燃气保障工作。为满足成都市主城区日益增长的用气需求,采用成撬安装的方式实施了赖家坡新站的扩能改造,门站日最大过流能力从300万立方米提升至500万立方米,为国内大型撬装门站建设提供了示范。开展西部气源引入工作,实现中石油郫县输气站至公司合作站气源管线的贯通输气,设计输气规模达80万立方米/日,历史性地改变了成都市主城区的气源格局,对主城区的供气稳定和均衡将发挥重大作用。

贾朝茂董事长(左)、车德臣总经理(右)深入施工现场检查指导工作

少陵路客户服务中心

全长88公里的成都市绕城高速路天然气高压输储气管道工程建设

日供气能力500万立方米的赖家坡新站

安全用气·和谐生活

以情输送温暖·用心点燃幸福

大力推进，加快重点基础设施建设。随着城市的发展，客户对燃气的需求越来越大，小时天然气消耗的不均衡性也越来越突出，公司大力推进重点工程建设，加强储气基础设施改造。陆续开展了第三储配站新增球罐工程、第一储配站改扩建工程、绕城高速路高压输储气管道建设，以及"北改工程"燃气设施的迁改。重点基础设施的启动建设，为下一步增强成都市城区供气系统抗风险能力和供气保障能力奠定了基础，势必将为保障城区供气压力平稳发挥重要作用。

优质服务，不断提升客户满意度。公司一直竭诚为客户提供方便、快捷、安全的服务，不断优化完善服务措施，提升客户满意度。全面优化962777热线服务，在热线呼入总量大幅增大的情况下，提高了热线接入率，畅通了客户了解、联系、办理相关业务的通道。大力加强客户投诉处置、回访管理工作力度，积极、主动的了解客户的需求和建议，按月、季度对回访和投诉情况进行统计分析，提交分析报告，客户投诉回访率达到100%，客户投诉回访满意度大幅提升，得到了客户一致好评。

成都燃气将树立"创新发展、二次创业"的精神，坚持"以情输送温暖、用心点燃幸福"的服务理念，继续夯实安全基础管理，全面保障供气平稳，持续提升客户满意度。通过不断向客户提供安全、清洁燃气与高效、专业、亲切的服务，竭诚为社会创造财富，为客户提供价值，为实现"成为让社会满意、政府满意、客户满意、股东满意、员工满意的国内最受尊敬燃气服务企业"这一愿景而不懈努力。

武汉市燃气热力集团有限公司

网址：www.whgas.cn
地址：武汉市江汉区台北路225号
电话：027-85781637

气吞

三镇
吐纳荆楚

长沙市燃气实业有限公司
Changsha Gas Industry Co., LTD

长沙燃气始建于1987年,前身为长沙市燃气总公司,属国有中一型企业。公司经过二十余年发展,先后顺利完成了管道燃气建设、天然气入湘、引资合营、企业改制等一系列重要工作,逐步建立成为一家拥有完善法人治理结构的现代国有控股企业。2005年4月,公司正式更名为长沙市燃气实业有限公司。

伴随着国家"西气东输"工程的开发进程和"气化湖南"的产业发展契机,长沙燃气作为湖南省燃气行业的龙头企业,进入快速发展的"黄金期"。逐步形成了以燃气经营为核心业务,涉足工程建设、地产开发、物业管理等多元化的产业格局。旗下共拥有全资、控股、参股等9家子公司。

随着天然气利用工程的发展,老百姓得到了实惠,空气质量得到了改善,城市品位得到了提升。长沙燃气在不断发展壮大过程中,得

www.csgas.com.cn

长沙燃气
Changsha Gas

到政府和社会各界好评，先后获得"全国五一劳动奖状"、"全国青年文明号"、"利税过亿企业"、"文明单位"、"综合治理先进单位"等多项荣誉，涌现出多位获得"全国劳模"、"部级劳模"、"市级劳模"等荣誉称号的优秀员工。

　　远帆卓越之程，任重而道远。随着国家关于"大力推进生态文明建设"战略决策的制定，长沙燃气将秉承"诚信、进取、卓越、和谐"的企业价值观，坚持健康可持续的发展之路，立足燃气，上下延伸，多元增长。借助不断延伸的产业链和战略协同优势，推进企业转型升级，以永恒的追求和创新精神，为实现企业成为"全国知名的清洁能源运营集团"的愿景而不懈努力。为推广利用清洁能源、改善城市居住环境、提高人民生活品质作出了应有的贡献。

改善环境 服务社会 创造价值

长沙市燃气实业有限公司
地址：长沙市开福区捞刀河楚家湖路374号
电话：0731-86672526　　传真：0731-86671826

贵州燃气(集团)有限责任公司
GUIZHOU GAS (GROUP) COMPANY LTD.

公司简介

贵州燃气（集团）有限责任公司是贵州省最大的燃气企业，以燃气输配供应与销售服务为核心业务，向集中供暖、分布式能源管理等领域延伸拓展，立足于优势资源整合和全省市场发展，打造产业多元发展的大型综合性燃气集团，推动贵州燃气行业的快速稳定发展。

贵州燃气起步于上世纪八十年代，在时任贵州省委书记胡锦涛同志的亲笔批示和关怀下，1988年贵阳市煤气工程指挥部成立；1993年成立贵阳市煤气公司；2003年改制为贵阳燃气有限责任公司；2005年更名为贵州燃气（集团）有限责任公司，并组建贵州燃气集团。贵州燃气集团致力于燃气推广普及，为经济社会发展提供清洁、安全、经济的能源保障，已在全省8个地州市的18个城市经营燃气业务，服务全省居民用户100多万户，工商业用户6000多户，公交、出租车辆4000台，已经签订协议和供气的工业园区30多个。

截止2013年，贵州燃气集团总资产达36亿元，员工2753人，拥有全资、控股子公司27家，参股企业8家，年销售人工煤气1.82亿立方米，天然气2.86亿立方米。入选"中国能源企业500强"，在贵州百强企业榜上排名62位。

致力一流品质服务
共建卓越能源集团

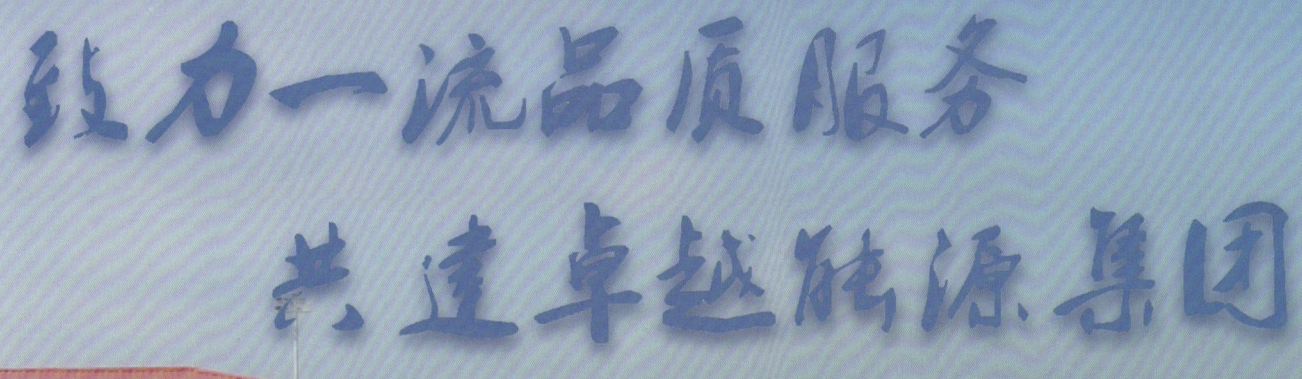

西宁中油燃气有限责任公司

西宁中油燃气有限责任公司在建设发展历程中始终致力于构建与企业发展愿景和宗旨相一致的企业文化体系，建设能反映时代特征、符合行业特点、突出企业特色的优秀企业文化，凝结人心、奉献爱心、聚集创造力、提升竞争力，为全面建设国内知名燃气企业而努力奋斗。

西宁中油燃气有限责任公司成立于2000年，以"奉献清洁能源，构建和谐社会"的宗旨，竭诚为广大用户提供优质服务，为青海的社会经济建设做出更大的贡献，现为中国城市燃气协会常务理事单位，青海省燃气协会理事长单位。

作为一家城市燃气供应企业，西宁中油燃气有限责任公司在西宁地区享有管输燃气独家经营权（宁政[2000]118号文件），主要从事天然气工程建设、设计、施工、天然气供输管理、燃气调压设备制造、LNG生产、双燃料车改装及CNG加气站经营等业务。2001年5月向西宁市供气以来，经过十多年的建设和运营发展，公司已建成天然气管线1100多公里，管网覆盖率达97%，建成门站4座，配气站9座，建立了为用户提供一站式服务的燃气服务大厅和具有远程监测功能的调度中心。公司生产运营车辆和巡线人员都配备了GPS定位装置，对燃气事故的抢险和用户问题的处理能够做到即时反应。

目前，公司已发展天然气居民用户20万户，集中供暖锅炉8200蒸吨，商业用户705家，工业用户167家，CNG加气站18座，改装双燃料车辆近16000多辆，西宁公交车和出租车燃料基本全部实现燃气化。公司已形成"工程建设设计、施工、天然气供输管理、双燃料车改装、LNG生产及CNG加气站经营"等为一体的综合性经营实体。2002年通过ISO9001国际质量认证，2008年通过HSE管理体系认证。

公司从成立到建设、投产通气，凝聚着全体员工艰苦奋斗、顽强拼搏的创业精神和无私奉献的高尚品质。在企业的发展过程中积极承担起了应有社会责任、政治责任和经济责任，得到政府和社会各界的认可。2003年被中国企

| 国务院安监组来公司检查 | 西宁市总工会领导到场站为公司劳动模范田启凤颁奖 | 客户服务 | 巡检 | 安全宣传 | 场站设备维护 | 防暴演练 |

奉献清洁能源·构建和谐社会

业联合会授予优秀企业,2004年被青海省商会授予名牌企业;公司先后荣获"2003年度纳税信用等级A级模范纳税户"、2005至2013年连续九年被青海省政府授予"青海省上缴税收先进企业"、被西宁市政府授予"西宁市上缴税收大户",2006至2013年连续八年被中华全国总工会和国家安全生产监督管理总局评为"全国'安康杯'竞赛优胜企业",2009年被中华全国总工会授予"全国五·一劳动奖状",2010年8月荣获"燃协杯"全国燃气行业职业技能竞赛总决赛团体铜奖。

西宁中油燃气有限责任公司成立伊始,就将铁人精神和奉献精神作为引领企业文化发展的方向。也正是在铁人精神和奉献精神的鼓舞下,中油燃气人把职业当事业,为"大家"舍"小家",实现了西宁中油燃气有限责任公司从无到有、从小到大、由弱到强的崛起。10多年来,中油燃气人立足于市场和客户需求,坚持以"奉献清洁能源,构建和谐社会"的宗旨,奉行"员工是亲人客户是朋友"的理念,形成了具有自身特色又不断创新和发展的企业文化成果。

在企业文化建设上我们始终围绕企业中心工作,开展多层次立体化的文化活动:在职工中大力弘扬和宣传敬业爱岗、无私奉献的工作精神;在公司内部广泛开展共产党员群众路线和先进性教育活动;通过表彰先进工作者增强职工热爱企业、敬业奉献的热情;通过开展员工喜闻乐见的文化体育活动,丰富员工的精神文化生活,全方位地为企业文化建设营造良好氛围。每年坚持开展文明行业创建活动"安康杯"竞赛活动、技能竞赛、岗位练兵等活动,极大丰富了职工业余文化生活,充分调动起了职工的工作积极性、主动性和工作热情,凝聚了人心,汇集了力量,为把公司打造成一个让政府放心、员工舒心、百姓满意、社会肯定的一流企业奠定了良好的基础和氛围。

为进一步保障用户的切身利益,完善燃气终端产品销售及售后服务体系,向广大燃气用户提供便捷、高效的"一站式"服务,西宁中油燃气有限责任公司倾力打造了集燃气终端产品销售与服务于一体的卓燃燃气终端产品销售4S店经营模式。作为提升城市燃气配套服的一种新模式,卓燃4S店为引导本地燃气终端产品市场逐步走向规范起了重要作用。卓燃4S店提供种类齐全的燃气终端产品供用户自行任意选购,确保广大用户的利益,降低燃气用户用气的安全隐患。同时稳定、规范了公司的施工秩序,极大地提高了公司用户工程的施工量,缓解了用户"接气难"的实质性问题,媒体负面报道和政府信访投诉也大幅降低。

卓燃4S店以完备的设施、完善的功能、贴心的服务、规范的管理演绎现代化的燃气生活理念,从用户选购产品到售后服务,统一规范,细致周到,无微不至;在保证广大燃气用户放心购买产品的前提下,扩大燃气终端产品的种类,满足用户的多元化需求。

卓越品质,用心点燃,这是卓燃人矢志不渝的服务理念。我们正用不懈的努力和行动诠释着对推动燃气事业健康发展的热情,对客户服务的心贴心,团队成员之间的心连心……

焊接调压箱焊缝　　新员工拓展训练　　消防演练　　职业技能培训　　卓燃爱心捐赠　　卓燃"小苹果"

员工是亲人·客户是朋友

佛山市燃气集团股份有限公司
FOSHAN GAS GROUP CO., LTD.

【基本情况】

在上级领导和社会各界悉心关怀和大力支持下，通过领导班子和全体员工二十年的共同奋斗，佛山燃气集团已发展成为广东省乃至华南地区地级市中最具实力的城市燃气经营企业。公司属下有12家全资或控股企业，并投资参股广东大鹏、深圳大鹏、珠海LNG等上游企业。2013年末，公司资产总额41亿元。2013年，公司销售燃气60余万吨，销售收入35余亿元。

二十年来，公司经营规模快速壮大，经营范围由禅城区局部逐渐延伸至三水、高明、顺德，并积极向佛山周边城市拓展发展空间。公司的资产结构不断优化，由全资国有企业变身为国有相对控股、中外合资、员工持股的股份制企业。公司充分汇聚各方股东优势，充分调动各种积极因素，企业治理水平稳步提升。

【业务介绍】

全力构建清洁能源大动脉，提高全市天然气利用水平，让市民享受更多碧水蓝天，享受更加美好的生活，一直是佛燃人的责任、追求和事业。

公司经营范围涵盖天然气高压管网建设运营及中游分销、管道天然气终端销售服务、汽车加气、瓶装液化气销售服务，以及燃气工程设计、施工等业务，经营的主要产品为液化天然气（LNG）、压缩天然气（CNG）、液化石油气（LPG）等。

2004年以来，公司累计投资近30亿元，建成高压、次高压管线130多公里，市政管网1200多公里，各类场站16座，汽车加气站7座。目前，天然气场站和管网设施的供应能力超过20亿立方米/年。

近年来，佛山燃气集团借力政府调整产业结构、推进节能减排的政策推动，抓住煤制气、重油窑炉及燃煤锅炉改造的机会，拓展了一批陶瓷、金属加工等大型工业用户。同时，公司还积极拓展居民、车用天然气市场。公司目前供应居民用户50余万户、工商企业用户2600多户、公交车用户460多台、出租车用户3500多辆。管道天然气已覆盖全市约40%的居民，处于全省领先水平。天然气在优化全市能源结构、改善大气环境质量、促进产业转型升级方面扮演着越来越重要的角色。

【安全技术】

佛山燃气集团历来重视安全生产，安全管理体系严谨高效，成立二十年来一直保持重大安全责任事故为零的良好记录。

公司抢险、抢修队伍装备、管理均处于同行业领先水平，全天候提供应急抢险、抢修服务，深受广大市民信任。

公司积极推进信息化建设，近年来陆续开发了燃气管网资源管理系统（GIS）、燃气管网监测系统(SCADA)、GPS巡检系统、燃气应急抢险指挥系统等先进的信息化管理系统。

公司积极推广运用行业新技术、新装备，拥有"不停输带压开孔技术"、"大型桥梁燃气管道施工技术""室内暗藏燃气铜管技术"等多项创新技术成果，以及燃气泄漏检测车、激光甲烷检测仪等先进装备。

【企业荣誉】

佛山燃气集团是中国城市燃气协会常务理事单位、中国能源学会第二届常务理事单位、广东油气商会副会长单位、广东省燃气协会第五届副会长单位、广东省燃气协会第五届管道气部主任单位和第五届科学技术委员会副主任单位、佛山市燃气行业协会会长单位、佛山市安全生产管理协会副会长单位。

公司曾获中华全国总工会及国家安全生产监督管理总局授予的全国"安康杯"竞赛优秀组织奖、原国家建设部授予的"全国城市环境治理优秀工程"奖、广东环保先进单位推介活动特别贡献奖等荣誉。由公司主承建的"佛山市燃气管网资源管理系统"荣获2010年中国地理信息优秀工程金奖。公司客户服务中心于2011年4月荣获中华全国总工会授予的"工人先锋号"称号。

【企业文化】

佛山燃气集团以"汇聚清洁能源，共创美好明天"为使命，以"创建城市燃气行业的中国典范"为愿景。

公司奉行"正心聚气，承安共生"的核心价值观，坚持"系统化、专业化、品牌化"的经营理念以及"合规合情，重行重效"的管理理念，将通过进一步整合资源，充分发挥人才、管理、技术、安全、服务及信息化等方面的优势，为客户、社会、员工和股东持续创造价值。

地址：广东省佛山市禅城区季华五路25号　　电话：0757-83367905　　传真：0757-83368528
邮编：528000　　网址：http://www.fsgas.com　　E-mail:fsgas@fsgas.com

扬帆远航·共创辉煌

安全可靠·以客为尊
　　卓越运营·惠泽市民

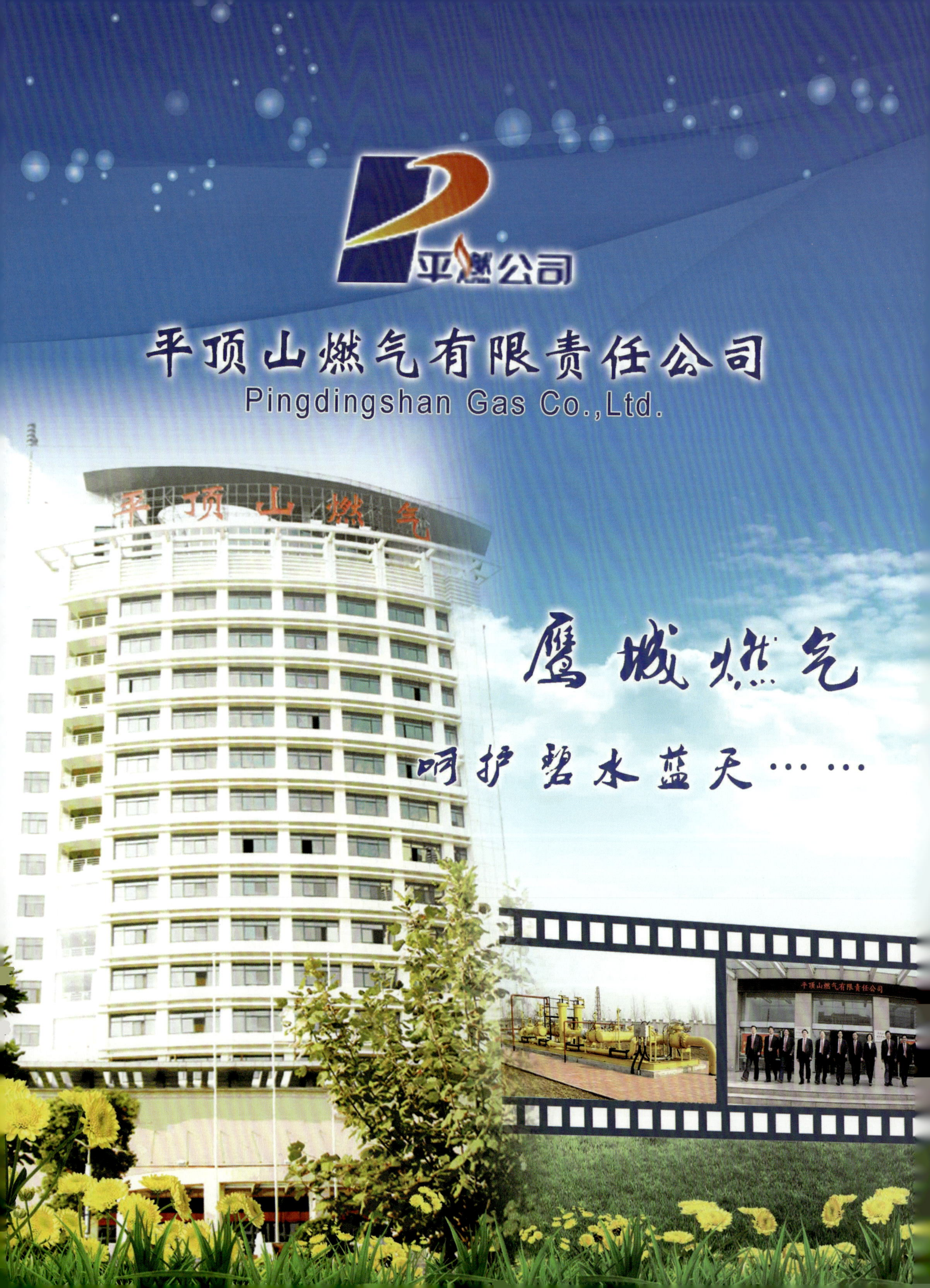

平顶山燃气有限责任公司
Pingdingshan Gas Co.,Ltd.

鹰城燃气

呵护碧水蓝天……

平顶山燃气有限责任公司前身是河南省平顶山市燃气总公司（原平顶山市煤气公司），成立于1982年9月，2008年8月由国有独资公司改制组建为产权多元化的股份制企业。共有四家股东，股权比例分别为平顶山市国资局38%、郑州燃气股份有限公司27%、北京慧基泰展投资有限公司19%、平顶山燃气有限责任公司工会16%。

　　企业经营范围为燃气销售、燃气热力工程设计、安装、车用天然气销售，兼营燃具制造、销售、维修以及天然气汽车改造等。公司现有员工1200人，注册资本金9559.06万元，总资产8.06亿元，拥有天然气高压管网260公里，中低压管网1117公里，天然气场站15座，车用燃气加气站5座，供气管网覆盖平顶山市新老城区并辐射所辖所有县（市、区），承担着保障全市26万户居民、100多万人口和650余户工商业用户的安全稳定供气重任，年销气量2亿m³，年产值7亿元，年创利税5000万元，中心城市气化率达94%，进入河南省燃气企业先进行列，连续两届蝉联"鹰城十大影响力企业"，先后获得"河南省卫生先进单位"、"河南省治安模范单位"、"河南省先进基层党组织"、"河南省学雷锋先进单位"、"国家一级计量合格单位"、"全国五一劳动奖状"和"全国文明单位"等荣誉。

　　主动承担社会责任，积极推进老城区人工煤气置换工程。由于煤气管网老化，人工煤气气质差、压力低，严重影响市民生活。2009年，平顶山市政府决定将实施人工煤气改造工程列为重点民生工程。公司全力以赴，不等不靠，克服协调难、资金紧张等诸多困难。自2010年起，累计投资2.1亿元，对我市原有人工煤气管网设施全部进行置换。目前累计新建中低压主管道700公里，新建改建庭院管网1950公里，调压柜99座，17万人工煤气用户的置换基本完成，明显提高了市民生活质量。

　　抢抓机遇，加快发展。在积极实施人工煤气管网改造置换的同时，公司克难攻坚，实施1+6战略。即供气市场由中心市区向六个县（市）区延伸（已先后与六个县市区政府签订了特许经营协议）。目前已累计投资4亿元，敷设天然气高压管线260余公里，中低压管线500余公里，建设天然气场站9座，实现了舞钢、宝丰、郏县、鲁山、叶县、石龙区六个县（市）区全部开通了天然气，100余家工商业用户和4万多居民用户，以及三个乡镇农村社区居民用户用上了清洁、高效的天然气，年供气量达1.4亿m³，有力促进了县域经济发展、居民生活质量改善和新型城镇化建设。

　　在全体员工的共同努力下，公司经济效益、市场效益明显增长。到2013年底，企业总资产达到8亿元。比2010年增加3.52亿元，增幅77.6%；产值达到7亿元，同比增加3.62亿元，增幅104%；利税达到5000万元，同比增加1570万元，增幅41.3%；服务用户达到26万户，同比增加37%。天然气的发展普及使平顶山市经济发展和居民生活有了新的能源保障。同时又对我市能源结构调整、节能减排发挥了重要作用。据统计，每年平顶山市使用天然气就减少标准煤消耗23万吨，减少二氧化碳排放60万吨，减少烟尘、二氧化硫、氮氧化物排放7000多吨，对我市能源结构调整、落实节能减排、实现碧水蓝天工程发挥了积极和重要的作用。

　　2014年是公司全面深化改革的关键一年，公司将坚持以满足用户需求为目标，以加快发展为主线，以改革创新为动力，以"管理提升年"为抓手，突出以人为本、服务为民宗旨，积极做好煤气置换收尾工作；确保实现北环路以北平煤集团棚户区改造区域接通天然气；实现安全生产零责任事故，通过安全生产标准化评审；实现优质服务零责任投诉，争创"国家级服务标准化示范单位"；成功申报"全国文明单位"；完成总产值7.64亿元，实现利税5500万元，新建天然气高中压干管85公里，力争居民用户突破30万户，不断开创燃气事业发展新局面，为平顶山市转型提速、发展提质、环境提优、幸福提升作出积极贡献。

团结·创新·诚信·高效

地址：河南省平顶山市新城区长安大道
电话：0375-2619600

长丰能源
CHANGFENG ENERGY

董事局主席兼首席执行官 林华俊先生

三亚长丰海洋天然气供气有限公司，创办于1995年，是海南省第一家投资建设和经营管理城市公用基础建设的民营企业，也是三亚市第一家由三亚市委、市政府大力扶持起来的境外上市公司。公司于2008年2月在加拿大多伦多联交所(TSXV)上市，公司上市名称为长丰能源有限公司Changfeng Energy Inc.(Changfeng)，公司代码(CFY)。董事局主席兼首席执行官为原公司董事长兼总经理林华俊先生。

公司具备城市燃气企业甲级资质，系中国城市燃气协会会员单位、海南省燃气协会常务理事单位、海南省工业经济联合会副会长单位。公司相继荣获"海南省安全生产先进单位"、"三亚市安全生产先进单位""海南省节能减排十大功勋企业"、"最具社会责任感企业"、"海南省自主创新型企业十大楷模"等荣誉。

企业精神
踏实·拼搏·责任

企业理念
诚信·共赢·开创

三亚长丰海洋天然气供气有限公司与您共创美好明天

抢险抢修摩托车队
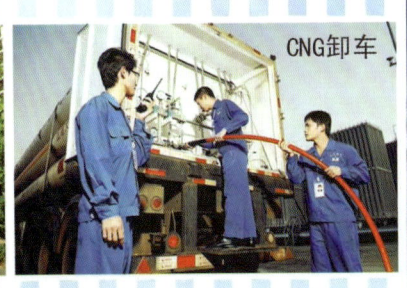CNG卸车

三亚长丰海洋天然气供气有限公司目前主要经营板块是燃气管道的连接、天然气销售，以及供应天然气，客户包括工商客户和居民客户。公司投资建设的三亚市民用天然气输配管网工程于1995年开工，2003年6月建成并实现市区主管网通气。该工程是海南省、三亚市重点工程，也是三亚市委、市政府为民办实事好事的重要项目。工程按满足三亚市区70万人口日常生活、公共福利设施及部分工业用气需要设计，包括南山——市区输配干线、市内管网、首站、门站、三亚市第一气源站，调压站等，设计年最大供气能力5.37亿立方米，气源主要来自崖13-1气田、福山油田。目前公司主要负责着三亚市民用天然气输配管网工程的运营和管理。

三亚地区现已建成的长输管线为38公里，街区管线305.933公里，庭院管线约424.416公里，项目建成的燃气管网已逾700公里。2009年6月，三亚门站LNG气化站建成投产，2010年12月三亚市第一气源站建成，设计供气能力10万立方米。截止2014年10月份，公司供气居民用户95422户，工商用户771户。

三亚长丰海洋天然气供气有限公司现已与国内多个城市签定城市供气项目和汽车加气项目。公司在各级党委、政府的关怀、指导下，立足于城市燃气项目，将计划通过与中国的能源巨头合作，依托产业优势和资源优势，努力实现产业多元化，力争成为中国一流、国际知名的综合性能源投资开发和生产企业。

三亚长丰海洋天然气供气有限公司
地址：三亚市凤凰路222号
邮编：572000
电话：0898-88236777
传真：0898-88252249

上饶市大通燃气工程有限公司

上饶市大通燃气工程有限公司座落在美丽的江西上饶。上饶，位于江西省东北部，自古就有"豫章第一门户"、"八省通衢"和"上乘富饶，生态之都"之称，下辖12个县区市，曾荣获中国优秀旅游城市、中国最具幸福感城市、中国最佳投资城市等多项城市荣誉！

我公司是一家集供应、销售燃气，燃气工程设计与施工，燃气器具销售、安装及维修为一体的专业管道燃气工程公司。其前身为"上饶市博能管道煤气工程有限公司"，2005年2月由天津大通集团收购，并正式更名为"上饶市大通燃气工程有限公司"。公司承担着上饶市区、上饶县和上饶市经济开发区范围内燃气建设、经营和管理的任务。公司下设14个部门，拥有员工160余人，技术力量雄厚，拥有各类专业技术人员100余人，具有先进的生产能力和检测技术装备，丰富的生产施工经验及健全的生产、技术、质量管理体系和管理制度。

根据上饶市"十二五"规划蓝图，高铁、飞机场的相继落成，将进一步促进上饶市城区的发展，预计人口将突破百万，同时国家西气东输二线经过上饶，大通燃气公司抓住这一有利时机，于2012年9月再投巨资，在上饶经济技术开发区合口片区，设计建设用地面积50亩、供气规模达46万立方米/天的天然气管网工程接收站，并于2013年10月15日投产通气，结束了上饶市长期以来用车载天然气的历史。该站的建成，有利于改善上饶市燃料结构、保护生态发展环境、提高人民生活质量，是一件利国惠民的大事。

http://www.srgas.com

和谐发展 · 奋进创新

上饶大通天然气接收站投产通气

市领导开阀通气

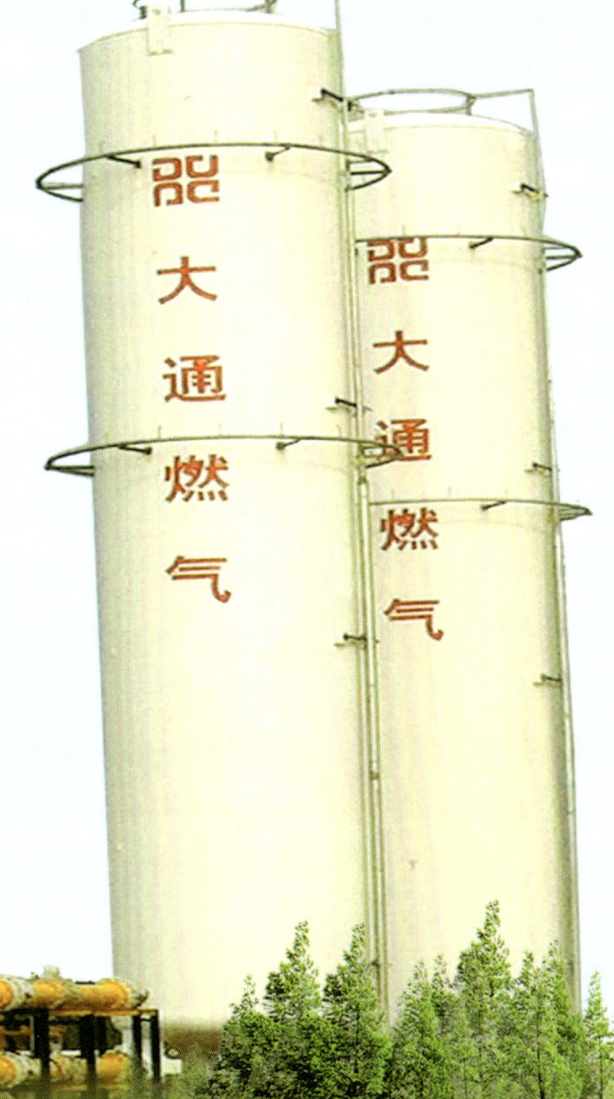

地址：江西省上饶市带湖路5号金穗大厦2-3楼　　邮　编：334000

与您携手 改变生活

秉承"诚信·团队·务实·积极·专业·创新"的企业精神

西安华通新能源股份有限公司
HUA TONG NEW ENERGY SHARES CO.,LTD

地址：西安市环城南路118号瑞林大厦九层
总机：029-87861513
传真：029-87861513-6608
邮箱：htxny.zy@163.com

经营理念：完善设施 科技倡导 绿色无碳 服务百姓

西安华通新能源股份有限公司成立于1999年7月，2000年11月16日整体改制设立为股份有限公司。公司以天然气节能、环保等洁净能源技术的研究、开发、推广、利用为主业，是始终致力于国家中小城市及新农村建设能源改造创新的燃气企业。主营业务包括：城市燃气项目、LNG/CNG加气站的投资、建设、经营；LNG/CNG的储运、销售经营；城市天然气管网和设备的投资、施工；工业、商业、居民用气设备安装、施工业务。天然气属于环保能源、朝阳产业，是国家21世纪重点开发和利用的新能源。华通公司作为国内较早进入天然气产业投资经营的民营企业，得到了陕西省政府的重点扶持。

经过十几年的努力，公司已成长为国内燃气界规模较大，颇具实力的民营股份制燃气企业。目前在陕西、安徽、湖北等全国八个省（区）拥有7家子公司，13家分公司，投资建设城市燃气、CNG加气站、LNG加注站、CNG母站、LNG加工厂、调峰储备站等135个项目。公司与项目所在地政府签订了区域性天然气独家特许经营协议，投资建设的天然气工程被政府列为重点项目。

西安华通新能源股份有限公司被陕西省科学技术厅认定为高新技术企业；被项目所在地政府列为"重点保护"单位；被中国燃气热力协会确定为国内燃气企业排行榜10强企业，中小城镇天然气供应企业中排名第一的龙头企业；享受国家能源基础产业15%的所得税优惠政策，拥有陕西省建设厅颁发的城市燃气企业资质证书。同时公司为陕西省燃气热力协会常务理事单位；中国城市燃气协会理事单位；全国诚信企业；国家标准GB燃气服务标准等多部专业国标及书籍参编单位。

成都凯能天然气有限责任公司
Chengdu Kaineng Nrturrl Gas Co., LTD.

　　成都凯能天然气有限责任公司位于温江区公平温泉大道一段158号，是一家集天然气工程安装、供应于一体的综合性经济实体；是中国城市燃气协会理事单位、四川省城市燃气协会理事单位；是成都市温江区人民政府特许经营燃气企业；是中国改革开放三十年成都市"突出贡献企业"。

　　在公司黄总经理的带领下，公司定位准确，立足于改善经营区域内的天然气基础设施建设，优化温江区的投资环境。公司先后承担了温江区公平、永宁、万春、踏水、和盛、镇子、寿安、通平、玉石等地的天然气管网建设和燃气供应。供气区域占温江区行政区域的三分之二，日供气能力达50万立方米。公司自成立以来，大力推进辖区天然气管道设施建设，现已敷设各类天然气主、干管道约185Km；用户6万多户。

　　为进一步做好"良心工程"，针对公司供气区域安置小区比较多，安全用气意识淡薄的情况，公司在居民较为集中的居住区安装安全用气宣传栏，每季度定期更换，宣传内容包含了相关法律法规介绍、安全事故原因分析、安全用气小知识和小窍门等。除此之外，公司不定期的对安置小区及老旧场镇进行安全用气宣传，并上门检查安全用气情况，排除安全隐患；对学校、医院等人员集中的重点用户，每逢节假日都会组织一次安全大检查，至今未发生过一起燃气安全伤亡事故。凯能公司不仅为温江区东北片区的经济发展起到了夯实基础的作用，更为温江区的城乡一体化建设、气化全区和改善投资环境作出了重要的突出贡献。

经营理念：
为社会创造价值·为用户创造满意

珍惜·担当·致远

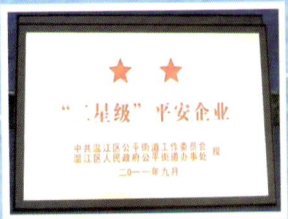

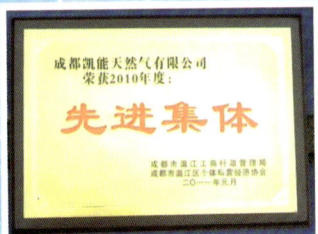

**卓越运营
惠泽市民**

公司服务大厅是公司与客户交流的平台和界面；是公司对外推介品牌形象、提供服务与产品的窗口。

◎ 地址：成都市温江区公平温泉大道一段158号
◎ 邮编：611130
◎ 电话：028-82651088
◎ 传真：028-82650227

中冶焦耐工程技术有限公司（简称中冶焦耐，英文缩写ACRE）创建于1953年，是世界500强企业——中国冶金科工集团公司的控股子公司，是技术集成、装备集成一体化的功能完善的国际化工程公司。

中冶焦耐技术业务领域涵盖炼焦化学、耐火材料、石灰、城市燃气、市政建筑与环境工程、自动控制等，是为用户提供技术工程咨询、设计、监理、设备成套和总承包等工程建设、运行维护等全生命周期服务的科技型企业。

目前，中冶焦耐承担的工程项目遍布全国29个省、市、自治区以及南非、巴西、日本、印度、土耳其、伊朗、哈萨克斯坦、缅甸、越南等多个国家和地区。在中国勘察设计行业"百强"企业排名中位列前二十名。

了解更多：www.acre.com.cn

ADD:辽宁省大连市高新园区高能街128号　TEL:0411—82460666

大型煤气站 　　上海五号沟LNG工程

油罐区

稀油密封干式柜

为用户提供技术工程咨询、设计、监理、设备成套和总承包等工程建设、运行维护等全生命周期服务。业务领域包括：

煤干馏炼焦、煤气化、煤气净化、煤气转化及化产品深加工；焦炉鉴定及热修；燃气储配及管网；耐火材料和石灰；网络集成和自动化控制；市政环保工程；商业民用建筑；环境影响评价

中冶焦耐拥有包括：
工程设计；
工程咨询；
工程造价咨询；
工程监理；
建设项目环境影响评价等甲级资质。

大型天然气储配站

上海石洞口轻油制气装置 　　液化石油气油罐区 　　危险品码头卸料设施

为适应城镇燃气发展需要，中冶焦耐不断拓宽城镇燃气设计领域，积极开发新工艺、应用新技术、研发新设备。在发展煤制气的同时，开发并完成了大量的油制气、液化石油气和天然气工程设计。

中冶焦耐工程技术有限公司
ACRE Coking & Refractory Engineering Consulting Corporation, MCC

地址：辽宁省大连市高新园区高能街128号
电话：0411—82460666
传真：0411—82461688
邮编：116085
邮箱：acre@acre.com.cn
网址：www.acre.com.cn

联系我们，获得更多产品信息
Contacts us ……

行业内最齐全的全系列天然气装备产品展示

CNG高压气体运输车

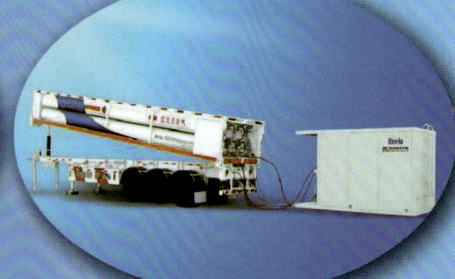
液压式天然气汽车加气子站

压缩式天然气汽车加气子母站

大型LNG接收站终端EPC项目
宁波项目，储罐区域：3×160,000立方米

LNG及L-CNG加气站

LNG加注船

国内最大容积LNG低温液体运输车

车用LNG气瓶

大型LNG低温液体储罐

中集安瑞科旗下成员企业主要有：

- 石家庄安瑞科气体机械有限公司
- 安瑞科（廊坊）能源装备集成有限公司
- 安瑞科（蚌埠）压缩机有限公司
- 荆门宏图特种飞行器制造有限公司
- Holvrieka Nirota b.v.
- Holvrieka Danmark a/s
- Holvrieka IDO b.v.
- 张家港中集圣达因低温装备有限公司
- 南通中集罐式储运设备有限公司
- 南通中集交通储运装备制造有限公司
- 南京扬子石油化工设计工程有限责任公司
- Holvrieka n.v.
- Holvrieka Noordkoel
- Ziemann Internation Gmbh.

CIMC ENRIC
中集安瑞科

行业内领先的
天然气关键装备制造商、工程服务及系统解决方案供应商

高压气体储运装备
全球冠军产品，业务规模世界第一

低温液体运输车
中国冠军产品，国内市场占有率稳居第一

CNG、LNG及L-CNG加气站
国内领先、拥有固定式、撬装式、模块化等多种解决方案

大型LNG接收站及存储站
国际知名品牌，具有工程设计、采购、施工项目合同总承包（EPC）能力

中集安瑞科控股有限公司（中集安瑞科总部）
地址：广东省深圳市南山区蛇口工业区港湾大道2号中集集团研发中心（518067）
电话：0755-2669 1130　网址：www.enricgroup.com　邮箱：info@enricgroup.com

辽宁思凯科技股份有限公司
LiaoNing SC Technology Corp

安全型物联网超声波燃气表

我公司的安全型物联网超声波燃气表是一款基于超声波计量原理的新一代燃气计量器具，采用最新思凯结构化电子平台，具有计量精度高、耐久性好、防窃气、有安全检测、可扩展等优点，可以实现CPU卡、短距无线通信、GPRS/CDMA通信等众多功能。此外，还可通过物联网以无线方式调整燃气价格，实现了阶梯价格，表内自动计费。思凯的安全型物联网超声波燃气表是第一种实现真正意义上的安全远程控制无机械运动部件的全电子民用智能燃气表。

产品型号	SCU-WL-G1.6/G2.5/G4
流量范围	0.016～6m³/h

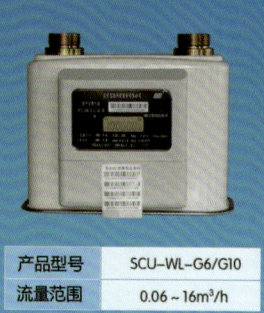

产品型号	SCU-WL-G6/G10
流量范围	0.06～16m³/h

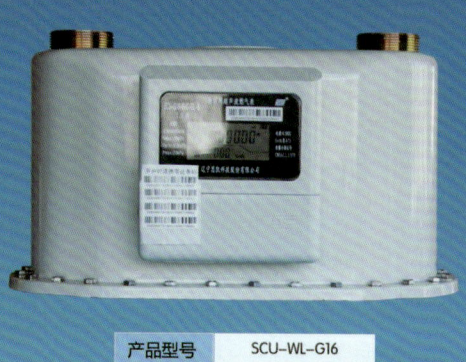

产品型号	SCU-WL-G16
流量范围	0.16～25m³/h

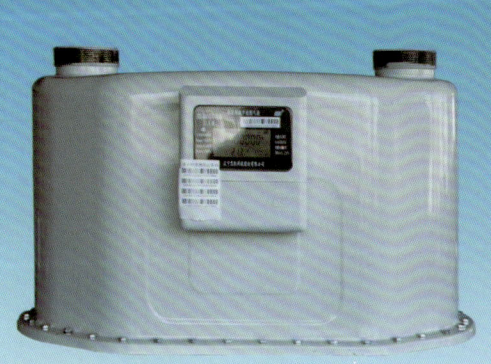

产品型号	SCU-WL-G25/G40
流量范围	0.25～65m³/h

产品型号	SCU-WL-G65/G100
流量范围	0.65～160m³/h

地址：丹东市江湾工业区C区黄海大街14号　　邮编：118008
电话：0086-415-3144734　3123254　6270118　　传真：0086-415-3144109
E-mail：support@chnsce.com　　网址：http://www.chnsce.com

物联网　　大数据
移动支付方便缴　　阶梯价格轻松调

超声波计量

依据超声波计量的基本原理，该表具备防拆卸、防倒装、防计数器破坏、防打孔、防磁干扰、计量精度高(大中流精度0.5%以内，小流精度1%以内)及温度补偿等功能。

安全功能

判断燃气表在使用中出现的异常流量及持续时间，针对突发过流、脱管、胶管断裂或老化而导致的各类流量异常现象实现瞬间自动关闭，提高燃气表使用过程中的安全性能。

物联网

整个通讯环境依托公共数据通讯网（GPRS/CDMA）构建。每块表直接作为一级终端存在，没有分支；表与表之间无任何关联每块表都作为个体在网络中存在，单一表具通讯损坏对整个网络通讯没有任何影响。

远程调价　　阶梯气价　　灵活定制　　空中充值

成都千嘉科技有限公司
CHENGDU QIANJIA TECHNOLOGY CO.,LTD

致力于公用事业智能化与信息化建设

全国最大的远传抄表系统
公用事业领域信息化系统 **提供商**

　　成都千嘉科技有限公司成立于2001年，系成都燃气控股的国家高新技术企业，是全国最大的远传抄表系统生产企业及公用事业领域信息化系统提供商。

　　千嘉经过十余年发展，现已成长为行业技术领先、质量领先、规模领先、效益领先的远传抄表产品领军企业、住建部《住宅远传抄表系统》两项行业标准的主要编制单位、国家火炬计划重点高新技术企业、四川省知识产权试点企业。

　　科学技术是第一生产力，千嘉非常重视科技创新及创新载体建设，目前已建成：千嘉博士后创新实践基地、四川省企业技术中心、四川省燃气智能化工程技术研究中心、现代城市公用事业智能化高精传感装置四川省工程实验室、院士（专家）工作站，同时拥有全国唯一一家以物联网技术在燃气行业的应用为研究领域的千嘉物联网技术研究院，吸引和培养了大批高素质人才。

　　作为一家拥有完全自主知识产权的高新技术企业，我们将依托"千嘉物联网技术研究院"的综合优势，努力成为公用事业智能化系统的最佳供应商，为社会各界、千家万户提供最优良的服务！

- 民用远传抄表产品
- 流量计产品
- 工商业远程监控/预付费产品
- 信息化解决方案及产品

地　址：四川·成都双流西南航空港空港一路一段536号
电　话：028-85874488　　028-85874040
传　真：028-85874339
邮　编：610211
网　址：www.cdqj.com

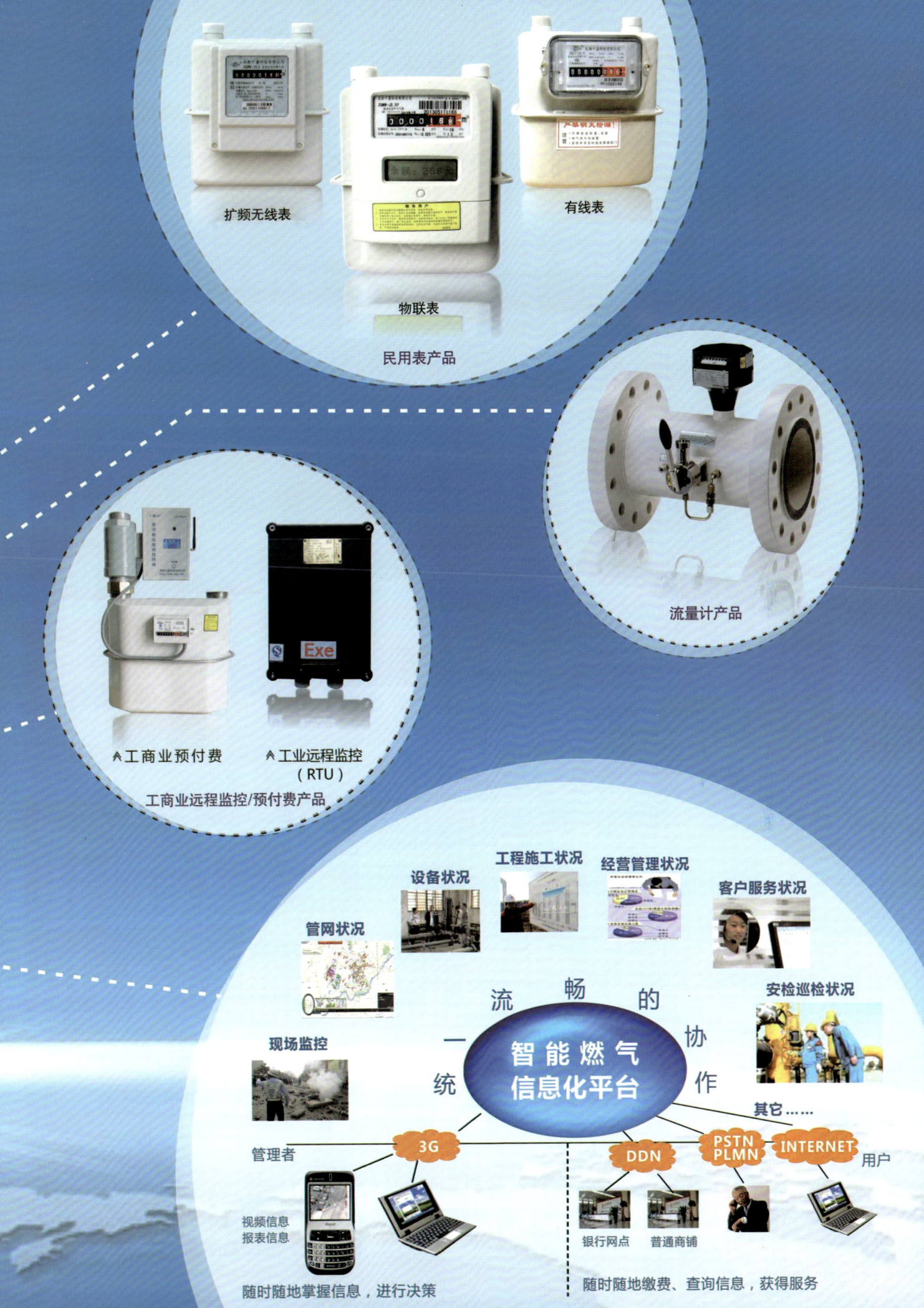

贵州森瑞新材料股份有限公司

▎企业简介
COMPANY PROFILE

　　贵州森瑞新材料股份有限公司成立于2003年，位于贵阳市国家高新技术产业开发区，占地面积400000余平方米，公司注册资金15750万元。是贵州省规模最大的专业从事新型塑料管道研发、制造、销售的新型环保科技企业，拥有位于贵阳乌当的生产基地、位于武汉黄陂的子公司(武汉森瑞新材料有限公司)。

　　公司目前装备了100余条国际、国内先进生产线，并拥有先进的检测设备和完善的检测手段。营销网络覆盖广泛，能及时有效地为客户提供优质齐全的管材及管件。主要产品有埋地用聚乙烯（PE）给水管；燃气用埋地聚乙烯（PE）管；埋地排水用HDPE双壁波纹管、PVC-U双壁波纹管、钢带增强聚乙烯（PE）螺旋波纹管；地下通信管；PVC-C电力电缆护套管；PP-R给水管和PVC-U排水管、精品家装PP-R给水管、精品家装PVC电工套管；阻燃型PVC电线槽、工业线槽、电工套管等，产品覆盖了国家标准或行业标准所列全部规格。被广泛应用于给水、排水、排污、燃气、农业、水利、电力、矿山和通信等领域。

　　我们始终以"向社会提供环保、节能、安全、经济的塑料管道系统"为质量方针，以"改善和提高人类居住环境、缔造绿色健康生活空间"为使命，坚持内抓质量管理，外抓市场开拓，以顾客为中心，不断提高产品和服务质量，满足顾客要求。公司先后通过了"ISO9001:2008质量管理体系认证"、"ISO14001:2004环境管理体系认证"、"ISO10012:2003测量管理体系认证"、"OHSAS18001职业健康安全管理体系认证"、"压力管道元件认证"、"矿用产品安全标志认证"和"中国环境标志产品认证"等。被国家科技部批准为"国家火炬计划项目"、"国家高新技术企业"、国家级"守合同重信用企业"、"省级企业技术中心"、"技术改进先进单位"。从成立至今一直被省工商局评定为"守合同、重信用"单位及荣获"先进纳税企业"、"财政贡献突出企业"、"贵州质量诚信5A级品牌企业"、"管理体系认证优秀企业"。同时是"国家质检总局授权的'聚乙烯（PE）管道焊工考试委员会'"单位、"中国质量诚信企业协会副会长单位和理事单位"，"住房和城乡建设部科技发展促进中心《建设科技》理事单位"。森瑞系列产品被建设部列为"全国建设行业科技成果推广项目"、连续多年入选《全国农村饮水安全工程材料设备产品信息年报》，被中国中轻产品质量中心确认为"中国优质产品"及获得"中国绿色环保建材产品"、"贵阳市名牌产品"和"贵州省名牌产品"等诸多荣誉。

PE 安全燃气管
PE pipes for gas supply

产品特点

- 柔韧性好，抗冲击能力优良。管道受外界冲击变形而不影响管道运行，并可回复。柔性管道可实现"管和土共同作用"，有效保证管道安全。
- 耐腐蚀性优异。管道不受外界酸碱盐等腐蚀，内壁无结垢，保证输气畅通。
- 采用热熔对接或电熔连接，形成同质连接体系，连接安全可靠。
- 重量轻，便于运输与装卸，同时降低施工劳动强度，有效缩短工期和减少施工费用。
- 使用寿命长，正常使用寿命为50年

产品主要应用领域

燃气用埋地聚乙烯(PE)管道适用于工作温度在-20~40℃，长期最大工作压力不大于0.7MPa的燃气输送用管道系统。

产品简介

PE安全燃气管道采用燃气专用聚乙烯混配料生产，性能符合GB 15558.1-2003,GB15558.2-2005标准的要求，管道具有柔韧性好、耐腐蚀性强、质轻、抗冲击性能优良等特点，管道采用热熔对接与电熔对接等连接方式，安全可靠，施工成本低，在实际应用中发展迅速。大力推广燃气安全管道，符合国家建设部、国家经贸委发展化学建材的指导方针，符合人们生产水平提高的发展需要

贵州森瑞新材料股份有限公司
电话：0851/8237980 8237990
传真：0851/8237982
地址：贵州省贵阳市乌当区洛湾云锦工业园

品质保证

优质原料+严格质检

原材料是决定管道品质的首要因素。

森瑞管业原料供应商为国际知名的PE原料制造商，如北欧化工、道达尔、以及上海石化等化工行业巨头。原料进入工厂后，须经过系列严格的科学检测，确保各项性能优越。优质纯正的专用料，从基因上决定管道的卓越性能与环保品质，保障管道输配系统的稳定和安全。道的卓越性能与环保品质，保障您的安全用水与健康生活。

德国设备+清湛工艺

引进国际先进设备，自动化程度高，质量控制精确，确保产品的卓越品质。

引进全套德国巴顿菲尔—辛辛那提(battenfeld-cincinnati)管材挤出生产线

"C5闭环控制系统"——可自动监控并调整管材各项生产数据
"集中供料系统"——确保原料供应高效稳定
"分子筛干燥系统"——确保原料充分干燥
"重力计量系统"——可精确自动控制管材米重，防止壁厚波动
"螺旋式模头"——具有塑化效率高等特点
"超声波壁厚测量控制系统"——精确控制管材壁厚
"激光打印系统"——可精确计量打印管材标识，确保标识清晰、美观、永久

高标准严要求，360°深入细节

森瑞管业建立了完善的质量管理体系，通过"自检、互检、专检"层层检验，严把质量关。

每批产品出厂前均由专业质检员按内控标准进行检测，从产品外观、尺寸、理化性能、包装等各方面确保产品质量可靠、系统运行安全。

完善的质量保证体系，先进的检测手段，严格的检测制度，保证了公司产品卓尔不群的品质。

山东益华燃气设备有限公司
SHANDONG YIHUA GAS EQUIPMENT CO., LTD

企业简介 COMPANY INTRODCE

山东益华燃气设备有限公司始创于2008年,位于山东烟台经济技术开发区,是专业从事天然气设备研发、制造、销售、安装及服务于一体的高新科技企业,主要经营产品为楼栋调压箱、撬装式门站、调压柜系列、LNG加液站与气化站、L-CNG加气站、CNG压缩天然气加气站与减压站系列、压力容器及阀门系列,产品遍及全国15个省、市及自治区,广泛用于石油、石化、海油、油田、输气管线、城市天然气、单点供气等重要领域。

在企业规模上,山东益华燃气设备有限公司年产调压装置2000多套、压力容器1000多台建设项目是列入"十二五"产业技术创新规划的能源类建设项目。项目建设规模为15117.68M2 建设主要内容为办公楼5层1栋建筑面积5113M2,实验楼3层1栋建筑面积1554M2,1层厂房2栋建筑面积各为4224.64M2,1层传达室1栋建筑面积50M2,拟定总投资9000万元。

在公司资质上,公司倡导与遵循国家燃气行业规定,已取得全国工业产品生产许可证与(A级燃气调压及B级减温减压装置)压力管道元件特种设备制造许可证,已获得中石油昆仑燃气、中石油天然气股份有限公司青海油田、新奥燃气等多家燃气公司配套的市场准入权,并已全面通过ISO9001:2008质量管理体系、ISO14001:2004环境管理体系和OHSAS18001:2007职业健康安全管理体系。

公司自成立以来,在西气东输的国策指引下,伴随国家天然气事业的飞速发展,积极引进、研发、制造及应用与天然气配套的燃气设备,尤其在产品研发方面,积极与高等院校进行强强联合,时刻具备更高的技术水平和市场竞争力,使得产品不断改善与提升。同时,公司亦大力引进更加先进完备的生产调试检测等作业设备,严格选用与精心打造干练有效、训练有素的精英团队。

公司一贯秉承"科技缔造品质,品行成就未来"的经营理念, "遵章守纪,同甘共苦,感恩有你,永续发展"的企业文化, "科学手法,实事求是,全员参与,改良改善"的质量方针, "客户至上,提供客户满意的产品与服务"的服务宗旨,为客户郑重承诺,排忧解疑,以此赢得了燃气行业客户的广泛好评,进而使得我们获得巨大推动力,更加坚定地永续发展。

公司始终坚持不断创新与研发,坚持品牌经营,坚持有限多元化及国际化的发展战略,坚持高标准的生产技术指标,坚持优质的服务,与时俱进,努力为实现人类更加和谐、美好和安全的生活环境贡献力量!

全国免费客服热线:400 0535 989
公司电话:0535-6959555　　　公司传真:0535-6959199
公司网址:www.sdyihua.com公司邮箱:sdyihua@sdyihua.com
公司地址:山东烟台经济技术开发区开封路3-1号

科技缔造品质　品行成就未来

全国工业产品生产许可证

（副　本）

山东益华燃气设备有限公司

经审查，你单位生产的下列产品符合取得生产许可证条件，特发此证。

产品名称：燃气调压器（箱）（明细附后）

住　　所：烟台开发区开封路 3-1 号（资源再生加工示范区）

生产地址：山东省烟台市烟台开发区开封路 3-1 号（资源再生加工示范区）

证书编号：XK21-006-00158

有效期至：2019 年 04 月 28 日　　　2014 年 04 月 29 日

副本

中华人民共和国

特种设备制造许可证

Manufacture License of Special Equipment

People's Republic of China

ENN新奥

物资供应网络会员证书

CERTIFICATE MEMBER OF SUPPLY NETWORK

认证证书

认证证书

认证证书

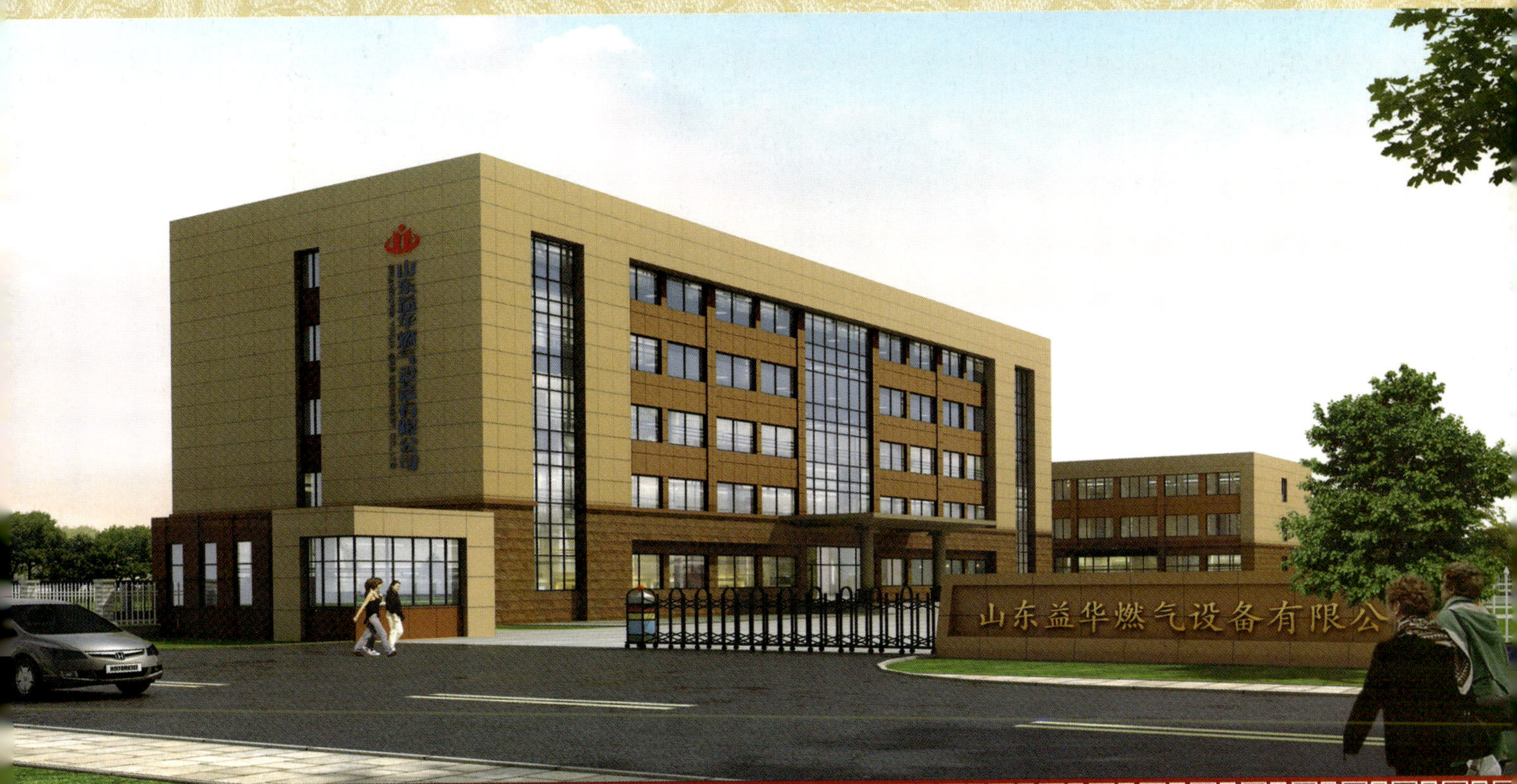

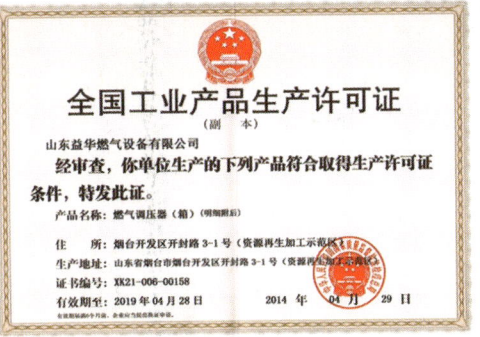

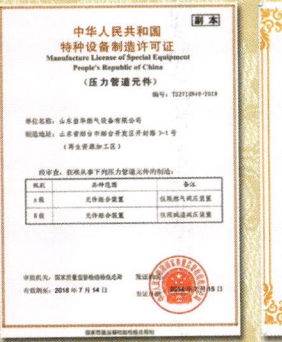

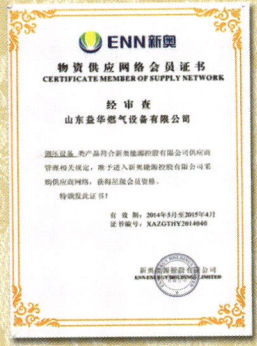

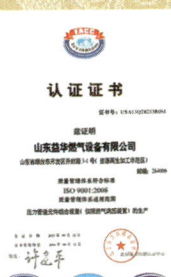

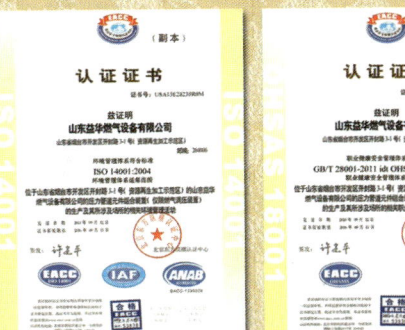

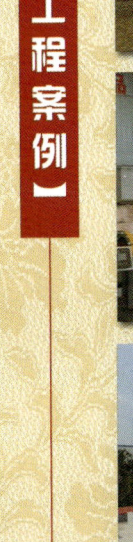

【工程案例】

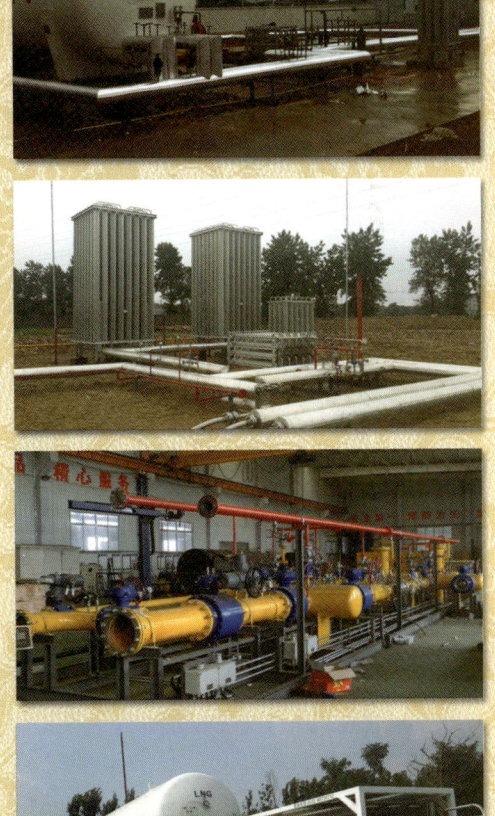

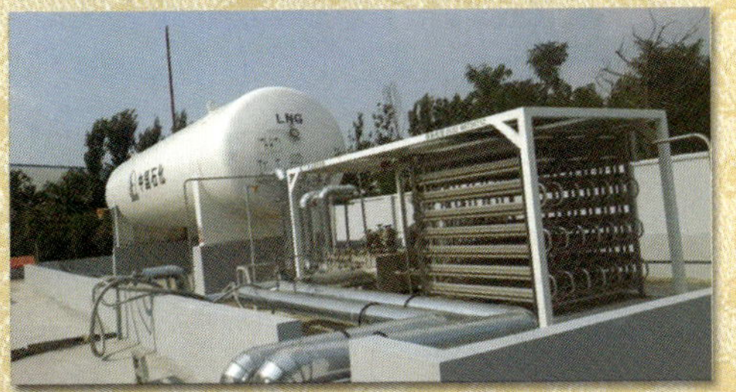

天津亚丽安报警设备有限公司
（原天津市东丽警报器厂）

  天津亚丽安报警设备有限公司（原天津市东丽警报器厂）建于1984年，是国内生产可燃气体报警设备较早厂家之一。多年来的发展，生产技术不断改进，产品规格越来越多，生产规模越来越大。目前产品已形成系列化。产品广泛应用于石油化工，制药，仓储，石油液化气等企事业单位。

  近年来，我厂在广东、江苏、四川、陕西、河北唐山、哈尔滨、江西等省市地区设立了销售分支机构，加强了与有关设计院（所），消防工程公司等单位的横向联合，使产品集生产、安装、服务于一体。产品以性能稳定、优质服务、价格合理，深得用户的好评。产品先后通过国家消防电子产品质量监督检验中心及国家防爆电气产品质量监督检验测试中心的检测及产品型式认可。

  典型用户：

  天津市裕华化工仓库、中油公司908油库、可口可乐天津分公司、华明油库、天津义聚永酒业有限公司、天津科迈化工有限公司、中瑞药业有限公司、中纺新材料科技有限公司、德威化工有限公司、唐山钢铁公司焦化制气厂、瑞丰钢铁公司、NGK电子公司、呼市大正金属焊割气有限公司、爱信齿轮有限公司、韩进涂料有限公司、捷安特车业、杭州民生药业、广州汇能燃气科技、杨子药业、贵州贵港甘化股份有限公司等。

  办厂宗旨："质量第一，用户至上"以质量求生存，以优质服务求信誉，以合理价格赢得市场，即追求企业经济效益，更注重社会效益。

  企业地处天津市区与滨海新区之间，南邻东丽开发区，北靠滨海国际机场，地理环境优越交通便利，竭诚欢迎广大用户光临指导洽谈业务。

质量第一·用户至上

www.tjyla.com

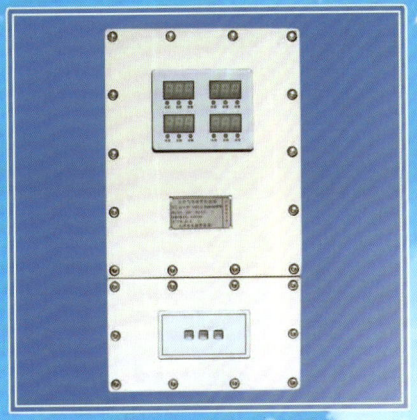
QJ-D-99F隔爆型可燃气体报警器

QJ-D-99F型可燃/有毒气体报警控制器

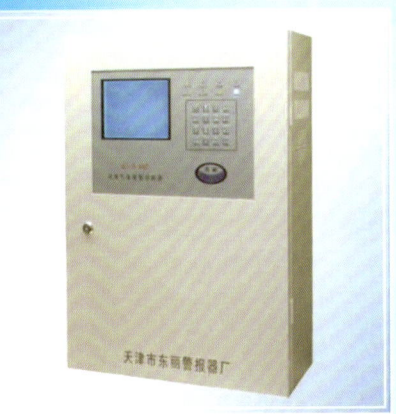
QJ-D-99Z总线型可燃气体报警控制器

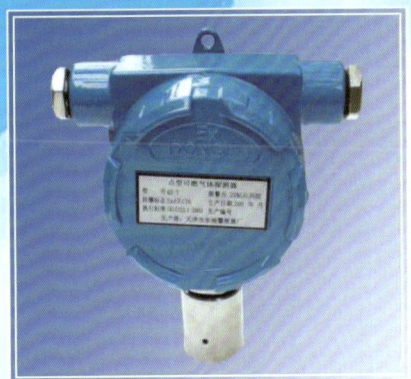
QJ-T-08点型可燃气体探测器

QJ-T-04Z点型可燃气体探测器

QJ-T点型可燃气体探测器

SY-99手摇报警器

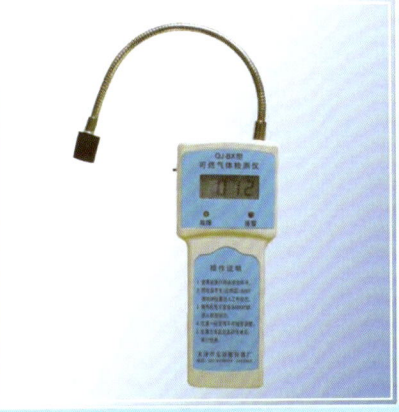
QJ-BX便携式可燃气体检测仪

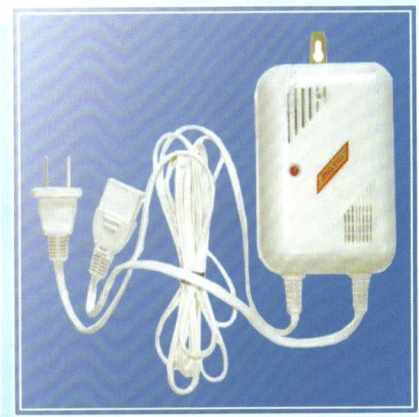
QJ-M民用型可燃气体报警器

选择亚丽安·安全每一天

地址：天津市津塘公路四号桥（驯海路）
邮编：300300
电话：022-24390824　24930625
传真：022-24390824
网址：www.tjyla.com
E-mail：bxc@tjyla.com

助推中国城镇快速实施阶梯气价

阶梯气价方案一： 远传燃气表，自动抄表，实现远程阶梯气价调整。
阶梯气价方案二： IC卡阶梯气价燃气表，自动结算，实现多级气价设置。

新天智能燃气表管理系统可实现手机支付、远程预付费、多级阶梯价格设置、远程阶梯气价调整、在线远程运行监控、数据分析、能源管理等功能。

无线智能燃气表ZL2011 3034 8285.5
燃气表ZL2010 3069 2883.X
智能燃气表ZL2011 3043 5871.3
膜式智能燃气表ZL2009 3011 8406.X
一种直读表系统ZL2009 2008 9343.4
一种具有电源检测功能的无线远传燃气表ZL2010 2012 0573.5
无线智能燃气表控制器结构ZL2011 2037 0596.6
一种基于磁唤醒方式的无线抄表系统ZL2009 2008 9971.2
一种基于磁唤醒方式的无线抄表控制系统ZL2009 2009 1541.4
一种流量数字修正自动补偿测量装置ZL2008 2007 0975.1
智能识别无线中继技术ZL2008 2023 8987.0
一种基于射频卡技术的预付费燃气计量控制器ZL2010 2010 1117.6
一种智能燃气表结构ZL2013 2 0143005.0
一种无线远传燃气表壳体结构ZL2013 2 0040642.5
直读阀控远传燃气表ZL2012 2 0634709.3

下行M-BUS、上行RF无线采集器ZL2010 2010 1079.4
一种高效的网络自动路由的无线抄表方法ZL2009 1022 7754.X
一种智能供电、充电电路ZL2010 2017 2581.4
无线流量检测及数据传输装置ZL2011 3021 5426.6
USB抄表器ZL2011 3029 4937.1
一种无线流量监测及数据传输装置ZL2011 2023 8926.6
一种应用于智能表的双电池供电装置ZL2011 2041 2048.5
无线数码侦听流量测量采样装置ZL2004 2007 4782.5
一种自动触发型宽范围射频天线ZL2008 2006 9937.4
无线基站防水防护模块ZL2008 2006 9979.8
一种混合通道集中抄录控制装置ZL2008 2007 0624.0
一种远传燃气表结构ZL2012 2055 7741.6
远传燃气表ZL2012 3 0518736.X
一种智能燃气表壳体结构ZL2012 2 0424231.1

新天科技股份有限公司 中国·郑州高新技术产业开发区国槐街19号　欢迎垂询：0371-67992727　67990938　http://www.suntront.com

新天科技
股票代码：300259

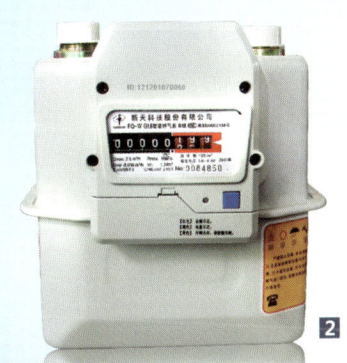
2

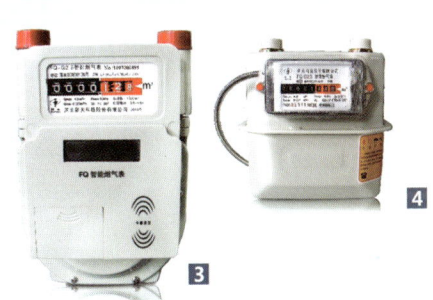
3

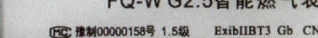
4

1

1 IC卡阶梯气价燃气表
2 无线远传燃气表
3 非接触IC卡燃气表
4 光电直读燃气表

图片仅供参考 产品以实物为准

长春天然气有限责任公司

客服电话：96699

Changchun Naturagas Co.,Ltd

　　长春天然气有限责任公司主要负责天然气管道输送、天然气供应、管道工程专业承包和市政行业专业设计。现有全部固定资产10亿元，占地面积24.25万平方米，建筑面积3.21万平方米；职工733人，各类专业技术人员252人，其中高级职称37人，中级职称36人，初级职称179人；机关职能处（室）19个，输气站7个，中心7个，管理所11个，工程施工队7个，设计院1个。

　　24年来，公司经过两次艰苦创业，相继铺设三条长输管线和两个市区环网，管线总里程1965公里，其中干线总长945公里，日最大输气能力230万立方米，形成了以长春市为中心东西南北辐射环网供气的格局，负责为一汽集团、长春烟厂、锦湖轮胎等285家工业企业和中海、万科、绿地、恒大、中信等297个小区35万户居民的供气任务。截至2014年6月底，公司累计完成输气量28.22亿立方米，实现产值37.66亿元，营业收入44.17亿元，利税12.75亿元。先后被授予中国企业最佳形象"AAA级"、"吉林省模范集体"、"吉林明星企业"、"吉林省优秀企业"、"吉林省质量诚信企业"、"吉林省诚信服务先进单位"、"吉林省五一劳动奖状"、"吉林省精神文明建设先进单位"和"长春市模范集体"、"长春市工业经济运行要素保障奖"、"民生工作突出贡献单位"、"长春市市政公用企业先进单位"、"长春市安全生产先进单位"、"长春市精神文明单位标兵"、"长春市服务质量、环境质量、公众信誉标兵单位"等荣誉称号。

　　天然气作为一种优质、高效、清洁的能源，在当今全球生态环境污染日趋严重的形势下，更加显示出其优越性。公司将秉持"诚信、和谐"的核心价值观，承担"惠泽民生、服务社会"的光荣使命，进一步加大天然气输配套基础设施建设，发展绿色能源，配合长春市城市改造和新区发展，完善长春地区天然气输配套管网建设，增加工业及民用天然气使用量，逐步改善长春市及周边地区的能源结构，向争做燃气行业领跑者的目标昂然前行！

　　公司将恪守"用户第一、止于至善"的服务理念，自觉履行企业的政治、经济和社会三大责任，一如既往地为广大用户提供最优质的温馨服务，为振兴东北老工业基地和建设繁荣、和谐、开放、美丽、幸福的长春做出新贡献。

公司机关办公楼

长春天然气西北环线工程竣工通气仪式

天然气压缩设备

天然气输气设备

公司调度中心

公司客服中心

地址：长春市卫星路3535号　　邮编：130033
电话（传真）：0431-84688215　　http://www.cctrqgs.com

 **Adler Hi-TEC 埃德尔**

24小时热线：4006504040

管网医院 智慧运营
—— 查管寻线 诊障疗伤 监控预警 保障运营！

激光电动燃气泄漏在线监测系统（ADG-PEM）

- 配有平板电脑，WIN8操作系统，支持触摸屏操作
- 集在线监测系统和GPS定位系统于一体
- 前置采集系统和地毯式采集系统双模式
- 大流量泵吸取样，灵敏度高
- 车身小巧，通过性强
- 多种车型可选，可提供定制式解决方案

阀井在线监测系统VP-OMS

LMS-Remote远程激光气体监测系统

智慧城市燃气系统总体功能构架图

车载式激光甲烷遥测系统SELMA

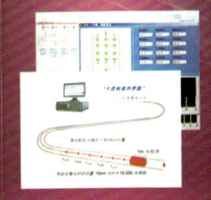
光纤在线监控系统

ODOR-On line 在线色谱分析仪

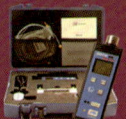
手持式加臭剂检测仪ODOR handy plus

便携式气相色谱仪PGC

迷你型激光甲烷遥测仪

便携式燃气检测仪GM5/3100

GT手持全量程气体检测仪

手持式可燃气体检测仪升级版GPL/GPD

Gas-Pro 便携式5合1气体检测仪

吸真空系统MVS301

精密管线定位仪RD8000/7000

埋地管道外防腐层状况检测仪PCM+™

杂散电流检测仪SCM

埋地防腐层检测仪

ADZ系列路面钻孔机

防爆型轴流式通风机

地址：北京海淀区中关村南大街甲6号铸诚大厦B座22层（100086）　　　总机：（010）51581255/56/57/58

哈尔滨办事处:13466698897　太原办事处：(0351) 7328690　西安办事处：(029) 85538709　乌鲁木齐办事处：13801060940　郑州办事处：(0371) 86106065
上海办事处:13816694845　成都办事处：(028) 86159546　贵阳办事处：13984838600　广州办事处：(020) 84208810

您注意到燃气管道和球罐置换空气时的问题了吗？
安全性、经济性、便捷性，能不能兼顾？

燃气工程自控安全置换装置

是实施天然气对空气的安全置换和对储气设施的直接浸灌的新型自动控制设备，是解决天然气管道直接置换和储气设施浸灌的可移动撬装装置。

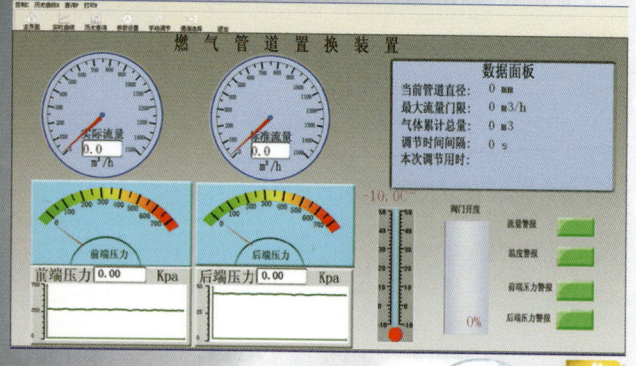

电脑界面

主要特点：

◆ 安全、便捷、节约、低碳；
◆ 自动化、目视化；
◆ 操作简单、控制精准、移动轻便、外形美观；
◆ 国际国内均属首创，国家发明专利。

专利号：2012 1 0368490.1

费用低，可购买、可租用、可试用，欢迎垂询！

膜式燃气表

燃气调压设备

燃气管件及球阀

SHANCHENG 重庆市山城燃气设备有限公司

地址：重庆市江北区石马河南石路22号　邮编：400021
电话：(023) 88518930　　　　　　　　传真：(023) 88518858
邮箱：sales@scgas.cn　　　　　　　　网址：www.scgas.cn

研制、生产、销售燃气工程配套设备的专业公司，产品的配套性、系列化、数字化、智能化居全国同行业前列。

重庆　　　　　　北京　　　　　　沈阳　　　　　　西安

iNNOVER 杭州先锋电子技术股份有限公司

智能燃气表行业质量可靠，科技创新

提供燃气阶梯价全方位解决方案

时代先锋 卓越品质

 工业燃气远程监控充值解决方案
网络预付费解决方案

 手抄表解决方案
无线抄表解决方案

 IC卡无线气量表解决方案
IC卡无线金额表解决方案

杭州先锋电子技术股份有限公司
Hangzhou Innover Technology Co.,Ltd
地址： 浙江省杭州市滨江区滨安路1186-1号
邮编： 310052
电话： 0571-86791121/86791139
传真： 0571-86791121
邮箱： webmast@innover.com.cn

Http://www.innover.com.cn

浙江新大塑料管件有限公司
Zhejiang Xinda Plastic Pipe Co., Ltd.

浙江新大塑料管件有限公司是一家专业从事燃气及供给水用的聚乙烯（PE）电熔连接、热熔对接、热熔承插、PE球阀及PPR管件生产企业。公司位于浙江省余姚市七千年原始文化遗址的河姆渡镇江中村，成立于2001年4月，注册资金3080万元，公司下设总经办、总师室、制造部、技术部、国内贸易部、国际贸易部等12个管理部门，现占地面积52000多平方米，建筑面积38000余平方米，拥有资产总额1.13亿元，现有员工300余人，专业技术人员18名，工程师5名，高级工程师2名。2011年公司新征土地130亩，将新建厂房10余m²，该项目总投资1.8亿人民币为宁波市重点工程。公司拥有专用注塑机40余台（150克～10万克），辅助设备42台，主要生产Φ20mm～Φ1000mm燃气及供给水聚乙烯管件，拥有国内大型注塑机10万克一台，生产管件至1000mm，到目前为止为国内规格多且齐全的生产PE管件生产企业，年生产能力4100余吨（约250万件以上）。

本公司检测手段齐全，拥有各种先进检测设备，相继开展了耐压爆破试验、拉力试验、熔融指数试验、氧化诱导，从而确保了产品从原材料到成品各个环节的质量。公司所生产的电熔管件经国家化学建材测试中心测试，各项性能指标均符合GB15558.2/EN1555和GB13663.2/EN12201标准，并通过ISO9001-2000国际标准质量体系认证，又通过国家建设部科技成果评估鉴定，评定为国内领先水平，产品已取得国家技术监督总局颁发的"压力管道元件生产许可证"TS2710485，并加入中国化工防腐蚀技术协会会员单位。在2009年被誉为"中国聚乙烯（PE）管件专业生产基地"。目前公司拥有20余项专利。

公司坚持以"一流的质量、一流的信誉、一流的服务"经营方针，以"质量第一、信誉致上、诚信服务"的原则，满足广大用户的需要，坚持以"全方位服务"为宗旨，欢迎国内外客户来我司参观指导、交流与合作，共同为推进塑料管道工业水平而多做贡献。

一流的质量·一流的信誉·一流的服务
质量第一·信誉致上·诚信服务

地址：浙江省余姚市河姆渡镇北路66号　　邮编：315414　　邮箱：xindapipe@xdpipe.com
电话：086-574-62951895　62951760　　传真：086-574-62951085　　http://www.xdpipe.com

宁波世亚燃气仪表管件有限公司
NINGBO SHIYA GAS INSTRUMENTS & PIPE CONNECTIONS CO.,LTD.

黄铜防泄漏锁阀

DN15黄铜内螺纹
磁性锁控防泄漏球阀

重合同·守信誉
燃气防泄漏铜球阀专业制造商
技术优势创新

DN8黄铜内螺纹
测压胶管防泄漏球阀

黄铜防拆表接头

紧急切断胶管球阀

地址：浙江省慈溪市宁波杭州湾新区金慈路188号
销售部电话：0574-63073008 63073007 传真：0574-63073158
E-mail：shiyagjj2009@163.com http://www.china-shiya.com

江苏诚功阀门科技有限公司

 诚功阀门 CHENGGONG VALVE

提供燃气阀门完美解决方案

终身技术支持 LIFETIME TECHNICAL SUPPORT

企业资质：

美国石油协会API6D产品认证	江苏省AAA级信用企业	华润燃气产品服务商
德国TUV-API607产品防火证明	中国气体产业协会会员	新奥物资供应网络会员
ISO9001/14001/18001国际体系认证	中国城市燃气协会会员	中石油昆仑市场准入证
中国特种设备制造许可TS（A）级认证	中国通用工业协会阀门分会会员	中油中泰市场准入证

 生产车间　　 数控精加工　　 立式加工中心　　 仓库一角　　 使用现场

 华润燃气　 港华燃气　 新奥燃气　 中石油昆仑　 中国燃气　 中石油　 中石化　 中海油

地址：江苏常州市新北区庆阳路99-1号　　联系电话：0519-85160798　　传真：0519-85153599
邮箱：cgfmcsh@163.com　　网址：http://www.cz-valve.com

东星 浙江省著名商标

城市燃气远程通讯整体解决方案

无线远传　实时监控　远程调价
领先技术　专业品质　卓越服务

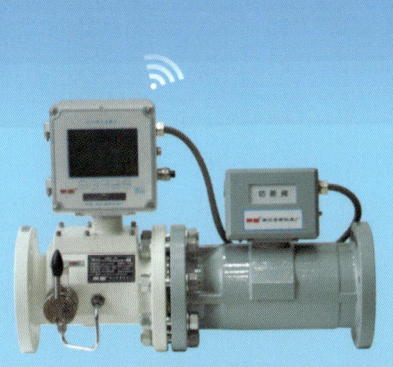
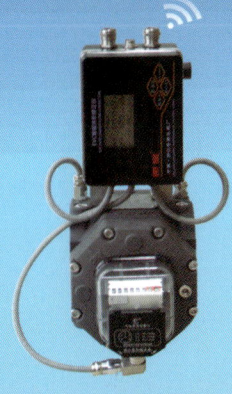

INTERNET连接，GPRS/CDNA无线远传，微功率无线远传

浙江苍南仪表厂
ZHEJIANG CANGNAN INSTRUMENT FACTORY

地址：浙江省苍南县灵溪镇工业示范园区　邮编：325800
销售热线：4001118885　0577-64839211　传真：64839395
服务热线：4001118882　0577-64839645　传真：64839642
E-mail：cnybc@zjcnyb.com
http://www.zjcnyb.com

森普管材
SENPU PIPE

四川森普管材股份有限公司（总部）位于四川省德阳高新技术产业园区，系1998年国家第二次化学建材会议之后应运而生的国内首批专门从事新型塑料管材（管件）研发、制造、销售和工程设计、施工、安装及自营进出口原辅材料、机电产品、塑料制品等业务的股份制企业。

由中国著名企业四川剑南春集团有限公司绝对控股，总资产近6个亿。公司全资设有：天津森普管材有限公司（天津滨海新区）、森普进出口贸易有限公司、森普建筑工程有限公司、森普运业公司等分公司。总部占地面积约20万余平方米，建有12座现代化生产车间，装备了30余条国际、国内先进的管材生产线，24台（套）管件生产线，年生产能力达12万吨以上。16年的辛勤耕耘、浇灌与成长，公司得到了各级党委、政府及市场广大客户和社会各界的一致好评，先后荣获了"国家新型管材技术产业化示范企业"、"国家质量管理先进单位"、"国家高新技术企业"、"国家级守合同重信用企业"、"省级企业技术中心"以及"四川名牌"、"四川省著名商标"、"中国优质品牌"和"中国驰名商标"等一系列殊荣。

经过多年的发展，如今，森普管材股份有限公司已经拥有：给水用聚乙烯（PE）管、燃气用聚乙烯(PE)管、埋地用聚乙烯（PE）双壁波纹管、埋地排水用钢带增强聚乙烯（PE）螺旋波纹管、冷热水用聚丙烯（PPR）管、聚乙烯（PE）农水农灌管、聚乙烯（PE）线缆护套管、煤矿井下用聚乙烯管、冷热水用耐热聚乙烯（PERT）管等一系列产品及全部配套管件。生产管材口径Dn20～Dn1500，产品覆盖了国家标准所列全部规格。

众木成森，普被天下。立足中国龙腾福地、怀着民族复兴梦想，森普人正敞开宽广的怀抱，喜结四方宾朋，期待与您合作。一个实力型、创新型、外向型、生态型的企业已经展开了自己的腾飞之翼，翱翔在行业和西部工业浪潮的最前沿，用我们的"真诚、敬业、守信"诠释着"森普"品牌的诚信与社会责任！

公司生产车间

陕西省宝鸡施工现场

重庆忠县施工现场

新疆格尔木施工现场

吉林经济技术开发区施工现场

云南昆明滇池施工现场

四川森普管材股份有限公司
SICHUAN SENPU PIPE CO., LTD.

地址：四川省德阳高新技术产业园区长白山路北段
电话：0838-2801958（市场部）2801919（办公室）　　传真：0838-2801862（市场部）2801919（办公室）
网址：http://www.senpu.com　　邮箱：senpu@senpu.com

- 涡轮流量计
- 腰轮流量计
- 旋进旋涡流量计
- 一体化V锥流量计等

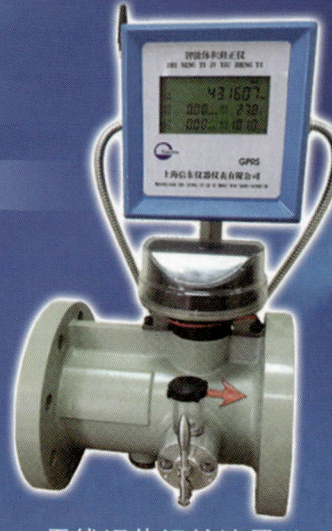

无线远传腰轮流量计

无线远传涡轮流量计

智能涡轮流量计

机械涡轮流量计

智能腰轮流量计

双显腰轮流量计

一体化V锥流量计

旋进旋涡流量计

Sinoto® 上海信东仪器仪表有限公司

地址：上海市松江区九亭镇九亭经济开发区伴亭路480号　　邮编：201615
电话：021-57632202　　57633871　　　　　　　　　　　传真：021-57632025　57633872
网站：www.sinoto.com.cn　　　　　　　　　　　　　　邮箱：shanghai@sinoto.com.cn

中国燃气行业年鉴 2014
CHINA GAS INDUSTRY YEARBOOK

第六篇

专 论

中国天然气产业发展现状及走势分析

1 2013年我国天然气产业发展现状

1.1 天然气勘探开发

2013年,我国天然气储量和产量均保持快速增长态势。储量方面,新增探明地质储量连续3年超过6 000亿m^3,达到6 164.33亿m^3;新增探明技术可采储量连续3年超过3 000亿m^3,至3 818.56亿m^3。产量方面,2013年天然气产量(公司口径)达到1 188亿m^3,同比增加约107.7亿m^3,增长幅度约为10%,增量和增速均高于上年(2012年增量为68.5亿m^3,增幅为6.8%)。(国土资源部产量数据为1 206.99亿m^3,其中天然气产量为1 175.73亿m^3、煤层气产量为29.26亿m^3、页岩气产量为2亿m^3。)

分公司来看,我国天然气的勘探开发集中在三大石油公司手中,即中国石油集团(以下简称"中国石油")、中国石化集团(以下简称"中国石化")和中国海洋石油总公司(以下简称"中国海油")。以天然气产量为例说明,2013年三大石油公司天然气产量之和约1 183.2亿m^3,约占全国天然气总产量(国土资源部口径)的98%,其中中国石油888.3亿m^3、中国石化183.9亿m^3、中海油111.0亿m^3。

分油田来看,中国石油集团的长庆油田、塔里木油田和西南油气田仍然是我国天然气产量最大的3个油气田,2013年这3个气田的天然气产量合计约695.7亿m^3,占全国总产量的58%。

1.2 天然气管网建设

管道运输是我国天然气运输的主要方式。2010年以来天然气长输管道年新增里程均超过5 000km,2013年新增里程数更超过8 000km。截至2013年底,全国干线、支干线天然气管道总长度超过6.3万km,已初步形成以西气东输、川气东送、西气东输二线、榆济线、陕京线系统、忠武线、中缅天然气管道、西三线西段等管道为骨干,兰银线、淮武线、冀宁线、中贵线为联络线的国家级天然气基干管网。天然气管网已经将塔里木、长庆、四川和青海四大气区以及中亚天然气、缅甸天然气、进口液化天然气(进口LNG)与国内大部分消费市场连接起来,形成了"西气东输、海气登陆、就近外供"的局面。2014年中俄东线进口管道气合同签署,"北气南下"也进入实质性建设阶段。

从表现形式上看,管道运输主要由央企和地方主导。管线主要分国家级管线和省级管线2种。国家级管线与上游勘探生产于一体,集中于三大石油公司手中。省级管线以地方独资或控股为主。其中,国家级干线管道主要集中在中国石油手中,2013年中国石油运营天然气管道长度约4.57万km,约占全国管道总长度的72%。

1.3 进口气引进与液化天然气接收站建设

目前,我国已经形成"进口管道气与进口LNG并存"的局面。我国的天然气进口从进口LNG开始，2006年我国第一座LNG接收站——中海油大鹏LNG接收站建成投产，标志着我国开始进口天然气；2009年12月14日，第一条跨国天然气管道——中亚天然气管道正式通气运行，开启"进口管道气与进口LNG并存"的局面。

2013年，我国共进口天然气535.8亿m^3，天然气总进口量同比增加约111亿m^3。其中，进口LNG 1 790万t（根据石油公司年报数据整理，折合约250亿m^3天然气；中国海关总署公布的数据为1 802.8万t），同比增加343万t，增长约24%；进口管道天然气285.8亿m^3，同比增加约58亿m^3，增幅为25%。

LNG接收站方面。截至2013年底，我国已投产的LNG接收站有9座，分别为深圳大鹏LNG接收站（一期规模370万t/a）、福建LNG接收站（一期规模260万t/a，二期规模260万t/a）、上海LNG接收站（一期规模300万t/a）、江苏LNG接收站（一期规模350万t/a）、大连LNG接收站（一期规模300万t/a）、浙江LNG接收站（一期规模300万t/a）、珠海LNG接收站（一期规模350万t/a）、天津浮式LNG接收站（一期规模220万t/a）、唐山LNG接收站（一期规模350万t/a）；已获核准正在建设的LNG接收站有7座，分别为青岛LNG接收站（一期规模300万t/a）、海南LNG接收站（一期规模300万t/a）、迭福LNG接收站（一期规模400万t/a）、粤东LNG接收站（一期规模200万t/a）、广西LNG接收站（一期规模300万t/a）、大连LNG接收站二期（二期规模300万t/a）、唐山LNG接收站4号储罐。

1.4 天然气利用规模

天然气是近年来我国消费增长速度最快的一次能源。2004年西气东输商业运行以来，我国天然气消费快速增长，到2013年表观消费量达到约1 691亿m^3，约占能源消费总量的5.8%，较上年增加约228亿m^3，增幅约为16%；2004～2013年天然气年均增长约134亿m^3，年均增幅约17%。

天然气的利用领域不断拓展，从最初的以化工为主的单一型用气结构逐渐向城市燃气、工业燃料、化工和发电多个用气行业并存的均衡性用气结构转变。2013年，我国城市燃气行业的天然气消费量约占全国天然气消费总量的31%（不含城市小工业），工业燃料用气占比约37%，发电用气约17%，化工用气约15%。

天然气的覆盖范围和覆盖人口也在不断扩大。目前，天然气的主力消费地区已从过去的油气田周边逐步转向高端消费市场，覆盖范围达31个省（市、自治区）、250个地级及以上城市，长三角、环渤海、西南、东南沿海4个地区天然气消费量占比达到全国的60%以上。天然气的气化人口不断攀升，2013年达到约2.6亿，城镇天然气气化率达到35%以上，已超越液化石油气成为城市燃气行业的主力气源。

2 2014年1~10月份我国天然气产业运行特点分析

2.1 总体概况

2014年1~10月份国内天然气产量约1 032亿m^3（行业快报口径），同比增长约7.5%；煤制天然气产量约6亿m^3；进口天然气总量约471亿m^3，同比增长10.2%；出口供港澳约20亿m^3；大陆地区净进口约451亿m^3，同比增长5.4%；考虑储气库净注气、LNG库存变化后，表观消费量约1 431亿m^3，同比增加约94亿m^3，增幅约7%。

表1 2014年1～10月份天然气产销情况表（亿m³）

	2014年1～10月	同比增幅
国内产量	1 032	7.5%
煤制气产量	6	
净进口	451	5.4%
其中，进口总量	471	10.2%
出口供香港	20	
表观消费量	1431	7.1%
对外依存度	31.4%	

数据来源：国家发改委网站

2.2 运行特点分析

2.2.1 国内产量稳定增长

2014年1～10月全国天然气产量约1 032亿m³，同比增长7.5%，增幅同比降低1.5%。分公司来看，国内生产仍以中国石油为主，1～10月中国石油产量份额约75%。

图1 2014年1～10月份天然气产量份额示意图

2.2.2 煤制天然气装置运行稳定性较差

2013年我国煤制天然气产业实现了里程碑式发展。12月18日，大唐赤峰煤制气投产；12月28日，新疆庆华煤制气正式进入西气东输系统。同时，煤制天然气项目审批步伐明显加快。截至2013年年底，获得国家发改委核准的项目（含已投产项目）仍为4个，合计产能151亿m³/a，但全年共有10个以上的项目取得国家发改委"路条"文件，合计产能约620亿m³/a。

从已正式生产的大唐和庆华2个项目来看，煤制天然气装置的运行稳定性较差。其中，大唐克旗煤制气，1月底因气化炉出现问题造成停产，经过抢修于3月底复产。8月底再次停产，11月底复产；新疆庆华煤制气项目，4月停产，5月复产；9月、10月再次停产，11月复产。

从煤制天然气的产量表现来看，2014年1～10月煤制天然气累计产量仅约6亿m³，2个煤制气项目各约占50%，产量占已投产装置产能的比例不足30%，装置负荷率明显偏低。

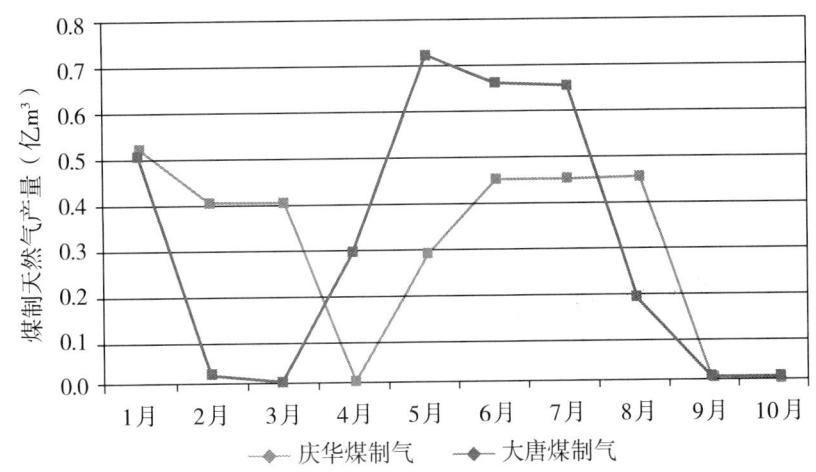

图2　2014年1～10月份煤制天然气产量示意图

2.2.3　进口天然气继续增长，增速增量双双回落

1～10月份我国进口天然气471亿m^3，同比增长10%，低于上年同期水平（22%）；绝对量同比增加44亿m^3，低于上年同期的75亿m^3。

分品种看，进口管道气高于进口LNG。1～10月份进口管道气261亿m^3，占进口总量的55%，同比增长12%；进口LNG 209亿m^3，占进口总量的45%，同比增长8%。

从分公司进口LNG情况看，仍以中国海油为主。1～10月份中国石油进口LNG 53.8亿m^3，与上年持平；中国海油进口LNG 155亿m^3，增幅12%。

2.2.4　天然气消费增速明显放缓

1～10月份天然气表观消费量约1 431亿m^3，增幅仅7%，增幅明显低于上年同期的12%。分季度表现更为明显，2013年以来天然气消费增速一路下滑，2014年3季度增速仅4%，仅约为上年同期增速的三分之一。

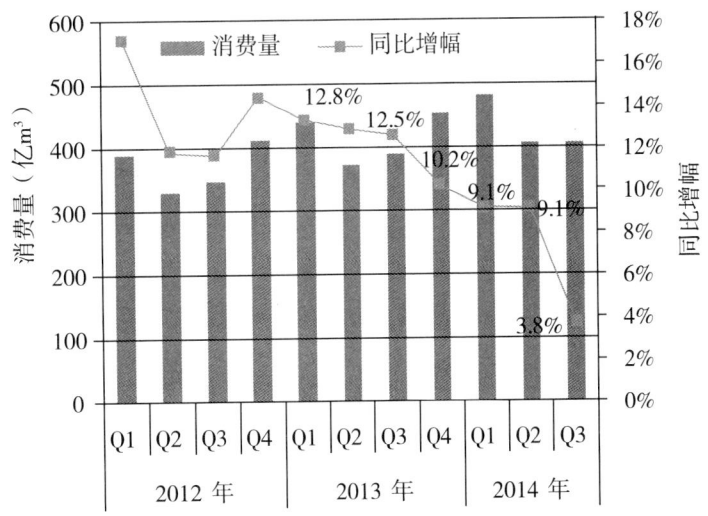

图3　全国分季度天然气表观消费量变化示意图

2.2.5 燃气电厂天然气需求大幅减少

以江苏省燃气电厂为例进行说明。江苏省是全国的用气大省，2013年天然气消费量约141亿m³，居全国第二位。一直以来，燃气电厂都是江苏省的用气绝对主力，约占消费总量的三分之一，也是天然气消费增长的重要来源。但在2014年，燃气电厂用气却表现出与以往不同的特点，1~10月江苏燃气电厂用气量25.3亿m³，同比下滑21%。主要原因，一是2013年7月气价上涨，影响了燃气电厂的用气积极性；二是国内煤炭价格下跌、降水量偏多导致电网对气电需求减少。

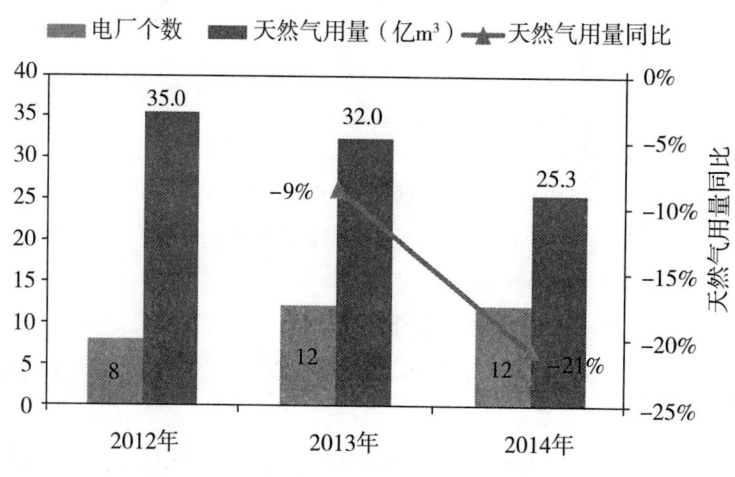

图4　1~10月份江苏省电厂天然气用量变化

2.2.6 化工用气持续走低

近年来，受价格调整、产能过剩等影响，与煤头相比，气头尿素和甲醇的经济竞争力正在逐渐减小或消失。1~10月份，化工企业用气量显著下降，9大典型化肥用户用气总量14.1亿m³，同比减少32%。

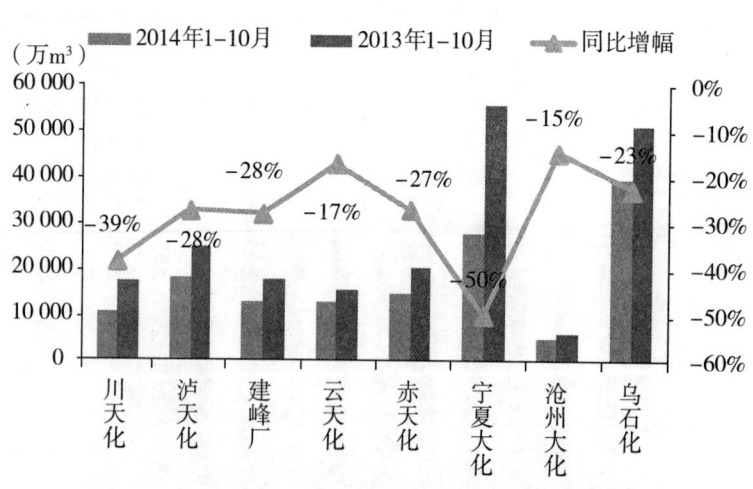

图5　1~10月主要气头化肥用气量变化

2.2.7 汽车用气增长迅速

汽车用气是近年来天然气产业关注的热点，天然气汽车产量和消费量呈现双双走高的趋势。2014年1~10月份，天然气汽车累计产量接近22.5万辆，同比增长31%。前三季度天然气汽车的用气量约152亿m^3，同比增长24%。

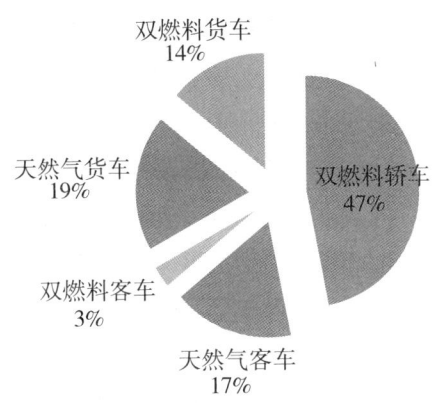

图6　2014年1～10月各类型天然气汽车产量占比

2.2.8　LNG工厂产能增加，但开工率下降

截至2014年10月底国内已投产LNG工厂94项，总产能达到5 423万m^3/d，同比上升105%；在建项目24项，设计总产能1 730万m^3/d。但受产能过剩、经济下行及气价上调等因素影响，国内LNG需求持续低迷，1～10月LNG工厂的平均开工率仅为54%，同比下降5%。

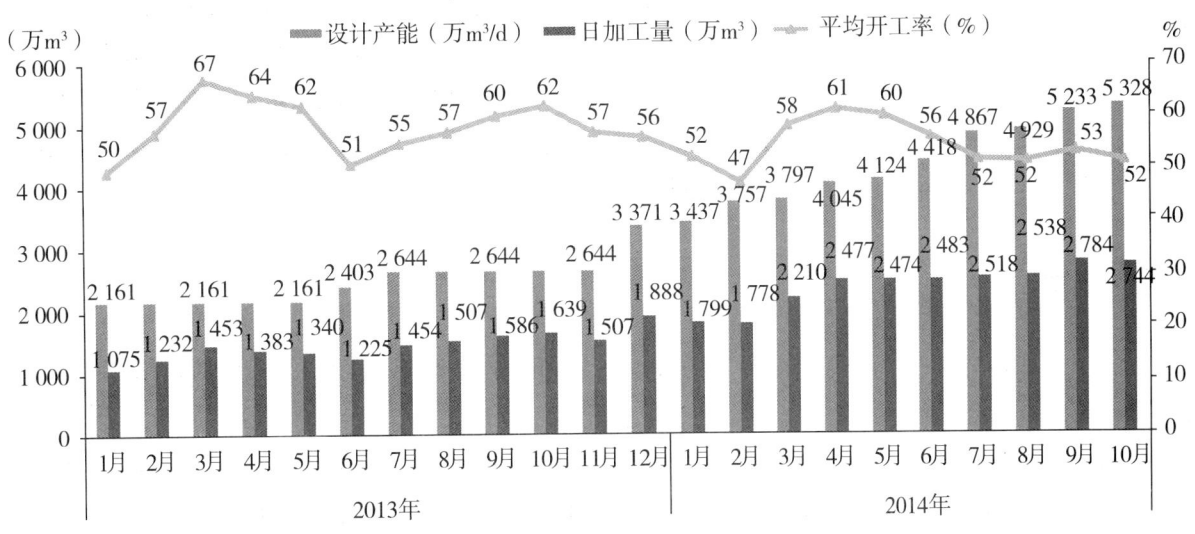

图7　2013～2014年国内LNG工厂产能、实际日加工量及开工率

2.2.9　地下储气库注气量大幅增加

2014年1～10月份地下储气库净注气53.2亿m^3，增幅高达85%。主要是由于呼图壁、相国寺等2013年新投产储气库开始正式注气。1～10月呼图壁净注气15.9亿m^3，相国寺注气15.4亿m^3，合计31.3亿m^3，占净注气总量的59%。

2.3　2015年天然气产业走势判断

纵观2015年天然气产业的内外部宏观形势，抑制天然气消费快速增长的因素主要有2个。

一是价格上涨对需求增长的抑制作用将在2015年继续释放。2013年7月和2014年9月天然气价格进行了2轮上调。气价上涨对天然气消费产生的抑制作用明显。以燃气电厂为例进行说明。2013年7月份气价上涨后，浙江、北京、江苏、上海等省份陆续提高了燃气电厂上网电价。在依靠提高上网电价，实行政府补贴的情况下，现有燃气电厂由于大都使用的是存量气，电厂效益基本能够保障。但在2014年9月气价第二次提高后，即使考虑政府补贴，现有电厂盈利仍面临困难。而新上马燃气电厂，采用增量气价将大都无法实行盈利。这意味着未来几年燃气电厂的建设投产节奏将大大降低。

二是宏观经济环境不利于天然气产业快速增长。国内经济继续放缓，进入经济发展新常态，与天然气消费密切相关的过剩产业，如钢铁、化工等，淘汰速度将加快；陶瓷、玻璃等产业在气价提升等因素影响下，面临行业洗牌；作为天然气竞争能源的煤炭行业仍无法走出低谷，使天然气在"煤改气"、发电等行业的经济劣势越来越突出。

与此同时，也存在天然气消费快速增长的积极因素，主要有2个。

一是雾霾治理和"煤改气"助推消费增长。2013年至今国家陆续出台一系列有关雾霾治理的政策措施，如2013年9月《大气污染防治行动计划》和《京津冀及周边地区落实大气污染防治行动计划实施细则》；2014年3月《能源行业加强大气污染防治工作方案》；2014年5月《2014～2015年节能减排低碳发展行动方案》。与天然气消费直接相关的"煤改气"虽然价格承受能力有限，但迫于政策压力，仍将快速发展。

二是城市燃气行业用气将稳定增长。城市燃气，尤其是居民用气，属刚性需求，受价格波动小；同时，城市燃气用气属于"民生用气"，是政绩工程，无论是国家还是地方，都是政策保障的重点。

综合判断2015年，城市燃气用气（居民、公福、采暖、车用）将稳定增长；发电用气仅在环渤海等局部地区有所增长；工业燃料行业的用气增长点将主要为大型城市中心城区的锅炉"煤改气"；化工用气依旧保持相对收缩态势。预计全年天然气表观消费持续增长，消费增速基本与2014年持平，仍维持个位数水平，全年表观消费量约1 940亿m^3。

参考文献

[1] 国土资源部.2013年主要矿产资源储量增长和资源节约与综合利用情况[EB/OL].http：//www.mlr.gov.cn/wszb/2014/2013kczysj/jiabin/index_2840.htm.

[2] 中国石油天然气集团公司.2013年年度报告[EB/OL].http：//www.cnpc.com.cn/cnpc/ndbg/201405/9d0df57d997c4aaeb0e35e0811e4e0d0/files/5033038473aa4c1baed90fbb2e38b3da.pdf.

[3] 夏丽洪，郝鸿毅，杨慧玲.2013年中国石油工业综述[J].国际石油经济，2014（4）.

[4] 2008~2013年中国天然气产量[J].国际石油经济，2014（4）.

[5] 2013年国内外十大石油经济新闻[J].国际石油经济，2014（1-2）.

[6] 孙慧，赵忠德，单蕾.2013年中国天然气行业发展动向及2014年展望[J].国际石油经济，2014（6）.

[7] 安迅思.安迅思中国液化天然气（LNG）市场周报.www.icis-china.com/c1.

孙慧

液化气深加工对液化石油气行业的影响

前　言

液化石油气（以下简称液化气）可作为燃料和化工基本原料，用液化气做燃料，由于其热值高、无烟尘、无炭渣，操作使用方便，已广泛地进入人们的生活领域。液化气还可用于切割金属，用于农产品的烘烤和工业窑炉的焙烧等。在化工生产方面，液化气经过分离得到乙烯、丙烯、丁烯、丁二烯等，可用于生产合成塑料、合成橡胶、合成纤维及生产医药、炸药、染料等产品。与单纯作为燃料相比，液化气在化工领域能产生更高附加值。尽管早年间有专家预测国内液化气市场产能过剩已成定局，天然气、二甲醚等替代能源也在蚕食液化气市场份额，但从近年来的供需来看，并非如此。从2009年至今，液化气市场经历了一次大的洗礼，民用份额不断缩减，化工用途呈现快速增加趋势。液化气的价值在不断开发和挖掘，成就了目前市场的繁荣景象。液化气深加业在国内迅速发展，同时对整个液化气行业产生较大影响。

1　液化气深加工发展状况

1.1　液化气深加工烃类来源及组分特点

国内化工碳四烃类主要来源于催化装置生产的炼厂碳四、蒸汽裂解生产乙烯和丙烯产生的裂解碳四、天然气和油田气回收的伴生碳四以及煤制乙烯和丙烯产生的副产碳四。

裂解碳四组分中丁烷（尤其是异丁烷）含量高，烯烃以2-丁烯和异丁烯为主，不含丁二烯；裂解碳四烯烃含量占93%左右，以丁二烯和异丁烯为主，丁二烯含量最高，烷烃含量很低；伴生碳四主要是丙烷和丁烷；煤制烯烃副产碳四中烯烃含量高，以2-丁烯为主。

1.2　国内现有液化气深加工主要技术路线

液化气深加工项目对碳四组分的利用有烯烃利用和烷烃利用。烯烃利用技术路线有芳构化、异构化、碳四裂解、醋酸仲丁酯、甲乙酮和丁烯氧化脱氢制丁二烯等；烷烃利用技术路线有丙烷脱氢制丙烯、正丁烷法制顺酐、混合烷烃脱氢和正丁烷异构等。烯烃和烷烃综合利用技术路线有烷基化项目。

1.3　国内液化气深加工产能和分布

2013年深加工装置总产能2 423万t/a，其中芳构化1 100万t/a、烷基化486万t/a、异构化253万t/a、醋酸仲丁酯148万t/a、异丁烷脱氢126万t/a、丙烷脱氢制丙烯105万t/a、碳四裂解100万t/a、丁烯氧化脱氢45万t/a、甲乙酮35万t/a、正丁烷法制顺酐25万t/a。

从区域分布看，山东省50%、华北地区15%、东北地区11%、沿江地区9%、华南地区6%、西部地区6%、华东地区3%。

1.4 国内液化气深加工发展历程

为进一步扩大盈利空间，石油化工企业采用多种技术路线来对液化气进行深加工，随着不同装置的建设和投运，液化气各种组分被开发和利用。2009年，第一家芳构化装置落户山东，拉开了国内液化气深加工的帷幕。2010~2011年，芳构化装置利润丰厚，产能快速增长，原料气资源出现紧张局面，深加工企业原料采购成本上涨。2012年，芳构化企业利润萎缩加剧，装置开工负荷逐渐下降。2012年下半年开始，深加工企业逐步开始改造装置或进行新的项目，最为常见的是芳构化装置改为异构化，出油率更高、产品质量更优的烷基化装置也开始在国内快速扩张。2013年，是深加工加速变革的一年，继芳构化后，异构化、烷基化、丁烯氧化脱氢等技术多面开花。同时烷烃利用项目也在展开，丙烷脱氢制丙烯及异丁烷脱氢等装置设计产能快速增长，国内液化气深加工进入新的发展阶段。

2 液化气深加工快速发展的原因

2.1 国内液化气产能持续增加

随着新建炼厂的投产以及炼厂扩容，全国炼厂布局和产量得到进一步完善提高，尤其是芳构化生产汽油组分需求使地方炼厂液化气产量大幅增加。2009~2013年国内炼厂原油加工量持续增加，2013年原油加工量达到4.89亿t，同比增长5.4%。几年来，在原油加工量增长的带动下，国内液化气产量跟随攀升。2010年国内液化气产量2 057万t，表观消费量2 284万t；2012年产量2 233万t，表观消费量2 439万t；2013年产量2 448万t，表观消费量2 593万t，均呈现增长之势。

2.2 替代能源挤压液化气民用市场

管道天然气和二甲醚替代燃料的快速发展，对液化气市场产生了较大影响。从今后几年趋势来看，天然气对液化气的冲击将是持续的。随着西气东输二线、液化天然气接收站陆续投入使用和城市管网化的迅速发展，未来5年，中国天然气消费量有望翻倍增长。到2015年，中国天然气利用规模将达到2 600亿m^3，在能源消费结构中的比例将从目前的3.9%提高到8.3%左右。随着城市气化率的提高，液化气在城市民用燃气市场的份额进一步减小。

2.3 液化气作为化工原料收益较高

2009年以来，地方炼油企业集中的山东上马了芳构化装置。芳构化是利用液化气里面的烯烃组分，生产高辛烷值芳烃和高清洁液化气的生产过程，而液化气与汽油、芳烃等产品价差明显，因而使用液化气作为原料进行深加工利润丰厚，能够有效地提高地方炼厂的经济效益。

3 液化气深加工存在的主要问题

液化气深加工行业的发展，促进了国内液化气资源的优化和再分配，提高了原料生产企业的收益，深加工企业也不断适应市场需求，通过不断改进装置优化产品结构，实现了增值增效，但在深加工的快速发展过程中也出现了一些问题。

3.1 局部地区产能严重过剩，产业布局不合理

2012年以来，随着产能过剩、高额成本难以转嫁等问题逐渐爆发开来，以芳构化装置为主力的液化气深加工遭遇发展瓶颈。芳构化装置之所以经历了短短几年时间就开始没落，主要原因是产能过剩。山东地区液化气深加工产能达到国内总产能的50%，产业分布过于集中，原料来源及后期销售的问题将越来越严峻，而其他地区例如华南、华东区域资源丰富，但液化气深加工装置并不多，如能合理利用地区资源优势，发展相应的产业，或将会给企业带来丰厚的收益，同时也平衡了国内资源的分布与利用。

烷基化汽油虽然是未来理想的调油品，但目前也出现局部地区密度过大和扩建速度快于中国汽油升级速度两大问题。据统计，2013年一年，全国已投产的烷基化装置总能力为486万t/a（烷基化汽油产能365万t/a），2014年预计有210万t/a的烷基化装置（烷基化汽油产能158万t/a）计划投产。从布局来看，目前已投产的烷基化装置中，65%集中在仍主要消费国三汽油的山东地区，在建装置中，也有35%集中在山东地区。烷基化汽油目前及未来都会面对局部供应过剩的问题。

3.2 原料争夺加剧，液化气深加工企业开工率下降

2013年，国内化工原料气总商品量1 025万t。其中山东235万t，占23%；东北217万t，占21%；华东168万t，占16%；华北132万t，占13%；西部115万t，占11%；沿江93万t，占9%；华南65万t，占6%。而2013年已投运的液化气深加工项目总产能为2 423万t，原料气理论缺口达到1 398万t。

液化气深加工企业对原料的争夺在所难免。深加工装置投产后，下游产品产量增加，企业之间竞争进一步加剧。资源供应短缺的问题日益严重，直接影响深加工装置的开工率，2013年全国深加工企业理论开工率仅为42%。以山东地区为例，2012年上半年，开工率最达到69%，随后开始逐渐下降到30~40%波动，2013年1~5月份开工情况更不乐观，芳构化装置开工率仅为23~32%左右；二季度开始，异构化、烷基化等新兴装置陆续建成投产，拉升了整体水平，国内深加工平均开工率缓幅回升至54.27%。未来5年，深加工装置扩建新增速度快于原料气供应增速，原料气需求增量约为供应增量的2~3倍，原料气未来紧张局势将不断加剧，直接导致深加工装置开工率进一步下降。

3.3 本土技术匮乏，深加工装置投入成本加大

液化气深加工在国外已经是非常成熟的技术，国内芳构化装置快速扩张的主要原因是其采用了国内的设计技术，建设周期短，成本低，可在短期内收回成本，而从2013年开始新建的新型装置，大多采用国外引进工艺包，大幅度提高了深加工装置的建设成本。目前，有30%的异构化装置产能采用美国工艺包，60%醋酸仲丁酯采德国工艺包。据悉，辽宁同益实业集团液化气深加工联合装置完全采用美国鲁姆斯公司技术，顺丁橡胶、丁基橡胶等核心生产装置引进世界先进的德国巴斯夫和法国埃克森成熟工艺技术；山东鲁深发化工有限公司的2套异丁烷脱氢装置全部采用美国技术；黑龙江安瑞佳石化引进美国异丁烷脱氢生产技术；江苏裕廊石化丙烷脱氢和异丁烷脱氢联合装置，采用的是俄罗斯的技术。引用的技术成本远远大于国内技术成本

3.4 环保问题制约深加工的持续发展

随着社会对环保问题的日益重视，化工企业环境评价已不在是由单独的评价机构独立完成，而是要接受公众的监督。液化气深加工装置中，烷基化装置存在的环保问题，一直是急需解决而又被大多数企业回避的问题。国内上马的烷基化装置大多是以浓硫酸作为催化剂，废酸会导致严重的环保问题。而企业在装置利润和保护环境的选择题中，往往选择前者。据了解，建设规模为20万t/a的烷基化装置，至少需要配套1万t/a的废酸处理装置，此规模的国产酸处理装置，建设费用高达2 000万元，进口装置总费用达到了5 000万元。目前，大多数烷基化装置还没有决定是否建设废酸处理装置，这成为烷基化装置扩张背后最大的隐忧。如果液化气深加工引发的环境问题一旦触发，国家对化工企业的整治力度将进一步加大，势必对液化气深加工产生影响。

4 液化气深加工影响的因素

4.1 液态石化产品消费税政策

4.1.1 政策基本内容与市场解读

2012年11月6日，国家税务总局颁布了《关于消费税有关政策问题的公告》（2012年第47号），公告指出，自2013年1月1日起，"纳税人以原油或其他原料生产加工的在常温常压条件下（25℃/一个标准大气压）呈液态状（沥青除外）的产品，除符合该产品的国家标准或石油化工行业标准的相应规定（包括产品的名称、质量标准与相应的标准一致）均要征收消费税。"按照此说法，如MTBE、混合芳烃、芳烃汽油等主要调和汽油原料均在征收范围内。

2013年9月9日，国家税务总局下发了《关于消费税有关政策问题补充规定的公告》（2013年第50号），进一步明确了征收范围：一是"2012年第47号第一条和第二条所称'其他原料'是指除原油以外可用于生产加工成品油的各种原料"；二是"第一条第（二）项所称'本条第（一）项规定以外的产品'是指产品名称虽不属于成品油消费税税目列举的范围，但外观形态与应税成品油相同或相近，且主要原料可用于生产加工应税成品油的产品"。

4.1.2 对液化气深加工行业的影响

堵塞成品油避税漏洞。国家税务总局2012年第47号公告的主要目的是进一步规范成品油消费税管理，促进成品油市场公平竞争。前期有部分成品油生产企业在汽油销售时开具MTBE、芳烃的发票避税，新政出台后将有力地打击此类避税行为，随着避税的空间大幅度缩窄，市场上以各种名义倒票的贸易商也将有明显的减少。

增加液化气深加工企业的成本。新政将直接打击调和汽油的市场成本优势。初步计算，石油产品消费税起征后，液化气深加工企业平均成本将会增加1126元/t。以山东密度0.72~0.73芳烃汽油为例，征收消费税后其价格将增加1 369~1 389元/t，MTBE产品每t要加收1 370元的消费税。

加速液化气深加工行业转型。按液态石化产品消费税政策规定，MTBE、混合芳烃、芳烃汽油等主要调和汽油原料均在征收范围内，将对芳构化、异构化等深加工企业产生直接影响。因此，对现有装置进行改造升级，向高端调油产品和非应税产品转型成为企业摆脱困境的重要抉择。2012年底，山东陆续有4家企业——寿光鲁清、滨州大有、滨州裕祥、青州天安，实施"芳构改异构"项目。2013年，国内投产的以醚后碳四为原料，以丁二烯、甲乙酮、丙烯三种非应税品为产品的深加工装置总能力为113万t/a。同时，生产高质量调油品的烷基化装置、产品不在消费税征收范畴的碳四裂解制丙烯装置、丙烷脱氢制丙烯等项目也在快速建设。

4.2 油品升级对深加工市场的影响

随着汽车保有量快速增长，汽车尾气排放对大气污染的影响日益增加，2013年中国面对雾霾天气的困扰加剧。加快油品质量升级的步伐，事关每个人赖以生存的环境，油品标准升级被提上日程，同时对国内深加工市场带来影响。

4.2.1 油品质量升级时间表

第三阶段车用汽油标准（国Ⅲ）：过渡期为2010年1月1日至2013年12月31日，硫含量不大于150ppm（1ppm=1mg/kg）；

第四阶段车用汽油标准（国Ⅳ）：过渡期为2014年1月1日至2017年12月31日，硫含量不大于50ppm；

第五阶段车用汽油标准（国Ⅴ）：2018年1月1日起，硫含量不大于10ppm。

4.2.2 油品升级对深加工市场的影响

中国大部分地区汽油实施的还是"国三"标准，如要提高到"国五"标准，过渡期设在2017年年底是必要的；在这几年的过渡期内，油企和消费者要逐渐释放经济成本，避免经济压力太大。一是炼厂现有生产工艺、设备、流程都需要改造，炼油技术也需要进一步提高，意味着炼厂需要巨大的成本投入；二是生产高标号油品会降低原油产出率，按照全国1亿t的催化炼化能力计算，每年将少产出600万t油品，我国能源需求量进一步加大；三是炼厂需要投入较多的科研人员进行研究和开发；四是炼厂装置、设备改造升级需要较长的时间。

5 液化气深加工对国内液化气行业的影响

在天然气、二甲醚等替代能源大规模发展的影响下，液化气在民用领域的应用有所动荡，液化气生产企业制定"液化气下乡"方案，向城镇、乡村燃料和车用气市场拓展。

5.1 液化气资源结构变化

5.1.1 原料供应商细分市场，民用气资源量减少

民用液化气市场份额最高达到63.1%，随着液化气深加工行业的发展，供应原料液化气成为全面发掘液化气市场潜能的必经途径。中石化正积极对其旗下炼厂的液化气产品格局进行调整，增加原料液化气的产出率。但从2009~2013年短短不到4年的时间里，液化气深加工装置已遍布国内大多数省份，而且仍处于建设高峰时期。据预计，调整实现后，华南地区主力炼厂的民用液化气供应有可能减少30%，而中石油原料液化气的供应量已达到总产量的48%。

5.1.2 两大集团液化气自用量增加

在地方化工企业快速发展液化气深加工装置的过程中，中石油、中石化两大集团也大力发展深加工，提高液化气利用率，集团内部资源互供和调拨成为常态。2012~2013年，中石油东北地区抚顺石化100万t/a乙烯裂解装置、大庆石化新建60万t/a乙烯装置开工运营，液化气年均消耗量约70万t

左右,该区域45%左右的液化气产能将用来保障乙烯装置的生产运行。2009年7月,独山子100万t/a大乙烯开工后,塔里木、克拉玛依和吐哈油田液化气进行系统内资源互供,新疆地区液化气跨区销售量大幅减少。武汉石化80万t/a乙烯装置正常运行后,华中区域长岭炼厂、荆门石化和九江石化均需提供液化气资源。另外,中石化还计划在岳阳石化、武汉石化、扬子石化和清江石化上马液化气深加工装置,这些装置建成后,液化气资源均从周边中石化炼厂内部调拨互供为主。

5.2 客户结构变化,液化气资源比重向深加工企业倾斜

国内液化气深加工的快速发展,使原料气资源生产企业的客户结构和二三级库站采购渠道发生较大变化,资源向大公司、定向、合同化供应方向发展。深加工企业依托原料生产企业,在本地区建设液化气深加工装置,获得较为稳定的资源渠道;原料生产企业通过与深加工企业的合作,形成稳定的资源分销体系,客户呈现单一化趋势,原有三级站客户转向深加工企业采购高清洁民用气。

目前,中石油东北区域资源主要供应安瑞佳、盘锦和运、同益实业等深加工企业,西北区域资源主要供应宁夏金裕海、陕西华浩轩、咸阳石化等深加工企业,随着内蒙古蒙联、任丘久久等深加工企业的建成投运,华北区域资源也将向大型深加工企业倾斜。中石化扬子百江、金陵石化向安徽中普、海德石化供应深加工原料气,并由扬子百江包销安徽中普石化液化气资源,安徽、江苏区域三级站转向周边液化气深加工企业采购资源。

5.3 液化气价格波动频率减小,南北价差消失

液化气深加工原料资源在本区域市场需求比例的快速增长,导致客户结构、销售渠道发生变化,供需双方供求关系稳定,原料气生产企业销售价格波动频率减小,逐步趋于平缓。区域内资源供应总量减少和深加工企业对价格敏感度相对较小,抬高了资源地销售价格,南北价格梯度逐步消失。2009年深加工企业未发展之前,东北与华南地区液化气年均差价均值为1 159元/t;2012年,两地均价差价缩小至739.6元/t;2013年上半年,两地均价差价大幅缩小至563元/t。

5.4 液化气运能过剩,运输商利润下降

液化石油气市场资源结构和销售渠道的变化,对液化气运输商,特别是运贸一体经销商生存带来巨大挑战。第一,在天然气等替代能源的大力发展和生产企业自用量增加的影响下,民用需求萎缩,需承运的液化气总量缩减;第二,液化气生产企业与深加工企业形成了供应渠道,企业自备自提量显著增加;第三,运输结构发生变化,管输量增加5%,铁路、船舶运输量大幅减少,铁路槽车和液化气船舶过剩,全国液化气停滞槽车占比约有30%~40%左右;第四,液化气"市场化程度"的逐渐转弱,南北价差缩小,长途汽运套利通道关闭,贸易商投机操作机会减少。为应对液化气物流行业目前遇到的问题,物流商也在经营上做了一些调整:转变物流线路,部分长途运输商转变为短途;改变运输品种,由民用气转作原料气,部分运输商转做液化气原料气-民用气的双向物流,降低运输成本;向天然气、成品油运输转行;向规模化、规范化方向发展。

5.5 液化气资源缺口不断增大

2013年,国内已投运的液化气深加工项目总产能为2 423万t,国内化工原料气总商品量1 025万t,

而已投运的液化气深加工项目总产能为2 423万t，理论缺口达到1 398万t。随着深加工企业产能的不断扩大，特别是丙烷脱氢制丙烯等烷烃路线深加工装置的建成投产，国内液化气原料资源将会进一步扩大，并向东南沿海区域扩展。

6 液化气深加工发展趋势

6.1 深加工持续快速发展

2013～2015年，中国液化气消费量将正式进入上行通道，年均增长达10.8%。与过去几年烯烃液化气深加工将有本质的区别，新一轮的烷烃深加工，除了已经建成投产的烷基化、丙烷脱氢氢制丙烯等深加工项目外，丁烷深加工项目的建设也被提上了议事日程。

深加工的需求增长将大大提高。2014～2016年，深加工装置总产能预计将达到3 542万t/a，其中芳构化1 202万t/a、烷基化605万t/a、丙烷脱氢氢制丙烯578万t/a、异丁烷脱氢332万t/a、异构化271万t/a、醋酸仲丁酯165万t/a、碳四裂解147万t/a、丁二烯90万t/a、甲乙酮58万t/a、正丁烷法制顺酐44万t/a。

6.2 芳构化企业积极转型，总规模减小

2012年下半年，地炼配套芳构装置开工率较高，保持在80%左右，主要原因是地炼配套的芳构装置，可以实现原料自供，降低了采购成本，而且芳烃调油自用，解决了产品的销路问题。但只有单套芳构化装置或MTBE装置加芳构装置，原料采购渠道单一，下游产品销售依赖调油商的芳构企业，开工率不断下降，转型意向强烈。2012年底，山东深加工企业寿光鲁清、滨州大有和滨州裕祥分别有一套芳构化装置改造成异构化装置，总产能为50万t/a，山东芳构装置总能力由427万t/a减少到了377万t/a，减幅11.7%。另外，齐发化工5家芳构企业添加了烷基化装置。未来，在利润优于芳构化的烷基化装置顺利开工后，这些企业共计80万t/a的芳构装置可能将退居二线。2013年以来，随着产能过剩、高额成本难以转嫁等问题逐渐暴露，以及液态石化产品消费税消息的影响，以芳构化装置为主力的液化气深加工产业遭遇发展瓶颈。多数厂家选择转型或者通过延长产业链等方式来需求更深更远发展。

6.3 烃深加工装置发展成为热点

随着芳构化、异构化等以液化气烯烃为原料的深加工企业快速转型，烷基化、异丁烷脱氢、环氧丙烷、丙烷脱氢制丙烯等装置的总产能在液化气深加工中的比重大幅提升。以烷烃为原料的液化气深加工项目中，烷基化和丙烷脱氢制丙烯成为建设重点项目。

7 液化气深加工未来发展对液化气行业的影响

7.1 异丁烷需求量增长

深加工产业未来发展，将使原料需求结构发生变化，原料供应企业进一步细分产品和市场，按组分制定销售价格。烷烃深加工装置发展，富含异丁烷液化气的需求大幅提高。据统计，从2012年

底到2014年，仅山东地区已建成和计划投产的烷基化装置总能力为150万t/a，异丁烷脱氢装置总能力82万t/a，环氧丙烷装置总能力为24万t/a，若这些装置满负荷运作，对应的液化气中的异丁烷组分的需求量分别为52t/a、82t/a和70万t/a左右。而2012年全年，山东253万t的民用气资源中蕴藏的异丁烷总量约125万t/a，到2014年，伴随深加工结构的转型，预计烷基化装置将成为山东的主流醚后碳四深加工装置，山东产出的含有异丁烷的清洁气将大为减少。拥有异丁烷脱氢、环氧丙烷等装置的企业，或将面临异丁烷的资源争夺战。

7.2 进口液化气依存度显著回升

2005年，我国液化气消费量开始出现增长趋慢势头，年均增长仅1.1%，明显低于近年能源消费5.8%的年均增长率，也低于"十二五"预期的4.8%的年均增长率，同时，液化气进口量减少，对外依存度明显下降，从2002年的35%下降到2011年的10%，净进口量从2004年最高的635.4万t下降到2011年的223.8万t。但随着丙烷脱氢制丙烯项目的快速发展，液化气净进口量在连续3年下降后于2013年恢复增长，总净进口量达到291万t，其中丙烷199万t。根据2016年丙烷脱氢制丙烯605万t/a的产能测算，预计国内丙烷产量为100万t/a，则用于液化气深加工方向的丙烷进口量缺口为300万t/a。目前，丙烷脱氢制丙烯项目深加工企业正在积极寻找资源，2013年6月，已有4家企业与美国生产商签约购买丙烷，但更多深加工企业通过国际贸易商寻求中东资源。2015年巴拿马运河航道扩建完成后，超大型油轮和液化气船将能顺利通过，从中东采购液化气运距缩短，成本降低，将使国内液化气深加工市场受益。

中石油昆仑燃气有限公司

物联网技术与LPG钢瓶管理应用现状

前　言

物联网是在互联网的基础上，利用信息技术实现物体自动识别和信息共享的网络系统。无线射频技术RFID作为物联网的关键技术应用于LPG供应链解决方案，可以实现非接触式的LPG钢瓶的充装、运输、管理、质量追溯等。

烟台汇通、宜兴中燃、深圳深岩3家企业通过LPG钢瓶物联网技术的应用，有效地减少了钢瓶的流失、客户的流失，严格控制了交叉充装、非法倒气等行为，实现了钢瓶全过程的监控和追踪管理。

物联网技术将对LPG钢瓶管理带来质的飞跃，并对LPG市场质量溯源体系建设产生积极影响，"钢瓶物联网"系统的应用和推广具有明显的经济价值和社会价值。

1　物联网的发展概述

1.1　物联网概念及功能

自1999年美国麻省理工学院（MIT）首次提出物联网的概念之后，国际电信联盟（ITU）在2005年的年度报告中对概念的含义进行了扩展，描绘了物联网时代的图景：比如司机操作失误时汽车会自动报警，公文包会提醒主人忘带了什么东西；衣服会告诉洗衣机对颜色和水温的要求等等。

从功能上来看，全面感知、可靠传送、智能处理是物联网的特征。

"全面感知"是指利用射频识别（RFID）、二维码、GPS、摄像头、传感器、传感器网络等感知、捕获、测量的技术手段随时随地对物体进行信息采集和获取；

"可靠传送"是指通过各种通信网络与互联网的融合，将物体接入信息网络，随时随地进行可靠的信息交互和共享；

"智能处理"是指利用云计算、模糊识别等各种智能计算技术，对海量的跨地域、跨行业、跨部门的数据和信息进行分析处理，实现智能化的决策和控制。

1.2　国外RFID和物联网的典型应用

近年来，全球主要发达国家和地区纷纷制定与物联网相关的信息化战略，期望借助物联网来突破互联网的物理限制，实现无所不在的互联网络，以寻求金融危机解决之道，刺激经济增长。

1.2.1　美国"智慧的地球"

2008年年底，IBM公司提出"智慧的地球"概念，建议将新一代IT技术充分运用在各行各业之中，把感应器嵌入和装备到全球每个角落的电网、铁路、桥梁、隧道、公路等各种物体中，并且被普遍连接，形成"物联网"，而后通过超级计算机将"物联网"整合起来，使人类能以更加精细和动态的方式管理生产和生活，最终形成"互联网＋物联网＝智慧的地球"。奥巴马政府对此给予了积极的回应，表示"在经济刺激计划中，我们还将投资于宽带和新兴技术，这些是美国在新世纪保留和重建竞争优势的关键。"

1.2.2 欧盟"物联网行动计划"

2009年6月，欧盟委员会宣布了"物联网行动计划"，实现将各种物品如书籍、汽车、家用电器甚至食品连接到网络中，确保欧洲在构建新型互联网的过程中起到主导作用。欧盟认为，此项行动计划将会帮助欧洲在互联网的变革中获益，同时也提出了将会面临的挑战，如隐私问题、安全问题以及个人的数据保护问题。

1.2.3 日本"i-Japan计划"

2009年8月日本继"e-Japan"、"u-Japan"之后提出了更新版本的国家信息化战略："i-Japan战略2015"，其要点是大力发展电子政府和电子地方自治体，推动医疗、健康和教育的电子化。政府希望通过执行"i-Japan"战略，开拓支持日本中长期经济发展的新产业，大力发展以绿色信息技术为代表的环境技术和智能交通系统等重大项目。

以上国家和地区信息化战略的共同点是：融合各种信息技术，突破互联网的限制，将物体接入信息网络，实现"物联网"；在网络泛在的基础上，将信息技术应用到各个领域，从而影响到国民经济和社会生活的方方面面。

1.3 我国物联网发展现状

目前，物联网关键技术在我国得到了广泛的应用：RFID目前主要应用在电子票证/门禁管理、仓库/运输/物流、车辆管理、工业生产线管理、动物识别等领域，中央政府也将RFID产业列入"十一五""十二五"计划，相关部门投入大量资金实施了目前世界上最大的RFID项目（更换第二代居民身份证），各地也积极地实施交通一卡通、校园一卡通、电子身份证、动物管理、液化气钢瓶的安全检测、大学生电子购票防伪系统等项目。二维码技术方面，已广泛应用于动物溯源、汽车行业自动化生产线、公安、外交、军事等部门领域，比如中国移动与农业部合作推广的"动物标识溯源系统"，已经有10亿存栏动物贴上了二维码。

1.4 物联网技术在燃气安全领域的应用

从2005年开始，燃气行业就在信息化管理上做过很多尝试。大致的原理是从钢瓶身份识别，来控制后边的充装枪不给不合格的钢瓶充气。

"百万危险化学品气瓶的电子标签标识"2007年被列入上海市政府实事工程。

一户一卡一瓶，全程记录液化气瓶的使用过程，从2007年10月开始，晋中市寿阳县全面推广液化气瓶智能化管理系统。轻轻扫描液化气瓶上的电子标签，就知气瓶质量合格与否；若不合格，加气设备就会自动关闭。目前，这套确保气瓶安全使用的技术在晋中市已投入使用。

2010年，宝山区碧辟上海液化石油气有限公司、上海液化石油气经营有限公司、上海百斯特能源发展有限公司等燃气企业正有序推进实施液化气钢瓶电子标签化管理。

但是把枪锁住了，等于给正规燃气企业带上了紧箍咒，但对山寨游击队无任何限制。

经过长期的思考，能否让钢瓶不被别人打开，不能进行交叉充装？本着这样的想法，研制了智能角阀和后台的智能角阀物联网管理系统。

RFID技术在钢瓶管理中的应用对于开展了以钢瓶形式销售液化石油气的燃气公司，RFID技术可以用在钢瓶管理中，实现钢瓶的智能化管理。具体做法是在钢瓶上安装嵌有RFID芯片并内嵌有限充控制装置的智能角阀，配以智能角阀充气枪及移动配送手持机、电子灌装秤、物联网管理系统等相应的软硬件系统，组成一套完整的基于RFID的充气系统。下图是该系统的工作示意图。

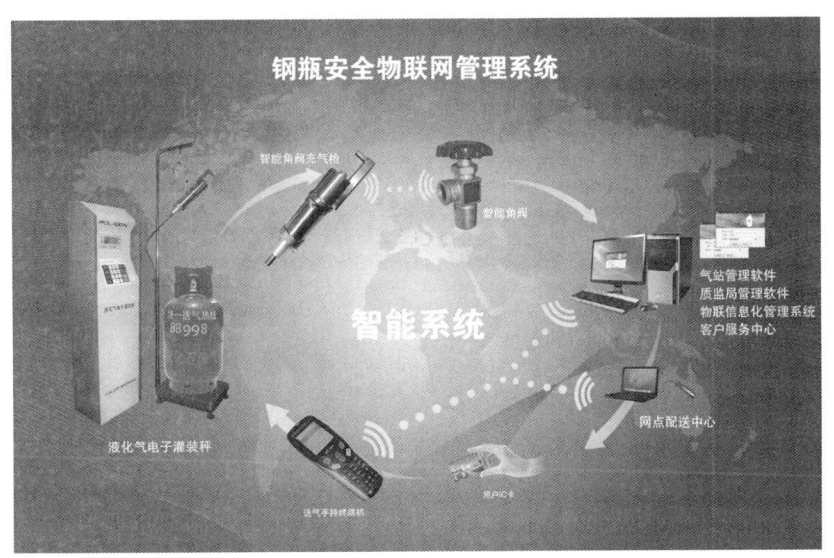

图1　钢瓶安全物联网管理系统工作示意图

基于RFID智能角阀的钢瓶管理系统可达到下列目标：

自动识别客户：RFID作为唯一标识，能够帮助管理系统识别客户；自动判别钢瓶安检状态：安检时，通过RFID来辨识钢瓶，可以了解钢瓶的安检历史；

自动灌装：智能角阀能够辨别是否是本公司的充气枪，如果不是，则不开启阀门；自动判别钢瓶所需充气量；自动统计充装工作量：由于充气枪由电脑控制并通过网络连接至燃气公司，每次充气量统一进入燃气公司的数据库；

防止交叉充气：由于每个公司钢瓶的RFID号是不同的，因此，不能交叉充气；

防止钢瓶流失：由于无法到其他公司充气，杜绝了钢瓶的流失；

防止客户流失：由于不能到其他公司充气，所有客户流失现象基本可以杜绝；

防止非法倒气：由于钢瓶只能在一家公司充气，并且每次充气都有记录，如果倒气，燃气公司能够很容易发觉；

防止未检钢瓶再次充装：安检记录与RFID标签挂钩，每次充气时，可查询钢瓶的安检记录，对于没有安检的或安检不合格的钢瓶，可拒绝充气；

防止报废钢瓶再次充装：报废钢瓶在系统中显示报废，也无安检合格标志，可杜绝报废钢瓶再次充装；

钢瓶充装记录上报自动化：充气枪通往网络与燃气公司中心服务器连接，所有充气量实时传入中心服务器，便于燃气公司统计。

通过RFID及智能角阀技术，可实现钢瓶"全寿命""全过程"跟踪管理，实时掌控液化气用户的钢瓶信息、配送流程信息及充装记录信息。

2 智能角阀技术的发展

钢瓶物联网系统在智能角阀技术的应用现状表现在以下3个方面。

2.1 第一代智能角阀产品

深圳深岩燃气有限公司，1991年4月成立，年销量20万t左右，有约80万用户。2010年6月开始使用钢瓶安全物联网管理系统，截至目前使用智能角阀13万只及钢瓶档案模块、充装记录模块，使用后钢瓶的回流率从不到30%提升到大于83%；

中燃控股的杭州百江液化气有限公司，2006年10月成立，年销量5万t左右，有约15万用户。2010年12月开始使用钢瓶安全物联网管理系统，截至目前使用智能角阀12万只及钢瓶档案模块、充装记录模块，使用后钢瓶的回流率从不到15%提升到大于85%；

中燃控股的湖南百江液化气有限公司，1997年成立，年销量8万t左右，有25万用户。2011年8月开始使用钢瓶安全物联网管理系统，截至目前使用智能角阀30万只及钢瓶档案模块、充装记录模块，使用后钢瓶的回流率有明显提升；

中燃控股的宜兴中燃能源有限公司，2012年成立，年销量4万t左右，有20万用户。2012年4月开始使用钢瓶安全物联网管理系统，截至目前使用智能角阀6万只及钢瓶档案模块、充装记录模块。

这些公司统一使用第一代智能角阀产品。

2010年第一代智能角阀面市，在使用的过程中就发现了一个意想不到的问题——外力破坏，智能角阀的原理是在角阀里面安装一个控制机构，通过设置条件的识别，才能够打开。这样的一个功能装在瓶上之后，严重影响了黑气贩子的利益，他们想尽一切办法破解智能角阀，拆解、暴力破坏、磁铁、电钻、电锯，甚至有些地方在氧气切割的地方火烧等。针对这种情况，智能角阀连续升级了8个版本，在防磁，防拆，防捅，防撬等方面，北京多立恒公司做了诸多改进升级，又加强设计了防拆适配器，防止角阀从钢瓶上被拆下。

2.2 第二代、第三代智能角阀产品

二代智能角阀，主要在防磁和防止六角螺母被拆卸后暴力破坏的方面做了升级改进。结构方式与一代阀门有了较大变化，是目前客户广泛在用的产品，大约有60万只在用。从投入使用到目前的使用效果来看，在防破解方面有了很大提升，多个客户的钢瓶回流率都超过93%。

从使用反馈来看，10万只智能角阀钢瓶被破坏的情况不超过20只。

第三代智能角阀是在二代智能角阀的基础上，在手轮位置安装了一个二维码。用户可以通过智能手机扫描角阀上的二维码查询钢瓶状态信息、充装信息、配送信息，给用户一个明明白白消费的技术手段。使用户用上"安全瓶""放心气"。目前在用的第三代智能角阀已在使用的已超过4万只。

2.3 第四代智能角阀产品

四代智能角阀，其限充功能原理上主要靠电感应来实现、与之前几代角阀在实现限充功能的原理不同，彻底解决磁铁破解的问题。

但值得注意的是，由于智能角阀的频繁更新换代，前期产品存在的问题以及换代后的兼容性问

题还需深入研究，希望得到有效解决，使产品公司和使用单位达成共赢局面。

3 以网络化、信息化为手段的经营服务全过程管理

在物联网技术的应用现状方面：

"钢瓶物联网"是在一个新时代背景下随着"物联网"的发展而产生的一项新技术应用，是过去RFID产品、读写器技术、远程传输技术、应用平台技术、Web查询浏览技术的全面整合。为过去单纯的控制、采集、处理提供了更新的生命力。

对于液化石油气行业的安全生产、安全存储、安全运输、安全使用等环节给出了人性化、科学化、自动化的应用方案。该技术的应用符合目前社会进步的需求和科技发展的基本规律，符合各个层面的基本利益和权益，受到政府相关部门和用户单位的重视和推广，应用前景十分广阔。

我们在考察中看到了几个亮点：

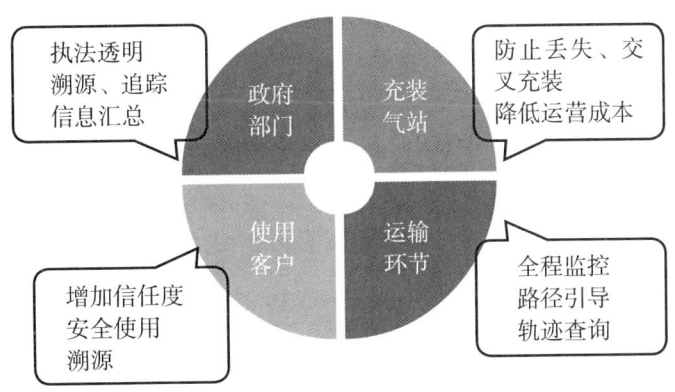

3.1 解决了企业的基础管理问题

以网络化、信息化为手段的经营服务全过程运营管理，能够有效解决钢瓶原始登记；避免过期钢瓶流通，减小事故发生；密切监视钢瓶流失动态，追查钢瓶流失责任人，减少钢瓶流失的损失；清楚掌握气站动态钢瓶库存状态。

在品牌推广方面，销售业务不再全面依赖于门店，实现销售渠道多元化；另外，能够有效追踪钢瓶轨迹，有助于优化物流结构，提高物流效率；

3.2 解决了政府部门对安全管理方面的需求

钢瓶物联网技术的发展，有效地解决了各地政府"智慧城市"对信息化产品的需求以及燃气主管部门对"建立产品与服务质量责任可追溯制度"的需求。

以《城镇燃气管理条例》关于企业应当具备"健全的经营方案"的法定要求为依据，结合全国《燃气经营许可证》换证审查和LPG市场整顿工作，力促政府将"建立产品与服务质量责任可追溯制度"作为企业市场准入的必备条件，这将有助于共同营造公平竞争的商业环境、提高市场进入门槛、建立长效监管机制，并让正规企业物联网和物流系统建设得到政策上的支持。

3.3 解决了未来增值业务的接口

借助钢瓶物联网技术，不仅有助于赢得客户信赖、社会认同和政府支持，也有助于企业在直销业务难以开展的区域建立品牌可控的分销渠道。

同时，通过商业模式的创新，也有助于提高企业的品牌价值，并为增值服务业务搭建电商平台；

3.3.1 以烟台汇通为例

2012年12月至2013年7月，开始在12个供气站点进行试点，并于2013年8月后，全面在供应站、充装站、公福用气单位进行推广；烟台汇通此举得到了当地政府主管部门的大力支持，2014年3月，政府开始给予大量补贴进行钢瓶置换；烟台汇通有效解决了几个问题：钢瓶流失、安全溯源、品牌推广、销量锁定；

烟台汇通使用云平台。

云平台主要包括钢瓶档案、充装记录、运气到家、扫码定气和扫码查询等几个方面。

（1）钢瓶档案管理，包括钢瓶的生产厂家、生产时间、规格型号、建档时间等。这些数据可以按照要求来汇总统计、查询分析。

（2）充装记录信息，包括钢瓶型号、充装时间、充装工位、充装时长。根据要求将这些数据来查询统计，汇总分析。

（3）运气到家是指送气工把"瓶装气"运输到用户家里的时候，使用的一款手机软件。

这个软件能解决2个问题："钢瓶在哪里"和"客户在哪里"。可是查询到什么时间哪个送气工把哪个钢瓶送给了哪个客户。并且可以根据不同条件来查询统计，汇总分析。

（4）用户可以通过智能手机扫描角阀上的二维码查询钢瓶状态信息、充装信息、配送信息，给用户一个明明白白消费的技术手段，让客户能真正用上安全的瓶、放心的气。

同时扫码后用户可以通过"扫码订气"按钮，像网购一样方便。通过"扫码订气"，燃气公司的销售平台可以和用户直接对接。用户使用手机扫描二维码，直接下订单，订单转入燃气公司的呼叫中心，或者短信通知销售人员，完成下单任务。

3.3.2 以宜兴中燃为例

据宜兴市公用事业管理局介绍，在宜兴地区，LPG行业进入的门槛较低，宜兴市供水有43万户，管道气发展了10年，也只有12万户，LPG还有30万户的市场；从2012年的调查数据显示，乡镇70%的钢瓶已到达使用年限，为了解决这些安全隐患，政府相关部门联同燃气企业提出了"政府搭台、企业协同、延伸服务、提升水平"的解决措施。

（1）政府搭台是指宜兴市政府通过财政补贴，号召全体市民更换已达使用年限LPG钢瓶，同时，公开招标合规的燃气企业，并公告市民，以规范燃气市场。

（2）企业协同是指企业必须建立"产品与服务质量责任可追溯体系"，以满足政府对于监管的要求。

（3）延伸服务是指燃气企业必须将服务延伸到终端客户，并提出服务承诺：30min送气到家；一年一次免费安检。

（4）提升水平是指燃气企业必须提升信息化管理，宜兴中燃目前使用除了使用了智能角阀钢瓶的钢瓶档案模块、充装记录模块外，还在中燃集团的领导下，全面实现了LPG业务全过程供应链系统的管理。

3.3.3 以深圳深岩为例

2012年11月，由于深圳市政府信息化的需要，深岩投入80 000只智能角阀钢瓶，并于当月通过中燃协的技术评审，获得深圳市政府给予的技术补贴。

之后再投入5万只智能角阀钢瓶，从钢瓶实际使用情况看，其充装、用户使用的稳定性、可靠性均与普通角阀一致。深岩在采用该智能角阀之前，公司钢瓶流失率为50%以上，采用该智能角阀之后钢瓶流失率减小至8.5%。

现在，深岩除了使用了智能角阀钢瓶的钢瓶档案模块、充装记录模块外，已开始研发功能应用系统，结合智能角阀钢瓶和条码钢瓶准备实施物联网系统。

他们在50kg钢瓶上使用条码，15kg钢瓶部分使用条码，部分使用智能角阀，已成功开发智能手机APP和手持机，并已在系统内开始试用。

4　结论

钢瓶物联网技术的目标是以"钢瓶"为载体，通过RFID芯片和信息化技术，实现LPG钢瓶充装、分发、配送的全程监管，解决行业假冒伪劣、责任难以追溯的难题。RFID智能角阀及物联网技术将对LPG钢瓶管理带来质的飞跃，并对LPG市场质量溯源体系建设和商业模式创新产生积极影响，"钢瓶物联网"系统的应用和推广具有明显的经济价值和社会价值。

参考文献

［1］邵威，李莉.感知中国——我国物联网发展路径研究.2009.
［2］熊伟.液化石油气钢瓶RFID智能角阀及物联网技术应用考察报告.2012.
［3］刘刚."钢瓶物联网"应用解决方案.2012.
［4］陆洲艳，钱华.基于物联网技术的危险品供应链解决方案.2013.

中燃协液化石油气委员会

能源格局变化下的中国LNG现状和前景

2014年原油价格的"腰斩"不应简单理解为两个政治势力斗争的结果，当欧佩克领军者沙特在最近的维也纳会议上决定维持产量不变时，向世界传递出了一个明确的信息：决定油价的应该是市场而非欧佩克，而通过调整产量管理全球石油市场以往一直是这个组织的重要任务。沙特拥有全球大约25%的石油储量和85%的空闲产能，而且开采成本相对较低，沙特的一反常态应该理解为：为了减慢包括页岩气在内的非常规能源和新能源发展的强劲势头，保持自己在全球能源市场的主导地位。因此，我们可以判断油价应该在一段较长时间里保持较低的价位，全球LNG现货价格将随之保持低位。

2014年世界经济和能源市场的波动、政府经济结构的改革将使中国天然气行业发展速率发生改变，"精耕细作"或许将成为行业管理者和从业者的努力方向。本文将从6个方面对2014年天然气市场的特征进行梳理，对LNG行业发展趋势进行分析。

1 法规政策的出台，推动国内能源生产消费革命

国家相关部门2014年密集发布了关于天然气的一系列政策和法规，这些文件分别涉及了天然气领域的管网开放、基础设施、价格机制等各个方面，是构建新形势下天然气监管体制重要政策法规，将对今后较长时间内天然气行业发展产生重要影响。

2014年2月13日由国家能源局发布的《油气管网设施公平开放监管办法（试行）》意在打破油气管网高度垄断的运行经营状态，提高管网利用效率，规范管网设施开放相关市场行为，在目前油气行业纵向一体化的体制下，解决上下游多元化市场主体的开放需求问题。这是监管层明确表态要打破垄断迈出的重要一步，但值得注意的是该办法似乎仅仅是"决心"，并没有提出具体的实施标准和细则，更没有落实监管主体，与之相配合的"指导意见"备受期待。

国家发改委在2014年2月28日和4月5日相继颁布了《天然气基础设施建设与运营管理办法》和《关于加快推进储气设施建设的指导意见》，随着城市燃气用气比例的增加，调峰需求和压力进一步增大，发改委旨在鼓励采取多种形式建设天然气储气调峰设施，明确供气链条中各个角色承担的调峰任务；支持基础设施相互连接，同时采取居民阶梯价格、季节性差价和可中断气价的各种差别性价格模式降低调峰压力。《关于加快推进储气设施建设的指导意见》还进一步鼓励各种所有制经济参与储气设施投资建设和运营，同时给予建设主体更大的政策和金融支持。

国家发改委价格司在2014年3月20日和8月10日颁布了《关于建立健全居民用气阶梯价格制度的指导意见》和《关于调整非居民存量天然气价格的通知》，两部法规政策的出台是在天然气价格全面市场化改革道路上迈出的重要一步，缓解了进口采购与国内销售价格"倒挂"的问题，减轻了供应企业的负担，增加了供应产出的积极性。其中，居民阶梯价格制度在保障绝大多数居民生活用气不受影响的前提下，引导居民合理用气、节约用气、抑制过度消费，阶梯气价分为3档，各档气价

实行超额累进加价，同时要求在2015年底所有通气城市建立起居民生活用气阶梯价格制度。2013年6月，国家出台了天然气价格调整方案，区分存量气和增量气，增量气价格一步调整，存量气价格调整分3年实施，在2015年完成价格改革，非居民用存量气和增量气实现并轨。此次非居民存量天然气价格调整是改革的第二步，增量气价格不调整，非居民存量天然气门站价格提高0.4元/m^3（其中化肥用气暂不调整）。

在2013年9月国务院发布《大气污染防治行动计划》半年后，发改委、能源局及环保部在2014年3月联合颁布了《能源行业加强大气污染防治工作方案》，作为能源领域贯彻《大气污染防治行动计划》的总体方案，在天然气利用方面，首先明确需加大天然气供应量，加快管网、储气调峰等相关设施的建设，有序推进"煤改气"工作，推广分布式供能，逐步提高天然气在能源消费中的比重。

通过对上述天然气相关政策的解读，新一届政府对天然气领域发展的总体思路可归结为3个方面：第一，推进天然气管网等设施垄断体制的改革，促进管网公平接入和公平放开，同时加强监管，大力推进储气调峰设施的扶持力度；第二，加大力度吸引鼓励民间资本参与非常规天然气的投资开发和进口LNG接收、储存站建设；第三，进一步建立和完善市场化价格机制，利用价格杠杆不断增强天然气供应能力、提高利用效率，引导产业可持续发展。以上三点应该也正对应我国天然气发展目前遇到的最大问题。

2 天然气的"量"与"价"，考验政府的平衡能力

2012年气价改革在两广试点之后，2013年开始向全国推广，全国门站平均价格由1.69元/m^3上涨至1.95元/m^3。2014年8月颁布的《关于调整非居民存量天然气价格的通知》提出非居民存量气价格上涨0.4元/m^3。这是在2013年7月上调门站价格之后，对存量气价的再次上调。根据国家确定的天然气定价机制，2015年底实现存增量气价格并轨，存量气将再次上涨0.48元/m^3。价格改革的目的是使价格能更准确地反映生产、运输和储存成本，但同时供需将由价格决定，天然气的许多替代品的价格也开始变得颇有优势，2014年，我国南方许多陶瓷生产企业无法承受气价上涨而随之带来成本的增加，开始转而重新使用水煤气、燃煤等已淘汰的相对劣质资源。究竟是提供较为廉价的天然气供应来推广天然气的使用，还是将提高定价作为激励措施来促使国内提高天然气产量并增大进口量，政策制定者不得不在二者中求得平衡，然而，从2014年下半年开始，国际原油价格剧烈大幅下跌，LNG现货价格随之波动，对这种平衡的把握似乎变得更难。

3 页岩气发展趾高气昂，却步履蹒跚

中国常规天然气资源匮乏，非常规天然气是对天然气供应的有效补充。近年来，国家不断出台对非常规天然气的鼓励政策。2015年，非常规天然气占比约10.5%，2017年提升至17.5%。页岩气方面，2014年的产量实现了跨越式的增长，但受到地理特征和技术瓶颈等多因素的影响，2014年8月国土资源部合理下调"十三五"页岩气的产量目标至300亿m^3，较之前减半。

中国拥有全球最大的页岩资源，技术上可开采的页岩资源比美国多出68%，其有希望成为扭转中国能源格局、降低对外依存度的重大因素，也得到了政府的大力扶持，但成本偏高依然使其发展步履蹒跚。较高的成本来源于3方面：技术原因、资源分布的地理特点和管网设施的垄断及建设

滞后。

与北美相比，中国的页岩层往往较深而且从地质上来说更为复杂，2015年，中国的页岩气生产成本将比美国规模最大的一些项目高出一倍多，因此，扩大页岩气的产量需要提高气价或增加补贴。此外，美国页岩气开发有上千家私人企业参与，充分的竞争与市场淘汰加速了技术的革新。在国内页岩领域的领军企业是中石化，其承诺涪陵气田页岩气产量到2015年底将达到50亿m^3，该气田单口页岩气井钻探成本约为8 000万元，是美国的近4倍，因此，中国目前对其补贴标准为0.4元/m^3，但该补贴计划2015年结束。

页岩气的开采多使用水力压裂法，在水力压裂过程中需要以高压注入大量的水，以释放储藏在页岩层中的天然气，位于新疆沙漠的塔里木盆地拥有中国最具开发潜力的页岩资源。然而，那里没有足够多的水。水资源较多的地区往往人口也较多，在四川页岩气的主产区人口极为稠密，搬迁与土地赔偿费用也将计入气井的钻探随成本。

虽然2014年8月颁布的《关于调整非居民存量天然气价格的通知》中全面放开了非常规天然气价格，同时，政府也向民企放开了第二轮、第三轮页岩气的招标，但如果规模较小的公司发现页岩气，如何将其输送至用户端是其面临的问题，管网输气设施没有完全公平放开前，投资开发企业的利润将大打折扣。

目前国内天然气产量尚不足1 200亿m^3，对外依存度已超过30%。假设2030年中国消费天然气的规模达到5 000亿m^3，面对如此巨量的缺口，如果页岩气等非常规天然气不能"担当大任"，天然气将很快步石油的后尘，面临着对外依存度大幅攀升的问题。

4 产能过剩，内陆液化厂利润处于盈亏平衡边缘

2014年，中国液化天然气市场发生了显著的变化。供应方面，随着国际LNG现货价格的不断降低、沿海接收站的相继投产，进口量不断增大，同时，国内液化厂建设、发展速度迅猛，据不完全统计，目前在建的液化工厂数量达到140座，已投产的液化工厂数量达到137座，也就是说，到2015年末，国内液化工厂数量将翻番，但2014年国内液化厂的平均开工率仅在50%左右。需求方面，天然气价改的推进，不仅提高了液化厂原料气价格，也在很大程度上打压了下游用气热情，供求关系的不断恶化使国内液化厂的经济性出现颠覆变化，但抢夺区域资源、进行区域战略布局和产业链拓展对这些液化厂来说意义也同样重要。随着进口价格优势的不断体现，国家政策的逐渐放开，民营资产的不断涌入，未来进口LNG有希望在LNG市场供应中占据更多的市场份额。

5 LNG终端市场冷暖不一，政策影响巨大

在国际能源市场上，天然气本就有"富贵气"之称，而中国还得额外承受"亚洲溢价"，与美国的3~4美元/mmBtu、欧洲10~12美元/mmBtu相比，亚洲LNG市场价格多年来一直在16美元/mmBtu徘徊。在国内气价受管制的情况下，一些LNG进口项目价格高于国内售价，直接影响了进口商的积极性。但是情况近期似乎有了转变，自2014年下半年开始，随着原油价格的走低，LNG现货价格不断降低，而且，从长期来看，澳洲、北美都在加快推进液化生产线建设，业内预计，到2020年，全球LNG供应规模有望翻番，中国LNG进口产业将迎来发展的黄金时期，这一领域将也会更加受到资

本青睐，目前，中国大陆已运行、在建LNG接受站达11座，总接收能力超过3 000万t/a，而到2016年年底，接收站数量将增加至15座，接收能力将超过4 500万t/a。在天然气进口方面，海上LNG进口增长速度将超过长输管道。

面对LNG气源的高速增长，简单气化进入管网显然不能充分发挥LNG特点，如何推动LNG终端应用领域的延伸，发挥其清洁、运输灵活的特点成为关键。从天然气应用的领域来看，城市燃气、交通运输、工业用气及燃气发电是天然气使用的四大主力。

2013年中国城镇气化率仅为32%左右，大部分地区气化率上升潜力较大，同时，随着国内城镇化稳步推进，越来越多的小城市天然气将进入家庭，替代居民燃煤和采暖燃煤。因初期投资较低，供气负荷适应性较高，大部分城市在管输气到来前将长期使用LNG作为气源；另外，LNG作为中等规模城市燃气输配系统的调峰气源的使用量也将逐步增加。

近年来，中国南方地区的陶瓷、玻璃等行业加快推进"煤改气"进程。根据《大气污染防治计划》，京津冀、长三角、珠三角地区到2017年将基本完成燃煤锅炉、工业窑炉、自备燃煤电站的天然气替代改造任务，预计未来用气将增长较快，其中，对管网建设滞后的开发区、乡镇企业来说，使用LNG将是理想选择。

在交通运输领域，LNG近年来的发展可谓是高歌猛进，根据相关资料的显示，天然气将是增长最快的车用替代燃料，在2030年至2035年，天然气在全球运输业燃料需求增长中的比重有望超过石油。作为车用燃料，天然气与汽柴油相比具有较大的价格优势。2000年至2013年，天然气汽车保有量年均增长59%。其中，LNG由于相对CNG具有能量密度高、行驶里程长、更加清洁安全的特点，成为大型客车、重型货车及特种工程车辆的理想替代燃料，车辆生产企业也在积极扩大LNG单燃料车辆的生产规模，提前抢占市场。2014年9月25日，交通运输部办公厅了发布了《关于水运行业首批试点示范项目名单的通知》，积极鼓励引导LNG行业向水运业推进。随着国家对节能减排工作的高度重视及对新能源利用的大力支持，LNG单燃料车辆、内河、港口船舶势必成为行业的主流。然而受国际油价连续下跌的影响以及天然气价改，LNG的经济性开始有所减弱，观望犹豫气氛加剧，但随着进口LNG价格的回落，以及政策的积极引导、金融补贴手段的合理运用，LNG在运输业的发展仍然值得期待。

6 撼动"亚洲溢价"，提高国内价格透明度，LNG贸易模式期待创新

2014年12月12日，证监会批准上海期货交易所开展原油期货交易，下一阶段能否实现天然气交易模式的变革，上海备受瞩目。

首先，形成LNG交易中心需要同时具备大规模市场、大量供应、统一的天然气基础设施、市场平台四大条件，而上海是目前中国唯一通过城市管网实现了西气东输、川气东送、进口LNG等多种气源互联互通的城市，具备上述条件。中缅天然气管道以及未来的中俄天然气管道，均可间接为上海的交易平台构成支撑。

其次，原油期货交易的操作经验也可以为国际性的LNG贸易模式提供借鉴。

再次，在国际方面，美国LNG出口项目审批和建设进程不断加快，新的LNG供应者的加入将改变贸易格局，加速全球天然气市场一体化进程，为变革创造了有利的国际环境

但中国对天然气进口权的垄断、LNG仓储较高的成本和人民币的国际化进程仍将使以长期合

同、油价关联的定价模式为特征的天然气市场转变为以短期合同、市场关联的定价模式，困难重重且充满变数。

2014年是中国天然气市场的变革和转型之年，首先，天然气产业补贴由气源价格补贴转向终端市场的项目补贴，产业扶持更有针对性；其次，中国天然气市场将逐步告别垄断走向市场化，经济驱动为产业发展提供越来越强的动力。总之，产业发展将与经济环境关联的更加紧密，同时竞争与淘汰将使其更加健康。

吕达　李青平

我国船用LNG技术发展趋势浅析

随着我国能源需求日益增长，能源安全已经成为我国对外政策的重中之重。同时，能源消耗带来的环境问题也在不断扩大对人们生活的影响，环境与发展的矛盾在我国日益凸显，到底是消耗能源图发展还是降低排放保环境，这是每个国人都要面对的问题。

在自然界众多的能源中，经过多方比对，天然气是现存的相对较为环保的能源，从其组分可得知天然气燃烧后主要以水和CO_2为主，对环境伤害较小。

商品天然气组分　　　　表1

项目	质量标准		项目	质量标准	
	一级	二级		一级	二级
CH_4	≥83mol%	≥75mol%	总硫（以硫计）	≤5mg/m³	≤30mg/m³
C_4烷烃	≤1.5mol%	≤2mol%	硫化氢	≤1mg/m³	≤5mg/m³
C_5*烷烃	≤0.1mol%	≤0.5mol%	高热值	≥39.0MJ/m³	≥39.0MJ/m³
CO_2	≤0.1mol%	≤0.1mol%	相对密度	0.555–0.7	
O_2	≤0.01mol%	≤0.01mol%	注1：参比条件：15℃/15℃/101.325kPa。		
N_2	≤1mol%	≤1mol%	注2：试验方法可采用贸易合同指定方法。		

LNG（液化天然气）作为天然气在低温常压下发生的物理形态变化，前期主要由于方便运输，可提高运输的经济性。随着近年社会对环保和能源品质要求的不断提高，LNG直接应用于运输行业的动力越来越足。从能耗角度来看，天然气变化为LNG需要耗能，通过车船运输到目的地后进入储罐，根据需求再气化进入管网供应用户，经历了一个由气到液再由液到气的过程，二次耗能现象不可避免。

国内已经有成熟的CNG应用于车辆的先例，因此通过车船用LNG直接替代柴油的方式也应运而生，尤其在车用领域推广更为迅速，主要体现在经济价值大，虽然投资新车增加成本近10万元，但是通过与柴油的价差可以在1.5~2年的时间内收回投资，同时环保性更好，减排效果明显，从2010年开始国内使用LNG车辆范围迅速扩大，到2014年底已有20万辆左右，加注站已经建成投产近2 000座，规模已经初显。

全球减排与低碳趋势也将航运业推向风口浪尖。根据IMO（国际海事组织）海洋环境保护委员会所制定的《船舶污染防治国际公约》相关规定：要求2010年7月以后在ECA（排放管制区域）航行船只所用燃料之含硫量不能超过1%，2015年1月1日以后不能超过0.1%。

其实，针对这一绿色航运能源发展趋势，全球已经将视角投向多种能源研究，例如：使用各种船用燃料油降低硫含量、燃煤净化、核能、再生能源等，然而LNG因其优势明显而"一枝独秀"。

世界探明的天然气储量丰富，如果加快推进非传统能源的使用，按当前使用量来计算，天然气可供人类使用250年。液化天然气的现货价格也低于柴油，目前欧美发达国家LNG的利用率已达25%，中国虽仅为3.9%，但采用LNG的年增速达到了世界领先水平。截至目前，中国已成为世界上主要的LNG进口国，预计到2015年，LNG的年供应量将达2 800~3 350亿m^3。

我国也在大力推进船用LNG的发展，2013年11月交通部发布的《关于推进水运行业应用液化天然气的指导意见》提出"2015年内河船舶能源消耗中，LNG比例超过2%，2020年超过10%"，同时启动沿海试点、海峡两岸试点。我国天然气燃料船舶数量预计到2015年达到2 000艘，到2020年达到12 000艘。目前LNG船用项目还在稳步推进中，其中有些关键技术需要突破，下面逐一介绍。

1 LNG相关标准研究

1.1 LNG加注标准

目前，对LNG动力船加注可行方式有槽车对船加注、趸船对船加注、LNG移动加液船对船加注、岸站对船加注、整体换罐等方式。但是针对天然气燃料船舶的各种加注方式，我国还没有完善的LNG加注标准，已有的加注标准雏形需要结合国内外LNG加注实例进一步完善，制定相应的LNG加注操作指南、LNG应急抢险预案等。国际上ISO对LNG船只加注仅是原则性要求，没有国际通用的相关标准。

LNG加注船相关标准的研发需要从安全性、经济性方面综合考虑，进一步研究加快加注作业时间的技术，减少受注船等待时间，要考虑燃油、LNG同时加注、LNG加注、船舶装卸货同时进行的需求，评估安全性。

1.2 LNG加注码头建造标准及规范

岸基LNG加注码头的建设与运营是船用LNG实现产业化的必经之路，虽然LNG动力船市场前景诱人，但进入大规模商业化是一个系统工程，技术、规范、政策等环节都必须完善，市场才会买账。目前，湖北省能源局已开展前期调研并抓紧组织编制规划，其中水上LNG加注站建设最重要的是解决技术标准与规范的问题。

目前国家能源局抓紧制定《关于液化天然气燃料动力船舶加注站布局指导意见》，国家能源局油气司已于2014年9月下旬邀请有关省市能源局、海事、能源、港航企业及交通部属有关单位，召开了《关于液化天然气燃料动力船舶加注站布局指导意见》征求意见座谈会。《指导意见》提出了船舶LNG加注站布局的指导思想、基本原则、推进目标、布局导向、保障措施。加注站建设以能源资源和水运资源综合高效利用为着力点，发挥市场配置资源的基础性作用，引导市场主体合理选址人按需设计、按标建设。

为顺利实现LNG在运输船舶上的应用及推广，还将进一步研究制定相关技术标准，主要包括两个方面：一是进一步完善船舶加注、船舶改装、加注码头建设等规范、标准体系。加快推进改装船厂评估和船舶设施设备产品的认证认可，进一步完善并颁布船员操作指南，开展船员培训和发证工作；二是实现船舶改造技术标准化。进一步优化燃料罐及管路设计，针对不同类型、不同吨位的船舱，提出不同的设计方案，并制定相关的施工工艺流程，实现设计、施工的规范化和标准化。

2 LNG船舶关键技术研究

2.1 LNG货物围护系统

货物围护设备的结构材料要满足在低运营温度下强度和低温延展性等物理性质的应用要求，材料应容易加工和焊接。

现有液货舱的种类有独立液货舱和薄膜液货舱2种，独立液货舱完全由自身支持，并不构成船体结构的一部分，也不分担船体强度，主要取决于设计压力的大小，它有3种不同类型：A型、B型和C型。薄膜液货舱目前主要是法国研制的2种薄膜货舱，即Gaz Transport薄膜液货舱和Technigaz薄膜液货舱。

其中A、B型液货舱都不耐压，使用经验少，属于专利产品，其优点是能够有效利用舱室空间。挪威TORGY公司设计的新型A型舱，已获得某些船级社的AIP认可；B型舱的实际应用有川崎9000TEU和大宇14000TEU集装箱船。薄膜型液货舱不耐压，一般不准部分充装，其建造技术难度较大，工期较长，国际上只有为数不多的厂家可以建造。

目前国内应用最多的是C型独立液货舱，优点是耐压，能够自增压送液，制造安装成熟，但其缺点是占用空间较大。制造材料应用最广泛的则是9%镍钢，其次为5083铝合金和3041不锈钢。中国船级社也出台了《C型独立液货舱LNG运输船审图原则》。国际上现有的LNG加注船和概念船也大都采用C型液货舱，包括瑞典SEAGAS加注船、FKAB设计LNG/柴油加注船和瑞典White Smoke公司设计的加注船等。

在LNG货物围护系统的设计及建造中所使用的材料（不锈钢、9%镍钢、铝合金等）还需进行综合比选，其关键节点的结构强度和疲劳强度要进行详细的分析，从而优化其结构，提高安全性和经济性。

2.2 加注系统设备优化及匹配

LNG水上加注对接方式有加注臂对接、软管对接、软管吊对接及软管托架对接3种，对比如表2所示。

3种LNG水上对接方式对比   表2

	加注臂 Loading arm	软管 Hose	软管托架 Hose bracket
优点	可靠性好； 主动安全控制（ERC）	成本低； 可较好地适应相对运动及船舶加速度； 被动安全控制（拉断阀）	成本适中； 灵活性好； 液相、回气管集成；可适应相对运动
缺点	造价高； 维护费用高； 海上STS使用经验少； 旋转接头对高频次运动的适应性不确定	弯曲半径有限； 操作不灵活； 需要定期更换	软管需要定期更换

LNG加注系统中最主要的部分是LNG泵，LNG泵主要有离心泵和往复泵2种形式。离心泵的特点

是流量较大且比较稳定,往复泵瞬时流量脉动大。离心泵又包括外置离心泵、潜液离心泵和深井离心泵,往复泵包括活塞泵和柱塞泵。目前LNG低温泵市场基本由国外垄断,主要的供应商有美国J. C. Carter和Ebara、ACD;日本Nikkiso合Shinko;法国Cryostar;丹麦Hamworthy等。在价格方面,进口LNG泵30m³/h约为20万元/台;120~360m³/h价格达到200~300万/台;国产LNG泵30m³/h约为7~15万元/台。

LNG加注系统中的另一个主要设备是加注软管连接处的拉断阀。主要有致断螺栓式、拉绳断开式和液压驱动式3种。目前主要厂家有:德国Roman Seliger,最大通径DN50;美国Dixon(原Manntek)和OPW,最大通径DN150;英国KLAW,最大通径DN300;国内也有几家企业正在研发生产致断螺栓式拉断阀,最大通径DN50,但制造技术还不成熟,安全可靠性较差。在价格方面,进口拉断阀通径DN50价格大约为7万元/套,国产拉断阀通径DN50价格大约为1万元/套。应用方面上,世界上首艘LNG加注船Seagas号采用美国Dixon拉断阀DN150;中海油6500HP港作拖轮采用罗曼塞立格拉断阀DN50;国外LNG运输船海上STS过驳采用英国KLAW拉断阀DN300。

由此可见,在LNG加注系统中,LNG相关的加注设备基本上都是国外产品,国内生产相关设备的厂家不多,且质量和安全性与国外相比差距比较大。国内需要加强技术研发,使成套设备国产化。

加注过程中的关键问题是计量的准确性,其关乎加注方与被加注方的相关利益,因此计量设备相当关键。目前LNG计量设备存在的主要问题是质量流量计需要频繁预冷,过程中产生的BOG(Boil of Gas)量大;频繁预冷,承受温度应力疲劳,大概每2~3年便需更换。现有的文丘里流量计能够避免预冷,无BOG,无温度应力疲劳问题,可全寿命使用,我国可以深入研发此种流量计。

如何减少管路中BOG的产生以降低管路温度应力以及合理布置管路需要加强研究。如今,由于管路布置不合理或绝热效果不好,导致管路设计而产生的BOG量较大,管路会因为布置不合理产生温度应力而开裂。需要在现有真空管道的基础上进一步开发新产品,尤其是管道接头。在管路布置上尽量简化低温管路,减少直角弯头和垂直三角连接。

在船对船加注时要考虑加注船和受注船的匹配性,进行一些相关的研究,如不同工况下的加注船与受注船允许运动量系统性的模型试验研究、加注作业同受注船装卸作业的危险相互影响分析等。

2.3 LNG加注船锚泊、系泊要求研究

目前,世界上第一艘LNG加注船是瑞典改装的SEA GAS加注船,加注储罐容积是200m³,4~5天为vikinggrace加注一次,上下客时开展加注,已累计加注500次左右,每次加注量为122m³,用时60min。除此之外,到目前为止国际上还没有一条新造的LNG移动加液船。2014年7月2号,日本邮船发表公告称,已与韩进重工签订造船协议,订造全球第一艘LNG燃料供气船。该船长100m,宽17.8m,6000吨位,可装载5100m³的LNG,将由韩进重工釜山船厂建造,并将于2016年交付。国内新奥能源投资研发的国际首艘内河LNG移动加液船项目系统思考了船舶应用LNG的特性,提出了独创性的技术路线,创造了多项成果,目前此型船已进入建造阶段。

由于船对船LNG加注刚刚起步,国际上还没有相应的加注标准和规范。但是LNG燃料的经济性优势和国际船舶排放标准正在推动船用LNG的发展,LNG动力船舶的数量在不断增加。如果各国都

执行IMO的排放强制性规定的话，5~10年后世界上用于近海贸易的船只大多数都会使用LNG作为船用燃料。因此，需要尽快研究LNG船对船加注时的锚泊、系泊要求，在系泊工程中要考虑诸多因素，包括内河及海上的风浪等天气情况、消防和逃生、船舶的运动等。

2.4 BOG处理优化技术

从经济性和技术性2方面研究LNG船的BOG综合利用方案。由于LNG特殊的性质，受热后极易汽化，LNG船在海上航行过程中，难免会因吸热而产生蒸发气BOG，蒸发气的产生会导致液货舱的压力升高，压力过高会对液货舱及其维护系统产生危险，传统的处理方法是打开泄压阀，对产生的BOG进行排空、燃烧或引入驱动系统处理，这既浪费能源又会带来安全隐患和环境污染。因此，从LNG船运输的经济性和安全性考虑，可对LNG船装载BOG再液化系统，但是目前该系统成本比较高，降低了船舶的经济性。BOG处理的技术还需要进一步优化，找到最佳解决方案，来提高天然气的利用率。

3 LNG动力系统技术研究

3.1 天然气发动机研发

天然气作为船舶燃料起初主要应用于内河及沿海渡轮等小型船舶，这一方面是由于燃料舱的尺寸限制了双燃料发动机在远洋船的使用，另一方面也是因为远洋船所用的电力推进效率大大低于低速柴油机，经济性不高。随着油价和天然气价差扩大及排放的限制，MAN Diesel & Turbo推出了ME-GI系列低速双燃料发动机，瓦锡兰公司也推出Flex-DF低速双燃料发动机，两大垄断厂商重磅产品的推出，在低速柴油机主宰的远洋船舶市场上取得明显的竞争优势，改变了当前发动机的市场格局，使LNG动力船舶走向远洋成为可能。除了上述2家企业，罗尔斯·罗伊斯公司则于2007年开始推出卑尔根船用燃气发动机，并应用到挪威5艘近海客渡船上。目前，DF双燃料发动机已成功应用在LNG船、近海供应船、FPSO、化学品船等船型上，其累计商业应用的时间已经超过了150万h。而瓦锡兰自2005年至今获得的船用发动机订单中，DF双燃料发动机的订单占比达到了45%。

与燃油模式相比，处于燃气模式的DF发动机可使船舶的一氧化碳排放量减少75%，二氧化碳排放量减少20%，氮氧化物的排放量减少80%，并实现硫化物的零排放，从而满足国际海事组织（IMO）Tier III标准。

目前，船用天然气发动机处于高速发展期，其中双燃料发动机受到船东的青睐。天然气发动机的大部分市场被上述几家主机厂商占据，国内仍处于探索阶段，尤其是大功率燃气发动机，需要积极开展LNG发动机的研发。

3.2 现有船舶"油改气"改造方式研究

现有船舶要以LNG或者LNG/柴油为燃料，则必须加装LNG液货舱等装置。通常情况下，在船舶改装过程中，加装的主要装置为LNG储罐和气体处理系统。此外，船上还需安装一些辅助系统，如气体加热系统、惰性气体系统、通风系统、遥控阀门及安全系统、自控系统等。典型的船舶使用LNG方案为：LNG通过气体处理系统气化，天然气通过主控阀供给燃气发动机。

当前所普遍采用的总管单点喷射改造方式，发动机动力性能与原机相当。但由于改变原机结构和运行参数，无论是增压器前进气还是增压器后进气，HC、CO等方面的排放均不同程度高于原机。通过优化掺烧策略（燃油替代率），可改善改造后发动机的排放性能；对于多点电控喷射进气方式，可通过优化喷射阀流量、喷射阀安装位置和喷气正时，抑制LNG燃料的逃逸，从而在一定程度上降低尾气中THC（碳氢化合物）数量，并改善双燃料发动机经济性。

目前，在船舶"油改气"项目过程中，最大的挑战主要有2点：一是如何布置储罐以及其他气体燃料系统的子系统；二是燃料系统如何满足船舶二冲程或四冲程主机的工作要求。

3.3 LNG船舶燃料系统及控制

气体燃料控制系统是指为发动机供应燃料的控制系统，正常工况下对发动机提供燃料，对管路上的阀门进行控制，监测关键部位的异常状况，出现异常状况时进行紧急保护动作。

气体燃料发动机电控系统是指发动机内部的电子控制的燃气和燃油系统，柔性调节发动机系统参数，对发动机进行监测和控制，对外进行数据交换。

国际上LNG船舶燃料自动控制系统供应商主要有瓦锡兰、TGE、Cryomar等公司，国内的供应商也在不断学习创新，积极跟进技术发展。预计国内企业会根据LNG燃料动力船改造的实际需求，研发LNG燃料动力船模块化供气系统、动力系统，提供成套产品、设备、系统服务。研究现有发动机的ECU（Electronic Control Unit）对于改造成混烧型双燃料发动机的适用性，并在此基础上研究ECU的优化方案。

4 LNG水上应用风险分析及评估

LNG的相关试验需要进一步研究，包括LNG池火试验、LNG蒸气云扩散试验、LNG加注过程中温度—压力试验等。LNG水上应用各环节（加注、储存、供应、利用等）的风险识别及LNG操作与应用过程中的风险控制需要进一步分析，制定风险控制措施和应急预案。在风险控制措施制定方面开展安全评价分析。

LNG在水上的应用主要的风险是低温伤害风险和燃爆风险，LNG泄漏会对船体、甲板和其他钢结构产生低温脆损伤，对人员造成冻伤。相关研究表明，高纯铁（0.01%C）的韧脆性转化温度在-100℃，低于此温度则完全处于脆化状态。其次由于水上环境恶劣、船舶结构的复杂以及他救能力弱等因素会增加水上LNG应用的风险。在水上加注要考虑风、浪、盐雾及不可预测因素等的影响。船舶结构较复杂，布置受限，各类系统高度密集，可燃物与点火源共存，因此对消防有了更高的要求。根据船舶及LNG的特点，结合船舶他救能力弱的特点，决定了船舶在风险防控方面，应具有比陆上设备更高的安全裕度。

船上的风险控制理念要区别与陆上的风险控制理念，船舶的风险防控理念更应该是提高设备要求，加强防控，防患未然，强化自救。但是，风险控制越严格，设备安全水平要求越高，相应的船舶建造或改造成本也越高，必须通过风险控制和经济性的综合平衡，找出安全水平与经济效益之间的平衡点，避免造成资源上的浪费。

风险控制及评估需要从LNG围护系统、安全控制系统（ESD、ERC）、船舶布置的安全距离与安全防护，以及管理、培训和操作等各个方面进行相关研究。做到识别风险、评估风险，并制定风险减缓措施。

综上所述，LNG船用技术必将在不久的将来快速发展，我们也即将迎来LNG时代。船用新能源应用中，LNG具有明显的优势，市场前景广阔。对我国来说，目前已经具备较好的发展LNG动力船的条件和基础，但是在上述所述关键技术上还需要进一步突破。在我国寻求低碳经济的大背景下，相信LNG船舶的发展也将有助于推动我国在经济与环保上的双发展。

李树旺　田堃

"中国天然气分布式能源试点城市总体方案设计"研究

1 背景

党的十八大提出发展新型城镇化的战略目标，强调大中城市和小城镇合理布局与协调发展，形成以资源节约、环境友好、经济高效、社会和谐、城乡一体的发展目标。这个目标对新时期城镇化发展中能源供应和集约利用提出了更深层次诉求和更大的挑战，不仅要加强节能技术的研发、提高能源利用效率，还要改善能源供应和利用结构，创新与新型城镇相适宜的能源系统。

我国以煤为主的能源结构使环境污染达到无法承受的地步。在当前严峻的能源环境形势下，2013年，国务院颁发了《大气污染防治行动计划》，文件提出了十大防治措施，包括控制煤炭消费总量；加强工业企业综合治理，全面整治燃煤小锅炉，加快推进集中供热、"煤改气"工程建设；加快调整能源结构，加大清洁能源供应；加快清洁能源替代利用，鼓励发展天然气分布式能源等。

在我国新型城镇化建设和落实《大气污染防治行动计划》的背景下，本项目以"天然气分布式能源试点城市总体方案设计"为切入点，研究创建天然气分布式能源试点城市的必要性和可行性、试点城市能源总体方案设计方法、试点城市所需的政策和管理机制上的创新等，为创建天然气分布式能源试点城市提供参考。正如新能源城市、低碳城市、智能城市的试点一样，提出天然气分布式能源试点城市的目的是树立明确目标，开始努力奋斗的一个过程。能源是人类生活和生产活动的基础，能源系统是城市最重要的基础设施，能源供应决定了城市发展的特征和水平，本项目的研究内容主要集中在试点城市能源系统的总体方案方面。

2 建设试点城市的必要性

建设天然气分布式能源试点城市对城镇能源结构调整、建设新型城镇供能体系、提高工业节能减排、落实大气污染防治及促进智能化能源体系发展等诸方面都有重要作用。以下从几个方面进一步阐述必要性的问题。

2.1 促进能源消费结构调整

调整能源结构是实现我国社会经济可持续发展的基本战略，发展天然气分布式能源对合理利用天然气、改变能源消费结构具有重要意义。2012年世界各国一次能源消费如表1所示，可以看出一次能源消费最多的国家是中国和美国，分别占世界总量的21.9%和17.7%，中国对原煤的消费份额仅次于南非，占68.5%，而对天然气消费的份额除了南非外比任何国家都低，只占4.7%。世界各国煤的消费平均占29.9%，天然气占23.9%，中国与世界平均水平比较差距很大。与亚太地区的发展中国家相比也有相当的差距，亚太地区煤的消费平均占53.3%，天然气占11.3%。据2011年统计数据世界煤炭消费前5位国家中（表2），仅中国就占49.4%，居第一位。

2012年世界各国一次能源消费（计量单位：Mtoe） 表1

	原油	天然气	原煤	核能	水力发电	可再生能源	总计
美国	37.1	29.6	19.8	8.3	2.9	2.3	2 208.8
加拿大	31.7	27.6	6.7	6.6	26.2	1.3	328.8
墨西哥	49.3	40.1	4.7	1.1	3.8	1.1	187.7
北美洲合计	37.3	30.1	17.2	7.6	5.7	2.1	2 725.4
巴西	45.7	9.5	4.9	1.3	34.4	4.1	274.7
中南美洲合计	45.4	22.3	4.2	0.8	24.9	2.4	665.3
法国	33.0	15.6	4.6	39.2	5.4	2.2	245.4
德国	35.8	21.7	25.4	7.2	1.5	8.3	311.7
意大利	39.5	38.0	10.0	—	5.8	6.7	162.5
俄罗斯联邦	21.2	54.0	13.5	5.8	5.4	0.1	694.2
西班牙	44.2	19.5	13.4	9.6	3.2	10.2	144.3
土耳其	26.4	35.0	26.3	—	11.0	1.3	119.2
乌克兰	10.5	35.6	35.6	16.3	1.9	0.1	125.3
英国	33.6	34.6	19.2	7.8	0.6	4.1	203.6
欧、欧亚合计	30.0	33.3	17.7	9.1	6.5	3.4	2 928.5
伊朗	38.3	60.0	0.4	0.1	1.2	<0.05	234.2
沙特阿拉伯	58.4	41.6	—	—	—	—	222.2
中东合计	49.3	48.7	1.3	0.1	0.6	0.1	761.5
南非	21.8	2.8	72.8	2.5	0.3	—	123.3
非洲合计	41.3	27.4	24.2	0.8	6.0	0.3	403.3
澳大利亚	37.5	18.1	39.1	—	3.2	2.1	125.7
中国	17.7	4.7	68.5	0.8	7.1	1.2	2 735.2
印度	30.4	8.7	52.9	1.4	4.6	1.9	563.5
印度尼西亚	44.9	20.2	31.6	—	1.8	1.4	159.4
日本	45.6	22.0	26.0	0.9	3.8	1.7	478.2
韩国	40.1	16.6	30.2	12.5	0.2	0.3	271.1
中国台湾	38.6	13.4	37.6	8.3	1.1	1.0	109.4
泰国	44.6	39.2	13.6	—	1.7	1.0	117.6
亚太地区合计	27.8	11.3	52.3	1.6	5.8	1.3	4 992.2
世界总计	33.1	23.9	29.9	4.5	6.7	1.9	12 476.6

2011年世界煤炭消费前5位国家　　表2

国家	消费量/（10⁶toe）	占世界煤炭总消费量的比例/%
中国	1 839.4	49.4
美国	501.9	13.5
印度	295.6	7.9
日本	117.7	3.2
南非	92.9	2.5

中国能源消费结构特点是：能源总消费量巨大，同时能源需求还在不断增加；能源消费结构不合理，煤炭消费占总能源消费的68.5%，天然气消费量很低；核能与可再生能源发展迅速，但总量依然很小。一方面，伴随着经济的飞速增长，中国的能源消费也急剧增长，尤其是近年来，中国已经成为世界第一大一次能源消费国和第一大碳排放国，能源紧缺和环境污染所带来的社会问题日渐突出。另一方面，中国能源消费存在严重结构不合理的问题，应该积极采取措施，开发清洁能源和清洁燃烧技术，发展可再生能源。

2.2 创建新型城镇化的能源供应系统

自1982年以来的统计数据说明（图1），中国城镇化的发展非常迅速，新型城镇化不但面临城市人口增长带来的能源需求的机械增长，同时更面临城市基础设施和公共事业建设要求上升而引起的巨大能源消耗扩大。必须积极开发并引导利用清洁能源和新能源，加强对能源的高效利用和节约控制，最大限度地提高能源利用效率。城镇化发展对能源供应和基础设施提出的迫切需求，为天然气分布式能源提供了广阔的发展空间。天然气分布式能源是合理利用天然气的最佳方案之一，它靠近用户冷热电负荷中心，通过能源梯级利用使一次能源利用效率可达到80%以上，是实现城镇绿色供热规划的重要手段，其与当地可再生能源实行有机结合已成为当前发展新型城镇供能系统的发展方向。

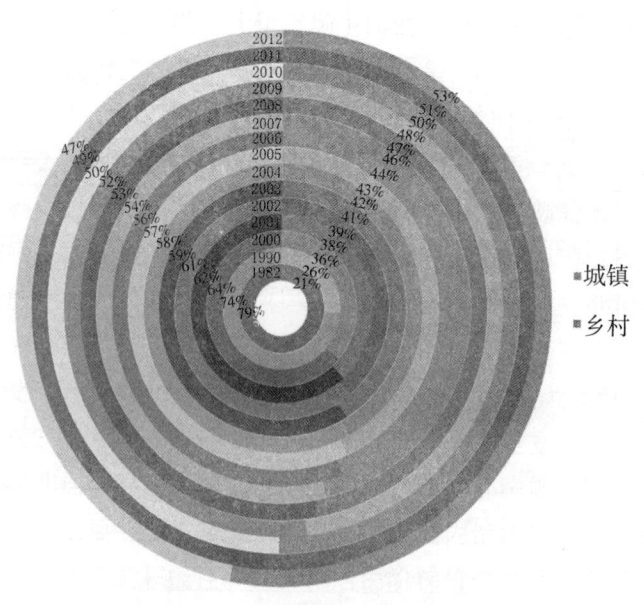

图1　中国城镇化的发展进程

2.3 提高城镇工业节能减排的迫切需要

我国的工业能源利用效率较低，依旧高度依赖碳基能源消费，不仅牵制了工业增长，也造成了大量的工业碳排放。提高城市工业能源效率实现节能减排的措施包括优化能源消费模式，大力发展清洁能源和利用可再生能源，例如天然气、风能、核能、太阳能和地热能。

2.4 落实大气污染防治计划的有效途径

为保证"煤改气"、燃气热电联产等的有序实施，促使清洁能源更好地发挥作用，国务院于2013年9月发布《大气污染防治行动计划》，提出了全面整治燃煤小锅炉，加快推进集中供热、"煤改气"、"煤改电"工程建设，到2017年，除必要保留的以外，地级及以上城市建成区基本淘汰10t/h及以下的燃煤锅炉，禁止新建20t/h以下的燃煤锅炉，其他地区原则上不再新建10t/h以下的燃煤锅炉。"煤改气"问题提出后，国内很多省市地方开始大量进行燃气锅炉替代燃煤锅炉的改造或建设大型燃气热电联产电厂，但有的项目实施前没有落实资源，加剧了天然气供需矛盾，影响了居民正常生活。无论是以燃气锅炉替代燃煤锅炉，或是发展大型热电联产电厂都存在能源利用方面的问题。

采用天然气分布式能源和燃气锅炉供热方式进行比较，减排情况如图2所示。图中数据表明，对同样的热负荷（50t/h）和电负荷（15MW），天然气热电联供相对于以天然气锅炉和市电的热电分供系统而言，每年减排9.6万tCO_2。

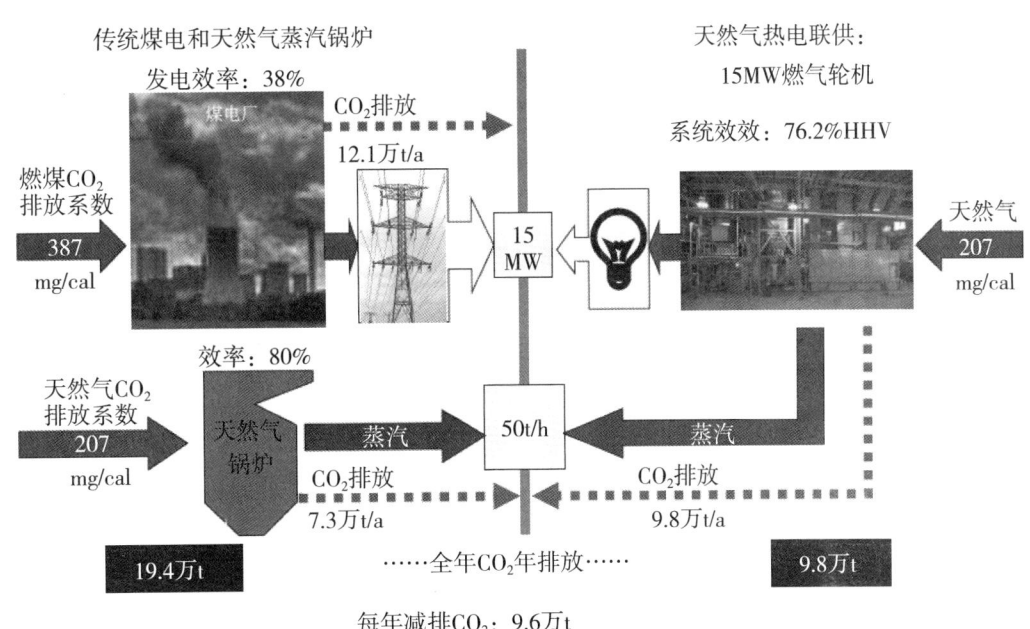

图2 天然气热电联供相对于热电分供的减排效果

2.5 促进智能化能源体系的发展

天然气分布式能源具有节能、减排、调峰、安全等固有优势，如图3所示。

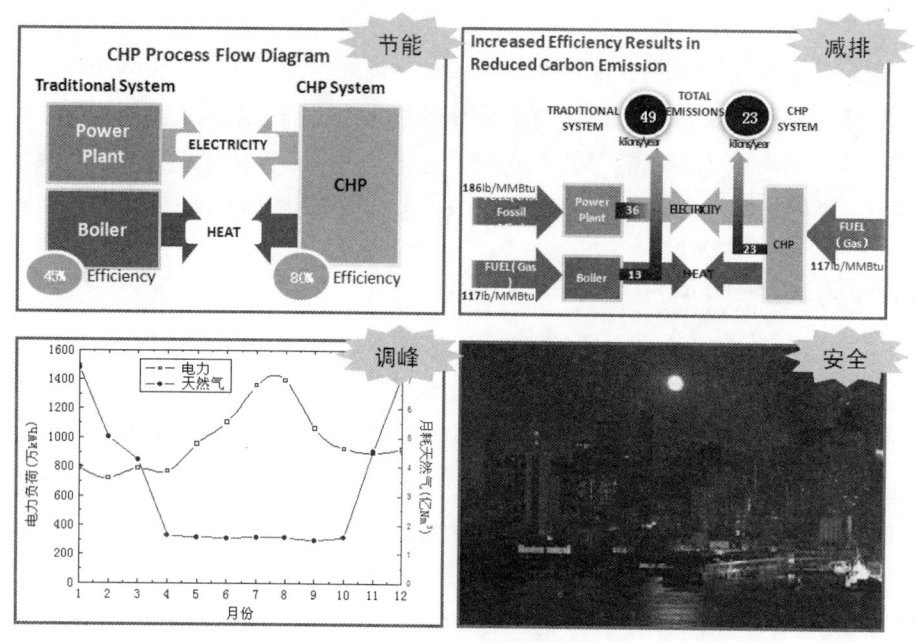

图3　天然气分布式能源固有优势

天然气分布式能源的优势还体现在与各种可再生能源的结合，带动可再生能源的发展，可以应用城市垃圾及污水处理产生的沼气实现废弃物的减量化、无害化、资源化，促进城乡循环经济的发展。

天然气分布式能源规模化发展将促进智能化能源系统的发展。"微电网"是近年来在分布式能源基础上发展起来的新技术，是指由分布式能源、储能装置、能源变换装置、监控保护、用户负荷集成的，可以实现自我控制、调节、保护、管理的自制系统，如图4所示。

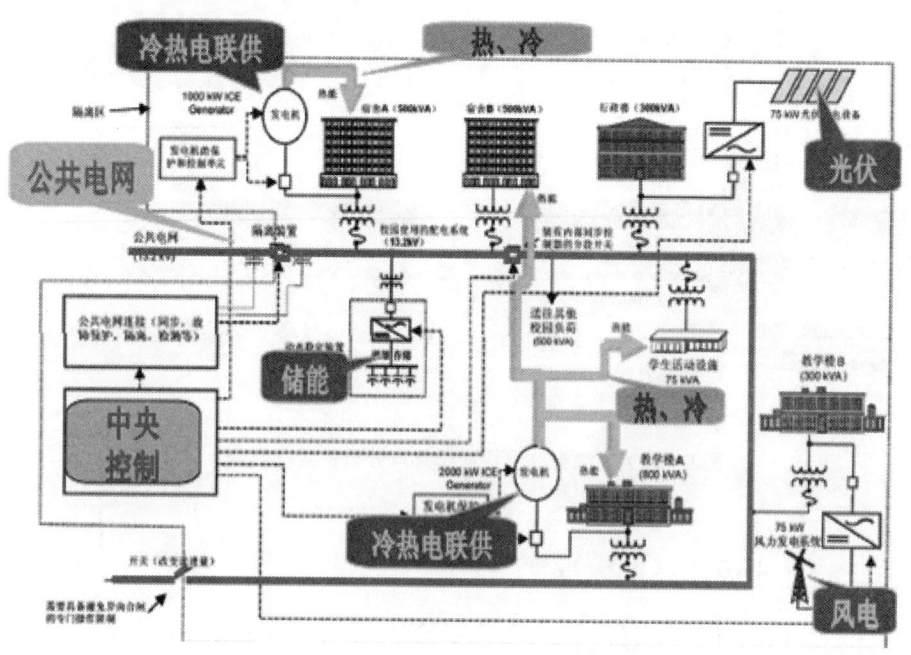

图4　微电网基本网架结构

微电网可以独立运行也可以和公用电网衔接、互相支撑。智能能源网是指利用先进的通信、传感、储能、微电子、数字化管理和智能控制等技术，对传统能源体系进行改造和创新，形成生产、输送、转换、分配、使用、服务、价格、市场管理等不同能源网架间更高效率的交互配合与智能化的运转。智能能源网将水、电、燃气，热力等不同能源品种的网络有机整合，形成跨能源品种的一体化智能网络，这是能源领域的发展方向。

3 试点城市定义和评价指标

天然气分布式能源试点城市（或区域）指充分利用当地天然气资源，积极发展天然气分布式冷热电联供系统，并与当地可再生能源利用相结合，使天然气分布式能源在当地能源消费中达到较高比例或规模化发展较好的城市。评价试点城市的指标包括量化指标和非量化指标（规划期2015～2020年）。

3.1 量化指标

（1）规划期末地区天然气分布式能源用气量占城市或占本地区天然气供应总量的比例达到20%以上。地区天然气消耗占地区一次能源总耗量的比例高于本省的平均水平。

（2）规划期末天然气装机新增容量与同期地区热负荷增长的比例大于30%。

（3）新建天然气分布式能源机组能源综合效率大于70%，节能率大于20%。

（4）建成的天然气分布式能源项目数量、类型完成规划预定指标。

（5）与可再生能源结合指标（包括太阳能、风能、生物质能、地热能、垃圾处理及污水处理资源化利用等）：可再生能源总体利用的容量与天然气分布式能源容量之比大于5%。

3.2 非量化指标

（1）在地方发改委带领下制定了天然气分布式能源专项规划，建立了政府主管分布式能源专职机构。

（2）地方政府积极出台相关政策，包括地方政策支持、公共服务平台建设、配套设施建设、和宣传教育等。前3项为必选项，后1项为参考项。

（3）建立了较完善的天然气分布式能源项目质量保证体系，包括立项、建设、在线监测、后评估等。新建项目必须达到预想目标，具有实际示范作用。

4 总体方案架构

4.1 "一核三元素"总体方案模型

第一元素是清洁能源分布式冷热电三联供系统，通过燃烧清洁能源发电及发电后余热的梯级利用，提供工业蒸汽或空间的采暖或制冷。分布式冷热电三联供系统工艺流程和设备类型多种多样，图5是以燃气轮机为动力的三联供系统。

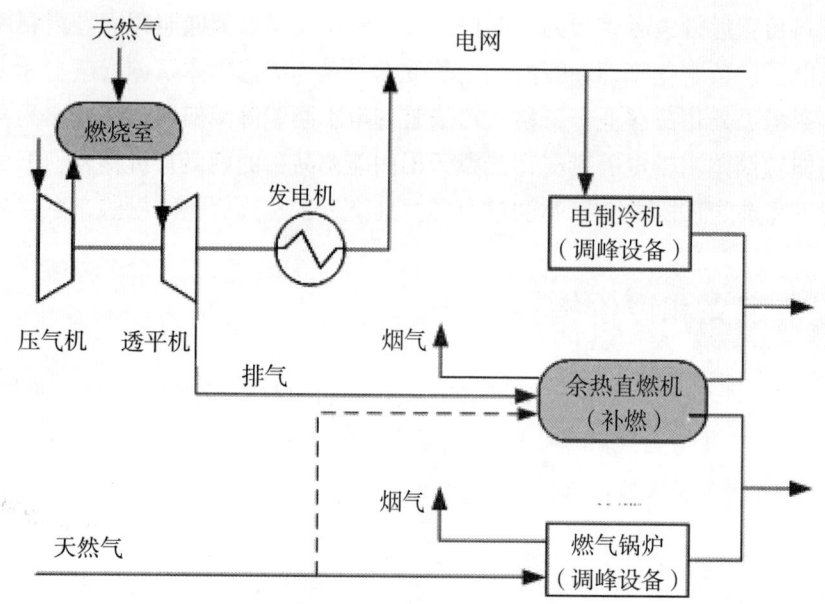

图5 燃气轮机分布式三联供系统工艺流程

第二个元素是开发利用当地的各种可再生资源,并与清洁能源冷热电联供构成耦合供能系统(图6)。

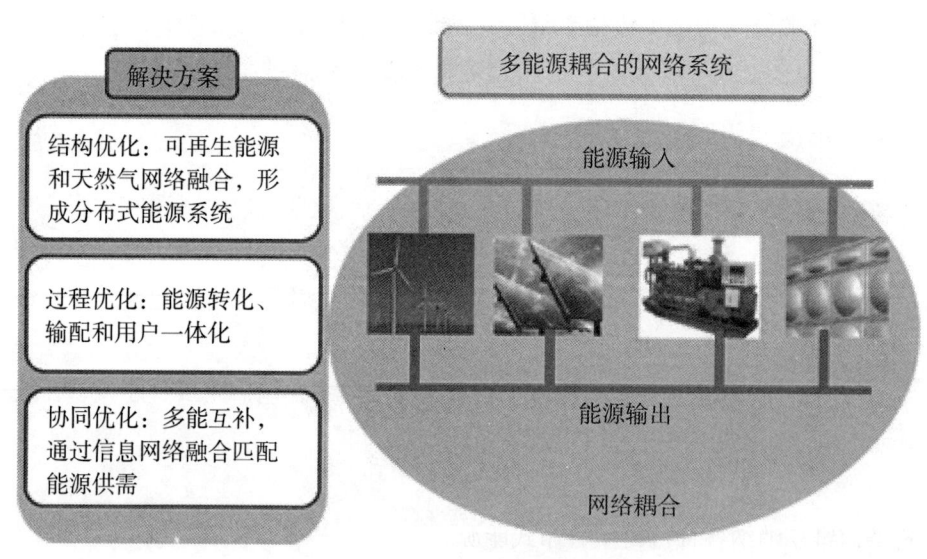

图6 清洁能源与可再生能源耦合系统

第三个元素"总线系统",这是一种应用区域的可再生能源与各种自然与人为低温热源的集成化系统。典型城镇或区域"总线系统"结构如图7所示。

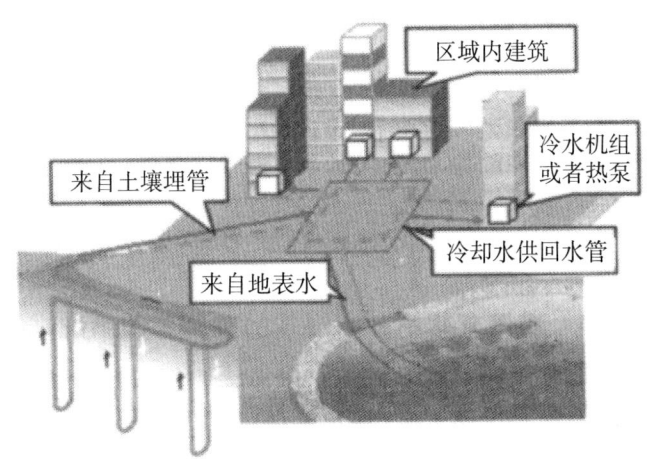

图7 总线系统结构

总体方案的"一核"即智能管理中心,其功能包括两个方面,一是通过智能化信息网络,对三元素之间形成空间上的"交联组合"和时间上的优化调度。另一个功能是建立良好的政策环境,开展绿色低碳生活的宣传教育,将高效资源利用技术与绿色生态文化相融合,向居民灌输环境保护意识,倡导绿色生活方式,建设具有自我调节、自我完善、自我升级的低碳、生态、文化的智能城镇。

一核三元素供能系统的设计是应用能流网络的优化方法。这种设计对于传统的以单项能源的供求平衡（如电力、燃气、或热力等单项能源供求平衡）为基础的设计而言是设计理念和设计方法上的根本变革。这种供能系统的目标不是简单地供求平衡,而是能源、环境、经济、生态的协调发展。采用的设计方法是从一次能源转化为二次能源,再输运和分配到用户利用的,各种过程和技术不是相互独立,而是根据能源梯级利用原理建立的多能源互补、多技术交叉的复杂链接关系。只有通过能流网络和基本气动热力学定律来建立这种复杂的内部联系,并借用矩阵数值解法进行整个能源系统的优化设计。

4.2 智能配电网总体方案

创建智能配电网是解决分布式能源对城市配电网的不利影响,发挥相互支撑作用,实现分布式能源总体方案和配电系统整体优化运行的最好方式。

综合考虑区域定位、供电企业战略与目标、配电网现状,智能配电网的建设目标为:提高电网供电可靠性和电能质量、支撑综合能源供应业务、实现系统与用户双向互动、支持综合用能服务、实现精细化资产运维、消纳各种可再生分布式能源。

为了实现智能配电网基本功能,包括有源配电、自愈能力、柔性技术、智能运行、智能计量、智能用电等,基础网架和一体化智能运行系统是智能电网总体方案的2项关键性技术。基础网架是整个智能电网规划、设计、运行的基础。主要包括：城市高、中、低压配电网主接线、智能配电房、配电网广域测控系统等。

一体化智能运行系统是智能配电网实现各项功能的核心技术,它承载全资源的综合调度、资产运维管理和综合用能服务,实现可再生能源、分布式发电、开关设备、可控负荷等元件的统一协调控制与调度,实现配电网运行管理各环节业务的横向和纵向贯通,实现电网与用户的全面互动,由此提升区域能源利用效率和供电企业运行管理效率。城市智能配电网一体化智能运行系统是建立城市各级配电网调度中心主站和厂站相结合的一体化智能运行系统。一体化智能运行系统的具体方案设计如下：

4.2.1 信息集成

（1）基础资源平台，参见图8。

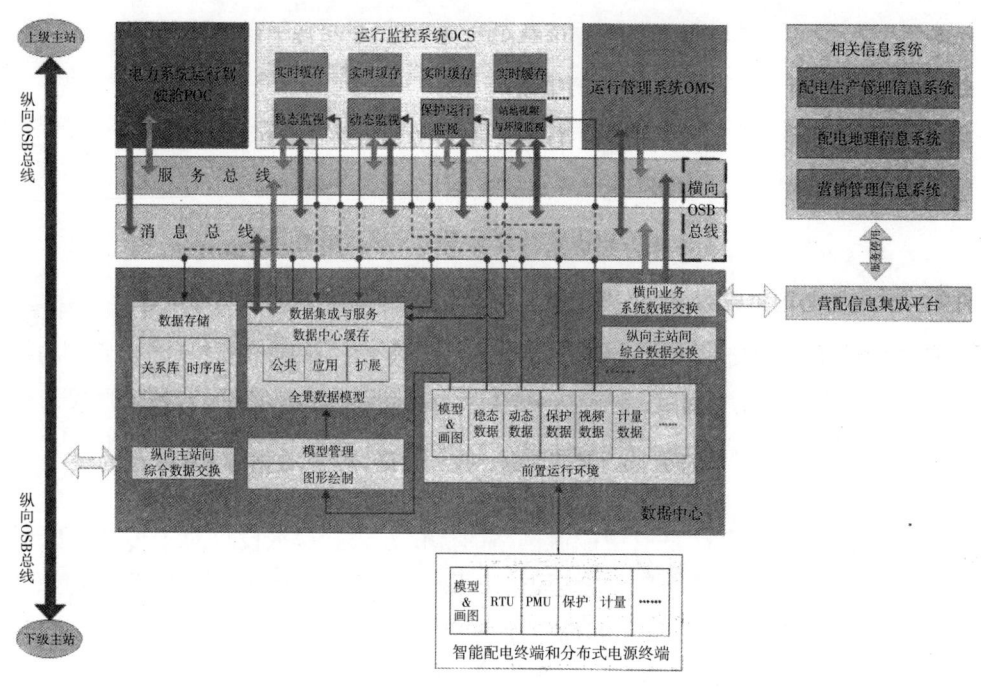

图8 基础资源平台的信息集成系统

（2）数据流架构

各级主站与厂站间利用主站端的前置运行环境和智能配电终端、分布式能源终端实现模型及画面、稳态数据、动态数据、保护数据、视频数据、计量数据等各类数据的综合采集与交换。

4.2.2 应用集成

智能配电网需建成安全可靠、智能高效、绿色环保、友好互动的现代化智能配网示范区，必须通过对现有各项技术应用的集成，满足更高层次的业务需求，发掘新的业务模式，并形成对用户的服务能力，从而实现电网企业的价值。为此，从配网优化调度、资产运维管理、用能服务的相关业务功能，实现智能配电网的集成应用，如图9所示。

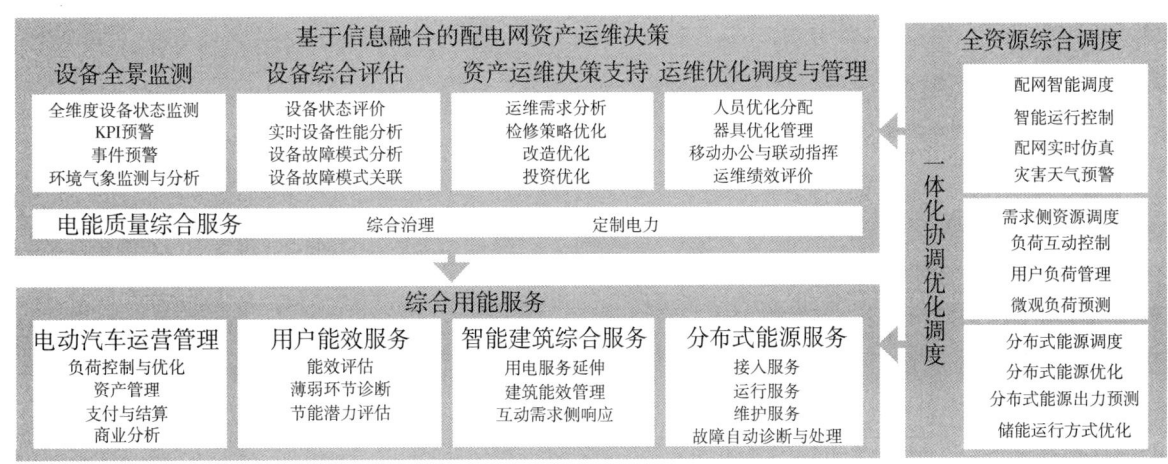

图9 智能配电网集成应用方案

4.2.3 功能架构

遵循一体化运行智能系统的规范，通过建设运行监控系统（OCS）、电网运行管理系统（OMS）和电力系统运行驾驶舱（POC）实现对上述三大集成应用（配电网资产运维决策、综合用能服务、智能化全资源的综合调度）的业务和决策支持，实现调度运行和计量营销层面的应用集成。其总体集成架构如图10所示。

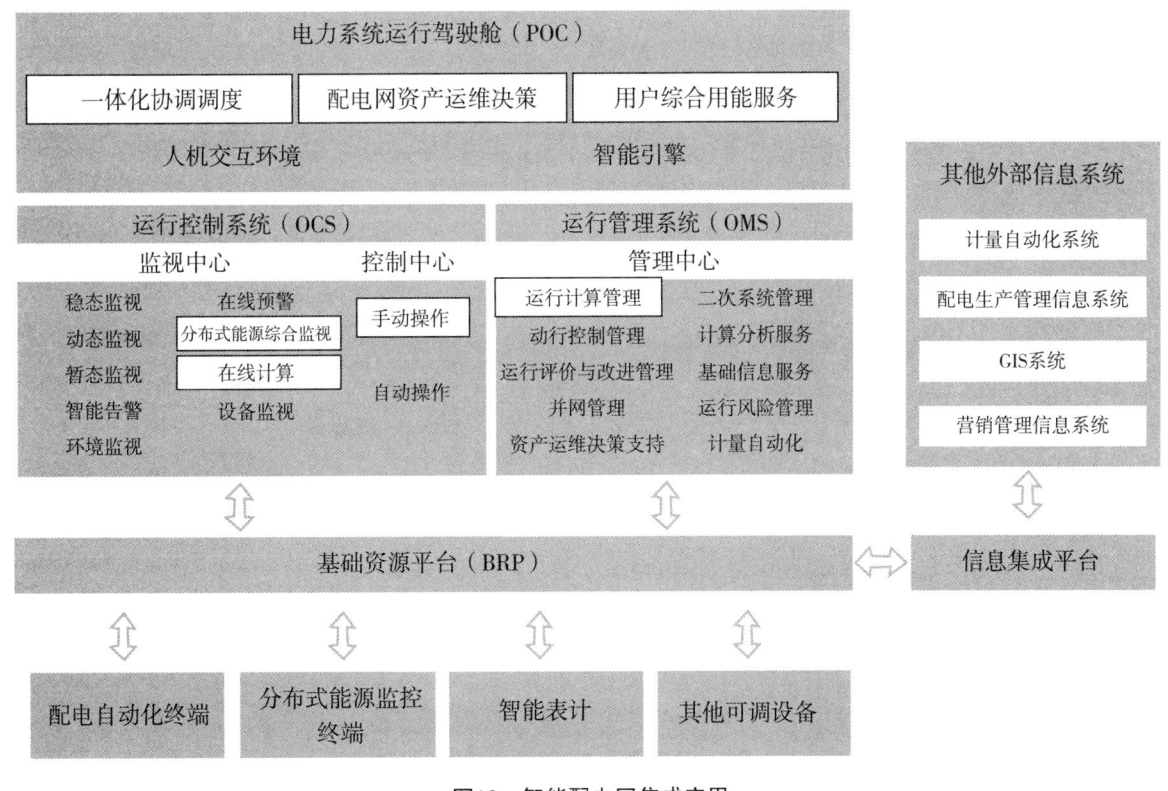

图10 智能配电网集成应用

4.2.4 系统整体解决方案

图11是一体化运行智能系统整体解决方案结构。

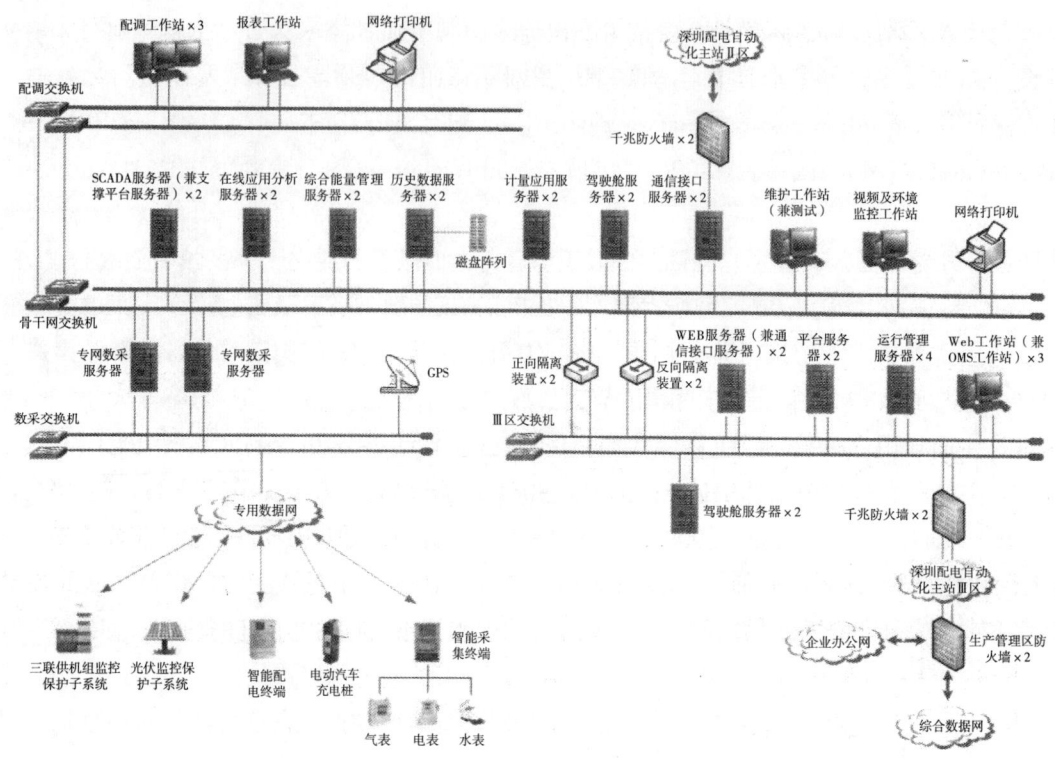

图11 一体化智能运行系统架构

4.3 总体方案设计方法

基于以上内容,本课题提出一种天然气分布式能源试点城市(或区域)总体方案设计方法,如图12所示。

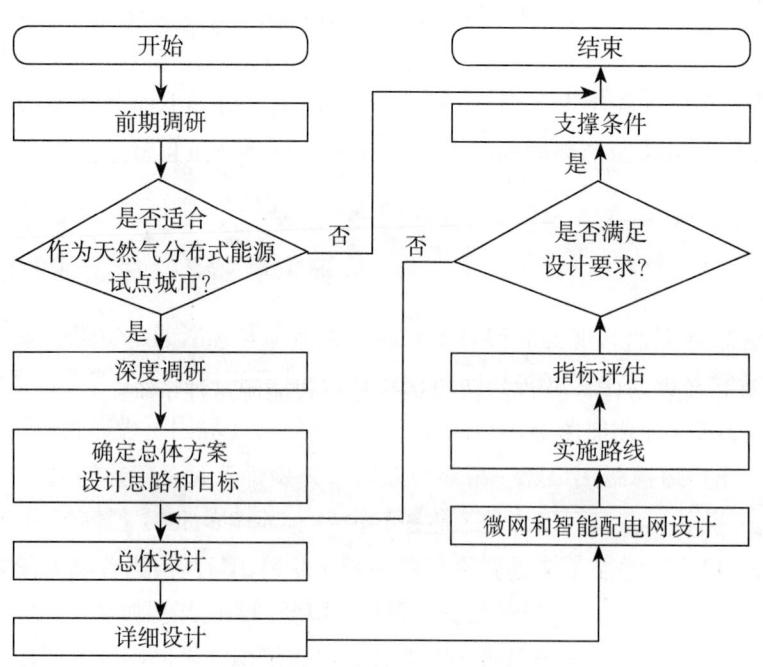

图12 天然气分布式能源试点城市总体方案设计方法

5 试点城市供能系统商务模式的创新

根据分布式能源项目的特点可以采用多种多样的商务运作模式，近年来国内各能源服务公司进行的分布式能源示范项目正在探索如下几种商务模式：效益分享型模式、节能量保证型模式、能源费用托管型模式。要想将合同能源管理机制的应用扩展到分布能源领域，必须针对分布式能源特点，在项目的每个环节探讨如何确保节能减排效果、如何规避投资与技术风险、如何进行节能量的检测与计算、如何维护合同双方的利益等一系列的新问题。为了扩展合同能源管理在分布式能源新兴产业发展中的应用必须建立一个分布式能源项目采用合同能源管理模式的指导书，和相关绩效合同的模板，这是体现可操作性的必要的技术准备。

5.1 积极推进电力直供的电力体制改革

目前电力体制改革的一个重要方向是实现发电企业与用电企业交易的直购电模式。所谓直购电是指发电企业和终端购电大用户之间通过直接交易的形式协定购电量和购电价格，然后委托电网企业将协议电量由发电企业输配给终端购电大用户，并另外为电网企业所承担的输配服务支付费用。电力直供有2种模式，如图13所示。第一种是专网直供，即"发电商—用户模式"；第二种是过网模式，即"发电商—电网—用户模式"。

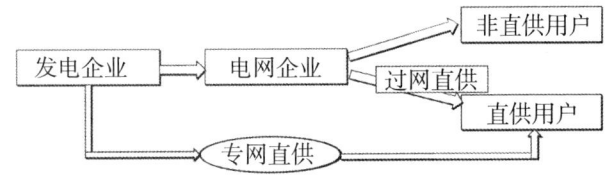

图13　2种电力直供模式

5.2 非公有制企业进入特许经营领域

近年来国内发展的很多天然气分布式能源项目都采用了属于特许经营范畴的BOT模式，这种模式为天然气分布式能源项目带来的优势包括：项目公司基于特许经营的授权（通常由政府部门）承担建设和经营特定基础设施的专营权；由获专营权的项目公司在特许权期限内（一般10～30年）负责项目的建设、经营、管理，并用取得的收益偿还贷款；特许权期限届满时，项目公司须无偿将该基础设施移交给项目发起者（政府或者项目发起公司）；继续获得项目节能减排效益；项目投资者一般只拥有项目的经营权而无所有权，自负盈亏，必须对经营性项目进行详细的评估，有力保证项目质量；按照国内基础设施项目的要求，投资者一般需要投入30%以上的资金作为项目资本金，成为项目运行期的利益相关者等等。特许经营模式是分布式能源这种系统工程特点的建设项目保证质量、获得预定收益的好方式，应通过政策扶植大力发展。

6 创建天然气分布式能源示范城市几点建议

6.1 从战略高度认识发展天然气分布式能源的必要性

应该从能源安全战略高度和综合价值分析的角度研究发展天然气分布式能源的必要性和迫切

性，研究对调整能源结构、改善环境污染、提高供能安全等方面的贡献，加大推广及扶持力度，紧紧抓住天然气分布式能源的固有优势、在科学发展观引领下树立长远观点、保持政策的延续性、不断克服暂时的困难、实现科学有序的发展。

6.2 进一步明确天然气分布式能源的发展定位

建议在已出台政策的基础上进一步明确天然气分布式能源的定位问题。根据国情，我国分布式能源在能源供应系统中的定位应为：分布式能源是我国能源供应系统的有机组成部分，是集中供能的有益补充；是供能安全稳定保障的有力支撑；是提高能源利用效率，促进可再生能源开发利用，实现节能减排的有效手段。根据定位，集中供能（包括各种类型燃气发电厂、热电联产电厂、区域集中供热）和分布式供能是相辅相成的2个方面，不应单纯强调一方贬低一方，要因地制宜、共存共融、协调发展。

6.3 落实地方天然气分布式能源专项规划

建议地方政府认真贯彻2011年发改委文件《关于发展天然气分布式能源的指导意见》要求，编写制定本地区天然气分布式能源专项规划，并与城镇燃气、供热发展规划统筹协调，确定合理供应结构，统筹安排项目建设。将发展天然气分布式能源纳入地方总体发展规划和顶层设计中，因地制宜，大、中、小并举、新建与改建并重，建设一大批各种类型及不同规模的分布式能源示范项目。

6.4 强化能源供应系统一体化的理念

建议在地方能源规划中体现"供能系统一体化"的理念，统筹规划电力、燃气、热力各专项规划，从整体角度平衡和协调各能源行业的关系。在天然气分布式能源领域，把工业热电联产、区域型供能系统、楼宇型供能系统、小型住宅供能、储能与管网等综合成一体化的整体系统，发挥各自的优势，获得最理想的效益。

6.5 在"煤改气"中促进分布式能源发展

建议在煤改气中过程中注意科学合理利用天然气的问题。从科学用能、节能减排、经济性、天然气供应、可操作性等方面进行综合评估，对分布式能源项目进行筛选和排序，分期分批建设天然气分布式能源项目，把煤改气作为建设新型城镇清洁能源供应系统的催化剂。

6.6 加紧出台有效的支持鼓励政策

建议尽快出台相应的支持和鼓励政策，节能减排专项基金等补助向分布式能源项目开放。包括根据节能、减排量进行奖励或补贴；对系统初期建设投资进行补贴；对天然气价格或电价的优惠；税收减免；与天然气电站享受同等的气价和电价补贴；天然气分布式能源项目的燃气配套和电力配套费用优惠等。明确补贴标准和补贴资金出处（如国家循环经济或节能减排专项资金等）、归属部门、示范项目的实施路径等。

6.7 建立科学的能源供应价格机制

建立针对天然气分布式能源项目建立气价与电价、热价、冷价等价格联动机制，理顺价格体系。

6.8 强化发展主要设备国产化措施

建议加强鼓励天然气分布式能源设备国产化的相关措施,降低天然气分布式能源系统的初投资,对采用国产化机组项目给予一定的鼓励措施和优惠条件。

6.9 建立分布式能源项目的质量保障体系

建议由各地方能源主管部门牵头建立天然气分布式能源项目的质量保障体系。包括立项、审批、可行性研究、设计、招投标、安装、调试、验收、运行、维护、管理、后评估、奖惩、各个环中加强论证、评审、整改、监督、检查等工作,确保新建项目的质量,建设一批有示范价值的工程项目。

6.10 创建适应规模化发展的商务模式

建议创新适应天然气分布式能源规模化发展的商务模式,如合同能源管理、电力直供、特许经营等,促进电力与燃气行业体制改革,在深化改革中解决诸如合理价格体系、电力并网上网等老、大、难的问题。

中燃协分布式能源专业委员会

中国燃气计量发展的障碍和展望

燃气表是城市燃气行业里的一关键部件,相等于燃气公司面向客户的收银台,燃气表的安全性和准确性一直以来都备受关注。近年来,物联网的推进以及智能器具的发展都在各行业掀起巨大的改变,燃气行业里对智能表具的呼声也越来越高,在确保安全和测量精度的基础上,我国的城市燃气计量必然也要走向智能化。本文将浅析现有城市燃气计量技术所面临的困境,并讨论新一代计量技术如何推进我国城市燃气计量的发展。

1 传统容积式机械燃气表的限制

城市燃气计量技术在过去的160余年没有重大的改变,还是以容积式的机械表为主。传统的容积式皮膜表主要有皮膜表、罗茨表和涡轮表。皮膜表主导民用市场,罗茨表、涡轮表普遍应用于工商业。传统的机械表可靠性高,在燃气行业内有着根深蒂固的应用基础,广为燃气公司所认识和采用。但基于原理上的限制,这些传统的容积式机械表在计量上所存在的缺陷为燃气贸易带来不公平因素,而燃气公司往往因此承受着一定程度的损失。

1.1 温度压力变化对容积式燃气表造成的损失

与其他国家的做法不同,中国的城市燃气贸易,不采用热量单位结算,而是直接利用燃气体积单位作为付费的基准。气体体积内所含热量是取决于燃气的组分和密度,而燃气密度又受环境温度和压力所影响,所以同一个热量单位在不同地方、不同季节或不同环境条件下体现的体积会有所差异,在结算时如果没根据标准状况的温度压力(摄氏20℃,1个大气压)修正,那么燃气的贸易便存在不公平因素。而在现行的贸易规则下,体积结算所带来的贸易不公,正是下游燃气公司需要解决的一大障碍。

1.1.1 压力变化的影响

国内城市燃气的供气压力由2kPa到0.2MPa不等。民用户的最终供气压力普遍为2kPa,商业和工业用户则最高可达0.2MPa。和标准状况下的气体体积相比,温度不变,2kPa和0.2MPa压力下的气体体积分别减少了2%和66%,计算明细详见表1。

对比标准状况,不同供气压力下的相对体积变化　　　　表1

	供气压力(Pa)	气体温度(K)	对比标准状况下的体积变化(m^3)	百分比变化(%)
标准状况	101 325	293.15	1	—
民用户	103 325	293.15	0.98	−2
工商用户	最高可达301 325	293.15	0.34	−66

在没有安装压力修正仪的情况下,即使是在最低的2kPa供气压力下,燃气公司账面上的燃气销售会

因此减了2%，如果是用气压力较高的工商业用户，燃气销售的损失会更大，严重影响燃气公司的收入。

1.1.2 温度变化的影响

在燃气系统里，最终的用气压力一般是可控地在一小范围里变化，对气体体积的影响相对稳定，可是温度的变化却会随着季节、地域、天气而变更，所以温度对体积造成的影响也是随着时间在改变。

本报告针对中国5个不同地域的城市大气温度和地下温度做了一个简单调查和计算。下图标示了北京、西安、杭州、武汉和广州5个城市在2012年的温度概况，包括全年的平均温度和最大温差。

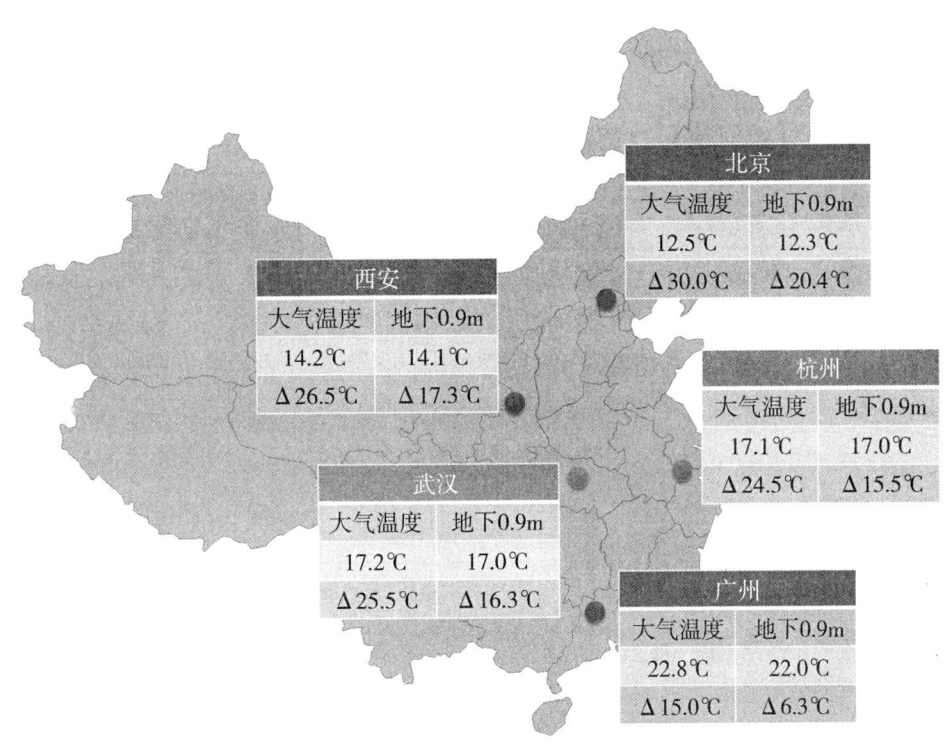

图1　2012年中国五大城市的大气及地下平均温度和最大温差

由于城市燃气管道大多埋设于地下0.6m到1.5m之间，大气温度的变化不会直接影响管道气体，而是透过地下泥土的温度，间接反映在气体体积上。地下温度的变化实际比大气温度的变化稍为延迟，温差的幅度也比较小，加上地下管道的容积乃管道燃气的最大缓冲，所以以地下温度配以各城市季度用气模式来估算温度变化对体积计量带来的影响，会比直接采用大气温度更准确。

在恒压的情况下，气体体积和温度是成正比的关系，参照中国天然气工业所采用的标准条件（293.15 K，101.325kPa），每5℃的温度变化对气体体积的影响如表2所示。

对比标准状况，每5℃的温度偏差的相对体积变化　　　　表2

	恒压情况（Pa）	气体温度（K）	对比标准状况下的体积变化（m³）	百分比变化（%）
标准状况	101 325	293.15	1	—
+5℃	101 325	298.15	1.02	+2
-5℃	101 325	288.15	0.98	-2
-10℃	101 325	283.15	0.97	-3

考虑季度性的用气量模式后，温度变化对体积计量带来的影响每个城市都不一样，以武汉为例，温度变化的影响如表3。

武汉的温度变化对体积计量的影响　　　　　　　　　　　表3

项目	春	夏	秋	冬
平均大气压温度（℃）	16.7	28.2	18.3	5.5
平均地下0.9m温度（℃）	14.2	23.1	20.3	10.3
标准状况的温度（℃）	20	20	20	20
武汉公福用户季度性的用气比例（%）	30	15	16	39
季度性的体积变化百分比（%）	-2.0	1.1	0.1	-3.3
全年平均体积计量变化百分比（%）	-1.7			

以同样的计算方法，其他城市的温度变化对体积计量的影响也可估算一二。由于国内大部分城市的平均温度都低于业界采用的标准温度，20℃（293.15 K）。所以由温度引起的体积变化也是明显的负偏。在没有温度修正仪的情况下，天气较为暖和的广州是几乎不受温度所影响，而越北的城市则影响越深，燃气公司需要承受一定程度的贸易损失。

中国部分城市的温度变化对体积计量的影响　　　　　　　　　　　表4

	广州	武汉	杭州	西安	北京
温度变化对体积计量的影响	+0.4%	-1.7%	-1.7%	-2.8%	-3.4%

1.1.3 综合影响

把温度和压力的影响综合计算，体积计量对燃气公司带来了不可漠视的供销差，从广州的-1.6%（-2%，由工作压力和+0.4%从温度）到北京-5.4%的（-2%，由工作压力和-3.4%的温度），不可漠视。

中国部分城市温压变化对体积计量的影响　　　　　　　　　　　表5

	广州	武汉	杭州	西安	北京
压力（2kPa）变化带来的计量损失	-2%				
温度变化带来的计量损失	+0.4%	-1.7%	-1.7%	-2.8%	-3.4%
总计量损失	-1.6%	-3.7%	-3.7%	-4.8%	-5.4%

解决温压变化所带来的计量问题一直是燃气公司所关注的事情。针对传统容积式机械表的应用，燃气公司现在只能以安装温度压力补偿仪来应对温度压力变化所带来的计量损失。额外的补偿仪无论是在安装或维护方面都对燃气公司带来额外的成本投入，而补偿仪的精度、可靠度也增加了计量系统里的不稳定性。

1.2 机械表量程比的限制

城市燃气面对的第二个挑战是燃气表选型的问题。燃气表选型的适合与否对于计量的精度、仪表的寿命和用户的管理都会带来不同的影响。燃气表的量程比越宽，在应用层面越受欢迎。

量程比的定义：在达到特定精度等级下的计量范围

量程比 = 最大流量（Qmax）：最小流量（Qmin）

传统机械表的量程比各有不同，皮膜表的量程比一般可达到100：1，罗茨表的则在80：1到40：1之间，而涡轮表普遍为40：1或以下，只有在标识量程内的测量精度才是受到保障的。皮膜表的量程比对居民用户的流量范围是足够的，但在工商业的应用下，用气设备的流量范围跨度可以非常宽，加上燃气表安装选型时，多以主要设备的最大流量为首要考虑，小流量的测量精度因此常被牺牲。

在许多工商业应用里，不同行业有不同的用气模式，长期处于大流量段的应用是属于个别的工业用气户，一般商用户如餐厅、酒店的用气高峰平均在每天3h～5h，而其余时间的用气量即持续地处于小流量段，在这种的用气模式下，最佳的燃气表选型是能够满足最大流量的同时，又可以覆盖小流量的用气，可是以现有机械表的量程范围限制，只能以多表并联的方式达到全量程的准确计量，而多表并联所带来的额外成本、维保管理往往成为燃气公司却步的原因。

基于机械表量程比的限制，不少工商业用户的燃气表读数比实际用量少，是燃气公司供销差的另一主因。

1.3 机械表和智能计量系统的兼容性

信息技术的进步和"物联网"推行，信息电子化是各行业必然的趋势，事实上，世界各地都不断大力发展智能计量。欧盟早于2006年已开始起草有关对能源最终使用效率和能源服务的议案，推动智能表的发展。至今已经有5个国家对推动智能表订下实施时间表，当中包括英国、爱尔兰、法国、荷兰及意大利。而中国计量协会也曾经发表《膜式燃气表产业现状与发展展望》一文，提到IC卡智能表的增长正按年上升，市场占有率将从2008年的25%提升至2015年的35%。显而易见，燃气行业的智能化道路已经启动，过往依赖人手抄表的做法将逐渐被智能计量系统所取代。

有效的智能计量系统应包括远距离的数据传输功能以及互动的数据交换，从而帮助燃气公司实现更有效客户管理、降低成本、提升能源效益。而建立智能计量系统的首要前提就是计量数据的电子化，这也是传统机械表对接智能计量系统所面对的最大障碍。

要把机械表上的机械信号转换成数码信号，需要额外安装模拟数字转换器，在脉冲信号被转换成电子信号的过程，任何脉冲丢失和转换器本身的误差，都会直接影响计量的准确度，也会增加维护保养的负担。

综上所述，我国的燃气计量的持续发展，必须突破现有的计量技术和仪器，推进燃气计量方案，让城市燃气贸易更为有效和公平。

2 新一代的燃气计量技术

近半个世纪以来，有不少新型燃气流量计崭露头角，它们采用的计量原理是否能为业界发展带来新的局面呢？

在新型的的燃气流量计中，属超声波燃气表和质量流量计的技术较为成熟、应用较为广泛。超声波燃气表是利用超声波在流动气体中，通过时差测距（Time of Flight）或多普勒效应（Doppler effect）的原理对接收到的超声波进行测量，利用测量声波在流动气体中传播的时间与流量的关系，检测出燃气的流速，再换算成体积。虽然超声波燃气表属于电子表，能够满足智能计量系统对电子数据的要求，但其计量原理的本身并不能解决温度压力变化所带来的影响，超声波燃气表依然需要配备温压修正仪。加上超声波燃气表的量程范围和涡轮表的相若，适合于大流量窄量程的测量，应用范围非常有限。

质量流量计是近20年的新计量技术，在过去20年，多家国际公司例如Honeywell，Yamatake/Omron，Sensirion和Bosch等都相继以MEMS传感器结合质量测量技术推出不同的质量流量计。目前在市面上较为普遍的产品质量测量计多采用"能量平衡"也称为"热分布式"的测量原理，让传感器上的温度场变化和质量流量互相关联，利用MEMS集成电路的传感技术直接测量流动气体的质量流量，再将其换算成标准状况下的体积。这种直接以热质量计量的技术让流量计的测量结果不受温度和压力变化的影响，无需配置温度压力修正仪，彻底解决温度压力变化对计量精度的影响。图2简单说明了"热分布式"质量流量计的测量原理。

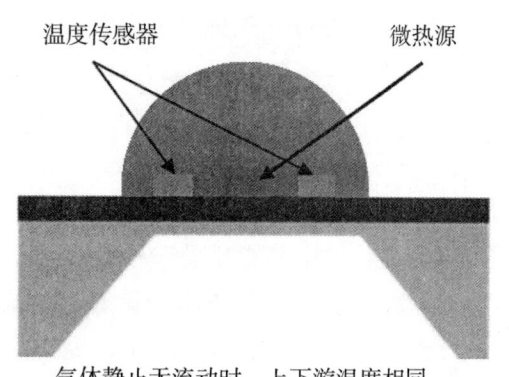 

图2 "热分布式"质量流量计的测量原理

简单来说，"热分布式"的质量流量计的芯片上包含了微热源及前后置的温度传感器，当气体流动时，气体的分子从微热源带走热量，令上下游的温度传感器录得温度差，再从温度差换算出流动气体的质量。当流速增加或气体密度随着压力增加时，流经温度场的分子量相对增加，其所带走的热量也愈来愈多。以相同的原理，质量流量计在不同的温度、压力下也可以进行完整的流量计量。

质量流量原理让计量不受温压影响，而MEMS技术则造就质量流量计成为高性能的智能燃气表。MEMS技术在于把复杂的电子机械结构浓缩于纳米级的空间，提升其灵敏度的同时又可以以电子信号为输出，即容许流量计达成宽量程范围，又容易与智能计量系统衔接。对应文中所提到的种种问题，几乎都可以解决，是未来燃气计量发展道路上不可或缺的。MEMS质量流量计是否能为城市燃气计量带来新的突破，作为一个年轻的计量技术，MEMS质量流量计依然少不了应用经验的累积和时间的验证。

3 总结

总括而言，城市燃气计量发展的障碍和展望其实就在于计量技术的发展和燃气流量计的选择，对计量器具的性能要求、功能应用日趋严厉，成就更精准的计量、满足智能计量系统的推进。表6把各燃气流量计的原理性能汇总比较，以作为本文的结语。

各燃气流量计的原理性能比较　　　　　　　　　　表6

燃气流量计	机械式			电子式	
种类	皮膜表	腰轮表	涡轮表	超声波燃气表	质量流量计
测量原理	容积式	容积式	容积式	速度式	质量
准确度	中	高	高	高	高
量程比	宽	中	窄	中	宽
流量适用范围	低至中	中	高	低至高	低至高
温度/压力补偿	外置	外置	外置	外置	不需要
智能化	低	低	低	高	高
热值量度（CV）	不能	不能	不能	不能	可能

邱银冰

北斗卫星导航系统在燃气行业的精准应用

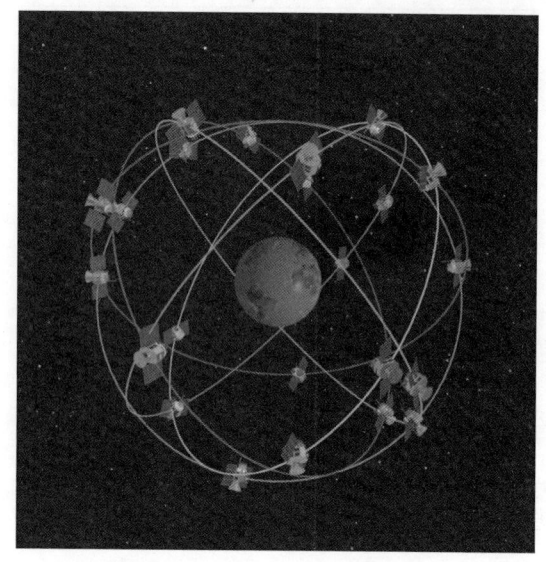

图1 北斗卫星导航系统

中国北斗卫星导航系统（BeiDou Navigation Satellite System，BDS）是中国自行研制的全球卫星导航系统。是继美国全球定位系统（GPS）、俄罗斯格洛纳斯卫星导航系统（GLONASS）之后第3个成熟的卫星导航系统。

北斗地基增强连续运行参考站系统（简称CORS系统），是将卫星导航定位技术、现代通信技术、计算机技术、测绘技术等多种技术集成的实用型网络系统。通过固定参考基站网的连续不间断观测和解算，最大化地消除地球大气层和地理环境对卫星信号的误差影响，可以快速、不间断地向用户提供动态连续的高精度空间位置信息服务，是城市、地区和国家不可或缺的空间信息基础设施。

目前，国内多数成熟的燃气企业已经将北斗卫星导航系统引入到燃气生产管理的各个环节。北斗系统的精准位置服务，在智慧燃气的各个层面，为物联网和大数据应用，提供可靠的时空保障。大量实地测试证明，北斗地基增强系统可广泛应用于燃气业务链的各个环节，从本质上改善了管网建设、运营、安全等业务的信息化管理能力和质量，具有广阔的应用发展前景。

1 管线泄漏检测

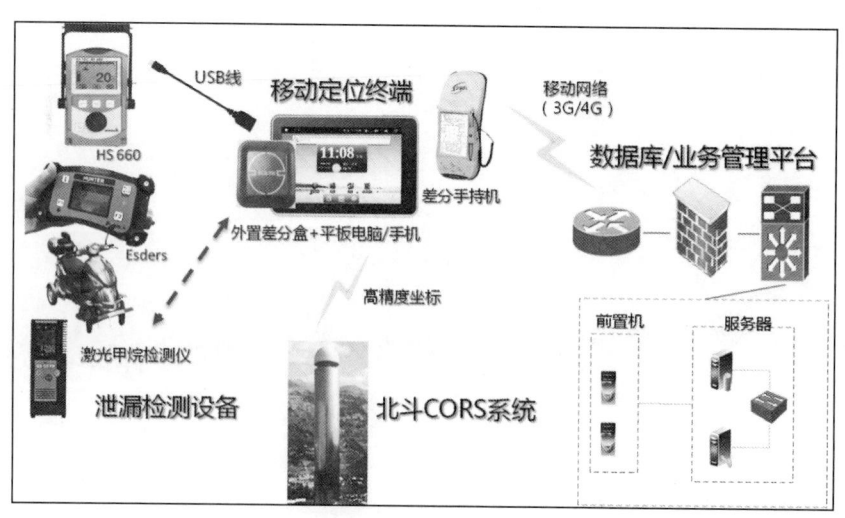

图2

北斗精准定位终端与管道泄漏检测设备对接，读取并上传检测作业全程数据，同步加载精准坐标，通过管理软件实现统计、分析和风险计算。

图3

读取保存过去因未报警而视为无效的零值数据，为全部数据加载精准坐标和时间参数，使过去的废弃数据变成可供积累的有效数据，形成动态更新的泄漏历史数据库，为管网泄漏统计分析建立数据基础。

结合管网完整性管理系统和管网GIS系统，可实现泄漏趋势分析、管网风险计算和动态风险评估预判。

精确监控和记录泄漏检测作业现场情况，确保检测轨迹与管线实际位置精准相符。

可对接气体检测仪、激光甲烷检测仪、激光甲烷检测车、气体巡检车等泄漏检测设备。

2　管线防腐检测

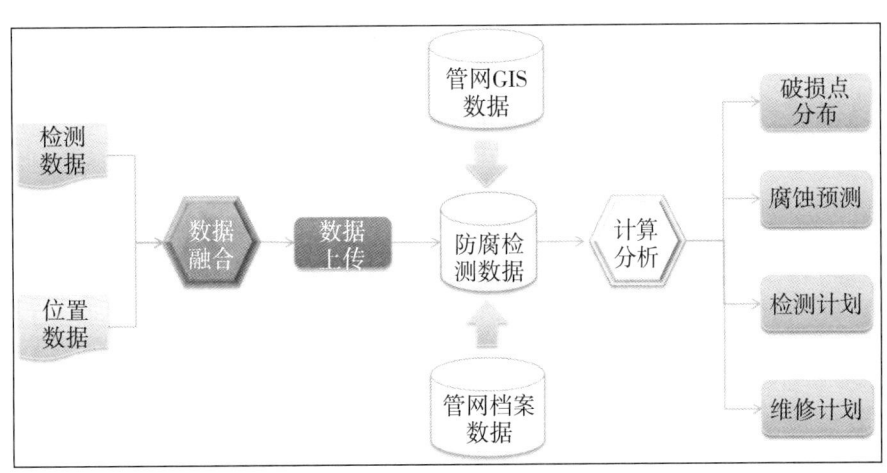

图4

北斗精准定位设备与管道防腐层检测仪对接，精确记录和上传每次防腐层检测的结果以及位置数据，直接定位防腐层破损点的精准坐标，对检测结果进行统计分析，实现防腐检测作业的精准管理。

为防腐层检测数据加载精准坐标和时间参数，建立持续积累的埋地管道腐蚀历史数据库，对防腐层检测结果和趋势进行统计、分析和预测。

基于精准位置，掌握埋地管道腐蚀变化情况和维修作业动态数据，为埋地管道的保护、更换等维修措施提供翔实准确的数据支持。

精准定位阴极保护桩坐标位置，方便后续管理和维护工作。

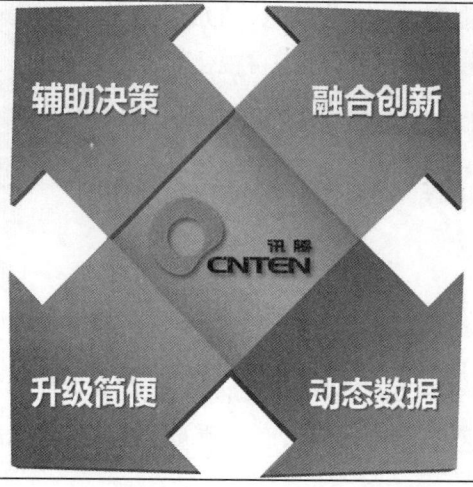

图5

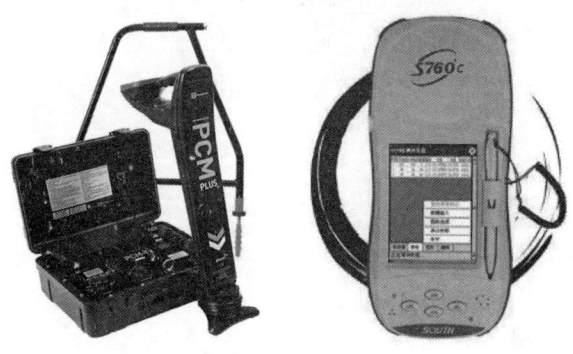

图6

3 调压设备监测及诊断

在燃气调压站、箱等设备上安装带有北斗精准定位模块的智能监测终端，远程实时采集调压设备的压力工况数据，实现对设备状态的自动诊断，提前预警设备故障并提前处置。

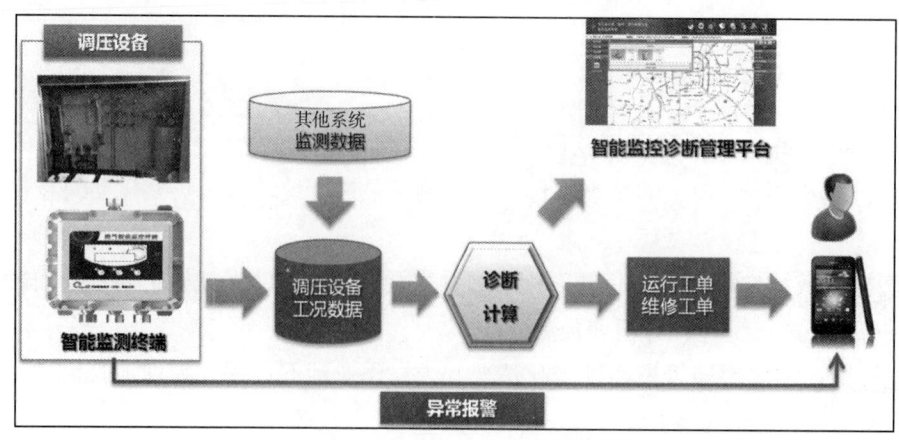

图7

数据采集传输一体化，有效解决人工定期巡检的低效和延迟问题。

设备精准位置和工况数据在GIS系统中实现可视化对接，自动分析预警，提前诊断调压设备潜在故障，自动生成后续工单，预防生产事故。

可采用2G/3G/4G通信，可选用市电、太阳能、高能电池等多种供电方式，适用于调压站、调压箱、闸井、气井等不间断用气场所的数据监测。

4 管线巡检管理

在日常巡线人员的工作手机上，通过蓝牙外接北斗精准定位盒，使管理平台监控的巡检轨迹清晰稳定，大幅提高了管线巡检到位率。

图8

巡线人员原本使用手机GPS定位，因漂移、偏离等先天缺陷造成轨迹混乱，巡线到位率计算偏差极大。采用北斗精准定位盒后，轨迹清晰，位置准确无漂移，巡线到位率与实际情况相符。

在精准定位巡线轨迹的后台数据基础上，本项目对巡检管理软件进行了针对性的升级：巡线片区网格化管理、分析计算巡线盲区、基于空间的巡线到位率计算、巡线人员绩效排名等。

创新的巡线到位率计算方法荣获2013年卫星导航定位科学技术二等奖。

可与安卓或苹果手机对接，可沿用现有的管线巡检软件。

5 埋地管线探测

北斗精准定位设备与探管设备对接，为探管找点等作业提供并记录精准位置坐标，大幅度提高管线探测作业的效率。

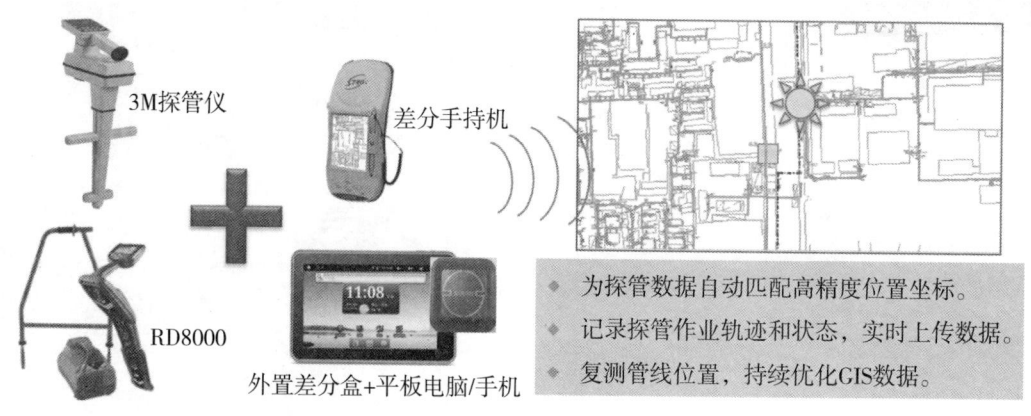

图9

依照地图坐标提供精准导航，指导作业人员迅速准确找点埋地管线，定位关键点。

当地图标识不准确或无标注时，记录并上传附有精准坐标的探管作业数据，可持续优化地图数据。

可对接探管仪等设备。

6 车用LNG/CNG储罐监测

在LNG/CNG运输车储罐上，安装有北斗精准定位模块的智能数据采集系统，实时监测CNG/LNG储罐的准确位置，以及储罐压力、温度、浓度、液位等工作状态。

本项目首次将车用LNG/CNG储罐的实时工况纳入监测系统，填补了燃气安全管理的空白，是对危运车辆监控系统的有效补充。

可通过业务管理平台或移动终端APP，实时查看储罐的精准位置、实时工况及异常情况。

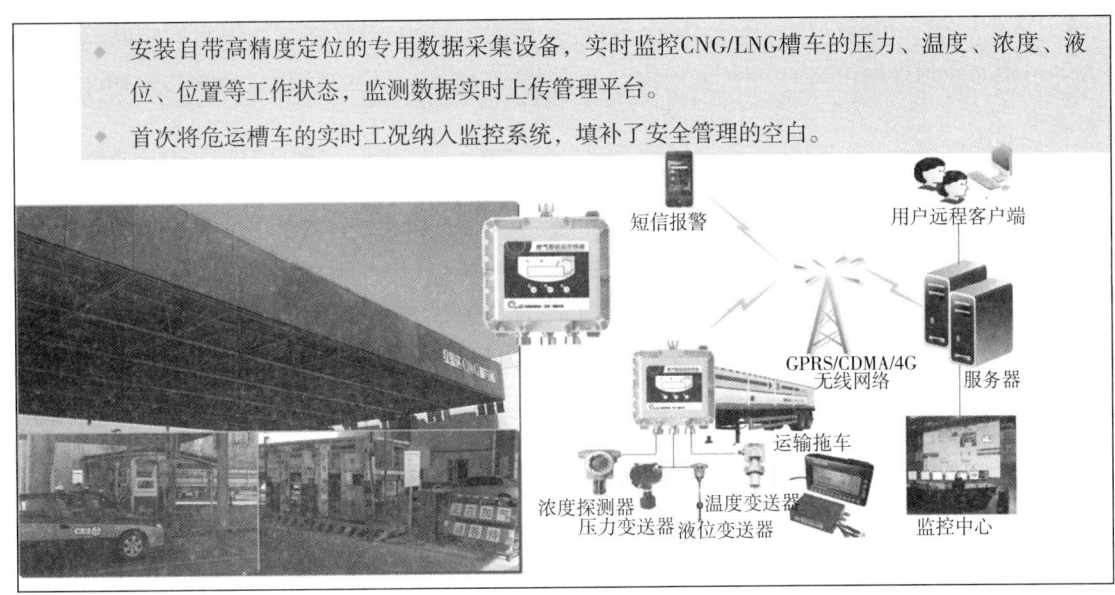

图10

7 管线焊口、探伤、切改线等施工管理

为管道焊接、探伤、切改线等作业施工人员配备北斗精准定位终端，记录作业点的厘米级坐标，现场处理管线施工数据。

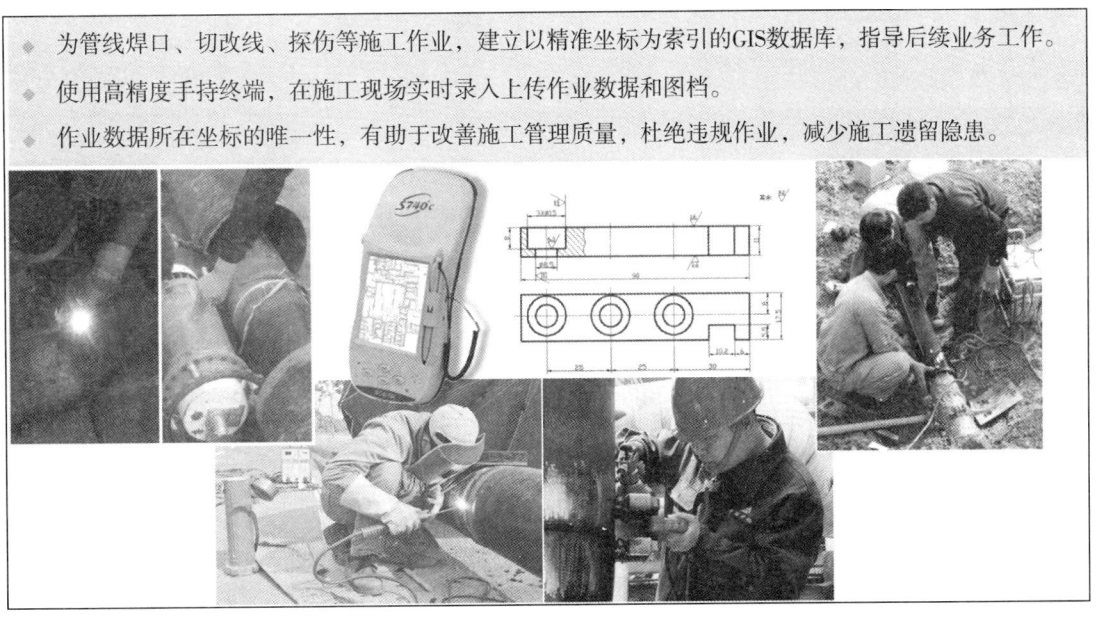

图11

在施工现场实时录入上传附带精准坐标的作业数据和图档。

在GIS系统中建立以精准坐标为索引的施工作业数据库，为后续业务工作提供准确的数据指导。

作业点坐标的唯一性，与作业数据对应后，有助于改善施工管理质量，杜绝违规作业，减少施工遗留隐患。

8 管线应急抢修监测

在应急抢修现场的气体浓度监测设备上，配套部署带4G通信模块的北斗精准定位移动终端，向指挥中心实时上传准确的现场泄漏数据、作业数据和现场视频，提高应急指挥调度的准确性和及时性。

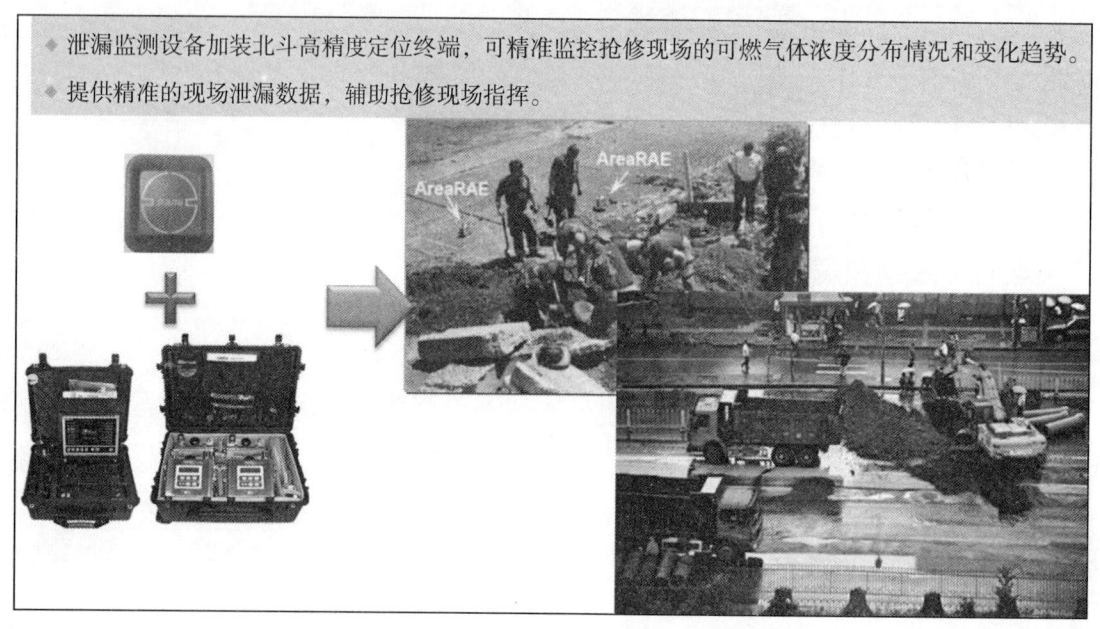

图12

泄漏监测设备加装北斗高精度定位终端，可精准监控抢修现场的可燃气体浓度分布情况和变化趋势，预防二次灾害，确保应急作业安全。

与应急管理系统对接，自动生成应急预案，并根据现场数据对预案做精确调整。

中国位置网服务联盟
中国城市燃气协会
中国卫星导航定位协会

智能化"初涉"城市燃气行业

近年来，我国城镇燃气事业，尤其是管道天然气发展迅速，取得了令人瞩目的成就，天然气应用已经扩展到电力、工业、供暖、空调和交通工具燃料等领域，成为现代城市赖以生存和发展的基础之一。随着用户数量的持续增长，管网规模的快速扩张，各燃气经营企业在运营安全、用户服务、能源利用效率等方面也面临着传统的技术和管理方法难以解决的新课题。面对这一挑战，燃气行业结合最新的信息技术，借鉴"智慧地球"、"智能城市"、"智能电网"等相关概念，提出了建设"智能燃气网"的目标。根据国内燃气行业的技术发展趋势，行业普遍形成共识，即"智能燃气网"作为促进行业技术进步的载体将依循以下阶段实现：

（1）梳理智能燃气网理论并开展多层次的技术论坛交流；
（2）建立智能燃气网专业组织，开展智能燃气网标准化工作；
（3）组织技术攻关，解决建设智能燃气网的关键节点；
（4）创建一致性测试和认证机制。

随着智能燃气网概念的提出，现阶段行业内相关论坛交流日益增多，智能燃气网的概念初步得到燃气行业普遍认可，其发展进入了新的阶段。智能燃气网的行业标准也已得到国家批准进入正式编写阶段，初步计划于2016年底完成《城镇燃气智能技术规范》的编写，这个标准将成为智能燃气网方面纲领性的标准；同时计划建立智能燃气网的标准体系大纲，并于2015年底建立专业组织，加大力度促进智能燃气网建设工作。

1 智能燃气网定义及预期收益

1.1 智能燃气网相关定义

智能燃气网或者称为智慧燃气，是一个广泛的概念，而不仅仅表示传统燃气管网的范畴，是利用先进的通信、传感、储能、微电子、数据优化管理和智能控制等技术，为用户提供安全、方便、舒适、环保的用能体验，实现各类管道燃气之间、天然气与其他能源之间的智能调配及优化替代，统一解决相关能源的有效利用和调峰问题，并在此过程中提高城镇燃气管道用气的应用率。

智能燃气网应具多种气源共同保障、多种能源互相融合、多种平台联合调度和多种服务提升体验的四个基本特征。并由能源互联网、智能管网和智慧服务三个主要部分组成。

能源互联网将区域内基于分布式能源技术和可再生能源利用的一些规模较小的能源站或者热电联产装置连成网，变成能源互联网，区域中的冷、热、电均可以互通有无、相互补偿。

智能管网指利用先进的传感测量、信息通信和自动控制等技术，从感知、通信、数据、调控、运营、决策层面，提升物理管网的运营管理水平，最终形成以数字管道为基础的规划建设、以风险预评价体系为基础的运行维护、以需求侧管理和工况调整为基础的生产供应体系。更透彻的感知、更互联的通信、更集成的数据、更精准的调控、更科学的运营、更智慧的决策是"智能管网"的六大评价标准。

智慧服务是指依托先进的信息技术和数据分析技术，通过良好的通信系统，建立互动平台，使用智能燃气设备，采取定制服务等方式更好地为用户提供安全、舒适、便捷、经济的燃气服务。

1.2 智能燃气网的预期效果

当城镇燃气最终达到智能化，一个智能燃气网即可做到以下几方面内容：
（1）提高燃气供应的可靠性并保障燃气质量；
（2）优化设备利用率，避免冗余燃气设备设施的建设；
（3）提高燃气管网的容量和效率；
（4）提高燃气管网抵御故障的能力，实现预防性检修，对系统故障具有自愈能力；
（5）实现城镇燃气设施检修与运行自动化；
（6）能够与多种能源进行互通；
（7）通过推广多范围各领域用气，实现节能减排，减少环境污染；
（8）通过减少峰值时期对其他能源的需求，保证社会能源供应稳定；
（9）给用户提供更多的选择；
（10）创建便于消费者选择的新产品、新服务和新市场。

2 智能燃气网架构体系

智能管网是智能燃气网的核心业务模块，能源互联网能够做到多种气源综合应用、多种能源互连互通，是智能管网上游方向的延伸，而智慧服务侧重于用户端服务体验方面的提升，是智能管网下游方向的拓展，当然这三个方面互相促进，共同发展才能最终形成智能燃气网。

能源互联网强调多种气源共同保障和多种能源相互融合。实现多种气源的置换，不同气源的分配优化等，在保证供气安全的前提下尽量提高经济效益；而多种能源互相融合是促进天然气与其他能源组合使用，利于调峰、提高企业效益。

智能管网以六大评价标准为主要层面结构，通过智能燃气网标准编码规范和网络信息安全保障体系为依托，上下贯通，从最基础的感知、通信，到数据采集、管理、共享以及基础应用为支撑，最终由智能应用层中相应功能达到智能决策的目的。智能管网结构中包含业务领域中的专家系统和业务系统的整合与协同，技术范畴包括硬件技术和软件技术的融合，数据支撑方面体现数据的集成到决策的智慧，建立以GIS系统为导航、管网对象为核心的燃气企业全数字化工厂。

智慧服务方面，侧重于对燃气用户用气习惯、购置情况的分析，通过仿真预测等工具向用户提供更个性化的贴近用户习惯的燃气服务，同时应加强用户和燃气企业的交流，研发智能燃气设备，为用户提供安全、高效、便捷、舒适的服务体验。

3 智能燃气网应用现状及展望

由于智能燃气网中三个部分仅仅是从燃气系统采集输配应用模块进行划分的，并不存在十分清晰的分界线，一些模块功能可能存在从属于两个领域的情况。而智能管网由燃气企业和相关厂商进行大力推动，发展较为迅速，从而带动能源互联网和智慧服务的发展。

能源互联网的两个主要表现为多种气源共同保障和多种能源相互融合。

3.1 多种气源共同保障

根据国外天然气市场的发展经验，单气源供气对于城市供气的安全可靠性具有很大威胁。燃气供应体系的发展趋势将由常规天然气单一气源到常规天然气、进口LNG、煤制天然气、煤层气、页岩气等多种气源共存。智慧燃气需要有对气源配置进行优化分析及自动调配的功能，以提高不同气源运行经济性，涉及对常规天然气、进口LNG、煤制天然气、煤层气、页岩气、沼气等多种气源的置换以及供气安全、气源分配优化调度等新课题。

3.2 多种能源互相融合

由于天然气已经广泛应用于生活、生产的各个方面，促进天然气与其他能源组合使用、提高能源利用率，将成为未来燃气行业发展的新趋势。例如冷热电三联供系统CCHP、家用小型分布式能源，燃气与太阳能联合供热、燃气热泵空调与土壤源、水源、空气源热泵的联合等。智能燃气社区是多种能源互相融合的最好实践，是实现安全、便捷、节能的用户用气体验以及利于调峰、提高企业效益的需求侧管理的重要环节，包括：全面、及时、准确的用气信息采集，供气管网运行自动监控，利于节能的燃气综合用能方式，一定的蓄能能力，智能用气服务，自助缴费服务，有效的用气管理，必要的信息展示。

4 燃气智能网的关键技术

智能管网建设是燃气企业信息化发展的新阶段，它并非是一个从头建设的新体系，而是在原有物理管网和信息化体系上的提升，如何在现有的数据和系统基础上进行业务集成与智能化应用，是"智能燃气网"建设和应用需要重点解决的问题。

4.1 智能监控技术

在智能管网的总体架构中，物理感知层是最底层也是基础层，指燃气管网内集成控制、测量、传感、通信等功能的各种终端设备，如各种门站监测仪表、储罐区监测仪表、调压站/箱监测仪表、闸井监测器、视频监控器等。作为物理感知层的基础组成单元，终端设备的建设直接影响到数据采集的有效性和实用性，即终端设备越多收集的数据量就越大，对于上层数据分析的准确性就越高。

现有的监控系统可以对燃气管网运行全过程进行动态监视、控制、模拟、分析、预测、计划、调度和优化，对线路及场站设备状态进行诊断并采取相应的保护措施；有效提高燃气管网运行的可靠性、安全性与经济性，实现调度自动化与现代化，提高调度效率和水平。

4.2 通信网络建设

网络通信主要负责燃气管网不同节点之间各类数据的传输与交换，包括各类数据通信网络，如有线专网、无线APN、城域网、广域互联网、无线自组网等。

传统的管网通信网络主要通过有线传输来完成，而新的智能燃气网将在原有的通信网络设施基础上，拓展多种无线通信方式，构建由通信网、互联网及物联网组成的物联智能网络通信体系，现场数据能够以多种方式传输到数据中心，用户可以通过各种终端（电脑、工业PDA、智能手机、平板电脑等）随时随地访问授权许可的数据。

4.3 数据中心建设

燃气企业运营的数据包括地理数据、实时数据、管网完整性档案数据、各类专业管理数据等，数据非常庞大，数据之间有着密切关联，如何有效管理这些数据，实现对企业运营数据快速方便的访问，为各类业务管理系统提供强大的数据支撑，是数据中心主要解决的根本问题。

（1）统一数据编码

信息分类与编码是企业信息化建设中的一项基础性工作，是实现信息共享的基础，是信息整合和集成的关键。建立管网对象统一编码是"统一运营平台、统一服务平台、统一技术管理流程、统一数据中心"的基础，对企业产业资源和信息系统的整合与共享起到积极推进作用。

（2）云计算数据中心的应用

云计算是网络计算、并行计算、分布式计算、虚拟化、负载均衡等传统计算机和网络技术发展融合的产物。随着智能管网建设的展开，数据将呈现海量增长，建立私有云，从原本的数据存储节点转变为面向服务和应用的IT核心节点将是实现数据集成的必然趋势。

4.4 北斗系统的精准应用

由于燃气管线复杂，用户呈网络状分布，分散性强，有很多定位需求，随着燃气行业智能化的变革，之前采用开放式的GPS系统使定位应用受到非常多的限制。但是我国自主研制的北斗卫星定位系统的商业化将不断运营发展，这为智能燃气网的建设展开了新的思路，解决了困扰燃气行业的难题。

北斗卫星导航定位系统兼顾了燃气行业精准性和保密性，实现实时采集管网运行、设备维检修、泄漏检测、施工配合等动态数据，实现燃气管网地理数据、档案数据、监控数据的统一集成，保证了生产运营管理指令的及时性、准确性。北斗地基增强系统与生产运营管理平台门户系统整合，以城市燃气地理信息系统为导航，以门站、调压站箱、阀门、管段等管网对象为核心，以设备设施唯一编码为纽带，将管网运行、应急抢险、生产作业、调度管理等信息系统进行有机整合。

4.5 智能管网调度技术

调度主要有两大任务，一个是城市燃气管网日常运行调控，另一个是管网运营优化。智能化调度系统要在这两大业务上有所突破。具体地说，是以现有的调度结构为基础，以应用平台为支撑，将先进的自动控制技术、信息通信技术、分析决策技术高度集成而形成的智能综合调度平台，可灵活配置资源进行调度工作，保证城市管网正常运行。随着技术发展，逐步实现从离线预测、经验调度、人工控制的阶段，到在线分析、智能决策、自动控制的飞跃。

综合调度智能平台工作时都是几个基础平台同时运作完成的，实现以下几个单元功能：

（1）动态运行监控单元

可对管网运行状况实时监测及调控。这种可视化不是简单地以框图显示系统配置，而是SCADA

系统与GIS地理信息系统相结合，准确显示出实际的地理位置的管网压力、流量等情况，更加真实、具体地检测管网，实现管网运行全景监控。

（2）实时安全评价单元及智能预警

在日常运行中，能保证准确的预警能力及预控能力。通过对调压器运行状况的监测，进行分析比对，提前预知疑似危险点，同时调动相关基础平台实时在线、不间断地分析、评估，给出调整结果，平衡管网运行状态，达到前期预警、智能报警和协同控制的作用。当突发事故时，能诊断事故地点及类型，并给出相应控制策略，帮助调度人员进行控制。

目前已有的智能预警模块包括调压箱故障预诊断、管网运行工况预警、户内及管网的应急事件预警诊断、管网安全状况诊断等功能。

智能预警的最终目标是通过自动优化、自动诊断、自动报警、自动恢复的工作流程达到系统的自诊断和自我恢复能力。

（3）优化运营单元及远程调压技术

在企业运营规则的指导下，根据约束条件运用各种优化算法、优化模型，达到提高运行可靠性、节省运行费用等优化目标，在管网安全稳定运行的状态下实现企业运营的最优化。例如以降低运行成本为优化目标时，通过数据采集系统从远程设备上获取数据，管网动态模拟软件再根据这些数据计算出管线的效率等参数，最后优化软件就根据这些参数及预测的用气量求解出运行方案，确定系统的运行方式、压缩机及调节阀等控制参数和各气源的供气量。

在进行运营单元优化执行过程中，一个基本的应用就是远程调压。目前远程调压技术已经趋近成熟，多种调压方式可供选择，同时国内相关厂家已经研发出智能调压器和电控阀等部件，远程调压的物理实现正逐步走向产业化。

通过智能调度应用平台，可对管网运行进行有效控制。在发生较大故障时，能保障燃气的正常供应；在遇到自然灾害、突发性破坏时，也能保证管网安全运行。智能调度应用平台是整个运营调度系统实现智能化的基础，需要统一化、标准化。通过采用统一的规范标准实现平台的开放性，对外提供标准化的应用接口，保证各种应用的连接，从而实现系统的高度集成化，并为以后的持续发展创造条件。

4.6 管网完整性管理

燃气管网完整性管理（Gas Pipeline Integrity Management，GPIM）是对城市燃气管道安全状况进行综合评估，并根据评估的结果，优化燃气管道相关的运行维护计划和技改维修计划，使燃气管道日常运行、检测检验、评估诊断与安全管理达到协调一致，从而全面提高城市燃气管道安全管理水平，实现城市燃气管网的完整性管理要求。

管网完整性管理包括：一个业务系统，即设备管理系统；两个专家系统，即风险评估、完整性评价系统。智能燃气网通过对管网设备设施的全生命周期管理（LCC）和工作周期持续改进管理（PDCA），把专家评价系统与业务管理系统相整合，专家系统为业务系统提供行为指导，业务系统为专家系统提供数据支撑，全面实现管网的完整性管理，提高管网运营安全，提升管网运营效率。

4.7 智能决策系统

智能决策系统是商业智能在燃气管网中的应用，将企业中现有的数据进行有效整合，得到企业数据的一个全局视图，利用分析工具、数据挖掘工具、OLAP工具对其进行分析和处理，为企业管理者提供辅助决策工具的信息化解决方案。几种典型智能决策包括：

（1）燃气供应分析

提供周供气量分析、月供气量分析、年供气量分析、同比供气分析等燃气供应的多维分析和数据提取，清晰反映出集团供气整体情况；同时通过对各项数值的逐层分解，明确定位导致供气波动的根源；科学、严密的分析结论，为集团多种决策提供有价值的支持。

（2）生产运行分析

通过巡检人员运行轨迹与相应的管网地图对比，快速掌握巡检人员巡检范围、规范运行管理操作、消除管网运行盲区。同时，提供管网巡检覆盖率，调压站箱、闸井的运行完好率以及维检修完成率数据，结合管网建设信息，运行环境和运行计划、运行路线及运行设备和异常情况类型、等级、原因等，对这些数据进行多维分析。依据科学的分析，调整运行计划、优化管理制度，提高管网运行的自查率，提前预防和消除安全隐患。

（3）调压箱状况分析

收集整理调压站箱压力机制、生产厂家、安装时间、工况等数据。分析计算得出调压站箱当前工作状况，自动诊断调压站箱功能失效原因，以及失效原因和生产厂家、服役时间等的关系。根据计算和分析结果，自动生成调压站箱的维抢修计划，实现调压站箱的智能动态维检修；并自动生成调压站箱的运行维护计划，实现调压站箱的智能动态运行；同时对相关设备的品牌质量进行评价，动态计算其有效工作寿命，指导集团下一步的物资采购计划。

5 打造智慧服务，提升燃气服务品质

5.1 加强城镇燃气网规划建设，全面提升城镇燃气网设计标准，推进智能化设计标准

在管网规划设计阶段，充分依托全面数据库，建立仿真计算模型，运用动态或静态计算方法，计算参数并进行模拟优化、仿真预测、规划设计。建立3D可视化模型，迅速展现设计成果，实现工程项目快速评估。保证燃气管网的可靠性提升和用户体验的提高，做好燃气供应与用户的最后一公里工作。

5.2 打造燃气互动服务平台

结合已有的电话服务平台，从方便用户、创新服务的角度入手，使用微信平台、网络平台、客户端等多种服务平台，为客户提供用气查询、在线购气、网点导航、信息订阅、在线客服、报修维护、知识查询等功能。

5.3 使用智能燃气终端设备，提升用户体验

通过研发和使用智能燃气终端设备，能够提高用户用气安全性、高效性和可控性，使用户能够更为便捷舒适地使用燃气，获得更安全经济的使用体验。

提升燃气终端设备的智能性，必须从以下几个方面入手：

（1）安全性

增加燃气浓度报警模块，漏气判断自动切断模块，温度过高警报模块等，通过智能燃气终端自诊断功能来保证燃气用户的用气安全，在用户出现操作失误的情况下，设备可以自动发现异常情

况，及时切断燃气，发出相应警报并采取相应措施，保证燃气用户的生命财产安全。

（2）高效性

智能燃气终端设备应具备智能调节燃气燃烧状态功能，燃气流量调峰功能，尽量做到废气能量回收利用，提高燃气的高效性，节省能源，对建设绿色地球作出贡献。

（3）可控性

提高智能燃气终端的可控性，增加操作面板，使用户可以简单操作，将原有定性控制提升到定量控制，同时可以增加远程调控模式，使用户可以远程了解燃气设备情况，并可以通过手机等设备对家中燃气终端进行操控。

5.4 大数据与智能服务

由智能燃气终端设备、智能燃气表，监控系统中所有感知原件及生产运营过程中产生的所有数据汇集到数据中心中，结合大数据处理技术，将极大地改变用户服务的现状。可根据现有数据分析未来一段时间内的用气情况并分配相应工况：根据天气情况细致调节冬季供暖情况，根据智能终端自检情况及时提醒更换相应设备等，采用大数据和智能服务相结合的方式能够有效提高用户的燃气使用体验的满意度。

5.5 打造智能计量，建立现代计量体系

计量管理对于燃气企业是直接关系到经济效益的关键环节，因此在进行智能燃气网建设过程中，尤其要强调智能计量的建设。

由于城镇燃气的用户分配十分不均衡，有的企业各个城市功能不同会有不同的用户结构，90%以上的用气量为商业及工业用气，而居民用户用气量不足10%，因此，在打造智能计量方面的侧重点不同。

居民用户的智能计量主要要求安全便捷用气，在保证计量精度的同时，更应注意计量器具的安全预警功能，当出现气量异常，压力异常，燃气泄漏等情况时应及时反馈数据进行报警，甚至主动及时切断气流，当剩余燃气量不足时，提醒用户进行缴费。使居民用户的智能计量与智能服务方面的设备发展方向一致。

单位用户中大客户的智能计量则应在以下几方面进行：

（1）提高计量精度，保证燃气企业和用户的经济利益。

由于大客户的用气量较大，计量器具稍小的误差都会造成较大的经济纠纷，为了保证燃气企业和用户的经济利益，要提高计量精度。

（2）保证计量数据通信顺畅，创建计量数据库，加强用户需求侧管理。

大客户的用气量较大，用气量的变化直接关系到城市燃气的正常调度和供应。不论是燃气供应分析，还是对燃气用气的预测等各个方面都需要计量数据的支持，完整有效准确的计量数据是打造智能决策的基础，为了保障能够为客户提供更好的服务，必须保证计量数据的通信和数据库的建设。

6 结语

智能燃气网是燃气企业提高综合运营水平、扩展燃气企业经营范围、强化城镇燃气经营企业本

质安全、提升客户满意度、增加企业经济效益的有效手段，代表了行业未来的发展趋势，也将带来城市能源系统和公共事业管理体制的重大变革。

目前燃气行业在智能燃气网建设上做了大量的工作，取得了一些阶段性成果，但要实现智能燃气网还有很长的一段路要走。需要我们继续丰富理念认识，促进创新思维，加大科技引领，持续推进管网基础设施和信息化的扩展和改造；需要不断分析成功经验实现由小及大、由课题研发、试验试点到普及应用的进步；需要在科技进步基础之上建立科学的决策过程、创新的商业模式以及完善的支撑体系。最终实现燃气经营企业业务流程标准化、管理过程精细化、决策过程智慧化，为经济、社会、环境可持续的高端发展作出积极贡献。

高顺利　翟楠希

北京市天然气发展历程及规划新思路

北京作为我国的首都，2013年常住人口约2 114.8万人、一次能源消费总量约7 345.2万t标准煤，是我国典型的特大型城市之一。随着北京能源结构的优化及大气环境治理工程的开展，天然气进入了快速发展时期，其服务水平日益提升，基础能源地位日益突显。2013年，北京天然气居民气化率约69.8%、天然气消费量在一次能源消费总量中所占比例达16%以上。

近年来根据北京气源种类多、服务范围广、城市开发强度大等特点，建成了具有北京城市特点的天然气输配系统，合理的规划布局、先进的工艺技术均处于国内领先水平。本文回顾了"十五"至"十二五"期间天然气规划的历程及实施效果，并提出了天然气发展的新思路。

1 "十五"至"十二五"期间的天然气规划

燃气规划作为引导行业发展的纲领性文件，在编制过程中应充分重视市场的发展需求。在市场发展的不同阶段，规划要解决的问题也有所不同，这就要求规划在引导市场发展的同时应不断的适应市场，解决市场发展所带来的新问题。

"十五"期间，北京市政府确立了"改变以煤为主的能源结构，大量引进天然气"的基本方针，天然气进入了快速发展时期。由于当时天然气输配系统的压力级制、系统架构等尚未确定，市场快速发展与输配系统建设滞后之间的矛盾突出。针对上述情况，"十五"期间编制完成了《北京市天然气合理利用规划研究》《北京市引进陕甘宁天然气市内扩建工程可行性研究报告》《北京市天然气输配系统供气能力分析报告》和《陕—京第二条天然气输气管线北京地区线路及门站方案论证》等一系列规划。

在上述规划的引导下，天然气应用领域开始由单一的民用、生活、炊事向采暖、发电、制冷和工业等行业扩展；确定了陕京一线和陕京二线两大气源来向及规模，明确了北京市天然气输配系统的压力级制和系统架构，即沿六环路建设管径为1 000mm的高压A天然气环网，同时作为保障中心城、新城供气的输气平台，并沿五环路新建高压B管线、三环及四环路建设次高压A管线，奠定了四级压力输配系统的格局，为天然气的快速发展奠定了基础。

"十一五"期间，随着天然气应用领域的扩大，市场日益活跃，一方面导致资源需求进一步扩大，另一方面天然气采暖的快速发展导致天然气冬夏峰谷差日益加大，从而对于气源的供应能力提出了更高的要求；同时，由于城市建设强度的加大，导致设施建设所需的空间日益紧张。针对上述情况，"十一五"期间编制完成了《北京市"十一五"期间燃气发展规划》《陕京三线输气管道工程北京段路由规划方案》和《北京市重要危险品（油、气）基础设施干线走廊规划》等一系列规划。

在上述规划中，提出进一步扩大发电、制冷和工业等常年性负荷的发展，平抑冬夏峰谷差；结合上游气源工程建设陕京三线，优化气源供应体系，形成南、北气源的供气格局；同时结合城市用地规划划定了进京油气走廊，明确了控制要求，为后续大唐煤制气管线、陕京四线等长输管线的建设预留了发展空间。

"十二五"时期作为北京市能源结构转型的关键时期，能源利用政策进一步调整，明确了采暖用能以"天然气为主，其他清洁能源为辅"，启动了四大燃气热电中心的建设。北京能源政策的调整，引起了天然气需求进一步增加，因此，"十二五"时期编制完成了《北京市"十二五"期间燃气发展规划》《陕京四线北京段路由规划方案》等一系列规划。

在上述规划中，一方面对四大热电中心供气方案进行了多个方案的比较，最终确定了门站专线供气方案；另一方面对接陕京四线、大唐煤制气管线气源工程，进一步完善气源组织架构，形成了多气源、多方向来气，保障了供气安全。

2 规划实施

在"十五"至"十二五"期间一系列规划的引领下，天然气市场的应用领域日益扩大，气源组织、系统架构及储气调峰等方面日益完善，一方面激发了市场的发展，另一方面保障了供应安全。

2.1 用气量和用户数

2013年，北京天然气用气量达99.4亿m^3，在一次能源消费结构中所占比例约16.6%，近十年天然气用气量平均增长率约为16.5%；天然气居民用户达546.9万户，居民天然气气化率达到69.8%，近十年天然气用户平均增长率约为9.3%。天然气用气量及用户数居全国各大城市之首。

北京天然气应用领域主要涉及居民、公共服务、采暖制冷和发电等领域。其中，采暖和发电用气在用气结构中所占比例分别为22%和42%。工业、居民、公共服务等其他领域用气在用气结构中所占比例分别为11.2%、5%和12.5%。

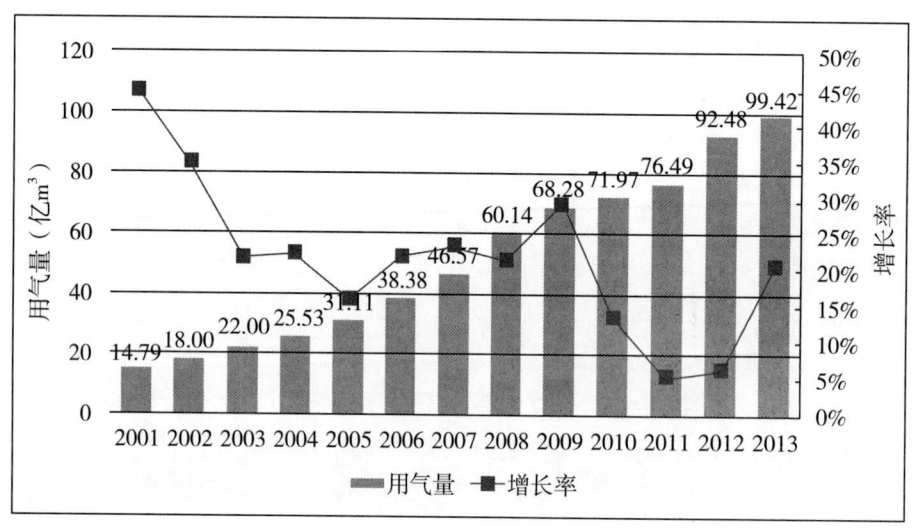

图1 北京市天然气用气量增长趋势图

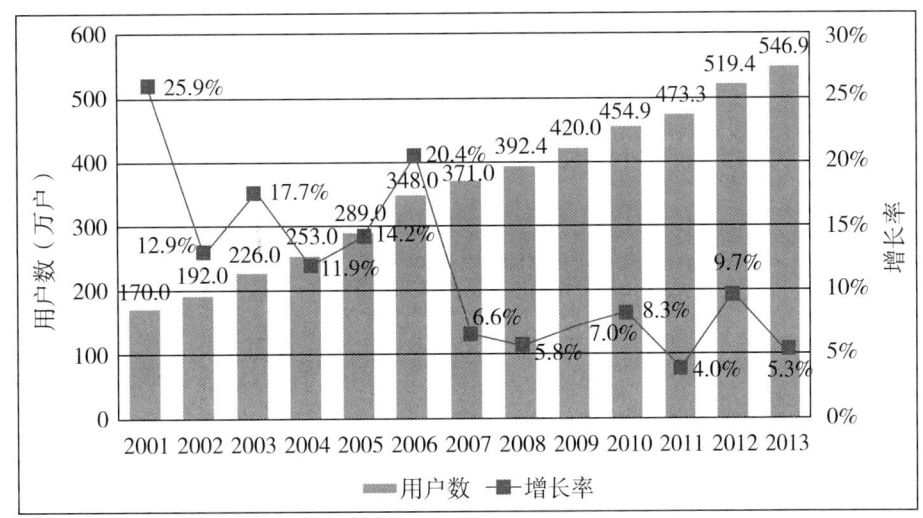

图2 北京市天然气居民用户增长趋势图

2.2 气源建设

2013年底,北京市天然气气源由"陕京一线""陕京二线""陕京三线""大唐煤制气管线"和"唐山LNG"五大气源构成,分别从城市的南部、北部及东部多个方向进入城市输配系统,形成了多气源、多方向的合理供气局面。除上述五大气源外,北京市正在规划建设陕京四线长输管线,预计2015年建成投产。届时,北京市及其周边将形成"一个长输大环+六大气源"的供应体系,供应能力达300亿m^3以上,全面提升北京市天然气供应的可靠性。

2.3 输配系统

2013年底,北京市已建成城镇天然气管线约1.8万余km、场站设施1 000余座,涵盖了高压A、高压B、次高压A、中压A和低压五级压力级制的城镇燃气输配系统,是全国城镇燃气输配系统压力级制最多的城市之一。

北京市城镇输配系统主要依托六环路高压A管线为输气平台,沿五环路、四环路及三环路分别建成了高压B及次高压A主干线,管网由外至内逐级降压向中心城供气,同时为支撑外围区县的天然气发展,沿京平高速、京石高速、京通高速、京承高速等道路建成了高压B主干管线,从而形成了"一个平台+三环+四放射"的供气格局。中压管线主要根据"中压到户直接供应"的原则进行规划建设,新建管线采用0.4MPa直接供气,同时对原有人工煤气管线进行改造,采用内嵌聚乙烯管道或直接降压至0.1MPa的方式实现"中压到户直接供应方式"。

考虑到电厂等大型用户用气需求大、用气压力高等因素,采用门站点对点专线供气,有效的使大型用户所用天然气与民用天然气进行分流,实现了大型用户和城市居民用户分开供气,大大提高了城市天然气供应安全,同时避免了大型用户启停对系统的冲击。

2.4 储气调峰

2013年,北京天然气高峰月用气量约18.0亿m^3、低谷月用气量约3.1亿m^3,两者比例约为6∶1,

高峰日用气量约6 465万m³、低谷日用气量约553万m³，两者比值约12∶1。天然气调峰问题日益突出，给北京供气安全带来了极大的挑战。北京根据自身特点及用气特性，采取了上游和自身共同承担调峰的措施。由于北京输配系统无法解决自身所有调峰问题，故季调峰、日调峰基本依托上游气源的调度解决，小时调峰由自身及上游共同解决。

鉴于北京不具备建设地下储气库的地质条件，因此主要通过高压管道储气、高压球罐及LNG应急储备站3种方式来解决调峰问题。当前北京高压管道的调峰能力约300万m³；球罐调峰能力约70万m³；西集LNG应急储备储量达到300万m³，拟建的西南LNG应急储配站储量约3 000万m³。同时，引导市场合理发展，鼓励天然气在制冷、发电、工业及汽车等领域的应用，优化用气结构，平抑峰谷差。

3 规划编制的新思路

3.1 重视市场研究，把握建设时序

随着输配系统覆盖区域的扩大，天然气市场需求量日益增加；当市场需求量达到气源供应能力时，将进一步推动输配系统的建设。事实也证明了这一点。1997年陕京一线建成之后，极大促进了北京天然气市场的发展。随着天然气市场的快速发展，陕京一线无法满足北京的用气需求，于是，2004年到2013年又陆续建设了陕京二线、陕京三线及陕京四线。

因此，在规划工作中应加强对天然气市场及本地能源政策的研究，合理确定工程建设的时序，充分预留天然气等能源基础设施的建设用地。

3.2 适当放大管径，提升输气能力

当前，我国城市燃气输配系统的设计能力明显趋于保守，难以与快速发展的天然气市场相适应。特别是近几年天然气市场需求的快速增长，管道输送能力不足的问题日益突出。同时，由于上游及城市调峰设施不足，导致用气高峰期管道输气能力捉襟见肘，从而导致"气荒"的发生。

由于燃气输配系统工程建设投资巨大，工程建成后不宜改建或扩建，否则将影响城市建设及人民正常生活，并造成大量人力、物力的浪费。因此，在规划工作中应综合考虑土地、路由等资源的稀缺性及市场的不确定性，适当放大管径以提高输配系统的输储能力，建议在设计管道输送能力时，适当考虑10%~20%左右的冗余输气量。

3.3 依托城市规划，强化廊道控制

当前国外对于管线廊道的划定及控制日益重视，如美国的天然气管道可以大致分为11条管廊带，其中5条来自于西南部天然气生产基地，4条由加拿大流入美国，2条源于落基山脉地区。而我国处于快速发展时期，城市面貌日新月异。城市的快速发展加大了管线建设的难度。因此，在规划工作中应协同城市发展规划，划定燃气管线廊道，并强化控制，从而为未来管线的建设预留条件。

潘一玲 徐彦峰 丁国玉

浅析企业社会责任与企业经营的关系

近年,国内越来越多的企业开始重视履行社会责任,在开展经营的同时,积极发挥自身能量,贡献社会发展。然而,在履行社会责任的具体方式上,各企业的认识不尽相同,实施路径也有所差异。本文旨在通过对企业履行社会责任与企业经营关系的探讨,丰富企业履行社会责任的路径选择。

自企业社会责任概念产生以来,企业社会责任与企业经营的关系就一直受到热议,其中影响广泛的如诺贝尔经济学奖得主米尔顿·弗里德曼(Milton Friedman)所提出的"增加利润就是承担责任"的观点。他认为,所有的企业只有一个社会责任,那就是在诚信经营的前提下,遵守商业游戏规则,利用自己手中的资源从事一切增长其盈利的商业活动。这个观点有它一定的合理性,但又不尽完善,在后文中将继续对该观点做出分析。

要讨论企业社会责任与企业经营的关系,首先要弄清楚什么是企业社会责任。1979年,美国佐治亚大学教授卡罗尔(Archie B. Carroll)提出了"金字塔"概念,他认为企业社会责任是指特定时期,社会对企业所寄托的经济、法律、伦理和企业自行裁量的期望。1980年,英国学者约翰·艾尔金顿(John Elkington)提出"三重底线"理论,他认为,企业的行为不仅要考虑经济底线,还应当考虑社会底线和环境底线。关于社会责任的定义有很多,许多机构从不同的研究角度出发提出了各自的社会责任概念,然而直到2010年11月1日,国际标准化组织(International Standard Organization,简称ISO)发布《ISO 26000社会责任指南》,人们对社会责任概念才有了统一的认识。ISO 26000将社会责任的概念界定为:通过透明和道德行为,组织为其决策和活动给社会和环境带来的影响承担的责任。这些透明和道德行为应有助于可持续发展,包括健康和社会福祉;应考虑利益相关方的期望;应遵守适用法律并与国际行为规范一致;应融入整个组织并践行于其各种关系之中。

1 企业社会责任应与主营业务相结合

企业的经营活动对社会和环境产生了影响,企业应采取措施积极应对这种影响,这就是企业的社会责任。由于企业的性质不同,其履行社会责任的方式及内容也有不同。然而,个人认为,不管何种企业,其履行社会责任都应与其主营业务相结合。在众多需要履行的社会责任方面,企业应首先找出哪些责任是最为根本的,与企业业务经营最为紧密的,并将其作为最重要的社会责任来履行。就笔者所任职的港华燃气来说,安全就是最大的社会责任。自1994年进入内地以来,港华燃气在内地发展已进入第21个年头,借助于国内天然气市场的快速发展及港华人的励精图治,公司客户由最初的5000户发展至目前的1900万户,126个燃气项目遍布国内23个省级地区,天然气销售量152亿m^3,占到全国城市燃气市场的十分之一。然而,港华燃气很清醒地认识到,不要片面追求成为国内最大的燃气企业,而是希望通过建设并运营最安全的燃气系统,成为国内最优秀、最安全、最专业的燃气集团。

燃气运营是高危行业,安全问题容不得半点马虎。如果一家燃气企业在安全上经常出现问题,危及客户的正常使用甚至是生命安全,那它基本上也就没有了存在的前提。从这个意义来说,安全不仅是港华最大的社会责任,也是所有燃气企业最大的社会责任,没有安全,其他社会责任也无从谈起。正因如此，港华提出了"安全至上"的理念，我们对安全管理的目标不是"零责任事故"，而是"零事故"，这在外人看来很苛刻的标准却成了每一个港华人的信念。港华燃气将安全作为对燃气企业总经理考核的重点，对安全实行一票否决制。公司要求总经理们每个月都要亲自带队开展燃气安全检查，对于发现的问题及时上报、及时处理。近年，集团要求燃气总经理实行不同区域、不同企业间的交叉安检，为的就是更好地发现在燃气运营中存在的安全隐患，杜绝安全事故。公司的一把手陈永坚总裁每年都会带领集团高管层及燃气公司总经理到各地做安全巡查，深入社区用户、工业用户及施工工地，视察用户户内设施情况及燃气管道等的运行情况，对于发现的问题，他一定要求相关负责人第一时间做出整改，并总结经验。

除了安全，服务也是港华非常重要的社会责任。针对服务，我们提出了"以客为尊"的服务理念，"像家人一样对待客户，让他们感到亲切与温馨"是我们的服务要求。从2008年开始，集团开始在各燃气企业推广"微笑服务"理念。2012年，港华通过"微笑服务大使评选大赛"评出30位微笑服务使者，并组成"微笑服务大使团"在全国开展"蒲公英飞扬计划"，传递港华的温馨服务文化。为了更好地推动"以客为尊"理念的落实，2013年，港华在全国开展"神秘顾客调查"，在事先不做任何通知的情况下，由公司派遣"神秘顾客"对燃气公司客户中心、热线中心及上门服务窗口做暗访，掌握港华客服团队的服务水平。通过系统的客户服务工作推进，2013年，港华燃气的服务质量总体水平比2012年提高了8%。

港华认为，企业社会责任从来都不是外界强加给港华的压力，而是港华实现发展必须的途径。我们对安全和服务的重视源于我们的公司使命，即，为客户提供安全可靠的燃气，并提供亲切、专业和高效率的服务，同时致力保护及改善环境。因此，从成立那天起，社会责任便已融入港华的血液，贯穿于公司业务的方方面面，成为港华最为稳定的基因。也正因为港华在安全、服务等方面的卓越表现，才使得外界对于港华品牌赞誉有加。仅在刚刚过去的2014年，港华就获得了包括由英国燃气专业学会（IGEM）、能源及公用事业联盟（EUA）联合颁发的"最佳燃气公司"奖，人民网颁发的"人民企业社会责任奖年度优秀企业"奖、中国社工协会企业公民委员会颁发的"2014中国优秀企业公民"奖，及由《大公报》、大公网联合颁发的"年度最具行业影响力企业"等诸多奖项。

2 企业社会责任提升竞争力

有一种观点认为，企业履行社会责任必然带来企业成本的增加。诚然，企业在安全、服务、环保等方面的技术改进，设备更新以至于人员素质的培训提高都需要大量的资金投入。然而，这种投入所能取得的成效也是显而易见的。记得有位地方政府领导在谈到港华时曾说，"把城市燃气业务交给港华来做，我们晚上睡得安心"。我想，这是对港华数十年来坚持"安全至上"理念的最大褒奖。我们只有把安全和服务做到让各界放心，让客户满意，港华才有可能实现更大的发展。港华燃气在安全及服务方面的品牌形象深入人心，而这种品牌又进而成为港华在各地开发燃气项目的利器。由此可见，履行社会责任是可以提升企业竞争力的。言至于此，我们再来回顾弗里德曼所提出的"企业社会责任就是在诚信经营的前提下，遵守商业游戏规则，利用自己手中的资源从事一切增长其盈利的商业活动"的观点，如果我们把这种盈利看成是一种长期行为的话，通过履行社会责任产生竞争力，进而为企业带来长期盈利，这种观点是成立的。港华在安全、服务等方面的持续投入，在客观上也为自己创造了一个良好的经营环境，使港华能够在中国内地长久地经营下去。陈永坚总裁曾经这样阐述企业经营与盈利的关系：只要我们把事情做好，利润会从长期经营里体现出来。港华在内地20多年的发展正好印证了这一点。

将社会责任与主营业务相结合，其实就是将社会责任融入企业的经营之中，二者不再是概念的对立，而是实践的高度统一。1993年，当百事计划将薯片引入中国市场时，面临原材料——优质土豆匮乏的窘境。薯片的加工流程包括清洗、除皮、切片、脱水、油炸和灌装等工序，这就对土豆的形状、含糖量、固性物含量及储藏条件提出了很高的要求。百事调查发现，当时中国的土豆很难同时满足这些条件，而中国政府有关植物检疫的规定又不允许从美国进口土豆原料或直接引种。于是，百事公司通过试管苗技术，将美国的优良土豆品种"大西洋"引进到中国，并在内蒙古达拉特旗沙漠开展土豆种植。沙地对土豆生长的形状规则有好处，而如果是泥地，土豆的生长膨胀，就会往松的地方去，造成土豆的形状不规则。另外沙漠的日照时间长，也有利于土豆固性物的积累。同时，因为沙漠没有种过农作物，因此十分干净，没有农作物病虫害的残留，有利于新品种的试种成功。经过数年的努力，百事的沙漠种植土豆取得了巨大的成功，公司获得了优质的原材料，当地农户收入显著增加，以往的沙漠变成了绿洲。2006年，温家宝总理考察了百事的土豆种植农场，对百事公司改造沙漠的行动、带来的先进种植技术及促进当地农业经济的发展给予了高度肯定。百事沙漠种土豆看似无奈之举，却为百事公司带来丰厚的回报，并实现了公司、农户、环境三方受益，成为日后媒体大书特书的典型案例。由此可见，企业社会责任只有与企业主营业务相结合，切实融入企业运营之中，才能真正发挥其生命力，也才能产生强劲的竞争力。

3　社会责任应融入企业发展战略

企业社会责任不是随机行为，更不能是投机行为。企业在制定发展战略时应摒弃利润至上的观点，站在可持续发展的角度，将企业的运营与社会、环境的发展统筹考虑，协调一致。在此理念的指导下，企业应加强社会责任和可持续发展组织管理，建立健全社会责任管理体系，将社会责任工作落到实处，并将这种工作具体化及可考核化。近年来，许多监管机构也加强了其在社会责任方面的管理要求，2012年8月，香港交易所发布关于《环境、社会及管制报告指引》的咨询总结，积极推动上市公司披露其有关环境、社会及管治事宜的相关实践情况，内容涵盖工作环境质素、环境保护、营运惯例及社区参与4个方面。港交所甚至在考虑将《指引》要求提升至"不遵守就解释"，以此来规范上市公司发布社会责任报告的行为。2008年，国资委1号文发布了《关于中央企业履行社会责任的指导意见》，要求央企把履行社会责任纳入公司治理，融入企业发展战略，落实到生产经营各个环节，并要求所有中央企业3年内必须发布社会责任报告。浦东新区政府自2007年开始推进企业社会责任体系建设，成立专职部门，并构建企业社会责任评价体系，鼓励辖区企业积极参与社会责任实践评估，对于评估达标企业，政府将给予在政府采购、劳保环保免检、科技基金申请、贷款融资、各类便捷通道等方面的扶持和鼓励。

自2013年起，港华燃气便要求旗下企业在年度董事会议案中加入《企业公民社会责任工作报告专项议案》，汇报其年度社会责任工作，以此加强港华企业的社会责任管理。近年，港华在集团层面成立了企业社会责任管理委员会，将安全风险、工程、客服等与燃气运营紧密相关的部门纳入委员会，并在区域及燃气企业推进企业社会责任工作。也就在2014年，港华发布了集团层面的首份企业社会责任报告，向各利益相关方介绍港华的社会责任相关工作，以加强同各利益相关方的沟通。同时，集团积极引导旗下企业积极发布社会责任报告，为此，集团成立了"企业社会责任工作联络处",为旗下企业履行社会责任及发布社会责任报告提供指导。通过编制企业社会责任报告,在加强同利益相关方沟通的同时,企业也能发现在具体实践方面的不足,借此加以改进。

4 企业社会责任与公益

谈到企业社会责任,公益始终是绕不开的话题。公益不等于社会责任,它只是社会责任的一个方面。有时候会被问到"当经营状况不好的时候,公司还会不会做社会责任"这样的问题,我想此刻提问者是把企业社会责任等同于公益。在此我想澄清的是,企业在履行与其业务相关的社会责任时,不存在要不要做的选项。比如我们对安全及服务的承诺,不会因为经济不景气就有所变通或偷工减料,从长远来看这是一种极不明智的行为,无异于饮鸩止渴。

港华作为中国社会的一分子,在国内开展燃气经营的同时,也不忘回馈社会,积极参与公益服务。仅2013年一年,港华集团用于公益、环保、安全宣传等方面的总费用就已超过1 000万元,受惠人数超过170万。至今,港华在内地超过70%的企业成立了义工队,义工人数达6 000余人,服务时数超过50万小时。

2013年,港华成立公益品牌——"港华轻风行动",定向为贫困地区学校的学生捐赠学习及生活用品。港华希望在"港华轻风行动"公益品牌下,整合集团及旗下各燃气企业公益资源,形成合力最大程度支持国内教育事业的发展。至今,"港华轻风行动"已累计捐资超过200万元,为江西修水、安徽马鞍山、江苏徐州、安徽池州、山东潍坊、山东济南25所学校翻新教学楼,搭建爱心书库及电教室,捐赠教学、生活设备及体育用品。未来,"港华轻风行动"会持续开展下去,我们希望将宝贵的资源用到最需要的地方。在开展活动的时候,我们的一个基本理念是弄清楚"受助对象需要什么",之后我们会根据其需要筹备相应的捐赠物资。

综上,我认为企业在履行社会责任时一定要与其主营业务相结合,将社会责任工作落实到经营管理之中,发挥企业自身优势,构建社会责任品牌,从而提升企业的竞争力。

参考文献

[1] International Standard Organization. ISO 26000:2010 Guidance on social responsibility.

[2] 国务院国有资产监督管理委员会.关于中央企业履行社会责任的指导意见[EB/OL]. http://www.sasac.gov.cn/n1180/n1566/n259760/n264851/3621925.html.

[3] 香港交易及结算所有限公司.环境、社会及管治报告指引咨询总结[EB/OL]. http://www.hkex.com.hk/chi/newsconsul/mktconsul/Documents/cp201112cc_c.pdf.

[4] 殷格非,崔生祥,郑若娟.企业社会责任管理基础教程[M].北京:中国人民大学出版社,2008.

[5] 慧聪网.百事:沙漠种土豆 环境原料一箭双雕[EB/OL]. http://info.food.hc360.com/2006/03/08073171805.shtml.

杨松坤

2013～2014年世界燃气发展概况与预测

1 世界天然气发展情况概述

在经济萎缩的大环境下，2013年到2014年全球天然气需求仅增长了1.2%，大约为3.5万亿m^3，这一增长速度低于石油（1.4%）、煤炭（3%～4%）以及可再生能源（大于4%）的增长速度。在过去的10年中，天然气发电被煤炭和其他可再生能源发电赶超的现象司空见惯。天然气的发展不仅受到来自石油、煤炭与其他可再生能源的竞争，而且由于各国发电企业对天然气的使用设置了更为严格的限制，使2013年天然气的真实消耗量较预测大概低了1.6%左右。

另外一个显著变化来自非经合组织国家地区，其2013年的需求增长有所降低，只增长了1.2%，明显低于2000年至2012年期间每年4.1%的健康增长速度。非经合组织国家地区一直以来都是燃气需求增长的中坚力量，如今只比经合组织地区需求增长速度高了大约1.1%。分析来看，经合组织国家地区的天然气消耗增长可以说是一种错觉，因为它在很大程度上是由于极端天气条件所驱动的，例如在2013年初的时候，欧洲地区的冬季明显变长，北美地区的冬季非常寒冷，如果不是因为气候因素，经合组织国家对天然气的需求量大约会下降1%。今天，中国依然是全球天然气需求的驱动力，其增长率达到了13.3%，占到了全球新增天然气消耗量的一半。相反地，很多其他非经合组织国家地区的增长则比较温和，在亚洲经合组织国家、前苏联国家及部分欧洲非经合组织国家地区的天然气需求甚至出现了下降。其中一个例外就是拉丁美洲，这个地区的旱情使得发电站必须提高对天然气发电的依赖度，推动了天然气需求与液化天然气进口量的急剧增加。除了固有的需求因素，如经济增长，相对燃料价格以及运输、进口基础设施等，供应与贸易在决定天然气需求时也起到了至关重要的作用。全球天然气的供应在2013年增长了1.1%，约达到3.48万亿m^3。2013年到2014年的供应增长亮点来自前苏联国家，其天然气产量因受到高出口需求的刺激而恢复快速增长的态势；美洲经合组织国家的增长则突然放缓，非洲的产量骤跌4%，埃及表现尤为不佳。很多国家依然面临天然气短缺的问题，主要原因可能是气田枯竭或者国家储备量的下降从而无法提高国内天然气的产量，或者因为新气田开发的成本比国内天然气补贴价格高而导致的；叙利亚战争等地缘政治事件也对天然气造成了一定的影响，但是这些因素所造成的影响都不及前面几个因素所造成的影响大。

与来自欧洲及中国暴涨的区际进口管道气相比，全球的液化天然气区际贸易相对来说还是比较稳定的。液化天然气供应增长在2012年下降了2%，2013年到2014年间则趋于缓和式的增长，对于在过去20多年中迅猛增长的液化天然气行业来说是一个不小的变化。这不仅对需求造成了压力，而且液化天然气供应的主要地区也转移到了亚洲（包括亚太经合组织国家、亚洲非经合组织国家与中国），亚洲地区现在的进口量接近于全球液化天然气的四分之三。亚洲价格与美国现货价格之间的差价在2013年虽然有所减少，但是依然还是很大。亚洲液化天然气进口价格平均为16USD/MBtu，这一价格比欧洲的平均价要高，且欧洲目前进口量只占到了全球液化天然气贸易的15%，这也难怪液化天然气市场从欧洲地区转移到亚洲地区了。

2 2020年天然气发展的预测

预计到2019年,天然气的需求量将达到3.98万亿m^3,相比2013年的预测稍有所下降,这与欧洲、前苏联国家及欧洲非经合组织国家地区天然气的增长速度放缓有很大关系(表1)。不过,在各个地区,甚至是欧洲地区,发电产业依然会是未来天然气需求增长的中坚力量,将占到整个能源行业的32%左右。

2013年与2014年天然气需求与供应变化对比　　　　表1

国际或地区	需求变化(10亿m^3)	供应变化(10亿m^3)
欧洲经合组织国家	-26	-9
美洲经合组织国家	-12	-9
亚太经合组织国家	-6	-9
非洲	-3	-7
亚洲非经合组织国家	-16	-15
中国	-5	+9
前苏联/欧洲非经合组织国家	-31	-51
拉丁美洲	+6	+3
中东地区	+24	+32

数据来源:IEA组织2014年报告

尽管天然气需求增长态势依然旺盛,但目前天然气消耗占总发电量的比例只增长了0.5%,全球总的发电占比份额为22%,这个结果主要是由于其他燃料的竞争,以及在很多发展中国家天然气供应的不足。特别是中东地区,国内没有足够的天然气供应来替代石油发电,全球液化天然气进口价格居高不下也造成了一定影响。相反地,尽管石油占总发电量的比例略微有所下降,但依然保持着强劲的增长势头。而沙特阿拉伯在天然气产量增长不足、电厂发电效率低的背景下,燃气发电预计在2013到2019年最多可以增长27%左右。

非经合组织国家地区继续推动着天然气的需求,它们占到了新增天然气消耗量的85%。仅中国就占到了其中的30%,接着是中东地区,占到了22%。前苏联及欧洲非经合组织国家地区的消耗量依然比较稳定。经合组织国家因为大部分市场的成熟化、经济增长放缓以及可再生能源的竞争,消耗量是不太可能增长的。美洲经合组织国家地区的贡献量大约为500亿m^3,占到2013~2019年消耗量增加部分的10%左右。

尽管天然气是公认的优质清洁能源,但想要在发电行业中占据市场份额却是非常困难的,欧洲燃气发电量在逐步降低就是一个最好的例子。最近美国的煤炭发电开始有所恢复、亚洲部分国家天然气发电竞争不过煤炭发电,都证明了这一点。除此之外,天然气还受到在各个行业都有替代品这样一个事实的限制:在住宅部分,天然气必须和电力及石油产品竞争;在工业中,石油产品是最主要的竞争者;在发电行业中,煤炭、可再生能源以及核能都是其替代能源。总的来说,目前燃气发电发展困难的主要因素是来自发电行业可再生能源和煤炭发电的竞争。

同时，天然气也正努力想要挤入交通行业等，其需求到2019年的时候可以翻一番，达到930亿m³。尽管这是一个比较具有前景的新行业，但是开发这个市场还有一条很长的路要走，也面临着许多意想不到的挑战，主要的风险还是来自于石油与天然气价格之间的关系。长远来看，预计到2020年，天然气在运输行业中大规模使用的场景将会随处可见。

3 亚洲天然气价格的僵局

2013年，亚洲与美国天然气之间的价差达到了12USD/mmBtu，引起了天然气行业的关注，它对天然气及能源行业来说具有非常重要的意义，因为它不仅影响了预估价，还影响了亚洲投资贸易的买家最关注这一价格差异。亚洲（包括亚太经合组织国家、中国及其他非经合组织亚洲国家）天然气的需求在预计时间内大约增长了2 500亿m³，占到了全球需求增长量的一半，大约需要1 000亿m³进口液化天然气来填补，同时还需要新增一些在建的液化天然气再气化项目来填补。这种增长依然非常脆弱，主要还是取决于价格因素。如果天然气无法满足发电的需求，那么就会给煤炭提供更多机会。最近的趋势实际上表明在很多亚太经合组织国家中煤炭又开始回归，且煤炭在中国及非经合组织亚洲地区则依然起着很大的作用。未来天然气的价格还将决定新一代液化天然气供应商在未来十几年中会从谁手里接过"接力棒"，以及液化天然气业务中其他新趋势在未来几年中是否会出现或者扩大，比如说因为差价所出现的液化天然气再进口等现象。因此，亚洲地区未来的天然气供应和需求平衡对全球的天然气交易，以及世界在短期或者中期内是否会缺乏天然气都造成了深远的影响。

对于供应商与买家来说，问题就变成了谁先来打破这个僵局？一方面亚洲的买家不再愿意支付高额的与石油相关联、并且会对他们的经济造成破坏的价格，这样的价格造成日本在2011年出现过贸易逆差，这是在过去31年中从来都没有出现过的情况。另一方面就是天然气供应的灵活性，随着亚洲地区的需求增长逐步超过其他地区，部分亚洲国家正在考虑与买家之间的合作关系，从而得到更好的选择条件。此外，各公司也正在寻找不同的定价机制，使交付更具有操作性。就目前而言，各国签署来自美国更便宜的集中式定价机制看起来是颇具吸引力的。

由于新的大型天然气项目需要通过长期的合作来确保收入，所以经营者希望此价格最好是与石油价格相关联。截至2014年5月，每年大约有液化总量为1 500亿m³的液化站在建，其中澳大利亚占到一半左右，同时投资成本也创了纪录，几乎为4 000USD/t（包括上游开发与液化天然气自身成本价格）。全球的液化天然气贸易预计会从2013年的3 220亿m³达到2019年的4 500亿m³，40%的增长量比区际管道交易要高得多。尽管很多液化天然气项目都处在规划阶段，但实际上自2012年中期以来，只有很少的项目做出了最终投资决议。现有液化天然气项目的发展非常具有戏剧性，比如今天Gazprom（俄罗斯天然气工业股份有限公司）已对亚马尔半岛的液化天然气输出站项目进行解禁，这表明俄罗斯政府已经意识到来自美国的出口竞争将进一步加大。到2014年5月，只有一家美国本土的液化天然气工厂在建，预计到2019年美国包括管道气和液化天然气的天然气产量将占到全球贸易的5%。

北美、澳大利亚、俄罗斯与东非这4个地区都在竞争成为对亚洲最大的液化天然气输出国家或地区。依据资源来看，这4个地区可以提供总计约1 000亿m³的天然气液化能力。美国显然已经摆脱了传统依附于石油的长期合同机制，提出了基于Henry Hub（HH）的没有目的地条款的长期合同，使买家真正享受更低的天然气价格，而价格反过来也决定了未来市场供应的稳定性与营利性。该行业要

想稳步发展,还需要重新协商现有的长期合同,此过程还处于规划阶段,且面临着如下选择:

(1)继续与石油价格指数相关联,但是采用更低的参考价格及石油价格下方的S形曲线;

(2)继续使用现有的交易中心,如Henny Hub(HH)等;

(3)采用新的亚洲交易中心定价,一旦亚洲交易中心被认为是允许的,并且具有实效性的,未来的合同完全可以把亚洲交易中心定价机制囊括在内。

所以天然气行业目前需要做出选择,从而决定未来十几年中亚洲市场将何去何从。

4 国际天然气需求情况

预计全球天然气需求在2013年到2019年期间每年增长速度为2.2%左右,到2019年时会达到3.98万亿m^3,到2020年将会跨越4万亿m^3大关。然而,这一水平与去年的预测值相比,却下降了2%,其中下降最大的地区为欧洲与前苏联/欧洲非经合组织国家。

全球来看,天然气需求的最大部分为发电行业,接着是工业生产,这2个行业占到了天然气新增需求量的84%。但是天然气占总发电量的比例到2019年将只增加0.5%,占总量的22%左右,这一方面是因为在经合组织国家地区、拉丁美洲、亚洲非经合组织国家与中国有来自可再生能源和煤炭的竞争,另一方面是因为在很多发展中国家天然气供应不足的情况将继续存在(图1)。尽管天然气有很多优点,如储量大,燃烧干净以及应用灵活等,但天然气事业想要得到更好的发展,必须要在不同国家和地区面对各种不同的挑战,最关键的影响因素就是充分有效的定价机制:补贴机制促进了需求增长,必然会导致10年后天然气供应短缺,然而较高的价格会使天然气丧失竞争力,从而使大家转向其他能源的使用。

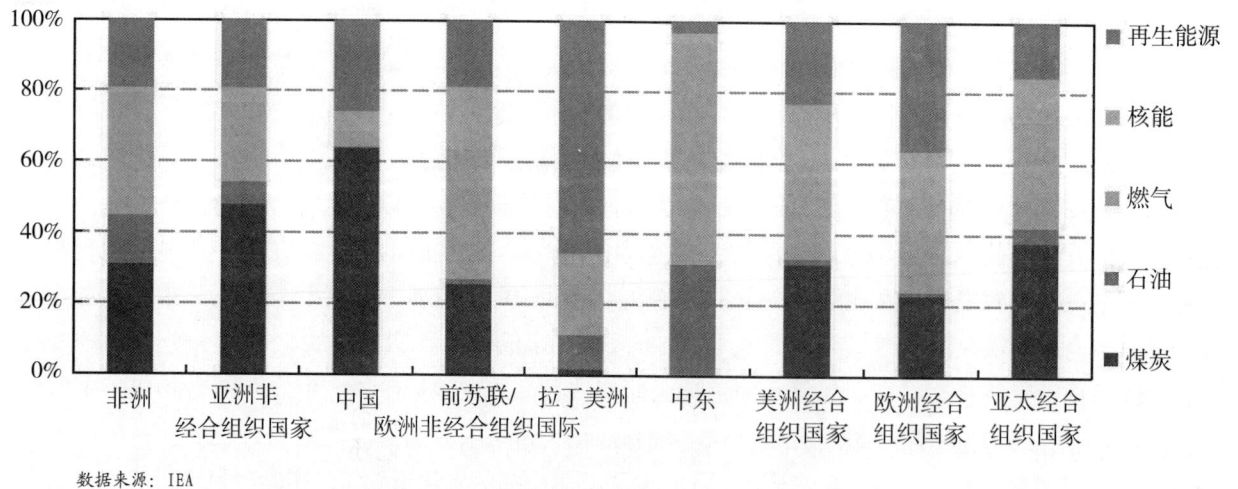

数据来源:IEA

图1 2019年世界各地区发电使用能源结构预测

随着非经合组织国家地区天然气需求份额的不断增加,从2007年与经合组织国家地区持平到2019年将占到57%,天然气的需求开始朝着非经合组织国家地区转移。非经合组织国家预计将占到新增天然气需求量的85%。对于非洲与亚洲非经合组织国家地区成千上万的人来说,除了需要经济活动支持外,对新型能源的获取依然是非常匮乏的;另外,使用清洁能源来代替煤炭,尤其是在发电行业与石油行业也是势在必行的。由于环境保护的迫切性,预计仅中国就将占到2013年至2019年天然气需求增长量的30%,约合4 900亿m³(图2),位于世界第一。中东及亚洲非经合组织国家排在第二与第三位,分别占到需求增长量的22%与15%。尽管美洲经合组织国家的消耗量只增长了500亿m³,但是由于2013年比平常年份要更冷一些,因此由温度所引起的天然气需求量增加接近700亿m³。欧洲的需求则保持在较为稳定的水平,只增长了大概10亿m³,但是其稳定需求的背后却隐藏着短期内由于温和气候、经济放缓以及可再生能源兴起所带来的2014年340亿m³的需求下降趋势。在亚太经合组织国家,天然气发电面临着来自燃煤发电的激烈竞争;与此同时,前苏联/欧洲非经合组织国家地区需求发展最为稳定。

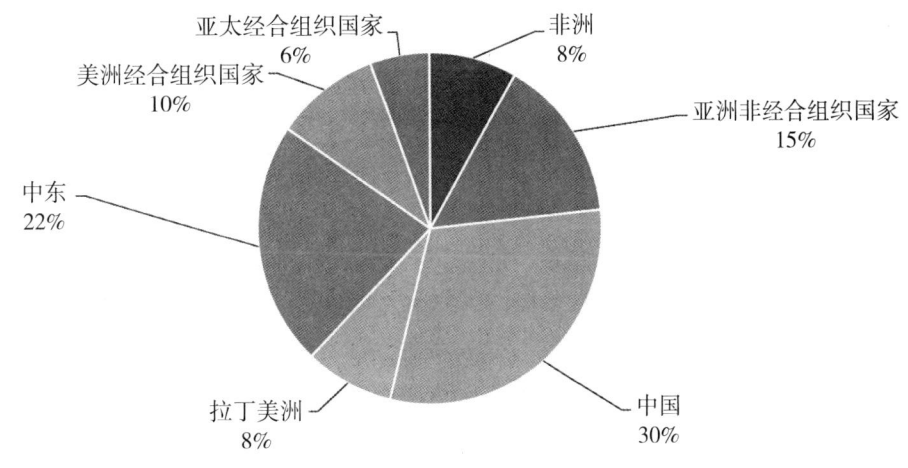

数据来源:IEA

图2　2013年至2019年各地区天然气需求增量比例预测图

中东的发电行业暂时无法用天然气与可再生能源来替代石油,反而石油的需求因为国内天然气产量的不足以及进口液化天然气高昂的价格而出现了疯狂增长。这种趋势在沙特阿拉伯则更为明显,其石油发电预计在2013年至2019年期间大约会因为天然气的产量增长不足而增加三分之一。石油增长的趋势除了因为天然气供应的问题外,很大一部分原因来自发电厂的低效率,通常其效率低于30%。

全球道路运输行业将会继续保持天然气需求的增长态势,预计将会增加450亿m³的需求量,其中三分之二将会来自于中国。长远来看,海上运输业也需要多加关注,如果出现合适的条件,天然气在这个行业中可以起到非常重要的作用。由于排放标准更加严格化,从2015年起,在某些特殊沿海区域中所使用的燃料含硫量将从今天的1%控制到0.1%之内,这一限制还将扩大到其他国际水域,预计到2020年,海域燃料使用含硫量将限制在0.5%以内,远低于目前的3.5%。为了达到这项更为严格的标准,除了使用洗涤器及海运柴油(MDO)两种替代方法外,大规模使用液化天然气也是一种可行的方法。这种方法需要建造新的以液化天然气为燃料的船只,或者需要对现有的船只进行改造,同时需要在主要的内陆运输路线以及主要的海港部署加气基础设施等。未来能源价格走势及相关政策对于这类能源转换来说是非常关键的,因为天然气项目的投资周期一般在15~20年之间,液化天然气与海运柴油之间的价格差足以收回建造以液化天然气为燃料的船只的费用。除了国际航海之外,由于受到来自长江与珠江等流域柴油排放量的限制,中国很可能会成为第一个在内陆水域运输使用液化天然气的国家。

5 国际天然气供应情况

全球的天然气供应在2013年至2014年增长了1.1%，达到了3.48万亿m³（图3）。前苏联（FSU）/欧洲非经合组织国家及中东地区对此增长做出了重要贡献。中国位居全球天然气供应增长的第三位。前苏联（FSU）/欧洲非经合组织国家的生产增长主要依靠俄罗斯对欧洲的出口，以及土库曼斯坦对中国的大量出口。不像前几年那样，因为美国的天然气产量增长速度自2005年以来出现了第一次放缓，致使美洲经合组织国家未能提高更多的天然气产量。目前美洲经合组织国家与前苏联（FSU）/欧洲非经合组织国家的天然气产量基本相同，均为8 890亿m³，非洲（-4%）与欧洲（-3%）天然气产量均有所下降，而亚洲非经合组织国家的产量也在继续下滑（-1%）。

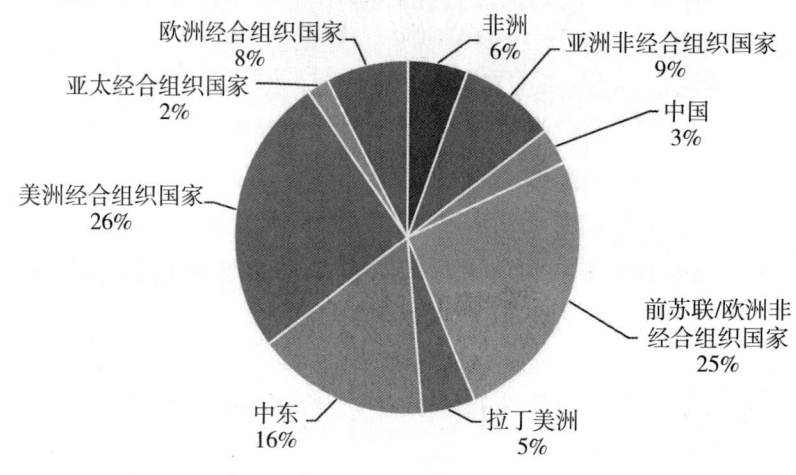

数据来源：IEA

图3　2013年各地区天然气生产量总结

预计到2019年，美洲及亚洲大洋洲这2个全球主要经合组织国家地区以及中东地区将是天然气产量及出口的主要地区。这一预测的主要原因是，俄罗斯对欧洲出口将受限下滑，来自市场上液化天然气的竞争将更加激烈，俄罗斯到中国的天然气管道整体发展并未成熟，俄罗斯天然气液化及出口站项目启动推迟。与此背景不同的是，中亚的天然气生产国将会从中亚天然气管道的扩建中受益，这些管道将可以增加其输出到中国市场上的天然气量。阿塞拜疆将会从跨亚得里亚海（TAP）以及跨安那托利亚天然气管道（TANAP）项目的启动中受益，通过这些液化气站及管道，更多的天然气将输送到欧洲。因此，俄罗斯的天然气产量预期将会保持比较平稳的态势，而美国的产量将会由于更高的国内需求量、更多的液化天然气出口量以及加拿大天然气储量勘探的缺乏而有显著的上升。其中，由于液化天然气价格在预测的时间段内将会低于5USD/MBtu，这对提升美国天然气产量将是非常关键的。

中国将会成为发展最快的地区之一，因为中国已被探明储藏了丰富的页岩气，同时煤制气也会得到大力发展，其未来产量将会增长65%（图4）。考虑到非洲最近的情况，其恢复30%的产量也是非常可观的。除了传统的大型天然气生产国以外，还出现了安哥拉等新的天然气供应国家，但是这些国家在吸引更多投资者的加入时依然面临巨大的挑战。同样令人关注的还有亚洲非经合组织国家地区的产量恢复情况，如印度、巴布亚新几内亚、缅甸以及越南等地也提供了大量新增的产量。尽管拉丁美洲预测会出现19%的增长，但由于主要的生产国如委内瑞拉和阿根廷都正在努力地扭转产量下降的趋势，导致依然被认为表现欠佳。在这种背景下，欧洲将是唯一一个被认为产量会出现下降的地区，尽管挪威的天然气生产会提供一些额外的产量，但其产量十分有限，英国的产量下降比过去会放缓一些，而荷兰的产量下降将会让该国在未来10年内变回天然气进口国。

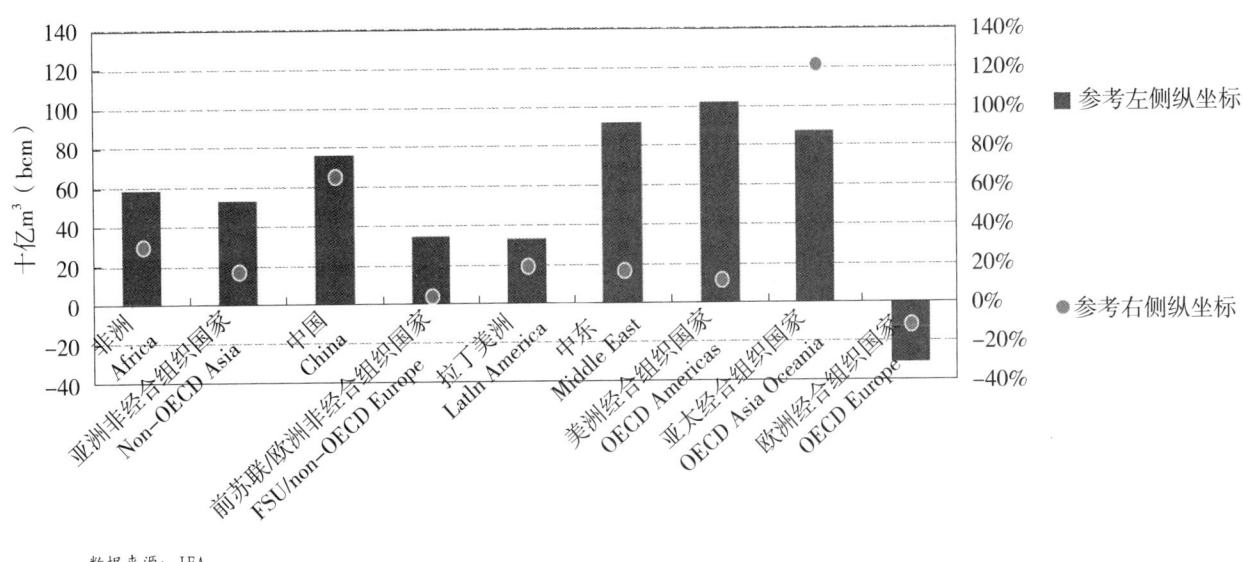

图4 2013年至2019年全球各地区产量的变化情况分析

未来预测结果要想是具有决定性的，必须考虑到伊朗这样的国家。最近国际政治舞台上所发生的变化让人认为这个国家回到国际天然气市场上是有希望的，并且应该完全取消对伊朗的制裁。然而，伊朗在建设出新的管道出口项目之前还有很长的一段路要走，估计至少还需要10年的时间，伊朗才可以正式向全球出口液化天然气。东非也拥有大量的资源，但是依然需要处理如资源地理位置偏僻、当地政府的管理经验不足，以及来自其他非洲液化天然气出口国家的竞争等诸多问题。目前，一些资源持有国在考虑出售其股份，全球投资者正在谨慎地考虑这些国家的天然气资源投资项目，由于担心潜在的"埃及综合症"，这些国家的燃气出口很有可能会转变为本国内的燃气使用而无法出口。

截至2013年，非常规天然气生产达到6 270亿m³，约占全球天然气产量的18%左右。尽管非常规天然气的增长速度远远高于全球天然气产量增长速度，但是在过去的2年里其增长已经开始放缓。随着中国与阿根廷也开始生产页岩气，页岩气将不再是北美特有的东西，预计中国页岩气很有可能在2015年达到65亿m³的产量目标。其他拥有大量页岩气的国家将面临很多开采方面的挑战，如当地政府的反对、环境保护的需求、当地较低的燃料价格竞争、基础设施的缺乏以及相关服务行业发展不足等。未来天然气的发展将集中在北美、中国与澳大利亚。中国煤制天然气的发展预计也将很快开始，到2019年产量将达到400亿m³。

6 国际天然气贸易情况

2013年,全球贸易主要是受到欧洲及中国管道进口的支撑,而全球的液化天然气贸易则连续两年停滞不前(图5)。区际贸易目前占到了全球总需求量的17%。随着亚洲燃气价格不断走高,世界液化天然气出口已经从欧洲转向亚洲地区,其中包括亚太经合组织国家,亚洲非经合组织国家及中国,占全球进口量的份额目前已经达到了48%(2012年为45%),特别是中国,其增长量位居世界第一。拉丁美洲的干旱气候导致天然气进口增加了40%,各国的购买价格也达到历史新高,均价为20USD/mmBtu。

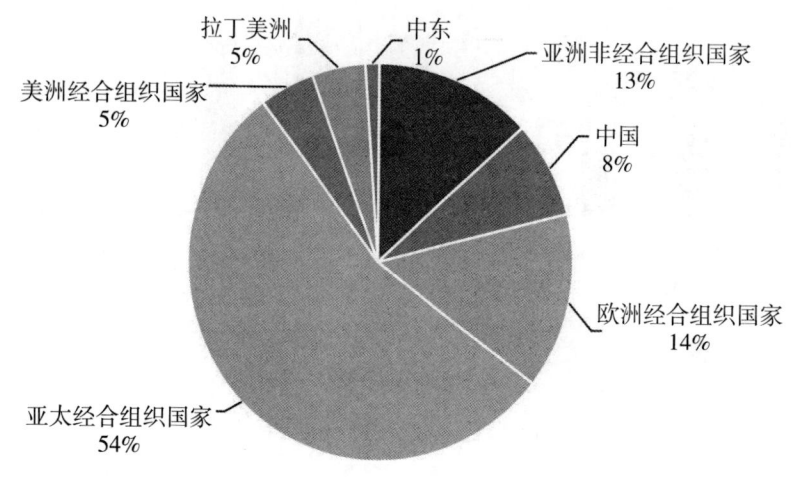

数据来源:IEA

图5 2013年各地区液化天然气进口情况总结

亚洲与美国之间的价格差异即便是在2013年至2014年间有所减少,但依然存在。美国地区最近几年的极冷冬季现象把天然气价格推高到前所未有的高度,在某些地区的价格甚至超过了10USD/mmBtu。而亚洲的天然气买家继续以积极加入开发项目策略来降低其天然气的进口价格,试图从北美寻找新的天然气供应来源,并希望最终摆脱以石油价格走势为参照的燃气定价模式。

截至2014年年中,有1 500亿m^3/a的液化天然气出口项目在建设之中,预计将于2019年完工,其中70%位于亚洲地区。截至2014年5月,尽管美国有6个液化天然气站项目都通过了能源部(DOE)的批准,允许出口到非自由贸易协议(FTA)国家,但目前真正在建的项目只有一个。今天全球一共有4个地区都声称拥有世界上最大的液化天然气储备资源,分别是北美、俄罗斯、东非与澳大利亚,但美国因为其独有的定价机制和更高的灵活性,对其他3个地区带来了巨大的挑战。在此背景下,实际上只有一个管道项目是正常建设的,这条管线把阿塞拜疆与欧洲经合组织国家连接在一起,该项目预计将于2019年完工。同时,中国也在继续扩大其与中亚的管道连接,其中一件重大事件就是与俄罗斯之间签订了一份期待已久的西伯利亚到中国东部的管道协议,该协议最终于2014年5月21日正式签署。

全球各国都在继续扩大其液化天然气的进口量,特别是亚洲国家,占到在建再气化产量的三分之二,欧洲与拉丁美洲占到了三分之一。目前正在运行的再气化站生产量是当今液化天然气贸易总量的3倍,导致某些地区的气化站点的使用率非常低下,在欧洲极其明显。因此,全球液化天然气接收站的商家都在寻求新的业务模式,如液化天然气再出口业务等,另外他们也在考虑把部分接收站变为液化天然气加气站,为船只及车辆提供燃料。

全球的区际贸易将扩大三分之一,亚太经合组织国家的新增出口量将会位居世界第一,其次是美洲经合组织国家与前苏联(FSU)/欧洲非经合组织国家地区。受到大型液化天然气出口能力增加的影响,全球的液化天然气增长速度(+40%)将会超过区际贸易增长速度,而由于欧洲管道气进口量将大幅放缓,全球管道气出口增长变得十分有限。

前苏联地区在全球天然气出口总量中所占的份额将会从2013年的37%下降到2019年的32%(图6)。拉丁美洲地区也会出现出口下降趋势,中东地区在2019年的出口水平将与2013年持平。尽管出口在增长,但是非洲由于在2014年之后没有新的液化工厂项目实施,与亚洲非经合组织国家在全球总贸易量中所占到份额都会随着时间的推移而出现下降。大多数地区的净出口量都会在未来放缓甚至下降,例如2019年,亚洲非经合组织国家的净出口量将只有10亿m^3左右。

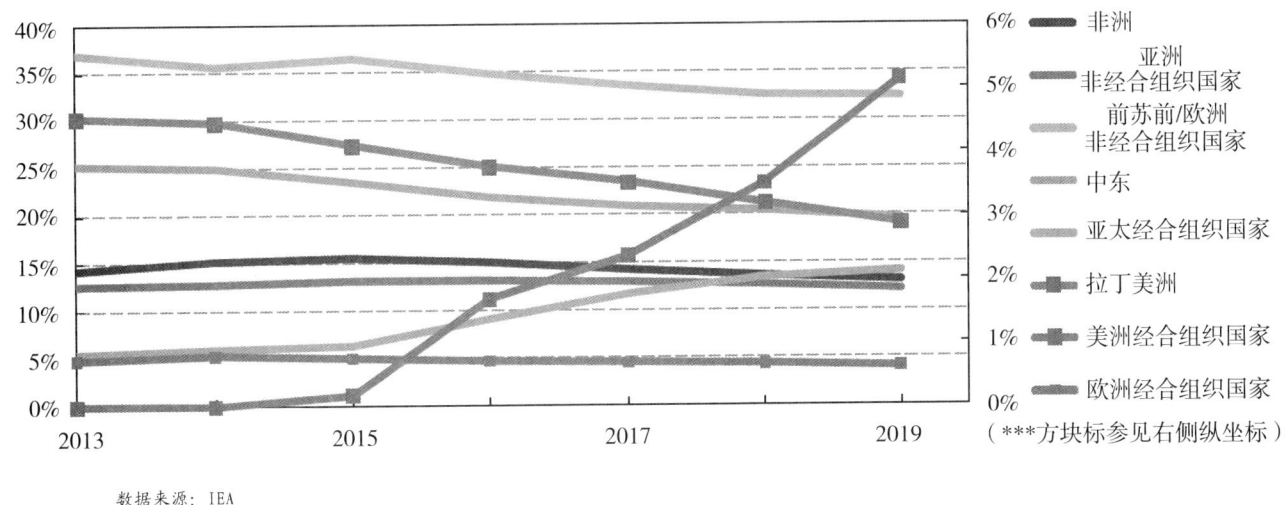

图6 全球各地区总出口量占全部份额的变化趋势图

欧洲经合组织国家到目前为止是最大的天然气进口地区,到2018年,亚太经合组织国家将位居第二位,而中国的进口量将超过亚太经合组织国家的净进口量,最后将超过欧洲。在短期内,随着液化天然气进口市场转向亚洲地区,欧洲将会越来越多地依赖管道进口。欧洲目前依然缺乏可替代的管道供应条件,预计2016年其液化天然气进口量将得以恢复,大量的天然气供应将依然来自俄罗斯,而阿塞拜疆的供应量将会从2019年起开始有所上升。假如亚洲未来可以放缓对液化天然气进口总量的需求,或者全球液化天然气的生产可以得到显著提升,那么欧洲将可以进一步减少对来自前苏联/欧洲经合组织国家地区管道进口的依赖,让我们拭目以待。

金 雷 编译

中国燃气行业年鉴 2014
CHINA GAS INDUSTRY YEARBOOK

第七篇

企业风采

气聚人和　造福社会
——中国燃气控股有限公司

中国燃气控股有限公司（以下简称中国燃气）是中国跨区域能源服务企业之一，在香港联交所主板上市，股票代码0384，自2002年成立以来，专注于在中国大陆从事投资、建设、经营、管理城市燃气管道基础设施和液化石油气的仓储、运输、销售业务，向居民、商业、公建和工业用户输送各种燃气，建设及经营车船燃气加气站，开发与应用石油、天然气及其他新能源等相关技术产品。

中国燃气的主要股东为北京控股集团有限公司、英国富地石油公司、韩国SK集团、印度燃气公司等；主要合作伙伴有国家开发银行、中国工商银行和中国石油天然气集团有限公司等。

中国燃气经过10年的快速发展，已在全国28个省市自治区进行了广泛的项目布局。在资源共享、技术交流和项目运营上，中国燃气先后引进了来自中国、韩国、印度、美国等国家的战略投资和合作伙伴，搭建了独一无二的国际化能源合作平台。截至2014年，集团总资产达500多亿元，旗下的公司已达500余家。公司先后被纳入了恒生中国内地100指数和富时中国指数系列。

一、坚持以人为本、创造卓越的经营原则

中国燃气自创立以来，始终坚持以人为本、尊重人才、爱护人才的理念，通过积极进行结构治理、文化宣导、制度建设不断吸引人才、培养人才、留住人才，增强员工的归属感，打造出一支优秀的管理团队。以中国燃气创始人刘明辉为核心的一大批管理人员，历经10年的风雨洗礼，经受住了各种艰难困苦的考验，已成为中国燃气百年基业的中流砥柱。

目前，中国燃气集团员工总数已近4万，集团拥有一大批特别能吃苦、特别能战斗、特别能奉献的员工队伍，他们的激情、超越和奉献精神是中国燃气快速成长的内在动力，正是4万多名员工始终以强烈的主人翁意识和高度的责任感，团结协作，锐意进取，才使中国燃气在公司规模、市场发展、工程建设和高效服务等方面实现了由"量"的积累到"质"的飞跃。

中燃人凭借"梦想、激情、超越"的中燃精神，坚守"社会尊重、客户信赖、成员幸福、股东共赢"的核心价值观，励精图治，引领变革，使中国燃气在激烈的市场竞争中脱颖而出。

未来，中国燃气将继续坚持"以人为本，追求卓越"的经营原则，致力于将集团打造成"人企合一的世界级能源企业"，使利益相关者与企业"同呼吸、共命运、同发展"，让企业实现永续发展。

二、形成百花齐放的产业结构

经过10年的发展，中国燃气形成了以城市燃气业务为主导，液化石油气、车船燃气和分布式能源并举的产业结构。

（一）城市燃气

在中国西气东输、川气东送、陕气入京和东南沿海LNG的进口等区域，中国燃气拥有哈尔滨、呼和浩特、包头、南京、杭州、南宁、宝鸡、芜湖等240多个城市管道燃气项目，并且还拥有多条天然气长输管道项目。同时中国燃气还涉及钻井，天然气采集、净化和加工，煤层气勘探和开发项目。燃气管网总长5万多km，各类管道燃气用户达1 200多万户，燃气供应覆盖城市人口近1亿。

（二）液化石油气

中国燃气是目前国内最大的液化石油气（LPG）分销商之一，已建成国内最大的液化石油气分销网络之一。该网络拥有位于中国东南沿海五省的8座液化石油气专用码头、4个大型石化产品仓储物流基地和3套二甲醚生产装置；拥有一支海上运输船队，以及亚洲最大的液化石油气储存罐群；拥有位于5省之内的98家分销子公司，瓶装液化石油气用户已达500多万户。该网络在中国东南沿海地区形成了完善的石化产品销售和物流配送体系。

（三）车船燃气

为推动清洁能源事业的快速建设与发展，中国燃气专门成立了车船燃气事业部，现拥有434座天然气汽车加气站和多支陆上危运车队，并在行业研究、商业模式、渠道获取和网络建设方面不断取得新突破。先后与宇通客车、徐工集团、联合重卡等汽车和装备制造商开展了合作，结成了产业战略联盟，与国内主要LNG供应商建立了紧密合作关系，进一步加快了省级清洁能源投资平台的建设，保证了车船燃气项目的快速发展。

（四）分布式能源

当前，天然气分布式能源已成为中国能源发展的重要领域，中国燃气借助股东方韩国SK集团、北京控股集团在此领域优势，充分利用经营区域内资源和技术优势，已开发建设各种类型的楼宇型分布式能源项目；同时，积极与五大发电集团及分布式能源专业设备商合作，抢占市场先机，在经营区域内、外规划和建设区域型项目。作为中国城市燃气协会分布式能源专委会常务副主任单位，中国燃气致力于为国家节能减排多做贡献的同时，努力将自己打造成为一流的综合能源服务商。

三、技术提升、管理转型，形成企业发展保障

中国燃气在资金、技术和管理等方面为企业的快速发展做好了充分保障。

在融资渠道上，中国燃气积极与国内外多家银行开展广泛合作，获境内外各大金融机构的授信总额近500亿元人民币。

在工程建设和技术开发上，中国燃气联合国内外知名教育、科研机构和行业协会，先后组建了中国燃气管理学院、中国燃气技术研究院、中国燃气工程设计院和分布式能源研究所，在燃气设施管理、工程建设，以及相关技术的开发等方面积累了丰富的经验，解决了管网布局、场站设计、生产运营和工程建设等方面的多个技术课题，形成了强大的专业后盾。

中国燃气自成立以来，积极进行企业的结构治理和制度建设，努力探索独特的运营模式。针对自

身发展所处阶段与产业结构的实际情况，推行了"总部—区域—项目公司"三级管理模式，以提高决策效率，防范经营风险，为企业的长远发展奠定了坚实的基础。在日常运营中，强化"全面预算管理、标准化管理和考核下的目标责任制"三大管理原则，推行全面自动化管理系统。在管理体系上，充分发挥股东优势资源，不断积极吸收先进企业管理理念，倾力打造国际化交流合作平台。

四、回馈社会，坚持公司发展使命

中国燃气始终坚持"气聚人和　造福社会"的企业使命，在提升人民生活品质、加速产业转型、繁荣地方经济、维护社会稳定、改善生态环境等方面做出了积极贡献。截至目前，中国燃气成功参与老国企改制50余家，妥善安置国企职工近12 000名。

多年来，中国燃气不断回馈社会，集团和各地项目公司发起或参与的帮教、赈灾、扶贫等慈善公益活动累计超过1000次。2014年4月，由中国燃气发起成立的中燃公益基金会更为推动社会公益事业的发展提供了不懈动力。突出的成就与贡献赢得了各级政府与社会各界的广泛赞誉，中国燃气先后获得"十大品牌企业"、"杰出成就企业"、"中国杰出天然气供应商"、"最具潜力中国企业"、"最佳爱心贡献奖"、香港"商界展关怀奖"、《福布斯亚洲》2013和2014年"亚太最佳上市公司50强"等1 000多项殊荣。

展望未来，中国燃气将坚持"保持行业领先地位、适应行业发展趋势，优化业务结构、加快发展与加强管理并重"三大发展原则，形成城市燃气、车船燃气、LPG、分布式能源、增值服务、天然气贸易等六大板块相对均衡、各有优势的业务格局。最终实现总资产1 000亿元人民币，销售收入2 000亿元人民币，总市值2 000亿元港币的企业规模，发展成为具有行业影响力的、受社会尊敬的能源综合服务企业。

上海燃气，让天更蓝
——上海燃气（集团）有限公司

上海煤气应用始于1865年。新中国成立后，上海城市燃气得到不断发展和壮大，并于20世纪90年代实现城镇全气化。1999年，东海天然气进入上海，开启了上海天然气大发展的新时代，随着西气东输、进口LNG、川气东送等天然气气源相继入沪，至"十二五"期末，上海有望实现管道燃气的全天然气化。

上海燃气（集团）有限公司成立于2003年12月，注册资金42亿元，为申能（集团）有限公司全资子公司。业务领域涵盖天然气管网投资、建设运营与销售，人工煤气生产与销售，以及液化气经营等，上海本地燃气市场占有率超过90%，用户规模与储运能力位居全国前列。旗下包括一家天然气管网公司、三家制气公司、五家燃气销售公司、一家液化气公司，参股燃气设计院、申能新能源、申能能源服务、林内、富士工器等企业。截至2013年底，公司拥有城市燃气高、中、低压管网20000多千米。总资产177亿元，年产值销售收入194亿元，集团员工8000多名；燃气用户633万户，其中天然气494万户，人工煤气34万户，液化石油气105万户；年供应天然气68亿立方米，人工煤气5.5亿立方米，液化气8.6万吨。

公司秉持"上海燃气，让天更蓝"的理念，正在加快推进天然气发展，并致力于成为国内同行领先的系统能源服务商，为促进上海经济社会发展、改善城市环境质量、提高人民生活水平发挥积极作用。

星星之火　可以燎原

——华润燃气控股有限公司

华润集团副总经理、华润燃气控股有限公司董事长　王传栋

华润燃气控股有限公司（以下简称"华润燃气"）是华润集团下属战略业务单元，主要在中国内地投资经营与大众生活息息相关的城市燃气业务，包括管道燃气、车船用燃气、分布式能源及燃气器具销售等。

2007年1月，华润燃气正式成立。华润燃气始终坚持以发展作为第一要务，外延式扩张和内涵式增长并举，在保持规模与效益同步增长的同时，注重增长的质量和效益，不断加强内部管理和组织能力建设，努力塑造优秀的企业文化，打造企业核心竞争力。在短短的6年时间里，华润燃气从小到大，从弱到强，走过了竞争对手15年甚至20年的发展历程，目前已在南京、成都、武汉、昆明、济南、福州、郑州、重庆、南昌、天津、苏州、无锡、厦门等近200座大中城市投资设立了燃气公司，业务遍及全国22个省、3个直辖市，燃气年销量超过120亿m^3，用户逾1 800万户，华润燃气已经从行业内默默无闻的无名小卒华丽转身，成为中国较大的城市燃气运营商。

华润燃气在全面落实集团管理体系的基础上，经过几年的探索和实践，逐步形成了自身特色的管理体系，王传栋将燃气的管理实践生动形象地总结为"1+2+3"，即：1个原则——诚信合规的原则；2个方法——行动学习和精益管理的方法；3个主题——无边界、3C领导力、学标杆的主题。

诚信合规——首要管理原则

诚实守信是华润的核心价值观，是所有华润经理人必须坚守的底线。在企业发展壮大过程中，华润燃气始终秉承诚信合规的原则，诚信于股东、诚信于社会、诚信于客户、诚信于员工，从而赢得了行业内外的一致认同。诚信是华润燃气快速发展、基业长青的基石，也是华润燃气早日实现"十二五"规划，成为"中国第一，世界一流"燃气企业愿景的坚强保障。

行动学习——思想的革命

行动学习是一个团队或一个组织共同解决企业最重要、最紧迫问题的过程和方法，强调在学中做、做中学，学习和行动并重。华润燃气通过"头脑风暴"和"团队列名"等结构化、强制性的思维工具鼓励大家畅所欲言、讲真话、讲实话，充分表达自己的意见，提倡不质疑、不打断，着力营造一种"没大没小"、"没上没下"、宽松平等的氛围。

目前，华润燃气已在近100家成员企业开展了行动学习，总结了一套成熟的组织、宣贯、跟进等推动行动学习落地的体系，并培养了一批优秀的催化师队伍。

精益管理——行动的革命

推行精益管理对促进华润燃气战略转型、优化管理流程、消除浪费及不增值行为、建立高效的管理机制，有着十分重要的意义。

截至目前，华润燃气共在134家成员企业推行了精益管理，共确定了225个精益管理项目，各大区、各企业均开展了"跬步行动"，鼓励员工主动发现、不断消除各层次的浪费，持续改善、全员参与，累计提出快速改善建议4万余条。

无边界——打破边界 协同共赢

华润燃气成员企业地域分布广，与华润合资前绝大部分为公用事业单位，相对比较闭塞，组织壁垒分明，彼此缺乏沟通和交流，各种宝贵资源分散在各个公司。为破解"地域割据"，整合内部资源，实现资源共享，华润燃气从2011年3月起，开始推行虚拟大区管理，着力打造无边界组织。通过2年多的探索和实践，华润燃气从无边界组织、无边界管理、无边界文化3个方面，建立了有燃气特色的无边界管理模式。

3C领导力

华润燃气从"发展、管控和文化"3个方面，提炼出了"战略规划、政府支持、气源保障、无边界、学标杆、安全运营、勇于担当、坚韧不拔、以人为本、诚信合规"10项具有燃气个性化的领导力素质，每个素质均与燃气业务紧密结合，是做好燃气业务、管理好企业的关键点，明确了华润燃气经理人所应具备的素质、能力、价值取向以及必须遵循的行为准则。

学标杆

2013年，华润燃气制定了成员企业各职能管理的主要工作标准。按照这套标准，大区助理对区域内的各个公司进行排名，并找出每个职能的标杆，总部再在大区之间进行排名，确定华润燃气财务、运营、客服、人力资源等各项指标的标杆值。通过这种方式，使成员企业找到差距，明确标杆和努力方向。同时，每年把各职能主要标准的考核结果作为评价各成员企业管理水平的重要依据。

2008年11月3日，华润燃气在香港成功上市，自上市以来，华润燃气得到了资本市场的高度青睐，在美国金融危机、欧债危机导致全球经济低迷及全球股市不景气的情况下，华润燃气股票一路凯歌，4年间从上市之初的每股3.42港元，上升到2014年10月23日的每股22.5港元，在香港和国内同行的上市公司中表现最优，实现了国有资产大幅增值保值。2012年以来，华润燃气相继被摩根士丹利、香港的恒生指数以及英国富时指数纳入中国指数成分股，这足以反映在资本市场的认可度。此外，华润燃气稳健快速的发展也深受信贷界的支持。国际知名信贷评估机构穆迪、惠誉均给予华润燃气在同行中最优的评级。2013年10月29日,世界能源权威资讯公司,普氏能源资讯（麦格希-标普集团成员）公布了2013年度全球能源企业250强，华润燃气首次入选并荣获亚洲最快速增长能源企业奖第三名。2014年8月，在由香港《亚洲周刊》主办的2013—2014年度"中国大陆企业香港股市排行榜"颁奖典礼上，华润燃气同时获得"最绩优企业大奖"和"环保新能源企业大奖"2个奖项。

按照华润燃气"十二五"战略规划，到2015年末，成员公司将达到200家左右，居民用户数将超过2000万户，燃气年销量将突破200亿m^3，无论是企业规模、盈利能力，还是管理水平、企业文化、社会责任，都要成为行业的标杆。

雄关漫道真如铁，而今迈步从头越。4万名燃气人将只争朝夕、迎难而上、开拓进取、勇往直前，谱写更为绚丽的篇章。

做最专业的城市清洁能源运营商

——深圳市燃气集团股份有限公司

深圳市燃气集团股份有限公司(以下简称深圳燃气)是一家以城市燃气经营为主的大型专业公司,创立于1982年,2004年改制为中外合资企业,2009年在上海证交所成功上市。公司总部所在的深圳市是中国改革开放的前沿,毗邻香港、澳门,经济总量持续稳定增长,具有明显国际化区位优势。

锐意进取　彰显实力

目前,公司总资产超过120亿元人民币,年营业收入达到90亿元人民币;运用市场化手段成功获得江西、安徽、山东、江苏、广西、广东、内蒙古等5省2区共20个城市的管道天然气特许经营权,拥有管道天然气客户超过180万户,覆盖人口达1 000万人,运营管线超过7 500km;公司拥有5万t级海港码头,库容16万m^3的液化石油气低温常压储罐,年周转能力100万t以上,进口液化石油气批发连续多年居中国领先。

资本运作　卓越绩效

深圳燃气上市以来,累计从资本市场融资34.88亿元人民币,保持又好又快发展的强劲势头,成长为中国A股市值最大的城市燃气企业之一。营业收入由38亿元人民币增加到90亿元人民币,增长137%;管道天然气客户数量增长62%;天然气销售量增长254%。

公司借鉴美国波多里奇奖评审标准,于2008年在经营管理中全面导入卓越绩效模式,运用对标管理、流程优化、全面风险管理、知识管理等管理方法和工具,全面优化和提升经营管理系统,并荣获2011年深圳市市长质量奖。

气源拓展　保障供应

深圳燃气重视拓展海外气源市场,积极合理组织气源调配,主力气源为来自澳大利亚的广东大鹏天然气和来自土库曼斯坦的中国西气东输二线天然气,并通过中国液化天然气市场采购槽车LNG保障天然气供应。为提升气源自主采购能力,公司在内蒙古乌审旗和安徽宣城2地各拥有一个日处理能力30万m^3的LNG液化厂项目,并已投资建设深圳市天然气储备与调峰库工程和深圳市求雨岭天然气安全储备库。目前,公司已形成多气源互补互备的采购模式,完善天然气供应保障格局,为服务所在地提供稳定的能源供应支撑。

客户为尊　安全第一

深圳燃气遵循HSE管理理念,建立先进的安全管理体系,贯彻落实"安全最优先权"的原则,追求"0"事故,保障"100%"责任落实,实行严密的安全技术管理标准,形成了"安全依赖科学管理、安全注重人文关怀、安全源自社会责任"的安全文化氛围。

深圳燃气自主创新和开发完善了客户服务标准体系,配套开发了客户服务系统、服务网站、热线电话等全方位服务沟通渠道,燃气供应服务连续多年被中国质量协会列为全国用户满意服务项目,总体服务满意率高达98.2%。

服务民生 责任为先

深圳燃气作为一家为社会民生服务的公用事业企业，与生俱来肩负着履行社会责任的使命。公司坚持以安全为核心，重视服务，强化管理，共谋发展；持续关注和尊重利益相关方的期望和诉求，努力做到让客户满意、政府放心、股东满意、员工满意，最大限度地创造经济、社会和环境的综合价值。公司成功入选"2012（第四届）中国企业社会责任榜"100强，先后荣获"金蜜蜂2012企业社会责任中国榜成长型企业奖"和"2013年中国社会责任典范企业"等荣誉称号。

抢抓机遇 低碳发展

未来，深圳燃气致力于发展天然气事业，全面参与能源市场竞争，倡导和建设舒适、优美、环保、文明的城市新生活，持续发展成为管理先进、技术领先的专业城市清洁能源运营商。

地址：中国广东省深圳市福田区梅坳一路268号深燃大厦
邮编：518049
电话：（86-755）8866 0777
传真：（86-755）8866 0880
网址：http://www.szgas.com.cn

注重认真　追求卓越　和谐发展

——广州燃气集团有限公司

广州燃气集团有限公司（以下简称"广州燃气集团"）是广州发展集团有限公司的全资下属公司。其前身是广州市煤气工程筹建处，成立于1975年。1983年，正式更名为广州市煤气公司。2009年1月16日，广州市煤气公司成建制划归广州发展集团后，改制组建为广州燃气集团有限公司，并于2009年7月2日正式挂牌。2012年7月，广州燃气集团作为发展集团优质资产注入上市公司广州发展，成功实现资产上市。

企业经营范围主要涉及燃气管网及设施的建设和管理，燃气项目的投资、经营、设计、施工、监理和技术咨询，安装、维修、检测燃气用具（燃气的）批发和零售，天然气加气等领域。截至2013年年底，公司拥有燃气输配管网3 352km，客户超过129万户，全年管道气销售气量超过9亿m^3。供气范围遍及广州中心城区和周边南沙、增城全部区域及花都、萝岗、番禺部分区域，有力保障了广州市城市燃气的稳定连续供应。

目前，广州燃气集团总部设有11个职能部室；以地理区域为划分边界设立东、西、南三大区域分公司，负责区域内一体化业务运营；组建高压运行分公司，负责高压管道的工程建设和高压管网运行管理；设立调度与服务两大业务中心；有4个全资子公司，5个参股公司。全集团在岗职工人数约1 900人，拥有燃气、管理等各类专业技术人才600余人。

近年来，广州燃气集团被授予"广东省广州亚运会、亚残运会先进集体"、"守合同重信用企业"、"广东省厂务公开民主管理先进单位"、广东省直通车服务重点企业、"全国工人先锋号"单位、全国"安康杯"竞赛优胜企业等荣誉称号。

广州燃气集团作为广州市城市燃气高压管网建设和购销唯一主体，统筹全市高压管网建设和上游气源购销。近年来，广州燃气集团紧紧抓住"天然气入穗"的黄金契机，全面推进广州市天然气利用工程建设。其中：一期工程截止到2013年12月共建成高压管线125.07km、3个接收门站及4座高中压调压站，主要接收广东大鹏进口LNG气，正式揭开了广州天然气时代的序幕，为广州"全市一张网"格局奠定良好基础。二期工程暨广州亚运村项目燃气配套工程，截止到2013年12月共建成高压输气管道25.94km，建设亚运场站1座、高中压调压站1座、线路阀室1座，确保了2010年亚运会、亚残运会的供气保障任务圆满完成。三期工程暨"广州西气东输项目"，共建成高压输气管道23km，建设门站3座，接收国家"西气东输"二线气，使广州成为广东省第一个使用上"西气"的城市，并与广东大鹏进口LNG气形成双气源供应保障系统，全面提升了广州天然气供应保障综合实力。四期工程预计2018年投产，预计投资69.7亿元，将建设高压、次高压输气管道约165km、配套建设中压管道约900km、新建门站1座、调压站3座，线路阀室13座，以实现高中压管网基本覆盖全广州，"全市一张网"的格局清晰呈现，为广州市推行管道燃气三年发展计划提供坚实后盾。此外，广州燃气集团还将投资16.7亿元建设"广州南沙天然气应急调峰气源站项目"，预计项目建成投运时，每年可为广州市提供3亿m^3的应急调峰天然气，广州市城市天然气供气规模和供气安全保障能力将得到进一步提升。

广州燃气集团严格按照"安全是根，以人为本，科学发展，绿色节能"的企业安全生产方针，建立了高标准的安健环管理体系、地下管网安全综合评价及风险预警体系，维修、抢险队伍与110联动，综合抢险水平处于同行先进水平，抢险及时率始终保持100%。同时，广州燃气集团还开通了"96833"24小时客户服务热线电话，适时推出银行划扣、电子账单、网上营业厅等便民服务，实现了用户足不出户即可办理燃气管道业务，形成了集团网站、营业厅、呼叫中心三位一体的服务系统，为客户提供高质量、高效率的服务。

展望未来，广州燃气集团将秉承"注重认真、追求卓越、和谐发展"的企业核心价值观，围绕建设"珠三角燃气龙头企业"的战略发展目标，加大天然气利用工程的投资建设力度，扩大燃气管网建设规模，努力提高天然气气化率和气源安全供应能力，切实保障广州城市发展对清洁燃气的需求，不断提升服务市民的水平和质量，让市民切实享受到天然气产业的发展成果，为推进广州新型城市化发展做出更大的贡献！

以情输送温暖　用心点燃幸福

——成都城市燃气有限责任公司

成都城市燃气有限责任公司始建于1967年，是国内大中城市中较早从事城镇燃气供应的公司之一。2004年改制后，由成都城建投资管理集团有限责任公司、华润燃气投资（中国）有限公司、港华燃气投资有限公司、成都城市燃气有限责任公司工会四家股东投资组建成为中外合资企业。截至2013年末，公司总资产达37亿元，日供气能力达800万m^3，年销售天然气逾11亿m^3，服务民用客户244万余户，现有储配气站17座、调压设施1万余座、燃气管线5920余km。

目前，成都燃气业务已涵盖天然气工程规划、设计、施工安装，天然气输配、应用、管理，燃气智能化系统研发、设备制造，燃气专用设备、压力容器、计量装置检测，以及天然气市场拓展等方面。公司拥有完善的输供气管网体系、先进的技术设备和训练有素的员工队伍，供气规模、管理户数等运营指标在行业内名列前茅。

2013年，是公司承前启后、创新发展的一年，公司经营管理团队带领全体员工同心协力、真抓实干，不断提升输供气保障能力，积极推进重点基础设施建设，大力开展客户优质服务，各方面工作取得了显著成效。

强化手段，不断提升输供气保障能力。结合国内外先进水平，优化输配工艺，打破输气瓶颈，供气压力水平是近三年最好的一年，充分保障了城区天然气的安全、稳定供应，圆满完成了财富全球论坛、华商大会、西博会等重要会议的燃气保障工作。为满足成都市主城区日益增长的用气需求，采用成撬安装的方式实施了赖家坡新站的扩能改造，门站日最大过流能力从300万m^3提升至500万m^3，为国内大型撬装门站建设提供了示范。开展西部气源引入工作，实现中石油郫县输气站至公司合作站气源管线的贯通输气，设计输气规模达80万m^3/d，历史性地改变了成都市主城区的气源格局，对主城区的供气稳定和均衡将发挥重大作用。

大力推进，加快重点基础设施建设。随着城市的发展，客户对燃气的需求越来越大，小时天然气消耗的不均衡性也越来越突出，公司大力推进重点工程建设，加强储气基础设施改造。陆续开展了第三储配站新增球罐工程、第一储配站改扩建工程、绕城高速路高压输储气管道建设，以及"北改工程"燃气设施的迁改。重点基础设施的启动建设，为下一步增强成都市城区供气系统抗风险能力和供气保障能力奠定了基础，势必将为保障城区供气压力平稳发挥重要作用。

优质服务，不断提升客户满意度。公司一直竭诚为客户提供方便、快捷、安全的服务，不断优化完善服务措施，提升客户满意度。全面优化962777热线服务，在热线呼入总量大幅增大的情况下，提高了热线接入率，畅通了客户了解、联系、办理相关业务的通道。大力加强客户投诉处置、回访管理工作力度，积极、主动地了解客户的需求和建议，按月、季度对回访和投诉情况进行统计分析，提交分析报告，客户投诉回访率达到100%，客户投诉回访满意度大幅提升，得到了客户一致好评。

成都燃气将树立"创新发展、二次创业"的精神，坚持"以情输送温暖、用心点燃幸福"的服务理念，继续夯实安全基础管理，全面保障供气平稳，持续提升客户满意度。通过不断向客户提供安全、清洁燃气与高效、专业、亲切的服务，竭诚为社会创造财富，为客户提供价值，为实现"成为让社会满意、政府满意、客户满意、股东满意、员工满意的国内最受尊敬燃气服务企业"这一愿景而不懈努力。

提升燃气服务水平　勇担企业社会责任

——武汉市燃气热力集团公司

武汉市燃气热力集团有限公司（Wuhan Gas&Heat Group Co,ltd，简称武燃集团）成立于2001年12月，是在原武汉市煤气公司、武汉市管道煤气公司、武汉市煤气工程建设公司3家国有燃气企业的基础上，通过资源整合组建而成的，注册资本5.7亿元人民币。武燃集团以41.0635亿元的营业收入，排行2014年中国服务业企业500强第422位。截至2013年底，武燃集团总资产达64亿元，拥有职工4567人，各类专业技术人才727名，其中中高级技术人才448名。

武燃集团采用母子公司结构，涉足燃气、物流、教育等多个行业，旗下现有9家全资子公司、3家控股公司和7家参股公司。业务范围涵盖城市天然气供应的基础建设投资与经营；液化石油气充装与销售；燃气热力工程设计、施工与监理；燃气计量器具检测、生产与销售；物流项目投资与经营；燃气职业教育；非经营性政府投资城市基础设施项目代建等。

作为华中地区最大的综合性燃气企业，武燃集团致力于为市民生活提供专业服务，在不断提高供应保障能力的同时，着力从安全文化建设、提升公共服务水平、为全市提供坚实的能源保障上下功夫。

一、倡导安全文化建设 筑牢安全思想防线

（一）树立以安全价值观为核心的安全理念

集团公司在全系统要求：管理人员要树立"安全是业绩，安全是效益"的安全价值观；一线员工要树立保护自身安全就是对家庭、对公司负责的安全价值观，让安全理念入心入脑。

（二）不断提高各级管理层的安全文化素质

武燃集团在长期的生产经营活动中不仅注重法律、法规、纪律、制度的制约保证和奖惩激励的应用，更注重培育员工正确的安全思想作风、安全行为准则、安全价值观，使员工在日常的安全生产实践中，潜移默化增强安全意识，提高安全文化素质。

（三）完善各项安全管理制度

武燃集团及所属二级单位编制了《安全管理制度》、《岗位安全作业指导书》、《安全行为规范》、《设备操作规程》等安全管理制度，引导全体员工不断学习安全理论知识，提高岗位安全技能水平，杜绝违章指挥、违章作业，形成统一的行为准则。

（四）建立安全管理"党政同责"安全生产责任体系

武燃集团以党委中心组集中学习专题会的形式，在全系统建立健全集团公司"党政同责、一岗

双责、齐抓共管"的安全生产责任体系，邀请武汉市安监局专家授课，学习《湖北省安全生产党政同责暂行办法》的文件精神，增强各级领导干部"安全工作党政同责"意识，持续提升武燃集团安全管理水平。

凭借优质的安全管理，武燃集团连续多年荣获"武汉市安全生产先进单位"，同时荣获2013年度湖北省安全生产先进单位；在2013年湖北省安全生产月活动中表现突出，成为武汉市荣膺全省"安全生产月"活动先进单位的企业；旗下10家主要生产经营单位全部完成安全生产标准化二级达标。

二、打造武燃品牌，提升燃气公共服务能力

（一）建立长效机制，提升服务水平

对外发布提高天然气服务水平的相关服务承诺，重点承诺工程建设严格履行合同规定时限，明确项目时限要求、合同规范格式、工作职责及考核办法。

（二）加大老小区天然气报装力度

针对老小区天然气报装难的问题，武燃集团所属天然气公司认真开展梳理工作，自查工作中存在的不足与问题，优化相关工作流程，不计成本，垫付巨资，为老小区报装开通绿色通道，这项措施的实施受到了广大市民的欢迎。

（三）简化流程，提升安装、安检、维修保障性服务

每年公司为客户提供一次免费入户安全燃气检查，确保管道燃气热值合格率100%，管网灶前压力合格率100%。同时，根据客户需求，公司提供户内维修、整改个性化预约上门服务，提供个性化安检服务以及工商业客户代维护服务，满足不同客户的需求。

三、加快天然气应急储备体系建设，提升城市燃气应急保障能力

武燃集团先后投资16.55亿元建设高压外环线工程，3.5亿元建成大型液化天然气应急调峰储存基地（安山LNG储气库）用于城市应急气源。2014年3月储气库试运行工作完成，该项目建成后将作为城市的事故应急气源，同时兼作武汉市管输气源的补充气源和调峰气源，提高了武汉市安全供气和事故保障能力，为社会稳定和经济建设提供了坚实基础。

武燃集团在成立的10余年里，肩负着"服务社会大众，提高生活品质"的企业使命，秉承"以心换心、以变制变、以气争气"的经营理念，不断实践着"一切为了客户，为了一切客户，为了客户一切"的服务宗旨。"十二五"期间，武燃集团致力于做强主业，多元发展，实现"气贯三镇、吐纳荆楚"的发展目标，为"十三五"主业对外扩张积蓄力量。

担当社会责任　做强民生工程　实现绿色发展

——长沙市燃气实业有限公司

长沙燃气始建于1987年，前身为长沙市燃气总公司，属国有中一型企业。公司经过20余年发展，先后顺利完成了管道燃气建设、天然气入湘、引资合营、企业改制等一系列重要工作，逐步建立成为一家拥有完善法人治理结构的现代国有控股企业。2005年4月，公司正式更名为长沙市燃气实业有限公司。

伴随着国家"西气东输"工程的开发进程和"气化湖南"的产业发展契机，长沙燃气作为湖南省燃气行业的龙头企业，进入快速发展的"黄金期"。逐步形成了以燃气经营为核心业务，涉足工程建设、地产开发、物业管理等多元化的产业格局。旗下共拥有全资、控股、参股等9家子公司。

参股子公司长沙新奥燃气有限公司累计投资24.8亿元进行长沙市天然气利用工程基础设施建设。建设完成80余km的次高压管网及2 400多km市政中压管网；建设完成国内最大的城市天然气应急调峰设施，储气能力达1 200万m^3，气源的保障能力居全国前列；建设完成94万民用户和5 400余家工商用户的天然气设施，形成了最高360万m^3的日供气量。公司视安全为生命线，建立了安全可靠的燃气安全保障体系，拥有现代化的呼叫中心系统、指挥调度中心系统、SCADA系统（远程遥测遥控）、GIS系统（地理信息系统）、CCS系统（客户关怀）、ERP系统（企业资源计划），并建立燃气服务热线95158。

控股子公司湘阴长燃中阳燃气有限公司2013年取得湘阴县行政辖区内30年的管道燃气特许经营权。目前已建设完成LNG储备站1座、CNG汽车加气站1座，铺设各类燃气管线80多km，已发展1.8万居民用户及近百家工商用户，具备年供气能力3 000万m^3。

全资子公司湖南长燃清洁能源有限公司注重与多家城市资源综合运营商合作，推进了在长沙市河东区域、先导区、望城区和宁乡县以及京港澳高速区域汽车加气站点的战略性布局。

全资子公司湖南中安工程有限公司具备市政总承包、机电设备安装总承包、钢结构、道路亮化二级、市政、房建、环保三级；压力管道、锅炉安装、维修等多项资质，通过了ISO9001、ISO14001和OHSAS18001质量、环境、职业健康和安全等多项管理体系认证。建设完成各类场站、燃气管网、燃气设备设施等工程总产值逾3亿元，多项工程获省、市级优良工程，企业被长沙市政府评为AAA级信誉单位。

随着天然气利用工程的发展，老百姓得到实惠，空气质量得到改善，城市品位得到提升。长沙燃气在不断发展壮大过程中，得到政府和社会各界好评，先后获得"全国五一劳动奖状"、"全国青年文明号"、"利税过亿企业"、"文明单位"、"综合治理先进单位"等多项荣誉，涌现出多位获得"全国劳模"、"部级劳模"、"市级劳模"等荣誉称号的优秀员工。

远帆卓越之程，任重而道远。随着国家关于"大力推进生态文明建设"的战略决策，长沙燃气将秉承"诚信、进取、卓越、和谐"的企业价值观，坚持健康可持续的发展之路，立足燃气，上下延伸，多元增长，借助不断延伸的产业链和战略协同优势，推进企业转型升级，以永恒的追求和创新精神，为实现企业成为"全国知名的清洁能源运营集团"的愿景而不懈努力。为推广利用清洁能源、改善城市居住环境、提高人民生活品质做出应有的贡献。

求诚立信　中通外直　惠泽百姓
——贵州燃气（集团）有限责任公司

贵州燃气（集团）有限责任公司（以下简称"贵州燃气"）是在原贵阳市煤气公司的基础上改制成立的股份制企业，现有员工2 753人，经营范围涉及城市管道燃气输配、燃气热力工程规划设计、燃气工程、燃气器具销售服务、燃气计量表具校验、燃气热力设计安装等领域。至2013年，燃气集团总资产达36亿元，拥有管道燃气居民用户100万户，工业、公建和商业用户6 000户，供应天然气汽车4 000辆，年销售人工煤气1.82亿m^3，天然气2.86亿m^3。

贵州燃气起步于1987年，在时任贵州省委书记胡锦涛同志的亲笔批示和关怀下，1988年贵阳市煤气输配工程建设指挥部成立；1993年成立贵阳市煤气公司；2003年公司成功改制；2005年更名为贵州燃气（集团）有限责任公司并组建成立贵州燃气集团。燃气集团以"立足贵阳，服务全省"为战略目标，先后成立了贵州省天然气公司、遵义市燃气公司、安顺市燃气公司、仁怀市燃气公司、都匀市燃气公司、凯里市燃气公司、毕节市燃气公司、贵安新区燃气公司、修文县燃气公司、百里杜鹃燃气公司等19家燃气主业子公司，并取得了所在城市的燃气特许经营权。此外，还成立了贵州燃气热力设计有限公司、贵阳鸿源燃气建设发展有限公司等6家辅业子公司。

贵州燃气秉承"厚德博怀、坚韧自强、团结进取"的企业精神，肩负"迈向绿色能源新时代、建设生态和谐新生活"的企业使命，以"致力于一流品质服务、共建卓越能源集团"的企业愿景为己任，在取得良好的经济效益的同时，也取得了突出的社会效益。先后跻身"中国能源企业500强"，贵州企业100强，是贵州省最大的城市燃气经营企业。

真情燃放　情暖万家

——西宁中油燃气有限责任公司

西宁中油燃气有限责任公司成立于2000年，以"奉献清洁能源，构建和谐社会"为宗旨，竭诚为广大用户提供优质服务，为青海的社会经济建设做出更大的贡献，现为中国城市燃气协会常务理事单位，青海省燃气协会理事长单位。

作为一家城市燃气供应企业，西宁中油燃气有限责任公司在西宁地区享有管输燃气独家经营权（宁政〔2000〕118号文件），主要从事天然气工程建设、设计、施工、天然气供输管理、燃气调压设备制造、LNG生产、双燃料车改装及CNG加气站经营等业务。2001年5月向西宁市供气以来，经过十多年的建设和运营发展，公司已建成天然气管线1 100多km，管网覆盖率达97%，建成门站4座，配气站9座，建立了为用户提供一站式服务的燃气服务大厅和具有远程监测功能的调度中心。公司生产运营车辆和巡线人员都配备了GPS定位装置，对燃气事故的抢险和用户问题的处理能够做到即时反应。

目前，公司已发展天然气居民用户20万户，集中供暖锅炉8 200T，商业用户705家，工业用户167家，CNG加气站18座，改装双燃料车辆近16 000多辆，西宁公交车和出租车燃料基本全部实现燃气化。公司已形成"工程建设设计、施工、天然气供输管理、双燃料车改装、LNG生产及CNG加气站经营"等为一体的综合性经营实体。2002年通过ISO9001国际质量认证，2008年通过HSE管理体系认证。

企业在发展过程中积极承担起了应有社会责任、政治责任和经济责任，得到政府和社会各界的认可。2003年被中国企业联合会授予优秀企业，2004年被青海省商会授予名牌企业；先后荣获"2003年度纳税信用等级A级模范纳税户"、2005至2013年连续9年被青海省政府授予"青海省上缴税收先进企业"、被西宁市政府授予"西宁市上缴税收大户"、2006至2013年连续8年被中华全国总工会和国家安全生产监督管理总局评为"全国'安康杯'竞赛优胜企业"，2009年被中华全国总工会授予"全国五一劳动奖状"，2010年8月荣获"燃协杯"全国燃气行业职业技能竞赛总决赛团体铜奖。

西宁中油燃气有限责任公司成立伊始，就将铁人精神和奉献精神作为引领企业文化发展的方向。也正是在铁人精神和奉献精神的鼓舞下，中油燃气人把职业当事业，为"大家"舍"小家"，实现了西宁中油燃气有限责任公司从无到有、从小到大、由弱到强的崛起。

为进一步保障用户的切身利益，完善燃气终端产品销售及售后服务体系，西宁中油燃气有限责任公司打造了集燃气终端产品销售与服务于一体的卓燃燃气终端产品销售4S店经营模式。卓燃4S店提供种类齐全的燃气终端产品供用户自行选购，确保广大用户的利益，降低燃气用户用气的安全隐患。同时稳定、规范了公司的施工秩序，极大地提高了公司用户工程的施工量，缓解了用户"接气难"的实质性问题，媒体负面报道和政府信访投诉也大幅降低。

我们正用不懈的努力和行动诠释着对推动燃气事业健康发展的热情，对客户服务的心贴心，团队成员之间的心连心。

汇聚清洁能源　共创美好明天

——佛山市燃气集团股份有限公司

一、基本情况

佛山市燃气集团股份有限公司（以下简称"佛山燃气集团"）在上级领导和社会各界悉心关怀和大力支持下，通过领导班子和全体员工20年的共同奋斗，已发展成为广东省乃至华南地区地级市中具有很强实力的城市燃气经营企业。公司属下有12家全资或控股企业，并投资参股广东大鹏、深圳大鹏、珠海LNG等上游企业。2013年末，公司资产总额41亿元。2013年，公司销售燃气60余万t，销售收入35余亿元。

20年来，公司经营规模快速壮大，经营范围由禅城区局部逐渐延伸至三水、高明、顺德，并积极向佛山周边城市拓展发展空间。公司的资产结构不断优化，由全资国有企业变身为国有相对控股、中外合资、员工持股的股份制企业。公司充分汇聚各方股东优势，充分调动各种积极因素，企业治理水平稳步提升。

二、业务介绍

全力构建清洁能源大动脉，提高全市天然气利用水平，让市民享受更多碧水蓝天，享受更加美好的生活，一直是佛燃人的责任、追求和事业。

公司经营范围涵盖天然气高压管网建设运营及中游分销、管道天然气终端销售服务、汽车加气、瓶装液化气销售服务，以及燃气工程设计、施工等业务，经营的主要产品为液化天然气（LNG）、压缩天然气（CNG）和液化石油气（LPG）等。

2004年以来，公司累计投资近30亿元，建成高压、次高压管线130多km，市政管网1 200多km，各类场站16座，汽车加气站7座。目前，天然气场站和管网设施的供应能力超过20亿m^3/a。

近年来，佛山燃气集团借力政府调整产业结构、推进节能减排的政策推动，抓住煤制气、重油窑炉及燃煤锅炉改造的机会，拓展了一批陶瓷、金属加工等大型工业用户。同时，公司还积极拓展居民、车用天然气市场。公司目前供应居民用户50余万户、工商企业用户2 600多户、公交车用户460多台、出租车用户3 500多辆。管道天然气已覆盖全市约40%的居民，处于全省领先水平。天然气在优化全市能源结构、改善大气环境质量、促进产业转型升级方面扮演着越来越重要的角色。

三、安全技术

佛山燃气集团历来重视安全生产，安全管理体系严谨高效，成立20年来一直保持重大安全责任事故为零的良好记录。

公司抢险、抢修队伍装备、管理均处于同行业领先水平，全天候提供应急抢险、抢修服务，深受广大市民信任。

公司积极推进信息化建设，近年来陆续开发了燃气管网资源管理系统（GIS）、燃气管网监测系统（SCADA）、GPS巡检系统、燃气应急抢险指挥系统等先进的信息化管理系统。

公司积极推广运用行业新技术、新装备，拥有"不停输带压开孔技术""大型桥梁燃气管道施工技术"和"室内暗藏燃气铜管技术"等多项创新技术成果，以及燃气泄漏检测车、激光甲烷检测仪等先进装备。

四、企业荣誉

佛山燃气集团是中国城市燃气协会常务理事单位、中国能源学会第二届常务理事单位、广东油气商会副会长单位、广东省燃气协会第五届副会长单位、广东省燃气协会第五届管道气部主任单位和第五届科学技术委员会副主任单位、佛山市燃气行业协会会长单位、佛山市安全生产管理协会副会长单位。

公司曾获中华全国总工会及国家安全生产监督管理总局授予的全国"安康杯"竞赛优秀组织奖、原国家建设部授予的"全国城市环境治理优秀工程"奖、广东环保先进单位推介活动特别贡献奖等荣誉。由公司主承建的"佛山市燃气管网资源管理系统"荣获2010年中国地理信息优秀工程金奖。公司客户服务中心于2011年4月荣获中华全国总工会授予的"工人先锋号"称号。

五、企业文化

佛山燃气集团以"汇聚清洁能源，共创美好明天"为使命，以"创建城市燃气行业的中国典范"为愿景。奉行"正心聚气，承安共生"的核心价值观，坚持"系统化、专业化、品牌化"的经营理念以及"合规合情，重行重效"的管理理念，将通过进一步整合资源，充分发挥人才、管理、技术、安全、服务及信息化等方面的优势，为客户、社会、员工和股东持续创造价值。

地址：广东省佛山市禅城区季华五路25号
邮编：528000
电话：0757-83367905
传真：0757-83368528
网址：http://www.fsgas.com
E-mail：fsgas@fsgas.com

立足秦华　走出西安　扬帆远航　共创辉煌

——西安秦华天然气有限公司

西安秦华天然气有限公司（以下简称"西安秦华"）于2006年11月18日正式挂牌成立，是由西安城市基础设施建设投资集团有限公司与香港中华煤气有限公司共同组建成立的合资公司，是目前西北地区首家引进外资、改制重组的大型城市燃气企业，公司注册资本为10亿元人民币，拥有西安市城六区及国际港务区特许经营权。经营范围包括城市管道天然气、煤气、液化石油气的供应和相关服务；燃气设施的生产、经营、维护、维修、质量控制、技术服务、科研开发、管网测绘、物资贸易。

截至2014年6月底，西安秦华所辖天然气管线累计投运5 591km，建有调度中心1座、抢险维修中心1座、门站2座、储配站1座、LNG应急气源站1座、高中压调压站16座。天然气居民用户165.8万户，工商用户6 572户，加气站44家，分销商2家。天然气上半年总供气量已达7.19亿Nm^3，日最大供气量为825万Nm^3。广泛涉及民用、工业、商业、餐饮、运输、福利和采暖锅炉等各个领域。天然气供应范围为西安市碑林区、莲湖区、新城区、未央区行政区域范围，以及灞桥区灞河以西、灞河以东陇海铁路以北区域，雁塔区南三环以北区域。

2010年起，公司开始在西安以外地区发展城市燃气项目，至今已在安康平利、宝鸡千阳、河南卢氏发展了3个城市燃气项目。

目前公司拥有6家业务子公司，分别是陕西赛福仪表有限公司、西安市天然气计量及燃器具检验测试所、西安秦华怡安燃气具有限公司、西安市燃气规划设计院有限公司、西安市天然气工程有限责任公司、西安市申通天然气工程有限责任公司。

西安秦华在安全方面坚持实行总经理月度安全检查制度和户内安全检查制度，开展"企业安检服务水平评价"工作，提升安检人员综合素质和安检效率，进一步保障客户用气安全。在人才培训方面，倡导持续学习理念，通过组织各类培训项目搭建学习交流平台，营造积极主动的学习氛围，并坚持所有员工100%持证上岗的原则，大力开展上岗培训及续证审核工作。在服务方面，推行"以客为尊"的服务理念，致力于为客户提供亲切、专业和高效的服务。在做好安全供气的基础上，不断追求更高的服务理念，让客户享受更优质的服务。并依托西安市的管理优势和业务发展平台，吸收香港中华煤气先进的管理经验和机制，全方位提升了企业的管理水平和经营实力，目前公司已成为全国较大规模的城市燃气集团公司。2014年，西安秦华将以服务为突破口，深入开展"服务提升年"活动，通过管理机制优化、工程前瞻规划、人力资源调配、科技水平提高等手段，从根本上强化服务意识和责任观念，转变工作作风，提高工作效率，实质性提高和塑造秦华公司优质服务形象，努力实现持续良性快速发展。

2008年，公司被高新技术产业开发区管委会评为"企业总部二十强"单位；2009年4月，公司获得西安市职工经济技术创新活动成果表彰；2010年1月，公司荣获省级安全生产"先进企业"称号；2010年至2013年，公司被陕西省国家税务局和地方税务局授予"A级纳税人"称号；2011年1月，公司荣获"最具成长性企业"称号；2011年3月，公司荣获"西安市政风行风建设先进单位"称号；2011年至2012年，获得年度"人民群众满意窗口单位"；2011年10月，公司培训中心被中国城市燃气协会授予"中燃协西安秦华培训基地"称号；2013年4月，公司荣获"天然气供应保障先进单位"称号；2013年4月，公司荣获"全国'安康杯'竞赛优胜单位"光荣称号。

砥砺奋进求跨越　铿锵前行创佳绩
——平顶山燃气有限责任公司

平顶山燃气有限责任公司前身是河南省平顶山市燃气总公司（原平顶山市煤气公司），成立于1982年9月，2008年8月由国有独资公司改制组建为产权多元化的股份制企业。共有4家股东，股权比例分别为平顶山市国资局38%、郑州燃气股份有限公司27%、北京慧基泰展投资有限公司19%、平顶山燃气有限责任公司工会16%。

企业经营范围为燃气销售、燃气热力工程设计、安装、车用天然气销售，兼营燃气具制造、销售、维修以及天然气汽车改造等。公司现有员工1 200人，注册资本金9 559.06万元，总资产8.06亿元，拥有天然气高压管网260km，中低压管网1 117km，天然气场站15座，车用燃气加气站5座，供气管网覆盖平顶山市新老城区并辐射所辖所有县（市、区），承担着保障全市26万户居民、100多万人口和650余户工商业用户的安全稳定供气重任，年销气量2亿m^3，年产值7亿元，年创利税5 000万元，中心城市气化率达94%，进入河南省燃气企业先进行列，连续2届蝉联"鹰城十大影响力企业"，先后获得"河南省卫生先进单位"、"河南省治安模范单位"、"河南省先进基层党组织"、"河南省学雷锋先进单位"、"国家一级计量合格单位"、"全国五一劳动奖状"和"全国文明单位"等荣誉称号。

企业主动承担社会责任，积极推进老城区人工煤气置换工程。由于煤气管网老化，人工煤气气质差、压力低，严重影响市民生活，2009年，平顶山市政府决定将实施人工煤气改造工程列为重点民生工程。公司全力以赴，不等不靠，克服协调难、资金紧张等诸多困难。自2010年起，累计投资2.1亿元，对我市原有人工煤气管网设施全部进行置换。目前累计新建中低压主管道700km，新建改建庭院管网1 950km，调压柜99座，17万人工煤气用户的置换基本完成，明显提高了市民生活质量。

和气致祥　惠普万家
——三亚长丰海洋天然气供气有限公司

三亚长丰海洋天然气供气有限公司，创办于1995年，是海南省第一家投资建设和经营管理城市公用基础建设的民营企业，也是三亚市第一家由三亚市委、市政府大力扶持起来的境外上市公司。公司于2008年2月在加拿大多伦多联交所（TSXV）上市，上市名称为长丰能源有限公司Changfeng Energy Inc.（Changfeng），公司代码（CFY）。董事局主席兼首席执行官为原公司董事长兼总经理林华俊先生。

公司具备城市燃气企业甲级资质，系中国城市燃气协会会员单位、海南省燃气协会常务理事单位、海南省工业经济联合会副会长单位。公司相继荣获"海南省安全生产先进单位"、"三亚市安全生产先进单位"、"海南省节能减排十大功勋企业"、"最具社会责任感企业"、"海南省自主创新型企业十大楷模"等荣誉称号。

公司目前主要经营板块是燃气管道的连接、天然气销售，以及供应天然气，客户包括工商客户和居民客户。公司投资建设的三亚市民用天然气输配管网工程于1995年开工，2003年6月建成并实现市区主管网通气。该工程是海南省、三亚市重点工程，也是三亚市委、市政府为民办实事好事的重要项目。工程按满足三亚市区70万人口日常生活、公共福利设施及部分工业用气需要设计，包括南山市区输配干线、市内管网、首站、门站、三亚市第一气源站，调压站等，设计年最大供气能力5.37亿m^3，气源主要来自崖13-1气田、福山油田。目前公司主要负责着三亚市民用天然气输配管网工程的运营和管理。

三亚地区现已建成的长输管线为38km，街区管线247km，庭院管线280km，项目建成的燃气管网已逾500km。2009年6月，三亚门站LNG气化站建成投产，2010年12月三亚市第一气源站建成，设计供气能力10万m^3。截至2014年6月份，公司供气居民用户90 835户，工商用户752户。

三亚长丰海洋天然气供气有限公司现已与国内多个城市签订城市供气项目和汽车加气项目。公司在各级党委、政府的关怀、指导下，立足于城市燃气项目，将计划通过与中国的能源巨头合作，依托产业优势和资源优势，努力实现产业多元化，力争成为中国一流、国际知名的综合性能源投资开发和生产企业。

和谐发展　奋进创新

——上饶市大通燃气工程有限公司

上饶市大通燃气工程有限公司坐落在美丽的江西上饶。上饶，位于江西省东北部，自古就有"豫章第一门户""八省通衢"和"上乘富饶，生态之都"之称，下辖12个县区市，曾荣获中国优秀旅游城市、中国最具幸福感城市、中国最佳投资城市等多项城市荣誉。

本公司是一家集供应、销售燃气，燃气工程设计与施工，燃气器具销售、安装及维修为一体的专业管道燃气工程公司。其前身为"上饶市博能管道煤气工程有限公司"，2005年2月由天津大通集团收购，并正式更名为"上饶市大通燃气工程有限公司"。公司承担着上饶市区、上饶县和上饶市经济开发区范围内燃气建设、经营和管理的任务。公司下设14个部门，拥有员工160余人，技术力量雄厚，拥有各类专业技术人员100余人，具有先进的生产能力和检测技术装备，丰富的生产施工经验及健全的生产、技术、质量管理体系和管理制度。

根据上饶市"十二五"规划蓝图，高铁、飞机场的相继落成，将进一步促进上饶市城区的发展，预计人口将突破百万，同时国家西气东输二线经过上饶，大通燃气公司抓住这一有利时机，于2012年9月再投巨资，在上饶经济技术开发区合口片区，设计建设用地面积约为34 000m^2、供气规模达46万m^3/d的天然气管网工程接收站，并于2013年10月15日投产通气，结束了上饶市长期以来用车载天然气的历史。该站的建成，有利于改善上饶市燃料结构、保护生态发展环境、提高人民生活质量，是一件利国惠民的大事。

完善设施　科技倡导　绿色无碳　服务百姓
——西安华通新能源股份有限公司

西安华通新能源股份有限公司（以下简称"华通公司"）成立于1999年7月，2000年11月16日整体改制设立为股份有限公司。公司以天然气节能、环保等洁净能源技术的研究、开发、推广、利用为主业，是始终致力中小城市及新农村建设能源改造创新的燃气企业。主营业务包括：城市燃气项目、LNG/CNG加气站的投资、建设、经营；LNG/CNG的储运、销售经营；城市天然气管网和设备的投资、施工；工业、商业、居民用气设备安装、施工业务等。天然气属于环保能源、朝阳产业，是国家21世纪重点开发和利用的新能源。华通公司作为国内较早进入天然气产业投资经营的民营企业，得到了陕西省政府的重点扶持。

经过十几年的努力，公司已成长为国内燃气界规模较大，颇具实力的民营股份制燃气企业。目前在陕西、安徽、湖北等全国8个省（区）拥有7家子公司，13家分公司，投资建设城市燃气、CNG加气站、LNG加注站、CNG母站、LNG加工厂、调峰储备站等135个项目。公司与项目所在地政府签订了区域性天然气独家特许经营协议，投资建设的天然气工程被政府列为重点项目。

西安华通新能源股份有限公司被陕西省科学技术厅认定为高新技术企业；被项目所在地政府列为"重点保护"单位；被中国燃气热力协会确定为国内燃气企业排行榜10强企业，中小城镇天然气供应企业中名列前茅的龙头企业；享受国家能源基础产业15%的所得税优惠政策，拥有陕西省建设厅颁发的城市燃气企业资质证书。同时公司为陕西省燃气热力协会常务理事单位；中国城市燃气协会理事单位；全国诚信企业；国家标准燃气服务标准等多部专业国标及书籍参编单位。

用社会责任感经营企业　用人格魅力发展企业
——成都凯能天然气有限责任公司

成都凯能天然气有限责任公司（以下简称凯能公司）位于成都市温江区公平温泉大道一段158号,是中国城市燃气协会理事单位、四川省城市燃气协会理事单位、成都市温江区人民政府特许经营燃气企业,是中国改革开放30年成都市"突出贡献企业"。

凯能公司自成立以来,在总经理黄文忠的带领下,定位准确,立足于改善经营区域内的天然气基础设施建设,优化温江区的投资环境。公司先后承担了温江区公平、永宁、万春、踏水、和盛、镇子、寿安、通平、玉石以及青羊区文家等地的天然气管网建设和燃气供应。供气区域占温江区行政区域的三分之二。公司自成立以来,大力推进辖区天然气管道设施建设,现已敷设各类天然气主、干管道约185km,用户6万多户;同时,根据四川省政府提出的在2008年实现"村村通"天然气的目标,从2003年起,凯能公司在不让政府投资一分钱的情况下,将天然气供气主管从万春镇铺设至玉石老场镇,管线全长20余km,历时4个多月完工,而这项投资回收期是较长的。凯能公司不仅为温江区东北片区的经济发展起到了夯实基础的作用,更为温江区的城乡一体化建设、气化全区和改善投资环境做出了突出贡献。

公司自成立以来一直严格按照"安全第一、预防为主"的安全生产方针,建立了高标准的安全管理体系,同时开通了"82650991"24小时客户服务热线电话,抢险及时率始终保持100%。为进一步做好"良心工程",针对公司供气区域安置小区比较多,安全用气意识淡薄的情况,公司在居民较为集中的居住区安装安全用气宣传栏,每季度定期更换,宣传内容丰富多彩。既有相关法律法规介绍,又有安全事故原因分析与防范措施介绍;既有安全用气小知识、小窍门介绍,又有公司动态新闻。除此之外,公司不定期地对安置小区及老旧场镇进行安全用气宣传,并上门检查安全用气情况,排除安全隐患;对学校、医院等人员集中的重点用户,每逢节假日都会组织一次安全大检查,至今未发生过一起燃气安全伤亡事故。

19年跨越式发展的奥秘

——天信仪表集团有限公司

引领改革开放先河的苍南土地上从不缺乏奇迹。仅仅19年，从一个50万元资产的小企业成长为拥有6.5亿元资产的集团公司，从租用500m²厂房到占地约67 000m²的大厂区，天信仪表集团以令人惊叹的发展速度诠释了"活力"二字。

一、科技创新，开启活力之源

科技创新是天信仪表集团跨越发展的强力引擎。天信的产品有"两高""两低"的特性，"两高"即高科技、高附加值；"两低"即低能耗、低污染。天信仪表集团每年按销售收入的5%提取经费用于开发新产品和研发中心建设。目前，天信仪表已建立了以"三级技术研发中心滚动开发"为载体的技术开发网络。其中，一级中心是与浙江大学共同建立的浙大流体传动自动控制国家重点实验室——天信科技开发中心，把产学研和技术创新良好地结合在一起；二级中心是集团总公司和各子公司研发中心，形成具有自主知识产权的产品和技术；三级中心是与美国百强企业、领先世界的仪表公司——德莱赛工业公司开展合作，推动了技术进步和产业升级。通过三级研发中心的滚动发展，实现了整合优势、资源共享，从而提升企业的自主创新能力，提高了参与国际竞争的水平。

完善的科研架构让天信成为科研成果的孵化器，几年来，天信共成功开发了12大系列产品，研发的9项产品列入"国家级重点新产品"；5项拥有国家专利；2项列入"国家级火炬计划项目"；2项列入"国家级创新基金项目"；1项为863对接项目；7项获得国家信息产业部著作权证书和浙江省信息产业厅登记的配套软件产品，产品经省经贸委、科委组织的技术鉴定确认："处于国内领先水平或国际先进水平"。强大的科研力量，使天信集团近几年在全国城市燃气计量领域一直名列前茅。

二、善于借力，跨越发展之因

借合并、兼并之力，天信仪表集团跃上国内城市燃气计量仪表一流行列。1998年，天信仪表集团的前身——三维仪表公司和华宇仪表公司强强联合，创建了浙江天信仪表有限公司，2000年又兼并了苍南仪表三厂，这2次的合并、兼并，是天信仪表在企业发展规模上的飞越，企业也顺势站上了国内城市燃气计量仪表行业之巅。

借力世界顶级公司，进一步增强企业实力。国内市场的攻城拔寨没有让天信人故步自封、自我满足，他们将目光瞄向了世界顶级公司，在天信人看来，只有在国际化竞争中直面国外品牌竞争，从容与狼共舞，企业才能在经济全球一体化的形势下有立足之地。和国外知名企业进行战略合作，借助他们先进的技术，引进他们的产品、先进的管理经验，帮助天信拓展另外一条道路，这是天信发展的新思路。1999年，天信仪表和美国百强企业德莱赛公司达成了合作协议，如今，通过天信集团的销售渠道，德莱赛已成为同类产品中的优秀品牌。

天信集团还善于借人才之力，让人才和企业共同成长。创新的激励机制是天信仪表集团吸引人才、留住人才的一大特色，天信仪表集团制定了"科技成果奖励制度"、"专利管理制度"、"横向科技协作管理制度"等一系列规章制度，对优秀专业人才不吝重金并委以重任，同时给他们提供学习深造的机会。帮助他们解决配偶安置、住房分配、子女入学等问题，解决其后顾之忧。这一系列的举措，为研究开发人员提供了发挥创造力和实现个人理想的空间和机会，进一步调动了他们的工作创新性、主动性和积极性，实现了企业价值和员工自身价值的同步增值。

善于借力，利用好人才、技术和销售网络优势，天信站上了国内外"巨人"的肩膀，不仅让天信在全国燃气领域的地位进一步得到提升，也为企业带来更大的发展机遇。

三、上善若水，牢记社会责任

在天信创业发达、创新致富的路上，从来不忘造福他人。天信在企业内部设立了爱心基金，开展扶贫帮困送温暖活动，帮助员工解决实际困难，为员工排忧解难；天信每年向社会提供若干岗位，缓解了苍南县就业压力；天信集团与甘溪村、大观村等形成帮扶结对，在教学楼、道路等基础设施建设方面给了经济支持，增强了农村的"造血"功能；天信集团还积极发动员工参加慈善募捐、无偿献血、拥军慰问等公益活动。此外，天信集团积极响应上级政府关于解决中小企业贷款难的问题，发起组建了苍南联信小额贷款有限公司，此举为缓解社会贷款难、扶持中小企业发展做出了应有的贡献。近年来，企业和个人用于扶贫济困、捐资助学、抗台救灾、拥军抚属、帮扶结对及各种慈善捐款等累计达到600多万元，共接收国企改制的下岗工人、复退军人、大中专毕业生共计400人。由于企业具有较强的回报社会的意识和实践，也得到社会的回应和好评，天信集团被授予"全国五一劳动奖状"、"浙江省文明单位"和"苍南县慈善事业献爱心先进企业"。

天信，正紧抓中国经济腾飞、民族复兴的历史机遇，紧抓世界制造业基地转移的历史契机，厚积薄发，精思远鹜，为民族天然气产业的发展再创辉煌！

值得您信赖的合作伙伴

——中冶焦耐工程技术有限公司

中冶焦耐工程技术有限公司（简称中冶焦耐）创建于1953年，是世界500强企业——中国冶金科工集团公司的控股子公司，是技术集成、装备集成一体化的功能完善的国际化工程公司。

中冶焦耐技术业务领域涵盖炼焦化学、耐火材料、石灰、市政建筑与环境工程、自动控制等，是为用户提供技术工程咨询、设计、监理、设备成套和总承包等工程建设、运行维护等全生命周期服务的科技型企业。

目前，中冶焦耐承担的工程项目遍布全国29个省、市、自治区以及南非、巴西、日本、印度、土耳其、伊朗、哈萨克斯坦、缅甸、越南等多个国家和地区。在中国勘察设计行业"百强"企业排名中位列前20。

在焦炉设计上，中冶焦耐具有丰富的经验和自己的独到之处，各种规格的顶装焦炉和捣固焦炉形成了系列。以鞍钢焦化、梅钢焦化为代表的新一代7m顶装焦炉设计达到国际先进水平；依托国家863项目，设计开发复热式、多段加热、废气循环、单孔炭化室压力调节等新型炼焦技术；设计开发出新一代6.25m捣固焦炉，并在唐山佳华项目一次性投产成功。

中冶焦耐完成了干熄焦成套技术的全面国产化，完成了拥有自主知识产权、满足市场需求的处理规模75~230t/h系列化干熄焦工艺技术与装置；成果已用于鞍钢、本钢、天铁等干熄焦工程上。2010年1月11日，由中冶焦耐组织开发的"干熄焦技术与设备国家重大引进、消化吸收国产化'一条龙'项目"荣获国家科学技术进步二等奖。

采用合作设计的方式，中冶焦耐先后与日本的工程公司合作设计了天津煤气二厂、安阳钢铁公司焦化厂的脱硫装置，与德国Still-Otto公司、Kurpp.Koppers公司合作设计了宣钢焦化厂、石家庄焦化厂、攀钢焦化厂、北京焦化厂的煤气净化系统。目前，通过合作、借鉴和开发创新，中冶焦耐已经掌握了焦炉煤气净化的各种正压和全负压工艺，可以将焦炉煤气中的氨、硫、苯等有害物质回收加工成各种宝贵的化工产品。

作为中国耐火材料厂、石灰厂甲级专业工程公司及工程总承包单位，中冶焦耐设计建成了大量具有国际先进水平的各种新型优质耐火材料厂、石灰厂及水泥厂、玻璃厂等工程。1986年设计完成的海城5万t高纯镁砂工程、1988年投产的大石桥镁碳砖工程、1991年正式投产的青岛长水口工程填补了国内空白，替代了进口产品。

从20世纪80年代开始，中冶焦耐在为钢铁企业服务的同时，陆续开发了城市煤气、化工、建材、机械、热力、发电以及市政工程等多方面的业务。仅在城市燃气领域，中冶焦耐就完成了北京、天津、上海3个直辖市以及昆明、长春、福州、贵阳、大连、烟台、青岛等60多个省会及沿海开放城市的燃气工程设计。

中冶焦耐掌握了从直立炉炼焦制气、两段炉制气、重油制气、水煤气甲烷化、液化石油气掺混空气到天然气的城市燃气各种气源的制气技术和输配工程技术。以上海、大连等轻油制气项目为代表的城市燃气新技术处于国内领先地位。

中冶焦耐通过采用生物脱酚、溶剂法脱酚、生物降解氨氮等水处理技术，使焦化污水治理达到排放标准，大大减少了对环境的污染。中冶焦耐承担了联合国赠款的鞍山市垃圾处理示范工程，并被联合国全球环境基金组织确定为中国城市垃圾填埋采沼与沼气利用项目国内技术专家组组长单位。

1993年，中冶焦耐取得对外经营权后，在技术及劳务输出等开拓国际市场的业务方面如虎添翼。目前，公司业务范围涉及南非、日本、伊朗、巴西、印度、土耳其、越南等国，凭借优质的技术、设备服务，受到了广大业主的一致好评。

2001年，中冶焦耐首次承担提供从设计、设备供货、生产技术直至达产达标的缅甸耐火材料制造厂工程总承包项目。随着南非纽卡斯尔焦化工程、巴西USIMINAS焦化工程、印度TATA焦化项目等海外总承包项目合同的成功实施，中冶焦耐不断踏出"迈出国门、走向世界"的新脚步。

以设计为龙头，由单一的工程咨询设计向为业主提供工程建设全过程、全方位的技术和管理服务，具有设计、采购、建设功能的工程总承包体制在中冶焦耐日渐成熟。

中冶焦耐拥有一支技术实力雄厚，实践经验丰富的专业技术人员队伍，其中，国家级工程设计大师1人，省级设计大师2人，教授级高级工程师177人。

近年来，以ERP、OA、ECM系统以及SmartPlant、Solidworks、Aspen等三维仿真模拟软件的积极应用为标志，中冶焦耐的信息化建设进入了一个崭新的时代，实现了管理手段及生产技术平台的突破性提升。

未来，按照现代企业制度的要求规范运作的中冶焦耐，将凭借雄厚的技术实力和丰富的实践经验，秉承敬业、忠诚、团结、进取的企业精神，恪守"诚信社会为本，客户满意为荣"的经营理念，带着对美好明天的希望，向着建设一流的国际化工程公司的目标前进！

集团化模式运营 全球化资源服务
携手与您共创美好未来
——中集安瑞科控股有限公司

中集安瑞科控股有限公司执行董事、
总经理 高翔

中集安瑞科控股有限公司（以下简称"中集安瑞科"）是香港联合交易所主板上市公司（3899.HK），主要从事于能源、化工及液态食品行业的各式运输、储存及加工设备的设计、开发、制造、工程及销售。公司在河北石家庄、廊坊，安徽蚌埠，湖北荆门，江苏南通、张家港、南京，荷兰，丹麦，德国等多个国家和城市拥有制造及设计基地，拥有18家国内外成员企业；产品涵盖各种气体（高压、低温、中压）储运设备、化工产品储运设备、液态食品生产储运设备，能够提供工程总包服务以及天然气、化工和食品储运装备领域的解决方案，拥有功能齐全的研发中心，营销网络遍布全球。

公司依托能源、食品和化工产业链积极开拓海内外市场，致力于行业装备的现代化，经过多年来的迅猛发展，已成为行业内具有领先地位的集成业务服务商和关键设备制造商。

公司根据业主的不同业务需求，从项目的可行性分析、立项、勘察、设计、建造、装备成套、安装调试到试运行，提供全方位用户服务体系，具有可靠的质量管理体系和完善的项目管理制度，以及甲级设计单位资格证书、甲级工程总承包资格证书和甲级工程咨询证书，为客户提供量身定制的EPC、E、EP，或EP+CS、PM等形式的工程服务。主要可提供如下产品。

一、LNG接收站及LNG大型储罐

源自拥有25年经验的独立项目总承包商TGE的技术和管理，提供LNG接收站整体解决方案和交钥匙工程，包括LNG接收站EPC总承包项目，LNG接收站FEED前期工艺项目。

在全球成功完成多个大型LNG储罐工程项目，如美国Calhoun LNG接收站、加拿大Kitimat LNG接收站及中海油浙江宁波LNG接收站等，都成为了行业内的典范。

公司大型LNG储罐制造能力：5 000～160 000m³。

二、CNG、LNG、L-CNG加气站

拥有成熟的CNG、LNG、L-CNG标准加气站和撬装加气站建站经验，可根据不同规模、不同区域、不同环境和资源条件的投资状况，配置出多种形式的加液加气模式，满足客户的各种需求。

承建了中国第一座国产LNG加气站——新疆乌鲁木齐LNG加气站，以及中国目前最大的LNG加气站之一——中海油深圳上冲和珠海斗门LNG加气示范站。

三、啤酒酿造区交钥匙工程

中集安瑞科旗下德国Ziemann是啤酒行业最悠久的世界知名品牌之一，拥有超过160年的历史，具备先进的拥有自主知识产权的总包工艺包系统，是世界上唯一一家能同时提供过滤槽和压滤机的糖化设备供应商。

截至目前，中集安瑞科的啤酒酿造总包工程服务项目共计90多个，遍布全球33个国家和地区。

根据项目业主需求，提供包括以下方案在内的整体解决方案：项目规划方案（咨询、可行性研究、经济性分析）、工程与工艺技术解决方案（基础设计、工艺设计、工程设计）、装备制造与系统集成（设备制造、安装、调试、验收）、服务与培训支持解决方案、金融服务解决方案和其他增值服务。例如中小气源综合回收利用、中小型天然气液化工厂、车船天然气应用等方面的综合系统解决方案。

在未来的发展中，我们将依托强大的品牌影响力，在持续培育以创新为主的核心能力的同时，实施一体化的增长性战略，提升高附加值的集成业务，实现产业链装备制造、工程服务及系统解决方案一体化经营；始终秉承为客户创造价值的理念，为客户提供金融租赁、智能监控等多种增值服务；积极开拓海内外市场，并加强并购整合能力，以实现公司的长远发展。同时，中集安瑞科也会积极履行社会责任，通过自身的不懈努力，为全球能源、化工、食品装备和服务行业的技术进步和产业发展、为人类生活更加美好做出杰出贡献。

以客户需求为导向 实现创新驱动发展

——辽宁思凯科技股份有限公司

辽宁思凯科技股份有限公司（以下简称"思凯公司"）是一个致力于物联网与大数据在公用事业上应用的企业。坐落于辽宁省丹东市鸭绿江畔，成立于1995年，现有员工365人。目前围绕核心技术已申报了10余项专利，其中发明专利3项，核心产品通过了省、市级多项科技成果鉴定，所有产品拥有自主知识产权，技术居国内领先水平。

产品包括物联网燃气表、水表、热量表及系统集成和软件产品等，是国家高新技术企业与软件企业，已通过ISO9001:2008 质量管理体系认证、ISO14001：2004环境管理体系认证、GB/T28001—2011职业健康安全管理体系认证、计算机系统集成三级资质认证和CMMI三级认证。

思凯公司关注行业技术发展，参加了《膜式燃气表》（GB/T 6968—2011）、《IC卡膜式燃气表》（CJ/T112—2000）、《IC卡冷水水表》（CJ/T133—2001）、《热量表》（CJ128—2000）、《建设事业IC卡应用技术》（CJ/T166—2002）、《超声波燃气表》等标准的编制及修订，致力于行走在行业技术的前沿。

思凯公司研发中心在规模、人员、设备配备上达到行业领先水平，每年投入研发经费占销售收入的12%，从而保证了公司从研发出中国第一台IC卡燃气表开始，2000年研发出中国第一块金融IC卡燃气表，2005年又研发出中国第一块支持阶梯气价无线IC卡燃气表。研发中心下设产品研发、软件工程、机械设计、网络信息、研发测试、技术支持6个部门，有研发人员近百人，其中享受国务院特殊津贴1人、教授级高级工程师5人、高级工程师8人、工程师32人。专业包括计算机应用、自动控制、检测技术、无线电技术、机械制造等。核心骨干人员更是在IC卡应用及无线领域从业15年以上，并参加多个行业标准的编写。公司产品包括气、水、热多个行业的计量及计量相关设备，其中燃气行业产品涵盖民用及非民用用户的燃气终端计量，以及城市级数据采集、数据分析、燃气销售管理、表具管理和维修巡检管理等众多领域的管理系统。在上海、吉林等城市所使用的管理系统，完全达到城市应用的要求，可管理100多个营业网点的数据业务，并与多家商业银行实现了实时可靠的数据交换。为阶梯气价、水价提供全套解决方案。

经近10年的研发，思凯公司开发出超声波燃气表及系列产品，超声波燃气表具有温压补偿、高精度计量和防窃气功能。此外，思凯公司的安全型物联网超声波燃气表可通过物联网以无线方式调整燃气价格，实现了阶梯价格，表内自动计费。该表已于2013年成系列投产并已经在丹东、大连及上海地区使用，从使用情况来看，所有表具运行稳定、计量准确，完全达到表具的设计要求，实现了所有的设计功能，运行状态良好，满足了燃气用户需求。

公司产品在用用户500余万户，其中物联网用户120余万户。2005年起为上海提供物联网阶梯气价燃气表的解决方案，并在2014年全面启动了该功能。到目前为止，产品形成以北京、上海为核心，向周边城市辐射的市场格局，在国内100多个城市得到应用与推广，主要包括北京、上海、天津、吉林、江苏、浙江、黑龙江、辽宁、河北、山西等地。

技术创造价值　服务成就未来

——成都千嘉科技有限公司

成都千嘉科技有限公司（以下简称"千嘉"）成立于2001年，系成都燃气控股的国家高新技术企业，是国内较大的远传抄表系统生产企业及公用事业领域信息化系统提供商。经多年发展，千嘉现已成长为行业技术、质量、规模、效益领先的远传抄表产品企业、住建部住宅远传抄表系统2项行业标准的参编单位、国家火炬计划重点高新技术企业、四川省建设创新型培育企业、四川省知识产权试点企业。

科学技术是第一生产力，千嘉自成立以来就非常重视科技创新及创新载体的建设。目前公司已建成的创新载体有：千嘉物联网技术研究院（四川双流"三中心二平台之一"）、千嘉博士后创新实践基地（博士后工作站）、四川省企业技术中心、四川省燃气智能化工程技术研究中心、现代城市公用事业智能化高精传感装置四川省工程实验室、千嘉科技—中科院微电子所产学研联合实验室、院士（专家）工作站。

通过一系列的创新载体建设，千嘉吸引和培养了大批高素质技术人才。目前公司已拥有70余项国家专利，拥有多名"千人计划专家"。

同时，千嘉物联网技术研究院是一家以物联网技术在燃气行业的应用为研究领域的物联网技术研究院，在国内燃气行业信息化解决方案供应商中其规模较大。千嘉物联网技术研究院不但拥有自身的技术沉淀，且背靠国家物联网研究发展中心的百人专家库及中国科学院微电子研究所、中国测试技术研究院等专家团队提供技术支持，并同复旦大学、中国计量学院、西南石油大学等高校建立了长期战略合作，引领着燃气行业物联网技术应用的迅猛发展。

在雄厚的技术实力保障下，千嘉产品始终处于行业前列地位。公司现有民用远传气表、民用远传水表、民用远传抄表系统、流量计、工商业远程监控系统、工商业预付费系统、IT咨询与规划、公用事业业务软件开发、系统集成建设及IT实施服务等十几个系列产品。同时，千嘉将持续在燃气行业的智能化与信息化建设中进行纵深发展，推动更多的燃气公司完善信息化建设，实现燃气行业更节能、更安全、更有效的发展。

技术创新是龙头，产品质量是基石，客户服务是保障。千嘉在重视科技创新的同时，同样致力于打造更加优质的产品，以及建设一支高效快捷、技术精湛的客户服务团队。千嘉拥有国内最先进的智能燃气表自动化生产装配检测线，单班年产量达到200万/台套。同时，公司在全国28个省市设立了分公司、办事处及售后服务点，为客户提供最及时周到的本地化服务。

随着公司产值的快速增长以及公司资产、人员、业务规模的迅速扩大，千嘉也更加重视企业内部的管理和控制、专业人才的规划和引进、管理手段的多样化和有效性。首先，在行业内千嘉率先通过了ISO9001+GB/T50430工程建设施工组织质量管理体系认证、ISO14001环境管理体系认证及OHSAS 18001职业健康安全管理体系认证。同时，千嘉引入了"华润3C领导力素质模型""精益管理""6S管理"等先进管理理念，并建设了BI系统、ERP系统等现代化智能化的信息管理系统，实现了数据及信息的实时上传、实时更新,为公司更快更准地满足客户需求提供了更有力的保障。

技术创造价值,服务成就未来。作为一家拥有完全自主知识产权的高新技术企业,我们将依托"千嘉物联网技术研究院"的综合优势,凭借客户服务团队完善的售后保障,努力成为公用事业智能化系统的最佳供应商,为社会各界、千家万户提供优良的服务。

抓质量　练内功　树品牌
——贵州森瑞新材料股份有限公司

贵州森瑞新材料股份有限公司成立于2003年，位于贵阳市国家高新技术产业开发区，占地面积400 000余m^2，公司注册资金15 750万元。是贵州省规模较大的专业从事新型塑料管道研发、制造、销售的新型环保科技企业，拥有位于贵阳金阳、贵阳乌当、武汉黄陂等已投产的生产基地。目前已成功实现由有限公司向股份公司的转型，并已正式向全国股转公司提交上市申报材料，2014年取得了全国股转系统批复，实现成功挂牌。

公司目前装备了100余条国际、国内先进生产线，并拥有先进的检测设备和完善的检测手段。营销网络覆盖广泛，能及时有效地为客户提供优质齐全的管材及管件。

产品塑料管道行业产品广泛应用于市政及建筑给排水、农用（饮用水及灌排）、市政排污、通信电力护套、燃气输送、辐射采暖、工业流体输送等领域。目前国家政策有利于塑料管道行业发展，特别是在国家实施城镇化建设以及5年内全面启动城市管网改造的背景下，配套市政工程建设量较大，污水资源化、城市地下管网改造、公租房、廉租房、保障房建设等项目将强力拉动管道行业市场需求。公司通过10年的发展，已在行业内奠定了一定的品牌、技术、规模和市场基础等。

公司以质量为核心，全面推进质量管理工作，系列产品获得了"贵州省名牌产品"称号。

公司已拥有30余项国家专利，下一步将充分发挥技术队伍的智慧，合理利用贵州省高新技术企业、省级技术中心这个平台，依托国家复合改性聚合物材料工程技术研究中心、四川大学、贵州大学的技术研发实力，通过不断研发新产品满足客户需求，不断改进来持续稳定提升产品质量，提升森瑞品牌知名度，增强市场竞争力，提升企业的规模效益。

目前公司的发展定位为"规模化与专业化"齐头并进，规模化保证了公司的销售规模，更好地发挥成本经济优势，是公司的生存之本；专业化是指在燃气、通信、农饮、烟草等领域发挥公司的硬件优势，按照国际先进水平进行硬件设备改造建设并进一步提升公司管理，不断将产品做精、做专、做强，在上述领域内建立起独树一帜的品牌竞争力。

节能减排 创造更加安全、环保、舒适的生活环境

—— 山东益华燃气设备有限公司

  山东益华燃气设备有限公司始创于2008年,位于山东烟台经济技术开发区,是专业从事天然气设备研发、制造、销售、安装及服务于一体的高新科技企业,主要经营产品为楼栋调压箱、撬装式门站、调压柜系列、LNG加液站与气化站、L-CNG加气站、CNG压缩天然气加气站与减压站系列、阀门系列,产品遍及全国20个省、市及自治区,广泛用于石油、石化、海油、油田、输气管线、城市天然气、单点供气等重要领域。

  在企业规模上,山东益华燃气设备有限公司年产调压装置2 000多套、压力容器1 000多台,建设项目是列入"十二五"产业技术创新规划的能源类建设项目。

  在公司资质上,公司倡导与遵循国家燃气行业规定,已取得全国工业产品生产许可证与(A级燃气调压及B级减温减压装置)压力管道元件特种设备制造许可证,已获得中石油昆仑燃气、中石油天然气股份有限公司青海油田、新奥燃气等多家燃气公司配套的市场准入权,并已全面通过ISO9001:2008质量管理体系、ISO14001:2004环境管理体系和OHSAS18001:2007职业健康安全管理体系。

  公司自成立以来,在西气东输的国策指引下,伴随国家天然气事业的飞速发展,积极引进、研发、制造及应用与天然气配套的燃气设备,尤其在产品研发方面,积极与高等院校进行强强联合,时刻提高技术水平和市场竞争力,不断改善与提升产品。同时,公司亦大力引进更加先进完备的生产调试检测等作业设备,严格选用并精心打造一支干练有效、训练有素的精英团队。

  公司一贯秉承"科技缔造品质,品行成就未来"的经营理念,"遵章守纪,同甘共苦,感恩有你,永续发展"的企业文化,"科学手法,实事求是,全员参与,改良改善"的质量方针,"客户至上,提供客户满意的产品与服务"的服务宗旨,为客户郑重承诺,排忧解疑,以此赢得了燃气行业客户的广泛好评。

  山东益华始终坚持不断创新与研发,坚持品牌经营,坚持有限多元化及国际化的发展战略,坚持高标准的生产技术指标,坚持优质的服务,与时俱进,成为中国燃气能源行业领先企业,为人类创造更安全健康舒适的生活环境。

全国免费客服热线:400 0535 989
公司电话:0535-6959555   公司传真:0535-6959199
公司网址:www.sdyihua.com   公司邮sdyihua@sdyihua.com
公司地址:山东烟台经济技术开发区开封路3-1号

选择亚丽安　安全每一天

——天津亚丽安报警设备有限公司

天津亚丽安报警设备有限公司（原天津市东丽警报器厂）建于1984年，是国内生产可燃气体报警设备较早的厂家之一。经过多年的发展，生产技术不断改进，产品规格越来越多，生产规模越来越大。目前产品已形成系列化。产品广泛应用于石油化工、制药、仓储、石油液化气等企事业单位。

近年来，公司在广东、江苏、四川、陕西、河北唐山、哈尔滨、江西等省市地区设立了销售分支机构，加强了与有关设计院（所）、消防工程公司等单位的横向联合，使产品集生产、安装、服务于一体。以产品性能稳定、服务优质、价格合理，深得用户的好评。产品先后通过国家消防电子产品质量监督检验中心及国家防爆电气产品质量监督检验测试中心的检测及产品型式认可。

典型用户有：天津市裕华化工仓库，中油公司908油库，可口可乐天津分公司，华明油库，天津义聚永酒业有限公司，天津科迈化工有限公司，中瑞药业有限公司，中纺新材料科技有限公司，德威化工有限公司，唐山钢铁公司焦化制气厂，瑞丰钢铁公司，NGK电子公司，呼市大正金属焊割气有限公司，爱信齿轮有限公司，韩进涂料有限公司，捷安特车业、杭州民生药业、广州汇能燃气科技、扬子药业、贵州贵港甘化股份有限公司等。

公司服务宗旨为"质量第一，用户至上"，以质量求生存，以优质服务求信誉，以合理价格赢得市场，在追求企业经济效益的同时，更注重社会效益。

公司地处天津市区与滨海新区之间，南邻东丽开发区，北靠滨海国际机场，地理环境优越交通便利，竭诚欢迎广大用户光临指导、洽谈业务。

地址：天津市津塘公路四号桥（驯海路）
电话：（022）24390824　（022）24930625　传真：（022）24390824
邮编：300300
网址：www.tjyla.com
E-mail：bxc@tjyla.com

科技无止境　未来更精彩

——新天科技股份有限公司

新天科技股份有限公司（以下简称"新天科技"）创建于2000年，注册资本2.72 448亿元。公司于2011年8月在深圳证券交易所创业板挂牌上市，股票简称：新天科技，股票代码：300259。

新天科技是国内较早从事民用智能计量仪表领域的高新技术企业，是国内智能计量仪表行业最具实力和发展潜力的企业之一，是民用智能计量仪表领域中为数不多的综合竞争力强、能够提供能源计量产品全面配套方案及行业应用解决方案的企业之一。公司连续3年荣登福布斯"中国最具潜力企业100强"榜单，并获批设立"博士后科研工作站"。

自2000年成立以来，新天科技立足于智能仪表产业，专注于科技创新发展，目前已拥有国家专利及软件著作权300余项，新天科技自主研发的非接触IC卡燃气表、超声波燃气表、光电直读燃气表、无线远传燃气表及抄表系统等广泛应用于燃气计量领域。新天智能燃气表管理系统可实现手机支付、远程预付费、多级阶梯价格设置、远程阶梯气价调整、在线远程运行监控、数据分析、能源管理等功能，突出了智能服务的特征，可促进用能单位完善能源计量管理和检测体系，提高用能单位能源计量管理水平，实现能源计量信息化管理质的转变。

新天科技不断加快科技创新步伐，优化产品供应链的各个环节，充分提高产品质量和性能，并针对市场需求对产品进行全面的适应性改变。目前，新天产品在技术、质量和性能方面完全能够与国际同步，可满足不同地区、不同客户的个性化定制需求并可规模生产。

新天科技建立了以销售、服务、技术支持"三位一体"的办事服务机构，以郑州为中心向全国提供产品供应及技术支持服务。强大的营销服务网络，有效地保证了产品配送、技术支持、售后服务的运作，产品销售网络辐射全国30多个省市自治区。

作为中国最具规模的民用智能计量仪表企业之一，新天科技承载着推动行业健康发展的责任，也承载着打造中国民用智能计量仪表品牌的责任。

面向未来，新天科技将以"自主研发，不断创新"为根本，以技术优势、经验优势、品牌优势为基础，高度重视服务质量，打造标准化流程，建设一流的专业化技术支持团队，成为燃气行业一流的系统解决方案供应商，并努力实现"用科技实现能源计量与管理的智能化，促进能源节约，创造轻松生活"的美好愿景。

第八篇

技术创新交流

中国燃气行业年鉴 2014
CHINA GAS INDUSTRY YEARBOOK

天然气平板闸阀阀体开裂失效分析

1 引言

武汉市天然气有限公司发现某处天然气管线的平板闸阀发生了泄露，现场情况如图1所示。将挖出的闸阀放置在平地上进行观察，可发现闸阀出现了侧向弯曲，如图2所示。对闸阀进一步观察，发现闸阀阀体两处凸台处有明显的裂纹，如图3所示。将该闸阀阀体含裂纹的凸台处切割下来，发现有一处裂纹已经从外到里穿透了阀体壁厚，如图4所示。

图1 闸阀的工作环境

图2 出现弯曲的平板闸阀

图3 凸台处有裂纹的平板闸阀

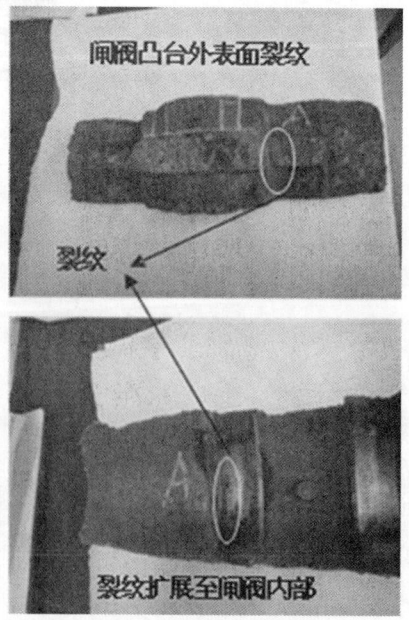

图4 闸阀上穿透的裂纹

为找出闸阀出现裂纹的原因,进行如下分析:1)闸阀材料化学成分分析;2)闸阀材料金相组织分析;3)闸阀开裂部位扫描电镜及能谱分析;4)闸阀材料的力学性能分析;5)闸阀结构有限元应力分析。

2 闸阀材料化学成分分析

将闸阀材料取样送往湖北省冶金产品质量监督检验站进行化学成分分析,得到结果如表1所示。将闸阀材料的化学元素含量与GB/T12229-2005的标准对照(见表1),可知闸阀材料化学元素含量满足国标要求。

闸阀材料化学元素含量与GB/T12229-2005标准对照表　　　　表1

元素	C	Mn	P	S	Si	Cu	Ni	Cr	Mo	V
WCB GB/T12229（≤）	0.30	1.00	0.04	0.045	0.60	0.30	0.50	0.50	0.25	0.03
闸阀材料	0.155	0.74	0.023	0.019	0.46	0.053	0.018	0.032	0.005	0.005

3 平板闸阀材料的金相组织分析

将闸阀材料取样送往湖北省冶金产品质量监督检验站进行金相组织分析,其结果如表2所示。闸阀材料基本组织为铁素体+珠光体;材料中存在空隙,但空隙内未见夹杂物,空隙附近区域有网状分布的硫化物。

闸阀材料的金相组织图　　　　表2

闸阀材料的金相组织图	组织特征
	铁素体+珠光体

4 闸阀开裂部位扫描电镜及能谱分析

为进一步分析闸阀开裂的原因,采用JEOL-5510LV扫描电镜设备对裂纹剖面进行了扫描电镜分析,并采用EDAC能谱分析仪对裂纹剖面的某些局部进行了能谱分析。

做电镜扫描及能谱分析的试样选自含裂纹的闸阀凸台部位(见图4)。将试样沿裂纹垂直的方向分割成a,b,c3块,形成a1、a2、c1、c2 4个面,如图5所示。

分别对试样的a1和c1面进行电镜扫描及能谱分析,扫描区域示意图如图6所示。

图5 试样分割示意图

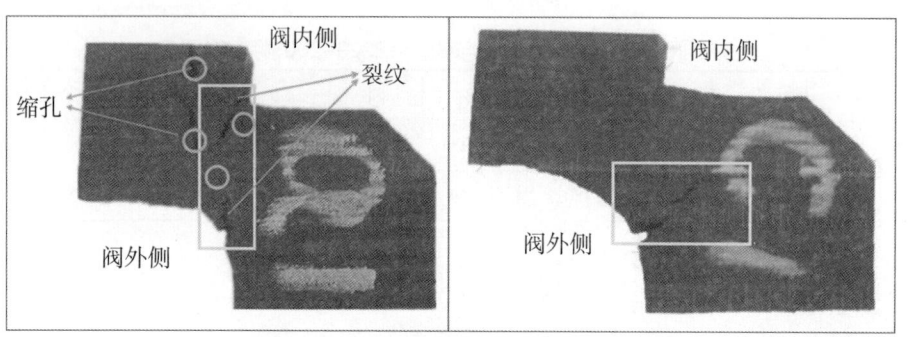

图6 a1和c1面电镜扫描区域示意图

图6中可见，a1面上存在多个缩孔，图中用圈标记处。方框区为电镜扫描区，a1面分别作了4，5，6，7，8，9，10，11，12点区域扫描观察，其电镜扫描图为A4-A12，如图7所示；c1面沿着裂纹扩展方向分别作1，2，3，4，5点区域扫描观察，其电镜扫描图为C1-C5，如图8所示。

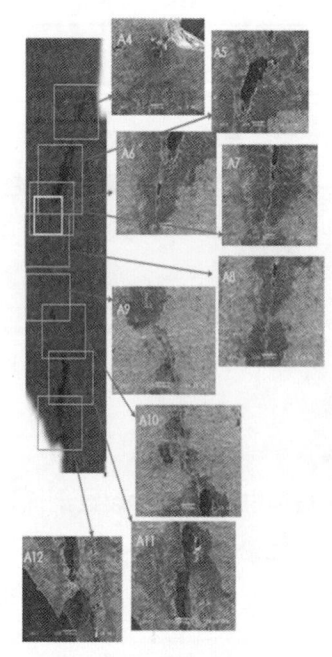

图7 a1面各区域扫描电镜图

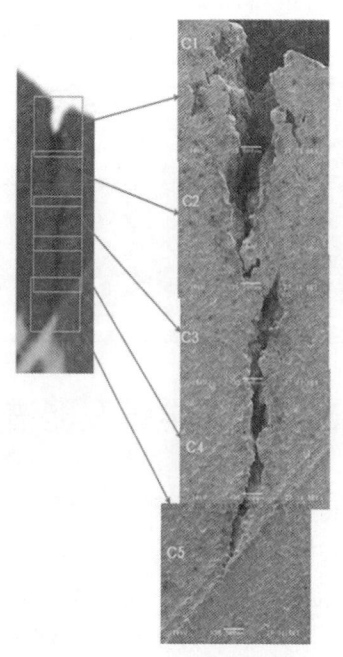

图8 c1面各区域扫描电镜图

从图7中可见，a1面上存在着缩孔，裂纹在缩孔边产生。又对a1面的A12附近进行微区能谱分析，包括孔边、平面圆形颗粒，得知A12孔附近、平面附近材料成分比较稳定，而A12附近的圆形颗粒上Al元素含量有所增加，并出现了少量Ca、K杂质元素。

从图8中可见，c1面的扫描电镜图片C1、C2中存在着严重的损伤和开裂，并有向内延伸、扩展的趋势。C3-C5显示了材料内部的裂纹和开裂情况。在C5所示区域中还发现一些球状颗粒，对此圆形颗粒及附近平面处进行能谱分析。与平面处相处，圆形颗粒处S元素含量偏高，含有Ca元素。

通过扫描电镜分析及能谱分析可知：试件中存在缩孔，在外加载荷作用下，可产生裂纹，并引起扩展。材料化学成分无异常。

5 平板闸阀材料的力学性能分析

从闸阀下端处取出闸阀拉伸试验的试样，根据GB/T228-2002《金属材料室温试验方法》的要求，制作标准拉伸试样，试样图片及几何尺寸如图9所示。

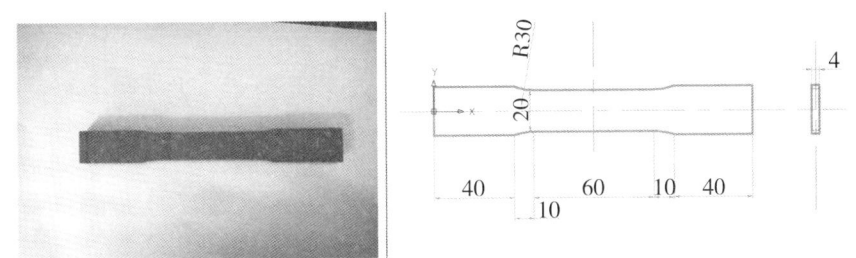

图9 标准拉伸试样图片及几何尺寸示意

采用新三思SANS-XYB305C材料试验机进行拉伸试验，获得了闸阀材料的抗拉强度、屈服强度和延伸率，闸阀材料的拉伸试验值与国标GB/T12229-2005对比见表3。

从表3知，除了材料的抗拉强度略低于国标要求，其他性能指标都满足国标的要求。

闸阀材料力学性能值与GB/T12229要求值对比表　　　　表3

材料	抗拉强度 σ_b/MPa	屈服强度 $\sigma_{p0.2}$/MPa	延伸率 δ/%
闸阀材料	430	252.99	25.4
WCB GB/T12229	≥485	≥250	≥22

6 平板闸阀的有限元应力分析

有限元法是将实际结构（求解域）看作由许多在节点处相互连接的小单元（子域）所构成，这些单元被分割成各种形状和尺寸。本文运用三维软件SolidWorks对闸阀结构进行几何建模，再将几何模型导入有限元分析软件ANSYS的仿真平台Workbench，建立有限元分析模型，最后计算出闸阀在正常工作载荷条件和受堆土作用条件下的应力分布情况。

6.1 平板闸阀有限元模型的建立

因为闸阀结构为轴对称图形（见图10），所以进行有限元分析时只需建立1/2模型。根据闸阀的结构尺寸平面图，用三维软件Solid Works建立闸阀的1/2几何模型。为了较真实的模拟平板闸阀的实际工作状态，取3 000mm长的天然气管道（壁厚为7mm）与平板闸阀连接。平板闸阀三维几何模型如图11所示。

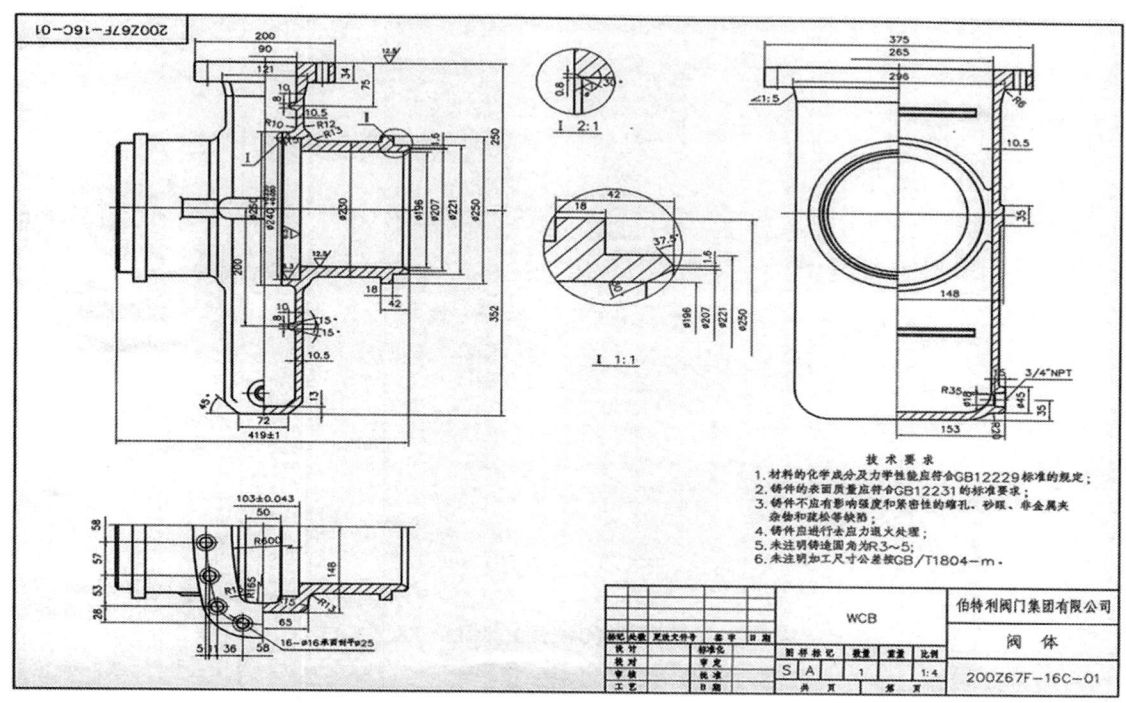

图10 平板闸阀结构尺寸平面图

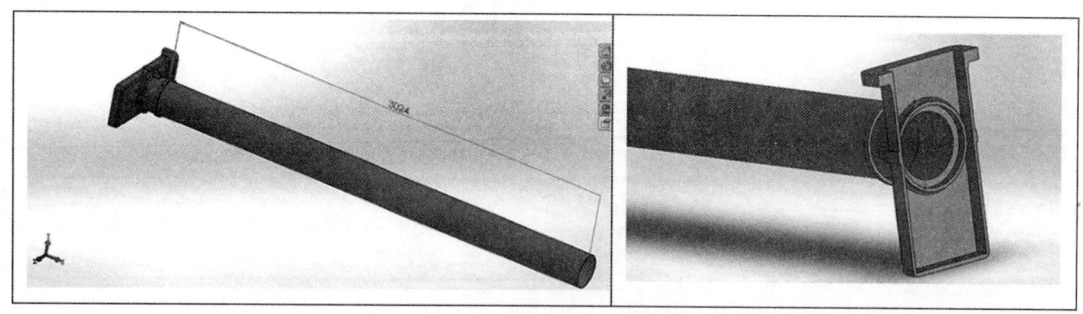

图11 闸阀的1/2几何模型

将Solid Works建立的闸阀1/2几何模型导入ANSYS的仿真平台Workbench中，导入之后的模型如图12。根据闸阀材料的材料特性（见表4），在Workbench中设置材料特性参数。

利用Workbench自动划分网格的功能，将闸阀的几何模型转变为有限元分析模型。又利用Workbench细化网格的功能，将闸阀的凸台处划成更细小的单元，如图13所示，这样可使闸阀应力计算结果更为准确。

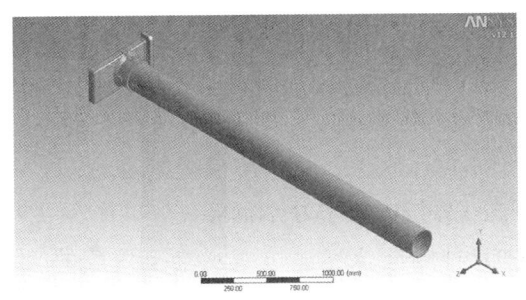

图12　闸阀1/2几何模型导入Workbench中

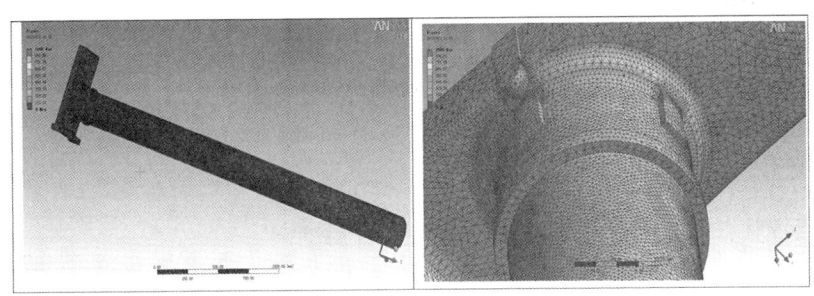

图13　闸阀有限元模型

平板闸阀材料参数　　　　　　　　　　　　　　　　　　　　表4

材料	弹性模量（MPa）	泊松比
碳素钢（ZG250-485/WCB）	2.06×10^5	0.25

6.2　闸阀有限元分析的边界条件

6.2.1　闸阀受到堆土压力作用时的边界条件

观察和分析天然气管线平板闸阀的工作环境，发现其外侧受到堆土压力的作用，闸阀内部与天然气管线内部受到同样大小的气压。根据图1及图2中闸阀的工作环境及弯曲变形情况，可建立该闸阀在地下受到的堆土作用力和天然气内压作用的力学模型。平板闸阀的边界条件示意图如图14所示。

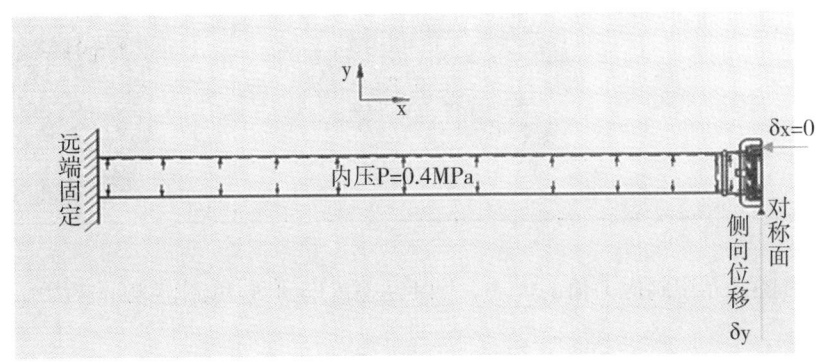

图14　平板闸阀边界条件示意

根据闸阀弯曲情况,可将闸阀受堆土的作用模拟为闸阀产生了侧向位移。

有限元分析中的边界条件见图14。

位移边界条件:天然气管线远端视为固定;闸阀对称面上为对称约束,即$\delta x=0$;闸阀对称面上施加侧向位移δy。

载荷边界条件:闸阀及天然气管线内部压力为0.4MPa。

分别在闸阀对称面上施加3种侧向位移,以表示堆土效应的大小:$\delta y=5mm$;$\delta y=10mm$;$\delta y=15mm$。

6.2.2 闸阀在正常工作载荷条件下的边界条件

天然气管线平板闸阀在正常工作载荷条件下,闸阀只受到与天然气管线内部同样大小的气压。有限元分析中的载荷边界条件为:闸阀及天然气管线内部压力为0.4MPa。

将边界条件施加在闸阀有限元分析模型上,可得到闸阀的应力分布。

6.3 闸阀有限元法计算结果

6.3.1 闸阀受到侧向堆土压力作用的有限元应力计算结果

通过有限元法计算,得出了闸阀在3个不同的侧向位移边界条件下的应力分布,结果如表5所示。

平板闸阀在3种侧向位移边界条件下的应力分布　　表5

侧向位移及最大应力值/MPa	闸阀整体应力分布	闸阀凸台处应力分布
$\delta y=5mm$ $\sigma max=158.65$		最大应力处
$\delta y=10mm$ $\sigma max=301.79$		最大应力处
$\delta y=15mm$ $\sigma max=444.94$		最大应力处

表5中的应力云图表示闸阀应力值的大小,图的左侧的矩形彩色图谱表示应力分布图中应力值的大小。

从表5可知，闸阀在3种侧向位移边界条件下的整体应力分布是相似的，它们的最大应力值随侧向位移的增大而增大。侧向位移δy=5mm时，闸阀最大应力值为158.65MPa；最大应力在闸阀凸台处。侧向位移δy=10mm时，闸阀最大应力值为301.79MPa；最大应力在闸阀凸台处；侧向位移δy=15mm时，闸阀最大应力值为444.94MPa；最大应力在闸阀凸台处。

6.3.2 闸阀正常载荷作用下的有限元计算结果

有限元法计算闸阀在正常载荷作用下的应力分布，如表6所示。

闸阀在正常载荷作用下的应力分布　　　　　表6

最大应力值/MPa	闸阀整体应力分布
δy=0mm σm=41.46	

闸阀在正常载荷作用条件下，其最大应力在闸阀底部，最大应力值为41.46MPa。

6.4 闸阀结构有限元计算结果分析

将闸阀在正常载荷条件和堆土载荷作用条件下的有限元计算结果进行比较可知：闸阀在正常载荷条件下的应力比在堆土效应条件下的应力要小得多；随着侧向位移的增大，闸阀最大应力值也增大，且最大应力总是出现在凸台处（应力集中处）。

7 结语

本文从闸阀材料的化学成分分析、金相组织分析、扫描电镜及能谱分析、材料力学性能分析以及闸阀结构的有限元应力分析5个方面，对闸阀开裂失效原因进行了分析。分析数据表明，闸阀材料基本满足国标对铸钢WCB的化学成分、金相组织和力学性能等方面的要求。

闸阀的有限元应力分析中，计算出了闸阀在正常载荷条件和堆土载荷作用条件下的应力分布。由计算的结果可知，平板闸阀在正常载荷条件下能够满足使用要求，其最大应力远小于材料的许用应力；堆土效应使得阀体在凸台处出现了较大的应力，而此处又存在一些缩孔，在这种情况下，裂纹就有可能在缩孔边产生并扩展。

参考文献

［1］黄小美，彭世尼，杨俊杰.国内典型城市燃气管道失效调查与分析[J].燃气与热力，2010；30（9）：26-29

［2］孟召军，王喜魁，卫运钢.基于ANSYS平台的汽轮机滑停转子热应力的研究[J].沈阳工程学

院学报（自然科学版），2009；5（2）：118-121

［3］高平，郑军.闸阀阀体的有限元分析[J].石家庄铁道学院学报，2005；18（2）：91-93

［4］张瑾.基于Pro/E和ANSYS的阀门实体建模与有限元分析[J].石油矿场机械，2008；37（1）：43-45

［5］俞树荣，宋伟.大口径闸阀阀体强度分析与结构优化[J].兰州理工大学学报，2007；33（5）：64-66

［6］王林.结构有限元分析实用方法及技巧[J].钢铁技术，2008；5：45-48，52

［7］安宗文，权帅峰.基于AWE的大口径闸阀阀体强度分析与结构优化[J].兰州理工大学学报，2009；35（2）：62-66

［8］孙殿玉，刘志新.主闸阀强度与刚度分析[J].阀门，2000；4：14-16

［9］王勇，龚明祥，张小亮.某管系阀门替代性能及结构安全性分析[J].石油化工设备，2012；41（1）：29-32

王彦馨　肖　嵩　徐绮宏　聂隆梅　邵小兰
何家胜　魏　卫　李　超　胡洁文　吴　其

RFID智能角阀及物联网技术在液化石油气行业中的应用

液化石油气作为城镇居民日常生活的主要能源，广泛使用于工商用户、城镇居民和乡镇农户。

为确保用户生命财产安全，保障企业经济效益，国家多部门、多项政策法规都做了相关规定，要求液化石油气钢瓶采用定点充装方式，为液化石油气钢瓶建立完善的管理档案，控制使用未检、报废液化石油气钢瓶流通使用等。本文以液化石油气行业存在非法经营现象为切入点，对传统液化石油气行业存在的问题进行分析，从中剖析原委，研究对策。

1 液化石油气行业现状分析及智能角阀物联网技术的必要性

1.1 液化石油气行业的现状

据中国城市燃气协会统计，我国民用液化石油气消费量一直占据CPG总消费量的大部分份额，达60%以上，且消费总量表现为逐年递增趋势。近年来，虽然管道燃气在各大中型城市延伸扩展，液化石油气市场受到一定程度的冲击，但城市工商用户、城市周边区、城乡地区和广大农村的液化石油气需求依然旺盛，据中国城市燃气协会统计，近几年液化石油气消费平均年增长率约为10%。同时，液化石油气相对于煤、电、煤制气等，是一种更加环保、经济、方便的能源，在我国众多天然气管网覆盖不到的城市周边地区、中小城市、乡镇、农村，环保、经济、高效的瓶装液化石油气仍将是一种重要的、长期使用的燃料，因此，液化石油气总体上将长期保持与管道天然气并存的状态。

据《中国城市建设统计年鉴》统计，2010年我国县城以上液化石油气用气人口为2.36亿人。国家质量监督检验检疫总局《关于2010年全国特种设备安全状况的情况通报》中显示，我国2010年全国已办理使用登记的液化石油气钢瓶1.41亿只。每年国内液化石油气钢瓶累计生产销售量2 000万只。

目前，瓶装液化石油气仍作为重要的燃料供应方式在世界各国广泛应用，欧美老牌发达国家瓶装液化石油气所占比例在30%左右，日本占50%，印度、印尼、泰国、越南、南美洲、非洲等国家地区液化石油气的使用比例更是高达90%，新加坡与我国台湾、香港和澳门地区也有40%的使用比例。

世界液化石油气协会主席Rockall在2010年5月27日—28日召开的第十三届科博会上讲话提到，液化石油气每年消费可以带来2 500亿美元的收益，预计未来每年将超过3 000亿美元。

1.1.1 液化石油气行业存在的问题

目前，液化石油气行业存在非常严重的串瓶倒气、交叉充装、缺斤短两、掺杂掺假的现象；大量未检、报废的钢瓶在流通使用，存在极大的安全隐患；燃气事故频发，责任难以界定。经过深入的调研分析和研判，总结造成这些乱象主要有2方面的原因：第一是钢瓶的问题，第二是商业模式的问题；钢瓶作为液化石油气必须的包装物，贯穿整个液化石油气运营的全部过程；商业模式方面跟各地的人文经济环境和企业经营状况要区分对待，很难一概而论。

钢瓶的问题可分为3个原因，第一是钢瓶产权不唯一，使用权不确定。钢瓶注册时有登记，但使用不确定，钢瓶谁都可以用，但是谁都不负责任。如同公用自行车，没有锁，长得都一样，谁有钥匙，谁就有使用权。第二是用户没有办法识别区分什么钢瓶是安全的，哪个公司送来的气是好的。即使用户有一些简单的识别，但在做选择时，因为不法商贩长时间称雄罢市，用户选择比较纠结。第三是过程缺少监管，钢瓶在流通使用过程中缺少有效的监管手段。

1.1.2 传统技术

液化石油气公司对钢瓶的管理是非常简单的，几乎是纯手工操作，钢瓶的状态、安检记录、报废记录、充气记录、销售记录等基本是空白或流于形式。

目前，有部分液化石油气公司已经采用条形码、陶瓷标签等的信息管理技术，但是对液化石油气运营中的主要问题（交叉充装、串瓶倒气，未检、报废钢瓶再次使用等）不能予以有效控制。

1.2 智能角阀及物联网技术的必要性

1.2.1 物联网概念

自1999年美国麻省理工学院（MIT）首次提出物联网的概念之后，国际电信联盟（ITU）在2005年的年度报告中对概念的含义进行了扩展，描绘了物联网时代的图景：比如司机操作失误时，汽车会自动报警，公文包会提醒主人忘带了什么东西；衣服会告诉洗衣机对颜色和水温的要求等等。

从功能上来看，物联网是对物体具有全面感知能力，对信息具有可靠传送和智能处理能力的连接物体与物体的信息网络。全面感知、可靠传送、智能处理是物联网的特征。

"全面感知"是指利用射频识别（RFID）、二维码、GPS、摄像头、传感器、传感器网络等感知、捕获、测量的技术手段随时随地对物体进行信息采集和获取；

"可靠传送"是指通过各种通信网络与互联网的融合，将物体接入信息网络，随时随地进行可靠的信息交互和共享；

"智能处理"是指利用云计算、模糊识别等各种智能计算技术，对海量的跨地域、跨行业、跨部门的数据和信息进行分析处理，实现智能化的决策和控制。

1.2.2 液化石油气安全事关城市人民财产安全

随着液化石油气公司管理的精细化及国家对液化石油气安全管理要求的提高，越来越多的液化石油气公司意识到液化石油气安全的重要性。城市安全运行不仅是液化石油气公司的事情，也是事关城市人民财产安全的大事。

传统液化石油气公司对钢瓶的管理多采用人工方式进行，随意性大，及时性差，很难落实到位。

因此，应当发展液化石油气安全实时监控技术，及时发现隐患、消除隐患，避免造成人民群众生命安全及财产损失的事故。这些原因促进了物联网技术在液化石油气安全管理方面的应用。

1.2.3 控制交叉充气、钢瓶流失

钢瓶是高度标准化的产品，外观、接口都一致，除外观标识外，基本无法从物理上区分其归属使用权，各地液化石油气站点的钢瓶交叉充气的现象十分普遍，且屡禁不止，导致液化石油气公司

的客户和钢瓶流失严重。

2 RFID智能角阀及物联网技术介绍

2.1 技术的主要目标

使用嵌有RFID智能角阀的液化石油气钢瓶，配以智能角阀充气枪及移动配送智能手机及相应的软件系统达到自动识别客户、自动判别钢瓶状态、自动判别钢瓶所需充气量、自动统计充装工作量、防止交叉充气、控制钢瓶流失、控制客户流失、控制非法倒气、控制未检钢瓶再次充装、控制报废钢瓶再次充装、钢瓶充装记录上报自动化等目标，实现钢瓶"全寿命""全过程"跟踪管理，实时掌控液化石油气用户的钢瓶信息、配送流程信息及充装记录信息。

2.2 智能角阀及物联网系统的组成

系统主要由RFID智能角阀、智能角阀充气枪、三防手机及物联网管理软件"钢瓶档案""充装记录""运气到家""扫码定气""微信定气"等模块组成。

2.2.1 RFID智能角阀及智能角阀充气枪

RFID智能角阀（如图1）带有RFID双重加密芯片，内嵌限充控制装置，配以智能角阀充气枪（如图2）进行系统自动识别（如图3）充气。在没有与智能角阀充气枪通讯或者充气站信息不正确或使用普通充气枪的情况下，智能角阀充限装置无法打开。

A、B两家充装企业同时使用RFID智能角阀钢瓶后，B站的钢瓶不能在A站充气、普通充气枪无法往智能角阀钢瓶充气，这样能够控制钢瓶流失、交叉充气、非法倒气、客户流失的现象，对液化气公司的管理有很大帮助。同时，由于对每个钢瓶都能智能识别，钢瓶的安检记录也能由计算机管理，充气时，如果发现钢瓶未安检或已报废，系统会拒绝充气，从而达到安全管理的目的。

第一代智能角阀于2010年研制成功,并于当年6月在深圳深岩燃气公司开始投入使用，目前一代智能角阀在全国范围已经累计投入使用超过60万只。从深圳深岩提供的数据显示，使用智能角阀后充装量从原来的200t/d增加到300t/d，2年新增10万客户，但同期深圳大部分的同业公司经营都在明显下滑。

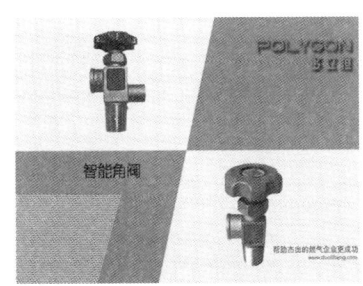
图1 RFID智能角阀

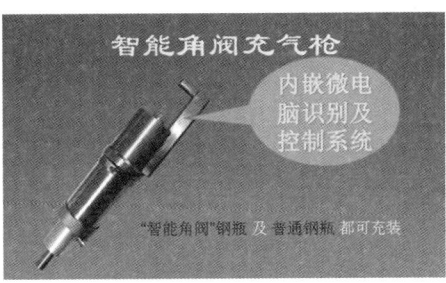
图2 智能角阀充气枪

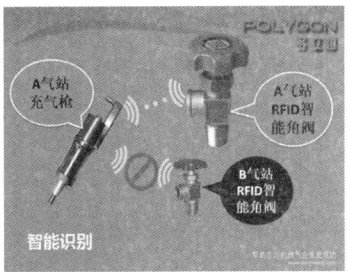
图3 智能识别

2013年，第二代智能角阀推出，主要在防磁和防止六角螺母被拆卸后暴力破坏的方面做了升级改进。结构方式与一代阀门有了较大变化，是目前客户广泛在用的产品，遍布全国13个省的70多家燃气公司，已超过70万只在用。从物联网管理系统的统计数据分析，其在防破解方面有了很大提升，多个客户的钢瓶回流率都超过了90%。

2014年5月推出带有二维码的三代智能角阀，在二代智能角阀的基础上，在手轮位置安装了一个二维码。用户可以通过智能手机扫描角阀上的二维码查询钢瓶状态信息、充装信息、配送信息，给用户一个"明明白白"消费的技术手段，用上"安全瓶、放心气"。目前在用三代智能角阀已超过10万只。

2014年12月，第四代智能角阀推出，其限充功能原理上主要靠电感应来实现、与之前几代角阀在实现限充功能的原理有很大区别，彻底解决了磁铁破解的问题。

2.2.2 三防手机

在钢瓶配送过程中，采用智能三防手机（如图4）与服务中心无线联络，自动识别钢瓶状态，无需人工输入，自动识别客户信息，自动统计客户充装量，智能汇总生成报表。

图4　智能手机配送

2.2.3 钢瓶档案

钢瓶档案管理（如图5），包括钢瓶的生产厂家、生产时间、规格型号、建档时间等。

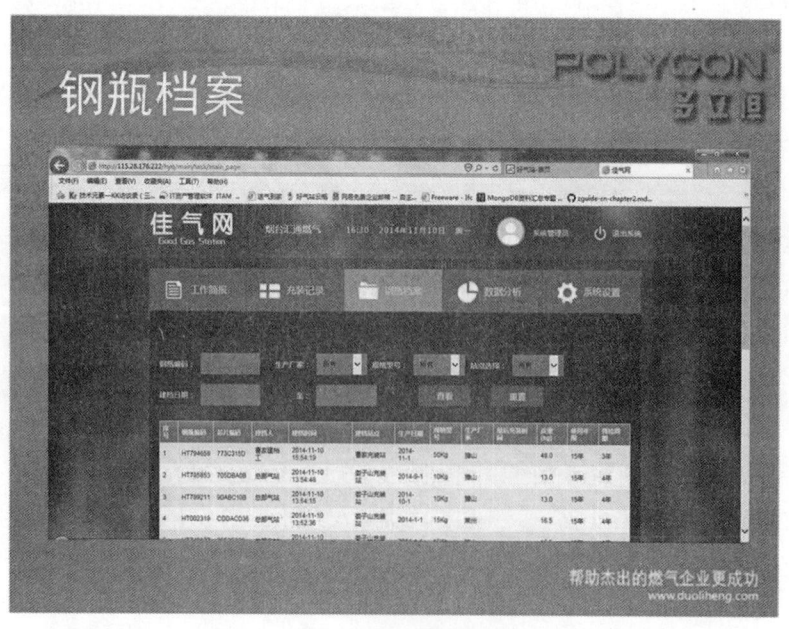

图5　钢瓶档案管理

这些数据可以按照要求来汇总统计、查询分析。

2.2.4 充装记录

充装记录（如图6）信息，包括钢瓶型号、充装时间、充装工位、充装时长。

图6 充装记录

系统可根据要求将这些数据来查询统计，汇总分析。

2.2.5 运气到家

"运气到家"模块是指送气工把"瓶装气"运输到用户家里的时候，使用的一款手机软件。

这个软件能解决2个问题："钢瓶在哪里、客户在哪里"（如图7）。可以查询到什么时间哪个送气工（如图8）把哪个钢瓶送到哪个客户家里。并且可以根据不同条件来查询统计，汇总分析。

据使用该软件模块的烟台市汇通燃气发展有限公司提供的数据显示，从2012年10月首批智能角阀投入使用，目前共投入智能角阀钢瓶107 000只，钢瓶回流率高达95%，本地区市场占有率超过85%，企业效益明显提升，年销量增加20%；

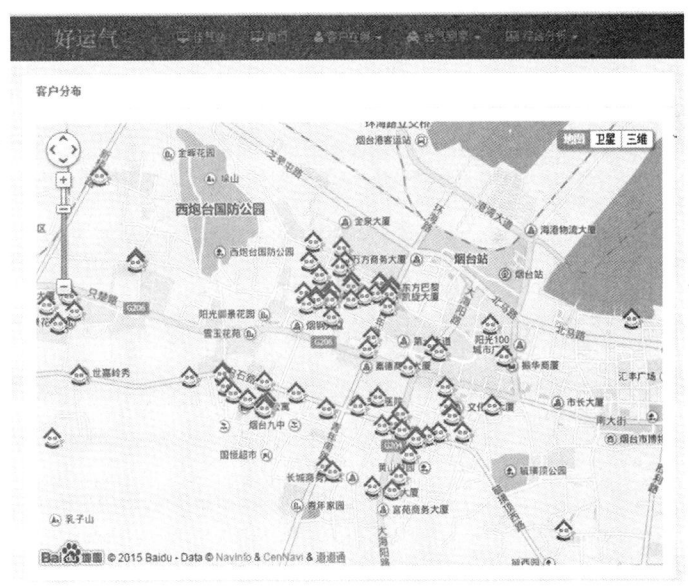

图7 客户分布

在未使用运气到家软件之前，无法查询统计自己公司的用户数量，2014年6月开始使用"运气到家"软件系统，通过"运气到家"软件可以实时查询用户在哪里，钢瓶在哪里，哪个用户在用哪个瓶，哪个瓶曾经为哪些客户服务过，用户的地图分布，VIP客户分析等的功能，截至2014年12月，累计收集活跃客户信息4万余户；目前有94名送气工在使用智能手机工作。

2.2.6 防伪查询

行业乱象的原因之一，是客户"不明就里"，终端用户没手段、没渠道、无法了解到产品质量的好坏。防伪查询，可以给用户一个可以监督的技术手段，让用户明白消费。

其次，政府监管部门也可以利用这个功能，通过扫描二维码来查验钢瓶注册登记情况、钢瓶充装记录情况、钢瓶流转配送情况。对于违法、违规操作的液化石油气企业，政府部门可通过钢瓶物联网管理系统（政府版）远程关闭液化石油气企业的充装设备（技术设置需得到企业配合）。

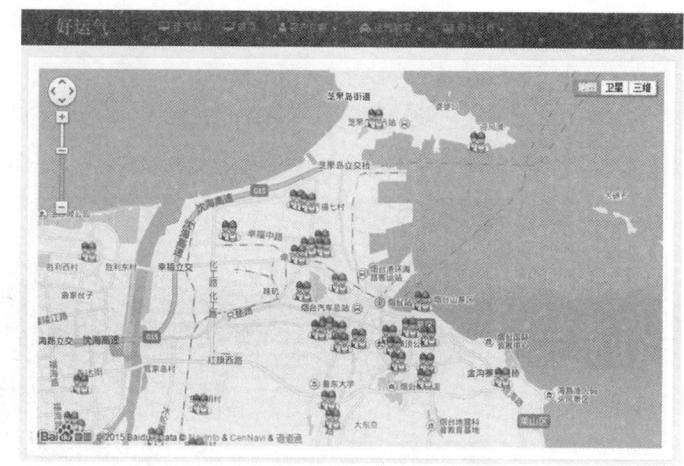

图8　送气工分布

2.2.7 扫码订气

用户可以通过智能手机扫描角阀上的二维码查询钢瓶状态信息（包括钢瓶的生产厂家、生产日期、钢瓶检验日期等）、充装信息（什么时间在哪个充装台由哪个充装工充的气）、配送信息（由什么时间哪个送气工给客户配送的信息），给用户一个明明白白消费的技术手段，让客户能真正用上安全的瓶，放心的气（如图9）。

图9　扫码定气

同时用户扫码后可以通过手机页面上的"扫码订气"按钮，来订购液化石油气，像网购一样方便。通过"扫码订气"，燃气公司的销售平台可以和用户直接对接。用户使用手机扫描二维码，直接下订单，订单转入燃气公司的呼叫中心，或者短信通知销售人员，完成下单任务。

2.3 钢瓶安全物联网管理系统

钢瓶安全物联网管理系统（如图10）的核心产品为智能角阀，智能角阀镶嵌有RFID微电脑智能芯片和限充控制装置，可以存储钢瓶信息，充装记录信息，用户信息，流转配送信息等，与其配套使用的智能角阀充气枪也配有微电脑自动识别器，在给钢瓶重装液化石油气的时候，智能充气枪对智能角阀RFID智能芯片进行感应识别，识别成功后使其角阀限充装置打开，实现成功充气工作。

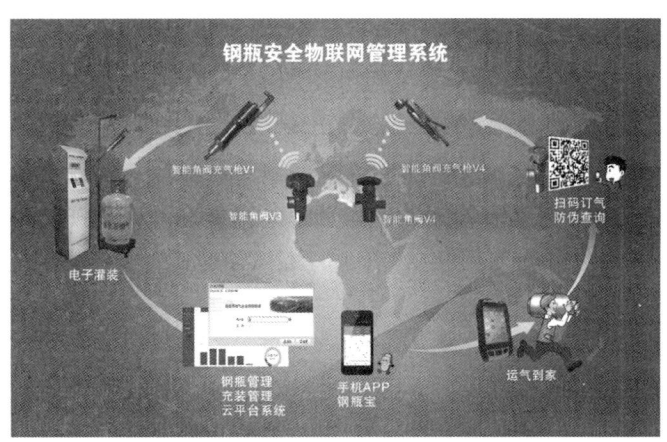

图10　钢瓶安全物联网管理系统

充装后智能充气枪自动将充装信息数据上传至后台服务器，便于之后的统计查询等操作。

对于钢瓶配送环节，钢瓶安全物联网系统利用移动配送终端和网点配送中心进行实现。如果老百姓自己到门店换取满瓶液化石油气，门市中心可以通过网点配送中心来实现空瓶收回，满瓶发放工作，同时数据上报信息中心；如果老百姓要求送气工到家里进行换气，送气工可以携带Android智能手机等移动终端对空瓶及满瓶进行识别换气，同时将数据无线发送至后台服务器。

2.4　系统关键技术

该技术属液化石油气特种设备细分市场独创的多专业高新技术集成应用产品，在国内乃至国际尚属首创。

2.4.1　系统涉及多专业技术

系统专业跨度大，涉及流体力学（液化石油气系气液混合物，所涉及产品必须符合流体力学原理）、机械结构（配合流体力学实现流体控制功能）、电工电子（控制电路、防爆电器）、RFID射频识别（防金属RFID卡的识读）、无线通信（蓝牙读卡器）、嵌入式软件（数据采集器）、数据库应用（钢瓶档案及充装管理模块）、B/S软件（综合查询平台）、GPRS/3G网络应用（移动配送终端机）、Android或ios终端应用（智能手机实现移动配送）、物联网（实现钢瓶全寿命全过程管理）等多专业技术。

2.4.2　定点充装

实现液化石油气钢瓶的定点充装；严格控制交叉充装、串瓶倒气，不同液化石油气企业的钢瓶无法互相充装，控制非法商贩的非法倒气行为，真正实现了对自有产权瓶的控制，保障钢瓶自身的安全、严格控制未检、报废钢瓶再次充装，对于超过检验期及报废期的钢瓶智能充装枪会对智能阀门的信息自动识别，将不能被充装，保障了液化石油气企业经营的安全和广大液化石油气用户的安全。

实现钢瓶"全过程、全寿命"的智能化跟踪管理，钢瓶从出厂到液化石油气企业建档、充装，流转配送，老百姓使用，一直到钢瓶报废的整个过程实现智能化跟踪管理，信息化统计，建立了瓶装液化石油气安全溯源体系。

2.5 智能角阀与传统技术的对比

通过表1对比，不难看出，智能角阀在诸多性能方面都优于其他几种产品。

智能角阀与传统技术对比表　　　　表1

序号	类别	功能选项	陶瓷标签钢瓶	电子标签钢瓶	直阀钢瓶	智能角阀钢瓶
1	功能	定点充装（控制钢瓶流失）	不可以	不可以	不可以	可以
2		A站充装B站钢瓶（串瓶、倒气）	可以	可以	直阀瓶之间可互相充装，角阀充气枪加一个转换头亦可充装	不可以（每个公司的编码和密码不同）
3		未检/报废识别	手持机识别，需单独增加人工	手持机识别，需单独增加人工	肉眼识别	专用智能充气枪自动识别，无需额外工序
4		未检/报废控制	识别后，人为剔除	识别后，人为剔除	人工剔除	专用智能充气枪自动识别控制，该阀门不能被充装
5		信息化管理	可以	可以	不可以	可以
6	使用操作	充装设备	普通充气枪	普通充气枪	直阀专用充气枪	专用智能充气枪（普通充气枪无法充装）
7		日常操作流程	单独增加识别工序	单独增加识别工序	由角阀操作流程改为直阀操作流程	不改变原有操作习惯，充装时自动识别、控制
8		日常使用维护	擦拭	无	无	无
9		用户使用	不受影响	不受影响	需要更换直阀专用减压阀	不受影响
10		安装	单独安装，护罩铆接	单独安装，瓶体或护罩粘贴或铆接	无需额外工序，像普通角阀一样	无需额外工序，像普通角阀一样
11		检验周期处理	不做额外处理	重新更换芯片	不做额外处理	不做额外处理
12		检验时瓶体焚烧	可重复使用	不可重复使用	不会涉及，焚烧时阀门是被拆下来的	不会涉及，焚烧时阀门是被拆下来的
13	性能参数	识读方向性	要求很高	无方向性影响		无方向性影响
14		表面污垢	无法识读	不受影响		不受影响
15		数据容量	极小，只能存储几个字符	1K字节信息		1K字节信息
16		后台数据处理	大数据库	小数据库+终端芯片存储		小数据库+终端芯片存储
17		保密性	可复制，无保密性	不可复制，安全性极强		不可复制，安全性极强
18		防冲突功能	无	有，有极严密的编码和密码机制		有，有极严密的编码和密码机制
19		信息修改	不可以	可以，通过专用设备		可以，通过专用设备
20		标签损坏后，功能情况	完全丧失	完全丧失		定点充装+未检/报废控制功能依然存在

3 系统的创新及应用前景分析

3.1 技术创新

在液化石油气钢瓶角阀上集成RFID卡；

在液化石油气钢瓶角阀内集成限充装置；

通过识别RFID卡信息，来控制限充装置的启闭，达到定点充装的目的；

将物联网技术应用于传统液化石油气行业，实现行业的信息化改造，提升行业管理水平。

通过物联网技术实现瓶装液化石油气质量安全溯源体系。

3.1.1 智能角阀

智能角阀是具有RFID加密芯片及限充装置的角阀。通过智能角阀，液化石油气公司可识别钢瓶编号、限制其他公司及非法气站及黑气佬使用本公司的合格液化石油气钢瓶。

3.1.2 智能角阀充气枪

智能角阀充气枪可与智能角阀配套使用，互相识别通信，阅读角阀的RFID芯片信息，并可发布命令打开智能角阀，给钢瓶充气。

3.2 应用状况及前景分析

RFID智能角阀物联网技术用于液化石油气钢瓶管理中，已在国内70多家液化石油气公司投入使用。钢瓶的回流率从普通角阀钢瓶的不足30%，到使用智能角阀后的超过83%，达到了很好的效果。

该技术属于多专业的高新技术集成应用，使用方便，不改变原有操作习惯。变"强制监管"为"服务监督"，变"民不举，官不究"的被动管理为高科技手段下的服务型主动管理。

可以打造广域的液化石油气运营网络平台，实时掌握、把控液化石油气用户、钢瓶、配送流程、充装记录等信息。控制未检、报废钢瓶再次充装，保障钢瓶自身安全、保障液化石油气企业安全，明确安全事故责任，建立瓶装液化石油气市场质量安全溯源体系。

通过钢瓶物联网的建设，使燃气行业数字化、智能化，最终城市运作与数字化管理结合，从而带来更加智慧的燃气安全解决方案。

4 结束语

RFID智能角阀及物联网技术的创新与应用不仅仅是给燃气企业经营管理带来了好处，还给整个行业的商业模式变革提供了技术支持，也为政府建立液化石油气市场质量安全溯源监管体系提供了有效的技术手段，是"智慧城市和数字燃气"建设的成功应用案例。来自行业主管部门的消息，智能角阀产品已进入国家产品目录，政府部门在力推智能角阀的推广，以提升全行业的安全管理水平。

RFID智能角阀及物联网技术是带有方向性的技术，该系统是一个智能化的信息平台。可以提升企业的生产管理水平、规范流转环节，为客户带来智能数字化生活的良好体验，有效提升企业的市场份额，增强企业的软实力。我们坚信钢瓶物联网智能角阀技术的出现将会掀起瓶装液化石油气行业的一场革命，让广大燃气用户的生活变得更加和谐而美好！

参考文献

［1］中华人民共和国住房和城乡建设部.中国城市建设统计年鉴

［2］祖因希.液化石油气操作技术与安全管理.化学工业出版社

［3］李文洙.气体安全手册.科技出版社.

杜永芳　王新建

"负荷预测–管网仿真"城市管网智能调度方案研究

1 智能化调度方案出台背景

1.1 管网建设规模大,气源种类多

随着天然气在城市中越来越多的应用,城市燃气管网逐渐形成庞大的燃气供应系统;与此同时,各大中型城市,北京、上海、深圳、香港等,出于提高天然气气源供应稳定性和降低采购成本的考虑,均已形成多气源并存的供应格局。如何合理的引进新气源,因地制宜地适应多气源,确保管网安全运行和广大用户的利益,成为"十三五"期间各大城市燃气企业兼顾的现实问题,同时也是调度人员需要实时跟踪、动态调整的调度难点。因此,传统的经验式调配模式已经不具有说服力,尤其在突发应急情况下,无法系统地解决问题,亟须精细化环节项目设置、量化关键指标。

1.2 各类用户用气规律的把握,是智能化调度的重要数据支撑

随着天然气热电厂、三联供、天然气汽车等的推广,各大城市天然气用户种类越来越多,涵盖了居民家庭、公共服务、采暖、制冷、工业、热电中心、CNG、三联供等。随着北京市燃气用户数量和种类的增加,各类用户已经形成固定的经营管理模式,新老用户信息采集及数据分析均已实现规范化管理,各类用户用气指标和用气规律与未来天然气发展总体状况相结合,对指标和规律进行周期性修正,得出符合当前实际情况的参数,成为设计、运行及规划等领域较可靠的理论基础,保证了未来一个时间段管网总负荷预测精度,为确认管网下游负荷分配提供了数据支持,具备了提出规范调度模式的数据支撑。

1.3 数据监控系统及仿真预测系统,是搭建智能调度平台的系统支撑

随着燃气管网的大力发展,城市燃气管网运营商为加强管网调度运行的安全性、可靠性与科学性,投入大量资金加大SCADA和GIS的建设力度,SCADA与GIS系统在技术上已具备条件,2004年北京市燃气集团新建SCADA监控系统监测管网运行数据,对次高压以上站点基本实现100%数据监控和采集,并开发预留数据接口建设GIS地理信息系统管理管网图档资料,开发GIS数据导出功能,提高GIS数据的共享性,同时进行补测补绘不断完善数据,使得管网工况仿真系统实施成为可能。

SCADA监控系统以所设定的频率对管网数据进行扫描并输出数据文件,以此建立仿真模型与SCADA系统的数据交互,实现动态模型的实时运行,实时地反映管网运行参数的变化,实现管网仿真模型的在线调整、气源跟踪分析、压力流量实时分布情况分析等功能,通过建立管网水力计算模型对燃气管网进行水力分析来模拟管网的运行状况。历时10年的系统构建和实际应用,管网仿真系统(稳态模型、动态离线、动态在线)已成为燃气管网规划设计和调度运营中不可或缺的技术、管

理手段，有效的提高了城市燃气输配管网调度的科学管理水平，北京市燃气管网的优化设计、合理调度和可靠运行得到了极大的提升。

综上，目前城市燃气企业整体发展面临的问题已经对未来提出了明确要求，辅助大规模管网负荷梯度增减过渡区设备维护需要精细化、规律性梯度增减的城市管网负荷分配需要规范化、促进大负荷运转后管网调度需要智能化。

2 智能化调度方案整体设计

2.1 调度梯度边界条件

2.1.1 指定时间段管网负荷

预测时间周期：小时，如高峰小时、日均小时、每日24小时、低峰小时等；

预测对象：实施差别化管理的各类用户，如全市用气、电厂等大用户用气、各相对独立区域用气统计等；

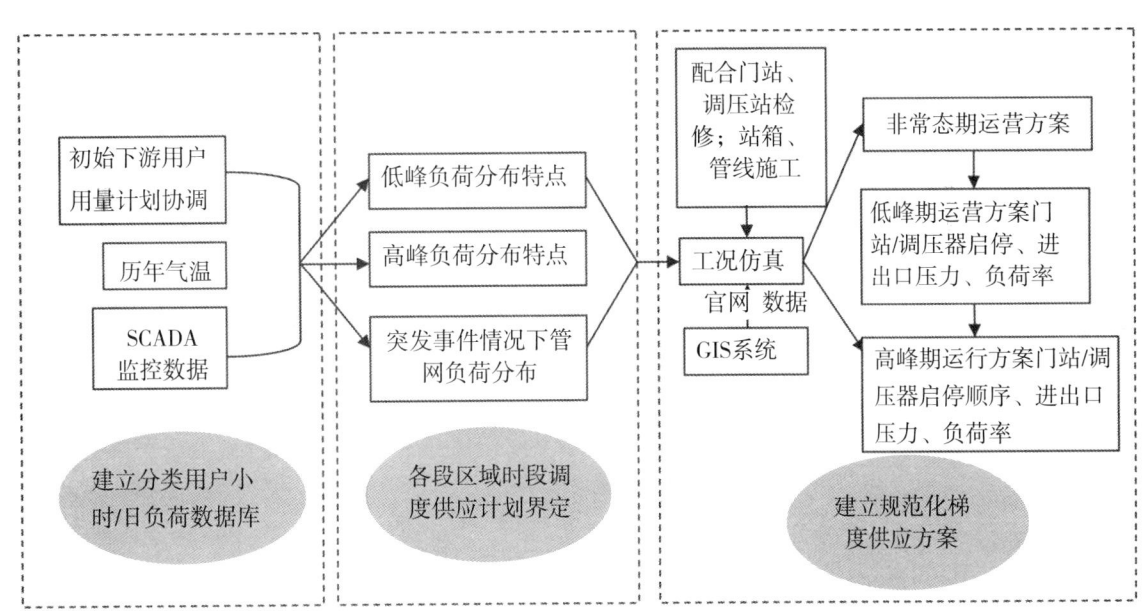

图1 "负荷预测-管网仿真"城市管网智能调度方案制定流程图

确定预测时间周期、预测对象后，建立分类用户小时/日负荷历史及预测数据库，进行负荷预测。气量预测符合基础资料的合理性、历史数据的可用性、统计分析的全面性、预测手段的先进性、预测方法的适应性的要求。区间的界定应根据整体负荷波动区间、幅度等，以及方案实际需求等，确定梯度角度方案边界负荷，形成完整、连续的梯度。

以北京为例，作为典型的北方城市，近年来为了改善大气环境质量，发展了大量天然气采暖用户，包括大型燃气电厂、燃气锅炉房、居民壁挂炉采暖等，冬季天然气用量迅猛增长，采暖季（每年1~3月、11~12月）总用气量占年累计用气量的比例达到76%左右，且该时段内城市燃气用户消耗量与温度相关性梯度明显。2013年全年气温及下游用户燃气消耗量变化曲线如图2所示。

图2中,非采暖季期间(区域二)城市用户用量基本不受气温影响,管网负荷率低,调度方案的制定主要考虑门站、调压站、管线维检修以及基建项目配合等,安排日开停机计划,确保经济调度。

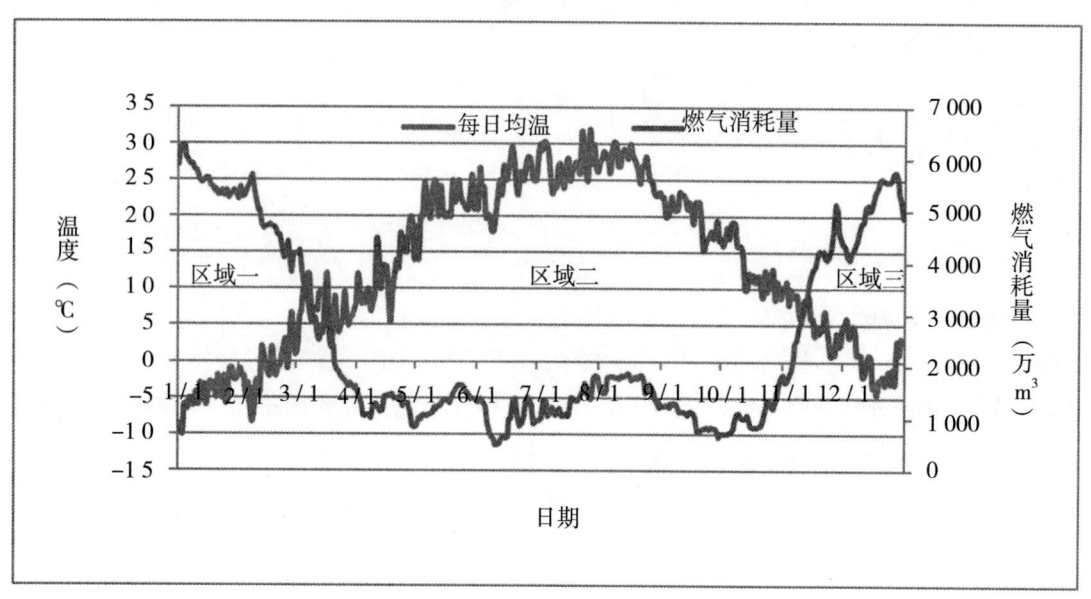

图2　2013全年气温及下游用户燃气消耗量变化曲线

采暖季期间(区域一、区域三)城市用户用量梯度攀升或骤降,与气温呈现非常明显的相关性。调度方案的制定主要考虑负荷波动与管网输配能力的匹配,阶段性的安排机组、门站启停,确保经济调度。

根据采暖季各时段温度分布,测算梯度负荷分布,如图3所示。

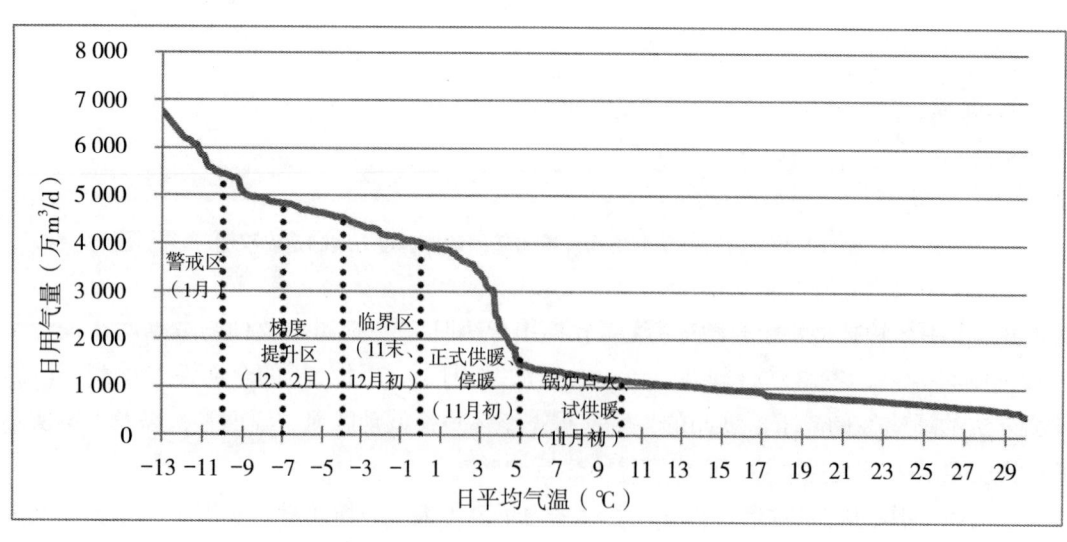

图3　采暖季气温与下游燃气消耗量相关曲线

2.1.2 其他需要考虑的约束条件

方案制定时段跨度范围内，需要考虑指标：

1）上游气源供应方案

确定供应门站，即气源通道，确定城市门站启运方式及上下游供需是否平衡。

2）大用户保障

为保障大用户供应压力，门站、调压站压力需匹配设置。12月中旬至次年2月中旬高峰负荷集中时段，重点关注电厂、锅炉房等大负荷运行用户的稳定供气，避免负荷集中区域出现超流情况。

3）门站、调压站检修/停运计划，同时考虑管网运行的经济性和安全性。

门站：在低峰和过渡期，门站采取"不同级共运"运行模式，即不同压力级制门站同时运行；同级制门站采用"一运一备"运行模式，即"备用"门站为关闭进出站截门的"热备"方式，可根据气量计划等进行工况调整，随时启动备用门站。

各级调压站/箱：管网负荷出现梯度提升或减量时，为保障调压设备及管网运行经济性，阶段性安排各区域调压站启停，尽量保证调压器负荷率在60%~90%之间。高峰时段，负荷运行稳定时段：

4）关键分段阀门的设置

目前仿真软件尚不具备优化功能，需要仿真工程师根据经验及现场情况，设置关键分段阀门。

2.2 梯度供应方案的建立

2.2.1 数字化边界条件

持续或者计划停运站：$n(x)i=0$

启运站数限制：$\sum_{i=0}^{n} n(x)i \leq N_{环网}$

调压站机组负荷率：$30\% \leq \dfrac{Q_i}{Q_d} \leq 90\%$

调压器运行参数：$R(x)i = \dfrac{P_i}{P_d} \geq 1.2$

大用户保障压力：$P_{min} \leq P_i \leq P_{max}$

管网运行参数：$v(x)_i \leq 25m/s$

式中：

$n(x)i$——调压站机组开关状态，1为开，0为关；

$N_{环网}$——各级环网机组台数（高A/高B）；

$f(x)$——调压站机组负荷率函数；

Q_i——为调压站/箱模拟负荷量，$10^4 m^3$；

Q_d——为调压站/箱设计负荷量，$10^4 m^3$；

$R(x)i$——进出口压比；

P_i——各级调压站/箱进口压力，MPa；

P_o——各级调压站/箱出口压力，MPa；

$v(x)_i$——各管段流速，m/s。

2.2.2 集中校核模型

实现各种情景的管网运行动态模拟及实时准确的短期负荷预测，结合动态模拟及负荷预测自动形成调度方案，管网调度部门在一定前提条件的约束下，执行方案，使工况调度逐步实现标准化、自动化、智能化运营模式。

约束条件是管网调度过程中机组组合、经济调度常见的约束条件，求解算法采用贪婪算法：根据各区域站/箱维检修时间安排及其相对位置，对站/箱启运优先顺序进行排序；根据排序，当管网某个节点或者某个区域需要增加运行站/箱时，从未运行的机组中选择排序靠前的站/箱启运；当需要减少运行站/箱时，从建议方案中安排运行的站/箱中选择排序靠后的站/箱停运。

2.3 非常态情况下的调度方案

若上游气源出现非常态供应局势，调度人员在对管网执行新的调整方案前，需要提前掌握当前状况下管网各类调峰措施所具备的能力，因此，在方案制定过程中，需要重点利用动态仿真对储罐、管存等调峰措施所具备能力及其利用原则进行分析。

正常及非常态下小时调峰启运原则：上游、城市高压A/B管网管存、储罐；通常情况下，根据城镇燃气设计规范："季节和日调峰量由上游供气方解决；平衡小时用气不均匀所需调度气量宜由供气方解决，不足之处由城镇燃气输配系统解决。"

城市高压力级制管网调峰限制条件：部分电厂等大用户进厂压力要求较高，在允许范围内降压调峰，管存调峰管存受限。

LNG、CNG储配站调峰：根据城市自主调峰建设情况。

目前，城市管网系统在一定程度上可以协助平衡小时用气不均匀现象，但在冬季高峰期，总体需求高，调峰设施供应能力仅能起到削峰填谷作用。在上游气源、上下游交接门站、城市管网调压站出现故障停运后，需要及时发布新的调度方案，重新分配各气源供应量、门站/调压站间流程切换等操作，必要时实施压量限供措施，尽可能的保证下游用户持续稳定供应。

3 算例分析

3.1 正常情况下调度方案制定

以北京市2014年~2015年度采暖季为例，通过分析北京市冬季气温分布梯度，确认对应气象条件下，各时段负荷，生成预测对象在计划制定周期内，负荷提升梯度（见表1）。

采暖季期间阶梯模型建立基准点　　表1

温度	11月				12月			1月		2月		3月	
	6d	8d	11d	20d	13d	10d		15d	27d		17d	8d	16d
−8~−12.5						8 300~9 400							
−4~−8					7 500~8 300			7 500~8 300					

续表

温度	11月		12月		1月			2月		3月	
	6d	8d	11d	20d	13d	10d	15d	27d	17d	8d	16d
-4~1				6 500~7 500				6 500~7 500			
1~5			4 000~6 500						4 000~6 500		
5~8		2 000~4 000								3 500~4 000	
8~10	1 500~2 000										1 500~3 500
名称	试水区	试供暖	梯度增一区	梯度增二区	高峰稳定区	预警警戒区	高峰稳定区	梯度减二区	梯度减一区	预备停暖	停暖末期
方案	方案一	方案二	方案三	方案四	方案五	方案六	方案五	方案四	方案三	方案二	方案一

门站　　　　　　　　　　　　　　　　　　　　　　　　　　　　表2

门站名称	设计规模（万m³/h）	启停状态	压力级制
门站一	120	在运	4.0
门站二	150	检修	4.0
门站三	55	在运	2.5
门站四	50	在运	2.5
门站五	150	在运	4.0
门站六	200	检修	4.0

当全市供热由试水进入试供暖阶段时，管网负荷进入临界点2 000万m³/d（92万m³/h），开始制定方案二调度供应计划。

3.1.1 边界条件确定

1）门站：

确定计划安排停运或者暂无启运计划的站：

$$n_2=0$$
$$n_4=0$$
$$n_6=0$$

调压站机组负荷率：$30\% \leqslant \dfrac{Q}{\sum Q_d} \leqslant 90\%$

当Q=92万m³/d，$102 \leqslant \sum Q_d \leqslant 306$万m³/d

6座门站启运状态：$N_{门站}=\begin{bmatrix} 1、0、1、0、0、0 \\ 1、0、0、0、1、0 \\ 0、0、1、0、1、0 \end{bmatrix}$

启运方案负荷工况要求，随机抽取组合2：$N_{门站}$= [1、0、0、0、1、0] 作为门站启运方案，即启运门站一、门站五。

2）高压A站

启运计划的制定与门站基本一致，生成启运方案后，仿真工程师根据站的地理位置、保障范围等因素，抽取组合$N_{高A}$=[0、1、0、0、1、0、1、0、1]作为高压A站启运方案，即启运高压A二、五、七、九。

3）高压B站

抽取组合$N_{高B}$=[0、1、0、1、0、0、1、1、0、1、0、0、0、1、1、0、0、0、0、1、0、1、1、0、1]作为高压B站启运方案，即启运高压B二、四、七、八、十、十四、十五、二十、二十二、二十三、二十五。

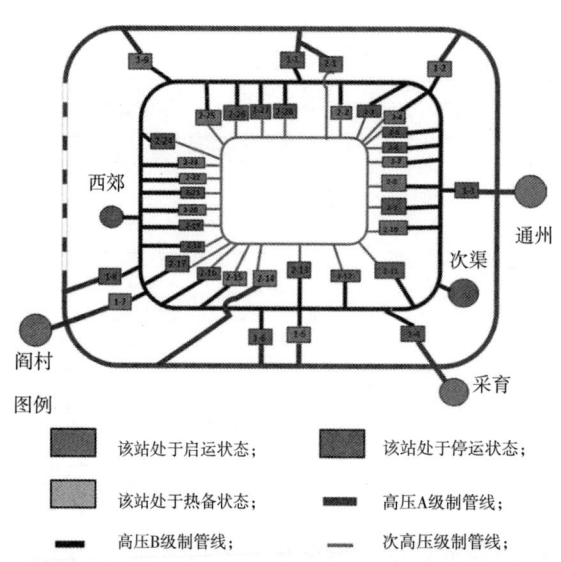

图4 方案二试供暖（8℃、2 000万m³/d）各级站/箱运行安排

3.1.2 仿真模型验证

大用户保障：六环四大热电中心稳压$3.6MPa \leqslant P_i \leqslant 4.0MPa$

管线及调压站箱安全运行：流速控制$v(x)_i \leqslant 25m/s$

3.2 非常态情况下调度方案制定

若上下游供需不能达到平衡，上游各交接点保持定流状态，下游用户需求若持续增长，集团管网启动应急气源并使用管存调峰。假设供需出现异常的临界点对应温度为-9.5℃，当平均气温降至-10℃，供气缺口55万m³，若该温度仅持续1~3日，采取自主调峰的手段，暂不需要实施气量调减措施；若该温度持续3日以上，必须对部分用户用量进行重新调整，采取压量限供措施。

应急调度方案主要以"环境温度为-10℃、供气缺口55万m^3"这一临界点为基准,完善采暖季期间由于上游气量对接无法实现供需平衡的情况下,我方暂能通过执行自我调整方案补充缺口气量,动态模拟当日管存及应急气源参与调峰时间。

3.2.1 上游供应量与下游用户需求小时波动曲线

假设全天上游按照最大供应能力均匀供给,我方用户下游用户小时不均匀系数取上采暖季高峰日下游负荷波动规律,如图5所示。早6:00至晚23:00上游供应量(红线)无法与下游用户需求匹配。利用动态离线仿真模型进行模拟。

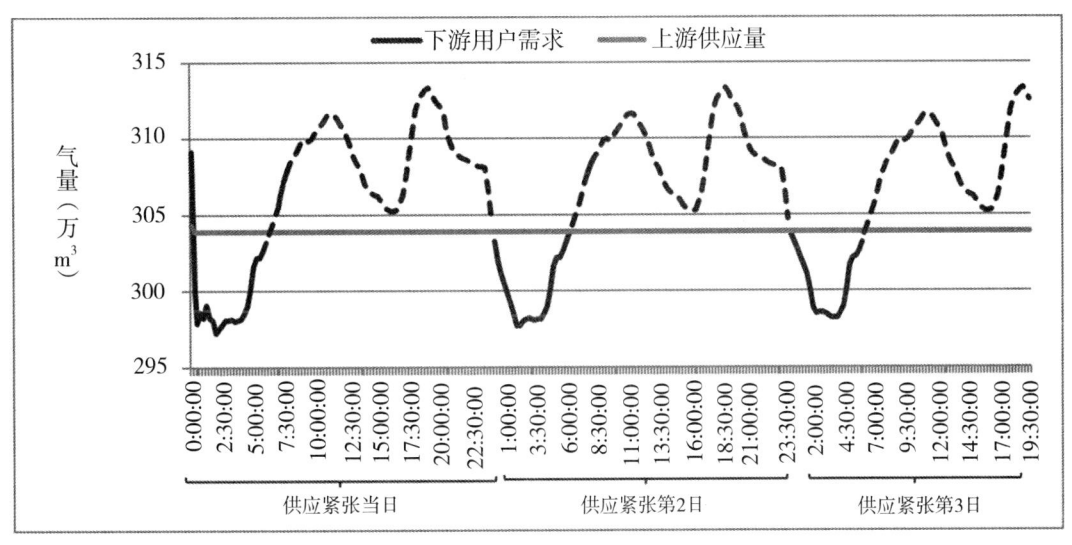

图5 环境温度为-10℃下上游供应量与下游用户需求小时波动曲线

3.2.2 管存消耗时间及下游用户需求供应情况

供应系统的调峰能力主要取决于高压A、B管网和储罐站,在冬季高峰时段可用调峰管存最大约250万m^3左右(见图6)。

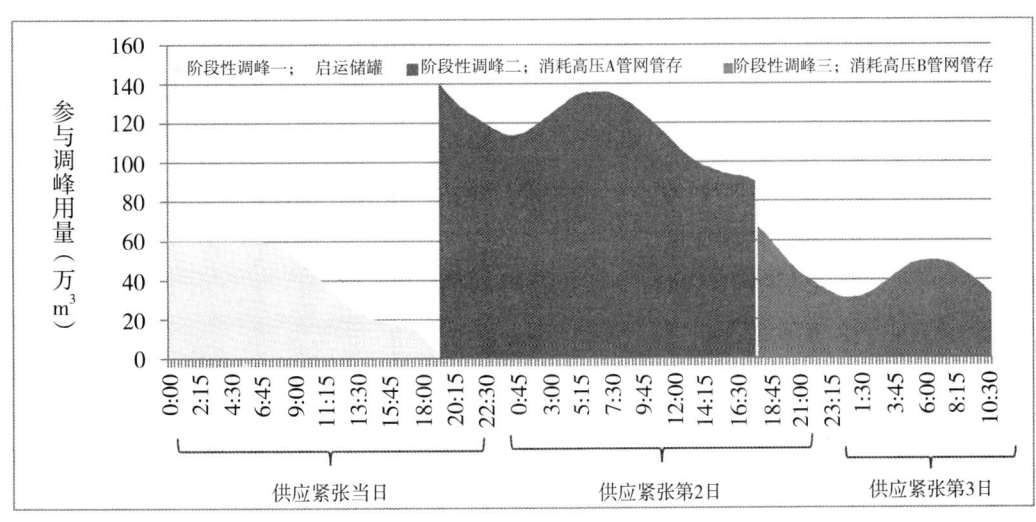

图6 环境温度为-10℃下系统可用管存波动曲线

管存及储罐调峰主要运行情况如下：

供应紧张当日：早高峰7:00开始至当日晚高峰18:00启运储罐调峰（60万m^3）；

供应紧张第2日：供应紧张当日晚高峰18:00开始至供应紧张第2日晚高峰18:00消耗高压A管网管存（50万m^3），太阳宫电厂供气压力达到临界压力（2.5MPa）启运高B管网调峰；

供应紧张第3日：供应紧张第2日晚高峰18:00开始至第3日午高峰11:00消耗高压B管网管存（32万m^3），正东电厂供气压力达到临界压力（1.2MPa），管网无调峰能力（40万m^3）。

4 结论

本文以智能燃气管网调度技术支持系统建设为研究目标，结合目前燃气管网调度生产基础，研究如何智能燃气管网调度技术支持系统的实现问题。

4.1 规范化基础数据维护管理，增强调控流程完整性

规范化气量计划、调度令、维检修作业等数据及影响正常生产运营事件填报的管理流程，有效维护了生产数据的完整性；同步开发系统数据分析功能，在增强调度管理的严肃性，保障安全生产的同时，实现调度管理的科学化、信息化、现代化，提高工作效率。

4.2 智能化统筹方案，提高运行安全系数

前瞻性的制定管网运行方案，对管网输送能力进行核算，并对各管道运行方式进行详细安排，运行计算采用仿真模拟技术，充分优化管网运行工况，合理调配天然气流向，增强管网调配能力，最大程度提高管网输送效率和经济效益。

4.3 以仿真为基础，开发调控业务计算工具，推动管网智能化发展

经过历年运行经验积累，并为实现简化日常工作需要为目标，借助于现有仿真技术，从调度需求出发，开发天然气调控业务计算工具，将管存计算、放空量计算、管道负荷率计算等日常工具进行开发整合，方便了调度人员使用，提高了工作效率，使运行工作更加科学化。

参考文献

[1] 黎灿兵，尚金成，李响等.集中调度与发电企业自主调度相协调的节能调度体系[J].中国电机工程学报，2011；31（7）：112-118

[2] 陈肖阳.智能燃气管网的探讨[J].煤气与热力，2012；32（6）：B25-B29

[3] 高顺利，刘蓉，刘燕等.智能燃气社区体系及关键问题研究[J].煤气与热力，2013；33（1）：B28-B29

[4] 杜贵和，王正风.智能电网调度一体化设计与研究[J].电力系统保护与控制，2010；38（15）：127-131

仇　晶　张应辉　关鸿鹏

论燃气公司应急抢险信息平台建设思路

1 引言

燃气事故发生后的应急抢险是燃气安全部门的重要职责。而且大多数燃气公司，面对安全事故，一般常规的处理方法分以下3步：

1）事前制定流程

以规章制度的形式公示出来，对于各种安全事故的发生都制定了明确的处理流程，包括组织结构、人员安排、执行规范、操作步骤等。

2）事中执行流程

一旦事故发生，按照既定的抢险应急流程，按部就班的执行。

3）事后反思总结

事故处理完成后，将事故原因分析并总结，最后存档。

因此这种常规的处理方法主要是"三靠"：靠制度、靠经验、靠执行。

如今随着燃气公司信息化水平的提高，借助物联网的发展，特别是新型传感器的研发、无线传输不再是瓶颈后，在这种新的形势下，燃气事故应急抢险有新的思路和解决办法，即：借助于信息系统平台，综合各种业务数据、制定应急预案流程、通过传感设备和传输网络，统一指挥抢险任务的执行，最后将实际执行的经验和教训反馈到系统，通过系统的在学习和流程优化，逐步完善流程，如此良性循环。

2 应急抢险平台组成

2.1 应急抢险平台

应急抢险平台是一个燃气综合性的管理信息系统，该系统综合燃气公司现有的各种业务系统，抽取核心数据，生产应急或者预案流程，从而智能的指挥调度抢险的执行。总体来说其分为几个要素：

业务信息系统；核心数据抽取；应急预案流程定制；信息共享及分发；任务指令生成；告警联动；自我学习和优化。

归纳来说，一套完整的应急抢险系统分为3个层面

1）业务支撑系统

为了有效的定义各种紧急救援预案，就需要各种业务支撑系统。通过这些系统的业务数据、业务关系、业务接口，创建各种应急救援的参数和业务流程。这也从一个侧面印证了：没有完善的业务系统，是无法创建有效的应急救援预案的。

2）应急预案

通过系统的流程定义，创建各种安全事故的应急预案处理流程。同时该流程包括一个自我学习和优化的过程，通过多次的应急处理，系统结合动态参数、串行动作、并发响应不断的完善应急预案流程。

3）指导抢险

一旦事故发生，系统结合发生事故的当前状态和各个子系统传递的关键参数（KPI指标），自动匹配并激活已有的预案。同时将预案需要执行的过程、需要分发的消息通过各类系统、途径、手段广播。预案的生成实际就是产生一系列的执行指令，取得各方支援，有序的按照指令执行各种流程。

2.2 平台建设目标

平台建设的目标概括起来包括5点：

1）让制度活起来

将公司纸质的流程不再悬挂在墙上，而是进入信息系统，借助信息系统的数据仓库、共享业务数据，让制度形成动态的、可视化的流程，通过动态的流程，清晰的告知每个人的职责、任务、每个任务的步骤等。

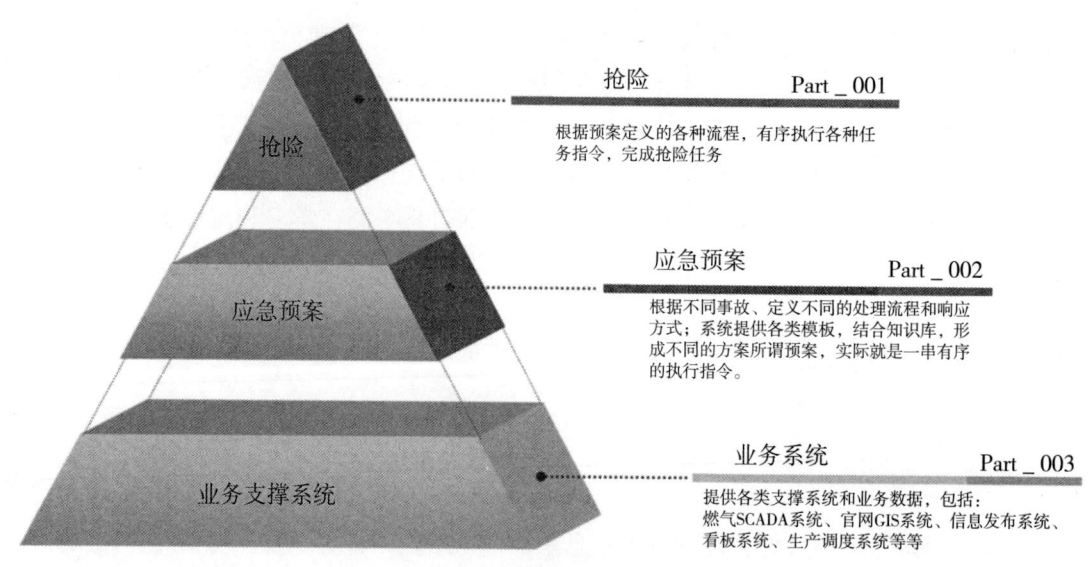

图1　应急抢险系统的3个层面

2）让命令智能化

应急平台是一个自我反馈、自我学习的平台，通过反复的总结，逐步优化流程，使得流程中的每一个任务命令更加智能和科学。从而摆脱了靠经验、套理论的弊端。

3）让过程可视化

应急系统通过综合各种传输网络，借助各种智能终端、看板系统、公共网络平台，将整个应急抢险过程以真实的、全网同步的方式展现给所有人。整个过程完全可视，无论任何地方、任何时候，任何人都可以参与到这个过程中。

4）让结果透明化

由于过程的可视化、命令的智能化，因此整个抢险结果将会是直接的、透明的，可以预见的，故让公司领导层能够尽早预判到事故造成的影响。

5）让损失最小化

应急抢险信息平台的建设最终的目标就是全面降低燃气事故发生所带来的损失，全面提升公司的公众形象。

2.3 平台体系结构

一套成熟完整的应急抢险信息系统平台结构如图2所示。

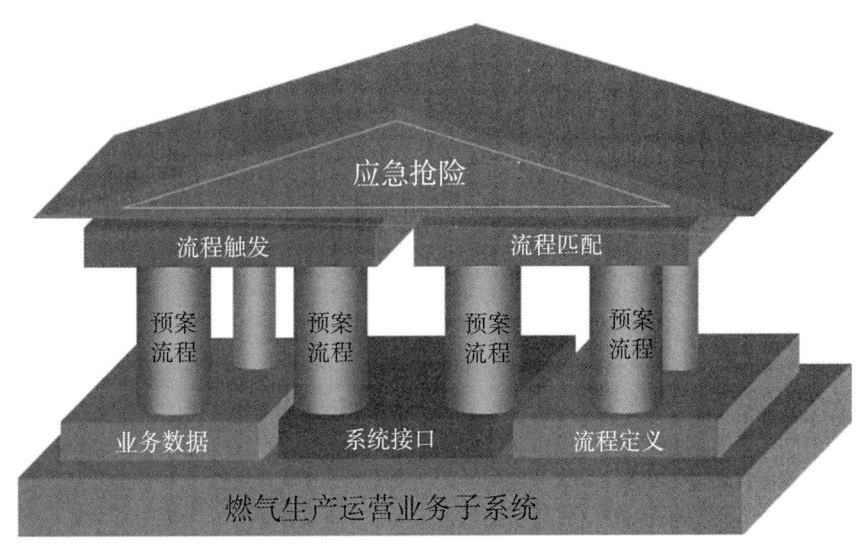

图2 应急抢险信息系统平台结构

1）基础平台

即燃气公司生产运营业务子系统。

2）接口适配器

包括和业务子系统的适配（业务数据、系统接口、流程定义）；和预案启动的适配（流程触发适配器、流程匹配适配器）。

3）预案流程

定义与系统中各类预案流程，具有静态属性。

4）预案启动并执行

被匹配并触发后的预案流程，具有动态属性。此时系统会生成一系列的执行指令，这些执行命令发送给不同的部门和人员，各个资源按照指令的要求有序的执行。

2.4 平台核心功能

应急抢险系统核心功能域如图3所示。

图3 应急抢险系统核心功能区域

2.4.1 基础功能

1）参数配置管理

包括功能参数配置、运行参数配置、抢险处理配置参数、业务流程执行参数配置、系统插件参数配置、各类访问接口参数配置等。

2）各类统计报表

系统提供各类统计报表，包括业务执行报表、查询统计、各类曲线等。

3）现场设备管理

对应急现场需要使用各种设备进行基础管理、跟踪管理等，包括：单兵系统、抢险车、各种抢险设备、通信设备、照明设备等。

4）抢险预案基础数据管理

抢险基础数据包括：预案级别管理；一级、二级、三级、四级预案级别内容等。

5）抢险负责人管理

由于险情级别和影响的面不同，在抢险执行前需要将险情的具体情况和描述通过多种途径发送到相应的负责人以及每个职责人。

6）抢险单管理

险情接单可以来自于不同的地方，比如分公司、调度中心等部门，抢险单是整个抢险流程的基础，所以对此表单所必须的属性信息在接单时要填写完整，以便启动正确的抢险预案。

2.4.2 核心功能

1）预案流程定义

系统提供可拖拽的方式，实现各类流程图形化的定义。定义好的流程以静态的形式存放在系统中，直到被激活方能使用。

2）知识库管理

结合行业法律法规、公司的规章制度，以知识库的形式进行管理。在预案流程定义时，既可以参考知识库的信息，也可以直接应用相关的制度和信息（包括直接应用和间接应用）。

3）信息联动发布

在预案被激活后,形成了执行事件,该事件以一组执行命令的方式存在于系统中,通过系统的发布功能实现执行命令的广播,再以各种渠道、载体将事件共享给所有的事件干系人。

4）抢险流程监控

系统对正在执行的事件和执行命令以状态机的方式在界面直观的展示,管理人员可以直观的了解到事件目前被执行到哪一步,最新的状态如何？有没有变得更加糟糕？是否需要调整预案流程和告警等级等信息。

5）预案服务管理

预案的服务主要是对预案的状态紧系控制,预案的状态一般包括:创建、发布、执行、悬挂和取消。

6）看板系统

如果有多个事件在同时执行时,相互之间可以产生联动。

7）险情导航

在预案流程的指导下,进行抢险指挥时,系统提供险情导航功能,能够提示在什么区域、该区域的险情级别、抢险的参与者、抢先执行的效率等。系统能够做到随时"一键导航"！

8）现场设备定位

对位于抢险现场的各种抢险设备、抢险车辆、照明设备等,结合基础管理中设备属性,实现现场跟踪定位。

2.4.3 扩展功能

1）流程自我学习记忆

某一个预案流程通过多次的执行后,会记忆各种执行的状态信息,该流程再结合这些信息和业务子系统反馈的新数据,完成自我的学习。

2）流程自我优化

根据自我学习的积累,预案流程会提出自我优化的意见,用户在确认后,流程完成自我优化,完善流程的执行效果。

3）抢险流程评价

在每次抢险预案执行完成后,系统自我进行总结,最后生成总体评价。

3 应急抢险平台建设

3.1 平台总体架构（见图4）

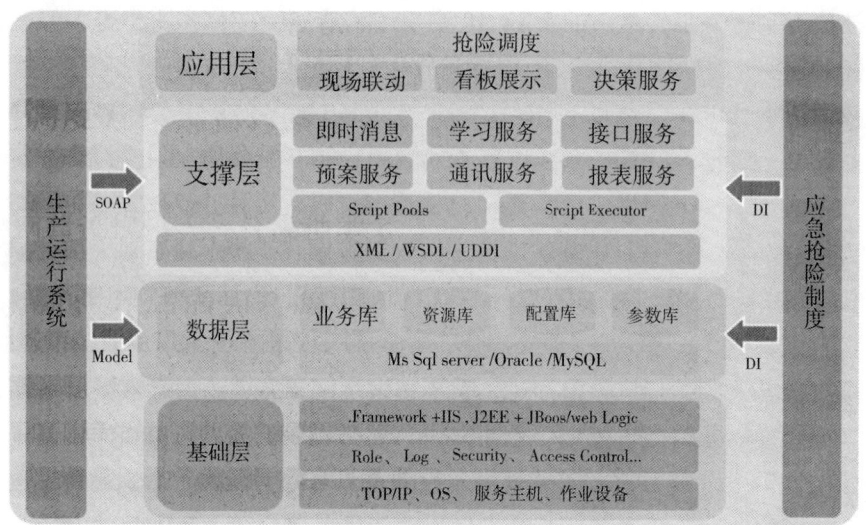

图4 系统架构设计图

3.2 平台网络结构（见图5）

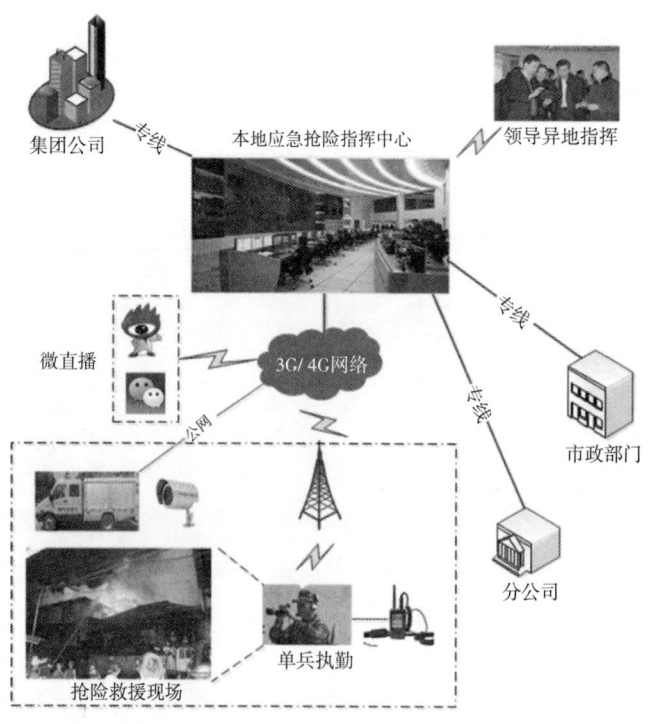

图5

3.3 平台部署模式

该系统是一个纯粹的软件平台系统，借助于局域网、服务器、各类业务子系统，构建一个综合性应用平台。

3.4 平台基础信息建立

以成都城市燃气有限责任公司正在建设的应急抢险平台为例介绍。

3.4.1 系统基础功能

1）身份验证及角色管理

对应急抢险平台的用户进行基础管理、用户角色权限管理、登录身份识别等，从而保证系统的安全应用。

2）业务接口配置

通过成燃公司现有业务总线（燃气信息化大平台统一部署），提供一个一致对外的服务接口，以松耦合的方式实现系统和各个业务子系统之间进行数据交互、数据共享等。

3）数据访问接口

系统提供各类数据源的访问服务通道，例如：包括各类数据库的访问适配和各类第三方系统的数据访问接口（XML、FTP、WEB Service等）

4）系统运行日志

记录系统日常运行各种状况信息，便于对系统的运行有一个直观的了解，也方便日常的故障排除；同时也记录系统登录者的操作过程，既可以保证系统的使用是透明、受控，也能起到一定的保护作用。

3.4.2 抢险基础数据管理

应急预案的设计在启动后，实际演变成抢险任务的执行，因此，预案在设计时，基本上以抢险为目标来进行设计。

1）组织架构设置

组织架构是对抢险涉及到的部门、分公司、人员进行管理，方便抢险任务的有序开展以及事后的责任追溯，组织架构的设置是整个系统运行的核心基础数据必不可少的。

2）抢险部门组成

抢险部门的组成是由系统管理员统一对涉及到的部门进行动态选择，比如选定具体的抢险部门涵盖：供气分公司抢险队、管网分公司抢险队，这些具体的抢险部门由管理员进行动态调整，以达到系统的灵活可配性；并且能够让管理员快速的查找到具体的抢险人进行任务分配。公司外部：包括抢险施工单位、市安监局、市能源局、110、119。

3）抢险范围设置

在系统管理员选择抢险部门时，系统便在表单中给出提示，以便管理员正确选择抢险部门，避免误操作造成信息的延迟。系统可以动态调整具体的抢险范围描述，这样可以保证信息的实效性，可根据业务的更改进行调整，这样系统不做任何改动。

供气分公司抢险队：

主要负责具体客户的抢险和维修业务（其中附带了如：安全用气宣传、增值业务等），从公司的输配应用来说，具体负责煤气入户的抢险任务。

管网分公司抢险队：

主要负责管网线范围的抢险任务，从管网运维角度来说，具体负责立围管、调压器以外的所有的业务，包括各类场站、门站、储备站等。

4）抢险时间设置

在管理员选择抢险部门时，系统便在表单中给出提示，以便管理员正确无误的选择抢险部门，避免误操作造成信息的延迟。系统可以动态调整具体的抢险范围描述，保证信息的实效性，根据业务的更改进行调整，这样系统不做任何改动。

成燃公司抢险中心责任时间段划分：

周一到周五8：30至17：30 供气分公司抢险队负责客户抢险，管网负责管线抢险。

周一到周五17：30至22：00和周末8：30至22：00全部由管网分公司负责抢险。

5）抢险人员设置

第一，抢险人员可分组、指定组长以及成员；第二，在表单中选择抢险部门后，便展开具体的抢险人员名单；第三，可以有效地管理人员的抢险工作，以便任务调度（抢险人员可以主动上报具体的任务，以便调度人员和领导进行查看）。

6）抢险任务管理

①人员任务管理：展示具体的任务详情，抢险人员可在移动终端查询到当前任务。

②任务完成状态：系统可以快速查阅到抢险人员的任务量。

③个人任务：由系统主动推送任务到抢险人员手中，并对任务做出优先级判定。

④统计分析：通过对抢险人员的任务管理后可对抢险人员的抢险情况进行较全面的分析。

7）抢险级别设置

为了方便后续系统的管理，因此对抢险级别也可进行新增、更改等操作，这样让业务更加灵活，可根据具体业务进行系统预案的调整。

8）险情来源设置

险情来源是指险情是通过何种途径收到的信息，设置此项内容可以在统计时方便的分析出险情接收途径，得出公司内部排查险情和发现隐患的能力，追溯到巡检是否符合标准。险情来源从大的方面来说分为：

总调：客户、小区物管、政府部门、巡检队、巡线队等

分公司：服务中心、专业队等公司内部部门接到或发现燃气设施、设备出现异常或怀疑出现异常向抢险维修部门转报。

客户、物管、路人、110等直接向维修中心报修（报险）

9）险情区域划分

区域的划分可以根据业务的发展需要进行动态增加和更改，具体操作可以在填写表单时和处理完成后进行选择，不做强制性的要求。在填写抢险单进行选择，避免任务派发受阻。

10）抢险事故类型设置

①核实阶段是对事故的初步判断，由调度人员进行选择。事故类型分为一般与严重。

一般事故包括：客户煎油、炒菜、煮东西，不慎造成户内燃烧，无人员受伤；户内发生火灾；热水器爆炸，引起户内燃烧，无人员受伤；施工挖断燃气管道，未造成人员伤亡。

严重事故包括：户内发生燃烧爆炸，有人员受伤送医院治疗；客户在家里洗澡时中毒；燃气管道泄漏，引起燃烧，造成人员伤亡；燃气站场（含门站、储配站、调压站、CNG站等）泄漏引发燃烧、爆炸；信息来源为市能源办、市安监局、市政府值班室、市应急办的事件。

②现场处理阶段是对已发生的事故进行确认无误后的处置阶段，事故类型分为一般与严重。

一般事故包括：燃气管线设施发生泄漏，需停中压阀井抢修；户内发生燃气泄漏引发燃烧、爆炸，无人员送医院治疗；施工损坏燃气管线和设施，未造成人员伤亡，停气用户20 000户以下；水堵造成300户~1 000户用户停气，停气时间超过2天；洪水、塌方等威胁输气干管。

严重事故包括：事故造成人员伤亡、中毒，伤者送医院治疗；燃气站场（含门站、储配站、调压站、CNG站等）泄漏引发燃烧、爆炸；施工损坏燃气管线和设施，引发燃烧、爆炸，或造成人员伤亡，或停气用户20 000户以上；水堵造成1 000户以上用户停气；低压燃气管线设施超压，发生冲表事故；信息来源为市能源办、市安监局、市政府值班室、应急办的事件。

11）抢险类型设置

为了方便后续系统的管理，因此对抢险类型也可进行新增、更改等操作，这样让业务更加灵活，可根据具体的业务进行系统预案的调整。

客户服务部门抢险处置类型主要包括：火灾与爆炸、不受控制的燃气泄漏、已受控制的燃气泄漏（不安全的炉具及燃气装置）、管道堵塞、燃气供应中断、与燃具设施有关的事故处理。

管网运行部门抢险处置类型主要包括：漏气、水堵、渣堵、电磁阀断阀、调压设备故障、户内设施故障、其他。

12）抢险事故上报设置

对事故类型更深层次的设置，当发生事故时需要上报主管部门等情况，通过消息传递的方式进行事故信息的推送。根据不同阶段出现的事故类型设置不同的上报部门和上报人员，系统可以动态进行配置。

3.4.3 险情负责人设置

由于险情级别和影响面不同，在抢险执行前需要将险情的具体情况和描述通过多种途径发送到相应的负责人。（在功能设置管理员可以对人员的变动进行实时的变动，不影响其信息的推送）

一级险情负责人设置包括以下岗位人员：公司分管生产副总经理、生产部经理、对应的各分公司经理到现场组织指挥。

二级险情负责人设置包括以下岗位人员：生产部经理和对应的各分公司分管生产副经理到现场组织指挥。

三级险情负责人设置包括以下岗位人员：各分公司对应科室负责人到现场组织指挥。

四级险情负责人设置包括以下岗位人员：各分公司抢险班组负责人到现场组织指挥。

领导小组人员设置：

领导小组是基于抢险负责人之上的安全领导小组，对出现重大级别险情则需要领导小组的调度，涉及到中心大屏调度展示，以及现场和指挥中心双重调度。

领导小组的设置主要体现在出现一般事故C级及以上级别安全生产事故应急处置，负责指挥所有参与应急救援的队伍和人员实施应急救援，并及时向公司报告事故及救援情况。（C级，此处需要明确何为C级，可参照其预案来制定和确认）。

领导小组由总指挥（公司总经理担任）、现场指挥（公司分管安全生产副总经理担任）、现场副指挥（事故所在单位分管副总经理担任）、成员包括公司分管人力资源副总经理、总工程师、工会主席、安全总监、安全部经理、生产部经理、总经理办公室主任、人力资源部、技术部经理、安全部工作人员。

功能体现为在功能上可以对领导小组进行动态配置，可随人员的调整而进行岗位角色变动，在何种级别的抢险才触发此领导小组，可以由管理员在预案中进行设置，无需在系统中做出无法修改，采用动态配置的模式进行。

3.4.4 险联动信息发布

信息发布渠道：在实施抢险过程中，通过各种消息通道将抢险过程中的各种实时数据、状态、进度发布给各个相关人员。消息渠道包括：语音电话、短信、视频、微信等。

结合看板系统应用：在抢险实施过程中，将各种信息、视屏、执行流程通过调度显示屏，集中展示所有信息。

4 结论

总体来说，应急抢险信息平台的建设不能是凭空而起，该平台必须借助燃气公司现有的业务系统，才能够借助业务数据、创建业务流程，才能最终制定抢险任务和执行方案。并且该平台同时也需要借助第三方的设备、网络、公共平台，才能构建一套综合性的、能够全局联动的抢险平台。因此在当前关注民生建设、共建和谐社会的大背景下，燃气公司有必要建立这样一套平台，无论是为公司本身还是为当地政府、当地人民都是意义重大！

参考文献

[1] 赵成根. 发达国家大城市危机管理中的社会参与机制. 北京行政学院学报，2006；04
[2] 武警水电第三总队. 应急抢险救援实践与探索. 2011；4
[3] 沈荣华. 国外防灾救灾应急管理体制. 2008；01

伍 涛 柳祚飞

套管对埋地钢质管道阴极保护的影响与解决方法探讨

在管道施工过程中,特别是在穿越道路、河流等位置,套管得到了越来越广泛的使用。套管能起到一定的支撑作用,以防止外力对管道造成的挤压破坏,同时还能为以后的运行维护提供便利。如果没有特殊说明,套管的材质均为金属套管。

管道在穿越时,一般会在管道与套管之间使用电绝缘垫片来防止管道与套管发生短路。同时为了防止地下水进入到套管中,往往会在套管的两端使用沥青、粘结剂等材料加以封堵。套管虽然对管道起到了支撑保护作用,但是对于施加阴极保护的埋地钢质管道来说,套管的安装会对阴极保护系统带来很大的影响,因其产生的套管内的管道腐蚀、腐蚀失效等问题多有发生。在对套管内的管道进行调查分析时发现,多条管道上出现不同程度的腐蚀现象,个别区域已经发生了严重腐蚀[1-2]。本文通过分析套管对阴极保护系统产生影响的原因,提出合理的解决方案,为防止套管内的管道发生严重腐蚀提供一定的借鉴和参考。

1 套管对阴极保护电流的屏蔽

在正常情况下,阴极保护电流能够较为均匀的分布在管道上,管道外表面能够较好地受到阴极保护的作用而降低腐蚀的发生。一般来说,阴极保护电流在流动过程中,电流会始终趋向于电阻较小的通道流动。然而套管对其内部管道的阴极保护产生的影响是非常复杂的,特别是在一些铺设距离较长、埋设深度较深的管道上。套管对管道的阴极保护屏蔽作用按照阴极保护电流的流动和分布情况分为两类:断路屏蔽和短路屏蔽。

断路屏蔽效应引起的是阴极保护电流通路中成了较高的电阻,使阴极保护电流无法到达管道表面,例如套管与主管道之间无导电电解质存在时,阴极保护电流会优先流向电阻较低的路径而直接流向套管,而主管道表面不能够得到足够的阴极保护电流,使主管道处于欠保护的状态[3-5],套管对阴极保护电流的断路屏蔽示意见图1。断路屏蔽也常出现于带聚氨酯保温层的原油或者热力管道,带玻璃钢保护层的管道,热电厂的"管中管"等。

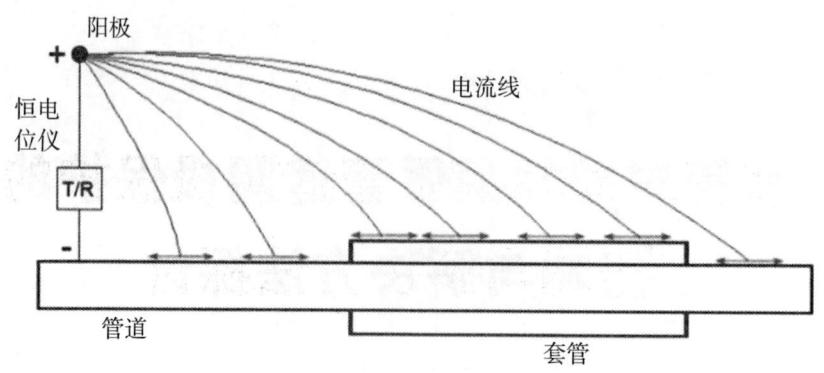

图1 套管对阴极保护电流的断路屏蔽示意

当主管道的防腐层出现破损并且套管与主管道在防腐层破损位置相互连接时，就会在这些位置上形成短路。短路形成后，套管和主管道之间的电阻会变得很小，短路点位置就会有阴极保护电流集中流入，而远离破损点位置流入的阴极保护电流会大幅度减少甚至为零。远离破损点一定范围内的管道没有受到有效的阴极保护作用，产生阴极保护屏蔽作用[3-5]，最终管道会在氧气、水环境的作用下发生腐蚀，套管对阴极保护电流的短路屏蔽原理见图2。类似的短路屏蔽效应也常出现于阀门直接接地、避雷器失效、惰性材料接地、保温管进水等。

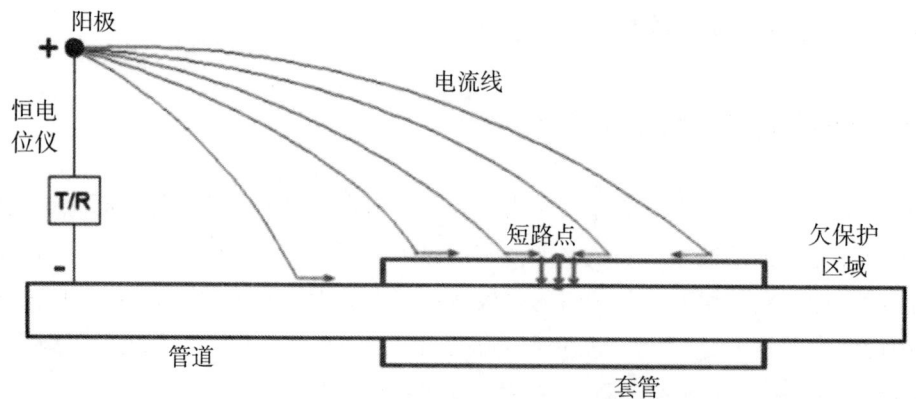

图2 套管对阴极保护电流的短路屏蔽示意

目前套管内的管道的保护电位是不具备条件进行直接测量的，在套管外测量的管地电位只能是一个混合电位，不能直接用于评估套管内的管道的阴极保护效果，所以在上述位置管道的阴极保护问题和因此产生的腐蚀问题应该引起重视。

2 套管在不同情况下对阴极保护的影响

2.1 套管与管道之间无电解质情况

阴极保护电流通路包括电子通路（导线）、离子通路（土壤）。在土壤中，阴极保护的传统电流方向为阳极到管道，电流最终通过土壤、经过防腐层进入到管道表面。当套管两端封堵的密封性较好时，外界环境中的水、泥土等不能进入到管道和主管道之间，这时会在套管和主管道之间形成空气层，阴极保护电流是无法透过空气层进入到管道表面的，该位置的管道不能受到阴极保护作用，属于阴极保护屏蔽区域。屏蔽区域内的管道会在湿润的空气环境中发生大气腐蚀。而在套管外的管道，电流是可以通过外防腐层或者破损点进入到管道表面而受到阴极保护的作用。

2.2 套管与管道之间有导电电解质的情况

在套管施工过程中，往往由于在套管和管道的两端进行封堵时，不能够达到完全的密封性，这使得在潮湿土壤或者水环境的作用下，管道和套管之间进入水分。这里的水分往往具有一定的腐蚀性。水分的进入会造成两个方面的影响：一方面，水分的进入会降低套管与管道之间的电阻，在一定程度上减缓高电阻带来的阴极保护断路屏蔽效应，使阴极保护电流能够通过套管进入到管道表面，管道得到有效的阴极保护。另一方面，套管内表面往往是没有防腐层而与腐蚀环境直接接触的，如果套管没有采用一定的保护措施，套管内壁在腐蚀环境的作用下发生腐蚀，套管在承受外力的情况下，也存在腐蚀失效和应力腐蚀的风险。套管与管道之间有导电电解质时的阴极保护电流分布见图3。

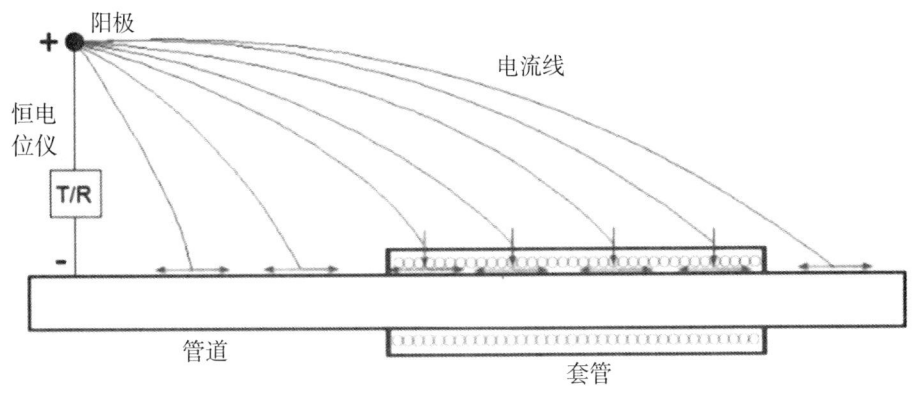

图3 套管与管道之间进水时的阴极保护电流分布示意

当套管内的管道防腐层电阻率分布不均匀，部分位置的管道防腐层电阻率较小时，阴极保护电流会择优选择路径电阻较小的电流通路流动，因此在防腐层电阻率较低的位置会有电流的集中流动。在这种情况下，套管的内壁作为电流的流出点将会发生腐蚀。

水分进入到套管以后由于重力的作用，水分会首先积聚到套管的下半周。如果水量不是很大，会出现套管与主管道之间下半周积水而上半周中空的现象。在这种情况下，套管内进水部分的主管道会受到阴极保护的作用；而套管中空部分的主管道得不到有效的阴极保护电流，处于欠保护状态。在套管内水面位置，存在空气的交换和离子的快速转移，腐蚀反应的控制步骤最弱，腐蚀性最强，套管内壁和管道都有可能被腐蚀，套管与主管道之间下半周积水而上半周中空的示意见图4。

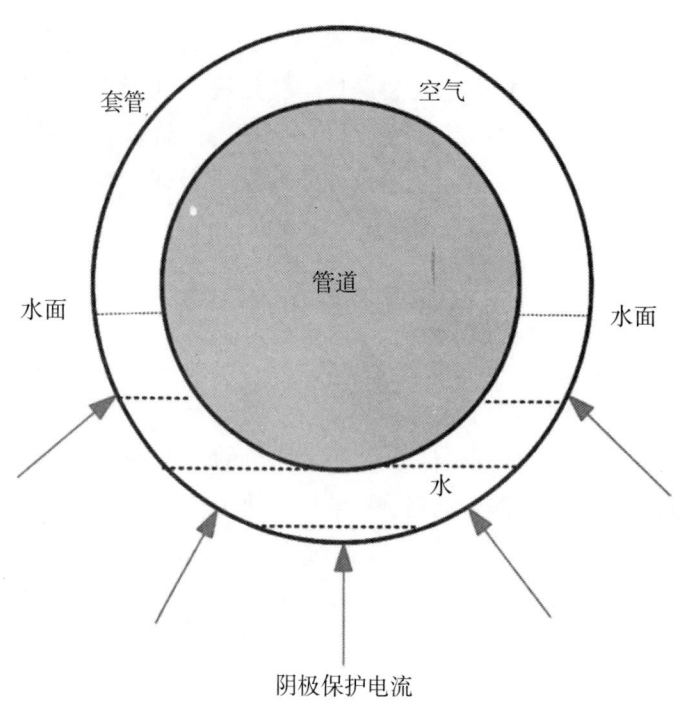

图4 套管与主管道之间下半周积水而上半周中空的示意

2.3 套管与管道有短路情况

在套管与管道的短路点位置，电流将会较为集中地从套管外表面流经短路点进入到管道上。这是由于在该点位置电阻很小，将会有较大的电流流入该点，在阴极保护系统一定电流量的情况下，使得该点附近的其他位置不能充分地受到阴极保护保护作用，套管位置附近的管段也会处于欠保护的状态，特别是对采用外加电流的阴极保护系统，短路的存在会使附近几公里的管道得不到保护。

当套管与管道之间有电解质（水、空气、土壤）存在时，套管、管道、土壤相互连通，形成电通路上的整体。阴极保护电流则会直接流入到套管而重新返回到土壤，而套管内侧、管道将没有阴极保护的作用，存在发生严重的腐蚀可能性。即使管道有较好的防腐层，但在该种情况下，也可能发生腐蚀。该种情况在套管和管道的腐蚀问题中最为常见，在出现短路后，应及时的查找短路点的位置，降低腐蚀的风险。

在出现套管与主管道之间下半周积水而上半周中空的现象时，由于某种原因短路点出现在中空位置，如图5所示。由于阴极保护电流会在短路点位置集中地流入，而在套管内的积水部分，套管、主管道得不到有效的阴极保护作用或者形成电流的流出点，这些位置将发生腐蚀。

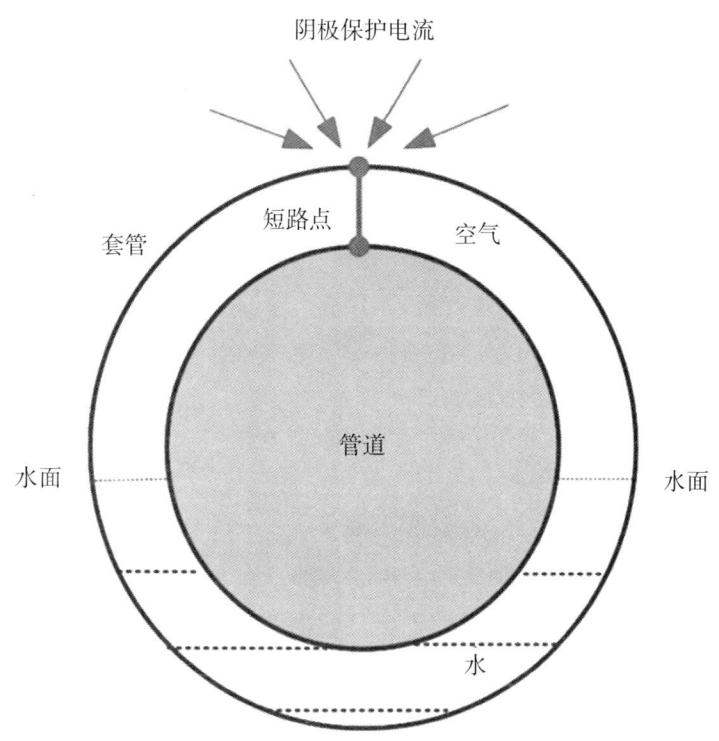

图5　套管内下半周积水上半周出现短路点的示意

3　常见的应对办法与讨论

对于套管内的管道，为了使阴极保护电流能够有效地分布在管道上，一般采用带状牺牲阳极、钢筋混凝土管、填充导电介质等方式[6-7]。

3.1　采用带状阳极的阴极保护

对套管内的管道采用带状牺牲阳极的阴极保护是一种常用的解决方法。利用带状牺牲阳极产生的阴极保护电流在套管内的管道表面的水膜层上进行传导，能够较好地为管道提供阴极保护。

利用带状牺牲阳极保护套管内的主管道时存在以下问题。

（1）当使用带状牺牲阳极作保护时，带状阳极应该避免与套管内壁形成短路。形成短路后，在主管道和套管之间形成电通路，一方面会增加阳极的消耗，降低阳极的寿命；另一方面，因为短路的形成，电流的流动会在主管道和套管之间形成流入点和流出点，在电流的流出点位置上会加速金属的腐蚀。

（2）当套管中有土壤、水等导电介质存在时，套管内壁一般没有防腐层而套管内的管道防腐层可能会采用加强级，这时在电流流动的通路上，电流进入管道的电阻要远远大于到套管内壁的电阻。套管和管道之间的牺牲阳极释放的电流会有很大部分流入到套管的内壁上，而管道表面得不到有效的保护。

（3）套管和管道中的牺牲阳极往往是没有填包料的，如果牺牲阳极长时间工作在该环境下，阳极很容易被极化，表面形成钝化层，最终使阳极的接触电阻和电流输出受到很大的影响[8]。

3.2 混凝土管替代金属套管

套管所处的环境，往往要求套管需要能够承受一定的外界压力，例如土壤的剪力、路面的压力等等。如果环境或者条件允许，可以考虑使用混凝土管替代金属套管。埋在土壤中的混凝土管，由于土壤具有一定的水分，能够使混凝土管具有一定的导电性，阴极保护电流能够通过湿润的混凝土管进入到管道表面，管道受到阴极保护的作用。

由于水的渗透性和混凝土管的结构特点，外界的水能够通过混凝土管的外表面进入到混凝土管和管道的间隔之中，为阴极保护的电流通路提供可导电的电解质环境，降低了结构电阻，使阴极保护电流能够均匀、有效地分布在管道上。

3.3 套管内填充导电介质

对于不带外防腐层的套管来说，人为地在套管内填充导电介质[9]，降低套管与主管道之间的电阻，理论上是非常可行的解决方案。但是，导电介质的材料选择目前是一个难题，国内外采用该方法的案例很少。因为套管内的管道需要定期维护，如果采用的是粘性材料，会对管道的拖动造成很大的困难。另外，套管内的导电介质必须常年保持相对湿润、导电，一旦导电介质干燥，则会与主管道表面形成一定的分离，增加了阴极保护电流路径的电阻，使阴极保护电流变小、分布不均匀。如果条件允许可以将套管两端的密封塞打开，使外界环境的水、泥土等进入到套管中来充当导电电解质。采用这种方法，套管中的主管道的运行维护相对简单，同时可以参考套管的管地电位来确定主管道的阴极保护状况。

4 结论与建议

在管道有套管的情况下，管道受到有效阴极保护的前提是管道和套管之间的间隔中有导电的电解质存在，否则将会在间隔中形成高阻态，直接影响阴极保护电流在套管内管道上的流动与分布。

涉及到穿越施工时，可以通过提高管道的防腐层质量、厚度来达到保护的目的。也可以考虑混凝土管，来保证阴极保护电流能顺利到达被保护管道的表面。

如果套管没有外防腐层，则可以让外界环境中的水、泥土进入到套管内，降低套管与管道之间的电阻，使阴极保护电流能够均匀、有效地分布在管道上。如果套管带有外防腐层，可以对套管内的管道采用带状阳极的阴极保护。套管内安装牺牲阳极的方法应该避免阳极与套管内壁接触形成短路。此外套管内的牺牲阳极一般都没有填包料，牺牲阳极易发生钝化、失效等现象，最终阳极没有足够的电流输出，应该采取一定的措施防止该现象的发生。

参考文献

[1] 葛艾天,洛扬译.现场跟踪-套管内腐蚀[J].国外油田工程，2001；17（9）:70-72

[2] 赵君，杨克瑞，蔡培培等.钢质套管穿越段管道的完整性检测与评价[J].油气储运，2011；30（9）：681-683

[3]张珂,史国福,宁尚锋等.钢质套管对埋地管道阴极保护的影响[J].腐蚀与防护,2007;28(11):580-582

[4]林冬孝,叶芬,何崇伟.钢套管内金属管道的腐蚀及防护[J].油气储运,2007;26(7):49-50

[5]朴贞花,袁赓,童高田等.埋地套管中钢质燃气管道的腐蚀与防护[J].煤气与热力,2005;25(5):21-23

[6]袁振昆.钢质套管内管道的腐蚀分析及保护方法初探[J].天然气业,1994;14(2):61-63

[7]张延丰.套管穿越处的阴极保护[J].腐蚀与防护,2000;21(4):167-170

[8]吴荫顺,曹备.阴极保护和阳极保护[M].北京:中国石化出版社,2007:107-109

[9]丁友,沈允清,顾建宁等.在钢质套管与输油管道环形空间内充填电解质的阴极保护试验[J].油气储运,1991;10(1):58-64

和宏伟 刘 慧 白冬军 冯文亮

气体流量计温度传感器测量误差及解决方案

气体流量计是燃气公司与燃气客户进行燃气贸易结算的主要计量器具，广泛用于工业、商业、福利等中、大类型客户，使用最普遍的有涡轮流量计、腰轮流量计等。我国规定以体积量作为天然气贸易结算单位，标准参比条件是：293.15K、101.325kPa，为了统一贸易计量结算标准、保证计量公平公正，气体流量计配置了温度、压力、压缩因子计算等体积修正仪表将流量计工况条件下的燃气体积量转换到标准状态。本文以实验数据为重点，介绍气体流量计温度传感器因安装测温方式受环境温度影响造成的测量误差及解决方案，供读者在实践中参考。

1 实验数据

1.1 传感器温度测量误差实验

1.1.1 实验方法及条件

以空气为介质通过鼓风机送入连接管道流经被测流量计；实验采用DN150涡轮流量计，流量范围（50～1 000）m³/h；传感器为Pt500铂电阻；气源表压2.2kPa，实验流量254m³/h。

1.1.2 实验数据（见表1）

表1

通气时间（min）	0	5	10	15	20	25	30	35	40	45
环境温度（℃）	22.5	22.5	22.5	22.5	22.5	22.4	22.3	22.2	22.2	22.2
传感器温度（℃）	27.0	27.5	27.9	28.2	28.5	28.8	291	29.3	29.5	30.0
气源温度（℃）	28.3	29.5	30.0	30.4	30.8	31.1	31.5	31.8	32.0	32.4

1.1.3 数据分析

通气45min，环境平均温度22.4℃，且基本稳定；传感器显示温度平均28.8℃；气源温度平均31.1℃；传感器温度在环境和气源温度之间，平均温差2.3℃，按照气态方程：

$V_0 = V \times \dfrac{PT_0}{P_0 T} \times \dfrac{Z_{tm}}{Z_g}$，经体积修正仪换算到标准参比状态，误差约为+0.72%。

V_0—标准标准状态下的气体体积量；

V—工作状态下的气体体积量；

P—传感器测量的绝对压力（当地大气压+表压）；

T_0—标准状态下的绝对温度（293.15K）；

P_0—标准大气压（101.325kPa）；

T—标准状态下的绝对温度，(273.15K+传感器测量的温度)；

Z_n、Z_g—分别为标准状态下、工作状态下的气体压缩系数（常温、常压下$\frac{Z_n}{Z_g}=1$）

1.1.4 原因分析

传感器安装测温方式如图1所示，传感器上的铂电阻安装在传感器的底部，插入到套筒的底部，套筒安装在流量计或燃气管道内，套筒以螺纹紧固连接在流量计或管道上，金属材料，部分暴露在环境中，根据热传导原理，环境温度通过套筒传递到传感器铂电阻，同时，流量计或管道本体受环境温度影响，温度通过螺纹连接处传递到套筒，造成介质温度的测量误差。

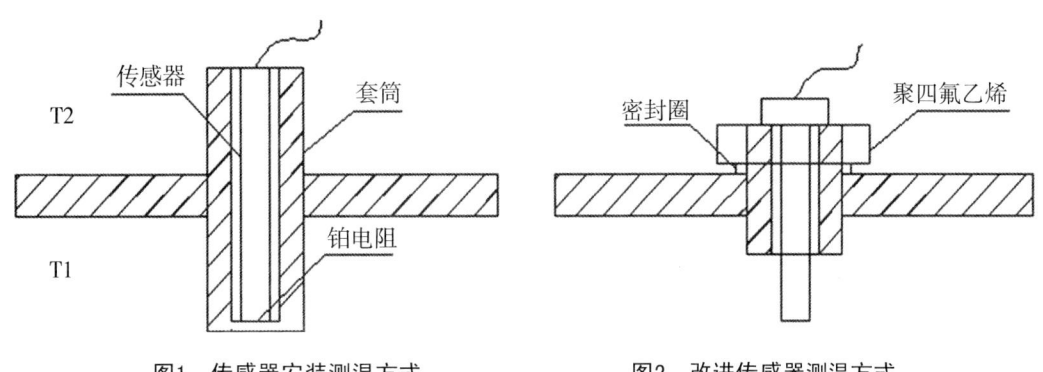

图1 传感器安装测温方式　　　图2 改进传感器测温方式

1.2 去除套筒测量实验

1.2.1 实验方法及条件

1.2.2 实验数据（见表2）

表2

通气时间（min）	0	5	10	15	20	25	30	35	40	45
环境温度（℃）	20.6	20.5	20.6	20.7	20.7	20.7	21	21.1	21.1	21.1
传感器温度（℃）	22.35	26.6	27.3	27.8	28.7	29.2	29.8	30.3	30.8	30.8
气源温度（℃）	22.3	26.8	27.7	28.2	29.1	29.8	30.4	30.9	31.4	31.3

1.2.3 数据分析

通气45min，环境平均温度20.8℃，且基本稳定；传感器显示温度平均28.4℃；气源温度平均28.8℃；传感器温度在环境和气源温度之间，平均温差0.4℃。按照气态方程经体积修正仪换算到标准状态，误差约为+0.12%，去套筒后因温度测量引起的体积转换误差降低0.6%。

1.2.4 原因分析

去套筒后传感器铂电阻直接插入管道接触气源，避免了套筒的影响，铂电阻瞬间测量到流经管内的介质温度。

2 解决方案

改进传感器安装测温方式如图2所示，截去管道内套筒，将传感器直接接触气源；暴露环境的套筒改为聚四氟乙烯代替，降低热传导。

3 试用效果

传感器测温方式改变后,分别在A单位锅炉房、B单位加气站进行试用,试用数据如表3和表4。

A单位锅炉房   表3

日期	表型/口径	传感器温度(℃)		环境温度(℃)		预报温度(℃)	流量(m³/h)	绝压(kPa)
		换前	换后	换前	换后			
14年6月5日	涡轮DN150	34.2	32.1	36.0	36.0	21~30	232	109

B单位加气站   表4

日期	表型/口径	传感器温度(℃)		环境温度(℃)		预报温度(℃)	流量(m³/h)	绝压(kPa)
		换前	换后	换前	换后			
14年6月13日	涡轮DN150	33.9	28.4	34.3	34.7	23~33	283~288	285

分析:更换改进后的传感器,温度较原传感器低2.1℃,按照气态方程转换到标准状况,因温度测量值校准后体积量增加约0.68%。

效益估算:根据该单位流量计修正仪数据库全年数据及环境温度推算分析,可减少因温度测量误差造成的损失约为1.8万m³/a。

分析:更换改进后的传感器,温度较原传感器低5.5℃,按照气态方程转换到标准状况,因温度测量值校准后体积量增加约1.6%。

效益分析:更换传感器后13天累计用气30 714 m³,挽回气损491m³。

4 结束语

气体流量计因其流量大、体积小、准确度高,并有温度测量、压力测量、压缩因子计算及体积修正等优势受到燃气公司青睐。然而,多数用户在使用流量计时只关注基表准确度,往往忽略温度、压力测量误差对计量系统误差的影响。一台合格的流量计应由合格的基表、温度传感器、压力传感器、正确的压缩因子计算、体积修正仪组成,由于目前我国尚未出台流量计系统检定规程,检定机构出具的检定证书只对基表负责,因此,计量管理人员应高度关注辅助仪表的准确性,制定校准辅助仪表的有效办法,以确保流量计计量系统准确。

本文介绍改进后的温度传感器安装方式不失计量公正,选用时要根据流量计使用的环境温度确定,使用得当可减少燃气公司计量损失,有利于降低燃气供销差。

参考文献

天然气计量系统技术要求GB/T18603-2001

刘庆华

抢修"云管理"的探索与实践

工业革命以来，为提高劳动生产率，满足人们的生产生活需要，在生产组织方式上逐步形成了讲求分工和专业化，推行标准化，固化资源和作业程序，通过流水线组织协作的模式实现了商品的规模化生产。而这种传统生产和管理方式，缺乏灵活性和个性化，这主要是其僵化了各种生产要素，特别是人的因素。当今社会信息技术正深刻的改变着传统管理和商业模式。现在的商业环境，要求企业对客户需求做出更快速的反应，提供更个性化和差异化服务。如果仍然依靠僵化的流程和协作模式，势必无法满足客户多样化、多层次的需求，最终导致失去市场。为了及时满足客户的需求，各类生产要素和资源必须能够重新组合和快速调配，通过统一管理，这样就产生了"云管理"。

1 "云管理"（Cloud Management）的概念

利科国际咨询集团《著云台》分析师团队结合云发展的理念总结认为："云管理"是借助云计算技术和其他相关技术，通过集中式管理系统建立完善的数据体系和信息共享机制，其中集中式管理系统集中安装在云计算平台上，通过严密的权限管理和安全机制来实现的数据和信息管理系统与过程。

金蝶软件提出"云管理"概念是应用社交化网络、移动互联网、云计算等新兴技术所带来的创新型管理模式。

上述的"云管理"的概念更多是从云计算和信息技术应用角度提出的一种信息技术管理模型或是信息化辅助管理的手段。到目前为止，云管理尚无一个确切的定义，对于各个行业"云管理"应用，提出了不同的定义。通过"云管理"在燃气管理中的实践总结，认为"云管理"是在云和云计算基础上，进行扩展、提升和创新，形成超越云计算的一种新的管理模式和管理思想。其核心就是借助云计算、物联网和移动互联网等信息技术，将人、财、物、技术和环境等生产要素和资源融合成一个整体，进行统筹管理，打破区域、组织边界等资源管理限制，达到各生产要素间的互通。通过集中管控、中央指挥、随需调配资源和互动，来满足客户的多样化需求。

2 "云管理"在燃气抢修中的实践

基于上述的"云管理"理念，无锡华润燃气首先在抢修业务上实践"云管理"模式，于2011年4月成立调度抢修中心，重新整合接报、调度、抢险、维修等业务环节，并统一的管理和调配人、车、材料、设备、技术等各类抢修资源，将燃气抢维修业务成功打造成"云抢修"。

2.1 实施背景

到2013年底,公司天然气管网总长度已达5 000多km供气能力近200万m³/d,管道燃气民用户达到近90万户,管道燃气工商业用户达到3 000多户。在管网规模不断扩大、用户需求日益提高的今天,传统的管理方式越来越不适应当下的发展需要,突出表现在如下几个方面:

(1)部门繁多,分工复杂

原有抢修流程,分属在4个不同部门,分别管理接报、调度、抢维修、回访等相关职责,原接报中心归属客户投诉部管理,调度中心归属市场发展部管理,室外抢修归属输配管理部管理,室内抢维修归属客户服务部管理。

(2)协同困难,资源无法灵活调配

4个部门虽职责分工明确,但相互间缺少信息沟通交流,各自的人力、物资等资源不能有效调配。此外,抢修分了室内抢维修组以及室外抢维修组,每个分组又分别划片设置抢维修点,室内外抢修分散设置,各自为政,相互间缺少有效协同与沟通,往往出现有的片区超负荷工作而同时其他的片区则是低负荷。

(3)管理层级多,网点更多

前面说到抢修业务分属4个部门,室内外抢修有实行划片管理,在部门下又设置很多抢修点;到2011年实施"云抢修"前,室外抢修设有3个抢修点,室内抢维修设有6个点。

(4)效率低下,设备利用率低

抢修属于公司的应急部门,一般需24h值守。由于室内外分属2个部门,因此2个部门都需要安排值班人员,特别是夜间业务量不大,造成人力资源浪费;另外,2个部门分设的抢维修点,都要配备相应的设备资源(包括抢维修车辆、设备等),无法综合利用,统一管理调度,造成设备的利用率不高;再者分片设点在一定半径范围内实行点到点(服务点到报修点)方式,在路上浪费了较多的时间。

(5)无法有效管理移动岗位

传统管理对工厂化生产管理非常有效,特别是对于流水线生产,管理井井有条,极大地提高了产率。而燃气行业有许多岗位都是分布在城市的各个角落,如:巡线、施工管理、抢修等,这些岗位有个共同的特点,都是在不断的移动中,统称为移动岗位。移动岗位基本上靠的是员工的基本素质、责任感和使命感等,管理者期望有一种有效的管理的方法。

(6)信息系统孤岛现象严重

原有信息化系统:SCADA系统、GIS系统、GPS系统、OA办公系统、客户服务系统、呼叫中心系统,也都是依据原有业务部门的需求进行独立开发,各系统间孤立、使用单一,信息系统不能有效相互支持。特别在处理抢维修过程中,现场往往缺少相关信息系统的后台支持,需要一个信息平台整合打通这些信息孤岛,支持公司业务(包括抢维修)的开展,提高工作效率。

2.2 "云抢修"体系的构建

2.2.1 按照"云管理"的理念整合资源

2.2.1.1 化整为零,实现抢修资源的可复用性

改变原有分片管理、分业务部门管理都追求资源大而全的弊端。为了改变这种弊端,各类资源

按功能进行重新梳理，将抢维修原来以班、站为单位组织进行划分抢维修单元，并重新定义抢、维修单元，强化各类资源的专业化，突出资源的可复用性。

根据抢维修业务特点，一般需要如下几类资源：

1）人：通过细分抢维修环节对人的不同要求，又分为：抢修人员、维修人员、调度员、接报员、技术支持人员、安全管理人员和后勤服务人员

2）车：主要有应急抢修车辆、综合抢修车辆、工程机械车辆、指挥车辆等

3）设备

4）物资：主要有日常物资和应急物资

5）信息：主要有图档信息、客户信息等。

根据抢维修单元的重新定义，把上述这些资源重新组合，按照合理的粒度重建，形成可配置、灵活组合和复用资源组合如下：

①抢修单元：通过人、车、物资、设备的资源组合，形成能独立完成室内报修处理和室外报修应急处置的基本作业单位。

抢修单元一般由2人组成，配置车辆1辆，必要的随车工具、设备和材料，并能连续作业8h。抢修单元24h待命，根据分析抢维修报修数据，划分出相应的重点片区，将抢修单元在全市主动设防，动态分布；就近调派应急抢修单元，快速响应；如有需要，增派其他抢修单元，相互支持，多个单元协同作业。

②维修单元：同样是对人、车、物资、设备等资源的组合，形成维修单元，在抢修单元完成应急处置或临时处理后，完成后续的修复和恢复工作。维修单元一般依托维修基地，配置大型的机具、设备、车辆和作业人员。维修单元可根据事件情况，并结合自身工作安排情况，合理执行维修计划。目前，无锡华润燃气设有2处维修基地，3支专职维修组；此外，高压管网的维修，委托中石油管道局华东维抢修中心，其作为一支外协维修单元；同时可以跨部门调用资源，安装部和工程部门管理的施工力量视同外协维修单元进行管理。

2.2.1.2 化零为整，形成资源合力

打破了区域、部门对生产要素和资源的束缚，生产要素及资源不再是某个区域或某个部门独享，将各专业化的资源可以根据实际需要，进行组合，形成合力。

为更好的利用各类资源，实现抢维修的专业化运作，提升公司面对突发事件的应急处置能力。无锡华润燃气成立调度抢维修中心，集热线接报、调度、监控、指挥、抢险、维修等职能于一体，有效整合了分散在各业务部门的抢维修资源。

1）将管网运行部室外管道抢维修职能、客户服务部户内抢维修服务职能，统一调整至新成立的调度抢维修中心。

通过对相关的人员物资进行优化和调整，抢修人员从原来的82人缩减到58人；车辆从16辆减少至15辆。通过这样的整合，充分发挥了资源可复用性，体现了资源集约化利用的优势。

2）将原来用户咨询、用户投诉、燃气抢修、液化气业务等分散在多个部分的对外电话进行清理，合并为统一的对外服务热线82588777，实行全年24h不间断值守，用户只要打一个电话，就能实现咨询、投诉、抢维修报修、液化气送气等各类业务。

通过整合各对外服务电话职能，相关业务部门无需再设立专门的接线人员，而人员经过专业培训，统一管理，提高了接报人员的整体素质，提高了电话的接通率，减少了用户等待的时间，提高

了业务受理能力；通过接报人员和调度人员集中办公，加强了人员间的沟通、业务互补和支持。用户不再需要记过多的业务电话，不需要知道具体是哪个部门受理，更可以在任何时候拨打热线提交服务需求。

此外，通过短信平台，发布各类业务信息，将用户申请业务的办理情况、缴费情况等利用燃气智能信息化平台主动的告知用户，免去需用户打电话过来询问，化被动为主动，增加与用户的互动。

3）整合调度资源，形成中心集中式指挥模式

取消原先客户服务部、管网运行部门分散在各片区的派工人员，在指挥中心设置调度值班长，安排有丰富抢维修经验且有班组管理能力的人员来担任。不但改变的单一职能，更将该岗位作为整个抢维修业务的核心，使其成为各类资源调配、各项事务分配的关键。

2.2.2 按照"云管理"的技术搭建"云抢修"智能平台

实践"云抢修"的运营理念离不开信息化支撑，通过借助物联网技术、云计算技术、移动互联技术构建的"云抢修"智能平台，有力支持了"云抢修"模式的实现，见图1。

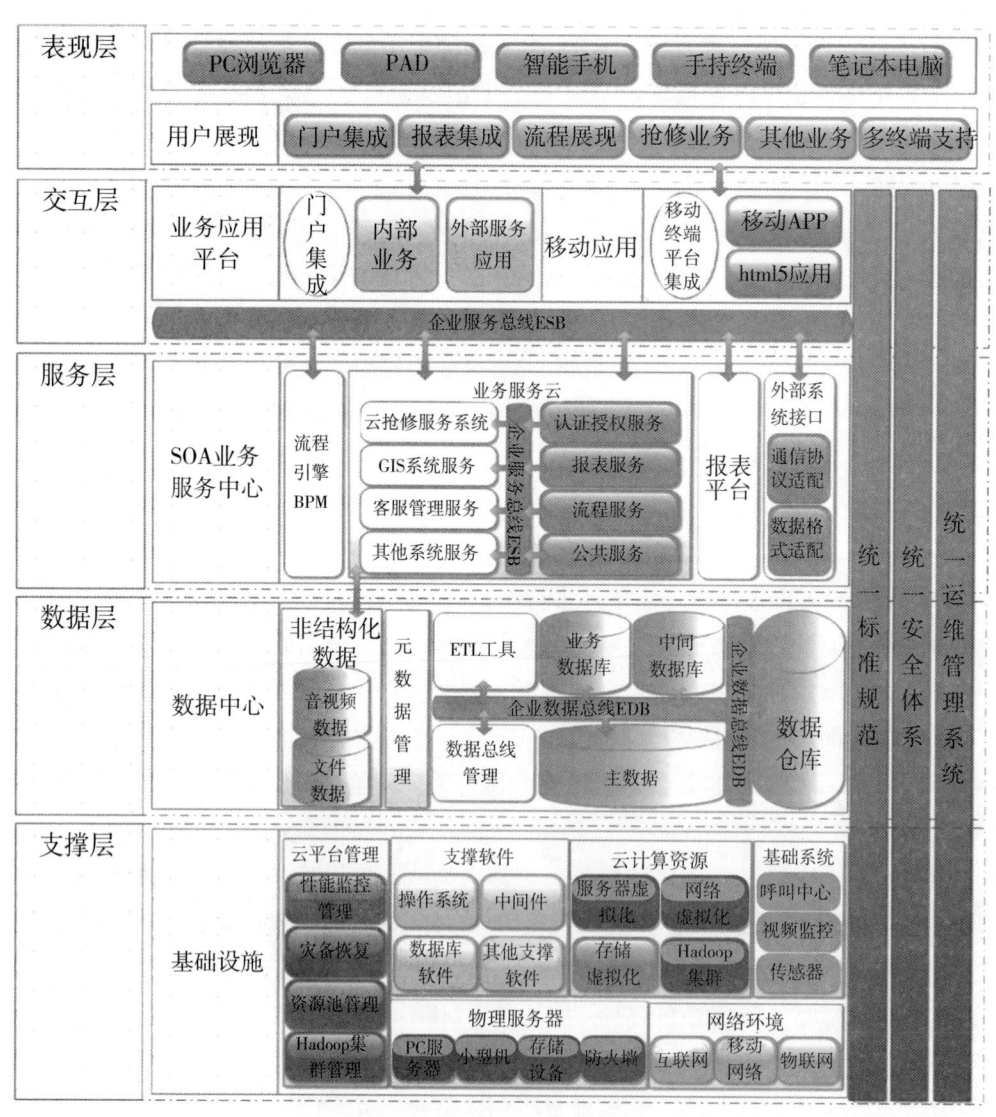

图1 "云抢修"系统层次结构图

2.2.2.1 基于SOA架构，实现信息的共享和互联

无锡华润燃气应用了基于SOA架构的实施方法论和开放且通用的技术体系来构建起松耦合的技术平台，将原有的业务系统的功能服务化、应用组件化、业务模块化，整体的技术框架不仅满足了"云抢修"灵活多样的业务特点，而且同样也能将符合"云管理"运营理念的其他业务应用经技术合作和复用后快速实现，将"云管理"的理念进行了数字化。

"云抢修"的核心技术要求之一在于解决多系统环境的高效交互问题，满足突发情况下，短时间内对各类信息高强度的需求。显而易见，常规点对点的交互方式已不能适应此类复杂的应用环境。因此，在"云抢修"智能平台上引入了ESB/EDB的总线式交互，采用消息机制将众多与第三方系统的服务交互数据交互甚至是流程交互都是通过服务总线或数据总线来实现，借助这个信息的"高速公路"，接入各类需要的业务信息和数据，并快速传递至需求者。

抢修作业属于典型的资源调度型业务，所以在没有"云抢修"新模式前，经常会出现管理后台对各作业人员、抢维修车辆、物资设备的数量和状况都无法感知，造成资源过度使用或过度闲置现象。通过GIS、GPS、SCADA等燃气行业应用系统，结合传感器、远控阀门、实时监测等现代物联技术，并依托移动智能终端，实现物联网实时数据采集技术和远程控制技术的应用，构成了内外一体的抢修单元，各单元形成了配置粒度合适散布在全市的处于待命状态的由中央集控指挥的"云端"，当有抢修任务出现时则由中央集控式"云中心"将"云端"依据系统规则策略按需组合成任务云，这样不仅彻底贯彻了"云管理"的运营思路，而且也彻底打破了部门与职责的协作壁垒。另外，使"云抢修"应用能够更加贴近实际的应用场景；也使抢维修各环节的全程感知成为可能。

"云抢修"智能平台有了SOA总线架构，有了传感与物联，从技术层面彻底解决了现场作业与管理后台失联或低效联接的问题。实时互联分析、全程监管和支持，使人和系统进行融合。

2.2.2.2 利用云计算技术，实现系统的稳定高效

"云抢修"应用的实现不仅涉及到抢修业务本身，还更需要输配、客服、调度、稽查等其他业务的支撑，这些支撑来自于业务数据综合分析和业务流程闭环处理。然而要高效而稳定的进行数据分析与流程处理，特别是在多系统环境下实现业务统一应用的集中处理则必须借助于云计算技术。

"云抢修"除引用了云计算技术中分布式计算、并行计算、效用计算、网络存储、虚拟化、负载均衡等传统计算机技术和网络技术外，还结合企业自身情况的业务物质与架构特性对基础设施层设计了"云管理"平台、应用计算云、数据处理云、虚拟存储云等，即：在通用的云计算技术基础上叠加了自己特有的基础架构云设计（见图2）。首先，我们将中间件服务、应用服务、基础系统服务、基础硬件环境等都作为应用计算云，是能够负载当前业务应用压力的且能够理论上无限量扩容的基础架构环境；其次，我们将数据库软件、后台虚拟运算、高级系统服务、高端硬件环境等都作为数据处理云，以准备完成复杂且繁重的业务运算或数据分析；第三，我们单独构建一体化虚拟存储云，既将原有的存储设备复用又将存储平滑扩容；最后，为完成对应用计算云、数据处理云、虚拟存储云以及视频、呼叫、地理信息、感知设备等的统一管理，我们定制了"云管理"平台，在基础设施层中主要是对基础环境的监测、管控与运维。这是对整体基础架构层的一种技术管理维度。

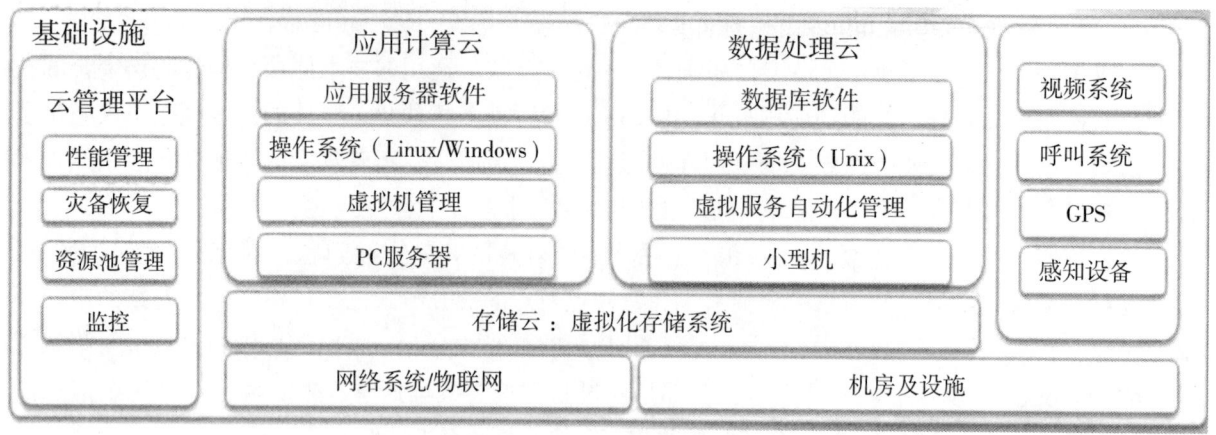

图2　云计算技术应用结构图

在主三层中（应用计算云、数据处理云、虚拟存储云）涉及到硬件类的完全符合冗余、双机、负载均衡等一些云计算技术的基本要求和可扩容要求，并且还从另外一个维度对资源进行管理利用。我们通过"云管理"平台将全局硬件资源池进行了统一规划，对于整个"云抢修"应用环境来讲，清晰地划分出了测试区、预生产区、生产区，以便于在应用功能更新升级时采用规范而科学的机制，从而达到安全、可靠、稳定、有效的目的（即便一旦出现升级错误时也能快速回溯）。

"云抢修"从基础设施层就引入了云计算技术，使应用系统不仅运算快速高效而且稳定，可管可扩，云计算技术的采用在满足"云抢修"应用的同时，也为之后数据应用层面的大数据分析与处理打下了坚实的基础。

2.2.2.3　采用工作流引擎，重新构建业务流程

"云抢修"智能平台的构建最终是要服务于业务应用的，无锡华润燃气借助了云计算后台的工作流程引擎及其仿真技术，使抢修业务形成了统一接报、集中调度、迅速处置、安全完工、监察回访的业务闭环，并且能够快速实现业务流程的再造以及新老流程的平滑续接或变更。

实现流程再造和优化以及流程适应需求的变化，都需要有BPM技术的支撑，因此流程管理平台的技术框架显得尤为重要，不仅要符合当前的流程需求和未来的流程变革，而且要适应应用扩展与外部对接。"云抢修"BPM流程管理平台技术框架见图3。

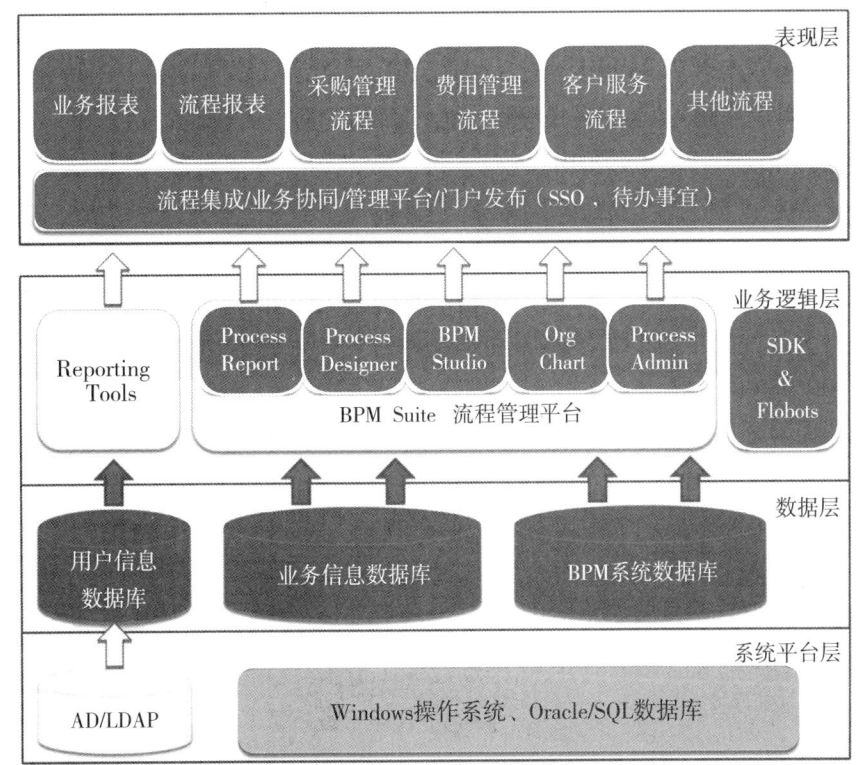

图3 "云抢修"BPM流程管理平台技术框架

以BPM流程管理平台对流程进行优化管理、重组等，使抢修流程更科学的快速服务于客户需求。用流程方法对业务处置形成规范与要求，利用平台工具将其固化与沉淀，转化为企业的资产与知识，此过程不仅能有效处理生产问题，更能进行复用、更新、再沉淀、再复用的流程再造的生态循环。"云抢修"流程管理生态结构见图4。

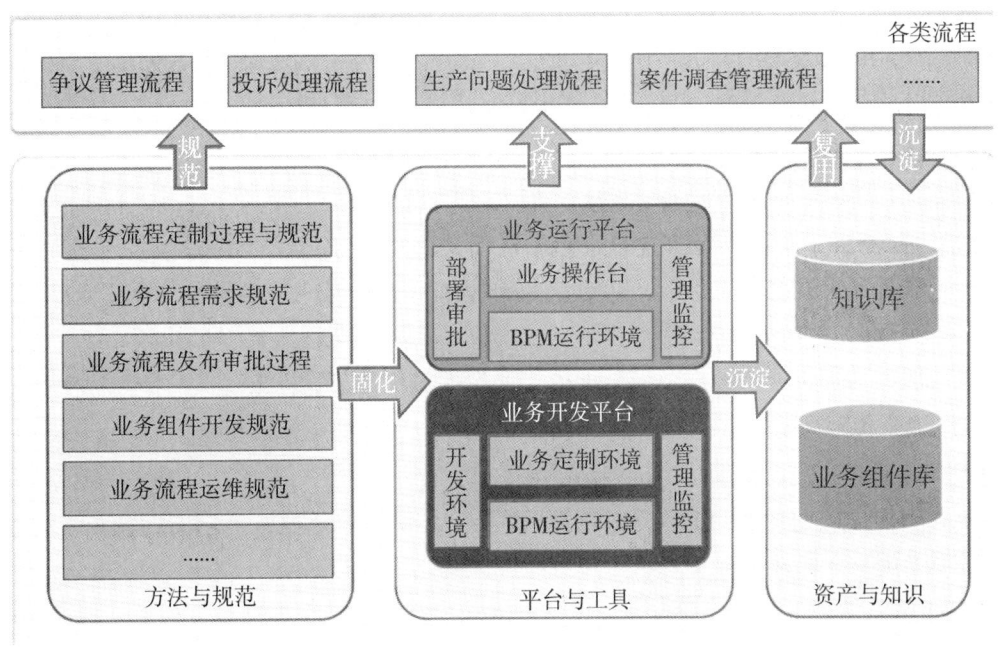

图4 "云抢修"流程管理生态结构

借助BPM流程管理器对抢修流程实现了再造，通过对报障信息的分析和系统的智能判断，根据就近原则、任务优先等级等策略，将合适的调度指挥方案推荐给值守的调度值班长，由调度值班长派发至外业抢修单元，抢修单元通过智能终端接收到作业信息，并及时将现场数据回传至中央系统。"云中心"的调度长根据现场情况，制定抢维修方案，并将方案、图纸等支持信息推送给现场"云端"人员，实现远程的技术支持。同时，根据现场实际需要，调配相应的支援力量和应急资源。调度环节与现场处置实时互动、及时调整，各类资源灵活应用，这一过程实现了电子化预判、系统值守、多点互动，降低了对一线抢维修人员的技能要求和对其的依赖度，使紧张的现场抢维修，转变为有预案、有组织、有协作的有序工作。使单兵作业转变为团队作战，发挥团队协作的合力。

当遇到重大险情的抢修事件时，系统通过消息、语音、图片、视频等方式将事件现场状况实时回传至抢险专案办公室，通过专家组的判断分析后，直接下达作业指令至现场完成抢险处置，使其事件过程全程可视化，并且如果需要的话，"云抢修"应用平台可以实现与省市应急调度平台对接。

2.2.2.4　挖掘数据，实现数据成果分享

无锡华润燃气借助了ETL技术，将各相关的业务数据进行抽取、转换、清洗，通过数据质量碰撞形成ODS业务主题库，对这些主题数据持续沉淀与再碰撞，按照实际的业务逻辑对其KPI指标在云计算后台进行分析与提取，最后通过自动报表技术、报表平台发布技术、门户整合技术对最终呈现的业务数据进行了集中展示，从而实现了向管理者在进行业务调整、管理决策时提供必要的辅助依据。

通过挖掘事故发生的原因、地点、时间、频率和重复性等元素进行大数据分析，根据分析的结果，建立突发事件风险管控区域，在风险区域主动设置抢维修资源。同时将这些数据成果分享给安全管理部、管网运行部和客户服务部等部门，做安全管理部安全管理的方向，防范重点；管网运行部巡线、监护和防止第三方破坏指导和管控要点；为客户服务部客户安全管理提供了依据。同时也为追求本质安全提供依据，为工程设计和施工指出改进的需求，为今后运行管理安全和成本控制，提供了本质保障。

通过整合后的"云抢修"智能平台的运用，从接报到调度、再到抢维修、最终到用户回访，形成一个完整的、高效的闭环系统，通过对业务、人员和设备的整合，打造了"专业、高效"的抢维修队伍，提高了工作效率，保障了供气的安全运行。

2.2.2.5　运用BPM流程引擎和KPI分析，创新培训模式

创新培训模式，体现在"先诊断，后治疗"的培训模式。传统的培训做法是不论员工的知识和技能程度高低，要么进行技术培训、理论培训或实操培训，培训没有针对性，效果平平。而无锡华润燃气采用的是"先诊断，后治疗"的培训模式，根据每个员工在实际工作中，完成任务过程中的智能燃气系统记录各种KPI进行观察和分析，来确定该员工是否需要培训，或者调离岗位。例如对低于KPI平均值30%进行梳理，初步确定培训对象。

然后，对于初步确定的培训对象，采用BPM流程引擎跟踪分析，确定问题的所在。系统通过BPM流程引擎固化一个标准流程（实际操作流程），同时设置该流程节点的关键控制点和关键点的KPI，这些关键节点主要包括工程质量、关键节点时间控制点、安全风险控制点等。分析时通过对关键节点的KPI采取，分别与标准流程关键节点的标准KPI设置值做出对比和分析，得到考核结果。对

这些结果进行分析，寻找背后的原因，针对原因培训。

平时也会对高于平均值30%的员工进行BPM流程测试分析，总结其优秀经验，并把它沉淀到云计算中心分享，作为今后业务和技术的支撑，同时也作为更新流程和标准KPI的依据，以此循环，不断优化标准流程和KPI。

最后，针对员工的不同原因进行理论或技术的培训。

通过"先诊断，后治疗"的培训模式，有针对性的组织抢维修人员进行技能培训，并开展岗位技能竞赛，促进员工业务技能的快速提升，打造了一支"专业、高效"的抢维修队伍。

3 无锡华润燃气"云管理"体系实施的效果

3.1 管理效益

调度抢维修中心运行两年半（2011年初到2013年底）来效果显著。无锡华润燃气服务的用户数目得到了增长，但是人员、车辆等相反得到了精简；抢修派单时间、达到时间得到降低，提高了抢修反应速度，保证了抢修的快速完成，抢险半小时达到率达到84.5%（表1）。

有效提高了工作效率，提升了客户满意度，塑造了"无锡华润燃气"优质高效服务新形象。此外，及时的反馈问题给运行部门，未雨绸缪消除隐患，相互进行监督，抢修与运行同心协力保障安全，第三方损坏从2011年的106起降低为2013年的74起，降低30%，泄漏自检率从2011年的20%增长为2013年的85%，增长325%。

"云抢修"实施前后的整体对比　　表1

项目	原模式	新模式	比例
用户数（万户）	58	89	增53.45%
抢修人员（人）	82	58	减29.27%
人均服务用户（户/人）	7 073	15 345	增116.95%
抢修车辆	16辆	15辆	减6.25%
车均服务用户（户/辆）	36 250	53 330	增47.12%
抢修派单时间	8min	2min	减75%
抢险到达时间	50 min	24.87 min	减50.26%
抢险半小时到达率%	33%	84.5%	增150.1%

另外，单一工单的处理时间减少了2倍，复合增长率50%，并有继续下降的趋势；人均工作量提高了4倍，复合增长率100%，并且符合增长率的趋势基本不变（图5、图6）；而且，随着"云中心"的不断完善和强大，还有进一步提升的空间，这也是增长率基本不变的原因，也是"云管理"管理体系持续进步效果的体现。

图5 接报工单平均处理时间

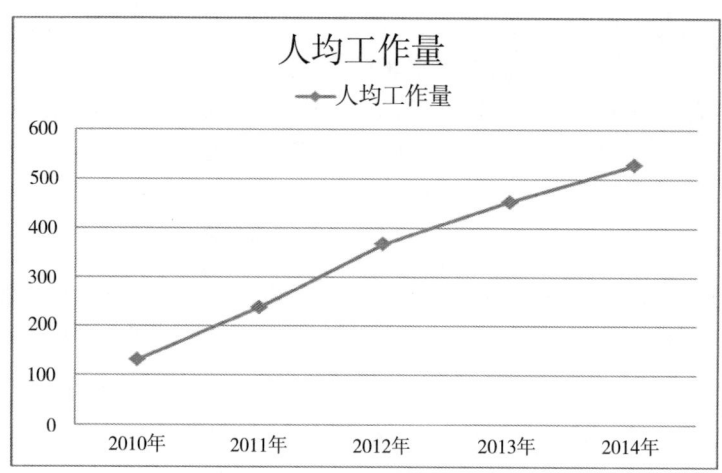

图6 抢修中心人均工作量

3.2 经济效益

按照原模式,人均服务用户为7 073户,每车服务36 250户。传统模式与现模式人员、车辆配置对比见表2:

"云抢修"实施前后各年人员车辆对比　　　　表2

时间	用户数(万户)	原模式应配人员	实际配备人员	原模式应配车辆	实际配备车辆
2011年初	58	82	82	16	16
2011年底	66	94	58	18	15
2012年	75	106	58	21	15
2013年	83	117	58	23	15
2014年	89	126	58	25	15

经济效益的产生主要体现在3个方面,包括减少的车辆费用、人员费用以及减少的泄漏损失。

车辆（以及车上装配的抢修必备工具、发电设备等）随使用年限会产生折旧，另外还有每辆车的运行费用。目前公司逐步采用综合抢修车（车上备有抢修出勤必备工具），每辆车造价为41.25万，这里采用平均年限法计算折旧，由于综合抢修车的特殊性，折旧年限算为4年，也即一年折旧103 125元，每年运行费用约为6万元。人工工资每人每年12万元。

同时，由于本项目的实施，燃气抢维修及时率上升，减少了燃气泄漏量，预期年减少管网泄漏量400万m^3，减少直接经济损失1 200万元，并最大限度的减少了突发事件或自然灾害所造成的危害和损失，减少间接经济损失不可估量。

经济效益对比见表3。

"云抢修"实施后各年减少费用明细表   表3

时间	用户数（万户）	项目	原模式	实际	减少数量	减少费用（万元）	减少泄漏损失（万元）	共计减少费用（万元）
2011年初	58	人员	82	82	0	0	0	0
		车辆	16	16	0	0		
2011年底	66	人员	94	58	36	432	1 200	1 681
		车辆	18	15	3	48.9		
2012年	75	人员	106	58	48	576	1 200	1 874
		车辆	21	15	6	97.9		
2013年	83	人员	117	58	59	708	1 200	2 038.5
		车辆	23	15	8	130.5		
2014年	89	人员	126	58	68	816	1 200	2 179
		车辆	25	15	10	163.1		

共计减少费用=减少的人员工资+减少的车辆折旧+减少的车辆运行费用+减少的泄漏损失

3.3 社会效益

"云抢修"平台获得了省级、华润集团、市级各界领导的关心及嘉奖。2013年4月获得江苏省住房和城乡建设厅第三批"江苏城建示范工程"。同时，无锡华润燃气作为华润燃气集团内的标杆企业，自从"云抢修"平台建成后，接待了华润燃气集团近200家成员公司和其他燃气公司来参观学习"云抢修"平台和"云管理"模式。

无锡华润燃气依托"云管理"的运营理念，在燃气抢修业务中将人、车、物等生产资源借助信息技术、物联技术、移动技术进行了全局性贯通，实现了业务一体化运营的平台应用，取得了突破性的社会价值和经济效益，并形成了持续改进的生态循环，而"云抢修"仅是"云管理"理念中的一个应用实例，未来还将向更多的云业务进行持续拓展。

承灿赟　朱大令　朱国栋

金属管圆锥外螺纹滚压成型技术的应用

1 前言

螺纹连接（俗称丝扣连接），具有结构简单、装配容易、拆卸方便、易于加工、价格低廉等特点，因此被广泛应用于机械制造领域的各种紧固连接和管道连接。在管道连接方式中，螺纹连接约占47%左右。1841年，英国人惠特沃斯提出了世界上第一份螺纹国家标准，1905年，英国人泰勒发明了螺纹量规设计原理，从此，英国成为世界上第一个全面掌握螺纹加工和检测技术的国家[1]。

金属材料的外螺纹加工方式最常用的有2种：滚压加工和切削加工。滚压加工主要用于标准紧固件的加工，而金属管道的外螺纹加工几乎全部采用的是切削加工。经过十几年的努力攻关，武汉市燃气热力规划设计院有限公司和广州港汉机械有限公司已成功研制出在有缝金属管上（热镀锌钢管）进行外螺纹滚压加工的新技术，并研制出适用于工厂化生产和现场加工的两类滚丝机，相关标准已由武汉市燃气热力规划设计院有限公司和广州港汉机械有限公司提出并起草完成，准备提交相关部门审批。目前，国家滚压锥管螺纹检测中心和相关研究技术中心也在筹划中，这使得目前国际上公制、英制管螺纹同时存在的双轨局面将朝着公制方向改革前进，势必在不久的将来，带来螺纹连接领域里的一场革命。

2 传统切削加工管螺纹存在的问题

切削加工工艺原理是用刀具从工件上切除多余材料，从而获得形状、尺寸精度及表面质量等合乎要求的零件的加工过程。在我们常用的管道螺纹连接方式中，其管道外螺纹基本上都是采用切削加工方式，对于这种传统的管螺纹切削加工，存在以下问题：

（1）由于管螺纹的牙高和锥度是被切削成形的，根据不同管径，切削加工使螺纹段管壁被削薄损失高达1.3mm至1.9mm（见图1），加上管螺纹1:16锥度，钢管螺纹部分的壁厚损失达到60%以上，但为了保证螺纹连接的强度和可靠性，必须增加整个管道的壁厚，这导致管材浪费实际达到20%～49%。

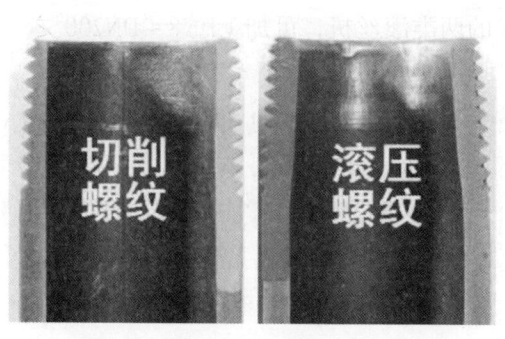

图1 切削螺纹和滚压螺纹剖面对比

(2)切削加工使得管壁减薄，造成减薄后的钢管的承压能力下降。根据美国韦特兰德钢管公司的实验检测数据，对从1/2寸到4寸的普通级和加厚级无缝钢管进行切削螺纹加工后，其最大工作压力有28%~50%的下降。

(3)对镀锌钢管进行切削加工时，其表面的镀锌层基本上被破坏，安装后无镀锌层保护的3道以上尾牙暴露在外，经常发生锈蚀。

(4)在切削加工过程中，由于切削刀具容易磨损，现场加工设备的精度不高，经常出现螺纹加工精度差、螺纹不正、偏扣、细丝、断丝和缺扣等现象。目前最主要的解决方案就是通过缠绕生料带等软材料来弥补金属螺纹缺陷，从而实现密封，但仅仅靠生料带等软密封的螺纹接头成为管网中最为薄弱的环节，为管网长期安全营运带来了安全隐患。

(5)在切削加工过程中，由于工件材料是被挤裂的，因此切屑对刀具的前面产生有很大的压力，并摩擦生成大量的切削热，容易形成积屑瘤，使得加工出来的螺纹的粗糙度较高，非常容易在用力旋紧内、外螺纹时因摩擦产生局部高温，从而在内、外螺纹牙面两侧形成点焊，造成高附加值的内螺纹件（如阀门、仪表）等器件的损坏，产生机械破坏性泄露。同时，刀具消耗极大，每年中国生产7 000t丝板，造成大量的材料浪费和环境污染。

(6)原始管经切削管螺纹装配后，最薄弱的部分即外露管螺纹的部分，大部分的跑、冒、滴、漏等问题均由此造成。

3 新型滚压加工管螺纹的优势

滚压加工是一种无切屑加工，通过一定形式的滚压工具向工件表面施加一定压力，在常温下利用金属的塑性变形，使工件表面的微观不平度辗平，从而达到改变表层结构、机械特性、形状和尺寸的目的。

由于螺纹成型原理复杂，滚压过程中存在诸多不确定性因素，所以，虽然螺纹冷滚压加工应用已有100多年历史，大规模机械化生产也有72年历史，但仍存在大量问题。世界各国学者进行了多年的研究和实验，但螺纹的冷滚压加工也仅在实心钢件或少量小口径（一般不超过25mm）厚壁无缝钢件上得到应用，对于在薄壁有缝管件上的应用还非常少见，如美国艾默生、肯尼福、意大利ORT、德国罗森博格、瑞马、日本的力克士等世界知名大公司都无能为力。

经过十多年的研究和实验，武汉市燃气热力规划设计院有限公司和广州港汉机械有限公司在普通镀锌钢管上进行螺纹滚压加工技术上取得了突破，研发出新型滚压加工管螺纹的技术，并研制出适用于工厂化生产和现场加工的两类滚丝机，可加工DN8~DN200之间的管螺纹。相对于传统的切削加工管螺纹技术和传统的滚压螺纹成型技术，新型滚压加工管螺纹技术有如下优势：

(1)相对切削加工方式，采用滚压加工，其金属组织未被切断（图2），晶粒得到延展和细化，且滚压后的螺纹表面（特别是牙底部分）因冷作硬化而提高了强度和硬度，同时，因螺纹段管壁未被削薄，使滚压螺纹机械连接性能（如：抗拉强度、抗剪强度、疲劳强度）大大提高，实验数据表明，滚压螺纹的抗拉强度和表面硬度比原管材提高了30%以上。

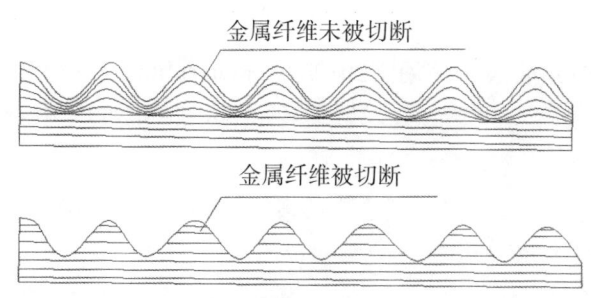

图2 滚压螺纹和切削螺纹金属纤维对比

（2）相对切削加工方式，采用滚压加工，管壁的减薄量很小（图3），材料利用率高。现研制出的管道滚丝机可滚压壁厚1.2mm的镀锌管，初步测算，采用小壁厚的管道进行滚压加工，在保证螺纹强度不降低的情况下，可节省管材用量近20%。

图3 滚压螺纹减薄量对比

（3）相对切削加工方式，采用滚压加工，将附着力很强的热浸镀锌层很好地保留下来，整个滚轧螺纹表面，特别是与内螺纹连接后暴露在外的2道~3道尾牙，防腐性能比切削套丝管螺纹提高40倍以上，其抗腐蚀性能已经经过上海宝冶工程技术有限公司实验室试验验证。

（4）相对切削加工方式，滚压加工是一种无屑加工方式，是利用金属在冷态下的可塑性、刚性、弹性来进行加工，使工件在滚压工具压力的作用下产生塑性变形滚制出相应的螺纹，因此，其螺纹表面质量好，表面粗糙度值较低，而且螺纹成型良好、饱满厚实，无乱牙、缺牙现象。

（5）新型滚压加工采用的肖氏原理不同于传统的滚压螺纹成型方式，不需要像传统的滚丝机那样调整螺旋角和导程，而是有意识地创新出滚丝轮与所制造的产品螺旋角不一致的方式，在管材表面捻合形成螺纹，这样既保证了牙型的完好，同时又不伤害焊缝，而且成型后螺纹牙底的应力不至于过大。

（6）相对切削加工方式，生产效率成倍增长，且易于实现自动化。

（7）相对切削加工方式，滚压模具寿命比切削刀具的寿命可提高多倍。

4 新型滚压加工管螺纹的应用前景

新型滚压加工管螺纹技术自2003年在武汉发明诞生后，这项技术首先在武汉市的自来水"一户一表"改造工厂中使用，主要使用的是滚压加工的管接头。2004年，采用滚压技术加工的管接头开始在武汉市的户内天然气管道安装中使用。2012年，湖北省出台了《燃气用镀锌钢管圆锥外螺纹接头》DB/T832地方标准，从而推动了滚压加工管螺纹技术在港华燃气、华润燃气、新奥能源、中国燃气及上海燃气等多家燃气行业单位的使用和认同。

经过近十年的不断改进和创新，工厂化生产管接头已由镀锌钢管扩展到几乎所有常用金属管道，工厂化成套设备和家庭用的设备已具备工业化生产能力。2014年6月，现场进行加工的管道螺纹滚压加工机具已研制出来，并由广州港汉机械有限公司在广州成立了年产10万台套各型滚丝机的现代化工厂。

目前，武汉市燃气热力规划设计院有限公司正与武汉科技大学合作进行《金属管滚压圆锥外螺纹的组织性能与成型原理研究》的课题研究，将对比研究外螺纹滚压成型和切削成型的成型原理和理化性能指标，从而更好地推广使用该项技术，一个产、学、研、用的产业链业已形成。

根据钢管市场相关资料和报道，2013年我国钢管产量8 000多万t，其中约有1 000万t左右采用螺纹连接方式用于燃气、消防、自来水、供暖、化工、农村滴灌和车船制造领域。如果这些钢管的螺纹加工采用滚压方式，在安全系数成倍提高的前提下，按保守估算可节省管材20%，可推算出使用滚压管螺纹每年能节省管材约200万t。根据世界钢铁协会数据，每生产1t钢的碳排放为2t，每吨管材消耗标煤为750kg，则可减少碳排放量400万t，可节约标煤150万t左右。2020年全球减碳排放目标为38亿t，中国目标为10亿t，平均每年1亿t。因而就我国钢管行业而言，使用滚压管螺纹能减少碳排放400万t，占国家减排任务接近4%。

另外，目前管螺纹不像普通螺纹分为米制螺纹和英制螺纹，而是按牙型角不同分为55°和60°两类。55°管螺纹标准来源于英国管螺纹标准，虽然它原来是英制，但经过ISO改造（英寸值乘以25.4变为毫米值）后，就变成数字很不整齐的公制，而且螺纹尺寸代号仍然是英制。这种管螺纹是英国和所有使用公制的国家应用的管螺纹，唯一不使用这种管螺纹的是美国，美国使用的管螺纹为60°管螺纹[2]（实际上还是英制标准）。如果采用新型滚压技术加工管螺纹，不仅可以使螺距的数值像普通米制螺纹一样规整，而且可以减少螺距的种类50%~90%，常用规格也由11种变为1种，另外还可大量节约管材，从而实现真正意义上的公制管螺纹。目前，广州港汉机械有限公司生产的管螺纹滚丝机，成功解决了欧、美、日两个世纪在管道螺纹滚压加工方面的难题。

可以预见，不久的将来，管螺纹新型滚压技术必将取代传统的切削加工管螺纹，带来一次管螺纹领域的工业革命。全球五大输送系统（公路、铁路、航空、水运、管道）将因滚压管螺纹成套设备的面世，变得更安全、更高效、更环保。

参考文献

[1] 李晓滨.公制、美制和英制螺纹标准手册.北京：中国标准出版社，2004：6
[2] 姜樊.管接头标准应用手册.北京：中国标准出版社，2009：5

肖金安　康志刚　赵玉落　陈晓明

燃气行业反恐怖防范工作的现状与探讨

1 国内当前的反恐怖形势

近年来,国际反恐怖形势错综复杂,各类恐怖事件层出不穷,极大地威胁了社会和平和人身安全,同时也造成了巨大的财产损失。近年来,尤其自2013年3月以来,国内恐怖活动日渐增多,境内外"三股势力"(分裂势力、极端势力、恐怖势力)特别是以"东突厥斯坦伊斯兰运动"为代表的恐怖势力不断策划和发起暴力恐怖活动。国内恐怖活动案件呈多发态势,并已逐步向内地扩展渗透,各行业特别是城镇生产生活基本服务行业势必也将面临恐怖活动的威胁,如电力、交通、燃气等行业。

从当前复杂多变的国际形势、动荡不安的周边局势、错综交织的国内外矛盾等来看,国内的反恐怖防范工作具有复杂性、艰巨性和长期性。

2 燃气行业反恐怖防范的现实必要性

燃气行业是基础能源产业之一,与国民经济的关系较为密切。燃气设施遭到恐怖活动的破坏将导致供应不稳定或中断,将对生产生活和社会秩序造成重大冲击,引发更多的社会不稳定因素和活动,也将导致难以估量的损失。鉴于此,燃气行业必须将反恐怖防范工作列入日常管理内容。

2.1 法律法规的要求

(1)中华人民共和国突发事件应对法

该法第三条明确规定了本法适用于社会安全事件:"本法所称突发事件,是指突然发生,造成或者可能造成严重社会危害,需要采取应急处置措施予以应对的自然灾害、事故灾难、公共卫生事件和社会安全事件。"恐怖事件为社会安全事件之一。

(2)城市燃气管道事故应急救援预案指南(YZ0403-2009)

国家质检总局特种设备事故调查处理中心于2010年8月发布了《城市燃气管道事故应急救援预案指南》YZ0403-2009(详见质检特函[2010]43号),其中第4节:危险辨识与灾害后果预测明确了城市燃气管道事故应急救援预案应包含恐怖袭击的相关内容。

"4.2.1 能引起管道泄漏、火灾、爆炸、中毒及人员伤亡事故的主要危险、危害因素有:……(5)第三方损坏(含恐怖袭击、打孔盗气、违章占压、施工作业等)。……"

该指南虽不是法规或强制性条文,但也反映了政府相关部门对燃气行业反恐怖防范工作的意识和要求。

2.2 燃气设施经常成为恐怖活动袭击的目标

由于燃气的易燃易爆性和燃气设施的开放性,在国外地区政治形势复杂的区域,燃气设施经常成为恐怖活动袭击的目标（见表1）。国内也曾发生过天然气输气管道被炸坏，1998年2月22日～3月30日，恐怖分子在新疆叶城县连续制造6起爆炸案，致3人受伤，天然气输气管道被炸坏。

国外利用油气制造恐怖的事件　　　　　　　　　　　　　　　　　　　　　　表1

时间	地点	袭击情况	影响
2007.04.29	俄罗斯哈萨维尤尔特区	一段天然气管道下面安放了爆炸装置，直径为300mm的管道大约有3m被炸弯，地面炸出一个10cm深的小坑	致使约10万人生活用气中断
2011.12.27	叙利亚中部城市霍姆斯	一条连接霍姆斯东部气田和中部哈马省发电站的天然气管道，爆炸引发的大火持续燃烧了3个小时	叙利亚动乱中心霍姆斯市近两个月来发生的第3起油气管道爆炸事件。据当地媒体报道，2011年3月叙利亚动乱以来，全国已有至少4处油气管道成了"恐怖分子"的袭击目标
2012.03.05	埃及北西奈半岛省省会阿里什	通往以色列和约旦的天然气管道被当地武装分子炸毁，爆炸引发熊熊大火，火焰最高处达15m	自埃及前总统穆巴拉克倒台以来，埃及通往以色列和约旦的天然气管道第15次被炸毁
2012.10.18	伊朗阿勒省	库尔德反政府武装分子破坏了连接土耳其与伊朗的天然气输气管道	造成28名土耳其士兵受伤，其中一名严重烧伤，伊朗对土耳其的天然气供应中断
2013.07.07	埃及西奈半岛	通往约旦的天然气管道当天凌晨遭到武装分子袭击而发生爆炸	埃及向约旦的天然气供应被迫中断
2014.06.16	乌克兰境内	乌连戈伊-乌日哥罗德天然气管道发生爆炸，爆炸造成的火焰高达100m	所幸没有造成人员伤亡，损失1千万立方米的天然气

注：以上由笔者据公开报道整理。

2.3 燃气引发爆炸或火灾的危害

燃气一旦泄漏即极可能发生爆炸或火灾，将造成重大的人员伤亡和财产损失（见表2）。表2中的2起事故虽不是人为破坏事故，但都造成了重大人员伤亡和财产损失，特别是山东青岛东黄输油管道泄漏爆炸事故。可以预见，燃气设施一旦遭受恐怖活动的袭击，人员伤亡和财产损失将难以估量。

2013年发生的严重的城市油气设施事故　　　　　　　　　　　　　　　　　表2

序号	时间	地点	直接原因	事故发生场所	人员伤亡	财产损失
1	2013年11月22日10时25分	山东青岛	东黄输油管道与排水暗渠交汇处管道腐蚀减薄、管道破裂、原油泄漏，流入排水暗渠及反冲到路面。原油泄漏后，现场处置人员采用液压破碎锤在暗渠盖板上打孔破碎，产生撞击火花，引发暗渠内油气爆炸	城市公共区域	造成62人死亡、136人受伤，	直接经济损失75172万元

续表

序号	时间	地点	直接原因	事故发生场所	人员伤亡	财产损失
2	2013年12月26日22时50分许	四川泸州	燃气有限公司工人在维修摩尔商场大门外中压管道时，错将中压管道与摩尔商场废弃天然气管道碰接。送气过程中，天然气从中压管道通过废弃天然气管道进入商场，在负一楼熟食操作间大量泄漏，并在商场内负一楼顶部扩散形成爆炸性混合气体，达到爆炸极限，遇电器设备用电火源引发爆燃，进而造成大面积燃烧	商业综合体	导致4人死亡、38人受伤（其中33人轻伤）	过火面积约20 000m^2，直接经济损失约4 743万元

注：以上由笔者据公开报道整理。

2.4 燃气在我国能源结构中的地位日益重要

（1）在能源结构中的占比逐渐增大

随着我国能源结构调整的进一步推进，燃气在能源结构中的占比将逐渐增大，2014年全国天然气消费比重提高到6.5%，而2003年仅为2.4%；在大、中型城市，天然气消费比重远高于全国平均水平，如2013年深圳市天然气消费比重达到约8%。

（2）应用范围不断扩大

天然气利用除了在传统的居民、商业、化工等领域外，近年来出于大气污染治理的需要，天然气因其清洁和经济的优势，在交通、采暖、发电等领域得到更大力度的推广和应用，与社会生产生活的关系更加紧密。

2.5 燃气设施与城市的关系日益紧密

（1）燃气用户数量巨大

据华润燃气、港华燃气、新奥能源、中国燃气等2013年年报，4个大型跨区域城市燃气运营商供应的燃气居民用户近4 500万户。单体城市而言，仅北京市就有燃气居民用户470万户（2013年底）、上海市燃气居民用户591万户（2013年底）。随着天然气用量的持续增长，燃气用户数量也将越来越多。

（2）燃气设施遍布城镇

满足不断增长的燃气需求需要更多的燃气设施，大量的燃气设施分布在城镇各个角落。以深圳市为例，位于大鹏湾的已建和规划的油气项目多达7个（图1），燃气管网总长度达4 600km。一些高压（次高压）燃气管道铺设的地段原来属于人口稀少的"安全地带"，但由于城市建设的开发，所处地段有的甚至属于一类地区。燃气设施一旦遭受恐怖活动袭击，势必冲击城市的正常生产生活秩序，甚至引发局部局势不稳。

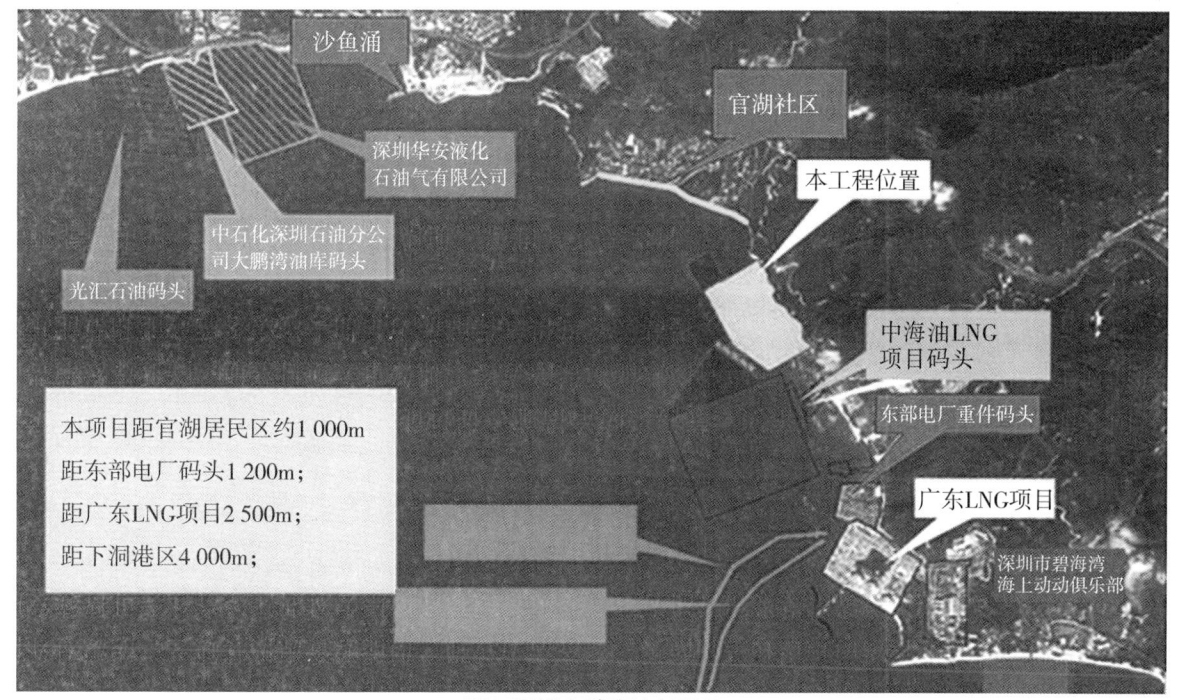

图1 深圳大鹏湾油气项目

注：本工程位置是指中石油深圳LNG应急调峰站。

3 燃气行业反恐怖防范的现状

3.1 相关部门开展了有益的探索

虽然在国家或行业没有出台有关燃气行业反恐怖防范工作的法律法规或标准规范，但各地方政府、燃气行业和燃气企业均开展了有益的探索。

（1）法律法规和标准规范

浙江省杭州市于2011年7月15日发布了地方标准《反恐怖防范系统管理规范》。《反恐怖防范系统管理规范》由通则（第1部分）和各分则（第2至第24部分）组成。通则是反恐怖防范目标的通用管理要求，可以独立使用；分则是特定反恐怖防范目标的特殊管理要求，应与通则配套使用。其中第6部分为城镇燃气供储，规定了城镇燃气供储反恐怖防范系统管理的防范原则、等级划分、重要部位、常态反恐怖防范、非常态反恐怖防范、应急预案要求和监督、检查，对具体项目给出了定量的数据，具有很好的可操作性和借鉴作用。

山东省住房和城乡建设厅、山东省反恐怖工作协调小组办公室于2014年3月发布了地方标准《山东省城市燃气行业反恐怖防范工作标准》，规定全省燃气行业反恐怖防范实行三级管理制，将各类燃气场站、危运车停车场列为防范重点，从人力、物力、技术3个方面明确了常态防范的内容和要求；将应急防范分为2级，明确了工作程序；该标准还提出了应急管理的要求。

（2）反恐怖防范工作专项预案和演练

自筹备2008年北京奥运会以来，燃气行业对反恐怖防范工作逐渐重视，各燃气企业积极行动，编制本企业反恐怖防范工作预案；各级政府燃气行业主管部门、安全监督和管理部门、公安部门等也牵头编制本地区的燃气行业反恐怖防范预案。各部门也联合开展了专项演练,初步建立了燃气行业反恐怖防范工作组织,具备一定的实战能力。

3.2 存在的问题

结合国家当前的反恐形势,笔者认为就当前燃气行业反恐怖工作来说,在反恐基础力量、防范意识、协调联动机制、防范措施等诸多方面还很薄弱。

(1)缺少全国性的专门法规或行业标准规范

虽然各方积极呼吁尽快出台《中华人民共和国反恐怖法》,提出了具有建设性的建议和意见,但该法的出台尚没有明确的时间表。各行业反恐怖防范相关的法律法规和标准规范缺乏上位法的支撑和指导。各地积极开展了燃气行业反恐怖防范工作的探索,特别是在立法方面,目前尚没有全国性或行业内的反恐怖防范标准。

(2)反恐怖防范工作的意识薄弱

近10多年来,燃气行业一直处于快速发展阶段,新的燃气企业应急保障能力不强和经验不足;吸收了大量的就业人员,但这些人员的反恐怖防范工作的意识还很薄弱,缺乏有效的训练和组织,对反恐怖的知识和技能知之甚少。部分燃气企业对反恐怖防范工作的落实情况很差。

(3)组织体系尚不健全

燃气反恐怖各有关责任主体单位在反恐怖防范工作上缺乏有效的组织体系,特别是政府部门和燃气企业的责任分工尚不清晰;专(兼)职反恐怖工作人员不到位,职责不明确,缺乏反恐怖专项资金支持;各专业组织之间的协调联动机制尚不健全,甚至尚未建立。

(4)反恐怖防范工作的力量薄弱

大部分燃气企业的反恐怖防范力量还很薄弱,特别是在行业快速发展的背景下,富有经验的专业人员和成熟的操作人员缺乏的情况下,应急能力不能满足反恐怖防范工作的要求。另外,大量场站推行"无人值守或少人值班"的运行管理模式,现场安全保卫人员不足且部分存在"老、弱、病",还有兼职的情况。

同时反恐怖防范培训和演练工作尚未长期化、常态化,能参与反恐怖防范工作的人员对本单位重要目标情况、有关工作制度、应急预案、甚至最基本的反恐怖技能都难以有效掌握。

4 加强燃气行业反恐怖防范的建议

4.1 强化反恐怖防范意识

政府相关部门和各燃气企业应充分认识到现阶段反恐怖的急迫性和重要性,多层面、多渠道、多形式地开展组织反恐怖防范宣传和培训工作,使从业者掌握反恐怖防范的基础知识,提高其反恐怖防范意识。建议将反恐怖防范培训纳入员工三级安全教育,定期开展反恐怖演练。

4.2 修、编相关的法律法规、标准规范

尽快编制全国性的专门法律法规或行业标准规范,使燃气行业反恐怖防范工作有法可依,具体可参考原国家电监会与原国家反恐工作协调小组办公室制定的《电力行业反恐怖防范标准(试

行）》（2012年12月发布）。

再次修订《城镇燃气管理条例》应增加反恐怖防范工作的条文，建议应明确政府部门、燃气企业和相关组织在反恐怖防范工作中的职责和分工。

今后修订涉及燃气设计、施工、运行管理的法律法规、标准规范时，应增加有关反恐怖防范的人员、资源、技术和管理等要求。

4.3 加强组织领导，健全组织责任体系

政府部门应加强组织领导，牵头健全组织责任体系，从政策制度制定、社会资源整合等方面保障燃气行业反恐怖防范工作的需要。燃气企业组织建立健全以本单位、部门主要负责人为第一责任人反恐防范体系，把反恐怖防范要求纳入岗位责任和绩效体系，层层落实反恐怖防范责任。

4.4 利用科学技术提高反恐怖防范能力

利用GIS、SCADA、GPS、视频、红外热感等远程监控系统提升信息收集、分析和预测能力；加强信息联动和信息分享，各专业力量之间形成良性的协调联动机制；利用物联网、自媒体（微博、微信等）等信息技术和平台开发社会反恐怖防范资源。

4.5 推动反恐怖防范工作常态化管理，建立长效机制

反恐怖防范工作必须实现常态化管理，并建立长效机制方能真正形成反恐怖防范能力。不能因为上级有要求或形势紧张就加强，情况稍有缓和就放松。

4.6 其他

随着大量自动化技术应用于燃气行业，应当重视信息安全的建设和防范，恐怖组织可能侵入燃气自动控制系统进行破坏。

反恐怖防范工作势必产生相应的费用，特别是增加燃气企业的运营成本，如由财政负担的，应在公共财政开支中予以明确，如由燃气企业负担的，应列入企业成本，最终反映在气价中。

5 结语

鉴于我国当前反恐怖工作的严峻性和复杂性，燃气行业必须强化反恐怖防范工作，从制度政策上加以规范，从人力、资源、技术等方面加以保障，相关专业部门形成合力，推动燃气行业反恐怖防范工作落地，为燃气行业继续健康、平稳、快速地发展创造良好的条件，更好地服务社会经济发展、能源结构调整和大气环境治理的需求。

陈 琢 彭知军 伍荣璋

浙江省天然气利用规划研究

1 引言

近年来，雾霾造成的空气污染成为公众关心和担忧的话题，PM2.5指数不时直逼最大值。清华大学李水清教授研究表明燃煤中细颗粒来自于挥发性物质的蒸发、凝结成核和团聚过程，1kg常规烟煤中会产生8g~12gPM2.5。如何治理雾霾引发各界对于大气污染防治工作的关注。

浙江省地处我国东南沿海地区长三角南翼，经济活力较强，但能源资源极其缺乏，能源对外依存度高达96%。全省能源消费以煤炭和石油为主，能源瓶颈和环境压力对浙江经济社会可持续发展的制约日益突出。

1.1 国家能源政策

国家能源局2014年指出认真落实大气污染防治措施，促进能源结构优化。落实大气污染防治行动计划年度重点任务，制订出台重点省区市能源保障方案，抓好重大项目落地；降低煤炭消费比重，出台并组织实施煤炭减量替代方案。提高天然气供气保障能力，加大淘汰落后产能和节能减排工作力度。

国家能源局提出治理雾霾三剑齐下，加强天然气供需、加快特高压网络建设、推进新能源开发。

《天然气发展"十二五"规划》预计2015年我国天然气消费量为2 300亿m^3左右，用气普及率将进一步提高，能力将超过2 600亿m^3，到2015年天然气占一次能源消费总量的比重达到7.5%。

预测到2015年我省利用天然气170亿m^3，按照替代煤炭来计算，相应减少SO_2年排放5.6万t，CO_2年排放0.38亿t，NO_x年排放2.8万t。

1.2 走廊空间

在浙江省经济快速发展、城镇密集地区逐步形成的背景下，全省城乡居民能源需求持续增长，在城际之间、城镇密集区逐步形成能源负荷走廊。

天然气作为特种气体，高压天然气管道是保护重大的区域性设施和未建区管制地域的建设控制，我省省级管道设施廊道的意义重大。几千公里的高压天然气管线，事故影响半径上百米，浙江省天然气利用规划对管廊两侧适建区、控制区、限建区做了限定。

天然气管网建设未来远景可能需要的廊道预留，利于空间资源的最大化利用。

1.3 省内管网问题

省内已建成杭湖、杭甬和杭嘉3条主干输气管道，管径800mm，长度累计达到412km，向杭州、嘉兴、湖州、绍兴和宁波等21个城市门站供气。

目前，西气东输一线的进气口位于西北方向的长兴，川气的进气口位于西北部方向的安吉，西气东输二线的进气口位于衢州常山，北部杭嘉湖、杭甬沿线已经使用长输天然气。

中国现有的天然气管网比较分散，天然气生产、运输和配送系统很不完善。中国虽已建成西气东输、川气东送等天然气大干线框架，但天然气管线总长也就5万km，管网密度不及美国的10%。

据统计，早在2008年，美国就拥有超过210条的天然气管线，州际之间以及州内天然气管网总长度达到30.5万英里。

我省天然气已有管网资源存在，各管道运行相对独立，管网互联互通性不强需进一步整合现象。俄罗斯的天然气管网与欧洲管网互联互通，欧洲几乎所有的国家都有相互连接的天然气管网。美国天然气管网里程50万km，实现了互联互通，而中国天然气管网里程5万km，却远未实现互联互通。中长期目标应该是建成集陆上海上、国产进口、管输LNG于一体的多气源供应网络。要提高互联互通程度，必须启动新的工程，建设新的管网。

受限于配套管网设施建设相对滞后，浙江省天然气供应无法满足市场发展快速增长的需求。现有西气东输一线、川气东送管道及省内输气干线，均位于浙江北部地区，供气范围存在局限性。

2 发展趋势

2.1 气源多样化

欧洲城市的天然气市场至少有3种气源，每种气源的供应量不得超过50%，且任何气源可通过公用运输设施相连接。

上海已形成西气东输一线、西气东输二线、洋山液化天然气、川气东送以及5号沟LNG等多气源格局。浙江省目前由西一气，西二气，川气、东海气单独供应，规划改变为联网，气源增加宁波LNG、温州LNG、东海丽水气、新粤浙天然气。不同气源在不同城市接入管网，实现气源共享，相互调配，规划建设浙江省集陆上海上、国产进口、管输LNG于一体的多气源供应网络。

2.2 管线网络化

美国的天然气基础设施具有以下特点。

首先是管网开放程度高。美国有11条天然气主干线，其中4条管道与加拿大贯通，进出口终端遍布美国国界。

其次，美国天然气主产区有多条管道辐射全国，11条主干管道中有5条管道由天然气主产区西南地区辐射至全国，2条管道由落基山脉地区辐射至美国中西部地区。

再次，美国州际管道与州内管道互联互通，本土三分之二的州天然气供应需依赖长距离大口径州际管道。

我国的天然气管线需网络化保障供气。图1为浙江省高压天然气管网规划图。由"一大环、四小环、多连线"组成的天然气管网总体布局，与上海、江苏、安徽、福建等省均有连接线，提高供气安全性。到2015年初步形成全省"大环网"格局，管网覆盖除舟山市外的10个县市；到2020年，基本形成全省"一张网"，除舟山市海岛县外实现"县县通"。

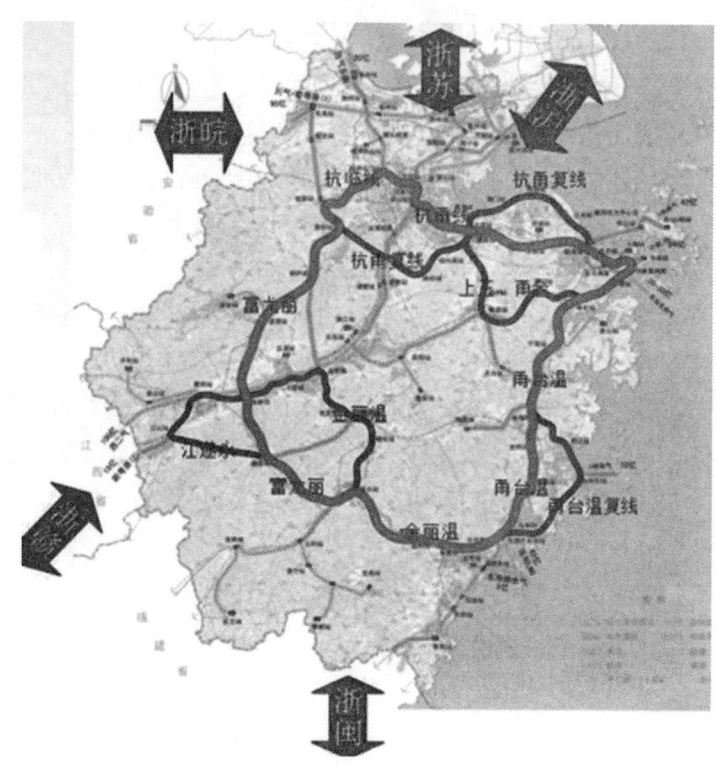

图1 浙江省高压天然气管网规划图

2.3 供需平衡化

天然气产业对上下游一体化要求程度较高，只有把基础设施建设问题解决好，达到供需平衡，才能实现天然气供求的有效衔接。

浙江省天然气需求预测分为城市用气（含居民、商业、工业、汽车等）及天然气电厂用气，2015年、2020年需求预测（见表1、表2）。

各阶段浙江省天然气气源引进预测　　单位：亿m³/a　　表1

气源名称	2009年	2010年	2011年	2012年	2013年	2014年	2015年	2020年
西一线	17.77	18.30	24.30	20.00	20.00	20.00	20.00	20.00
东气	1.28	1.60	4.00	5.20	8.00	10.00	10.00	25.00
川气		11.90	14.90	20.00	40.00	50.00	50.00	60.00
西二线				17.90	22.40	25.70	29.00	29.00
宁波LNG				9.80	42.00	42.00	42.00	112.00
温州LNG								42.00
东海丽水气					3.00	3.00	3.00	3.00
新粤浙							16.00	100.00
合计	19.05	31.80	43.20	72.90	135.40	150.70	170.00	391.00

需求预测表　　　　　　　　　　　　　单位：亿m³/a　　表2

	2015年		2020年	
	低方案	高方案	低方案	高方案
城市用气	75	80	225	250
电厂用气	80	90	140	150
合计	155	170	365	400

由表1、表2可见，资源总量与市场需求基本平衡，浙江省需要建设一张在不利情况下保供能力都过关的网。

3 浙江省天然气发展战略

3.1 目标

随着天然气事业发展，天然气在浙江一次能源消费中的比例已开始逐步上升，目前已经从2009年的1.5%上升到目前的2.3%。到2020年则将达到16.8%。

3.2 核心策略

各级部门相互配合，完善土地等要素供给保障机制，共同推进省级天然气管网建设。地方政府积极配合，提供要素保障，加强政策处理协调，并建立相应考核机制等措施保障实施。浙江省天然气供应按照六统一，"统一规划、统一建设、统一平衡、统一调度、统一市场、统一价格"的原则。天然气管网由建设、发改、能源主管单位同抓共管，实施、运行、管理由浙江能源公司统一执行。

（1）安全可靠性。根据不同方向的进省气源供应量与各地区用气需求量确定管网结构，通过管网满足不同工况输气要求，保证全省天然气供应安全可靠。

（2）规划符合性。与各级城乡规划协调，与其他基础设施廊道协调。规划分为区域规划、总规、控规等层面，长输管线与现有规划的协同关系，更多的体现在区域规划和总规上。天然气管线如何最好的服务城市，又对城市未来建设影响最小，在天然气管网规划中明确沿途首站、末站、分输站的位置。天然气管网规划到城市门站用地，直接与城市中压输配管网对接，指导城市输配管网的建设。

（3）全域覆盖性。各地区经济发展不均衡造成用气承受能力差别，规划坚持需求与可能相结合、近期与远期相结合，除极个别海岛县外规划期末尽可能实现"县县通气"，省管网要通到各县市以及各天然气电厂。

（4）投资经济性。根据地形地貌确定管道路由，沿高速公路等交通便捷敷设管道，节约投资。

4 天然气利用体系构建

4.1 政策导向与研究工作体系

天然气管网未来的发展趋势，包括国有经济和非国有经济在内的投资主体多元化，包括干线、支线和城市燃气的经营。天然气基础设施的建设涉及技术问题，对于该领域先进技术和设备的研发，予以鼓励和扶持，在规划选址、土地预审、环境评价及其他支持性文件审批方面给予支持。

在浙江省城镇体系的基础上，编制浙江省天然气管网规划、浙江省天然气电厂、热电厂规划。在各县市城市总规的基础上，编制城市燃气专项规划、天然气利用规划、天然气加气站规划。

4.2 构建多层次的管网

为合理利用地下空间，节约社会资源，保障安全供气，规划建设不同压力等级的多层次不同功能的燃气管网。

（1）国家层面

川气东送、"西气东送"5条线织成一张用气网。从1998年开始酝酿的西气东输工程，到目前为止，西气东输有五条线路陆续"浮"出水面。

管道压力10.0MPa。管径1 000mm~1 500mm。

功能：国家骨干天然气高压输配网，承担长距离输送。

（2）省域和城市群层面

管道压力6.3MPa。管径800mm~1 000mm。

功能：地区高压输配网，承担较长距离输送。

（3）城市层面

城市高压、次高压管道压力2.0MPa、4.0MPa，管径150mm~600mm，中压0.4MPa。管径100mm~250mm。

功能：城市骨干输气网配气网，承担输配功能，大型工业用户直供。

（4）小区层面

管道低压5kPa。管径50mm~200mm。

功能：直接供应各用户。

4.3 优化天然气利用体系

国家级管线覆盖面优先，建立城市群分输站，多方法组合保障供气。根据各城市特点，预测城市居民、公建、工业用气量，提倡发展天然气汽车，减少汽车尾气排放，也是治疗雾霾的有效措施。

天然气汽车同燃油汽车相比，可综合降低废气污染物排放量82.2%，环保效果明显。以LNG车辆为例，比石油减少93%的灰分，99%以上的SO_2，80%的NO_2，94%的CO以及25%的CO_2，成本降低超过30%。

未来增加天然气冷热电三联供：即CCHP（Combined Cooling, Heating and Power），是指以天然气为主要燃料带动燃气轮机、微燃机或内燃机发电机等燃气发电设备运行，产生的电力供应用户的电力需求,系统发电后排出的余热通过余热回收利用设备(余热锅炉或者余热直燃机等)向用户供热、供冷。通过这种方式大大提高整个系统的一次能源利用率,实现了能源的梯级利用。还可以提供并网电力作能源互补,经济收益及效率均相应增加。

浙江省热电联产(近期)在建和开展前期的项目一览表　　单位:亿m³/a　表3

序号	地区	工程名称	装机容量(万kW)	2015年用气量		2020年用气量	
				低方案(年运行3 500h)	高方案(年运行4 000h)	低方案(年运行5 000h)	高方案(年运行5 500h)
1	杭州	华电杭州半山联产工程	117	7.6	8.6	10.8	11.9
2		浙能萧山	39	2.5	2.9	3.6	4.0
3		华电杭州下沙	20	1.5	1.8	2.2	2.4
4		华电杭州江东	78	5.0	5.8	7.2	7.9
5	湖州	琥珀安吉	10	0.8	0.9	1.1	1.2
6		浙能长兴	78	5.0	5.8	7.2	7.9
7		南浔	20	1.5	1.8	2.2	2.4
8	宁波	浙能宁波镇海动力中心	117	7.6	8.6	10.8	11.9
9		北仑春晓	20	1.5	1.8	2.2	2.4
10	绍兴	大唐绍兴江滨	78	5.0	5.8	7.2	7.9
11	嘉兴	华能桐乡	40	3.1	3.5	4.4	4.8
12	衢州	琥珀柯城	20	1.5	1.8	2.2	2.4
13		华电龙游	40	3.1	3.5	4.4	4.8
14		大唐江山	20	1.5	1.8	2.2	2.4
15			39	2.5	2.9	3.6	4.0
16		其他	64	5.1	5.6	7.3	7.7
		总计	800	55.0	62.7	78.6	86.2

雾霾主要由工业排放、汽车尾气、建筑扬尘造成,增加天然气电厂、热电厂的建设。建议加油加气站合建,出租车、公交车优先改造,使用LNG、CNG燃料车,出租车每天可降低100元成本。

根据浙江省电力需求和规划,至"十三五"期末,全省天然气电厂机组装机将达到1 500万kW。浙江省各地天然气电厂项目的用气分配如表4。

浙江省天然气电厂用气量表　　　　单位：亿m³/a　　表4

序号	地市	2015年用气量		2020年用气量	
		低方案	高方案	低方案	高方案
1	杭州	28.2	32.4	40.3	44.4
2	宁波	20.8	22.3	34.4	37.0
3	温州	2.0	2.3	8.2	9.0
4	嘉兴	3.1	3.5	6.7	7.3
5	湖州	8.5	9.8	10.0	10.9
6	绍兴	5.0	5.8	10.8	11.9
7	金华	3.2	4.1	5.8	6.4
8	衢州	8.7	9.9	12.5	13.6
9	台州	0.0	0.0	8.9	9.8
10	丽水	0.0	0.0	0.0	0.0
11	浙江省	79.5	90.1	137.6	150.3

5　结语

天然气行业关乎民生，具有特殊的社会背景，承担社会安全的责任。当前雾霾严重，PM2.5指数不时直逼最大值，作为绿色低碳的一次能源天然气建设急需提速。

浙江省通过增加区域性环网，提高供气可靠性，增加宁波LNG、温州LNG、东海丽水气、新粤浙煤制气气源。规划建设浙江省集陆上海上、国产进口、管输LNG于一体的多气源、多层次供应网络。

通过天然气利用体系构建，"总体谋划，多元合作，分期实施，掌握主动"，完成省委省政府建设清洁能源示范省的要求。浙江省率先执行国家能源局2014年建设多气源网络的指导意见，也将是全国较先拥有安全可靠的多层次天然气环网的省份。

参考文献

[1] 王敏晔.浙江省多气源供应网络规划实施研究研究[J].浙江工业大学学报，2014；3：322-325

[2] 苏欣，袁宗明，张琳.城市天然气管网规划现状[J].管道技术与设备，2006；4：5-7

[3] 罗东晓. 基于多功能LNG站的天然气供应安全保障体系[J]. 煤气与热力，2008；28（3）：B21-B24

[4] 李秀慧，于汶加.我国天然气供需趋势及对策建议[J]. 中国矿业，2012；21（8）：5-8

王敏晔

新型BOG回收系统设计及中试研究

1 引言

随着天然气产业的快速发展，LNG作为天然气最重要的储运方式之一得到了长足发展[1-2]。与此同时全国范围内LNG调峰站，卫星站，汽车加注站，L-CNG加气站已如雨后春笋般建立[3-4]。但LNG在储罐，运输，装卸等各环节均不可避免产生BOG。BOG的产生会使得LNG储罐内的压力升高，给站点运行带来危险。目前国内BOG回收常用直接输出工艺与再冷凝工艺两种方式，但大多用于大型的LNG接收站[5]。然而在一般的LNG站点附近没有下游管道可排放，也没有空间及资源进行BOG再液化，BOG只能燃烧或放空，这种方法不仅浪费资源，而且污染环境。

2 传统BOG回收概况

目前常用的BOG处理方法共有4种[5]，第一种为LNG船上将BOG返回到舱罐卸料时产生的真空；第二种为不环保的直接排放到大气；第三种为将压缩后的BOG输入管网；第四种为再冷凝工艺处理BOG。具体如表1所示。

传统BOG处理工艺特点　　　　　表1

方法	工艺说明
将储罐BOG气体返回LNG船，填补舱罐卸料产生的真空	该方法简洁、高效，但只在LNG船卸料时才能平衡掉一部分BOG气体，其余情况下则无法使用。
送火炬或排大气	该方法适用于紧急安全措施，从长远角度来讲，造成巨大的经济损失，在经济、环保方面不合理。
直接输出工艺	即LNG储罐的BOG气体经过天然气压缩机增压后直接外输，直接提供给用户。
传统再冷凝工艺	LNG储罐的BOG气体通过压缩机加压，储罐内的液下泵送出相同压力的LNG，两者按一定比例在再冷凝器中直接换热。加压后过冷的LNG利用"显冷"将大部分BOG气体冷凝，再经第二级泵加压，经气化器气化后送入高压管网。

上述4种方法中，第一种和第二种处理方式主要用于特殊情况和场合，不具备广谱性。第三种和第四种方式是目前较为常见的BOG回收方式[6-7]。然而不论是将BOG输入管网或是将其再次冷凝，BOG压缩机都是处理的关键设备。目前，国内压缩机制造厂尚无设计、制造可以在-160℃低温下运行的无油往复压缩机的成熟经验，想要回收BOG就只能依赖国外进口的压缩机；另外BOG压缩机一般不设置备用机组，在BOG压缩机出现意外故障情况下，需要长时间的维修，期间过量的BOG则排放或燃烧。进口国外价格昂贵的压缩机，限制了BOG回收的经济性和可操作性。另外，这两种处理方式在大型的LNG接收站应用较为广泛，但由于其昂贵的费用投资，在小型LNG调峰站，卫星站，

汽车加注站，LCNG加气站难以展开。

因此，开发具备广谱性的新型BOG回收工艺极为重要。华南理工大学徐文东课题组开发了一套小型的BOG回收处理工艺[8]，该工艺采用液氮作为循环介质，能实现小型化、撬装化、即开即停。为了验证工艺方案的可行性，建立了一套小型的BOG回收中试装置，研究结果能为后续的工艺优化及大型化提供依据。

3 新型BOG回收技术工艺研究

本BOG回收工艺采用氮气作为冷媒压缩换热膨胀降温后与低温BOG换热制得LNG，再把LNG返回储罐，其特点在于：省去了BOG压缩机，通过市场上常见的压缩机和膨胀机实现BOG的回收。其主要包含N_2循环工艺及BOG液化工艺2部分，基本的工艺流程如图1所示[8]。

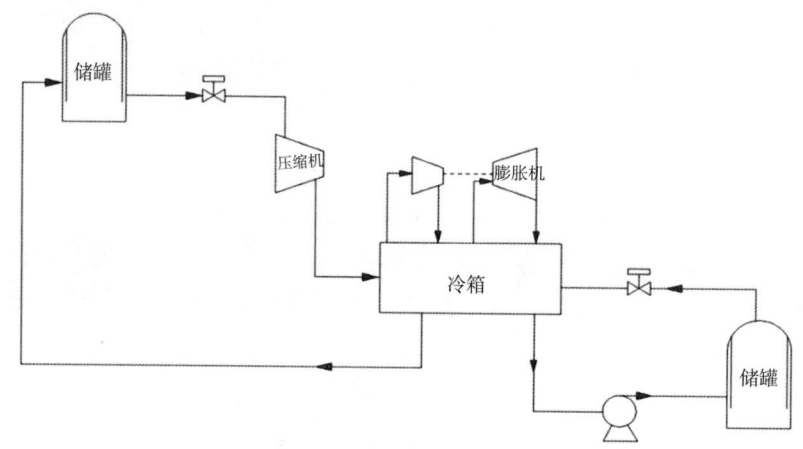

图1　新型BOG回收工艺流程图

N_2循环系统：常温氮气通过压缩机压缩后压力提高，在冷箱中冷却后，通过膨胀机膨胀产生低温，为BOG的液化提供冷量。低温氮气温度略为升高，进入冷箱提供部分冷量，温度升高至常温，完成氮气供冷循环。

BOG液化系统：BOG气体接受低温N2的冷量液化成LNG，通过自重进入到LNG自增压罐中。当自增压罐内压力高于LNG储罐时，可直接输送至LNG储罐中。当自增压罐内压力低于LNG储罐时，采用液体泵输送至LNG储罐中得以储存。

4 BOG工艺方案工程化设计

目前国内中小型LNG站的储液量一般为600m³~900m³。按900m3的储液量0.08%的日蒸发率来计算，此类LNG站每天要产生约400m³的BOG气体。本套工艺按日均处理400m³的BOG气体来设计，考虑到人员及设备的工作时间连续性，故本工艺以50Nm³/h的处理量来设计。为了更大程度的降低能耗，考虑将膨胀机对外做功利用与压缩机冷却风机。

4.1 工艺流程图

根据上述工艺研究及相关设计,对该工艺进行工程化研究,为后续的中试研究做准备,带控制点的工艺流程如图2所示。

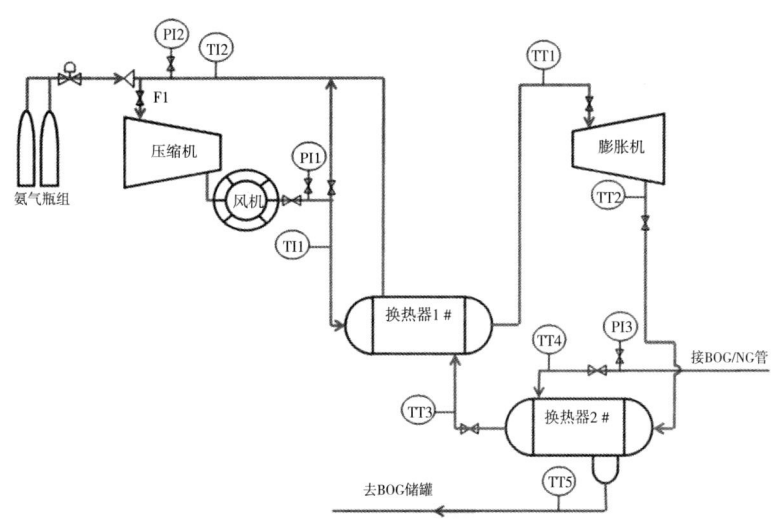

图2 带控制点的BOG回收工艺流程图

20℃、0.02MPa的氮气进入压缩机后温度升高。高温高压的氮气采用水冷对其进行降温,降温到40℃左右后进入膨胀机增压端升压。增压后的氮气经过二次冷却进入1#换热器,换热后温度约为-145℃。-145℃的氮气进入膨胀机膨胀降温,压力降低,温度下降并进入2#换热器。在2#换热器中,低温氮气和BOG换热。其中BOG流量约为50Nm³/h,换热后温度降低至160℃;氮气换热后温度为-155℃,并进入1#换热器完成二次换热,最终升温到20℃左右返回压缩机进口端,进入下一个循环。

4.2 关键设备

本工艺项目的主要设备包括压缩机、膨胀机、1#换热器及2#换热器,相关的技术参数如表2所示。

关键设备主要参数　　　　表2

	指标	数值
氮气压缩机	进口压力(MPa)	0.1
	出口压力(MPa)	0.8
	功耗(kW)	42
膨胀机	进口压力(MPa)	0.8
	出口压力(MPa)	0.1
	做功(kW)	6

	指标	数值
1#换热器	热负荷（kW）	29
	换热面积（m²）	48
2#换热器	热负荷（kW）	6
	换热面积（m²）	9

5 BOG中试试验研究

5.1 中试撬装化工艺布置图

根据上述工程化研究成果，购买关键设备并组装，进行集成撬装化，设备占地面积约为14m²，撬装后的现场布置如图3所示。

图3 BOG回收撬装化装置现场布置图

5.2 中试试验数据分析

本次调试在保冷设备完善，单机调试各设备均正常运作的条件下进行系统联调，在解决联调过程中出现的各种故障后，整套系统正常稳定运行试验所得数据。相关数据均为温度压力变送传输数据。记录结果如表3所示。

调试结果汇总　　　　表3

运行时间	氮气系统温度/（℃）					电表读数	备注
	T3	T4	T5	T6	T7		
0	-34	-99	-108	18	-71	1 970	开机初始读数
10	-101	-134	-122	18	-68		开机13min后开始开风机

续表

运行时间	氮气系统温度/(℃)					电表读数	备注
	T3	T4	T5	T6	T7		
28	-111	-146	-131	19	-66		
38	-119	-153	-140	19	-65		
55	-126	-158	-147	19	-64		通入BOG
65	-132	-160	-151	19	-65		
70	-137	-166	-158	19	-65		
72	-142	-178	-163	20	-65		BOG入口加大
80	-149	-183	-177	21	-128		
85	-151	-181	-177	21	-135		
87	-153	-182	-175	21	-143		BOG入口减小
97	-153	-181	-175	21	-147		
107	-153	-182	-177	21	-150		
112	-153	-183	-177	21	-152		BOG入口增大
123	-154	-186	-178	20	-154		BOG停止
128	-153	-184	-176	20	-156		
142	-154	-185	-177	20	-158		
147	-154	-185	-177	20	-158		
152	-153	-186	-177	20	-158	2 104	152min关机

由上述实验可知，关键设备参数均可达到我们的设计参数。膨胀机出口温度可降低至-186℃，并具有进一步降低的趋势，证实本工艺具备实际实施的可行性。对本项目关键设计参数进行分析结果如下：

（1）预冷时间

本试验方案初步认为膨胀后温度T4达到-160℃时完成预冷，由图中可知在开机65min左右设备完成预冷，此时可以开始液化BOG，且设备最低温度可降至186℃左右。

（2）耗电量测算

根据表3的记录可知，运行152min的时间内，本工艺安装的电表运转度数之差约为134kWh，每小时的功耗约为53kW。

（3）回收1m³BOG的功耗分析

该BOG系统运行1h BOG处理量约为50Nm³，系统功耗约为53kWh，那么回收1m³的BOG系统耗电功率约为1.06kW。

通过调试实验证明，本套工艺能够达到BOG液化所需的冷量，各项参数都基本能达到设计预期。具备良好的推广及应用前景。

6 BOG回收工艺发展潜力分析

本系统工艺流程简单、控制方便、操作安全、设备投资小，具有良好的工业推广前景。具体体现在：（1）可实现BOG100%回收。（2）使用氮气作为载冷介质，操作简单安全。（3）设备和系统可实现小型化、撬装化，一套设备多地点循环使用，可实现区域BOG的回收。（4）可间歇式作业，不受BOG产出量和时间的限制，不受气源稳定性和下游用户需求的影响，用户供气和冷凝同时进行，量可以根据需求进行调节。（5）采用市场上常见的压缩机和膨胀机供冷，避开了低温BOG压缩问题，大大缩减投资规模，易于仪器维护修理。（6）产品可实现直接充装方式，瓶装气外销到其他地方。

随着LNG产业的进一步发展，在LNG轮船、LNG槽车以及接收站、储存站、调峰站内的LNG低温储罐，均存在着每天0.03%~0.08% 标准BOG蒸发率。若以装载量为10 000m^3的LNG贮罐为例，对该等级LNG贮罐来说，每天约有2.4m^3~6.4m^3的LNG要变成BOG气体，如单独只在储罐内放置冷凝器，则投资仅为4万元，如果全套设备按100Nm^3/h回收效率计算，设备投资约230万元，年经济收益约200万元。

若将本文的BOG回收工艺方案用于LNG轮船、LNG槽车以及接收站、储存站、调峰站内的BOG回收，消除了安全隐患，有效避免能源浪费、实现循环利用；本工艺方案的实施能减少大气污染，减少1Nm^3天然气排放相当于减少14.7kg CO_2的排放，按照装载量为10 000m^3的贮罐为例，每天蒸发量为0.03%~0.08%计算，实现当量的BOG回收相当于减少CO_2排放35kg~95kg。总之，既符合高效、低碳经济的发展方向，又能够达到节能效果，属国家重点支持发展方向，具有良好的发展前景。

参考文献

[1]周淑慧，邰婕，杨义等.中国LNG产业发展现状、问题与市场空间[J]. 政策研究，2013；6：5-15

[2]张耀光，刘桂春，刘锴等.中国沿海液化天然气（LNG）产业布局与发展前景[J].经济地理，2010；30（6）：881-885

[3]熊茂涛，赵普俊，张宗平等.中国LNG加气机的市场、技术现状及发展方向[J].天然气工业，2011；6：1-5

[4]杨德志，彭雪锋，许渊等.我国LNG产业发展的问题及对策研究[J]. 天然气技术与经济，2013；7（1）：3-5

[5]刘浩，金国强.LNG接收站BOG气体处理工艺[J]. 化工设计，2006；16（1）：13-16

[6]李兵，程香军，陈功剑.LNG接收站BOG处理技术优化[J]. 油气加工，2012；30（5）：27-30

[7]陈帅，田士章，胡文江等.LNG储罐冷却过程中BOG回收量探讨[J]. 石油与天然气化工，2013；42（4）：373-376

[8]徐文东，陈敏.一种BOG回收利用工艺及分析[J]. 第三届中国LNG论坛[C], 广州

田 堃 徐文东 程显彌

液态烃储罐泄漏爆炸模拟分析

液态烃储罐泄漏爆炸火灾事故会造成严重的人员伤亡、财产损失和环境污染。因此，对液态烃储罐进行泄漏爆炸火灾后果模拟和计算，据此结果进行分析并提出有效的事故预防措施，对液态烃储罐的安全生产具有重要意义[1]。本文研究的液态烃储存压力为120kPa，储存温度为–159.1℃，储罐大小φ=35m，h=22m，防护堤长112m，宽71m。

1 泄漏后果计算

液态烃泄漏量可根据流体力学的伯努利公式计算

$$Q = C_d A \rho \sqrt{\frac{2(P-P_0)}{\rho} + 2gh - \frac{\rho g C_d^2 A^2}{A_0} t} \tag{1}$$

式（1）中，Q为液体泄漏速度（kg/s），C_d为无量纲泄漏系数，A是泄漏孔面积（m²），是液体密度（kg/m³），P为容器内介质压力（Pa），P_0为环境压力（Pa），g为重力加速度（9.8m/s²），h为裂口之上液位高度（m），A_0为储罐横截面积，t为泄漏时间[2]。

A 泄漏口径为DN25：泄漏速度Q=3.21kg/s，2min总泄漏量385.2kg；

B 泄漏口径为DN80：泄漏速度Q=32.84kg/s，2min总泄漏量3 940.8kg。

对液态烃泄漏事故进行风险评价，是减少事故危害性的重要措施。泄漏量的多少直接影响事故危害的严重性，所以对泄漏量的计算预测是很有必要的，以避免危害范围的进一步扩大。

2 池火灾事故模拟

当储罐发生泄漏，漏液全部储在防火堤内，遇到点火源后，防火堤类似于液池，形成池火火灾（Pool Fire，简称PF）。池火火焰及其热辐射将对处于液池及周围人员的安全造成危害，尤其在开口环境下的池火灾，辐射过程为最主要的换热过程，其热影响体现在受辐射的强度和时间上[3-4]。热辐射作用在低温储罐上，其内部压力会迅速升高，导致储罐的破裂。

假设泄漏后形成的液池高度为0.01m，由于此液态烃的储罐区设置有一个防护堤其尺寸为71m×112m，则泄漏口径为DN25液池面积为91.7m²，泄漏口径为DN80液池面积为938.3m²，因此发生泄漏时其液体不能布满整个防护堤，而极端情况下完全泄漏则会布满整个防护堤。

（1）池火模型计算参数选择见表1

（2）池火模拟计算结果见表2

（3）池火灾热通量在空间的分布曲线图见图1

根据表2所示，不同的泄漏口径其造成危害的程度不同。泄漏口径越大，伤亡半径越大，人员安全距离越远。但不论泄漏口径的大小，离火焰表面距离越远，热辐射通量都是越小，由图1可以看出不同泄漏口径下的池火灾热通量在空间的分布曲线趋势走向大致相同，但泄漏口径越小曲线越陡，这说明泄漏口径越小池火火灾造成的伤害越小[3]。

液态烃池火模型计算参数表　　表1

序号	名称	参数		
		泄漏口径为DN25	泄漏口径为DN80	储罐发生裂缝完全泄漏
1	模型计算步长	0.1	0.1	0.1
2	液池面积（m²）	91.7	938.3	7952
3	燃烧热（kJ/kg）	55 590	55 590	55 590
4	物质密度（kg/m³）	420	420	420
5	大气密度（kg/m³）	1.293	1.293	1.293
6	离火焰表面距离（m）	50	50	50
7	模型计算燃烧速度kg/（s·m²）	0.016	0.016	0.016
8	泄漏液体质量（kg）	385.2	3 940.8	8 400 000
9	常压沸点（K）	111.5	111.5	111.5
10	环境温度（℃）	25	25	25
11	人员暴露时间（s）	120	120	120

池火模拟计算结果　　表2

序号	参数	结果		
		泄漏口径为DN25	泄漏口径为DN80	极端情况下
1	死亡半径（m）	10.8	33.1	90.7
2	重伤半径（m）	14.0	41.1	110.4
3	轻伤半径（m）	24.3	68.5	175.4
4	人员安全距离（m）	27.5	77.1	195.9
5	火焰平均高度（m）	7.5	16.9	35.4
6	火灾持续时间（s）	262.5	262.5	66 019.5
7	火焰表面热辐射通量（kW/m²）	35.3	45.2	55.4
8	死亡热辐射通量（kW/m²）	6.5	6.5	6.5
9	重伤热辐射通量（kW/m²）	4.3	4.3	4.3
10	轻伤热辐射通量（kW/m²）	1.9	1.9	1.9

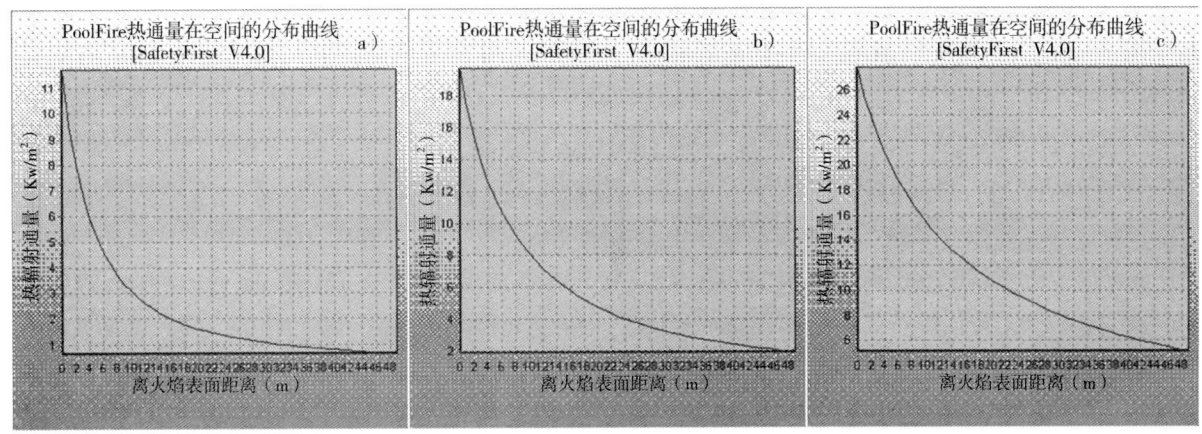

a)、b)、c)分别为DN25、DN80、极端情况下的热通量曲线图

图1 不同情况下的池火灾热通量在空间的分布曲线图

3 蒸气云爆炸事故模拟

若液态烃泄漏量较大,在储罐区形成天然气蒸气云,达到爆炸极限范围,如果遇到明火源(如明火、静电火花、烟头、电火花等)存在的条件下就会发生爆燃、轰燃,即蒸气云爆炸(Vapor Cloud Explosion,简称VCE)[4~5]。

(1)蒸气云爆炸模型计算参数见表3

蒸气云模型计算参数选择　　　表3

序号	名称	参数	
		断裂口径DN25	断裂口径DN80
1	燃料物质质量(kg)	385.2	3 940.8
2	物质燃烧热(MJ/kg)	55.59	
3	气云当量系数	0.04	
4	大气压力(Pa)	101 325	
5	储存温度(℃)	-159.1	

(2)模拟计算结果见表4

蒸气云模型计算参数选择　　　表4

序号	参数	计算结果	
		断裂口径DN25	断裂口径DN80
1	死亡半径(m)	21.1	45.6
2	重伤半径(m)	31.1	67.3
3	轻伤半径(m)	52.6	114.0

序号	参数	计算结果	
		断裂口径DN25	断裂口径DN80
4	人员安全距离（m）	73.0	158.3
5	爆炸火球半径（m）	20.3	44.0
6	火球持续时间（s）	5.2	10.9
7	冲击波最大超压（kPa）	6.1	21.2
8	爆炸总能量（MJ）	1 541.8	15 773.0
9	爆炸破坏半径（m）	77.2	167.6

（3）蒸气云爆炸超压在空间分布曲线图见图2

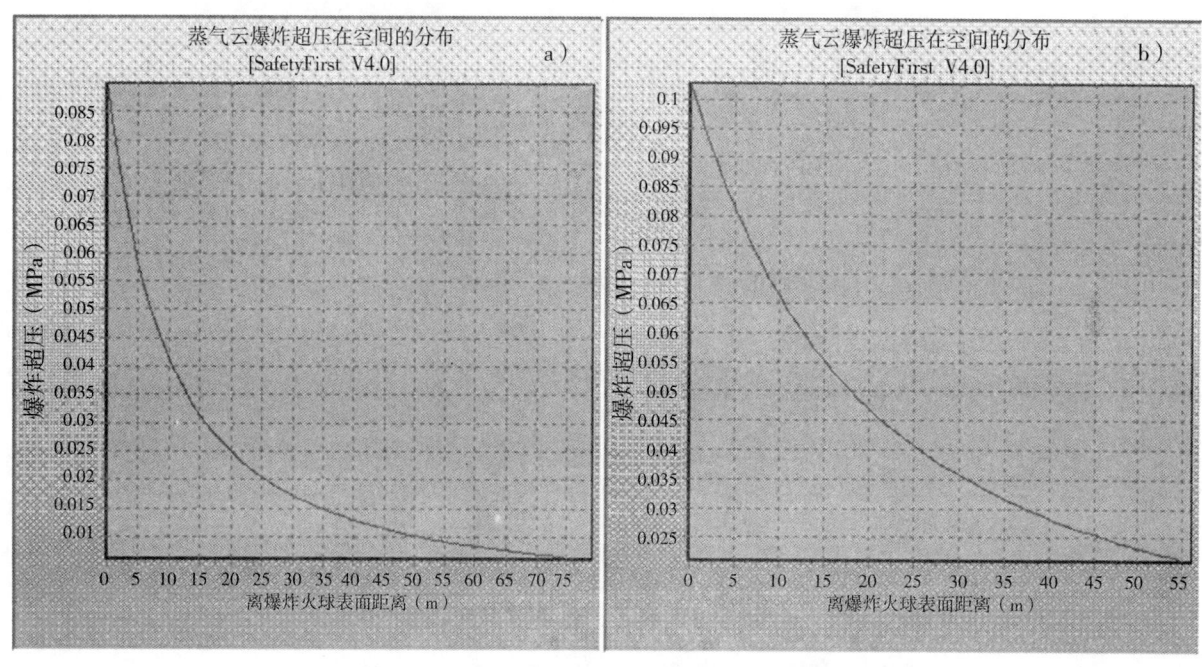

a)、b)分别为DN25、DN80的蒸气云爆炸超压曲线图
图2 不同断裂口径下的VCE超压在空间分布曲线图

由表4的结果可知，断裂口径越大，伤亡半径越大，人员安全距离越远，爆炸火球半径越大，火球持续时间越长，冲击波最大超压越大，爆炸破坏半径也越大。由图2所示可知，离爆炸火球表面距离越近，爆炸超压越大，断裂口径大的储罐其爆炸超压曲线走向趋势越缓慢，这说明蒸气云VCE爆炸造成的伤亡也越大[4]。

4　沸腾液体扩展蒸气爆炸事故模拟

当低温液态烃突然瞬间泄漏时，遇到火源会发生剧烈的燃烧，产生巨大的火球，并且爆炸储罐残骸飞离很远，人员将会被碎片击中，受极高温度及辐射热影响之下，造成人员伤亡和财产损失，称为沸腾液体扩展蒸气爆炸（Boiled Liquid Evaporate Vapor Explosion，简称BLEVE）[6]。

（1）BLEVE模拟计算参数见表5

BLEVE模拟事故计算参数　　　　　　　表5

序号	名称	参数	
		断裂口径DN25	断裂口径DN80
1	燃料物质质量（kg）	385.2	3 940.8
2	物质燃烧热（MJ/kg）	55.59	
3	物质储存温度（℃）	−159.1	
4	环境大气温度（℃）	25	
5	人员暴露时间（s）	120	
6	模型计算步长	0.1	
7	物质存储方式	单罐	
8	物质存储储罐形式	柱状罐	
9	物质存储压力（kPa）	120	
10	大气压力（Pa）	101 325	

（2）模拟计算结果见表6

BLEVE事故模拟计算结果　　　　　　　表6

序号	参数	计算结果	
		断裂口径DN25	断裂口径DN80
1	死亡半径（m）	90.4	190.2
2	重伤半径（m）	110.9	233.3
3	轻伤半径（m）	166.1	349.4
4	人员安全距离（m）	180.7	379.8
5	财产损失半径（m）	40.6	87.8
6	爆炸火球半径（m）	16.7	36.4
7	火球持续时间（s）	2.6	5.6
8	人感到疼痛时间（s）	79.99	10.71
9	爆炸总能量（MJ）	10 706.63	109 534.54
10	死亡热通量（kW/m^2）	6.51	6.51
11	重伤热通量（kW/m^2）	4.33	4.33
12	轻伤热通量（kW/m^2）	1.9	1.9
13	建议救灾工作距离（m）	67	146

（3）BLEVE事故热辐射通量在空间分布见图3

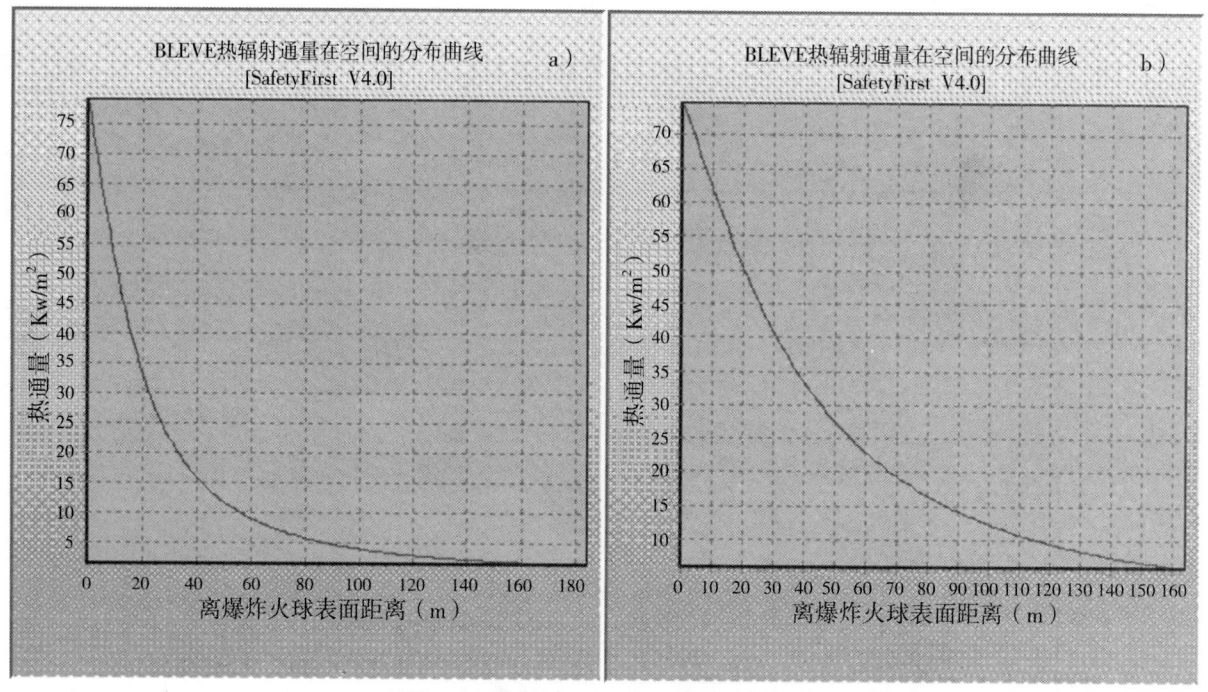

a）、b）分别为DN25、DN80的BLEVE热通量曲线图

图3　不同断裂口径下BLEVE事故热辐射通量在空间分布曲线图

由表6结果可知，断裂口径越大，伤亡半径越大，人员安全距离越远，财产损失半径越大，爆炸火球半径越大，人体感到疼痛时间越长，火球持续时间越长，但伤亡热通量相同。由图3可知，离爆炸火球表面距离越近，热辐射通量越大，断裂口径小的储罐其BLEVE热辐射通量曲线走向趋势越缓快，这说明沸腾液体扩展蒸气爆炸事故造成的伤害也越小[6]。

5　结论

为了防止泄漏，储罐应符合罐材、强度、焊接、法兰、阀门等设计规范要求，以防超压产生裂缝导致泄漏。由以上不同泄漏口径下模拟的结果可知：不同泄漏口径的泄漏量对爆炸危害后果的影响非常敏感，对泄漏初期的阀门，应在发生少量泄漏时迅速关死进料口的第一道阀门，第一道法兰的泄漏部位用哈夫卡子堵料封死，防止泄漏事故的扩大。而VCE和BLEVE这两种情况，其火灾伤害半径非常大，对罐区及生产区安全构成极大威胁。因此必须控制泄漏液体面积，若发生大量泄漏，必须用高倍数饱沫覆盖层的方法灭火，在灭火的同时还能降低热流对周围设备和建筑物的损伤[7~9]。

参考文献

[1] 赵祥迪，袁纪武，翟良云等.基于CFD的液态烃罐区泄漏爆炸事故后果模拟[J]. 油气储运，2011；30（8）：48-50

［2］苑伟民，袁宗明.LNG泄漏扩散模拟研究[J].天然气与石油，2011；29（4）：1-5

［3］朱建华，褚家成.池火特性参数计算及其热辐射危害评价[J].中国安全科学学报，2003；13（6）：25~28

［4］孙兆强，赵连河，郑贤斌.油罐火灾爆炸故障树分析[J].天然气与石油，2004；22（1）：27~30

［5］黄斌，刘扬.LPG储罐的蒸气云爆炸后果模拟[J].石油化工安全环保技术，2009；25（1）：26~28

［6］靳自兵.火灾事故后果评价方法在LNG储罐发生BLEVE爆炸上的应用[J].火灾科学，2004；13（4）：45~49

［7］赵刚.液态烃罐区的火灾预防与泄漏火灾扑救措施[J].消防技术与产品信息，2001；10：39~41

［8］李小平.液化天然气与石油气的泄漏保护[J].安全科技，2004；3：41~42

［9］李新战，黄坤，陈建霞等.油库火灾爆炸故障树分析[J].天然气与石油，2011；27（3）：31~35

惠贤斌

基于能量计量体积修正仪的天然气能量计量方法

天然气贸易交接计量有体积（质量）计量和能量计量两种方式。体积计量实现了对消耗的天然气体积的积算，而天然气能量计量，积算的是有发热价值的"烃类"物质的发热量，符合交易双方的利益。在发达国家的天然气管网系统中已采用能量计量方式进行贸易结算，并制定了天然气能量计量国际标准ISO 15112《天然气能量测定》。

目前国内天然气输配管网中，绝大多数的工商终端用户和区域气体计量站点，贸易交接采用的是燃气体积计量，使用腰轮、涡轮、涡街等流量计计量工作条件下的体积流量，通过相配套的体积修正仪进行体积修正得到基准条件下体积流量。在少数计量场站使用能量计量贸易交接，一般采用流量计算机的形式计量。

在燃气输配管网中使用具备能量计量功能的体积修正仪，将能量计量扩展到所有工商用户终端和区域气体计量站，采用远方赋热值、本地计能量的能量计量方法，可实现天然气计量方式既有能量计量又有体积计量，使燃气流量计量更科学、更能体现公平贸易。

1 能量计量原理

天然气的能量就是在基准状态下的天然气体积量和单位发热量的乘积。一定量气体所含能量（E）为气体量（Q）与对应发热量（H_s）的乘积[1]，在一段时间内总能量即为全部乘积的累积（见式（1））。但为了使能量计量具有更高的精度，在具备条件的场合，应对天然气的发热量（H_s）进行动态监测，并将组分信息及时发送到现场计量仪表。计量仪表根据所测到的天然气的压力、温度、流量和接收的组分或热值信息进行积算（见式（2））。

$$E = \sum Q \cdot H_s \tag{1}$$

$$E = \int_{t1}^{t2} \frac{Z_b}{Z} \cdot \frac{T_b}{T(t)} \frac{P(t)}{P_b} \cdot F(t) \cdot H_s dt \tag{2}$$

式中：E为天然气的能量总量，MJ；Q为某段时间内基准条件下的体积量，m³；$F(t)$为天然气在测量条件下t时刻的体积流量，m³/s；H_s为某段时间内或t时刻基准条件下天然气单位发热量，MJ/m³；p为天然气压力，MPa；T为天然气温度，K；Z为天然气压缩因子；下标b代表基准状态，(t)表示在t时刻。

能量计量原理如图1所示，由气体量计算、热值计算、能量计算3部分组成。

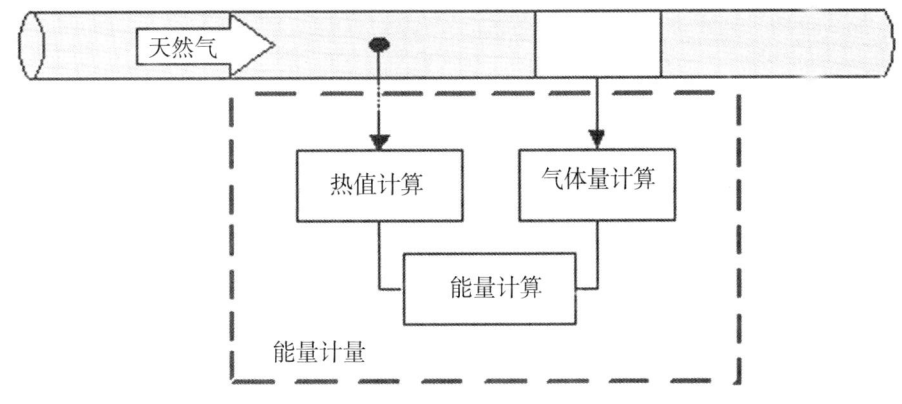

图1 能量计量原理

由流量计和配套体积修正仪或流量计量系统实时测量燃气流量、压力、温度，经计算得到气体量数据。

燃气气质数据可以在本地计量点测定，也可以在上游或有代表性的地点测定，经过热值计算，得到发热量，传递给能量计量点。

能量计算按公式（1）或（2）进行，得到计量点的能量值。

ISO标准的基本方法为：在一个计费区内，采用气相色谱仪测量交接点进气发热量，流量计算机在线从气相色谱仪下载发热量计算能量；或者在输气管线系统的交汇处或大流量的城市门站安装气相色谱仪，测量气质数据（发热量、相对密度等），并发布小时（或日）平均发热量，根据所有交接点的流量计计量的体积量与发布的平均发热量计算出各交接点的天然气能量。[2]

GBT 22723-2008规定了天然气发热量的测定方法：一种为使用热量计直接燃烧测定天然气的发热量（简称直接法），另一种为利用其相色谱仪分析得到的天然气组成数据计算其发热量（简称间接法）。国际公认间接法热值计量更为正确，以气相色谱分析仪分析天然气组分，从而通过数据计算得到发热量。

2 能量计量体积修正仪

体积修正仪要具备能量计量功能，必须能接收燃气的气质信息，考虑到信息的发源地与计量点的距离，通信方式宜选无线通信为宜。

能量计量体积修正仪如图2所示，是一体化的基于无线通信和能量计量的体积修正仪，可与罗茨流量计、涡轮流量计、涡街流量计等配套使用。修正仪通过无线通信或其他方法获取燃气的组分信息或热值信息、从流量计获取流速信息以及从所配套的压力和温度传感器获取燃气温度、压力值，按相关国家标准规定的计算方法，计算天然气标准体积流量和能量，就地在显示屏上显示；同时计算和测量的流量和能量、温度、压力等数据，通过无线通信远传到中心服务器。

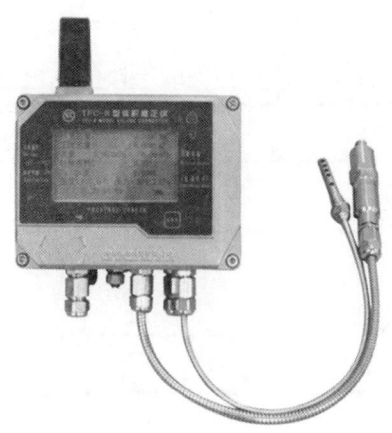

图2 能量计量体积修正仪

能量计量体积修正仪可由电池供电进行定时或定间隔的无线通信，也可由专用安全电源供电实时在线工作，可满足多种场合完成气质信息接收、燃气能量与体积流量计量、流量数据无线上传的需要。

3 实时能量计量基本系统

天然气能量计量是建立在体积计量基础上，涉及流量测量、组成分析和物性参数测定等设备、标准及方法。设备通常由中心服务器、气相色谱仪、流量计、温度传感器、压力传感器以及能量计量体积修正仪等部分组成。实时能量计量基本系统如图3所示，在能量计量方面，应用了新颖的能量计量体积修正仪，实现了天然气区域气体计量站和工商终端用户的能量计量。

中心服务器安装能量管理系统软件，包括用于接收色谱仪或热值仪气质信息的气质通信模块、用于对气质信息进行解析的燃气组分分析模块，用于燃气热量运算处理的热量值运算模块，用于和能量体积修正仪通信的体积量、能量通信模块，以及远传数据接收发送模块、远传数据通信规约解析模块，燃气体积量、能量存储和查询等模块。中心服务器除了传统的数据采集和监控功能外，还能够就地或远程与色谱仪通信，读取燃气气质数据，根据能量计量的方法，发布发热量信息。

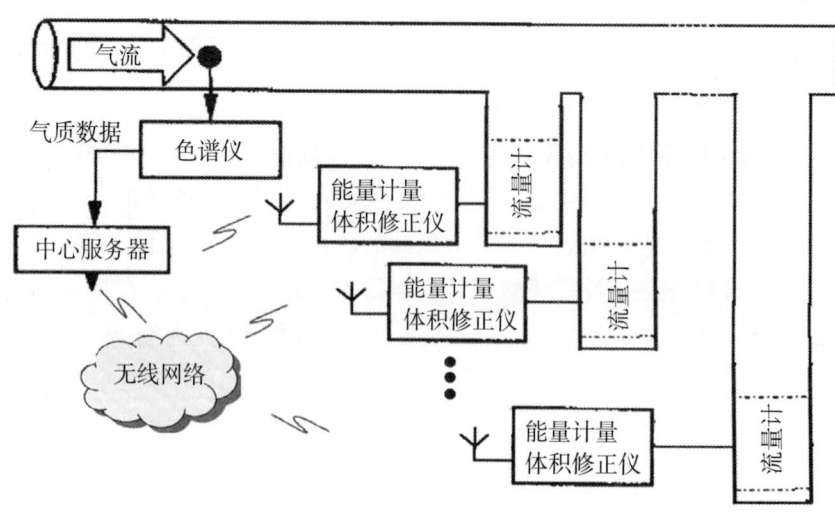

图3 实时能量计量基本系统

气相色谱仪基于气相色谱原理，自动地从管线中采集气体样品并分析其各组分的浓度。色谱仪的信息通过通信网络传递给中心服务器，这些相关的气质信息可用来计算气体密度、压缩因子和发热量。

压力传感器和温度传感器用来测量流经计量点管道的气体压力值和温度值。管道系统中的天然气需转换成基准状态下的体积，故需要有压力传感器和温度传感器对管道中天然气的压力和温度进行测量，并与流量计一起将流量、温度和压力信号送往体积修正仪。

流量计可选用用于常规天然气流量计量的气体超声波流量计，用于煤层气等含杂质较多天然气流量计量的双钝体涡街流量计，用于配气站下游工商用户的中小口径气体腰轮（罗茨）流量计和气体涡轮流量计。

在天然气组成分析和物性参数测定方面，多数大流量计量站都配备有外置在线色谱仪，中小计量站则可从附近大流量计量站获取天然气组分数据，远程测定发热量，赋值给能量计量点的能量计量体积修正仪进行能量计量。

在一个区域内使用一个发热量进行结算。可采用指定发热量、加权平均发热量[3]、实时发热量测量等方式。如果在燃气体积测量点有气相色谱仪，则可实时从气相色谱仪下载发热量，并计算能量。

4 基于能量计量体积修正仪的热值传递过程

（1）中心服务器接收色谱仪直接传输或网络发布的气质数据，计算出密度、发热量等数据。

（2）流量计采集气体流量信号，并传输给与其配套的能量计量体积修正仪。

（3）中心服务器根据管网配置、气体流场、不同来源天然气配比、热值数学模型计算出对应区域站点的发热量值，通过无线网络发送给相应区域的能量计量体积修正仪；也可直接将组分信息下发，由能量计量修正仪完成单位体积热值的计算。

（4）能量计量体积修正仪按一定的采样周期对流量、温度、压力进行采样，通过数据计算得到标况流量和该计量周期的基准条件体积增量，同时根据接收到的本区域单位体积热值，按公式（1）或（2）计算出该计量周期的基准条件下的体积量和能量增量并进行累积得到体积总量和能量，在修正仪显示窗口就地显示体积计量和能量计量的结果；同时定时将能量、体积流量等数据通过无线网络上传到中心服务器。

（5）能量计量中气质数据的采样可采用以下方法：本地在线测定；通过上游在线测定；定期本地取样离线测定，取样周期应根据上游天然气组成波动情况确定。

5 结束语

基于能量计量体积修正仪天然气能量计量采用远传赋值燃气热量，本地采样流量、温度、压力参数，完成基准条件下的体积流量计量和燃气能量计量的方法。通过间接测定或直接测定，中心服务器获得燃气的组分信息或热值信息，从而计算出相应区域的燃气单位发热量，通过无线通信网络发布到相应区域的能量计量体积修正仪。这种方法能使燃气管网输配终端用户和计量站点，使用燃气贸易结算既有体积计量方式、又有能量计量方式，远方赋值燃气热量值可长距离传送，实施方便，经济有效，有利于推广使用，也有利于满足燃气能量计量的信息化、网络化的要求。

参考文献

［1］GBT 22723-2008 天然气能量的测定

［2］杨有涛. 天然气的能量流量的计量[J/OL]. 中国测控网，2012-07-20 http://www.ck365.cn/lunwen/201207/20/21360.html

［3］王池，李春辉，王京安等.天然气能量计量系统及方法[J]. 计量学报，2008；5

［4］徐兆明，王学文. 天然气能量计量标准化——天然气计量改革势在必行[J].石油石化节能，2011；1

［5］周志斌，何润明，何春蕾等.中国实施天然气能量计量与计价的基础条件分析[J]. 国际石油经济，2011；10

顾志烈　施世信　苏红玲

论新型埋地式LNG卧式双层储罐应用于加气站的结构优势

LNG是一种清洁的能源，相对于汽油和柴油燃料后的排放物相比，LNG的排放物更少。从2012年12月1日起实施的新版《天然气利用政策》首次将LNG动力汽车纳入鼓励范围内，并特别提出要鼓励和支持汽车、船舶天然气加注设施和设备的建设。LNG动力汽车正式获得国家政策允许，天然气汽车进入新的一轮爆发增长期。而作为其配套基础设施建设的关键一环，LNG加气站的建设蓝图有望就此铺开。将LNG作为汽车燃料，在国外已经得到显著的发展，目前在我国也已有所发展，将LNG作为车用燃料有着常规燃料无可比拟的优势，因此得到了迅速的发展，全国许多地方都在兴建LNG加气站，天然气独特的使用价值客观上为其需求带来空间，也给LNG产业的发展带来机遇。

国内LNG储罐式加气站是车用天然气的一种主要供应方式，因此国内一些低温设备供应商在满足客户要求和有关国家标准的同时，积极投身于LNG加气站配套设备的研发中，而张家港中集圣达因低温装备有限公司作为中国低温行业中的佼佼者，通过大量的市场调研以及洞察到目前LNG加气站市场的储罐的不足之处，投入了很大的人力、物力对现有国内市场储罐的结构和形式进行改进、优化。通过先进的、科学的设计理念，设计出更加符合LNG加气站需求的储罐，这种结构形式极大地改善了现有加气站储罐运行的不足。研究的成果也成功地转化为5项专利，目前这5项专利已被专利局授权，证明此次研发工作非常成功。

1 储罐在LNG加气站基本流程中的作用

LNG加气站工艺流程见图1，包括以下几个部分：

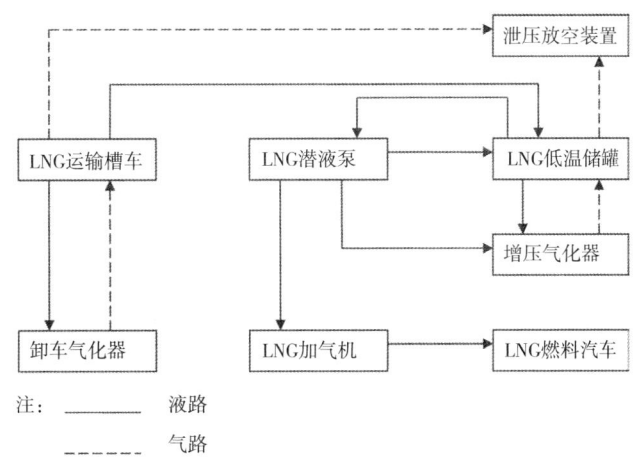

图1 LNG加气站工艺流程

（1）卸车流程

将LNG槽车内液体卸至加气站LNG储罐。

（2）加气流程

储罐内LNG由潜液泵抽出，通过LNG加气机向汽车车载瓶加气。

（3）储罐调压流程

卸车完毕后，用LNG泵从储罐内抽出部分LNG调压后进入储罐或者储罐内的部分液体经汽化器气化后进入储罐，当储罐内压力达到设定值时停止气化。

从加气站的流程可以看出每一个工艺过程都是紧密相连的，缺少任一环节LNG加气站都不能正常运行。同时储罐在LNG加气站的整站正常运行的作用非常显著，不仅承担整站的中间储存载体而且为车辆提供稳定的气源。储罐的结构形式和设备的安装方式对LNG加气站的快速、高效、安全的运行至关重要。

2 加气站用LNG常规储罐的现状

目前，国内加气站用储罐主要有立式和卧式2种，采用保温形式主要有2种：真空粉末绝热和高真空缠绕绝热。立式储罐建站占地面积较卧式储罐面积小，但相关的安全和排放设施较卧罐要求高，例如根据《汽车加油加气站设计与施工规范》（GB50156）"放散管管口应高出LNG储罐及管口为中心半径12m范围内的建（构）筑物2m及以上，且据地面不应小于5m"。这样的规定对加工制造放散塔提出了更高的要求，同时增加整站建设的施工难度。

无论绝热方式如何，盛装液态天然气（LNG）低温储罐大都置于地面之上，并且按照相关标准，如《汽车加油加气站设计与施工规范》（GB50156），放在地面上的储罐对相关的配套管路要求较高；出于消防安全等因素的考虑，对储罐周围空间的要求较大。常规加气站中的储罐和低温潜液泵的撬块隶属于不同的两个主体。如果置于地面之上的储罐要实现对车辆加气必须通过泵与储罐之间的工艺管道。尽管工艺管道进行了保温（采用真空管、PIR保温等）处理，但仍有部分的低温液体气化后产生一定数量的BOG，紧急情况下的BOG将转化为EAG排放，EAG的产生不仅对工艺管路系统的正常运行存在着不安全的因素，而且对环境保护以及资源的节约产生不利影响。

当储罐的液体通过泵传输低温液体给加气机供液时，为保证泵能在工作时一直处于低温状态，目前的做法是将泵置于一个绝热的低温泵池中，并且在启动泵之前对泵池和泵要进行预冷，根据泵与储罐之间的间距和管道的绝热材料不同，预冷时间不等平均预冷时间大约30min～45min，泵预冷时间的长短直接影响整站加气效率。由于泵池整体处于外部环境中，与泵池连接的管道、管件、相关阀门、仪表等都会吸收大量的热量传递给泵池本体，从而无形中使泵池的绝热效果在原有的基础上大打折扣，不利于泵的预冷和启动。

长期的工程实践表明，目前的储罐和低温泵池在LNG加气站运行时存在以下不足之处：

（1）储罐和低温潜液泵不是一个整体而是通过保温管道相连，增加了LNG加气站的土地使用面积，土地利用率低，增加了LNG加气站的资本投入；

（2）储罐和低温潜液泵之间的管道长度较长，增加BOG气体的产生和排放不利于国家节能环保的要求；

（3）对车辆加气时需要对低温潜液泵进行预冷，并且预冷时间较长加气效率较低。

3 加气站用LNG埋地式储罐的特点

3.1 埋地式储罐的结构特点

埋地式储罐包括外容器、内容器、鞍座、潜液泵、泵池和出液管。其中鞍座支撑在外容器外面，外容器能够全部埋设于地面以下；内容器设于所述外容器内；潜液泵设置于所述内容器内底部；泵池的出液管和储罐的出液管一端连接于所述潜液泵和储罐的出液口，另一端伸出所述外容器外。其结构见图2。

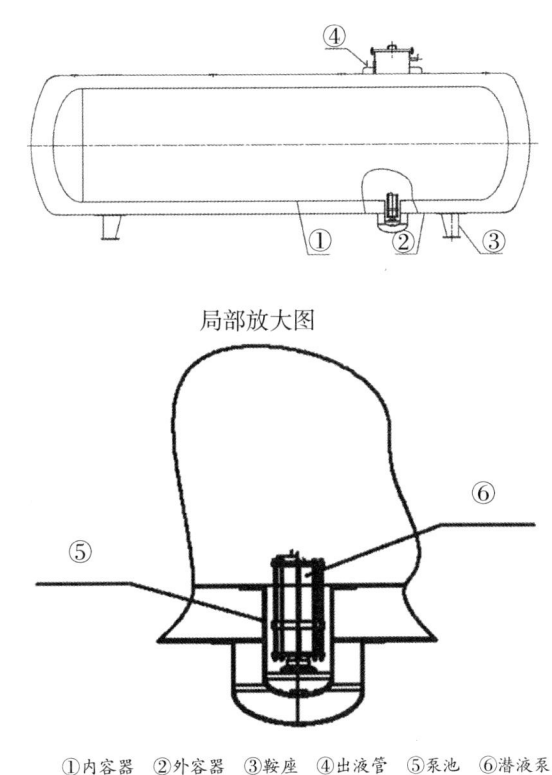

①内容器　②外容器　③鞍座　④出液管　⑤泵池　⑥潜液泵
图2　埋地式储罐结构

由于筒体开设的孔比较大，为保证筒体开孔强度对开孔区域进行了应力分析，整个容器全部采用三维实体6面体单元划分网格。该类型单元适合划分规则的6面体网格，比自由网格有更好的计算效率和精度，也利于建立应力线性化路径，为后处理提供了较大的方便。具体应力分析结果如图3、图4所示。

由应力云图结果可以看出，在外压载荷及泵池自身重力载荷的作用下，整个泵池及其开孔、补强圈、小封头的最大应力为93.99MPa，低于材料的许用应力，结构满足在正常使用工况下的强度要求。

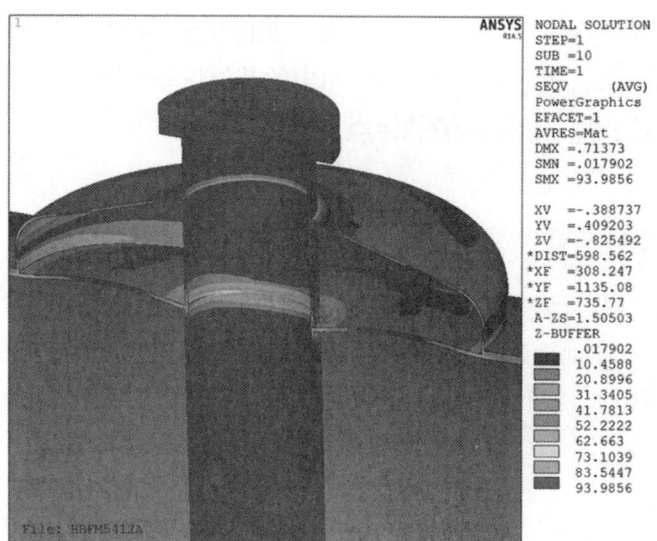

图3 筒体上部大开孔应力云图

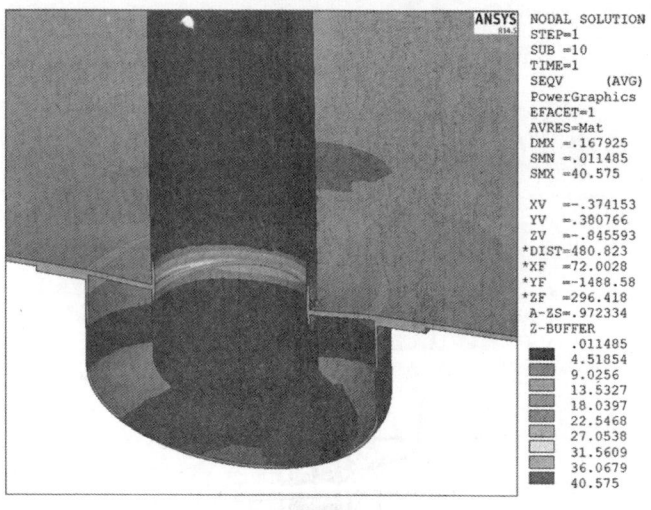

图4 筒体下部大开孔应力云图

3.2 埋地式储罐用在LNG加气站的优势

（1）整站设计优势

埋地式LNG储罐和潜液泵、泵池以及其出液管集中引出结构可以使LNG储罐实现完全埋设于地下。与放在地面之上的常规LNG储罐相比，国家相关标准极大地降低了相关设备与储罐之间安全间和消防要求，降低了LNG加气站的成本投入。

埋地式LNG储罐集成了潜液泵、泵池，即使把此种形式的LNG储罐放在地面之上，与常规LNG加气站相比较，设计院在对LNG加气站整体布局时也可以在较少的施工场地内布置较多的工艺管道和设备，减少了加气站的土地占用面积。在当今寸土寸金的市场竞争中，提高了土地利用率、增加了单位土地面积内的产能就等于赢得了市场的先机。

埋地式LNG储罐和潜液泵、泵池高度集成化可以避免常规加气站中LNG储罐和撬块摆放位置的限制，使工艺管道系统布置的更加科学、合理。进一步减少由于管道较长或者弯管较多等情形所造成工艺管道系统的压力损失，更好地向LNG加气站中的其他设备和撬块系统提供稳定的LNG或者天然气，使LNG加气站更加安全、平稳可靠的运行。

（2）设备设计优势

埋地式LNG储罐和潜液泵、泵池高度集成化减少了储罐与潜液泵池之间工艺管道的长度，减少了工艺管道和外界的热量传递，使得工艺管道内的BOG气体产生较少，同时减少EAG的排放、有利于环境的保护和工艺管道系统的安全运行。

由于低温潜液泵工作的特殊性，在泵启动前需要对自身进行预冷。潜液泵与泵池放在储罐的内部使潜液泵始终处于低温状态，不仅能克服常规潜液泵每次预冷的缺点，提高了加气效率，同时减少泵池与外界环境的吸热量，减少泵池内部BOG的产生，使泵池更加安全、可靠的运行。

（3）现场施工优势

埋地式LNG储罐的出液管集中引出结构，全部在外容器上方固定部位引出不仅可以更好地观察液管的位置和标识，危险情况下做出快速反应，保证加气站、操作人员的安全，同时集中的引出结构可以降低现场施工的难度，节省现场施工的时间，提高现场工人的施工效率，使安装公司和客户实现了双赢。

4 结论

综上所述，埋地式LNG储罐与常规LNG储罐相比优势非常明显，它能满足多样化的设计需求、降低了土地占用面积、降低了现场的施工难度、节省了建站时间、大大降低了LNG加气站的投资成本，真正做到了客户利益的最大化，实现设备厂家、现场安装公司、客户的共赢，符合当今市场的发展趋势，具有很好的市场推广价值。

参考文献

［1］郭凡礼，黎雪荣，李胜茂等. 2013-2017年中国LNG加气站行业深度调研及投资前景预测报告（上下卷）[?]. 2013；3

［2］陈叔平，谢高峰，李秋英等. LNG、L-CNG、CNG加气站的比较[J]. 煤气与热力，2007；7

［3］吴佩英. LNG汽车加气站技术的发展与应用[J]. 煤气与热力，2003；10

［4］王军. LNG汽车和加气站的探讨[J]. 煤气与热力，2006；3

［5］乔国发，李玉星，冯叔初等. LNG在汽车代用燃料中的优势[J]. 油气储运，2004；23（2）

［6］毕伟. LNG汽车应用可行性及技术路径研究[J]. 上海煤气，2011；1

［7］孔祥龙. LNG汽车发展现状与前景研究[J]. 价值工程

［8］刘小娟，苏伟. 我国发展LNG汽车的可行性研究[J]. 河南科技.

［9］钱成文. 国外LNG接收终端及其发展趋势[J]. 石油工业技术监督，2005；5

徐小艳　况开锋　施剑锋

多台容积式流量仪表串联检定应用研究

1 引言

目前，传统的膜式燃气表检定装置均可以实现多台检定，国内最多可以实现12台表的同时检定，而同样作为容积式仪表的气体腰轮流量计，其检定装置多数还是一次检定一台，国内大量气体流量标准装置是基于音速喷嘴法或标准表法工作原理设计的，为了改善以往装置存在的不足，拟设计建立新型的音速喷嘴法气体流量标准装置，采用先进的计算机控制技术，全面克服上述缺陷，流量范围进一步拓宽，实现多台容积式流量计的串联检定，可以大大提高检定效率。

2 设计原则

（1）符合规范性。以相关国家标准、检定规程为依据，严格按照规范要求进行设计。（2）技术先进。采用先进的影像识别技术、计算机控制技术和可编程控制技术，选用先进的控制设备（如PLC控制器、阀门和温度压力传感器），自动化程度高，使该项目具有较高的性价比，采用容积式仪表的多台串联检定。（3）经济合理性。用性能稳定的设备和可靠的控制技术，选择合理的制造工艺，力求装置造价适当合理。（4）简洁实用性。标准装置不需要大而全，坚持实用为主的方针，流量范围设置合理，覆盖常用规格的流量仪表，装置结构布局合理紧凑，实现人性化操作。

3 设计依据

为使新建标准装置能够全面覆盖燃气企业常规容积式流量计的检定，同时兼顾其他流量仪表，如涡轮流量计、膜式燃气表等，装置主要依据的标准、规程和规范为：JJG577-2012《膜式燃气表检定规程》、JJG633-2005《气体容积式流量计检定规程》、JJG1037-2008《气体涡轮流量计检定规程》、JJG643-2003《标准表法流量标准装置检定规程》、JJG620-2008《临界流文丘里喷嘴检定规程》、GB/T21188-2007《用临界流文丘里喷嘴测量气体流量》、JJF1240-2010《临界流文丘里喷嘴法气体流量标准装置校准规范》。

4 装置系统参数

建立装置的主要目的是方便快捷地满足流量仪表的检定需要，本装置设计主要用来检定商用皮膜表、气体腰轮流量计和涡轮流量计，其主要技术指标如下：

（1）流量范围：$0.06 m^3/h \sim 650 m^3/h$；

（2）装置不确定度：$U_{rel} \leq 0.3\%$（$k=2$）；

(3）装置工作环境条件：环境温度：（-20~50）℃，湿度：（20~70）%RH；

(4）被检计量仪表：管道规格：DN20、DN25、DN40、DN50、DN80、DN100；

适用表型：G6~G100商用皮膜表，G16~G250气体腰轮流量计，DN80~DN100涡轮流量计；

(5）被检表安装方式：气动夹表，可实现1~5台表（皮膜表、腰轮表）串检，单台涡轮流量计检定；

(6）被检表自动采集或人工读数置入，自动数据处理、记录保存、证书报告打印、数据查询。

5 装置系统构成

5.1 工作原理

根据气体动力学原理，当气体通过音速喷嘴时，喷嘴上、下游气流压力比达到某一特定数值条件下，在喷嘴喉部形成临界流状态，气流达到最大速度（音速），流过喷嘴的气体质量流量也达到最大值q_m，此时q_m只与喷嘴入口处的滞止压力和温度有关，而不受其下游状态变化的影响。流经音速喷嘴的质量流量q_m可按下式计算：

$$q_m = A_* CC_* \frac{P_0}{\sqrt{R_M T_0}} \tag{1}$$

式中：q_m为通过音速喷嘴的实际质量流量，kg/s；A_*为音速喷嘴喉部截面积，m²；C为音速流喷嘴流出系数；C_*为实际气体临界流函数；P_0为喷嘴前气体绝对滞止压力，Pa；T_0为喷嘴前气体绝对滞止温度，℃；R_M为气体常数，m³·Pa/(K·mol)。

5.2 系统构成

本装置由标准器部分、被检流量仪表检定平台、动力系统、计算机测控系统、辅助系统等部分构成。

5.2.1 标准器

采用临界流文丘里喷嘴作主标准器，所需配置的喷嘴规格见表1。

音速喷嘴及其流量值　　　　表1

喷嘴喉部直径（mm）	0.343	0.443	0.689	0.862	1.364	1.904	2.717	3.783	5.365	7.601	10.763	15.233	21.553	21.553
参考流量（m³/h）	0.06	0.1	0.25	0.40	1	2	4	8	16	32	64	128	256	256

每种规格各1台，共14台临界流文丘里喷嘴，可以满足G6、G10、G16、G25、G40、G65、G100等规格的商用膜式燃气表检定所规定的流量点（q_{min}、$0.2q_{max}$、q_{max}），也可以满足G16、G25、G40、G65、G100、G160、G250等规格的气体腰轮流量计检定所规定的流量点（q_{min}、q_t、q_{max}），还可以满足DN80~DN100涡轮流量计的规定流量点的检定。

5.2.2 气源设备

装置采用负压法进行检定,鉴于流量范围较大,可以考虑使用两台真空泵。小流量段使用德国进口BECKER系列VT4.40小型无油旋片式真空泵,参数为:抽气速度40m^3/h,极限真空15kPa,电机功率1.25kW。大流量段选用西门子NASH_ELMO进口2BH1系列2BH1840-7JH27中型气环真空泵,参数为:抽气速度900m^3/h,极限真空18kPa,电机功率7.5kW。

5.2.3 管路系统

管路系统包括实验管道、阀门、滞止容器、过滤器、夹表工作台等。为节约空间,音速喷嘴采用立式安装布置,被检表段为平面布置。

(1)管道。各种连接管道为不锈钢管道。被检表段与汇管等设备之间采用软管连接,减少震动传递。

(2)阀门。使用电动蝶阀(可手动)和电动流量调节阀。

(3)被检表段结构设计。为方便使用,共设置五路被检表管路,分别为:

管路1:DN20、DN25两个口径共用一路,管道设计为DN25,实施气动夹表,进行气体腰轮流量计的1台~5台表串联检定;

管路2:DN40、DN50两个口径共用一路,管道设计为DN50,实施气动夹表,进行气体腰轮流量计的1台~5台表串联检定;

管路3:DN80、DN100两个口径共用一路,管道设计为DN100,实施气动夹表,气动夹表及变径,进行气体腰轮流量计的1台~5台表串联检定,还可以进行涡轮流量计的单台表检定;

管路4:实现G6~G25商用皮膜表的1~5台表串联检定,同时需要实现气动夹表;

管路5:实现G40~G100商用皮膜表的单台表检定,被检表采用手动连接。

腰轮流量计采用轨道气动夹表,可以实现多台或单台检定,每台表之间设置一定容积的缓冲罐,消除腰轮流量计在检定过程中的脉动流,缓冲罐内部敷设吸音材料,抑制气流噪声和压力波动进行;膜式燃气表采用多工位夹表台,可以实现单台或多台检定。检定装置示意图见图1。

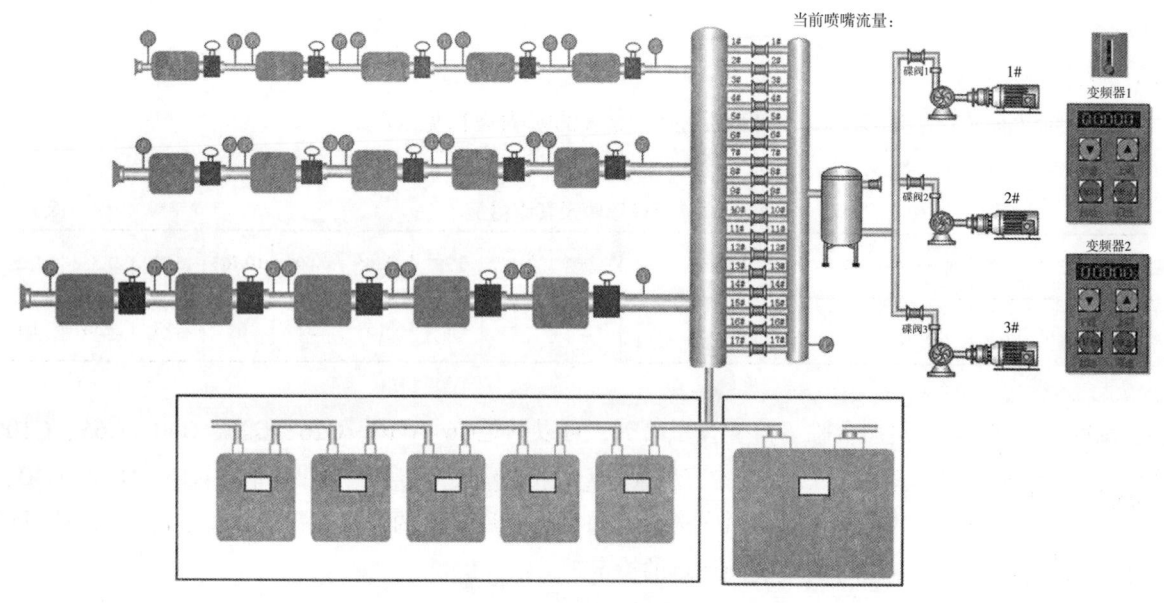

图1 检定装置示意图

5.2.4 数据采集控制系统

流量信号采集包括标准器、被检表流量信号的采集，可采集各种流量计输出的4mA～20mA电流信号、0V～5V的脉冲信号、光电信号等。对于没有信号输出的被检表应采用数码影像识别的方法进行采集。各压力信号测量采用罗斯蒙特的3051系列绝对压力变送器，各温度信号测量采用罗斯蒙特644系列温度变送器，由12～16位A/D变换模拟量采集器采集温变、压变输出的4mA～20mA电流信号，准确测量环境参量，满足流量计所需的温度、压力补偿。

（1）下位机。PLC采用SIEMENS或OMRON可编程控制器，配置5台被检表脉冲信号输入接口，7路温度变送器信号输入接口，7路压力变送器信号输入接口。

（2）上位机。高级人机界面，联想电脑扬天A6800t，正版WIN7 Home Basic 中文版操作系统，第二代智能英特尔®酷睿™i3处理器2120，4GB内存（DDRIII）、500G SATAII 7200转高速防震硬盘、20英寸宽屏液晶显示器及A3激光打印机等配套设备。

5.2.5 软件系统

根据相应检定规程要求，实现上述各类仪表的检定，可以实现定时、定脉冲或定体积等几种检定方法，实现一台或多台同一规格被检表的检定，流量自动调节，同时实现自动数据处理。

上位机主界面的系统流程图可显示测量过程、管路系统中各点的流量、温度、压力、脉冲数值、时间等参数。可实时动画显示测量、控制过程，同时显示、打印数据图表，系统具备提示功能及错误报警功能。打印输出和测试结果输出、存储。软件具有全自动检定和单点单次检定功能；可选择任意一组检定数据进行重新检定并一新数据覆盖旧数据。能自动生成流量计检定计算表和标定曲线图，具有流量计标定历史数据存储功能，能快速查询历史标定数据、曲线图等。具有手动和自动（微机）操作兼容功能，自动和手动系统能独立工作，具有证书报告打印及查询功能。

5.3 装置的设计特点

（1）根据不同喷嘴的流量及背压比设计了大小不同的滞止容器和背压容器，由不同真空度的真空泵抽气，这样不但保证了装置在使用时使每个喷嘴都能达到临界流，更提高了小流量喷嘴的测量准确度。

（2）每路检测管路与标准表的连接根据检测流量的大小分别设计了不同口径的气体通路和阀门，根据检测时的流量点选择通路，最大限度地降低在检测微小流量时管容对测量结果的影响。

（3）每种口径都要求是同规格多表串联检定，所以在取压、测温上采取了独特的首尾取压测温方式，被检表表前压和介质温度的测量，不同管路共用一组压力变送器，而温度测量分别独立设置。这样使得在变换检测口径时，只要连接头尾两个取压口，而温度测量不作改变，降低了使用时频繁更换温度变送器的麻烦，并避免了由于更换带来密封性存在问题的风险，同时不会降低表前压和介质温度的测量精度。

（4）每个喷嘴到背压容器的管路上设置了两个阀门，方便装置检漏。

6 装置不确定度评定

6.1 标准不确定度分量

6.1.1 喉部截面积的标准不确定度
考虑到喷嘴使用与标定时取值相同，所以可将其看成常数，因此可忽略他们的不确定度。

6.1.2 流出系数的标准不确定度 $u(C_d)$
流出系数的标准不确定度 $u(C_d)$ 可根据喷嘴检定证书给出的流出系数准确度0.2%来确定。它依据JJG620-2008《临界流文丘里喷嘴检定规程》，可经6次以上的多次测量而得到。

在95%置信概率下，U=0.2%，t 分布，测量次数一般为6，自由度为5，包含因子 $t\alpha$=2.57，$u(C)$=0.2%/2.57=0.0778%。

6.1.3 滞止压力引入的标准不确定度 $u(P_0)$
装置中用的压力变送器量程为110kPa，准确度均为0.075%。压力在接近一个大气压（满量程附近）下使用，按均匀分布考虑，则有：$u(P_0) = 0.075\%/\sqrt{3} = 0.043\%$。

6.1.4 滞止温度引入的标准不确定度 $u(T_0)$
温度变送器的准确度为 $\pm 0.2\text{C}^\circ$，在标准状态20C°下，按矩形分布考虑，则有 $u(T_0)=0.2/[\sqrt{3}*(273.15+20)]=0.039\%$。

6.1.5 空气气体常数引入的标准不确定度 $u(R)$
气体常数的不确定度的来源主要是湿度测量，大气相对湿度测量不确定度一般可达4%，所以引起空气气体常数（R/M）计算的标准不确定度一般为：$u(R) \leq 0.03\%$。

6.1.6 临界流函数引入的标准不确定度 $u(C_*)$
ISO9300只给出干空气的临界流函数表，所以要考虑湿度对临界流函数的影响。根据试验验证，临界流函数（考虑湿度修正后）的标准不确定度一般为：$u(C_*) \leq 0.002\%$，可以忽略不计。

6.1.7 空气压缩因子的标准不确定度 $u(Z_n)$
根据 P_n、T_n 和大气相对湿度计算压缩因子 Z_n，其计算不确定度小于0.05%，即：$u(Z_n) \leq 0.05\%$。

6.1.8 流量计处的压力测量引入的测量不确定度 $u(P_n)$
同滞止压力引入的标准不确定度，因而：$u(P_n)=0.075\%/*\sqrt{3}=0.043\%$。

6.1.9 测量流量计处的温度测量引入的不确定度 $u(T_n)$
同滞止温度引入的标准不确定度，因而：$u(T_0)=0.2/[\sqrt{3}*(273.15+20)]=0.039\%$。

6.1.10 计时器引入的标准不确定度 $u(t)$
时钟精度一般来说都比较高，稳定度在 10^{-6}。保守估算：$u(t)=0.001\%$。

6.2 灵敏系数
由不确定度传播律可计算其相对不确定度为：

$$\left(\frac{u_c(q_v)}{q_v}\right)^2 = \frac{C_1^2 u^2(C_a)}{q_v^2} + \frac{C_2^2 u^2(P_0)}{q_v^2} + \frac{C_3^2 u^2(T_0)}{q_v^2} + \frac{C_4^2 u^2(P_n)}{q_v^2} + \frac{C_5^2 u^2(T_n)}{q_v^2} + \frac{C_6^2 u^2(Z_n)}{q_v^2}$$

$$+ \frac{C_7^2 u^2(R')}{q_v^2} = u'^2(C_d) + u'^2(P_0) + \frac{1}{2} u'^2(T_0) + u'^2(P_n) + u'^2(T_n) + u'^2(Z_n) + \frac{1}{2} u'^2(R')$$

6.3 合成标准不确定度评定

6.3.1 标准不确定度见表2。

不确定度一览表　　　　　　　　　　　表2

序号	符号	不确定度来源	输入不确定度（%）	可能的分布	覆盖因子	标准不确定度r(x_i)（%）	灵敏系数	lCrlur(x_i)（%）
1	u(C_d)	流出系数	0.2	正态	2.57	0.078	1	0.078
2	u(P_0)	滞止压力	0.075	矩形	1.73	0.043	1	0.043
3	u(T_0)	滞止温度	0.2	矩形	1.73	0.039	0.5	0.02
4	u(R)	气体常数	0.03	/	1	0.03	0.5	0.015
5	u(Z_n)	压缩因子	0.05	/	1	0.05	1	0.05
6	u(P)	入口压力	0.075	矩形	1.73	0.043	1	0.043
7	u(T)	入口温度	0.2	矩形	1.73	0.039	1	0.039
8	u(t)	计时器	0.001	/	1	0.001	1	0.001

6.3.2 合成标准不确定度

合成标准不确定度为：

$$U_{crel} = [ur^2(C_d) + ur^2(P_0) + \frac{1}{2}ur^2(T_0) + \frac{1}{2}ur^2(R) + ur^2(Z_n) + ur^2(P_n) + ur^2(T_n) + ur^2(t)]^{1/2}$$
=0.12%

扩展不确定度为：U_{rel}=0.24%（k=2）。

7 实验过程及数据分析

对已建成的装置，需要进行系统计量性能的试验验证，以确保检定结果的准确可靠。根据检定规程要求，分别对不同的被检仪表规格品种进行检定，试验包括：各管路仪表比对检定；不同表位的比对试验；装置重复性试验；装置稳定性考核。

DN25、DN50两路表位设置为，气体入口侧为1表位，依次为2、3、4、5共5个表位；DN100管路表位设置为，气体入口侧为2表位，依次为3、4、5共4个表位；其中1位是涡轮流量计安装位置。

7.1 各管路仪表比对检定

7.1.1 DN25气体腰轮流量计检定

实验仪表规格：LLQZ-25Z；检定时间：2013.5.10，实验结果见表3。

DN25气体腰轮流量计比对结果　　表3

表位	1	2	3	4	5
仪表编号	130102000542	130102000544	130102000548	130102000543	130102000541
检定结果（1/m³）	25 836.995	25 884.657	25 829.442	25 825.113	25 852.837
原出厂结果	25 972	26 002	25 981	25 998	26 002
E_n	0.74	0.64	0.83	0.94	0.82
结论	满意	满意	满意	满意	满意

7.1.2 DN50气体腰轮流量计检定

实验仪表规格：CNiM-RM-50Z-G65；检定时间：2013.5.7，实验结果见表4。

DN50气体腰轮流量计比对结果　　表4

表位	1	2	3	4	5
仪表编号	120903001956	121003002383	130103000116	120903001913	121103002945
检定结果（1/m³）	7 240.121	7 232.139	7 237.091	7 235.531	7 234.225
原出厂结果	7 243	7 243	7 257	7 250	7 258
E_n	0.06	0.21	0.39	0.28	0.47
结论	满意	满意	满意	满意	满意

7.1.3 DN80气体腰轮流量计检定

实验仪表规格：CNiM-RM-80Z-G160；检定时间：2013.3.19，实验结果见表5。

DN80气体腰轮流量计比对结果　　表5

表位	2	3	4	5
仪表编号	130103000502	121203003319	130103000501	121203003318
检定结果（1/m³）	3 472.3277	3 474.9875	3 453.7969	3 452.0127
原出厂结果	3 474	3 472	3 475	3 470
E_n	0.08	0.04	0.85	0.73
结论	满意	满意	满意	满意

7.1.4 DN100气体腰轮流量计检定

实验仪表规格：CNiM-RM-100Z-G250；检定时间：2013.5.7，实验结果见表6。

DN100气体腰轮流量计比对结果　　表6

表位	2	3	4	5
仪表编号	130403000496	130403000493	13040001028	130403000491
检定结果（1/m³）	2 683.224	2 680.629	2 679.580	2 679.021
原出厂结果	2 690	2 691	2 691	2 690
E_n	0.37	0.58	0.58	0.58
结论	满意	满意	满意	满意

7.1.5 G6膜式燃气表检定

实验仪表规格：LMN-16；检定时间：2013.5.20，实验结果见表7。

G6膜式燃气表比对结果　　表7

表位	1		2		3		4		5	
仪表编号	1201031410		1201031834		1201031830		1101030431		1201031826	
流量点	$0.2q_{max}$	q_{max}	$0.2q_{max}$	q_{max}	$0.2q_{max}$	q_{max}	$0.2q_{max}$	q_{max}	$0.2q_{max}$	q_{max}
检定结果（%）	0.13	−0.55	0.87	−0.19	0.72	−0.28	0.84	−0.83	0.38	−0.52
原出厂结果	0.45	−0.26	0.33	−0.27	0.55	0.13	0.67	−0.23	0.36	−0.62
E_n	0.45	0.41	0.76	0.11	0.24	0.58	0.24	0.85	0.03	0.14
结论	满意		满意		满意		满意		满意	

7.1.6 G16膜式燃气表检定

实验仪表规格：LMN-16；检定时间：2013.5.20，实验结果见表8。

G16膜式燃气表比对结果　　表8

表位	1		2		3		4		5	
仪表编号	1301030667		1101030431		1301031319		1201031826		1301032384	
流量点	$0.2q_{max}$	q_{max}	$0.2q_{max}$	q_{max}	$0.2q_{max}$	q_{max}	$0.2q_{max}$	q_{max}	$0.2q_{max}$	q_{max}
检定结果（%）	0.25	−0.27	0.20	−0.63	0.43	−0.75	0.16	−0.64	0.91	−0.28
原出厂结果	0.48	−0.44	0.25	−0.61	0.41	−0.58	0.24	−0.26	0.31	−0.43
E_n	0.33	0.24	0.07	0.03	0.03	0.24	0.11	0.54	0.85	0.21
结论	满意		满意		满意		满意		满意	

根据上述实验结果，可以看出，各被检表管路在检定时，未出现异常，被检表的检定结果与原

厂检定结果未出现较大差异，所有检定结果的判定均为满意，说明标准器和被检表侧的各个参数，均属处于正常工作状态。

7.2 同一仪表在不同表位的比对试验

7.2.1 DN25气体腰轮流量计比对检定

实验仪表规格：LLQZ-25Z；仪表编号：130102000542，实验结果见表9。

DN25气体腰轮流量计比对检定　　　　　　　　　表9

表位	1	2	3	4	5
检定结果（1/m³）	25 911.765	25 822.149	25 846.342	25 837.803	25 812.197
原出厂结果	25 972				
E_n	0.33	0.82	0.69	0.73	0.87
结论	满意	满意	满意	满意	满意

7.2.2 DN50气体腰轮流量计比对检定

实验仪表规格：CNiM-RM-50Z-G65；仪表编号：120903001956，实验结果见表10。

DN50气体腰轮流量计比对检定　　　　　　　　　表10

表位	1	2	3	4	5
检定结果（1/m³）	7 230.3514	7 225.7287	7 236.2970	7 235.6887	7 233.3032
原出厂结果	7 243				
E_n	0.25	0.33	0.14	0.16	0.20
结论	满意	满意	满意	满意	满意

7.2.3 DN80气体腰轮流量计比对检定

实验仪表规格：CNiM-RM-80Z-G160；仪表编号：130103000502，实验结果见表11。

DN80气体腰轮流量计比对检定　　　　　　　　　表11

表位	2	3	4	5
检定结果（1/m³）	3 470.9509	3 469.1705	3 460.7022	3 465.0034
原出厂结果	3 474			
E_n	0.12	0.21	0.54	0.38
结论	满意	满意	满意	满意

根据以上比对验证情况，检定结果满意，可以判定检定系统工作正常。

7.3 装置重复性试验

7.3.1 DN25气体腰轮流量计检定

实验仪表规格：LLQZ-25Z；检定流量点：$0.6q_{max}$，实验结果见表12。

DN25气体腰轮流量计重复性实验结果　　表12

试验时间	2010年5月22日	2010年5月22日	2010年5月22日	2010年5月22日	2010年5月22日
表位	1	2	3	4	5
仪表编号	130102000542	130102000544	130102000548	130102000543	130102000541
试验条件	环境温度：22℃　湿度：60%RH　大气压：98.988kPa				
1	25 988.049	26 005.104	26 031.339	25 980.497	25 999.879
2	26 032.954	26 010.203	26 033.310	25 978.872	25 991.090
3	26 026.973	26 007.027	26 033.303	25 983.066	26 008.920
4	26 096.740	26 018.568	26 034.219	25 984.205	26 007.772
5	26 106.065	26 015.372	26 032.786	25 979.861	25 998.935
6	26 118.306	26 020.539	26 026.709	25 983.061	26 004.410
7	26 120.618	26 026.696	26 035.367	25 987.298	26 005.417
8	26 131.132	26 027.699	26 034.050	25 984.392	25 998.958
9	26 051.019	26 028.241	26 041.316	25 983.615	26 003.167
10	26 035.670	26 013.549	26 030.298	25 981.936	25 994.519
$\bar{y}$	26 070.753	26 017.300	26 033.270	25 982.680	26 001.307
$s(y_i)$	0.18%	0.03%	0.02%	0.01%	0.02%
结论	符合要求	符合要求	符合要求	符合要求	符合要求

7.3.2 DN50气体腰轮流量计检定

实验仪表规格：CNiM-RM-50Z-G65；检定流量点：$0.6q_{max}$，实验结果见表13。

DN50气体腰轮流量计重复性实验结果　　表13

试验时间	2010年5月24日	2010年5月24日	2010年5月24日	2010年5月24日	2010年5月24日
表位	1	2	3	4	5
仪表编号	120903001956	121003002383	130103000116	120903001913	121103002945
试验条件	环境温度：23℃　湿度：65%RH　大气压：99.554kPa				
1	26 096.590	26 030.487	26 013.042	26 009.297	26 043.446
2	26 054.562	26 020.320	25 995.662	25 999.113	26 036.036
3	26 083.959	26 012.560	25 981.156	25 988.217	26 020.060

续表

4	26 103.992	26 029.233	25 996.696	26 007.961	26 030.596
5	26 106.805	26 024.613	25 994.944	25 993.306	26 027.946
6	26 097.749	26 041.360	26 012.019	26 012.303	26 042.551
7	26 009.848	26 026.136	26 006.914	26 007.747	26 029.143
8	25 983.062	26 028.561	26 014.763	26 008.654	26 008.654
9	25 968.594	26 032.911	26 014.819	26 011.378	26 041.105
10	2 5970.676	26 019.134	26 015.080	26 012.600	26 040.018
$\bar{y}$	26 047.584	26 026.532	26 004.510	26 005.100	26 034.884
$s(y_i)$	0.17%	0.04%	0.04%	0.03%	0.03%
结论	符合要求	符合要求	符合要求	符合要求	符合要求

7.3.3 DN100气体腰轮流量计检定

实验仪表规格：CNiM-RM-100Z-G250；检定流量点：q_{max}，实验结果见表14。

DN100气体腰轮流量计重复性实验结果　　　　表14

试验时间	2010年5月24日	2010年5月24日	2010年5月24日	2010年5月24日
表位	2	3	4	5
仪表编号	121003002383	130103000116	120903001913	121103002945
试验条件	环境温度：23℃　湿度：65%RH　大气压：99.554kPa			
1	2 688.167	2 682.973	2 697.465	2 697.054
2	2 686.357	2 681.916	2 695.105	2 696.368
3	2 687.882	2 680.939	2 696.386	2 696.609
4	2 687.313	2 679.706	2 694.392	2 695.398
5	2 688.897	2 680.899	2 696.284	2 696.451
6	2 688.281	2 680.006	2 696.582	2 696.899
7	2 686.972	2 680.061	2 695.189	2 696.372
8	2 686.972	2 679.238	2 695.443	2 695.265
9	2 689.455	2 681.596	2 696.516	2 696.262
10	2 689.499	2 681.416	2 695.172	2 694.964
$\bar{y}$	2 687.979	2 680.875	2 695.853	2 696.164
$s(y_i)$	0.04%	0.05%	0.04%	0.03%
结论	符合要求	符合要求	符合要求	符合要求

7.3.4 装置稳定性考核

实验仪表规格：CNiM-RM-50Z-G65；编号120903001913；检定流量点：$0.6q_{max}$，实验结果见表15。检定装置的重复性试验和稳定性考核均正常，满足计量标准计量特性要求，表明系统稳定可靠，可以作为计量标准开展量值传递工作。

装置稳定性考核实验结果　　　　表15

考核时间	2010年2月24日	2010年3月22日	2010年4月20日	2010年5月24日
1	7 218.775	7 219.935	7 219.506	7 224.185
2	7 217.457	7 216.425	7 221.042	7 219.482
3	7 223.252	7 219.984	7 220.119	7 220.668
4	7 224.100	7 218.988	7 221.423	7 217.071
5	7 222.369	7 216.391	7 223.683	7 221.786
6	7 222.715	7 221.609	7 221.380	7 220.066
7	7 225.990	7 222.006	7 220.387	7 220.922
8	7 225.026	7 222.957	7 220.215	7 221.281
9	7 223.507	7 220.387	7 223.134	7 222.198
10	7 224.797	7 220.815	7 223.982	7 222.528
$\overline{y_i}$	7 222.799	7 219.950	7 221.487	7 221.019
变化量 $\overline{y_i} - \overline{y_{i-1}}$	2.849			
允许变化量	$K_i \times 0.5\% = 36.11$			
结论	符合			

8 结果验证

通过各种形式的试验，包括单路比对试验、换位比对试验、重复性试验、稳定性试验等，可以判定，该装置计量准确，系统稳定可靠，装置可行性得到验证，符合计量标准建标考核要求，可以开展多台串检或单台检定。

邓立三　柴　峰　张永宏

带GPRS通信的宽量程气体流量计量装置的研制

天然气作为一种商品，用于其计量的仪表的性能与贸易双方的经济利益直接相关，贸易各方均希望用理想的流量计量仪表：无压力损失、准确度高、可全量程实现计量，以此降低输差，但基于现有的技术水平限制，尚无这种理想的流量计。在现有的几种常用的气体流量计中，如涡轮、涡街、旋进旋涡等量程比一般不超过50∶1，腰轮（罗茨）流量计和超声流量计量程比基本也在250:1以内；腰轮（罗茨）流量计和超声流量计对天然气的清洁度要求也较高，因此在一些清洁度较低且又需要宽量程比的输送管道将很难找到一种合适的气体流量计[1]。

近年来，随着电子技术、计算机以及互联网通信技术的迅猛发展，天然气计量已逐步向在线、实时、智能化靠近；同时依靠网络技术实现远程化通讯、控制和管理，如流量计智能系统和SCADA系统的应用。我国天然气计量将向计量方式自动化、智能化、远程化计量方式发展[2]。基于上述原因，我们研制了一种远大于单台流量计量程比且带有GPRS无线远传通信的气体流量计量装置（以下简称宽量程装置）。

1 系统结构设计

1.1 宽量程装置系统框图

系统结构框图如图1，整个系统主要由计量部分、阀门控制部分、通信部分组成。流量计量部分主要用于实时流量、温度、压力的采集与计算，经过体积修正仪的修正以标况总量的形式显示给客户或通过GPRS无线数据通信模块传输给数据采集监控系统。阀门控制部分通过RS485通信与计量部分握手实时传输流量数据，并作出相应的判断输出阀门控制信号，以此来实现跨区间大流量范围的测量。由于装置使用场所基本上是爆炸性气体环境，所以装置按照Ex d IIB T4防爆等级要求设计，满足防爆要求。

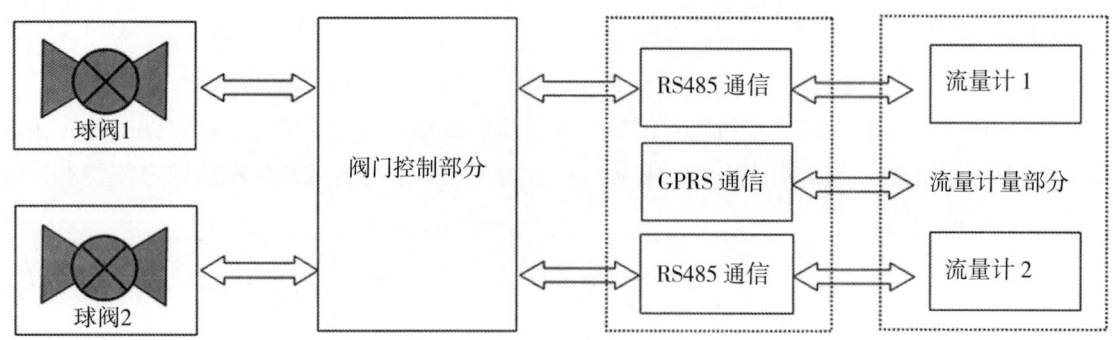

图1 宽量程装置系统框图

1.2 宽量程运行原理介绍

宽量程装置适用于流量范围波动很大，一般流量计范围度难于达到要求的计量场合。主要由两台流量范围可以相互覆盖的流量计（主流量计一般与主管道口径一致、辅流量计根据流量范围选择小口径）、隔爆电动球阀、隔爆型控制箱组成。主辅流量计可以是不同类型的流量计，通过自动切换电动球阀开关来达到扩大流量范围度的目的。当流量为零或者低于主流量计设置的下限时，辅流量计打开运行、主流量计关闭；当流量超出辅流量计设置的上限时，主流量计打开运行、辅流量计关闭。为了避免阀门频繁切换的现象，我们把主流量计和辅流量计切换的阈值设计为交替的，产生一个缓冲区间，在此期间流量波动不切换，如图2所示。

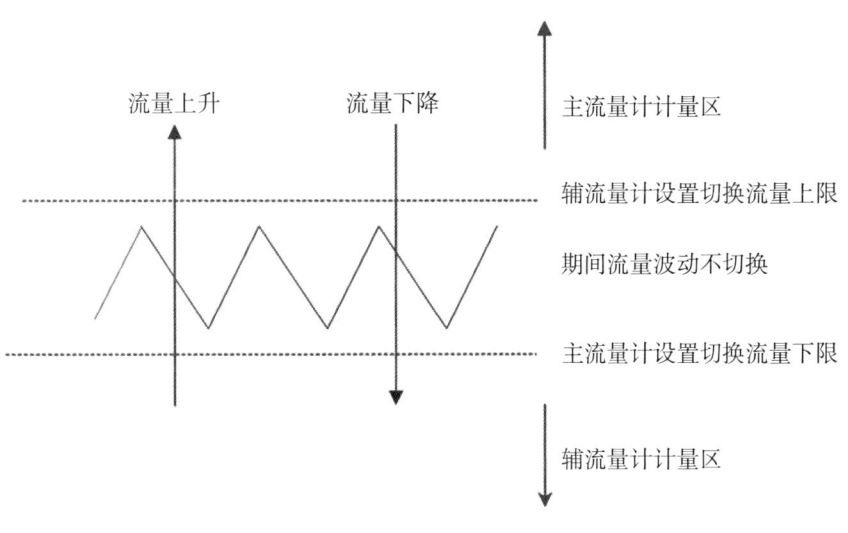

图2　流量计切换控制模式图

2　硬件设计

2.1　计量部分

计量部分由两台带体积修正仪的气体流量计组成。流量计基表部分作为计量组件、流量传感器、温度、压力传感器的载体，主要由PTZ修正型的体积修正仪完成数据的换算与修正。文中提到的修正仪为天信仪表集团的TFC型体积修正仪带有GPRS无线远传功能，其原理框图如图3。修正仪系统采用本质安全型防爆电路设计，外部输入输出接口与内部的CPU电路全部采用电气隔离形式设计，不但提高了系统的可靠性和稳定性，而且能有效的控制能量的传递。另外系统所采用的集成芯片包括MCU都为低功耗型元器件，内部电源工作时整机的平均工作电流低于400μA[3]。修正仪要实现通信功能需要采用外电源供电，宽量程装置需要GPRS通信和RS485通信，由此我们选用外电源2作为能量输入通道。

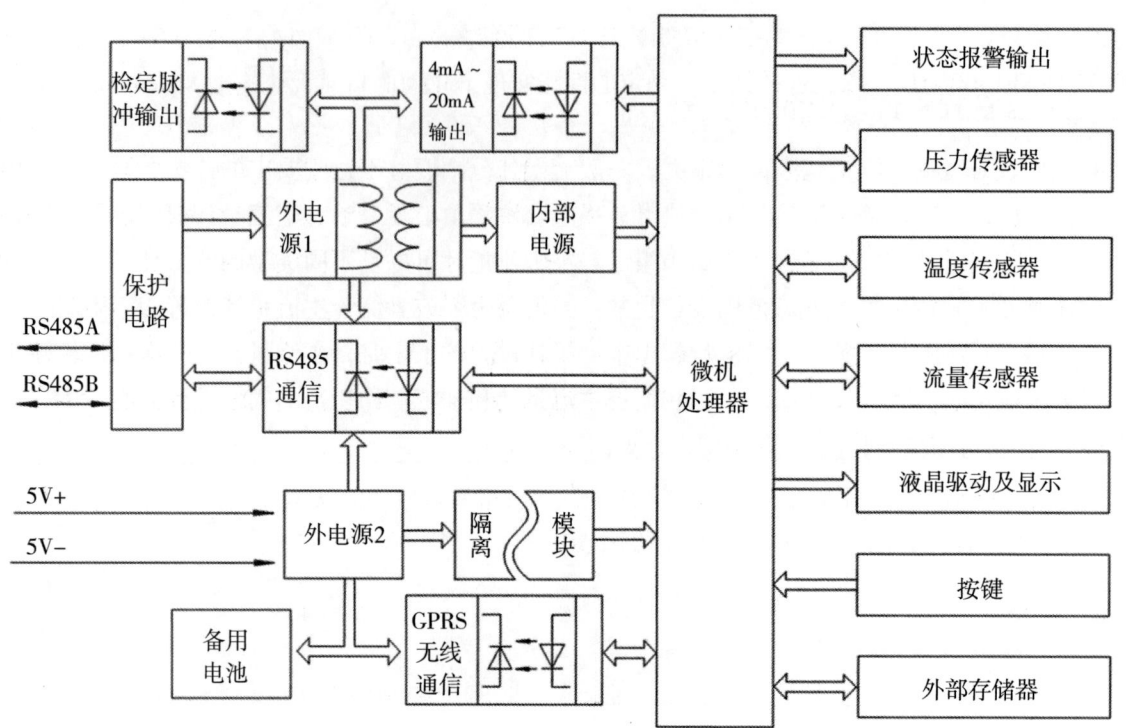

图3 计量部分原理框图

2.2 通信部分

宽量程装置根据部件、功能和通信距离的不同采用多种通信技术：修正仪内部数据总线利用I2C总线或SPI数据通信，与外部用户设备联接短矩离采用RS485、红外通信和RF短程无线通信，远距离数据传输采用RS485转换到局域网络或GPRS通信。由于传统的有线传输很难实现远程的数据通信，特别是在有防爆要求的场所需要做相应的防爆处理导致成本比较大。GPRS（General Packet Radio Service）是通用分组无线业务的简称，该技术建立在GSM网络的基础上，拥有网络覆盖范围广、建设周期短、低成本和高灵活性等优点，广泛的被远程数据采集监控系统应用所接受。本论文中采用的GPRS模块为Motorola G24通信模块，其功

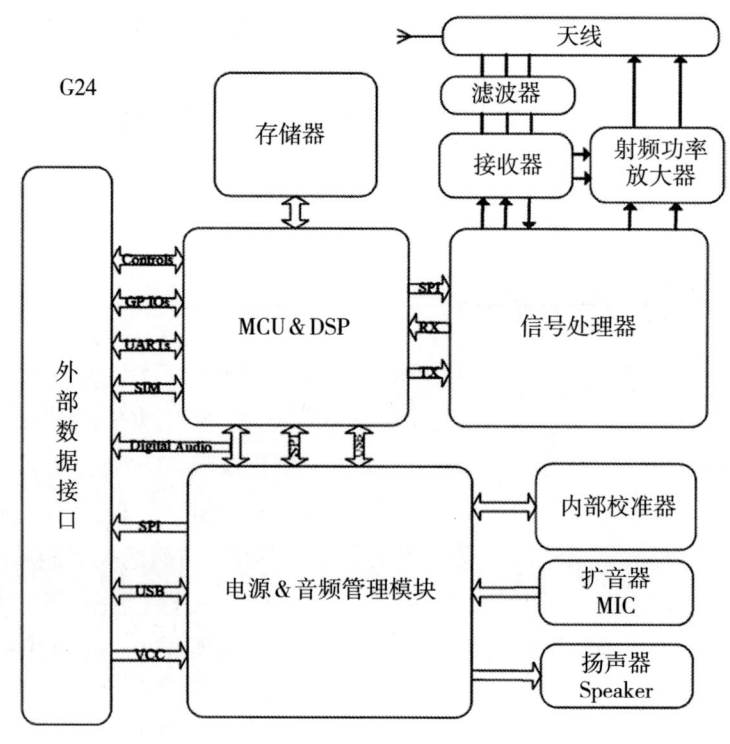

图4 G24模块功能结构框图

能结构图如图4。它是一款高速的GSM/GPRS/EDGE工业级模块，可适应恶劣的工作环境，支持四频850/900/1800/1900MHZ，以先进的技术，稳定的性能实现了M2M的高速无缝连接。Motorola G24外观小巧紧凑，采用微功耗设计，休眠电流＜10mA，电源可外控，关断后电流＜2μA，内置TCP/IP协议线，支持JAVA加速和方便了开发过程[4]。

2.3 阀门控制部分

宽量程装置主要是通过阀门的切换来扩大流量量程范围。阀门的切换由阀门控制电路完成，而控制电路又是根据流量计量部分采集的数据进行判断作出响应，所以我们需要将控制部分电路与计量部分建立通信。为了与不同类型流量计均能兼容，方便软件更改，本装置控制部分与计量部分采用RS485通信接口、标准的MODBUS通信协议。此外为使整体设计符合防爆要求，装置采用隔爆型电动球阀，所有控制线路均用防爆管连接，并将控制部分电路置于防爆接线盒内，与计量部分的连接用齐纳安全栅隔离。控制部分硬件原理框图如图5所示。

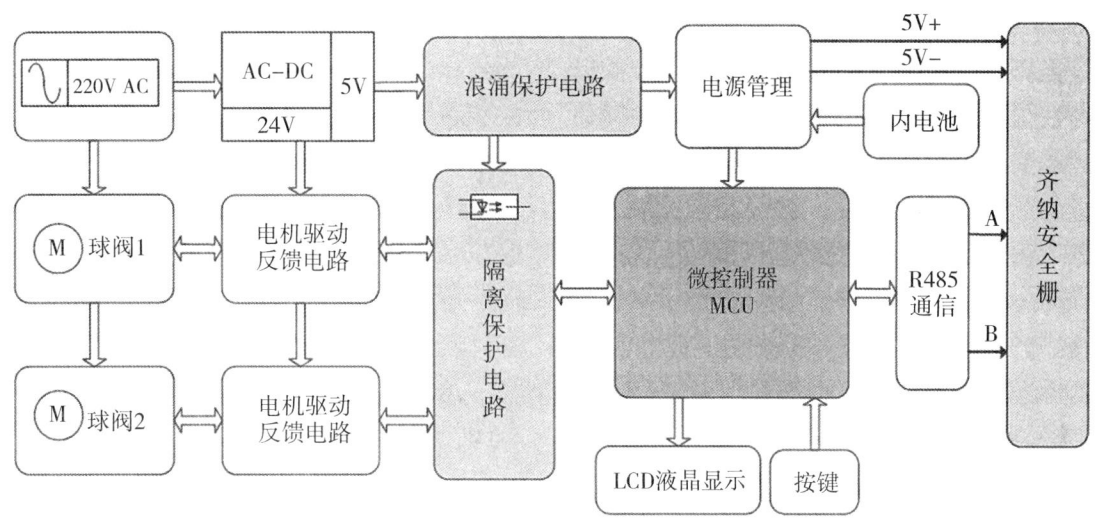

图5　控制部分原理框图

3　软件总体设计

系统软件整个构架采用模块化设计，将整个软件按功能划分为若干个相互独立的功能函数，由主程序调用完成相应功能任务。模块化软件设计在程序开发方面不仅降低了问题的复杂度，各功能模块相互独立、功能单一提高了软件的可靠性和代码的重用性；而且使软件结构清晰、易于阅读理解、易于调试便于日后的维护与升级。

图6为计量部分程序流程图。主程序平时处于休眠或待机模式，当有外部或内部触发中断时，程序进入相应中断服务程序调用功能函数完成任务，符合低功耗设计思路。如图7，控制部分软件平时也处于待机状态，当有外部按键中断时做出响应，进入按键处理程序对参数进行修改保存等操作。程序每隔固定的时间（范围内可设置）主动对流量计发送通信请求采集数据并做出判断控制阀门和显示保存。

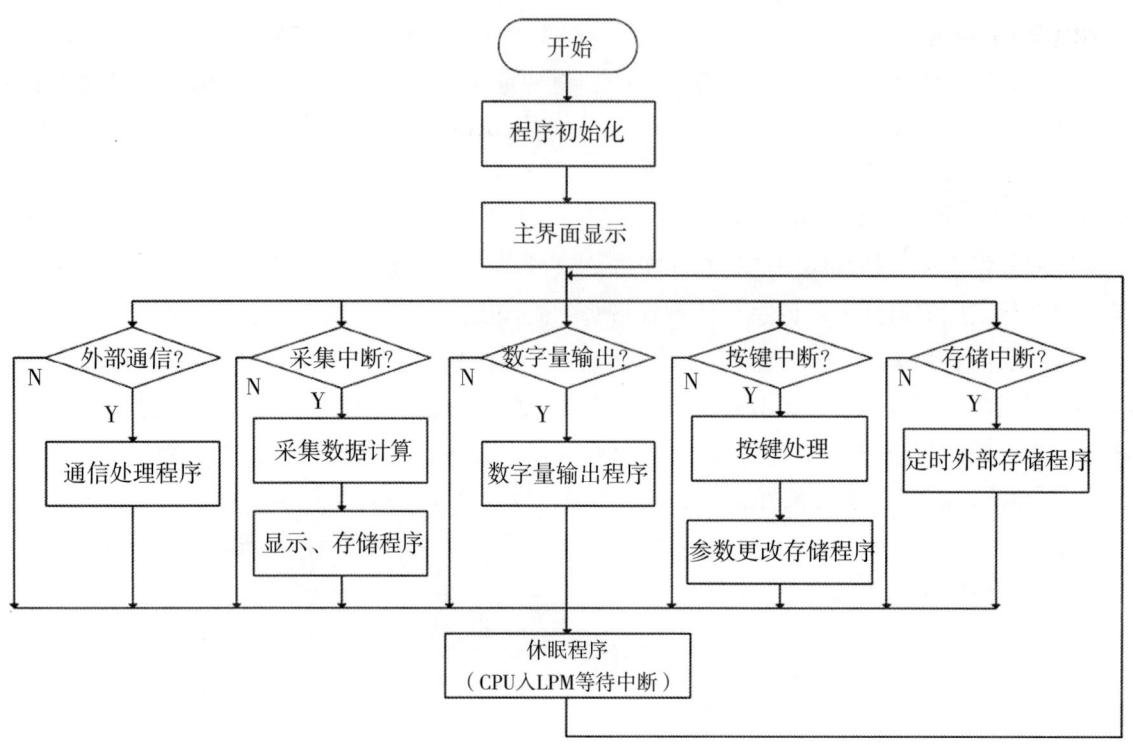

图6 计量部分程序流程图

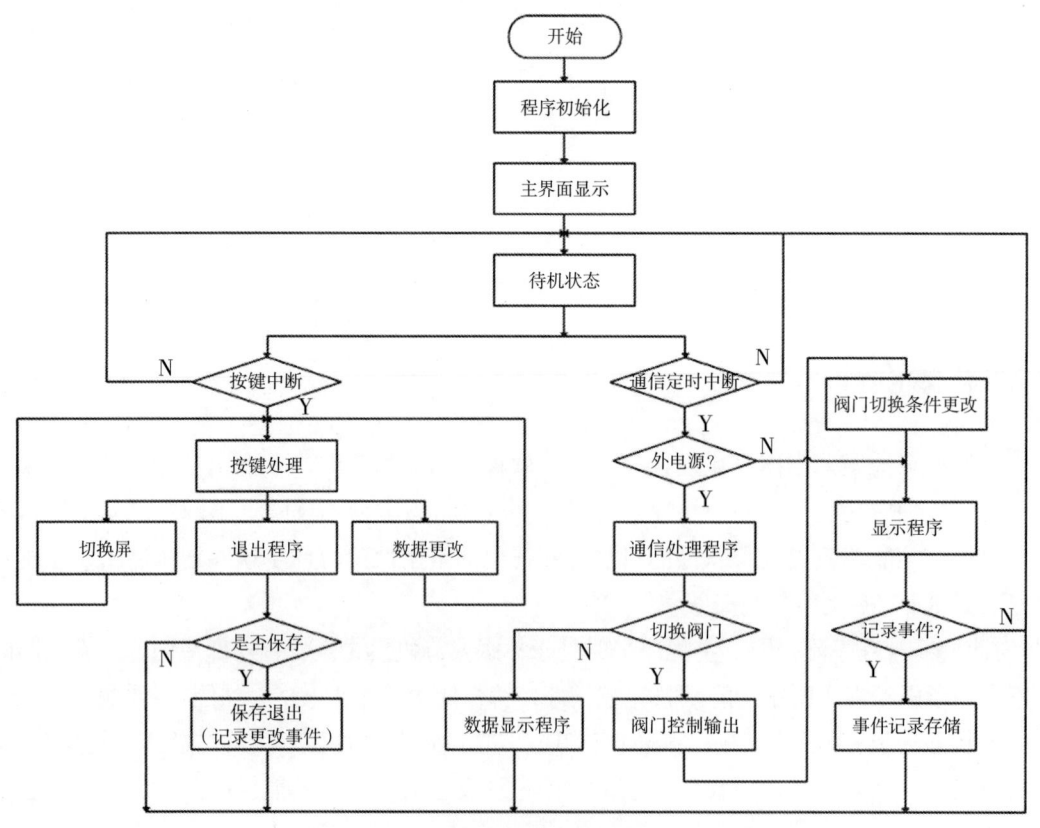

图7 控制部分程序流程图

4 试验与分析

本文以气体罗茨流量计（型号规格：G100 DN80流量范围：0.65m³/h~160m³/h）与气体涡轮流量计（型号规格：TBQZ-150B流量范围：50m³/h~1 000m3/h）组成的宽量程装置为例，阐述了系统的可行性。系统结构设计图纸如图8所示。入口汇管作为气体的缓冲容器，2、12的截止阀通过开阀度控制流量，起到保护流量计的作用。4、10两台流量计负责流量、温度、压力等数据的采集与传输，防爆接线箱与流量计通信传输数据并对隔爆电动球阀发送信号控制球阀切换。

注：
1、入口汇管
2、DN150球阀
3、TBQZ-150涡轮流量计前管段
4、TBQZ-150涡轮流量计
5、TBQZ-150涡轮流量计后管段
6、DN150电动球阀
7、出口汇管
8、DN80电动球阀
9、G100罗茨流量计后管段
10、G100罗茨流量计
11、G100罗茨流量计前管段
12、截止阀DN80（限流保护小表）
13、防爆接线盒
14、基座

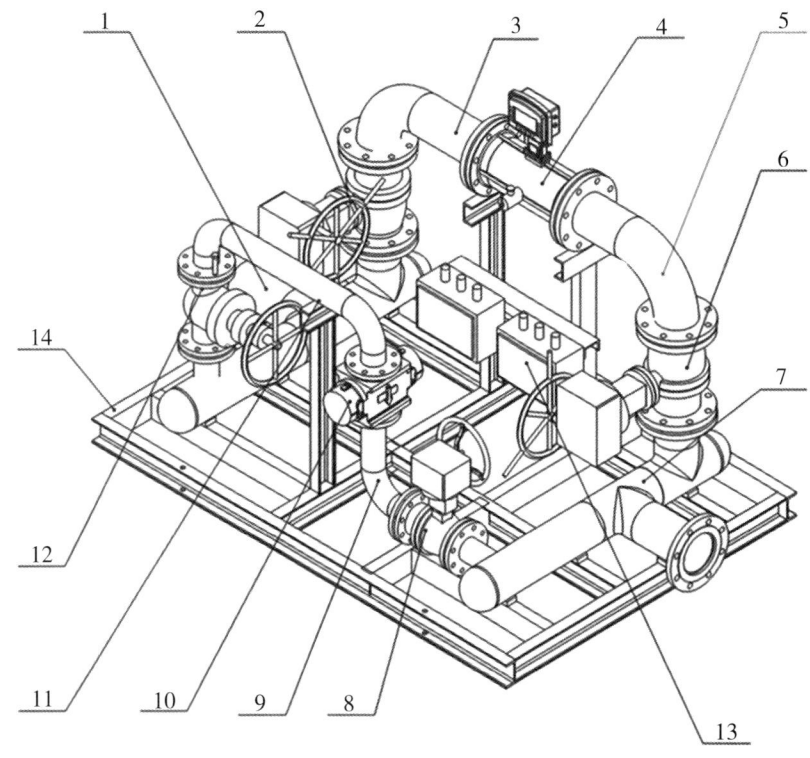

图8 宽量程装置设计结构图

图9为宽量程装置在某化工厂使用过程中的数据记录。我们按照常规的选型在装置的后级加入了一台流量范围尽可能宽的罗茨流量计（表3型号规格：G650 DN150流量范围：6.5m³/h ~ 1 000m³/h）作为对比表，记录一段时间标况总量数据。此3台表均为1.0级，工厂每日当中的用气量比较稳定不会使大小流量计来回切换符合宽量程装置的使用要求。由数据分析可知由表1、表2构成的宽量程装置日总用量总是大于备用表3日总用量，特别是在只有表1运行的日期，相差达到了1.5%。原因在于一般流量计在分界点Qt以下线性偏负且允许2%的偏差，Qt以上线性偏正且精度较准确。表1运行时流量相对于表1来说为Qt以上而相对于表3来说为负偏差区，于是产生了小流量的计量丢失。从半个月的运行数据来看总用量相差了0.57%。由此看宽量程装置在此使用场合能够有效的解决小流量计量时丢失体积的问题。

A	B	C	AJ	AK	AL	AM	AN	AO	AP	AQ	AR	AS
工厂天然表记录一览表												
项目	表号	Sum-Feb	1-Feb	2-Feb	3-Feb	4-Feb	5-Feb	6-Feb	7-Feb	8-Feb	9-Feb	
天然气表读数	表1 功力中心南1		28805	28805	28805	28805	28805	28805	29001	29152	30016	
	表2 功力中心南2		88765	88765	88765	88765	88765	88765	91070	93087	93087	
	表3 备用表3		116968	116968	116968	116968	116968	116968	119462	121623	122476	
天然气用量	表1 功力中心南1	8316.0	0	0	0	0	0	196	151	864	880	
	表2 功力中心南2	19817.0	0	0	0	0	0	2305	2017	0	0	
日总用量		28133.0	0	0	0	0	0	2501	2168	864	880	
备用表3日总用量		27974.0	0	0	0	0	0	2494	2161	853	868	
记录者												

AT	AU	AV	AW	AX	AY	AZ	BA	BB	BC	BD	BE	BF
10-Feb	11-Feb	12-Feb	13-Feb	14-Feb	15-Feb	16-Feb	17-Feb	18-Feb	19-Feb	20-Feb	21-Feb	22-Feb
30896	31765	31912	32750	32912	33718	33884	34062	34225	34392	35218	35398	36310
93087	93087	94996	95733	97658	98389	100396	102415	104495	106481	106481	108582	108582
123344	124201	126250	127811	129892	131415	133581	135771	138007	140153	140968	143242	144143
869	147	838	162	806	166	178	163	167	826	180	912	811
0	1909	737	1925	731	2007	2019	2080	1986	0	2101	0	0
869	2056	1575	2087	1537	2173	2197	2243	2153	826	2281	912	811
857	2049	1561	2081	1523	2166	2190	2236	2146	815	2274	901	799

图9 宽量程装置在某化工厂使用过程中的数据记录

5 结束语

为方便用户监测现场气体流量计量数据，满足宽量程使用要求，本文设计了一种带GPRS无线远传通信功能的宽量程气体流量计装置。从现场使用数据分析来说，由两台不同流量范围并相互覆盖的流量计组成的宽量程装置能相对有效地解决在一些流量范围变化很大，一般单个流量计测量范围难于满足使用要求的问题。通过和单台流量计进行对比说明，宽量程装置能够有效地解决由于量程不够宽导致小流量计量时丢量的问题。但是在一些中断频繁、具有强烈的脉动等流量急剧变化的场合，宽量程装置使用也存在一定的局限性，且宽量程装置由于需要两套流量计及控制阀门等组成，其成本也较大。因此应用当前的先进技术开发宽范围度、高精度的流量计或拓宽现有流量计的测量范围，并根据使用场合做出正确的选型才是解决大流量测量范围问题的最好方法。

参考文献

［1］叶朋，陶朝建，潘友艺等.城市天然气流量计现状及选型[J].城市燃气，2012；12

［2］天然气计量的发展前景[J].中国计量，2013；02

［3］李孝评，谢象佐等.基于GPRS通信的带能量计量功能的新型气体体积修正仪研制[J].计量技

术，2014；03

［4］MOTOROLA G24 Developer's Guide –Module Hardware Description[EB/OL].2006；6，http://www.doc88.com

［5］杨有涛，徐英华，王子钢.气体流量计[M].中国计量出版社，2007：9

［6］胡学文，龚伟.煤气流量宽量程测量的应用探索[A].全国冶金自动化信息网2011年会论文集[C]

孙治鹏　董　文　林尚喜
宋方冰　曹高坡　苏苗候

LPG销售价格的简要数学分析

LPG是石油产品之一，是由炼厂气或天然气（包括油田伴生气）加压、降温、液化得到的一种无色、挥发性气体。作为我国能源市场重要的组成部分，LPG行业在中国经济的快速发展中发生了本质变化，从依赖进口资源到实现基本自给，从一支独大到与电力、天然气、二甲醚等可替代能源竞争，从单一的民用燃料发展为民用和工业利用并举、各种新用途方兴未艾的新阶段。LPG价格属于政府指导价范畴，国家发改委规定"LPG最高出厂价格按照与供军队等部门用90号汽油供应价格保持0.92：1的比价关系确定，供需双方可在不超过最高出厂价格的前提下协商确定具体价格"。各省市对于LPG批发、零售等环节的价格也有具体规定。中国LPG市场与其他石化产品相比，长期处于高度市场化的状态，本文着重通过数学分析对LPG价格的影响因素进行研究。

1 国际LPG价格分析[1]

1.1 相关性分析[2]

原油价格以多种途径对LPG价格产生影响，国内原油价格与国际原油价格挂钩且市场交易不充分，通常认为国内原油价格对国内LPG价格影响较小（图1）。

通过与WTI、布伦特等原油品种的相关性分析，可以看出LPG价格与原油价格在长期趋势上存在着较强的相关性（表1）。WTI价格与CP价格相关性稍弱，主要原因是WTI走势与其他原油品种走势背离。CP丁烷的相关性略强于CP丙烷，主要原因是国际LPG贸易中，丁烷用作化工原料的比例较大，与石脑油等油品的价格关联度高于丙烷。如果分年度进行相关性分析，发现各年之间LPG与原油的相关性变化较大，产生的原因主要有两点：一是LPG价格短期波动受原油价格影响的同时也受其他因素的影响；二是CP价格为月度报价，分年度分析样本量较少，对分析结果有一定影响。

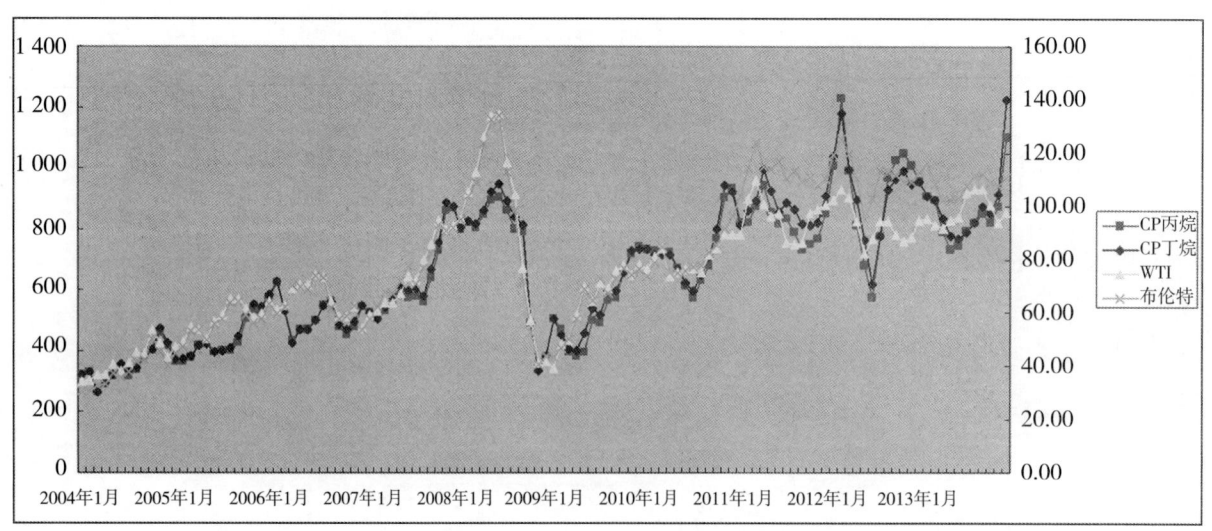

图1 2004年～2013年国际原油及LPG价格走势图

2004年~2013年国际原油与CP平均价格相关性分年度分析　　　　表1

年度	2004	2005	2006	2007	2008	2009	2010	2011	2012	2013
CP平均与布伦特相关性	0.743	0.415	-0.263	0.843	0.885	0.687	0.701	0.06	0.781	0.542

1.2　格兰杰因果关系检验分析[3]

在相关性研究的基础上，本研究采用格兰杰因果关系检验的方法分析了原油、石脑油和LPG之间的价格引导关系。格兰杰检验用于分析经济变量之间的因果关系。在时间序列情形下，两个经济变量X、Y之间的格兰杰因果关系定义为：若在包含了变量X、Y的过去信息的条件下，对变量Y的预测效果要优于只单独由Y的过去信息对Y进行的预测效果，即变量X有助于解释变量Y的将来变化，则认为变量X是引致变量Y的格兰杰原因。本研究选取了CP和新加坡GINGA掉期数据分别进行了分析，研究发现布伦特原油价格与CP现货间的相关性为0.487，与掉期间的相关性为0.468，布伦特原油与CP现货和掉期价格之间不存在相互引导（因果）关系（表2）。

布伦特原油价格与国际LPG现货价格分析结果　　　　表2

	相关系数	因果分析				结论
		Null Hypothesis:	Obs	F-Statistic	Prob.	
原油与CP现货	0.487	SER02 does not Granger Cause SER01 SER01 does not Granger Cause SER02	760	1.22603 2.02980	0.2940 0.1321	无因果关系
		Null Hypothesis:	Obs	F-Statistic	Prob.	
原油与CP掉期	0.468	SER02 does not Granger Cause SER01 SER01 does not Granger Cause SER02	250	1.07069 0.52365	0.3444 0.5930	无因果关系

石脑油是原油的炼制过程的中间产品之一，与LPG并行，是不同馏分过程的产物。在石脑油与LPG的用途方面，二者也有一定的关联性，特别是在石脑油裂解乙烯项目中，LPG可以作为石脑油的重要替代原料。从与原油的加工过程和石脑油与LPG的需求内在联系两个方面，有部分业内人士认为石脑油的价格对国际LPG价格的影响较大。在研究石脑油对LPG国际价格影响之前，我们有必要分析国际原油价格与石脑油间的关系。

从布伦特原油与石脑油新加坡FOB价格的分析，可以发现，二者相关性很强达到0.895，从760个数据的分析结果来看，原油布伦特价格显著地引导石脑油价格（表3）。

布伦特原油价格与石脑油新加坡FOB现货价格分析结果　　表3

	相关系数	因果分析				结论
原油与石脑油现货	0.895	Null Hypothesis:	Obs	F-Statistic	Prob.	原油引导石脑油价格
		SER02 does not Granger Cause SER01	760	2.29703	0.1013	
		SER01 does not Granger Cause SER02		111.441	4.E-43	

从上面原油价格与新加坡FOB价格的分析可以发现，同样处于原油炼制的产品，原油价格对石脑油及LPG的影响效果截然不同，主要原因在于石脑油与LPG在使用用途方面还是存在很大的不同。

由于CP现货的月度定价原因，石脑油与CP现货的相关性和引导关系均不理想。但如果我们通过CP掉期价格每日报价为数据基础，研究结论表明：石脑油与CP掉期的相关性为0.7，且通过格兰杰因果分析的结果表明，石脑油价格显著地引导CP掉期价格（表4）。

石脑油价格与国际LPG价格分析结果　　表4

	相关系数	因果分析				结论
石脑油与CP现货	0.672	Null Hypothesis:	Obs	F-Statistic	Prob.	石脑油与LPG沙特CP相互引导
		SER02 does not Granger Cause SER01	808	4.60164	0.0103	
		SER01 does not Granger Cause SER02		6.16770	0.0022	
石脑油与CP掉期	0.700	Null Hypothesis:	Obs	F-Statistic	Prob.	石脑油引导CP掉期
		SER02 does not Granger Cause SER01	271	0.63808	0.5291	
		SER01 does not Granger Cause SER02		3.14443	0.0447	

通过上面分析，我们可以发现：虽然国际原油价格对LPG的价格影响不大，但原油价格显著引导石脑油价格，而石脑油价格显著引导LPG国际市场价格。

2　国内LPG价格分析[4]

2.1　价格波动幅度分析

统计2009年以来国内各区域7家典型LPG生产单位的价格波动情况，分析标准差、离散系数、极差等分析指标（表5）。

国内典型炼厂价格波动幅度统计　　表5

	广州石化	金陵石化产	荆门石化	青岛炼化	大港石化	锦西石化	延长石油
标准差	1 075.61	1 065.17	1 071.28	1 036.58	1 114.45	1 068.57	1 058.27

续表

	广州石化	金陵石化产	荆门石化	青岛炼化	大港石化	锦西石化	延长石油
平均值	6 007.38	5 603.44	5 566.78	5 510.66	5 326.73	5 295.02	5 050.26
离散系数	0.18	0.19	0.19	0.19	0.21	0.20	0.21
极差	5 090	4 700	4 810	4 750	4 800	4 580	4 500

标准差：在概率统计中最常使用作为统计分布程度上的测量。标准差定义是总体各单位标准值与其平均数离差平方的算术平均数的平方根。它反映组内个体间的离散程度。

分析各单位的标准差，其结果基本接近，说明以平均价格为基准，各单位的波动值基本一致。考虑到各单位的平均销售价格并不相同，其相对变化幅度并不一致，为此又进行了离散系数分析。

离散系数：离散系数，离散系数又称变异系数，是统计学当中的常用统计指标，主要用于比较不同水平的变量数列的离散程度及平均数的代表性。当进行两个或多个资料变异程度的比较时，如果度量单位与平均数相同，可以直接利用标准差来比较。如果单位和（或）平均数不同时，比较其变异程度就不能采用标准差，而需采用标准差与平均数的比值（相对值）来比较。

分析各单位的离散系数，发现南方地区各单位的离散系数小于北方地区，主要原因是南方地区的平均价格高于北方地区。这也说明南方地区LPG生产和经营单位承担的相对价格波动幅度要小于北方地区。

国内典型单位LPG价格区间分布表　　　　表6

价格区间	>2 500	>3 000	>3 500	>4 000	>4 500	>5 000	>5 500	>6 000	>6 500	>7 000	>7 500	>8 000
广州	0	12	116	87	9	136	191	371	529	198	150	26
金陵	0	91	112	17	101	159	331	516	294	147	47	0
荆门	0	78	140	9	104	208	295	515	286	140	27	0
青岛	0	87	122	16	117	205	385	469	233	105	28	0
大港	17	157	45	33	147	244	398	288	259	89	2	0
锦西	34	109	55	40	133	219	395	322	203	62	0	0
延炼	126	92	29	83	231	288	519	290	138	16	0	0
成都	0	59	157	9	27	256	272	598	289	147	12	0

极差：极差是用来表示统计资料中的变异量数。是指一组测量值内最大值与最小值之差，又称范围误差或全距，标志值变动的最大范围。

分析各单位的极差，发现代表东北、西北两家单位的极差最小，主要原因是市场上行过程中，东北、西北地区受当地消费能力较弱影响，上涨空间小于南方。

根据表6统计分析结果，广州石化价格主要分布在6 500元/t~7 000元/t的区间，占28.99%；金陵石化价格主要分布在6 000元/t~6 500元/t的区间，占28.43%；荆门石化价格主要分布在6 000元/吨~6 500元/吨的区间，占28.58%；青岛炼化价格主要分布在6 000元/t~6 500元/t的区间，占26.39%；大港石化价格主要分布在5 500元/t~6 000元/t的区间，占23.7%；锦西石化价格主要分布在5 500元/t~6 000元/t的区间，占25.13%；延炼价格主要分布在5 500元/t~6 000元/t的区间，占28.64%；成都地区价格主要分布在6 000元/t~6 500元/t的区间，占32.75%。

2.2 LPG产业价值链分析[5]

2.2.1 LPG生产环节价值链分析

中国LPG资源主要来自于炼油厂，其成本在炼油生产过程中难以单独核算，通常与汽油、柴油等其他炼油产品一起，用系数分配的方法估算其生产加工成本。分析LPG与原油的价差，可以体现LPG产品的盈利能力（图2）。

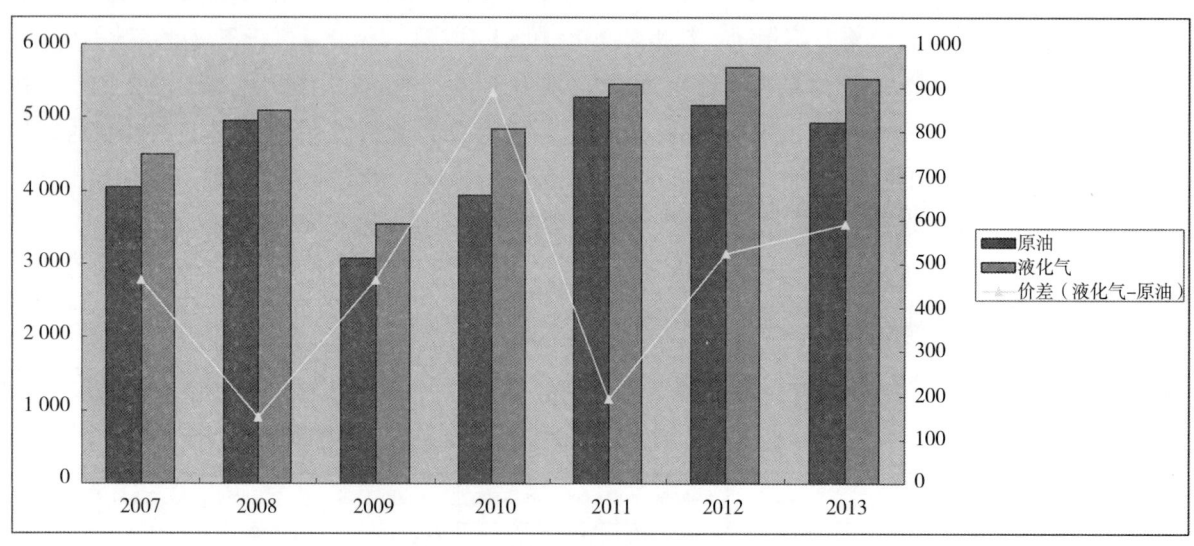

图2 国际原油价格与全国LPG价格年度变化走势图

2008年，国际原油价格在金融资本的炒作下达到历史高点，包括LPG在内的各种石化产品价格难以同步跟进，普遍亏损；2009年之后市场逐步恢复，2010年LPG市场先于原油市场复苏，盈利能力达到近年高点；2011年原油价格快速上涨，LPG产品价格相对稳定，盈利能力相对较低；2012年之后，在工业气需求的支撑下，LPG价格坚挺，与原油的价差逐年拉大。

2.2.2 LPG民用销售环节价值链分析

本课题以3级站的零瓶销售为民用销售最终环节，对国内典型LPG生产企业和零瓶销售之间的价差进行研究分析。

分析2009年以来广州地区三级站零瓶价格（已换算为吨产品价格）与广州石化LPG出厂价格之间的价差，5年共出现12个波动周期，平均5个月批零价差就要经历一次波动周期。2009年到2012年的平均批零价差较为接近，但是批零价差呈明显的高频次震荡状态，三级站经营业者的盈利空间极不稳定，2013年虽然价差最大，但是批零价差逐月迅速缩小，三级站利润受到挤压，部分时段甚至处于亏损状态（图3）。

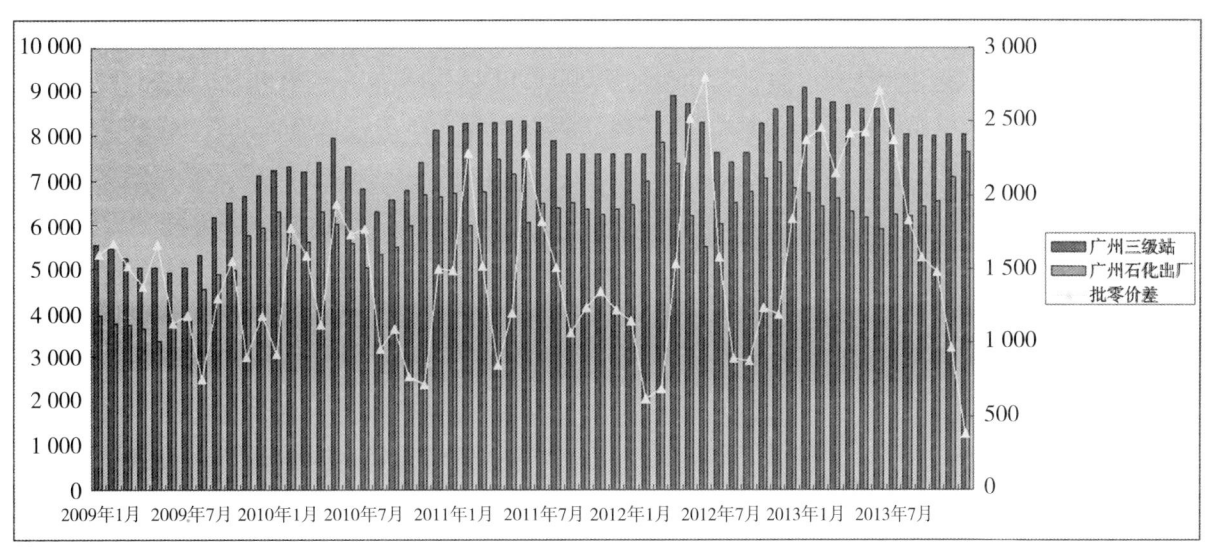

图3 广州地区批零价差趋势图

2.2.3 LPG工业销售环节价值链分析

边际贡献[6]是石化企业中一个经常使用的十分重要的概念，它是指销售收入减去变动成本后的余额，边际贡献是运用盈亏分析原理，进行产品生产成本分析的一个重要指标。通过研究LPG深加工企业的边际贡献，可以分析下游工业用户对LPG价格的承受能力，反推LPG销售价格与下游深加工产品销价的联动关系。

某芳构化装置边际贡献分析表　　　　表7

	数量	单价	金额
一、直接材料			5 167
原料气	1	5 167	5 167
二、动力			300
三、运输成本			61
四、产品			5 458
副产LPG	0.61	4 849	2 958
芳构化汽油	0.39	6 410	2 500
五、边际贡献			-70

3　结论及建议

原油和LPG存在长期的价格关联，但是没有直接的价格联动，原油价格显著引导石脑油价格，而石脑油价格显著引导LPG国际市场价格。国内的LPG价格模式处于不稳定状态，LPG产业链各环节的经营者都承担了过大的经营风险。对国内LPG价格梯度以及LPG产业链进行分析，认为LPG在炼油企业生产中贡献的利润波动较大，2012年以后有所增加；LPG民用销售环节的批零价差平均5个月一次波动周期，波动幅度过大增加了各经营单位的风险；工业销售环节下游不同工艺对LPG价格的承受能力差异较大，应采取边际贡献的方法进行具体分析。

建议各LPG经营单位减少过度市场竞争，以缓解LPG经营过程中的价格剧烈波动，降低各LPG经营企业的经营风险。

参考文献

［1］付秀勇，许莉娜.对LPG标准的几点认识与探讨[J].石油与天然气化工，2011；02

［2］胡明.国际原油价格、资源供给情况对LPG市场价格的影响[J].科协论坛（下半月），2007；08

［3］缪建营，李治国.国际原油价格影响因素实证研究——基于协整分析和格兰杰因果关系检验[D]. 重庆工商大学学报自然科学版，2011：05

［4］夏丽洪.多重因素影响下的LPG市场[J].油气世界，2008；4

［5］刘初春.我国LPG市场格局及未来走向[J].当代化工，2014；08

［6］卿前荣.企业经营中边际贡献分析应用实践探讨[J].中国电子商务，2013；19

李琪军　苏清泉　陈大鹏　李艳平　蔡海燕

中国燃气行业年鉴 2014
CHINA GAS INDUSTRY YEARBOOK

第九篇

大事记

2013年7月—12月燃气大事记

2013年7月

我国最大的储气库——呼图壁储气库注气系统一次投产成功。

7月初,经过两年奋斗,在保证质量、安全的前提下,目前我国最大的储气库呼图壁储气库注气系统一次投产成功。呼图壁储气库具备季节调峰和应急储备双重功能,将有效缓解北疆冬季用气趋紧的局面,对保障西气东输稳定供气、北疆天然气平稳供应发挥重要作用,对带动天山北坡经济带的发展和促进新疆繁荣稳定具有重要意义。呼图壁储气库的投产运行,不仅增强了新疆油田的保供能力,而且对又好又快建设现代化大油气田、打造"世界石油城"油气储备基地、维护北疆稳定和谐起到促进作用。

北京公交集团与福田汽车签订国内清洁能源客车最大一笔单批采购合同。

7月1日,北京公交集团和旗下子公司八方达客运与福田汽车签订了3 012辆欧辉LNG公交车销售合同,成为国内清洁能源客车最大一笔单批采购合同,预计2014年4月完成全部订单交付。这批LNG客车均价在120万~130万元左右,将主要用于"9"字头、"8"字头的市郊线路和跨省运营公交线路。不同于2012年长安街1路车更换的LNG铰接式大车,新采购的这3 000多辆车都是长13m左右的单机车辆,但节能环保性能完全相同,在满足京V排放标准的同时,PM2.5颗粒物排放比常规柴油公交车降低97%。

北京燃气昌平有限公司正式揭牌。

7月1日,北京市燃气集团与昌平区人民政府签署了《燃气发展合作框架协议》,为此成立的北京燃气昌平有限公司也正式揭牌。至此,北京市燃气集团已全面完成对郊区天然气发展布局,开始对合作模式进一步深化和推动。签约后,双方将发挥各自优势,共同加快昌平区燃气管网建设和对燃气市场进行整合,实现昌平区燃气市场快速发展。目前昌平区已有的10万天然气用户也将率先享受到与北京城区"同网同价"的实惠和优质服务。

北京最大盗窃燃气案件被告人房建华受审。

7月1日下午,北京最大盗窃燃气案件最后被告受审,涉嫌盗窃燃气的被告人房建华在北京海淀法院受审,涉嫌盗窃价值约合196万余元的天然气。检方指控,2009年11月~2010年3月供热运行期间,房建华受陈利新指使,在海淀区建清园小区锅炉房内,破坏6号燃气计量表,使该供暖锅炉燃烧天然气少产生计量,盗窃天然气47万余m³,价值人民币近92万元。另外,房建华还采用相同手段涉案两起,三起案件共涉嫌盗窃天然气价值共计人民币1 969 044.22元。检方建议,法院以盗窃罪判处房建华有期徒刑12年～15年。房建华案发后，北京燃气集团有限责任公司也改进了内部管理，加强了防范措施，比如在燃气表和管线上使用了防盗螺栓，在容易拆改的地方加装了铅封，并定期查表巡视，以确保人民群众的公共安全。

中石化中原油田普光分公司召开普光气田陆相气藏压裂技术交流会。

7月1日，普光分公司召开普光气田陆相气藏压裂技术交流会。随着普光气田勘探开发程度的不断加深，普光分公司持续加大上部陆相气藏勘探开发力度，先后开展了普光101井、回注1井和普陆1井陆相储层试气工作，最高曾获得日产3.17万m^3的测试产能。然而，由于普光气田陆相气藏储层岩性致密，陆相气井稳产时间较短，开发效果并不理想，如何有效对储层进行压裂改造成为制约气藏开发的瓶颈。会上，结合近年普光气田陆相气藏开发存在的难题，相关单位交流探讨后推荐并提出了针对普陆2井的储层压裂改造解决方案。

涪陵页岩气开发示范区的第一口开发井——焦页1-3HF井至此转入试采阶段。

7月2日，第一辆满载页岩气的CNG运输车驶出焦页1-3HF井试采站场，焦页1-3HF井至此转入试采阶段。焦页1-3HF井位于川东高陡褶皱带包鸾—焦石坝背斜带焦石坝构造高部位，是涪陵页岩气开发示范区的第一口开发井。该井于2月2日开钻、5月12日完钻，完钻井深3 800m，水平段长1 003m。6月15日～22日，圆满完成15段大液量、大排量、高压力、多级压裂施工；6月28日，完成钻塞施工放喷排液；6月29日，试获日产11万m^3高产气流。焦页1HF井投产后，江汉油田涪陵工区项目部超前部署，把焦页1-3HF井试采流程建设作为一项急、特、快工程，组织专门工作组研究落实，保证了焦页1-3HF井试气后快速转入试采。

青海油田公司第一口页岩气探井——柴页1井在2 000m侏罗系段取芯获得成功。

7月3日，青海油田公司柴页1井在2 000m侏罗系段取芯获得成功。在页岩气勘探上，青海油田把工作重点放在盆地北缘，与国土资源部合作，部署2口探井。其中，柴页1井已经钻遇目的层，取芯获得重大突破，目前正在准备开展试气前期工作；德页1井的地面勘查和工程设计也在紧张进行之中，具备年内开钻的条件。青藏高原是中国陆上可燃冰蕴藏最富集的地区。目前，在国家有关部门的关注和支持下，青海油田计划用15年时间投资15亿元展开青藏高原可燃冰勘探工作，目前已经开始着手编制第一阶段勘查计划和方案。青海油田公司勘探开发研究院院长马达德说："岩心含气丰度高、物性好、岩性纯，打开了青海油田向页岩气勘探领域进军的第一扇窗"。

广州燃气集团将结束所有瓶装气业务，专心做好主营的管道燃气业务。

7月4日，原广州市煤气公司突然结束瓶装气业务，让许多街坊措手不及。广州燃气集团证实，由于瓶装气业务严重萎缩并亏损，公司将结束所有瓶装气业务，专心做好主营的管道燃气业务。该集团表示，市民将此前的瓶装气用光后，可随时退定金和IC卡余额。根据2012年的数据显示，广州市内瓶装液化气供气企业达15家之多，市场竞争激烈。2012年广州市液化气市场销售量约为100万t左右，而嘉信仅销售2万吨，占比不足2%。

本年度国家发改委第7次下调本年度国内成品油价。

7月5日,国家发改委发出通知,自7月6日0时起下调国内汽柴油价格,决定将汽、柴油价格每t分别降低80元和75元,测算到零售价格90号汽油和0号柴油(全国平均)每升均降低0.06元,此次油价下调是新成品油定价机制自3月27日运行后的第3次下调。新机制运行至今,油价历经了7轮调整周期,共2次涨价3次降价2次搁浅。目前我国实行的成品油价格形成机制,是根据发改委2013年3月26日发布的《石油价格管理办法(试行)》进行管理的。根据新成品油定价机制,成品油价格每10个工作日都会调整一次,该降就降,该升就升。但当汽、柴油的涨价或降价幅度低于50元/t,折合到每升调价金额不足5分钱,为节约社会成本,零售价格暂不作调整,纳入下次调价时累加或冲抵。据发改委通报称,6月21日国内成品油价格调整以来,国际市场油价先是大幅回落,随后持续震荡上行,计算前10个工作日平均价格仍然下跌。

江苏省东海县政府与江苏华港燃气有限公司签订LNG综合利用项目合作框架协议。

7月5日上午,东海县政府与中石油昆仑能源江苏华港燃气有限公司签订LNG综合利用项目合作框架协议。根据协议,华港公司将在东海县投资2亿元建设储量为4 000t的LNG调峰站和多座LNG、L-CNG加气站。朱国兵在签约仪式上表示,LNG项目的建设对于东海县减少汽车尾气排放、优化能源结构、建设资源节约和环境友好型社会具有重要的意义。在LNG综合利用项目发展过程中,东海县将始终给予高度重视,全力创造最优的环境,提供最好的服务。同时,希望江苏华港燃气有限公司以此次合作为契机,充分发挥自身优势,加大项目推进力度,充分释放创新潜能,确保项目早开工、早建成、早达效。

石家庄市新购411辆天然气空调公交车投入运营。

7月6日清晨8时,新购411辆天然气空调公交车投入运营启动仪式在石家庄市南位停车场隆重举行。据石家庄市公交总公司负责人介绍,411辆天然气空调车将陆续投入到71条公交线路运营,进一步提高市民乘客的出行舒适度。石家庄将有145条公交线路拥有空调车,占全部218条线路的66.5%。公交总公司负责人表示,该公司自2004年开始引进天然气公交车以来,已陆续采购天然气公交车3 311辆,极大地改善了市民的出行条件,有效地降低了尾气排放。按照省会石家庄"公交都市"的发展规划,从2013年开始所购的天然气公交车将全部从国四排放级别升级到国五排放级别,污染物排放将进一步降低。

威海市首辆天然气客车运营,标志着天然气客车在威海市长途客运班线中开始运用。

7月7日上午8时,威海市首辆天然气客车从汽车站发往河南省南阳市,这标志着继出租车、公交车之后,天然气在威海市长途客运班线中也开始运用。威海交运集团相关负责人表示,刚刚投入使用的天然气长途客车与柴油车相比,一氧化碳等排放量可以降低97%,成本也能节约近三成。新投入使用的天然气客车的一氧化碳和二氧化碳排放量较汽油、柴油机降低97%,实现苯、铅、粉尘等零排放,发动机噪声也小了许多。另外,天然气车的燃料花费比柴油车型可节省约30%。

我国调整非居民用天然气门站价格，平均门站价格提高到1.95元/m³。

自2013年7月10日起，国家发展改革委决定为保障天然气市场供应、促进节能减排，提高资源利用效率，调整非居民用天然气门站价格，居民用天然气价格不做调整。通知要求，各地区、各有关部门和天然气生产经营企业要高度重视、精心部署，认真组织和落实。要加强生产组织，做好供需衔接，满足居民生活、化肥生产等重点用气需求，保障天然气市场供应；要加强价格政策的监督检查，严厉查处价格违法行为，维护天然气市场稳定。

西气东输二线管道天然气开始注入伊霍输气管道。

7月10日11时，随着旋塞阀的缓缓开启，西气东输二线管道天然气开始注入伊霍输气管道。19时30分，一股烈焰在西气东输三线伊霍煤制气支线伊宁首站上空燃起。这标志着国内最大管径煤制气外输管道——伊宁至霍尔果斯输气管道（简称伊霍管道）第一阶段投产取得成功。伊霍管道工程不仅是畅通上游企业后路、助力新疆资源优势转化为经济优势的重要保障，而且将进一步实现西部地区输气系统气源多元化和管道网络化，均衡东西部资源的需求关系，积极带动和支援地方经济发展。

四川省非居民用天然气价格上调，居民天然气价格、CNG价格保持不变。

7月11日，省发展改革委发布通知：从7月10日起，我省非居民用天然气最高综合门站价格从1.98元/m³上调至2.143元/m³，居民天然气价格、车用压缩天然气（CNG）价格保持不变。和国家发展改革委按照存量气和增量气不同标准来进行分别调整的政策不同，我省采用的是把存量气和增量气加权综合作价办法，非居民用气实行最高综合门站价格，标准为每2.143元/m³。供需双方可以在最高综合门站价格内协商确定具体价格。存量气中化肥生产用气门站价格不作调整，仍执行全省统一化肥生产用气最高门站价格。全省CNG售价不作调整。

长长吉输气管道安全投产运行1 000天，累计为下游用户供气4.5亿m³。

截至7月13日，长长吉输气管道(长岭—长春—吉林)安全投产运行1 000天，累计为下游用户供气4.5亿m³。长长吉输气管道建设项目是吉林省人民政府与中国石油战略合作项目。管道全长221km，主要为长春、吉林两地用户供气。业主单位是管道公司中石油吉林天然气管道有限责任公司，运行管理由管道公司长春输油气分公司承担。业主单位和运行管理单位不断提高管理水平，规范管理标准，加强隐患排查和治理，为"气化吉林"、调整能源结构、促进吉林经济发展发挥了重要作用。

中缅天然气管道缅甸段进气试运行，预示着跨国能源通道距离商业化为时不远。

7月15日8时，中石油在其官方网站公布，中缅天然气管道皎漂首站进站阀门打开，上游气田向管道进气；8时30分，天然气纯气头进入皎漂首站；8时45分，站内天然气置换完成。至此，中缅天然气管道缅甸段投入使用，进入试运行阶段。中缅油气管道被称为中国四大能源运输通道之一，总投资为25.4亿美元，其中石油管道投资额为15亿美元，天然气管道投资额为10.4亿美元。中石油此前宣布，中缅油气管道历经5年筹划、3年建设，其中中缅天然气管道今年5月底完工并具备投产条件。

不过，受制于缅甸国内复杂的政治形势，中缅油气管道也引发一些争议，并使得正式投产及商业化运行的日期充满不确定性。

江西省南昌市燃气有限公司正式启用《城市燃气居民供用气合同》。

7月15日起，江西南昌市燃气有限公司正式启用《城市燃气居民供用气合同》。今后，居民办理管道燃气初装手续时，都要签订这份合同。同时，燃气安检员还将逐一入户，与已安装管道天然气的老用户签订《城市燃气居民供用气合同》。居民户内燃气管等设施保修1年，擅改燃气设施引发事故要担责。

中国海洋石油总公司与英国石油公司BP签订中国南海珠江口盆地石油合同。

7月16日，中国海油与BP公司签订南海珠江口盆地54/11区块石油合同。该合同是中国海油与外国合作伙伴签订的第200个石油合同。54/11区块石油合同是中国海油与外国合作伙伴签署的第200个合同，是中国海油对外合作的重要里程碑。30多年来，石油合作协议的有效执行有力地促进了我国海洋石油工业对外开发合作局面的形成，促进了我国海洋石油工业体系的建立，促进了我国石油工业陆海统筹、海陆并重格局的完善，促进了中国海油与合作伙伴各自事业的发展。中国海油核心竞争力、综合实力和可持续发展能力实现了快速提升，初步建立了比较完整的海洋石油工业体系，实现了浅水向深水的重大跨越，经营管理水平不断提升。

全球最大的LNG运输船停靠到大连LNG接收站码头。

7月17日，全球最大的液化天然气（LNG）运输船——阿尔萨姆利亚号缓缓停靠到大连LNG接收站码头。阿尔萨姆利亚号20天前从卡塔尔起程，横跨印度洋，穿越马六甲海峡，行程上万km后抵达中国大连。大连LNG接收站是国内第一座自主设计、自主施工、自主运营，具有世界先进水平的LNG接收站。2011年11月建成投产以来，来自卡塔尔等国的LNG陆续进入大连LNG接收站，打通了中国石油海上油气战略通道，形成多气源、多方位供气格局。

福建省进口LNG总量突破1 000万t。

7月17日，随着巴哈马籍"优雅蓝钟花"号外轮在湄洲湾畔卸载6万多t液化天然气，福建省进口液化天然气（LNG）总量突破1 000万t。负责莆田口岸验放通关的福建省莆田边防检查站副参谋长姚建东说，莆田液化天然气接收站除了满足福建自身需求外，还为广东、浙江、上海等城市供气。为加快能源入境验放速度，莆田边检站已先后采用3G口岸智能管理系统，推行"网上报检"，统合了电子监控智能侦测、无线车载监控、边防检查信息系统等7大系统功能，是目前福建省最先进的口岸管理系统之一。

西气东输三线重点控制性工程中卫黄河盾构隧道全线贯通。

7月18日下午17时，中石油盾构团队首次成功穿越母亲河，国家能源战略通道西气东输三线重点控制性工程中卫黄河盾构隧道贯通。在工程建设过程中，管道四公司中卫黄河盾构项目部发扬"攻坚克难，战则必胜"的盾构精神，"重规划、强执行、稳中求胜"为管理理念，克服竖井时遇粉砂层和卵石层强透水不稳定地层、2.5m超大孤石等难题，在隧道掘进过程中，克服炭质页岩含泥量高等不利因素，并根据地层变化动态调整盾构掘进各项参数，确保施工安全、质量等指标全面受控，保证工程顺利贯通。目前，管道四公司中卫黄河盾构项目部正在进行盾构主机吊装出井工作和隧道内管线安装准备工作。

西气东输三线（西段）在宁夏中卫成功穿越黄河。

7月18日17时，国家能源战略通道西气东输三线首次成功盾构穿越母亲河黄河，西气东输重点控制性工程中卫黄河盾构隧道贯通。中卫黄河盾构的穿越断面位于宁夏中营（中宁至营盘水）高速公路大桥上游约500m，属于沙坡头水利枢纽库区，该库区是国家5A级旅游景区。同时，该工程还通过沙坡头国家级自然保护区实验区、黄河卫宁段兰州鲶国家级水产资源保护区两个国家级保护区，为此，环保是中卫黄河盾构工程的重点工作。四公司在原有泥水分离机的基础上购置泥浆净化机、压滤机，采取一系列泥浆净化技术，将施工用泥浆净化为清水循环再利用，实现泥浆零污、染、零排放的环保要求。

国家发改委上调国内汽柴油零售价，创下新定价机制运行以来的最大涨幅。

7月19日，国家发改委发出通知，自7月20日0时起上调国内汽柴油价格，汽、柴油价格每吨将分别提高325元和310元，测算到零售价格90号汽油和0号柴油（全国平均）每升分别提高0.24元和0.26元，调价执行时间为7月19日24时。据发改委通报称，7月5日国内成品油价格调整以来，受美国经济数据向好、石油库存降低以及中东局势动荡等因素影响，国际市场油价持续上扬，WTI原油期货价格突破每桶108美元，创1年多来的新高；布伦特原油期货价格突破每桶109美元，创3个月以来的新高，导致前10个工作日平均价格上涨幅度较大。

黑龙江鹤岗市政府与北京市燃气集团有限责任公司签订清洁能源发展合作框架协议。

7月21日下午，鹤岗市政府与北京市燃气集团有限责任公司(以下简称"北京燃气")签订了清洁能源发展合作框架协议，双方将在煤层气开发、煤制天然气、燃气供应、车用天然气等相关领域全面开展广泛深入的合作。北京燃气将加大资源、资金、技术、服务等方面的投入，为鹤岗市提供清洁能源产业服务，全力支持鹤岗市经济社会快速发展；鹤岗市政府大力支持北京燃气在鹤岗市投资发展清洁能源产业，支持北京燃气成为城市燃气及车用天然气业务的投资运营企业。这项合作对于发展低碳经济，调整能源结构，完善城市配套保障功能，更好地推动鹤岗市的清洁能源产业，实现环境和经济的可持续发展将会起到积极促进的作用。

华润电力与华润燃气合并的建议未能获得批准。

7月22日午间，港股上市公司华润电力发布公告称，华润电力与华润燃气合并的建议未能在华润电力的特别股东大会上获得所需的大多数华润电力独立股东的批准。公告称，由于该批准是合并计划的先决条件之一，因此，合并计划将不会进行。除了股东收益下降，两家合并后的协同效应并不被投资者看好，这或是计划失败的另一个原因。建银国际昨日称，华润进军中上游业务将带来庞大的投资风险，短期只看到摊薄盈利16%的负面效应，合并的长远协同效益难以估计。花旗也分析，华润电力声称华润能源未来天然气项目的内部回报率（IRR）至少可达15%~18%，但这难以说服投资者，因为内部回报率对衡量未来利润率帮助不大。

北京一家面包店发生燃气爆燃事故，造成多人伤亡。

7月24日晨，位于光明中街的一家面包店发生燃气爆燃事故，造成多人伤亡，事故原因初步分析为店内液化石油气钢瓶泄漏引发爆燃。市安全生产委员会表示，治理工作将立即展开，各区县、各部门、各有关单位将结合当前本市正在开展的安全生产大检查和餐饮场所燃气安全专项治理工作，对各餐饮场所燃气使用单位开展检查，全面排查治理安全隐患，做到不留死角、不留盲区、不走过场。对检查中发现的问题和隐患，有关部门要采取"零容忍"的态度，立即进行整改。达不到安全生产条件的，要果断采取停产停业整顿措施，直至关闭取缔。

中缅天然气进入瑞丽、芒市、龙陵等城市。

7月31日10时30分中缅天然气到达我国首站瑞丽站，16时20分左右到达国内第二站芒市，19时10分左右进入龙陵，德宏段顺利贯通。作为国家西南开放的最前沿、中缅油气管道入境第一站，中缅油气管道德宏段开工建设以来，瑞丽各级党委政府、各相关部门高度重视项目协调工作，始终切实采取有效措施，对工程项目建设给予了全力支持配合，确保了项目顺利完成。同时，积极发展天然气产业链，让天然气为瑞丽经济社会发展增添强劲动力。

2013年8月

重庆市取消征收车用CNG（压缩天然气）附加费。

8月1日0时起，重庆市将取消征收车用CNG（压缩天然气）附加费。车用CNG终端销售价执行标准将由市物价局制定，终端加气站不得另行加价收取任何费用。在气价上涨和气源保障能力提高的前提下，天然气供求矛盾已不再突出，不必再通过征收附加费来调控。

广东崖门隧道定向钻穿越工程正式竣工。

8月1日上午，广东崖门水道定向钻穿越工程正式竣工，一条长2 700m，管径1 016mm的天然气管道，经过236天的施工，成功从崖门水道下方深度穿越，顺利连通两岸。此段工程的完工，可以更加方便中海油南海荔湾海气和珠海LNG等天然气供应珠三角，缓解珠三角的天然气需求压力。

兰州正式上调非民用天然气价格。

8月1日起，兰州天然气加气站售价从目前每2.59元/m^3上调至3.1元/m^3。省内其他7个使用天然气的城市，价格也将相应调整。谈及此次上调非民用天然气价格的原因，省发改委负责人说，一方面是为了推进能源价格市场化，天然气是重要的能源商品，其价格也要反映市场供求、遵循市场规律。而另一个促成调价的主要原因，则是近年来频频出现的"气荒"现象。这位负责人还说，包括兰州，其实这两年也出现过几次"气荒"，我们都不得已压缩工业用气使用量来保证居民用气。他认为，此次调价能一定程度上缓解供需矛盾。

黑龙江省大庆市车用天然气销售价格上调。

8月1日 由价格倒挂引起的"加气难，排长队"问题得到解决。1日0时起，大庆市车用天然气销售价格由3.50元/m³调至4.45元/m³。这次调价遵循的基本原则是不高于省内其他城市，同时充分考虑用户承受能力。省内使用车用天然气的，还有哈尔滨、齐齐哈尔两座城市，哈尔滨已确定由3.70元/m³调至4.50元/m³。齐齐哈尔的价格标准还未出笼，但据研判，大庆市的价格在省内仍将会最低。

济南车用天然气销售价格上调。

8月5日，济南车用天然气销售价格由4.28元/m³调整为4.71元/m³。与2010年发布出租汽车运油、气价格联动时相比，累计上调幅度达11.6%。市物价局表示，调整后的非居民用管道天然气销售价格为最高销售价格，燃气经营单位可根据季节、用户用气量和燃气资源状况，在调整后的最高销售价格范围内与非居民用户协商确定具体销售价格。

塔里木油田天然气日产量跃升到1 000万m³。

8月5日，建设"新疆大庆"的天然气勘探主战场——塔里木油田库车山前传出喜讯，天然气日产量从7月初500万m³跃升到8月初的1 000万m³。塔里木油田天然气产量不断"争气"，提高了西气东输应急与调峰能力，为高效保供增添了新动力。力争2014年年底前投产新井20口，确保库车山前新区全年天然气产量超过20亿m³。按照规划，到2015年，塔里木油田油气当量产量要达到3 170万t，完成6项重点产能项目。其中，有310亿m³的天然气将惠及南疆600万人及下游14个省市区80多个大中型城市的居民。

山西将建设太原、晋城两个煤层气装备制造业基地。

8月14日，山西省政府发布关于加快推进煤层气产业发展的若干意见，将建设太原、晋城两个煤层气装备制造业基地。加大资源勘探开发、煤矿瓦斯抽采力度，加强应急、调峰等储气设施建设，加强市场开拓力度、生态环境保护力度，发展煤层气装备制造业，按照国家煤层气规划和我省煤层气产业发展的新目标、新布局、新措施，结合综合能源基地建设，进一步调整和完善我省煤层气产业发展规划，做好目标任务的分解，制订具体实施方案，确保规划目标任务的完成。

天津LNG项目正式通过国家发改委核准。

8月14日，中国海洋石油总公司旗下的气电集团宣布，中国第一个浮式LNG项目——中国海油天津LNG项目正式通过国家发改委核准，这也标志着中海油由南至北的沿海LNG产业布局基本完成。中海石油气电集团有限责任公司在网站上表示，天津LNG项目一期工程投资33亿元，站址位于天津港南疆港区，是国家试点清洁能源浮式技术重点项目，也是天津市和中海油的重点工程。此后的扩建工程将建设常规大型LNG接收站，并在满足天津市天然气需求的基础上，向河北、北京、山东输送天然气清洁能源。

神木能源发电分公司二期发电机组顺利并网发电,全国最大荒煤气发电厂正式投运。

8月15日,陕西煤业化工集团神木能源发展有限公司洁能发电分公司二期2×50MW燃气发电机组顺利并网发电,标志着全国最大荒煤气发电厂正式建成投运。专家估算:该项目每年可综合利用荒煤气28亿m^3,发电14亿kWh,节能50万t标煤,减排二氧化碳140万t,产生直接经济效益近4亿元。神木能源公司的成功做法还提升了我国相关产品与技术的市场竞争力。目前,我国自主开发的"洁净兰炭生产与资源综合利用成套技术及装备",已经成功转让给哈萨克斯坦和美国两家能源公司,并在澳大利亚、印尼、越南及蒙古国得到应用。

埃克森美孚/商船三井LNG船2号船H1671A主甲板顺利接通。

8月16日9时30分,沪东中华造船(集团)有限公司船坞传来捷报,埃克森美孚/商船三井LNG船2号船H1671A主甲板顺利接通。目前,该船机舱间结构性基本结束;3大件左艉轴安装完成,右艉轴、舵套安装工作开始;4号液货舱围护系统基座锚固扁钢的装焊基本结束,4号压载舱舾装件和相关明火工装结束,涂装开始。

新疆伊犁庆华煤制天然气项目一期工程竣工投产。

8月20日11时37分,在新疆庆华集团年产55亿m^3煤制天然气一期项目输气管道首站,随着新疆维吾尔自治区党委副书记、自治区主席努尔·白克力和国家能源局党组成员、副局长史玉波共同打开输气阀门,我国第一方规模化生产的煤制天然气正式进入中石油西气东输管道。该项目的建成投产,起到了国家煤制天然气标杆项目的示范作用,对加速推进伊犁乃至全疆新型工业化进程,调整优化产业结构,转变经济发展方式,促进煤炭资源高效清洁利用,带动区域就业,促进伊犁跨越式发展具有重大的示范意义、社会意义和经济意义。

我国能源行业页岩气标准化技术委员会在北京成立。

8月21日,经国家能源局批准,我国能源行业页岩气标准化技术委员会(以下简称"页岩气标委会")在北京成立,建设页岩气产业技术标准体系的工作自此全面启动。目前,我国页岩气发展还处于起步阶段。页岩气标委会的成立,对于建立我国页岩气技术标准体系、规范页岩气勘探开发活动、科学合理地开发页岩气资源、提高开发的质量效益和保护生态环境等具有重要意义。

中亚天然气管道,已累计向中国输送天然气达到600亿m^3。

8月21日,从新疆霍尔果斯口岸入境的中亚天然气管道,已累计向中国输送天然气达到600亿m^3,相当于中国2010年天然气总产量的一半。中亚天然气管道是中国第一条跨国天然气管道,西起土库曼斯坦和乌兹别克斯坦边境,穿越乌兹别克斯坦中部和哈萨克斯坦南部地区,经新疆霍尔果斯口岸入境,全长1 833km,年设计输气量为300亿m^3~400亿m^3,境内与中国西气东输二线管道相连,可保证长三角、珠三角等沿线4亿人口的生活燃料供应,最远可至香港。

昆仑能源(辽宁)有限公司与久杰燃气有限公司合作开发阜新天然气。

8月29日，昆仑能源（辽宁）有限公司与阜新久伟集团久杰燃气有限公司举行合作签约仪式，两家公司决定联手，合作开发阜新天然气。这次两家公司合作投资推进天然气的整体开发和综合利用，可实现年销售额1.6亿元、利税8 000多万元。同时，合作将更有力地增加"大唐"项目的经济效益，使天然气更好地服务民生，对建设生态文明阜新、推进美丽阜新建设起到积极作用。

国家发展改革委上调成品油价格。

8月30日，国家发展改革委发出通知，按照现行成品油价格形成机制，决定将汽、柴油价格每t分别提高235元和225元，测算到零售价格90号汽油和0号柴油(全国平均)每升分别提高0.17元和0.19元。

中缅油气管道（国内段）水土保持设施通过水利部组织的竣工验收。

8月30日，中缅油气管道（国内段）水土保持设施通过水利部组织的竣工验收。这是中国石油在首个主体工程初步具备投产条件的同时，水土保持工程通过国家验收的管道项目。专家验收组认为工程建设期间，施工方强化标准化管理，组织开展水土保持专项设计和水土保持监理、监测工作，优化施工工艺，最大限度减少扰动，较好地控制和减少了工程建设中的水土流失。建成的水土保持设施质量总体合格，运行期间的管理维护责任落实，符合水土保持设施竣工验收条件，同意这个工程水土保持设施通过竣工验收。

西气东输管道2013年已向江苏省供气88亿m^3。

8月底，西气东输管道2013年已向江苏省供气88亿m^3，占江苏省天然气总消费量的87%。近年来，天然气在长三角一次能源中比重逐年增加，尤其是中石油江苏LNG项目、西二线上海支干线和川气东送工程投产后，持续推动天然气产业快速发展。该省已初步形成东西南北"四方来气"格局，苏南部分城市实现西气东输、川气"气源双供"。13个省辖市市区及70%的县城已用上管道天然气，并加快替代城市煤气和液化石油气。

2013年9月

中哈天然气管道二期第一阶段竣工通气。

9月9日，中哈天然气管道二期第一阶段已于日前竣工通气。管道设计年输气能力100亿m^3，未来根据气源和市场情况可提高到150亿m^3。这条天然气管道经过哈萨克斯坦南部14个城市，建成投产后可以满足哈萨克斯坦南部地区居民用气需求，未来输气量增加后还可以通过中亚天然气管道输送到中国。管道由中哈双方共同出资、共同建设、共同运营。

由中国船级社（CCS）发布的《天然气燃料动力船舶规范》生效。

9月1日，中国船级社（CCS）发布国内首部以天然气燃料作动力的船舶技术规范——《天然气燃料动力船舶规范》生效，并替代CCS《气体燃料动力船检验指南》（2011）。《天然气燃料动力船舶规范》是依据天然气燃料动力船关键技术研究、船用液化天然气（LNG）燃料罐结构关键技术研究等课题的研究成果和大量实践调研成果，按照目标型船舶标准（GBS）和风险评估理念而制定的，适用于以天然气燃料（CNG/LNG）作动力的钢质船舶规范。该规范的出台，旨在满足国内CNG/LNG动力船的建造及改装领域的发展需求。

厦门华润燃气有限公司将液化石油气汽车加气价格上调。

9月1日起，厦门华润燃气有限公司也从将液化石油气汽车加气价格由4.90元/L上调为5.05元/L。此次汽车加气价格上调后，加气的出租车比加油的出租车每百km可节省燃料费15.3元。

中国石油与俄天然气公司、俄罗斯诺瓦泰克公司签署合作协议。

9月5日，国家主席习近平在圣彼得堡会见俄罗斯总统普京。会谈后，两国元首共同见证了能源、航空、地方合作等领域合作文件的签署。有关文件包括：中国石油天然气集团公司同俄罗斯天然气股份公司关于中俄东线天然气合作的框架协议、中国石油天然气集团公司同俄罗斯诺瓦泰克公司液化天然气股权合作协议、上海市政府和圣彼得堡市政府合作协议等。

江苏省南通太平洋海洋工程有限公司正式开工建造27 500m^3LNG液罐项目。

9月6日，南通太平洋海洋工程有限公司正式开工建造27 500m^3LNG液罐（UL1015）。该项目无疑是小型LNG液化气船之最，该液罐是目前世界上最大的LNG锥形双罐。此次开工建造的27 500m^3LNG液罐，是太平洋海工为丹麦EVERGAS公司建造的27 500m^3LNG船的核心存储装备。项目顺利开工建造，标志着太平洋海工在大型压力容器和专业化海洋工程复杂装备制造领域，已居世界先进水平，为其抢占中小型LNG船舶细分市场奠定了坚实的基础。

南京市车用天然气销售价格上涨0.3元/m^3。

9月10日，南京将车用天然气销售价格调整为4.90元/m^3。另外，南京港华燃气有限公司、南京中燃城市燃气发展有限公司销售的民用天然气价格也有不同程度上调。从调价幅度来看，港华、中燃的非民用气价分别上调了0.3元/m^3、0.44元/m^3。

天津燃气集团董事长金建平因严重违纪，接受组织调查。

9月12日，天津燃气集团董事长金建平因严重违纪，目前正接受组织调查。金建平，1959年4月13日生，籍贯天津。1983年毕业于天津大学建筑系，1999年天津大学工商管理研究生毕业，2003年赴澳大利亚皇家理工大学进修。2001年~2002年元月任天津市燃气集团副总经理；2002年元月至今任天津市燃气集团有限公司总经理。

青岛市车用天然气销售价格由4.28元/m^3调整为4.75元/m^3。

9月11日，市物价局召开新闻发布会公布了青岛市天然气价格调整方案，其中自9月12日0时起，全市车用天然气销售价格由4.28元/m^3调整为4.75元/m^3。考虑到本市九成客运出租车已使用双燃料，此次车用天然气价格调整对客运出租有一定影响，自9月21日0时起，六区营运的出租车，每客次加收1元燃油附加费。

青海油田液化天然气公司LNG铁路运输试验在青藏线格—拉段首获成功。

9月15日，青海油田液化天然气公司LNG铁路运输试验在青藏线格—拉段首获成功，填补了国内LNG铁路运输的空白，有效降低LNG运输成本。此次上线运行试验的成功，对推动LNG铁路运输业务的正式开通具有重要意义，对完善国内LNG销售网络将会起到积极的推动作用。

由江苏省海事局推动实施的全国首个投产的水上LNG加注站试运行。

9月16日，由江苏海事局推动实施的全国首个投产的水上LNG（液化天然气）加注站试运行，将在水上运输行业"油改气"方面发挥较强的节能环保效应。目前全世界航运业每年要消耗20亿桶燃油，排放超过12亿t的二氧化碳，约占全球总排放量6%；按照国际海事组织对海上船舶排放的强制性规定，使用比石油便宜且储量丰富的液化天然气，将成为未来船用燃料的趋势，LNG动力船舶的建设推广也是船舶运输节能减排的主要变革和实现方式。专家预测，未来3年我国将有5万多艘轮机船进行改装，将直接带动能源设备价值高达260亿元。

江西省南昌市燃气有限公司举行"燃气开放日"活动。

9月18日，江西省南昌市燃气有限公司举行"燃气开放日"活动，邀请市民代表走进西山门站、天然气高压管道工程现场，了解天然气的来源、走向、特性、工艺流程。通过工作人员的详细介绍，参观者们对南昌市天然气户户通工程和西山门站以及管输天然气的工艺流程等有了全新的认知。在燃气的安全使用方面，南昌市燃气公司也给出了几点建议，在燃气的使用中应随时注意阀门是否关闭，要定期检查管道连接处是否泄露，此外连接管道使用2年后需强制更换。

中石油管道局应急抢险中心完成深圳燃气管道不停输改迁，为厦深铁路开通赢得时间。

9月21日，管道局应急抢险中心完成深圳燃气不停输改迁，为厦深铁路按期开通赢得了时间。深圳燃气管道是深圳居民生活和生产用气的保障，对深圳的经济发展和稳定起着至关重要的作用。

安徽省合肥燃气集团迎来第100万位燃气用户。

9月23日上午，合肥燃气集团迎来了第100万位燃气用户。家住合肥寿春路寿春新村的肖女士成为第100万位幸运户，在接受合肥燃气集团免费赠送的燃气灶时，肖女士很高兴，不停地称赞燃气集团的服务和老旧小区改造的惠民政策。随着合肥大建设和老旧小区改造的步伐，合肥燃气集团用户正以每年十多万用户的数目增长。燃气集团每年都免费为用户提供安全检查，确保安全用气。

我国汽、柴油价格每吨分别降低245元和235元。

9月29日国家发展和改革委员会决定将汽、柴油价格每t分别降低245元和235元，测算到零售价格90号汽油和0号柴油（全国平均）每L分别降低0.18元和0.20元，调价执行时间为9月29日24时。发展改革委价格司有关负责人说，此次成品油价格调整幅度，是按照现行成品油价格形成机制，根据9月29日前10个工作日国际市场油价平均价格变化情况计算确定的。

2013年10月

河南中牟页岩气勘查2013年度第一阶段二维地震采集项目正式开工。

10月10日,河南省首个页岩气勘查项目——中牟页岩气勘查2013年度第一阶段二维地震勘探项目正式启动。此举对破解河南能源未来供给难题、加快推进中原经济区建设、实现"气化河南"目标具有重大意义。这次勘探将充分利用已有探井布设测线,基本查明区内地层、地质状况、层位和断裂关系,开展页岩气(含游离气)的含气性预测,同时兼顾页岩油、致密砂岩气、煤层气等其他资源。

中石油宣布与俄罗斯石油公司签署扩大东西伯利亚上游项目合作备忘录。

10月18日,中国石油天然气集团公司宣布,该公司日前与俄罗斯石油公司签署扩大东西伯利亚上游项目合作谅解备忘录,双方将合作开发东西伯利亚和远东地区的油气田。根据双方签署的备忘录,中石油和俄罗斯石油公司将在东西伯利亚和远东地区规模开发中鲍图奥滨等一批大型油气田。将联合收购并开发东西伯利亚和远东有规模储量的油气田。生产的石油除满足俄东部使用以外,还将通过俄远东原油管道和中俄原油管道向中国及其他亚太国家出口。

中缅天然气开始投产。

10月20日,中国石油天然气集团公司宣布,来自缅甸孟加拉湾的天然气当日在广西贵港市点燃,这标志着中缅天然气管道干线全线建成投产。今后,每年将有120亿m^3天然气造福缅甸和我国西南地区,从此结束我国云贵高原没有管道天然气的历史,使上亿民众受益,每年可替代煤炭3 072万t,减少二氧化碳等排放5 283多万t。工程建设带动沿线直接投资超过1 000亿元,成为深化中缅两国人民传统友谊新的桥梁和纽带。

供应青岛市20余年的煤制气将由清洁、优质的"绿色能源"天然气取代。

10月20日,随着李沧区最后一片天然气转换区域完成,供应岛城20余年的煤制气将由天然气取代。1972年,青岛煤气公司成立,使用了多年的煤球逐渐被液化气罐所代替;1987年,青岛城市煤制气厂一期工程建成,管道煤制气再次替换液化气罐,走入市民生活中;2002年,天然气进青,又替代了管道煤制气,至今岛城已有90多万户用上了天然气。30多年的城市变迁,写就了一部岛城燃气发展的三部曲。

中亚天然气管道C线锡尔河穿越工程实现穿越管一次回拖成功。

10月22日,中亚天然气管道C线锡尔河穿越工程实现穿越管一次回拖成功。锡尔河穿越工程是中亚天然气管道C线建设的施工难点,也是控制性工程之一。为不破坏地貌和环境,不损坏河流两侧堤坝和河床结构,并保障管线长期安全平稳运行,中亚天然气管道公司采用水平定向钻技术穿越此河。经过一个多月的连续奋战,随着最后一段管线拖出,防腐层完整,宣告C线锡尔河定向钻穿越一次性成功,为实现今年年底C线通气目标又向前迈进了一大步。

中石油管道局中贵联络线工程建成投产，来自缅甸的天然气在重庆铜梁点燃。

10月25日9时，中贵联络线工程建成投产，来自缅甸的天然气在重庆铜梁点燃。孟加拉湾天然气与中亚天然气在铜梁会师，标志着我国天然气统一调度格局基本形成，保障能力大幅提升。中贵线作为构建全国油气骨干管网的国家重点工程，北接西气东输及陕京系统，中联川渝管网，南接中缅天然气管道，共同组成不同层次的大型环状管网，对增强我国管网调配灵活性和供气保障安全性意义重大。

珠海LNG接收站联合调试工作拉开序幕，为投产奠定了基础。

10月25日，来自卡塔尔拉斯拉凡港的AL Gattara号LNG船舶顺利停靠珠海LNG接收站码头。伴随着这艘巨无霸的到来，还有该船装载的21.6万m^3、重达93 104.84t的液化天然气。据悉，这是珠海LNG项目迎来的首船液化天然气。接下来，珠海LNG项目将展开系统调试，为下一步投产做好准备。珠海LNG项目一期建成后，不但可以满足珠江三角洲西岸地区天然气市场快速发展的迫切需要，与已投产的大鹏LNG项目在珠江三角洲形成天然气供应互补的局面，极大地提高了广东天然气供应的稳定性和可靠性，而且对建设珠海生态文明、促进经济发展具有重大推动作用。

中石油塔里木油田和田河气田地面建设工程进行验收。

10月26日，中石油塔里木油田和田河气田地面建设工程进行验收。这项工程正式投运后，将大幅提升向南疆地区供气能力。目前，南疆天然气利民工程主干线已全线投产，塔克拉玛干沙漠腹地的天然气经过处理后，进入南疆天然气利民工程管道，通过这条蜿蜒2 424km的"气"龙，输送到南疆五地州42县（市），400多万各族群众享受到福使"气"。南疆天然气利民工程投资64亿元，一次性投入这么多资金是前所未有的举措，充分体现了党和国家及自治区党委政府对加快南疆资源转化和改变民生现状的急迫心情。

江苏省天然气发电及分布式能源工程研究中心在南京揭幕。

10月29日，由国电科学技术研究院、江苏电力设计院和南京汽轮电机（集团）有限公司共同发起成立的江苏省天然气发电及分布式能源工程研究中心在南京揭幕。该中心将燃机应用作为研究重点，对一次能源贫乏、电网缺电情况严重、环境保护压力大的江苏来说，可通过加大燃气—蒸汽联合循环发电机组的使用来促进热电联产、实现能源结构调整。

2013年11月

天津市居民用管道天然气销售价格上调0.20元/m^3。

11月1日，天津市对使用IC卡气表的用户购买气量起执行调整后的价格。为促进资源节约，理顺天然气与其他可替代能源的比价关系，经履行价格听证程序并报请市政府批准，天津市发展改革委决定，自2013年11月1日起，天津市居民用管道天然气销售价格由现行2.20元/m^3调整到2.40元/m^3，上调0.20元/m^3。

中哈两国海关顺利完成质量流量计数据交接工作。

11月1日,在中哈边境新疆阿拉山口口岸,中哈两国海关顺利完成质量流量计数据交接工作。数据显示,中哈原油管道国内段阿拉山口计量站10月份管输原油123万多t,比上月增加近26万t,再创中哈原油管道投产以来月度输油量新高纪录。中哈原油管道是我国第一条陆上跨国原油管道,主要为独山子石化公司输送原油。2006年7月25日投产以来,已累计输送原油6 100多万t,2010年年输量首次突破1 000万t,有力保障了下游炼化企业的能源需求。

重庆市94个加气站对于燃气的计量结算单位,将逐步由"m^3"改为"kg"。

11月1日起至12月31日,根据国家质检总局新规部署,为利于结算的公平公正,我市94个加气站对于燃气的计量结算单位,将逐步由"m^3"改为"kg"。由于历史原因,我国压缩天然气加气机从1998年在我国开始投入使用时,一直采用体积(m^3)作为计量结算单位。天然气的密度与温度、压力及天然气的组成有关,如果以体积作为计量结算单位,最后结算出的价格将不完全准确可靠,在一定程度上影响了贸易结算的公平公正。我国针对加气机制定的计量技术法规于2012年12月3日发布,2013年6月3日正式实施,实施过渡期为一年,其核心内容是将加气机的计量结算单位由体积m^3更改为质量kg。

天津市公交集团新引进156部LNG清洁能源公交车,开始陆续抵达。

11月6日,为全面落实"美丽天津·一号工程",提升本市空气质量,天津市公交集团新引进的156部LNG(液化天然气)清洁能源公交车开始陆续抵津。此类车型的最大亮点就是尾气污染物排放显著降低,在一氧化碳、二氧化硫、氮化物及烟度排放方面的指标比燃油公交车平均低约80%。同时,LNG车型还能有效降低运行成本,并且车身的平稳性能也将大幅度提高,发动机噪声显著降低。天津市公交集团在北辰区龙洲道和津南区东张庄建设的LNG加气站将为这156部LNG公交车提供加气、维护和保养等任务。

中缅天然气管道云南支线及城市燃气项目玉溪门站正式连通试运行。

11月6日,来自缅甸的天然气在玉溪中石油昆仑燃气有限公司玉溪门站(九龙池附近)连通试运行。来自玉溪中石油昆仑燃气有限公司的数十名技术人员加紧检测储存、输送天然气的调压计量仪器以及管道、设备,为安全、稳定向玉溪主城区输送天然气做好最后的准备。10月20日,中缅天然气管道全线建成投运,玉溪门站进入最后的冲刺阶段。

塔里木油田轮南集气站与西气东输联络线出口阀开阀送气。

11月8日,塔里木油田轮南集气站与西气东输联络线出口阀开阀送气,标志着克拉苏气田输气管道工程克轮复线投产成功。至此,来自塔里木油田克拉作业区第二处理厂的优质天然气,将经克轮复线进入轮南集气总站工艺区,首次向西气东输二线正式供气。克拉苏气田克轮复线工程是连接西气东输主力气源地克拉、大北和克深三大区块的新动脉,全长157.3km,采用1 219mm的大口径高压输气管道。克轮复线的投产成功,将进一步提高西气东输的供气能力。

中石油首个页岩油示范项目进入试运行阶段。

11月10日，中石油首个页岩油示范项目进入试运行阶段。而中石油与壳牌页岩油联合研发中心也正式落户中石油勘探开发研究院，两家将在页岩油、页岩气的项目上联手。此外在10月28日，中石化首次从试验井组中勘探出具有商业规模量的页岩气。在10月底国家明确将页岩气纳入国家战略性新兴产业之后，中石油与中石化开抢页岩油气资源的步伐明显加快。页岩油气是指埋藏在页岩层中的石油天然气资源，被视为新兴的油气资源，与常规的油气资源相比，具有开采寿命长、生产周期长的优点。

中油勘探公司收购巴西国家石油公司所属的巴西能源秘鲁公司全部股份。

11月13日，中石油天然气股份有限公司附属公司中油勘探控股公司及中油勘探国际控股公司，与巴西国家石油公司国际（荷兰）公司及巴西国家石油公司国际（西班牙）公司签订收购协议，以约26亿美元收购巴西国家石油公司所属的巴西能源秘鲁公司全部股份。这次收购的3个目标资产均属规模优良石油资产，具有良好经济效益。这次成功收购有利于扩大中国石油拉美地区油气合作规模，促进中国石油海外业务持续发展。本次收购将在获得相关国家政府批准及具备其他约定条件后正式交割。

福建省武夷山市首批LNG公交车正式投入6路、8路公交线路。

11月16日，为解决公交车冒黑烟现象，减少公交车辆尾气排放，武夷山市投资700余万元在茶博会前购入23辆LNG天然气环保公交车。LNG公交车具备安全、环保、经济等特点，这批新能源公交车的启用，标志着武夷山公交跨入新能源时代，对提升武夷山旅游标准化城市文明形象具有重大意义。2014年，该市计划将现有公交车辆全部更新为LNG天然气环保公交车。

青岛经济技术开发区中石化黄潍输油管线一输油管道发生原油泄漏，致47人遇难。

11月22日凌晨2时，青岛经济技术开发区中石化黄潍输油管线一输油管道发生原油泄漏。10时30分左右，在准备抢修过程中发生爆炸，爆炸波及到青岛市丽东化工厂部分设施。据当地通报，事故的初步原因是进入市政管网的轻质原油闪爆导致，具体原因正在调查。截至22日17时40分，事故已造成35人死亡，166人受伤。两处明火点至下午2时已全部扑灭。目前，各项善后工作正在进行。事故发生后，国家主席习近平作出重要指示，国务院总理李克强作出批示，要求山东省和有关方面组织力量，及时排除险情，全力搜救失踪受伤人员，并查明事故原因，总结事故教训，落实安全生产责任。

河北省天然气输送管道内丘县境内遭第三方破坏泄漏，已确定为刑事案件。

11月24日，河北省天然气输送管道内丘县境内遭第三方破坏泄露，事故一度给管道下游的邢台、邯郸两市天然气供应造成影响，目前，事故初步抢修已经结束，管道正逐步恢复正常供气，而公安部门也已立案侦查，调查事故的具体原因。邯郸此前已经联系协调了河南方面紧急调配10万m^3～15万m^3万方的天然气来保证邯郸市民用气需要，所以邯郸目前居民用气暂时没有受到影响。据介绍，受影响的时间可能会在10个小时左右,他们还会根据事故的发展情况继续协调气源。

西气东输管道综合能耗同比降低约26%,节能量7.13万t标煤,节能价值约1.14亿元。

11月25日消息,2013年年初以来,西气东输管道公司通过与北京油气调控中心共同研究实施《长三角地区管道优化运行方案》,优化管网运行,实现综合能耗的大幅降低。截至11月25日,西气东输管道综合能耗同比降低约26%,节能量7.13万t标煤,节能价值约1.14亿元。

中哈天然气管道二期工程天然气管道工程项目,顺利通过哈萨克斯坦国家验收。

11月29日,从哈萨克斯坦传来消息,11月23日,中哈天然气管道二期工程(哈南线)天然气管道工程项目,经过验收组严格评审,顺利通过哈萨克斯坦国家验收。作为2013年中国石油海外"十大重点工程"和哈萨克斯坦重点民生工程,中哈天然气管道二期工程的建设得到了广泛关注。工程建成后,可实现年输送天然气60亿m^3的输气能力,并主要用于输送当地生活用气,惠及沿线村庄和居民,带动哈萨克斯坦南部地区经济发展。这个项目也是中哈两国油气合作新的里程碑。

青海油田公司涩北气田2013年度井下作业工程已圆满结束。

11月底,青海油田公司涩北气田2013年度井下作业工程已圆满结束,共完成153口井189井次作业,日增天然气71.07万m^3,累计增产天然气6 322万m^3,年核实产能2.35亿m^3。涩北气田2013年的井下作业任务包括投产新井16井次、采出水试回注1井次、试采3口井7井次和带压作业26井次;开展老井措施维护作业120口井139井次,包含大修4井次、封堵调层5井次、防砂11井次、常规维护37井次、螺杆泵排水采气6井次、气举阀排水采气3井次和连续油管冲砂73井次。这个油田通过精细管理,使老井措施作业有效率达到85%。

2013年12月

天然气销售定价标准较之前调高26%,3个进口天然气项目可以享受税收优惠。

12月2日,财政部、海关总署、国家税务总局发布《关于调整进口天然气税收优惠政策有关问题的通知》,将天然气销售定价标准较之前调高26%,新增中缅天然气管道项目、浙江LNG项目、广东珠海LNG项目3个可以享受税收优惠的进口天然气项目。自2013年7月1日起,液化天然气销售定价调整为31.45元/GJ,管道天然气销售定价调整为1.11元/m^3。

贵州铜仁岑巩页岩气区块正式开钻。

12月5日,贵州铜仁岑巩页岩气区块正式开钻,这是19个第二轮页岩气中标区块中首个进入实质性勘探开发阶段的项目,距离招标结果出炉已有1年之久。"第三轮页岩气招标已不可能在今年施行,估计得延至2014年春节之后",深圳一家油服服务商告诉记者,第二轮页岩气项目进展缓慢、开钻成本过高、环保争议等均是主要推迟因素。

国内首个央地合作页岩气开发公司——四川长宁天然气开发有限责任公司挂牌成立。

12月9日，备受关注的国内首个中央与地方合作的页岩气开发公司——四川长宁天然气开发有限责任公司在成都正式挂牌成立。该公司由中国石油天然气集团公司、四川省能源投资集团有限责任公司、宜宾市国有资产经营有限公司和北京国联能源产业投资基金4家公司联合组建，总注册资本金为30亿元、首期到账10亿元，4方的持股比例分别为55%、30%、10%和5%。该公司将主要负责宜宾市长宁区块的页岩气开发。

来自中亚和我国西部气区的天然气到达山东淄博，山东天然气管网淄博支线建成投产。

12月9日14时，来自中亚和我国西部气区的天然气到达山东淄博，标志着山东天然气管网淄博支线建成投产。此后，每年将有24亿m^3天然气助力淄博的绿色发展，并造福当地百姓。淄博是我国重要的工业城市。山东管网淄博支线建成后，沿线大量燃煤企业将通过天然气的综合利用，大幅减少污染物排放，改善空气质量，保护生态环境，加快产业升级换代，促进产业结构调整，推动资源、环境、经济及交通的相互协调和可持续发展，为淄博的绿色发展提供清洁能源保障。

国内首个浮式LNG项目——中海油天津LNG项目开始正式为天津市供应天然气。

12月10日，国内首个浮式LNG项目—中海油天津LNG项目开始正式为天津市供应天然气。停靠在码头的安海角轮通过码头上的输气臂将气化后的天然气输入管网，经过17.5km的管线输送到位于临港的分输站，再接入天津市的燃气主管网。这些天然气将应用于居民用气、工业、商业用气、热电联供等领域，缓解天津冬季天然气紧缺及京津冀的大气污染压力。

华北石油工程公司顺利完成了大牛地气田DP10井连续油管测压施工作业。

12月10日，华北石油工程公司井下作业分公司特种作业队顺利完成了大牛地气田DP10井连续油管测压施工作业，这是大牛地气田首次用连续油管进行测压，也是该公司首次进行连续油管测压工艺。该工艺利用连续油管下入压力计在不同的3个点位测试地层流压变化及压力恢复情况，通过压恢解释分析，了解地层产能，为该井合理开发提供依据。该项工艺的成功应用，不仅有效解决了大斜度井及水平井的测压问题，为油、气井的合理开发提供了可靠依据，而且也为其他因井斜问题、工艺应用受限油、气井的合理开发，提供了一条新的技术途径。

中石油唐山LNG项目一期工程正式投产。

12月10日，随着计量出口阀的开启，位于河北唐山曹妃甸工业区的中石油唐山LNG项目于10日上午向外输管线供气。这标志着唐山LNG项目一期工程正式投产，也意味着北京市乃至整个华北地区又有了一个新气源——LNG。作为国家能源重点建设项目，唐山LNG接收站项目于2010年10月通过国家发改委的核准，并于2011年3月正式开工建设。唐山LNG项目一期工程日最大气化能力可达每天2 400万m^3，年气化外输能力87亿m^3。

宏华油气工程技术服务（四川）有限公司成功完成首个页岩气钻井服务项目。

12月11日，我国大型石油钻机成套出口企业——宏华集团有限公司对媒体称，其旗下全资附属公司宏华油气工程技术服务（四川）有限公司（宏华油服）于近期在四川宜宾成功完成首个页岩气钻井服务项目。该项目的客户为斯伦贝谢长和油田工程有限公司（斯伦贝谢长和油田工程），总价值约1 730万元人民币。宏华集团是专业从事石油钻机，海洋工程及石油能源勘探开发装备的研究、设计、制造、总装成套的大型设备制造及钻井工程服务企业，是中国大型石油钻机成套出口企业，也是全球主要的陆地石油钻机制造商之一。

华港燃气集团已将LNG加气业务拓展至河北多地市公交系统。

12月11日，华港燃气集团已将LNG加气业务拓展至河北沧州、廊坊、唐山、保定和张家口等地市公交系统，使清洁绿色公交成为河北省主要城市的亮丽风景线。为响应河北省加大大气污染防治力度的号召，华港燃气加快场站建设，为LNG汽车在公路交通运输领域的规模推广夯实基础。这个公司通过采取多元化运作模式，灵活多样的推广策略，使LNG车辆在河北省各地市迅速推广。

2014年1月—7月燃气大事记

2014年1月

"西气东输"正式商业供应上海已满10周年。

1月1日，"西气东输"正式商业供应上海已满10周年，累计供天然气220余亿m^3。经过10年的快速发展，西气东输一线、二线年供应上海天然气量合计达30余亿m^3，迄今已累计供应220余亿m^3，相当于2 800万t标煤，有效保障了上海经济社会发展对能源的需求，有力地促进了上海能源结构的不断优化。

陕西一居民楼发生燃气闪爆，事故造成1死9伤。

1月1日晚20时20分左右，位于关中中部的铜川市长途汽车站家属院一居民楼发生燃气闪爆，附近400余居民被紧急疏散。事故发生后，铜川市王益区消防、公安、安监等部门第一时间赶赴现场，启动应急预案，紧急救援，立即设立警戒线，关闭燃气阀门，并采取现场不间断喷水等措施进行救援。由于闪爆发生在夜间，该家属楼电源全部关闭，救援人员对该楼挨家挨户进行搜寻。该事故造成1人死亡，1人重伤，8人轻伤。

江苏省洋口港迎来新年的第一艘LNG船舶。

1月4日，洋口港迎来新年的第一艘LNG船舶"AL SAMRIYA"（阿尔萨姆丽娅）。据LNG接收站负责人介绍，本月该接受站既定接靠LNG船舶5艘次，平均每5~6天接卸1艘LNG船舶，接卸频次在国内沿海LNG接收站中首屈一指。据悉，中石油江苏LNG项目目前投入运行的3个储气罐的年供气能力达350万t，能有效缓解我国西气东输的不足，为满足长三角地区对清洁高效能源的需求发挥了重要作用。

内蒙古乌海华油西来峰LNG工厂成功出液。

1月6日，乌海华油天然气焦炉煤气节能减排综合利用项目西来峰LNG工厂成功出液。1月18日，一辆辆满载LNG的灌装运输车驶离工厂，这标志着世界上规模最大的综合利用焦炉煤气制液化天然气项目已全面投产，也标志着乌海市在资源综合利用、打造循环煤化工产业方面取得了新突破。"废气"变身清洁能源，该项目的投产对实现乌海市煤焦化产业的清洁生产和转型升级、做大做长做粗产业链、提升资源综合利用水平意义重大，为推动乌海市经济和城市转型升级注入了强劲的绿色动力。

山东省烟台市车用天然气最高零售价格下调。

1月14日0时起，烟台市区车用天然气最高零售价格由5.03元/m^3调整为4.97元/m^3。根据规定，烟台市车用天然气价格与汽油价格联动，当国家统一调整汽油价格时，根据烟台市的实际情况，烟台市物价局将公布市区车用天然气价格。物价局提醒市区车用天然气经营企业，要严格执行价格政策，在营业场所醒目位置公示销售价格，接受社会监督。同时，各级物价部门要加强对车用天然气价格的监督检查，依法查处价格违法行为。

中国石油天然气勘探开发公司收购俄罗斯亚马尔液化天然气项目20%股份。

1月14日，中石油集团旗下的中国石油天然气勘探开发公司完成了收购俄罗斯亚马尔液化天然气项目20%股份的交易。据介绍，交易完成后，诺瓦泰克公司持有亚马尔液化天然气项目60%股份，法国道达尔石油公司持有20%股份，中石油持有20%股份。亚马尔液化天然气项目是集气田开发、液化天然气贸易、项目融资、工程建设为一体的上下游一体化合作项目。

江苏省昆山市实现天然气全市域覆盖。

1月15日，周庄水之韵大酒店厨房灶台上一串火苗的升腾而起，标志着昆山实现了天然气全市域覆盖。2013年，昆山将周庄区域划归利通天然气公司经营，在发改委、规划、住建、交通、水利等相关部门的支持以及张浦镇、锦溪镇的配合下，利通公司克服协调工作量多，管道走向跨区镇，河道、鱼塘遍布，施工难度大等困难，全力以赴推进管道建设工程。利通天然气公司目前已累计发展居民用户约21万户，工商业用户500多家，铺设高中压管道600多km。目前冬季昆山日均供气量约185万m^3。

国家能源局召开紧急电视电话会，部署落实确保民生用气"长供久安"工作。

1月16日，国家能源局召开紧急电视电话会，学习贯彻党中央、国务院领导重要批示精神，部署落实确保民生用气"长供久安"工作。国家发展改革委副主任、国家能源局局长吴新雄出席会议并作部署。吴新雄强调，按照中央领导的批示精神，国家能源局已经研究拟订了《关于确保民生用气长供久安的意见》。各派出机构作为国家能源局在一线监管的重要力量,要切实发挥作用,按照《意见》要求,重点加强"七项监管",通过监管,确保"五个落实"。要求国家能源局机关、大气办、各派出机构要统一思想,及时汇报,多方协作,落实责任。

河北一家饭店发生因厨房煤气泄漏导致爆炸,造成1人死亡33人受伤。

1月18日,河北廊坊燕郊上上城附近一家饭店发生爆炸,该事故造成1人死亡2人受伤。当地消防部门证实,该爆炸事故造成1人死亡33人受伤,爆炸原因初步推测为厨房煤气泄露导致爆炸,具体原因有待进一步核实。据悉,目前爆炸现场周边已经恢复正常秩序。

长庆苏里格气田已累计生产天然气785亿m^3。

1月18日,长庆苏里格气田已累计生产天然气785亿m^3,为全力保障首都及其他大中城市安全平稳供气做出贡献。苏里格大气田,位于鄂尔多斯盆地的东北部、内蒙古鄂尔多斯市乌审旗境内的苏里格庙地区,勘探面积4万km^2。2003年,苏格里气田又新增探明储量3 131.77亿m^3,并通过国土资源部矿产资源储量评审中心评审。至此,苏里格气田以累计探明5 336.52亿m^3的地质储量,成为中国目前第一特大型气田。

河北大名县华润燃气项目主管道工程正式通气,"气化大名"工程已经完成。

1月22日,大名县华润燃气项目主管道工程正式通气,这标志着该县已成为邯郸东部首个实现管道通天然气、"气化大名"工程已经完成。据悉,该项目已累计投资8 000万元,由(央企)华润集团安阳华润燃气公司投资建设,利用"西气东输"工程,铺设榆济线南乐到大名县的燃气管道28km,建设城区中压管网26km、小区庭院低压管网50余km、综合输配站区CNG标准加气站一座,设立燃气具展示厅及销售大厅等,管网覆盖约全城区80%。目前,该项目管道正式贯通,每年疏通天然气能力达0.5亿m^3,将满足大名县周边乡镇,工、商、民用天然气的需要,对改善民生、提高城市品位、优化环境质量、实现节能减排等方面发挥重要推动作用。

安岳气田磨溪区块特大整装气藏,确定天然气探明地质储量4 363亿m^3。

1月29日,中国石油天然气股份有限公司安岳气田磨溪区块特大整装气藏,新增天然气探明储量通过国土资源部组织的评审,评审确定天然气探明地质储量4 363亿m^3,其中新增探明技术可采储量3 054亿m^3。这是目前我国发现的最大单个、单层整装气藏。专家认为,这一特大整装气藏的发现,揭示了我国下古生界——震旦系具有巨大的油气勘探潜力,对我国能源结构改善具有重大意义。

2014年2月

徐工集团成功研制全球第一台以液化天然气为动力平地机。

2月初,全球第一台以液化天然气为动力的平地机在徐工集团研制成功,它同时也填补了世界工程机械行业中天然气平地机的空白。工程机械的发动机以液化天然气为动力,同时在传统工程机械的基础上对动力、安全等方面均做了较大调整,以适应发动机的工作环境要求。据测试,一台液化平地机工作8h，二氧化碳的排放量比一台柴油平地机减少150kg左右，大大降低了工程机械施工中的污染物排放，对于改善环境尤其是改善空气质量能起到一定的促进作用。

广西壮族自治区玉林市西气东输二线接气门站南门站开工。

2月10日，广西壮族自治区统筹推进重大项目玉林市西气东输二线接气门站南门站在福绵区新桥镇被霞村开工。此举向外界传递一个信号，西气东输二线天然气将于近期通达玉林。建成投入使用后，将通过调压装置接收西气东输二线天然气，并通过管网把天然气输送到玉林城区。

武汉市天然气日供应量高达580万m^3，刷新单日用气量的最高纪录。

2月11日，受连续多日低温天气影响，武汉天然气用量节节攀升。全市天然气日供应量高达580万m^3，不仅比春节期间日均用量增加了一倍，更是刷新了自2004年底天然气进汉以来，单日用气量的最高纪录。受持续低温影响，全市天然气日用量还将维持超500万m^3的运行趋势。武汉市天然气公司表示，目前，武汉市与上游供气企业维持良好联动，上游对武汉市给予了较好的气量支持。另外，武汉市新投资建成的安山液化天然气储气库也严阵以待，可随时添补气量缺口。

美国能源部宣布批准液化天然气（LNG）对日本出口计划。

2月11日，美国能源部宣布批准液化天然气（LNG）对日出口计划。这是美国批准的第三项对日出口项默而目前双方尚未签署自由贸易协定（FTA）。预计这将吸引日本大举购买页岩气等低价美国产LNG。据美能源部介绍，此次获准进行出口的是美国桑普拉能源的子公司卡梅伦。参与该项目的日方企业包括三井物产、三菱商事和日本邮船。日本政府因核电站停运深陷能源短缺困境，因而敦促美方尽快批准出口。根据换算，美国能源部允许每年出口LNG约1 200万t。合同期限为20年，有望2017年起实现出口。

沈阳燃气集团向市民公开征集"新式燃气井盖"设计图案。

2月12日，沈阳燃气集团相关负责人介绍，今后沈阳新建的燃气井，将安装带有安全提示的新式井盖，老式燃气井盖要逐步更换，提示图案同井盖为永久性整体铸造。目前，新式井盖图案的征集工作已结束，超过200人次参与本次活动，产生8件候选作品。届时，沈阳燃气集团将根据市民选择，依据技术参数、工艺制造标准，打造出便捷实用的"新式燃气井盖"。

京杭运河江苏段首个LNG水上加气站在江苏省淮安市建成。

2月13日，杭运河江苏段首LNG水上加气站在淮安建成，可为往来船舶提供更加环保、节能、经济的能源，并节约燃料成本30%以上。京杭运河江苏段首个水上LNG加气站，位于京杭运河天津路大桥上游，由江苏鸿运绿色能源有限公司淮安分公司建设，预计最快2014年2月~3月即可投入运营。"船舶'油改气'后，70%的柴油可被LNG替代。"据负责船舶改装的淮安新奥燃气有限公司的技术员介绍，与使用柴油相比，改装后，排放的二氧化硫可降低96%以上，二氧化碳减排45%。

国家能源局在官网正式刊发《油气管网设施公平开放监管办法(试行)》。

2月13日，国家能源局正式印发《油气管网设施公平开放监管办法（试行）》。《办法》的出台旨在促进油气管网设施公平开放，提高管网设施利用效率，保障油气安全稳定供应，规范油气管网设施开放相关市场行为，在目前油气行业纵向一体化的体制下，解决上、下游多元化市场主体的开放需求问题。

宏图公司承建的国内首座内河岸基式LNG加气站在京杭运河江苏段（淮安市）建成。

2月13日，由中集安瑞科旗下的宏图公司（Honto）承建国内首座内河岸基式液化天然气（LNG）加气站在京杭运河江苏段（淮安市）建成。该项目预计2014年3月可投入试运营，届时可为往来船舶提供更加环保的清洁能源。目前，宏图已获得由中国船级社颁发的《船用产品证书》，并于2013年成功中标中石油、中海油等公司战略客户的多批船罐制造订单，目前为国内建造船罐最多的企业之一，为我国的船运燃料实现新的变革提供了有力的支撑。

江苏LNG接收站累计安全平稳运行1 000天，创世界最好运行纪录。

2月18日，石油江苏液化天然气有限公司宣布，截至2月18日24时，江苏LNG接收站累计安全平稳运行1 000天，安全接卸77船、720万tLNG，外输天然气100.37亿m^3，创世界最好运行纪录，并累计上缴税费5.78亿元，有力保障了江苏及长三角周边地区天然气资源安全稳定供应。江苏LNG接收站，作为"西气东输"的配套工程和第二气源，成功开辟中国海上油气新通道。洋口港已经成为我国接靠世界最大型LNG船舶最多的港口。该接收站精心组织生产运行和维修维护，严格生产操作和检维修管理，全力保证生产运行安全平稳，非计划停车和放空燃放火炬为零，并多次在极端天气下巧避寒潮大风提前完成接卸保证LNG资源供应，在业界创下接卸作业最快纪录。

昆明市五华区在云南省率先投入使用首批LNG天然气环卫运输车辆。

2月21日，作为"LNG绿色环卫"项目试点，昆明市五华区在全省率先投入使用首批LNG天然气环卫运输车辆。据介绍，昆明市计划在未来的2年~3年内，逐步将主城区内1 300辆环卫车辆全部替换为了LNG天然气车辆，预计将综合减排大气污染85%以上，节约燃料成本费用30%。其实，LNG天然气车辆投入公共事业在国内其他城市已有先例，部分沿海城市更将LNG天然气车辆发展到城市公交、机场大巴等领域。昆明是国家"十城千辆"工程2009年确定的首批13个试点城市之一，也是全国25个节能与新能源汽车示范推广试点城市之一，积极推广天然气清洁能源应用，有序推进环卫车辆更新和替换，将进一步提高我们城市的环境质量。

新加坡裕廊岛上的首个LNG接收终端正式投产。

2月25日，新加坡裕廊岛上的首个LNG接收终端正式投产。作为亚洲石油贸易中心，新加坡正在努力转型成为亚洲LNG交易中枢。这对同样在亚洲LNG交易市场占据重要地位的曼谷来说，将会是一种挑战。目前仅有英国BG集团在新加坡有LNG终端储气业务，此次扩大储气规模开放了更多市场，壳牌、埃克森美孚、淡马锡投资的帕维利恩能源公司等将为此进行竞争。新加坡成为亚洲LNG贸易中心的潜质也被国际能源署（IEA）看好。IEA在其报告中表示，新加坡很有希望成为亚洲LNG贸易中心。新增储气量扩大了终端规模，满足了国内需求，能让其完全没有后顾之忧地打造亚洲LNG贸易中心。

国家能源局印发《天然气购销合同(标准文本)》。

2月25日，为进一步做好天然气合理使用监管，规范天然气购销市场秩序，国家能源局印发《天然气购销合同（标准文本）》，共21条，内容涵盖交付、年合同量、合同价格和气款结算、质量和计量、调试和维修以及争议解决等。合同双方可在公平、合理和协商一致的基础上，进一步对有关条款进行补充、细化或完善，增加或减少附件，相关附件内容由供用气双方协商确定。《天然气购销合同（标准文本）》印发后，国家能源局及其派出机构将进一步加强对天然气购销合同签订及履行情况的监管。

喜威燃气公司LNG车用加气站正式开业，为广州市公交车提供液化天然气。

2月26日，全球500强企业荷兰SHV Energy NV旗下喜威燃气（中国）公司在广州大学城的天然气（LNG）车用加气站正式开业，将为广州市200多辆公交车提供液化天然气。喜威正式进军天然气加气站业务。该公司相关人士表示，"这个加气站是喜威公司在国内的第一家天然气专营加气站。后期公司还在谈一些项目，也有意在这一领域继续拓展。不过在土地审批方面仍有难度。"天然气业务与新能源业务符合国家环保政策导向，将再次成为国内外企业争相占领的阵地。在发展上游阻碍较大的情况下，进军下游或是外资企业的一大出路。

美国纽约天然气价格暴跌5.2%左右，连续第三天暴跌。

2月26日，美国纽约天然气价格暴跌5.2%左右，连续第3天暴跌；2月25日，纽约天然气价格收盘暴跌11%，跌幅创6年之最。然而，就在2月19日，天然气盘中价格一度触及5年最高点位，全天上涨13%。分析人士称，这是一个以天气变化为基础的交易市场。随着天气的变化，天然气市场总是存在价格下跌的风险。尽管如此，加拿大投资银行道明证券分析师表示，中长期内，美国天然气供过于求的趋势并未改变。

申能集团所属液化天然气公司2014今年实现外输天然气累计达7.65亿m^3，同比增长38.1%。

2月底，申能集团所属液化天然气公司实现外输天然气今年累计达7.65亿m^3，同比增长38.1%。据统计，2月份，上海液化天然气（以下简称"LNG"）共有4天单日外输量达到2 000万m^3以上，其中2月19日LNG日供气量更是达到2 240万m^3，刷新了项目建成投产以来的单日外输量记录；2月11日全市天然气日供应量创下历史新高，达到3 097万m^3，而上海LNG当日供气量占到全市供应的三分之二以上。上海LNG项目已经成为上海多气源供应格局下的主力调峰气源，为上海市迎峰度冬、解决冬季天然气尖峰需求发挥了巨大作用。目前，申能集团正在抓紧开展上海LNG储罐扩建工程，项目建成后将更加有效地提高LNG存储能力和气化能力，为保障上海天然气平稳供应提供更加坚实的基础。

中海油气电集团天津新能源在天津市内推广LNG卓有成效

截至2014年2月，中海油气电集团天津新能源在天津市内已建成LNG加气站4座，累计发展LNG

汽车超过600台，累计销售液化天然气（LNG）2.4万t，减少碳排放约8万t，与使用汽柴油相比，为用户节约30%燃料成本。作为天津市最早推广LNG汽车加气的公司，天津新能源立足滨海新区，大力拓展整个天津市场。目前，天津港区2座LNG加气站正在建设，计划于2014年第一季度建成。中海油在天津港区内规划布点LNG加气站，将全面推动现有车辆、机械、船舶的"油改气"，努力推进天津港成为"绿色"国际港。

2014年3月

成都市LNG应急调峰储配库工程（一期）正式开工建设。

3月初，成都市LNG应急调峰储配库工程（一期）正式开工建设，一期工程总投资约4.09亿元。据悉，该项目位于彭州市濛阳镇大汉村5组，一期建设2 500m³子母罐4座、进出口高压管线共8km、配套生产管理设施、库外BOG综合利用站、消防站等；供应规模为$6\times 10^4 Nm^3/h$，LNG液源配送能力为500t/d，BOG综合设计能力$1.5\times 10^4 Nm^3/h$。项目全部建成后，可有效应对气源单位长输管线发生重大事故工况时成都市中心城区燃气应急保障安全问题，同时极大程度缓解了成都市冬春两季用气高峰燃气供应紧张局面。

乌鲁木齐全市辖区内的液化石油气钢瓶用户开始实行实名登记。

3月初，乌鲁木齐全市辖区内的液化石油气钢瓶用户开始实行实名登记，到2014年6月30日，乌鲁木齐市将对现有液化石油气钢瓶实行收旧换新。凡乌鲁木齐市辖区内的液化石油气钢瓶用户，要充装液化石油气或更新液化石油气钢瓶，均须到有合法经营资质的换气站办理实名换气本，实名换气本须填写用户基本信息和液化石油气钢瓶信息。按照相关规定，各液化石油气供应企业，无论充装、运输、换气、使用都需严格根据《特种设备安全法》、《城镇燃气管理条例》进行。

长沙市14.5kg瓶装民用液化石油气价格上调。

3月1日，长沙市物价局消息，3月1日起14.5kg瓶装民用液化石油气价格由120元/瓶上调至125元/瓶。据悉，由于湖南省长炼、岳化两大液化石油气炼厂计划近期停产检修，产能逐步下降，长沙市内几家燃气公司为确保市场供应，逐步加大液化气外采量，导致采购成本增加。近日，长沙市物价局会同市燃气热力管理局，根据省物价局瓶装液化气价格作价办法，核定14.5kg瓶装民用液化石油气价格由120元/瓶上调至125元/瓶。

烟台市正式执行史上监管最严的《烟台市液化石油气安全管理办法》。

3月1日起，烟台市将正式执行史上监管最严的《烟台市液化石油气安全管理办法》（以下简称《办法》），将由各级城管（建设）、质监、财政、公安、交通运输、工商、安监、规划、商务、食品药品监管、教育等11个部门负责管理和实施。今后，液化气用户将不得自备气瓶，单位和居民须在2年内，将现有自备气瓶产权作价出让给符合条件的液化气充装、经营单位。瓶装液化气充装、经营单位不得拒绝收购用户气瓶。

中海油在国内第一口页岩气探井——徽页1井顺利开钻，页岩气勘探开发步入新阶段。

3月1日，中海油在国内第一口页岩气探井——徽页1井顺利开钻，标志着中海油页岩气勘探开发步入新阶段。页岩气商业开发步伐加快，对于中国加大绿色低碳能源供应、优化能源消费结构具有重要意义，对节能减排和加强大气污染治理也将产生利好。在业界看来，对于这场刚刚起步的页岩气开发竞技，民企存有较大机会。有分析认为，页岩气勘探开发投入巨大，石油公司单一的投资模式难以满足资金需求，亟待民营资本等介入。尤其近年来国家一直较为鼓励和引导民间资本从事页岩气等非常规油气资源开发以及油气产品终端销售业务。

中石化东莞石油分公司员工食堂因燃气泄漏发生爆炸，造成1死32伤。

3月3日中午，消防部门于12时10分接到报警，消防人员赶到现场时发现，现场没有过火痕迹，初步判定是物理爆炸。据悉，爆炸发生的餐厅厨房后面有一个小储藏间，与厨房用轻质隔墙相隔。爆炸发生前，厨房的煤气发生了泄漏，遇火星爆炸后造成隔墙碎裂，裂块随冲击波对就餐人员造成伤害。安监部门已对此事故展开调查。

西气东输一二线已向上海供应天然气224亿m^3，相当于超过2 850万t标煤。

3月3日，西气东输一二线已向上海供应天然气224亿m^3，上海已形成西气东输一线、西气东输二线、洋山液化天然气（LNG）、川气东输及五号沟LNG等多气源供应格局，有效保障了各类用户的用气需求。其中，西气东输管道系统向上海供气量年年攀升，从2003年的153万m^3跃升至近3年来的30亿m^3。据悉，2014年，上海市将加快推进天然气替代燃煤、燃油等，加快淘汰人工煤气。在上海居民能源结构中，天然气等清洁能源所占比重将越来越大。

中亚天然气管道公司和塔吉克斯坦输气公司签署中塔天然气管道有限公司创建协议。

3月4日，中亚天然气管道公司和塔吉克斯坦输气公司，在塔吉克斯坦共和国首都杜尚别，签署中塔天然气管道有限公司创建协议。这为中亚天然气管道D线建设搭建了平台。照整体工作计划，D线塔国段将在2014年年内开工。将缓解我国日益紧张的供气矛盾，有利于中亚进口通道多元化，保障我国西部能源通道的安全稳定。至"十三五"末，中亚天然气管道A/B/C/D线及国内配套工程全部建成后，中亚地区每年输向中国的天然气将达800亿m^3，占当期国内天然气进口量的40%以上。

宁波工程公司EPC总承包的中海深圳LNG项目第一台储罐完成拱顶吊装。

3月7日，由宁波工程公司EPC总承包的中海深圳液化天然气项目第一台储罐完成拱顶吊装，标志着该安装工程由罐外预制转入罐内安装。深圳液化天然气项目是由中海石油天然气公司投资，建设规模为400万t/a，分为LNG船码头和LNG接收站两个部分，计划于2015年投产。宁波工程公司承建的LNG接收站工程，建设位于深圳龙岗区大鹏街道迭福片区一个类似盆地的山坳内，共有4座容积为16万m^3的低温储罐，其储罐形式为高桩承台基础的全容混凝土储罐，储存介质为-165℃。

长宁天然气公司第一口页岩气开发井长宁H3-6井在四川宜宾市珙县上罗镇开钻。

3月13日，四川长宁天然气开发有限责任公司第一口页岩气开发井长宁H3-6井在四川宜宾市珙县上罗镇开钻。长宁H3-6井是长宁H3平台水平井组中的一口井，是长宁天然气开发有限责任公司成立以来实施的第一口页岩气开发井。长宁天然气开发有限责任公司2013年12月9日正式挂牌成立，是我国首个企地合作的页岩气公司。这个公司由中国石油天然气集团公司、四川省能源投资集团有限责任公司、宜宾市国有资产经营有限公司和北京国联能源产业投资基金4家公司联合组建。

北京市2014年采暖季自采暖用户开始第二次入户抄表工作。

3月16日，为统计需要补贴的供热燃气量，2014年采暖季自采暖用户第二次入户抄表工作开始。此项工作由市燃气集团继续委托北京零点市场调查与分析公司和北京中观经济调查有限公司负责实施。入户抄表工作将从3月16日~4月18日。上述两家公司将提前在居民小区及单元门口张贴具体入户抄表时间通知。

国家发改委公布《天然气基础设施建设与运营管理办法》。

3月20日，国家发改委公布《天然气基础设施建设与运营管理办法》(以下简称《办法》)。《办法》针对天然气、煤层气、页岩气和煤制气等作出了相应的规定，今后天然气可实行居民用气阶梯价格、季节性差价、可中断气价等差别性价格政策。除此之外，《办法》鼓励、支持各类资本参与投资建设纳入统一规划的天然气基础设施。针对民用气方面，《办法》规定，通过天然气基础设施进行天然气交易的双方，应当遵守价格主管部门有关天然气价格管理规定。天然气可实行居民用气阶梯价格、季节性差价、可中断气价等差别性价格政策。

江苏省住建厅组织的港华金坛盐穴储气库项目(地面工程)初步设计审查会召开。

3月27日，江苏省住建厅组织的港华金坛盐穴储气库项目（地面工程）初步设计审查会在金坛市召开。项目初步设计由海工英派尔工程有限公司承担，由中石油储气库项目部、中石化储气库项目部、江苏省天然气设计工程协会、华润市政（南京）设计公司、南京市燃气工程设计院等组成的专家组对初步设计方案进行了认真审查，最终原则上认可通过此初步设计方案。这标志着港华金坛盐穴储气库项目已进入实质性的开展阶段。项目建成后将为华东区域港华集团各合资公司及周边其他城市燃气公司输配和供应天然气，在气源调峰和应急保障方面将发挥重要作用。

南昌非居民用户管道天然气价格由3.68元/m^3调整为4.08元/m^3。

3月27日，经南昌市政府批准，南昌市物价局同意，南昌管道天然气实行过渡价格。南昌非居民用户管道天然气价格由3.68元/m^3调整为4.08元/m^3，其中工业用气销售价格不超过3.9元/m^3，居民用户天然气价格保持不变，调整后的价格自2013年7月10日执行。

江西省抚州市调整城市管道天然气价格听证会在赣东宾馆举行。

3月31日，江西省抚州市调整城市管道天然气价格听证会在赣东宾馆举行。"川气东送"管输天然气价格由省门站价格、省内管道运输价格和城市管网配气价格三项组成。参照其他设区市价格水平，确定天然气到户综合销售价由现行的4.6元/m³调整为3.91元/m³，居民用气、工业用气、商业用气由原来的3.7元/m³、5.5元/m³、5.5元/m³分别下降到3.6元/m³、3.9元/m³、4.7元/m³。

三亚市政府与中国燃气签订船天然气加装、燃气储备库建投等清洁能源战略发展协议。

3月31日，受三亚市委副书记、市长王勇委托，三亚副市长李柏青带领市科工信局、交通、住建、发改、国土、规划等部门及城投公司领导至中国燃气公司深圳总部考察，并代表市政府与中国燃气执行总裁黄勇签订了双方合作车船天然气加装、燃气储备库建投等清洁能源战略发展协议。李柏青要求市科工信局、交通、规划等职能部门加快项目对接落地，制定工作目标方案，争取2014年内有突破，在3年~4年大部分公共车辆、企业、社会和居民用车，以及主要渔船等都能采用天然气等清洁替代能源，建成三亚清洁能源市，为绿色健康美丽三亚增添更大的光彩。

我国首个浮式LNG项目——中海油天津浮式LNG对外输气已超1亿m³。

3月，中国首个浮式液化天然气（LNG）项目——中海油天津浮式LNG对外输气已超1亿m³，在一定程度上缓解了天津市冬季天然气紧缺及京津冀的大气污染压力，优化了能源结构，满足了京津冀地区对天然气等清洁能源的迫切需求，应用于居民用气，工业、商业用气，热电联供等多个领域。在保证满足本市燃气需要的同时，还将辐射周边地区。

国家发展改革委印发《关于建立健全居民生活用气阶梯价格制度的指导意见》。

3月，国家发展改革委印发《关于建立健全居民生活用气阶梯价格制度的指导意见》，部署建立健全居民生活用气阶梯价格制度。天然气价改已经拉开序幕。指导意见明确将居民用气划分为三档。价格倒挂不是市场化，包括天然气在内的能源价格上升是必然趋势，也是建立节约型社会的经济杠杆，但让大众支付高价之前，先取消体制性的进入门槛限制，让能源勘探、天采真正市场化，取消垄断对社会福利的折损，让民众享受市场化的红利，这个要求并不过分。

昆明天然气置换煤气工作已全面启动。

3月，昆明天然气置换煤气工作已全面启动，从隶属西山区的昆明水泥厂生活区、翠峰花园、春雨小区、中铁养路机修厂生活区等地的2 000余户居民开始，近期约5.1万户首先启动置换工作，2014年拟为37.7万户更换灶具。天然气置换工程的实施，不但可以解决长期困扰昆明市城镇燃气供应不足的问题，而且对昆明市能源结构的调整和优化将起到积极的促进作用。

2014年4月

国家发改委公布的《天然气基础设施建设与运营管理办法》开始实施。

4月1日，国家发改委近日公布的《天然气基础设施建设与运营管理办法》实施。该办法明确鼓励各类资本参与投资建设天然气基础设施。该《办法》明确称，天然气应包括天然气、煤层气、页岩气和煤制气等。《办法》规定，国家鼓励、支持各类资本参与投资建设纳入统一规划的天然气基础设施。另外，国家能源局2014年2月公布《油气管网设施公平开放监管办法(试行)》，其中也提到在油气管网设施运营企业有剩余能力时，应向第三方市场主体平等开放管网设施，提供输送、储存、气化、液化和压缩等服务。

北京西城大栅栏街道与北京液化气公司"践行群众路线 服务千家万户"工程正式启动。

4月1日上午，西城区大栅栏街道与市液化气公司共同举办的"践行群众路线，服务千家万户"，安全惠民工程正式启动。活动仪式现场摆放的安全宣传展板、发放安全现场材料引起不少百姓驻足观看。启动仪式结束后，由液化气公司党员和骨干职工组成的服务队深入街道社区为居民家中的燃气灶具进行免费检测、检修，更换连接胶管、喉箍。

青岛市泰能蚌埠路CNG加气站开始对外加气，是目前青岛规模最大的天然气加气站。

4月8日，为缓解青岛市区天然气车辆加气难现状，位于市北区蚌埠路6号的泰能蚌埠路天然气（CNG）加气站开始对外加气。据悉，该加气站日供气能力超过4万m^3，是目前岛城规模最大的天然气加气站。据悉，根据青岛热电能源集团计划，2014年，泰能集团还将开工建设天然气加气站5座，先期建成的双元路和春阳路天然气加气站也将在2014年陆续投入运营。届时岛城CNG加气站布局将进一步完善，为下一步大规模的私家车"油改气"提供基础设施保障。

甬台温天然气管道正式开始穿越瓯江。

4月9日，全长56m、总重近200t的M659盾构机拖车全部吊装下井组装完成，标志着甬台温天然气管道正式开始穿越瓯江。瓯江盾构工程地处浙江省温州市，承担掘进任务的M659盾构机是管道局引进的第一台泥水加压平衡式盾构机，已先后3次穿越长江，并成功完成松花江和抚河穿越任务。

安徽省淮北市首批16台LNG公交车正式在公交16路线投入运营。

4月12日上午，淮北首批16台LNG公交车正式在公交16路线投入运营。近期，淮北还将引进一批LNG空调公交车，投放到公交19路线等线路。目前，中北巴士公司在线运营节能环保型CNG车辆29台。本次新购的更加节能环保的LNG公交车32辆，将分两批分别投放在16路、19路等线路上，这样该公司今年将达到有5条线路具有节能环保型公交车运营，CNG、LNG车辆占总运营车辆比例将近20%。

国务院办公厅转发《关于建立保障天然气稳定供应长效机制的若干意见》。

4月14日，国务院办公厅以国办发〔2014〕16号转发国家发展改革委《关于建立保障天然气稳定供应长效机制的若干意见》。要求各省、自治区、直辖市人民政府，国务院各部委、各直属机构，请认真贯彻执行。贯彻落实中央、国务院各项决策部署，按照责任要落实、监管要到位、长供有规划、增供按计划、供需签合同、价格要理顺的原则，统筹规划，合理调度，保障民生用气，努力做到天然气供需基本平衡、长期稳定供应。

第九篇 大事记

《跨界融合——北斗和大数据时代的燃气信息化》交流峰会在京召开。

4月14日，由中国卫星导航定位协会精准应用专业委员会和中国土木工程学会燃气分会信息化专业委员会联合主办的《跨界融合——北斗和大数据时代的燃气信息化》交流峰会在京召开。本次交流峰会汇聚了来自全国各地30余家大中型燃气公司高管人员，与来自卫星导航、大数据、移动应用、物联网等高新技术领域的企业家和专家学者共200余人，就燃气行业信息化建设、应用和服务的各个方面，进行了广泛深入的交流和探讨。

第17届国际燃气、供热技术与设备展览会在北京国家会议中心盛大开幕。

4月15日，由中国城市燃气协会（以下简称"中燃协"）主办的2014年第17届国际燃气、供热技术与设备展览会在北京国家会议中心盛大开幕。据悉，此次展会从4月15日起到17日止，共为期3天，致力于搭建国内最权威、最有影响力、最具商业价值和社会价值的燃气行业交互平台，重点展示国内先进燃气供热产品和技术设备，积极引导行业企业技术创新，集中展示创新产品的优秀成果，是展示行业主流产品，研讨行业尖端技术，交流国内外最新动态和信息的最佳展示交流平台。同时，组委会将协助国内、外参展企业在展馆会议室举办多场技术交流讲座。

涪陵页岩气田页岩气日产量已超过270万m^3。

4月15日，涪陵页岩气田连日来保持稳定高产态势，页岩气日产量已超过270万m^3，正在向日产300万m^3逼近。涪陵页岩气产量稳定提升，除了自然禀赋，开发技术的不断成熟、开发效率的大幅提高也至关重要。"目前，我们已初步形成焦石坝工区钻井系列技术，并首次在我国页岩气田开展了'井工厂'模式钻井。"

无锡市车用压缩天然气销售价格将由现行4.5元/m^3调整为4.8元/m^3。

4月16日，无锡市依照相关程序对车用气公司经营情况进行调查摸底，在对压缩天然气经营成本进行测算核对的基础上，召开车用压缩天然气价格调整座谈会，依据国家发改委车用压缩天然气与汽油比价关系的规定，衔接省内城市价格水平，兼顾用户承受能力，车用压缩天然气销售价格将由现行4.5元/m^3，调整为4.8元/m^3。

国家档案局专家组对大连液化天然气项目进行档案验收审查。

4月17日，国家档案局专家组对大连液化天然气项目进行了档案验收审查，召开档案验收会议。专家组通报了验收结果，认为大连液化天然气项目档案收集较为齐全、分类合理、整理较规范，项目档案记录了项目建设过程，符合重大项目建设档案验收要求，同意大连液化天然气项目档案通过验收。由此，大连液化天然气项目成为国内第一个通过国家档案验收的液化天然气项目，展示了中国石油液化天然气项目管理的真实水平，为国内同行业项目档案管理提供了有益借鉴。

三大LNG项目对外供应量减少，使得疆内资源略显紧张。

4月18日，受不同原因影响，广汇能源鄯善LNG项目、巴州洪通LNG项目、新疆博瑞LNG项目对外供应量均有一定减少，使得疆内资源略显紧张。广汇位于鄯善的设计产能为150万m^3/d(气态)的天然气液化项目，由于原料气供应问题，加工量降至70万m^3/d以下，目前仍维持这种状态。巴州洪通的设计产能为50万m^3/d(气态)的天然气液化项目，由于电力供应不足，计划于4月22日～4月23日临时停工，而目前对外供应已经开始限量；而新疆博瑞的设计产能为30万m^3/d(气态)的天然气液化项目，由于设备运行故障，自4月10日起开始停产整改，预计持续40天左右。

我国首台改装LNG混燃车载式压缩机在西南油气田正式投入运行。

4月21日，我国首台改装LNG混燃车载式压缩机在西南油气田蜀南气矿白002—1井站正式投入运行，现场开展老气田复活气井气举工艺作业。这标志着中国石油"以气代油"发展战略延伸至新的使用领域。LNG混燃可大大降低车载式压缩机燃料成本和尾气排放，投入运营之后所带来的经济效益、环保价值相当可观。

全国首条页岩气试采干线投运，西南油气田长宁区块已钻探页岩气井投入商业开采。

4月23日，全国首条页岩气试采干线投运，"这标志着西南油气田蜀南气矿长宁页岩气实现外输，长宁区块已钻探页岩气井投入商业开采。"多位业内人士均将此视为中石油首个商用页岩气项目，意味着中石油页岩气的商业化提速。上述干线的投运使得中石油管道优势再次彰显，在页岩气商用竞速上暂时领先的中石化，未来也不排除与中石油加深管道合作。

《淄博市燃气管理条例》经淄博市十四届人大常委会第十九次会议表决通过。

4月29日，《淄博市燃气管理条例》已经淄博市十四届人大常委会第十九次会议审议通过、省十二届人大常委会第八次会议批准，将于2014年8月1日起开始施行。条例明确了入户检查制度、瓶装液化气经营制度、天然气销售价与进气价联动机制、居民天然气阶梯式价格制度，明确了有关管理部门、汽车加气站及车辆所有人、驾驶人在保证燃气车辆安全方面的责任和义务，以及居民用户燃气设施维护、更新和费用承担责任，突出了地方特色，增强了可操作性。条例的出台，必定对加强燃气管理，保障公民生命财产安全和公共安全，维护燃气用户和燃气经营企业的合法权益，促进燃气事业的健康发展产生积极深远的影响。

云南省保山市天然气利用工程试运投产仪式启动。

4月30日，保山市天然气利用工程试运投产仪式在保山中石油昆仑燃气有限公司保山门站启动。保山市天然气利用工程投资7 466万元，含城市门站1座、交接计量站1座及部分高、中压燃气管道。目前，为实现安全供气，保山中石油昆仑燃气有限公司正在紧锣密鼓的对该工程进行吹扫试压、天然气置换、注氮、升压、保压、检漏、设备调试等工序，预计5月下旬可向城区中压管道注入天然气。

吐哈油田公司共钻14口井，日增天然气产能12万m^3。

4月，吐哈油田公司的数10支钻井、修井、地面工程施工队伍协作配合，拉动了天然气产量持续箭头朝上。截至4月15日，共钻14口井，日增天然气产能12万m^3。针对红台区块地层压力持续下降、老井产量递减快的严峻形势，技术人员按照一井一策、分级分类，推行机抽排液采气井分级分类精细管理。根据每口井的供液能力，优化抽停时间、定压阀开度，使之达到最佳状态，有效提高了单井天然气产量。

我国已有2个煤制天然气项目投入商业化运行，合计产能达27.05亿m^3/a。

4月底，我国已有2个煤制天然气项目投入商业化运行，合计产能达27.05亿m^3/a，其中包括1月份投产的大唐克旗煤制天然气项目。由于我国"富煤、贫油、少气"的能源资源禀赋特征，发展煤制天然气是确保我国能源战略安全的重要举措之一。大唐克旗煤制天然气项目采用的是内蒙古劣质褐煤作为原料生产清洁天然气，对于我国褐煤有效开发利用具有重要的示范意义。此外，在雾霾天气频发、"气荒"难解、国产常规气田老化等背景下，加快开发煤制气等非常规天然气显得更为迫切。

2014年5月

江苏省如东LNG二期项目获国家能源局核准。

5月初，如东LNG二期项目近日获国家能源局核准，建成后增加接收和气化能力至650万t/a，预计2016年投运。据介绍，为提高我省天然气供应能力，扩大清洁能源利用，满足储气调峰需求，"十二五"期间，我省规划在沿海布局建设连云港、滨海、如东二期3个大型LNG接收站，力争建成沿海千万t级LNG接收基地，与上海、山东等地液化天然气接收站形成互保、互济、互通格局，实现区域安全供气。

上海市各燃气企业不再向申请新装的居民用户收取燃气设施费。

5月1日起，上海将取消申请新装居民用户收取燃气设施费。各燃气企业和其他单位不得以其他名义或方式变相收取燃气设施费。市物价局在网上公布了一份由市物价局和市城建委管理的《关于取消燃气设施费的通知》。根据这份通知，经市政府同意，自2014年5月1日起，本市各燃气企业将不再向申请新装的居民用户收取燃气设施费。市物价局同时表示，各燃气企业和其他单位不得以其他名义或方式变相收取燃气设施费，要妥善处理实施过程中的有关问题。

《济南市燃气管理条例》正式实施。

5月1日起，新颁布的《济南市燃气管理条例》将开始施行。《条例》规定，为了保障安全，使用燃气的大型商贸建筑、公共建筑及16层以上民用（公寓）住宅项目，要求设计、建设燃气安全集中监控装置。《条例》首次将燃气工作纳入经济社会发展规划，首次明确了区（县）人民政府在燃气安全管理工作中的职责，首次明文规定管道燃气经营企业定期为居民和单位户内燃气设施进行安全检查。该条款具有强制约束力，未达到要求的建筑，燃气设施不可投入使用。

《南京市燃气管理条例》正式实施。

5月1日，新修订的《南京市燃气管理条例》正式实施。随着社会的发展，南京市燃气市场的构成、燃气供应覆盖面和供应方式发生了很大变化，各类燃气经营者、燃气燃烧器具安装维修企业以及燃气用户大幅增加；燃气市场从过去的管道煤气为主发展为液化石油气、管道煤气和管道天然气并存的局面。此外，国家和省陆续颁布新的法规，原条例和上位法存在许多不适应之处。为了适应南京市燃气事业发展的新形势，促进燃气市场健康、有序发展，有效维护燃气用户和经营者的合法权益，南京市人大常委会针对燃气市场的新情况和新问题，新修订该条例。

《内蒙古自治区机动车加装燃气装置备案登记规定》正式实施。

5月1日，《内蒙古自治区机动车加装燃气装置备案登记规定》正式实施。本次出台的新规对机动车"油改气"做出了详细的要求：机动车加装压缩天然气或者液化天然气燃料装置的，机动车所有人应当在加装后10日内向车辆管理所申请加装燃气装置备案登记；机动车所有人申请加装压缩天然气或者液化天然气燃料装置的，应交验机动车，并向车辆管理所提交加装燃气装置申请备案登记表(机动车变更/备案申请)、机动车所有人身份证明、机动车登记证书、机动车行驶证、改装厂资质证明(复印件加盖公章)、《车用气瓶使用登记证》、《燃气汽车改装合格证》、安全技术检验合格证明(不含免检车辆)等证明或凭证。

威力印刷以约5.15亿港元收购辽宁省本溪市溪湖区天然气项目约90%股权。

5月5日，威力印刷签署买卖协议，以总代价约5.15亿元（港元，下同），收购一个位于辽宁省的天然气项目约90%股权。是次收购将以现金及可换股债券形式支付。其中1 700万元将以现金支付，余额4.98亿元以可换股债券支付。根据协议条款，公司将收购辽宁省本溪市溪湖区天然气业务长达30年的独家特许经营权，其中包括液化天然气(LNG)以及压缩天然气(CNG)，由2012年3月30日开始计算。另外，为进一步发展与强化天然气业务，公司持续发展本溪市的天然气工程建设。

西延高速黄陵服务区、延西高速三原服务区LNG加气设备正式投入运营

5月6日，西延高速黄陵服务区、延西高速三原服务区LNG(液化天然气)加气设备正式投入运营。这是陕西省在高速公路上首次投入LNG加气设备，实现了陕西高速加气"零"的突破。LNG加气站工程是一项环保工程，天然气燃料代替汽油、柴油燃料对减少环境污染，改善大气环境质量，具有显著的社会效益和环境效益。今年上半年省高速集团服务区管理分公司加快站点建设速度，组织实施LNG加气站建设工程。

《界首市天然气综合利用项目高压天然气管道及门站工程项目申请报告》通过评审。

5月6日，《界首市天然气综合利用项目高压天然气管道及门站工程项目申请报告》评审会在合肥市召开，项目顺利通过专家评审。据介绍，界首市正着力打造以再生金属、再生塑料两大产业为主导的全国最大的再生资源加工基地，被列为安徽省两个国家级循环经济试点城市之一。本项目的建设将为界首市"一园四区"循环经济工业园区、沿线乡镇等各类天然气用户提供优质管输天然气，有利于减少区域内燃煤使用量、缓解市域大气环境容量压力、优化能源结构、提高沿线居民生活水平、改善生态环境和投资环境，具有良好的社会效益、环境效益和经济效益。

2014年第十五届中国国际天然气汽车、加气站设备展览会暨高峰论坛在北京召开。

5月7日~9日，第十五届中国国际天然气汽车、加气站设备展览会暨高峰论坛（NGV China 2014）在北京召开，本次展会由亚太天然气汽车协会、中国天然气汽车产业协会、中国天然气汽车专业委员会、中国交通运输协会、中国道路运输协会、危险货物运输工作委员会主办，北京企发展

览服务有限公司承办，本届展会将会有来自30多个国家和地区的500多家企业参展，展出面积同比增长50%左右，达到60 000m^2以上。本届展会将展示21世纪国际天然气汽车、加气站设备产业最新动态及发展趋势。

由杰瑞集团牵头的"中国LNG万站计划"在北京正式启动。

5月7日，由杰瑞集团牵头的"中国LNG万站计划"在北京正式启动，力争在2020年前在国内建成1万个LNG加气站，初步解决天然气汽车"加气难"的问题，建立LNG加气站与天然气汽车高速发展的良性循环系统，用实际行动向雾霾宣战。杰瑞集团倡议政府层面能加快规划调整、简化审批流程、落实补贴政策，推动LNG加气站建设，推动天然气燃料车辆快速普及；倡议物流运输企业、出租车公司、公交单位能加速推进油改气的实施；呼吁社会公众绿色出行，主动乘坐绿色出租和公交。

广东大鹏液化天然气有限公司成为广东省首家通过安全生产标准化一级评审的危化品企业。

5月7日，广东大鹏液化天然气有限公司（下称"广东大鹏LNG"）收到了由国家安监总局核发的《危险化学品从业单位安全生产标准化一级达标证书》。至此，经过一年多的努力，广东大鹏LNG成为广东省首家通过安全生产标准化一级评审的危化品企业，为天然气运营系上了安全带。广东大鹏LNG总部位于深圳，主要储气点在深圳大鹏湾畔。广东大鹏LNG是国内首个进口液化天然气试点项目，气源来自澳大利亚西北大陆架天然气合营项目，供气范围覆盖深圳、东莞、广州、佛山、惠州以及香港。自2006年公司正式运营以来已经累计安全、稳定供应清洁能源3 700多t。

中海油40亿m^3煤制天然气项目可行性研究报告专家评审会在北京召开。

5月8日~9日，由中国海洋石油总公司主办的中海油40亿m^3煤制天然气项目可行性研究报告专家评审会在北京召开，标志着中海油40亿m^3煤制天然气项目建设进入实质性阶段。这标志着项目建设进入实质性阶段，为项目的推进迈出了关键一步。中国海洋石油总公司加快项目建设进度，争取早日开工建设。准格尔旗将全力为项目建设创造良好的发展环境，实现全天候、全方位、保姆式服务，确保项目顺利实施、早日投产。

乌鲁木齐首个液化石油气经营管理平台正式运营。

5月8日，乌鲁木齐首个液化石油气经营管理平台正式运营，意味着乌鲁木齐市液化石油气经营单位服务体系初步建成。用户只需拨打电话，液化石油气钢瓶就有人运到家。该平台由中石油昆仑燃气新疆分公司建立。为确保乌鲁木齐市液化石油气销售终端市场的规范经营和诚信服务，在监管部门的督促和指导下，中石油昆仑燃气新疆分公司率先成立经营管理平台，提供从钢瓶租赁—燃气充装—运输到户的完整服务链，同时，承担废瓶回收、换气、送检、置换等其他服务。

重庆市主城基本实现天然气管线"镇镇通"。

5月12日上午，重庆北碚区金刀峡镇用上了天然气。至此，重庆市主城基本实现了天然气管线的"镇镇通"。按照市委、市政府和有关部门的统一要求，市燃气集团于2012年起，集中开展天然气管线"镇镇通"工程。2013年，集中完成了全市13个乡镇的"镇镇通"工程，2014年将继续完成26个乡镇的"镇镇通"工程。

山东省烟台市车用天然气最高零售价格调整为5元/m³。

自5月13日起，根据《山东省物价局关于降低成品油价格的通知》及市物价局《关于调整油气比价关系和车用天然气价格的通知》规定，市区车用天然气最高零售价格调整为5元/m³。据了解，车用天然气价格与汽油价格联动，按照0.725:1的比价关系确定。当国家统一调整汽油价格时，根据烟台市的实际情况，市物价局公布市区车用天然气价格，企业不得自行提高价格。此次车用天然气价格调整也正是如此，油价下调以后达到了联动机制的条件，所以车用天然气最高零售价格由之前的5.02元/m³下调至5元/m³。

国内最大燃气机组在天津陈塘庄热电厂完成并网前的电气试验。

5月13日，目前国内最大的燃气机组在天津陈塘庄热电厂完成并网前的电气试验，即将投产。正在大力推进"煤改气"工程的陈塘庄热电厂年内将陆续建成两套900MW级规模燃气联合循环热电联产机组。这是天津建设的首个燃气热电项目，使用目前国内规模最大的燃气机组。该项目采用高效、环保的F级燃气—蒸汽联合循环技术，二氧化碳排放量仅为同等规模燃煤机组的42%，每年可节约标煤420万t，减排二氧化硫、氮氧化物、粉尘等大气污染物9 000余t，节水2 000万t。

我国第一艘纯LNG燃气动力的全回转港作拖船正式开工建造。

5月14日上午，我国第一艘纯LNG燃气动力的全回转港作拖船在江苏省镇江船厂（集团）有限公司正式开工建造，该船船东为中国海洋石油总公司。该船采用单一LNG燃料，是具有国际先进水平的绿色环保型高技术船舶，主机持续功率6 500hp，总长40.8m，型宽11.6m，型深5.5m，LNG罐容积60m³，满足中国船级社CSAD、CSMD等入级要求。相比柴油动力全回转工作船，纯LNG燃气动力全回转港作拖船可以100%减排SOx和颗粒物，减少90%NOx和20%CO_2的排放，节约燃料费用超过30%。

燃料为LNG的环卫车在吉林省正式下线。

5月14日，吉林省的新能源汽车燃料为LNG的环卫车正式下线，标志着环保的天然气燃料已经扩展到环卫用车，这也是吉林省首批天然气环卫车，第一批共计4台，特意为松原市定制。作为天然气用于环卫车，这在吉林省尚属首次。选择为松原市定制，除了环保、节能的考虑，再有就是松原市拥有更多的天然气资源。由于传统的柴油燃料污染大，经过技术革新，可将车辆改用天然气做燃料，这将为车主节省30%~40%的燃油成本，而且用天然气燃料也将是未来一段时期的发展方向。

我国已完全掌握最核心的页岩气长水平井分段压裂技术。

5月17日，在我国第一口实现规模化、商业化生产的页岩气井——重庆涪陵焦页1HF井280km²一期产建区，已开钻页岩气井82口，完钻47口，投产27口，投产井全获成功。我国第一口实现规模化、商业化生产的页岩气井——焦页1HF井迎来稳产536天。这标志着我国页岩气开发实现重大突破，提前进入大规模商业开发阶段。我国页岩气资源潜力大，一旦突破形成产能，对满足我国不断增长的能源需求、促进节能减排、优化能源结构、保障能源安全和促进经济社会发展都具有重大战略意义。

珠海市全力推进管道天然气置换。

截至2014年5月19日,珠海市主城区设管道燃气的小区已达232个,规模用户134 995户,比上年增加了5 923户,月均增加约1 350户。其中,天然气供气小区126个,天然气用户87 246户,分别占供气总数的54.3%和64.6%。目前,液化石油气供气小区有106个,规模用户为47 749户。根据安排,5月下旬将置换24个小区,6月份将置换31个小区,这样上半年天然气供气小区可达181个,占全部管道燃气供气小区的78%。下半年,还有51个小区,需要改造的管道液化气用户为28 312户。7月份,将对19个小区进行置换。8月份,将对吉大片区32个小区进行置换。有关部门将力争在10月份,完成主城区近14万户管道燃气用户的置换,受惠居民约50万人。

《中俄东线供气购销合同》签署。

5月21日,国家主席习近平和俄罗斯总统普京在上海共同见证中俄两国政府《中俄东线天然气合作项目备忘录》、中国石油天然气集团公司和俄罗斯天然气工业股份公司《中俄东线供气购销合同》的签署。根据双方商定,从2018年起,俄罗斯开始通过中俄天然气管道东线向中国供气,输气量逐年增长,最终达到每年380亿m^3,累计30年。中俄东线天然气合作,是在中俄两国领导人亲自关心和推动下,在两国政府直接指导和参与下,在双方企业长期共同努力下实现的,是中俄加强全面能源合作伙伴关系、深化全面战略协作伙伴关系的又一重要成果,充分体现了互信互利原则。

北京攻坚"煤改气",40万户居民供热用上清洁能源。

5月22日,北京市在建最大的地下燃气锅炉房主体结构改造基本完成。随着城六区燃煤锅炉清洁能源改造接近尾声,从2014年开始,北京市将改造重点逐渐转移到郊区县,燃气管线"最后1km"建设显得尤为迫切。在远郊区县密云,城东北、城西北两大供热厂"煤改气"工程已启动,全部改造完成后,每年可减少燃煤13.5万t。

长春市天然气置换第三期置换工程启动。

5月24日,长春市天然气置换第三期工程启动。天然气作为一种优质清洁能源,对改善城市环境、提高人民生活水平起到积极作用。24日,长春市2014年天然气置换工程正式启动,长春燃气股份有限公司在临河街经开小区一区举行了启动仪式。

中海油海南液化天然气项目110kV系统一次受电成功。

5月24日,中海油海南液化天然气项目110kV系统一次受电成功,110kV变压器运行良好,各项指标参数符合规范和设计要求,标志着110kV变电所成功受电,这是海南液化天然气项目完成的一重大节点。该变电所为110kV/6kV变电站,站内主要有110kVGIS开关间隔7组、110kV变压器2台、6kV干式变压器3台、电抗器4组、6kV高压开关柜50台,各项施工通过了儋州供电局的高标准验收。

西气东输三线东段漳州段西山隧道管道施工正式启动。

5月25日,西气东输三线东段漳州段西山隧道管道施工正式启动。西山隧道位于福建厦门市海沧区东孚镇与漳州市台商投资区交界处,水平长度678m。为确保施工安全,管道三公司西三线东段项目部提前对施工机组进行技术交底和安全质量培训,在隧道内安装移动式通风机、有线电话、蜂鸣器和警示灯,要求机组在施工中采取"焊前加热,焊后缓冷"措施,用保温被对焊口进行保温,保证焊口质量。施工中,施工机组采用自主研发的移动式龙门吊架,实现运管、对口、焊接流水作业。针对施工空间狭小的情况,机组先在隧道外进行钢管内壁清洁和管口打磨,进入隧道后直接进行管口组对焊接,保证隧道内空气质量,提高施工效率。

我国海船LNG燃料动力试点正式启动。

5月26日,交通运输部海事局发文核准了"武家嘴57"作为LNG燃料动力试点船舶。据悉,该轮是我国第一艘获得LNG燃料动力改造批准的海船,标志着我国海船LNG燃料动力试点正式启动。区别于一般的简易改造,该轮动力改造采用多点喷射技术,在国内已获核准的船舶中,系首艘采用此先进技术。改造后发动机排放将能实现真正意义上的环保,综合污染物将减排80%以上,温室气体排放将比简易改造大幅降低。LNG动力改造的船舶柴油平均替代率为60%~70%,燃料成本下降20%~30%,动力性能与原机基本一致。

西气东输市场开发进入稳定期。

截至5月27日,西气东输二线赣湘段新余站向江西华电九江分布式能源有限公司分输供气2.59万m^3。这个公司成为西气东输管道公司第254家下游用户。下游市场从无到有,从1家用户到目前的254家用户,西气东输经历了3个阶段、11年时间。

2014年6月

《"煤改气"用气保供协议》签订。

6月初,能源局与北京、天津、河北及中石油、中石化集团公司分别签订《"煤改气"用气保供协议》,在确保民生用气的前提下推动"煤改气"工程量气而行、有序实施。根据《协议》,京津冀三省(市)地方政府要切实落实主体责任,将保障民生用气供应作为改善民生的重要任务,优先保证与居民生活密切相关的民生用气供应安全可靠,决不能因实施"煤改气"影响民生用气需求。

甘肃省玉门市民用天然气价格下调为3元/m^3。

6月1日起,玉门市民用天然气价格由3.5元/m^3下调为3元/m^3。据了解,玉门市天然气入户工程于2012年建成投运,气源主要是新疆、青海、兰州等地,由汽车运输购进,加上供气成本及固定资产折旧等费用,单位供气成本达10.66元/m^3,价格倒挂悬殊。近两年,玉门市民用天然气价格为3.5元/m^3,相对于其他县市价格偏高,市民反映强烈。玉门市为此进行专题调研对天然气价格进行重新评定。自6月1日起,玉门市政府筹措天然气补贴资金,补贴后民用天然气价格执行3元/m^3。

俄能源部确认乌克兰支付7.8亿美元天然气费用。

6月2日俄罗斯能源部确认,已收到乌克兰国家油气公司支付的7.864亿美元天然气费用。报道称,这笔资金涵盖了2月和3月的天然气费用。此举也为双方展开有关气价的深入谈判扫清障碍。

神华地质勘查有限责任公司湖南保靖页岩气探矿权区首口重点探井保页2井正式开钻。

6月3日上午，华东钻井50516HD井队承担施工的神华地质勘查有限责任公司湖南保靖页岩气探矿权区首口重点探井保页2井正式开钻，该项目的实施标志着中石化队伍在外拓市场、转型发展上又取得实质性成果。神华集团公司总经理凌文下达了开钻令。华东钻井50516HD井队提前谋划，积极做好搬迁前的各项准备工作，井队克服长途搬迁及南方连续强降雨的不利影响，精心组织施工，加强安全管控，提前5天达到甲方开工验收标准，顺利开工，得到了甲方验收组的一致好评。

《液化天然气用阀门》系列行业标准讨论会在浙江省台州市顺利召开。

6月4日～5日，由全国阀门标准化技术委员会组织的《液化天然气用阀门》系列行业标准讨论会在台州顺利召开，来自全国各地20多家单位的代表参加了会议。会议由全国阀门标准化技术委员会副主任委员陈鉴平、杨恒和秘书长黄明亚主持。本中心作为标准的参与起草单位参加并承办了本次会议。会议讨论了《液化天然气用阀门技术条件》、《液化天然气用阀门型式试验》、《液化天然气用截止阀和止回阀》、《液化天然气用球阀》、《液化天然气用闸阀》和《液化天然气用蝶阀》等6项标准。

三部委新增3个享受税收优惠政策天然气项目。

6月5日，财政部、海关总署、国税总局周四联合通知，新增天津浮式液化天然气、唐山液化天然气、海南液化天然气项目享受优惠政策，同时调高福建液化天然气项目享受政策的进口规模。上述项目可根据《财政部海关总署 国家税务总局关于对2011~2020年期间进口天然气及2010年底前"中亚气"项目进口天然气按比例返还进口环节增值税有关问题的通知》和《财政部 海关总署 国家税务总局关于调整进口天然气税收优惠政策有关问题的通知》中的有关规定享受优惠政策。

中海油第一口页岩气探井徽页1井顺利完钻。

6月5日，中海油第一口页岩气探井徽页1井顺利完钻，完钻井深3 001m，钻井周期91天。徽页1井是中海油在安徽芜湖下扬子地区部署的首口页岩气探井，采用常规和复合钻井技术，钻遇了2套优质页岩层，该井下一步将进入压裂试气阶段。徽页1井共进行了12次取心作业，取心进尺54.65m，收获岩心53.36m，岩心收获率达到98%。目前，技术人员正对岩心进行分析对比，力争早日完成首口页岩气井的勘探评价。这口井于2014年3月1日开钻，为中海油首次"登陆"勘探页岩气。

投资6.5亿国企民企携手发展清洁能源产业。

6月6日，国有控股企业中集集团产业基金深圳天亿投资有限公司，与我区民营企业宁夏远杉新能源集团有限公司正式签约，共同投资宁夏长明天然气开发有限公司太阳山6.5亿元天然气开发项目。6.5亿元投资主要用于在吴忠太阳山工业园区建设一个日处理100万m^3的液化天然气项目。这一项目除为吴忠太阳山工业园区企业提供天然气，还可为我区10万辆民用车辆提供清洁能源。项目预计2015年6月建成投产。

北京市液化石油气公司启动"送气下乡 安全惠民"安全宣传系列活动。

6月7日,正值全国安全生产月期间,北京市液化石油气公司在通州区宋庄镇率先启动"送气下乡 安全惠民"安全宣传系列活动,这也是"送气下乡"惠民工程首次与全国"安全生产月"活动联合开展。"送气下乡 安全惠民"安全宣传是北京市液化石油气公司落实市委、市政府"减煤换煤 清洁空气"行动计划的一项重要工作,此次安全宣传系列活动正值全国安全生产月期间,是市委、市政府服务老百姓的一项重要举措,活动的形式与覆盖面也是一次新的挑战。液化气的安全使用涉及千家万户,我们不仅要做到"送气下乡",还要坚持做到"送安全进社区、送安全入户"。

第八届中国新能源国际高峰论坛——非常规油气专业论坛在京召开。

6月7日~8日,第八届中国新能源国际高峰论坛在北京国家会议中心举办,并同期发布《全球新能源发展报告(2014)》。全联新能源商会会长、汉能控股集团董事局主席李河君在北京发布了这个消息。第八届中国新能源国际高峰论坛由全联新能源商会主办,以"生态文明与新能源革命"为主题,得到了汉能控股集团的积极支持。中海阳、首航节能、北京锦能伟业、太茂盛源、吉林宏日、挪威驻华使馆、北京京诚同达律所将分别支持光热发电、非常规油气、低碳减排、生物质、风能和金融等专业论坛。

保加利亚暂停"南溪"天然气管道项目。

6月8日,保加利亚总理奥雷沙尔斯基表示,"南溪"天然气管道项目(简称"南溪线")保加利亚段工程将暂停建设,在消除欧盟对于该项目在法律方面的相关疑问之后才会考虑项目继续的方式。欧盟委员会于本月2日向保加利亚总理正式发函,就"南溪线"保加利亚段项目与俄罗斯方面签署的协议、建筑商招投标等事宜提出质疑,要求保加利亚暂停该项目的所有建设活动,并在一个月的限期内给出答复,否则将提请欧洲法院对保加利亚进行惩处。

广州市政府常务会发布《广州市加快天然气推广利用工作方案(2014—2016年)》。

6月9日,《广州市加快天然气推广利用工作方案(2014—2016年)》(下称《方案》)正式获得通过。根据《方案》,广州计划到2016年天然气消费量达到50亿m^3,占一次能源消费总量比重由2010年的3.5%提高到10%以上,进一步推进全市能源结构调整,推动大气污染防治。

广州市电车公司首批最新的插电式LNG混合动力公交车试运行。

6月10日,广州市电车公司首批最新的插电式LNG混合动力公交车试运行。据介绍,相比传统公交车,其内部空间设置没有太大变化,最大不同在于有两个驱动系统,一是电力驱动,安装了辅助性的电力供应系统;二是内燃机,主要燃料是LNG。"低碳、低噪声、低地台。"一名乘坐过该新车的业内人士用"三低"概括其特点,他表示,新车相对节能环保,且提速平稳、提速快,乘坐舒适,可以与无轨电车电鲨相媲美。现在该车刚开始试运行,届时视效果如何再决定是否推广。

华北石油局、华北分公司大牛地气田累计为国家生产天然气近200亿m³。

截至6月上旬，中国石化旗下的华北石油局、华北分公司大牛地气田累计为国家生产天然气近200亿m³，可替代5 120万t燃煤，减少二氧化碳排放8 804.9万t，成为中国石化重要的资源战略阵地之一。大牛地气田位于陕西与内蒙古交界处的毛乌素沙地，自20世纪80年代以后经过多轮勘探。2002年后，华北石油局、华北分公司经过3年多大规模的先导性试验，探明储量达到了2 615亿m³。2005年，在此建成了10亿m³产能，实现了当年建设、当年投产、当年供气。

青海页岩气投资开发有限公司揭牌成立。

6月11日下午，由美国雷鸟资本管理有限公司、青海光科光伏玻璃有限公司、省地矿局、省煤炭地质局共同注册成立的青海页岩气投资开发有限公司揭牌成立。美国雷鸟资本管理有限公司和青海光科光伏玻璃有限公司各持40%的股份，成两大股东，省地矿局、省煤炭地质局各持公司10%的股份。美国雷鸟资本管理有限公司总部位于美国佛罗里达州，主要从事资产管理、能源、矿业、地产投资、跨国项目投资及世界知名品牌引进等业务，公司在能源领域拥有多项世界领先的最新核心技术。

宁夏石化国产大化肥项目厂外天然气管道全线贯通。

6月11日17时50分，随着西气东输宁夏长宁公司末站最后一道焊口完工，宁夏石化国产大化肥项目厂外天然气管道全线贯通。宁夏石化国产大化肥项目天然气管道工程全长约5 000m³，于2013年4月开工。施工过程中，160m管线定向穿越爱伊河和南环高速公路段成为工程施工的重点和难点。面对困难，大化肥项目指挥部加大协调力度，寰球工程公司和中国石油第六建设公司精心组织，迎难而上，经过实地勘察、测量及论证，决定采用非开挖定向钻穿越技术，并为此编制了从爱伊河底及南环高速公路下同时穿越的详细施工方案，顺利完成穿越工程，为天然气管道全线贯通奠定了基础。

塔里木油田克拉2气田创国内单井生产天然气量最高纪录。

截至6月12日，塔里木油田克拉2气田"功勋井"——克拉2-7井日产天然气350万m³，累计产气100亿m³，连续9年保持高产，创国内单井生产天然气量最高纪录。克拉2气田于2004年底建成投产，2007年成为我国第一座年产天然气突破100亿m³的大气田。截至目前，克拉2气田累计生产天然气突破800亿m³，达到802.36亿m³。

中亚天然气管道C线正式向国内通气。

6月15日，中亚天然气管道C线正式向国内通气，这是继中国-中亚天然气管道A、B线后，第三条由境外向国内供输天然气的长输管道，年输气能力最高可达250亿m³。该线总投资预计22亿美元，起源于土库曼斯坦和乌兹别克斯坦边境的格达依姆，经乌兹别克斯坦、哈萨克斯坦，在新疆霍尔果斯口岸入境，与西气东输三线相连。按照规划，C线投产初期年输气能力70亿m³，到2015年全面建成后将达到250亿m³。气源分别为土库曼斯坦100亿m³，乌兹别克斯坦100亿m³，哈萨克斯坦50亿m³。

华油天然气广元公司"气化广元"项目一次性开车成功。

6月15日，华油天然气广元公司"气化广元"项目一次性开车成功，LNG工厂实现顺利投产，标志着该公司正式加入昆仑能源LNG供应商序列,将为川西部地区及周边省市提供优质的LNG产品。该项目由中石油昆仑能源华油天然气股份有限公司投资建设,一期工程占地约22.53万m^2,投资10亿元,项目投产后,可日处理天然气100万m^3,预计年可实现产值10亿元、利税5 000万元,解决就业200余人。"气化广元"项目顺利投产,是广元市推广高新技术,发展清洁能源的又一成果体现,对实现广元市低碳发展、提升资源综合利用水平起到积极的推动作用。

俄罗斯天然气工业公司切断对乌克兰的天然气供应。

6月16日上午10点,在经历7轮三边谈判后,俄罗斯天然气工业股份有限公司切断了对乌克兰国家油气公司的天然气供应,开始实行预付款供气机制。"斗气"事件使俄罗斯和乌克兰均遭受不小的经济损失:天然气出口每年贡献6.3%的俄联邦政府预算,占出口贸易的12.5%,其中乌克兰和借由其输气管道的欧洲诸国是大客户;乌克兰国内一半以上的天然气自俄罗斯进口,俄罗斯抬高气价使乌国经济进一步恶化。双方在谈判失败后均向国际商务仲裁法庭提起诉讼。不过,自2014年2月以来发生在乌克兰的政治和军事危机使油气公司之间的定价和债务问题不再单纯,掺杂了多个变量,由此变得异常复杂。

中国海洋石油总公司与英国石油公司签署一份LNG长期供应框架协议。

6月17日中国海洋石油总公司宣布,与英国石油公司("BP公司")签署了一份液化天然气(LNG)长期供应框架协议。根据双方签署的框架协议,自2019年起,BP公司将从其全球LNG资源组合向中海油每年供应多达150万t的LNG资源,供应期限20年。双方希望于2014年年中达成最终的商务协议。中海油董事长王宜林表示,同BP公司签署的协议将深化双方合作,并进一步提高中海油LNG资源供应多元化。中海油将继续努力在全球获取具有竞争力的天然气资源,为保障中国清洁能源供应和保护生态环境作出积极的贡献。

大港油田板南储气库成功投产。

6月18日,大港油田板南储气库成功投产。这标志着京津冀地区又增加了一只巨型的"储气瓶"。待2014年采暖期到来时,这个储气库将全面投入使用,进一步提升大港油田天然气储存和输送能力,有效缓解京津冀地区天然气供应紧张局面,让京津冀地区天然气保供"底气"更足。作为大港油田自主建设和管理的第一座储气库,板南储气库可行性研究报告早在2010年即获中国石油股份公司批复,是京津冀地区天然气季节调峰的重点工程之一。这座储气库设计总井数18口,库容量10.13亿m^3,工作气量为4.27亿m^3。冬季用气高峰期间,储气库峰值日采气量可达427万m^3。

浙能常山天然气热电联产工程单台40万kW级天然气机组并网发电。

6月19日18时18分,浙能常山天然气热电联产工程单台40万kW级天然气机组并网发电。该机组的并网发电,将给迎峰度夏期间衢州地区注入一股新的电力动力,及时有效地缓解该地区电力供应紧张的局面,助力当地经济发展。

子洲气田已累计生产天然气约61亿m^3。

6月20日,长庆油田采气二厂生产报表显示:子洲气田已累计生产天然气约61亿m^3。这标志着子洲气田已成为长庆油田又一个规模产气区块和重要保供气田。子洲气田位于陕西北部子洲县和米脂县境内，属典型"三低"气田，储层致密、地理环境复杂、开采难度大。2006年年初，面对下游用户不断增长的用气需求，长庆采气二厂在开发管理好榆林气田的同时，加快子洲气田的开发建设。2007年8月28日，子洲气田一次投产成功，源源不断的气流通过陕京管道等输气管道，为北京及气区周边城市提供绿色、充足、可靠的能源保障。

国务院国资委召开中石油集团建设规范董事会工作会议。

6月20日，国务院国资委在集团公司总部召开中石油集团建设规范董事会工作会议，宣布聘任集团公司外部董事，集团公司董事会正式成立。被视作国企改革新路径的外部董事制度，即将在中国石油天然气集团公司（以下简称中石油集团）改革中扮演重要角色。据中石油集团披露，董事会的8位董事中，外部董事5位，占席过半。标志着集团公司向健全现代企业制度、完善法人治理结构迈出实质性步伐。外部董事一般由国资委直接聘任，其任免独立于中石油集团。建立外部董事制，通常是为了实现国有独资公司决策权和执行权的分开，真正实现董事会的集体决策和对经理层的管理。此举标志着中石油深水区改革再进一步。

赣中南地质矿产勘查研究院页岩气开发技术研讨会召开。

6月20日，赣中南地质矿产勘查研究院页岩气开发技术研讨会在南昌召开，会议邀请了中石油、中石化页岩气专家作页岩气开发的成功经验与教训的报告，省内5名页岩气技术骨干在会上作了页岩气开发技术的主题演讲，与会50多名专家学者就页岩气开发技术进行了热烈讨论。大家对江西页岩气开发前景寄予厚望。省地矿局、杭州汇勘公司也派油气专家参加了研讨会。为了应对后期的开发利用，学习掌握页岩气开发核心技术，赣中南院及时举办了这次开发技术研讨会。这标志着我省页岩气关注点将由勘查逐步扩展到开发技术研究。

长庆苏里格气田今年已累计生产天然气98.54亿m^3。

截至6月23日，长庆苏里格气田今年已累计生产天然气98.54亿m^3，同比增长10%。苏里格气田分公司经理余浩杰说："通过'新井科技增气，老井间开聚气，躺井水中救气'三管齐下，使气田稳步成长。"对具有世界级开发难题的苏里格气田来说，这里不仅找气难、开发难，稳产更难。从苏里格气田探明正式投入开发开始，长庆油田针对气田不同时期出现的低产、递减快、气井水淹等影响气田持续发展的问题，分门别类，对症下药，持续创新，力保"新井提产、老井不老、躺井不躺"，使气田产量稳步上升。

西气东输西三线东段已完成整体工程量的50%以上。

截至6月23日，西三线东段已完成管道焊接572km，54座隧道已贯通53座，完成整体工程量的50%以上。自西三线东段开工以来，管道建设项目经理部以建设生态文明工程和"零整改、零缺陷投产"为目标，加大工程组织力度；闽赣项目部自我加压，提出"抓综合进度，做到补口下沟零滞后、水工保护零滞后、竣工资料零滞后、全线零占压""4个零"目标，采取联合检查确认机制、焊口"身份证"信息采集管理等措施，确保管道焊接一次合格率在97%以上、管道埋深全部合格、环水保措施同步跟进。

《中国石油天然气集团公司油气管网设施公平开放实施办法(试行)》通过。

6月24日，中石油集团公司董事长、党组书记周吉平主持召开集团公司2014年第二次常务会议，审议并原则通过《中国石油天然气集团公司油气管网设施公平开放实施办法（试行）》，研究加快新疆油气资源合资合作勘探开发等事项。实施油气管网公平开放是国家能源领域改革的大势所趋，对于发挥油气管网剩余能力，提高油气管网设施利用效率具有重要意义，也是集团公司主动适应改革发展新形势和国家监管要求的积极举措。《油气管网设施公平开放实施办法》规定了油气管网设施公平开放的实施范围、相关部门的管理职责等内容，具有很强的操作性。

中国燃气发布2013财年营业额与毛利大幅增长。

6月25日下午，国内具领导地位的管道燃气营运商中国燃气发布2013财年业绩，营业额同比增长44.8%，毛利同比增长40.0%。"增长主要来自新增项目转入运营，此外随着国家对天然气供应的增加，短缺局面得到了改善。"公司有关人士介绍称，此外，未来天然气销量依然有望保持20%左右增长。用户结构以工商业为主，未来3年~5年"煤改气"市场高速增长。

天然气顺利抵达山东天然气管网寿光站，潍东管道一期工程试运投产置换成功。

6月25日13时50分，天然气顺利抵达山东天然气管网寿光站，潍东管道一期工程试运投产置换成功，标志着山东省天然气下乡试点工作全面展开，将惠及沿线600万人口。潍东管道属于山东天然气管网支线工程，起于泰青威管道临朐站，途经东营、潍坊两市10多个县(区)，全长近400km。据悉，潍东管道是山东泰青威管线重要组成部分，承担着天然气下乡试点气源输送任务，将极大缓解东营、潍坊两市天然气供应紧张矛盾，对发展低碳经济，提高沿线居民生活质量，加快建设黄河三角洲高效生态经济区和山东蓝色半岛经济区具有重要意义。

中俄东宁危化品专业口岸进口液化石油气首发通关成功。

6月26日，载有11t俄罗斯液化石油气的罐车通过俄波尔塔夫卡口岸经中国东宁口岸进入黑龙江东宁县，标志着黑龙江公路口岸进口液化石油气首发通关成功，东宁县辟建危化品专业口岸进入试运营阶段。据悉，中俄能源新通道——中俄东宁危化品专业口岸项目，是哈牡绥东乌新丝绸之路经济带结合部的上一个重大能源化工项目，专业口岸项目建成后可进出口石油、液化气、酸、碱、醇等化工原料，拉动边境贸易额大幅增长。

黄冈LNG工厂投入运行 为全国最大规模。

6月26日20时26分，我国目前规模最大、大型液化天然气（LNG）装备国产化率超过99%的LNG工厂——中石油昆仑能源湖北黄冈LNG工厂天然气瞬时处理量达到20.86万m^3/h，产能超过设计能力500万m^3/d，实现满负荷运行，标志着我国首座国产化百万t级LNG工厂全面投入运行。湖北黄冈LNG工厂的成功投运，标志着中国石油以自有专利技术和国产化装备为依托，全面实现了我国大型LNG装置建设从技术到设备的全面国产化，说明我国已拥有自主建设大型LNG工厂的技术、装备和能力，在打破国外大型LNG技术与装备长期垄断、确保国家能源安全、巩固中国石油在天然气综合利用领域地位等方面意义重大。

中国华电集团公司河北石家庄热电公司九期天然气热电联产项目获得核准。

6月26日，中国华电集团公司河北石家庄热电公司九期天然气热电联产项目获得河北省发改委核准。该项目是集团公司在河北区域首个天然气热电联产项目，标志着华电在河北区域新能源市场实现了历史性突破。该项目是华电河北分公司优化产业结构，实现转型升级的战略支撑项目。项目建成后，对强化华电在河北省的战略布局，缓解石家庄市供热紧张局面，优化河北南网的电源结构，促进区域节能减排具有重要意义。

西一线自主维护压缩机组稳定运行十年。

截至6月26日，在西气东输一线起始端400余km管道上，11台压缩机组平稳工作10年，达到历史最好工况。这一成绩得益于压缩机组自主维护长效机制。这套机制由西部管道塔里木输油气分公司创造。2012年，塔输分公司成立压缩机小组，探索自主维护保养模式。目前，这个分公司自主维护保养模式初见成效：员工初步具备压缩机保养独立操作能力。压缩机组故障停机次数和保养成本大幅下降，大大降低管道停输风险。

大连岳林建筑工程有限公司在进行水平定向钻施工中导致原油泄漏，并引发大火。

6月30日18时30分，大连岳林建筑工程有限公司在金州新区路安停车场附近，进行水平定向钻施工中，将中石油新大一线输油管线钻通，导致原油泄漏。

溢出原油流入市政污水管网，在排污管网出口处出现明火。中石油即时发现管道运行压力异常，立即停运管道并启动应急预案，部署现场抢修和应急处置。目前，明火已扑灭，无人员伤亡，事故正在处理中。

湖南华晟能源投资发展有限公司第一口页岩气井在龙山县猛西村正式开钻。

6月30日上午，作为湖南省唯一页岩气开发主平台的湖南华晟能源投资发展有限公司第一口页岩气井——龙参2井在龙山县猛西村正式开钻，这是湖南省属企业的第一口页岩气井，标志着湖南省本土企业向"气化湖南"工程迈出重大一步。龙参2井的开钻，标志着湖南省湘西北页岩气区块龙马溪组将取得突破性进展，四川涪陵区块取得中国页岩气产业发展的重大突破，其突破地质层位为龙马溪组，湘西北页岩气区块龙马溪组的突破能够给予湖南省页岩气开发更大的信心，加快"气化湖南"战略工程进程。

江苏南通洋口港的LNG冷能空分设备正式进液试车。

6月20日下午，位于南通洋口港的LNG冷能空分设备正式进液试车。该项目是国内首次利用LNG冷能进行空气分离，预计可年产液氧、液氮和液氩20万t，年销售额可达2.5亿元。洋口港每年从国外大量进口的液化天然气，在气化外输过程中会产生大量冷能；而空分项目对空气进行深度冷却分离，恰恰需要大量的冷能。两个项目的无缝对接，形成了环保产业链。据悉，日本、美国和中国台湾地区都在利用LNG冷能技术，该项目克服安全等关键技术节点，研发出国内第一套利用LNG冷能空分制冷系统，在目前的生产规模下，使用这一冷能空分新技术，每年从江苏LNG接收站利用50万t液化天然气的冷能，生产成本下降40%，每年可节电3 000万kWh，是一项名副其实的"绿色产业"。

徐工自主研发的全球首台LNG平地机远赴俄罗斯，实现销售。

6月，徐工自主研发的全球首台LNG天然气平地机远赴俄罗斯，实现销售，这是徐工道路平地机发展史上具有历史意义的时刻。而在莫斯科举办的第15届俄罗斯国际建筑及工程机械展览会上，全球首台LNG天然气平地机一经亮相便引起轰动，备受俄罗斯客户青睐，展现了徐工品牌的实力和徐工绿色节能产品的魅力。作为全球首台LNG天然气平地机，其不仅是一种技术性的重大突破，填补了世界天然气平地机的空白，在整机技术方面更是取得了历史性的突破。

2014年7月

粤西首个LNG项目获批开展前期工作。

7月初，国家能源局日前批复同意茂名中海油粤西液化天然气（LNG）项目开展前期工作，项目总投资约113亿元，计划2017年底建成投产，标志着茂名市打造全省清洁能源基地促进产业升级将实现重大突破，从"十一五"启动的中海油粤西液化天然气（LNG）项目，进入实质性推进阶段。中海油LNG项目在茂名启动和建设，是继中石化在茂名市建成华南地区最大石化基地之后又一具有里程碑意义的大事，是茂名建设清洁能源基地和产业升级的重要依托和载体，是茂名港打造南海能源新通道的重大突破。该项目对于优化粤西能源结构，保护环境，确保粤西地区能源安全具有重大意义。

河北省物价局发布《关于居民生活用气实行阶梯价格的指导意见》。

7月初，河北省物价局出台《关于居民生活用气实行阶梯价格的指导意见》，到2015年底，河北还将实施阶梯气价。目前河北首档气价原则上不涨价，具体的情况还要看实施时国家的具体政策。省物价局相关负责人表示，首档气将按照基本补偿供气成本的原则确定，并在一定时期内保持相对稳定；第二档气价，按照合理补偿成本、取得合理收益的原则制定，价格水平与第一档气保持1.2倍的比价；第三档气价，按照充分体现天然气资源稀缺程度、抑制过度消费的原则制定，价格水平与第一档气保持1.5倍的比价，最高气价原则上不超过非居民用气价格。另外，阶梯气价以年为周期确定，年度用气量未达到阶梯气量标准的跨年不结转。

中石化湖南分公司与湖南湘投控股集团合资成立了湖南省燃气有限责任公司。

7月初，中石化湖南分公司与湖南湘投控股集团合资成立了湖南省燃气有限责任公司，首期将投资1.62亿元用于27座加气站建设，年新增供气能力1.08亿m^3。近日，中石化湖南分公司与湖南湘投控股集团合资组建湖南省燃气有限责任公司，计划年内将建成投运5座加气站，年可销售200万m^3压缩天然气、900t液化天然气。新增加气站主要分布在岳临高速路、衡昆高速路沿线，以及长沙等中心城市，供应车用燃气；在岳阳建设一座水上加气站，供应船用燃气。

昆明发布主城区管道天然气临时价格。

7月初，昆明主城区管道天然气价格改为临时价格，居民用气价格初定为2.98元/m^3，非居民用气最高上限价格为4.82元/m^3，低保户每月用气在10m^3之内的按2元/m^3收取。昆明市发改委通告称，为加快推进昆明城市建设，推广使用清洁能源，改善城市大气质量，促进能源企业健康发展。鉴于现阶段云南中石油昆仑燃气有限公司的天然气管网建设尚未完成，管道天然气成本无法审核，且不能满足全市统一进行天然气和煤气置换工作的要求。本着"保基本，惠民生"的原则，适当补偿运营成本，参照部分省市的做法，根据政府制定价格的相关程序规定，经报请昆明市委、市政府同意，现批复改价。

中石油深圳LNG填海项目召开听证会。

7月1日下午，中石油深圳LNG填海项目在大鹏云海山庄召开听证会。共有43人参加会议。有代表称，听证会上，相关部门介绍项目的安全性，解释了环评报告，代表们也都表达了各自的观点。国家海洋局南海分局徐处长表示，"此次听证会的主要程序是记录双方的意见，汇总之后上报给国家海洋局，并不会达成结论。"据参会代表介绍，听证会的大部分时间都是由相关部门介绍中石油深圳LNG填海项目的安全性，并对环评报告进行了解释。各参会代表也都获得了足够的表达空间。

印尼能源与矿业部与福建省政府就巴布亚当固天然气出口价格达成新协议正式生效。

印尼能源与矿业部部长日前表示，经过友好协商，印尼能源与矿业部与中国福建省政府终于就巴布亚当固天然气出口价格达成互谅互利新协议，每百万英热单位由原来的3.34美元改为8美元，这项协议由2014年7月1日正式生效。当固天然气是印尼最重要的天然气田之一，自2002年以来，所产天然气全部出口到中国福建省和美国，由于国际市场天然气价格的飙升，当固天然气的原始协议价格也因此3次调价，从每百万英热单位2.7美元提升至3.34美元，最后提升至8美元。印尼因此将多收入9.4亿美元。印尼能源与矿业部部长表示，感谢中国福建省政府的理解与合作，我们对最终的谈判结果表示满意，苏西洛总统也对此表达了谢意。

广州交委就43辆城市公交车（LNG）进行公开招标。

7月2日，广州交委在官方网站上发布《广州市第三公共汽车公司43辆5.9m双门城市公交车采购项目招标公告》，就43辆5.9m双门城市公交车（LNG）进行公开招标，最高限价是30万元/辆。项目分两个供应商供货，第一中标人供应23辆，第二中标人供应20辆。车辆交货时间是要求在签订合同之日起50天内交货。

江苏LNG接收站收到《国家能源局关于江苏LNG二期项目核准的批复》。

7月3日，江苏LNG接收站收到《国家能源局关于江苏LNG二期项目核准的批复》，中石油将在洋口港建中国最大的LNG储罐。工程建成后，江苏LNG接收站年接卸能力将增加至650万t，年气化能力将提高到1 000万t，成为中国储罐罐容最大、码头接卸能力最大、气化能力最大、槽车装车量最大的LNG接收站。接收站外输管线直接接入西气东输一线并与冀宁联络线、常长支线联网，处于负荷中心，外输便捷，将为促进长三角地区经济和社会发展，优化能源结构，保障天然气供应安全和调峰需求发挥更加重要的作用。

壳牌与欧洲签署液化天然气接收站扩建协议。

7月3日，欧洲天然气通道（Gate）接收站宣布，壳牌将成为其新建的、专门用于运输用液化天然气接收的大型设施的启用客户。欧洲天然气通道接收站是由荷兰国家天然气管网作业公司（Gasunie）、荷兰皇家孚宝集团（Vopak）和奥地利石油天然气集团（OMV）三方合资，位于荷兰鹿特丹港。壳牌承诺购买该接收站液化天然气输送能力，从而保证了此次接收站扩建所需的投资。在壳牌进入液化天然气市场50周年之际，此次和欧洲天然气通道接收站签署的协议将会加强壳牌在具有战略意义的欧洲天然气市场的地位，同时进一步巩固壳牌在液化天然气业务方面的优势。

上海市发展和改革委员会公布该市居民燃气价格调整听证方案。

7月3日，上海市发展和改革委员会公布该市居民燃气价格调整听证方案，拟对上海市居民天然气价格从现行2.50元/m^3调整为3.02元/m^3，单价上调0.52元/m^3，调整幅度约为20.80%。根据听证方案，按照上海市80%天然气居民用户月平均用气量不超过24m^3测算，每户每月增加支出不超过12.5元。在调整居民燃气价格基础上，上海市拟同步实施居民天然气阶梯气价。按照国家规定和上海实际情况，该市初步拟定两套阶梯气价方案，两套方案均设定三档年用气量。上海市发改委表示，将结合气价调整听证会及其他形式，针对两套方案广泛征求社会各方意见，修改完善后报市政府审定。

中石油大连LNG项目正式通过国家竣工验收。

7月4日，历经7年筹备建设、投入运行3年的中国石油大连液化天然气项目正式通过国家竣工验收。据悉，大连液化天然气(LNG)项目是中国石油第一个正式开工建设的引进海外液化天然气资源的大型项目，该项目由码头、接收站和输气管道三部分组成，总投资超过100亿元。据相关报道，大连LNG接收站主要接收来自卡塔尔、澳大利亚和伊朗等国家的LNG，经接收站气化后的天然气，通过大连至沈阳输气管道与东北和华北输气管网相连，供气范围可以覆盖整个东北和部分华北地区。

中缅天然气管道（国内段）钦州支线投产送气。

7月6日8时，由中国石油工程设计公司新疆油建公司承建的中缅天然气管道（国内段）钦州支线投产送气。天然气气头从南宁末站开始，途经3座站场、7个阀室，经过143km，于当日22时到达广西石化末站。中缅天然气管道（国内段）钦州支线投产后，年供气量达25.84亿m^3，将满足钦州387万市民的天然气供应需求，在改善我国西南地区能源结构、缓解当地天然气用气紧张局面、促进能源进口多元化等方面，将发挥重要作用。

贵州省天然气置换成果显著。

截至7月8日，贵阳市已有约43万燃气用户完成了天然气置换，而全省这一数据已超过100万。燃料从煤炭变成天然气，将成为助推我省生态文明发展的有效途径。贵州省燃气集团提供的数据显示，天然气燃烧过程可减少二氧化硫、粉尘排放量近100%，可减少二氧化碳60%、氮氧化物50%，对温室效应的作用仅为石油的54%，煤的48%。我省在完成各地天然气接入工程建设的同时，全省也有100多万燃气用户用上了天然气，享受到了清洁环保的好处。

黑龙江海事局开通俄罗斯液化石油气水路运输通道。

7月8日下午，首批从俄罗斯下列宁斯阔耶发出的载运60t液化石油气罐的龙渡004号船，顺利靠泊同江哈鱼岛码头,标志着黑龙江省利用水路运输俄罗斯能源入境拉开了帷幕,也是我国通过界河和内河首次跨国境运输液化石油气。液化石油气可以完全燃烧,可大大减少燃煤带来的污染,同时其发热量为煤炭的2倍。从俄罗斯进口的液化石油气,廉价、环保、节能,对于提高黑龙江省空气质量具有重要作用。

《广州市全面规范瓶装液化气供应市场工作方案》通过。

7月14日,广州市政府常务会议审议并原则通过了《广州市全面规范瓶装液化气供应市场工作方案》(以下简称《方案》)。负责发布该《方案》的市城管委副主任表示,从10月1日起,广州将开展为期一年的液化气供应市场专项整治行动,为广州市每个气瓶核发唯一的身份标签,为每个燃气用户核发唯一的安全用气保障卡。2015年年底完成清理无证照经营点,液化气罐将由企业统一管理。

西气东输二线首座国产压缩机样板站已试验成功

7月15日,西气东输二线高陵分输压气站4套20MW国产压缩机组全部通过4 000h测试,各项技术指标达到国际先进水平。目前,20MW国产电驱压缩机组已与国外产品同台竞技,西气东输三线已采购12台国产电驱压缩机组,与同类型进口设备相比节约投资1.44亿元,后期运行维护成本将大幅减少。同时,首套国产30MW燃驱压缩机组已下线出厂,国产大口径高压球阀也得到全面应用。